当代齐鲁文库·山东社会科学院文库

山东社会科学院 编纂

科学社会主义通论（卷二）

宋士昌 主编

中国社会科学出版社

目　录

第二卷　列宁的社会主义理论、社会主义在一国胜利与20世纪前半期的世界社会主义运动

导论　列宁社会主义理论的产生、发展和胜利及其历史地位和伟大意义 …………………………………………………（1）

上篇　列宁社会主义理论基本问题

第一章　关于帝国主义的理论 ……………………………（29）
　第一节　关于帝国主义理论的形成 ……………………（29）
　第二节　关于帝国主义理论的基本要点 ………………（37）
　第三节　资本主义的新变化和对列宁帝国主义理论的当代评价 …………………………………………………（47）

第二章　党的建设理论 ……………………………………（54）
　第一节　新型无产阶级政党建设理论 …………………（54）
　第二节　列宁建党理论的突出特色 ……………………（64）
　第三节　列宁建党理论的历史意义 ……………………（71）

第三章　社会主义可能在一国或数国首先胜利的理论 …（75）
　第一节　社会主义革命理论的重大突破 ………………（75）
　第二节　"一国或数国首先胜利"理论的根据和内容 …………………………………………………（79）

第三节 "一国或数国首先胜利"理论的实践验证
　　　　——俄国十月社会主义革命的胜利 …………………（83）

第四章 帝国主义时代的民族和殖民地理论 ……………………（88）
　第一节 民族殖民地理论的提出 ……………………………（88）
　第二节 民族殖民地理论的基本内容 ………………………（96）
　第三节 民族殖民地理论的历史意义 ………………………（106）

第五章 无产阶级革命的战略、策略 ………………………………（111）
　第一节 无产阶级革命战略、策略理论的大发展 …………（111）
　第二节 列宁政治、经济战略思想的重大转变 ……………（117）
　第三节 列宁若干重要的策略思想 …………………………（124）

第六章 无产阶级专政理论 …………………………………………（134）
　第一节 列宁无产阶级专政理论的形成 ……………………（134）
　第二节 无产阶级专政理论的丰富和发展 …………………（141）
　第三节 无产阶级专政的历史经验 …………………………（149）

第七章 关于马克思主义民族化的理论 ……………………………（155）
　第一节 马克思主义自身发展的辩证法 ……………………（155）
　第二节 列宁关于马克思主义民族化的科学表述 …………（159）
　第三节 马克思主义民族化的典范 …………………………（162）

第八章 列宁晚年的社会主义思想 …………………………………（166）
　第一节 用革命辩证法总结社会主义的历史经验 …………（166）
　第二节 关于社会主义建设道路的思考 ……………………（174）
　第三节 关于社会主义建设综合保障的思考 ………………（181）
　第四节 列宁"晚年思考"的当代评价 ……………………（190）

中篇　社会主义在俄国的胜利

第九章 俄国十月社会主义革命 ……………………………………（197）
　第一节 十月革命的历史机遇和客观必然性 ………………（197）
　第二节 十月革命的发展道路 ………………………………（206）
　第三节 十月革命的历史意义和世界影响 …………………（208）
　第四节 十月革命的当代评价 ………………………………（215）

第十章 列宁时期社会主义建设的最初探索 ………………………（225）

第一节	革命高潮时期的探索和思考	(225)
第二节	战时共产主义的理论与实践	(232)
第三节	新经济政策的理论与实践	(240)
第四节	最初探索的历史意义	(249)

第十一章 苏联社会主义制度的确立 (254)

第一节	苏联的形成和发展	(254)
第二节	苏联关于建设社会主义的探索和选择	(262)
第三节	苏联社会主义制度的最终确立	(280)

第十二章 苏联社会主义经济制度 (288)

第一节	苏联社会主义经济制度的建立	(288)
第二节	苏联社会主义经济制度的特点及影响	(297)
第三节	对苏联社会主义经济模式的评价	(308)

第十三章 苏联社会主义政治制度 (313)

第一节	苏维埃政治制度的确立	(313)
第二节	苏联国家体系的基本框架	(320)
第三节	苏联政治体制的主要特征及其弊病	(331)

第十四章 苏联社会主义文化制度 (337)

第一节	苏联社会主义文化制度建设的初期探索	(337)
第二节	苏联社会主义文化制度的确立	(350)
第三节	苏联社会主义思想文化建设的主要成就和问题	(358)

第十五章 苏联社会主义政党制度 (362)

第一节	苏联社会主义政党制度建设的艰难历程	(362)
第二节	苏联一党制的确立	(367)
第三节	苏联政党制度的影响和教训	(376)

第十六章 苏联社会主义民族宗教政策 (380)

第一节	创建联邦制，确保各民族的平等和独立	(380)
第二节	倡导无神论，加强宗教控制	(388)
第三节	苏联民族宗教问题的经验教训	(392)

第十七章 苏联的社会主义对外政策 (399)

第一节	苏联的和平外交政策	(399)
第二节	苏联的无产阶级国际主义	(406)

第三节　苏联的大国沙文主义及其教训 …………………………（410）

下篇　20世纪前半期的世界社会主义运动

第十八章　世界革命新高潮与第三国际 …………………………（417）
　　第一节　十月革命后的世界形势与第三国际的成立 ……………（417）
　　第二节　第三国际的主要活动 ……………………………………（422）
　　第三节　第三国际与中国 …………………………………………（433）
　　第四节　第三国际的功过和启示 …………………………………（448）

第十九章　亚洲各国共产党领导的民族民主革命 ………………（456）
　　第一节　十月革命对亚洲各国的影响 ……………………………（456）
　　第二节　亚洲各国共产党的创建和发展 …………………………（462）
　　第三节　亚洲民族民主革命的特征和类型 ………………………（470）
　　第四节　亚洲各国民族民主革命的重要意义和历史
　　　　　　经验 …………………………………………………………（475）

**第二十章　各国共产党领导的反法西斯斗争、欧亚民主国家
　　　　　　的建立** …………………………………………………（478）
　　第一节　法西斯侵略战争对世界各国人民的危害 ………………（478）
　　第二节　各国反法西斯战争的胜利 ………………………………（483）
　　第三节　欧亚各民主国家的建立及其特点 ………………………（491）
　　第四节　世界反法西斯战争的意义和经验 ………………………（498）

第二十一章　东欧各国人民民主道路的探索 ……………………（501）
　　第一节　东欧各国在战后世界格局中的战略地位 ………………（501）
　　第二节　东欧各国民主探索的历程和特点 ………………………（506）
　　第三节　东欧各国民主探索的经验和启示 ………………………（513）

第二十二章　中国革命的伟大胜利 ………………………………（518）
　　第一节　列宁关于中国革命的重要论述 …………………………（518）
　　第二节　中国革命的历程和成就 …………………………………（523）
　　第三节　中国革命及其胜利在世界格局中的地位 ………………（532）

第二十三章　战后世界社会主义运动的蓬勃发展 ………………（535）
　　第一节　第二次世界大战对世界社会主义运动的影响 …………（535）
　　第二节　战后世界社会主义运动发展的新局面 …………………（543）

第三节 战后世界社会主义运动的经验和启示 …………………（558）
主要参考文献 …………………………………………………（562）
后　记 …………………………………………………………（566）

第二卷

列宁的社会主义理论、社会主义在一国胜利与20世纪前半期的世界社会主义运动

导论　列宁社会主义理论的产生、发展和胜利及其历史地位和伟大意义

19世纪40年代中期至90年代中期，科学社会主义走过了其历史发展的第一个阶段，即其作为整个马克思主义科学体系三大组成部分之一正式问世至初步运用发展的阶段。1895年7月恩格斯去世，宣告这一历史阶段的结束。此后至20世纪前半期，科学社会主义的历史又走过了半个多世纪，即第二个发展阶段。尽管这一阶段的初期，即新旧世纪之交的一二十年间，除了列宁之外，第二国际的其他马克思主义者在理论和实践探索上也进行过艰苦的努力，取得了毋庸置疑的成就。但是，这些探索和成就只能被视为科学社会主义历史发展第一至第二阶段衔接、过渡和早期准备工作的一种纪录。真正能够成为科学社会主义历史发展第二阶段旗帜和代表的只能是列宁。列宁主义（这里主要是指列宁社会主义理论）是这一发展阶段的集中概括和科学结晶。因此，本卷对科学社会主义历史发展第二阶段的考察、研究和评述，将主要集中在对列宁社会主义理论及其实践的发展轨迹和内在机制之上。为了叙述和阅读的方便，有必要在分别具体论述之前，从宏观上、总体上对有关问题作一个概要的交待和说明。

一　列宁社会主义理论及其实践的产生、发展和胜利的国内外环境和主客观条件

整个马克思主义及其科学社会主义理论的产生和发展都以特定的客观环境和条件为前提，都是具体的社会历史时代的产物，都是当时各种有利的主客观条件有机统一的结果。这也是我们在研究科学社会主义历史发展的第二阶段，即列宁社会主义理论及其实践发展一系列基本问题时所必须自觉遵循的原则。

首先，我们应当看到，人类历史新时代的到来、帝国主义的产生和世界无产阶级革命新高潮的兴起，为列宁社会主义理论和实践的产生和发展提供了崭新的国际环境。

马克思主义及其科学社会主义是与资本主义密切相关相伴而行的，它的初创和早期发展正处于自由资本主义充分发展阶段。马克思主义创始人所生活的时代，以巴黎公社为界，其前是以1848年革命为标志的风暴时期，自由资产阶级利用无产阶级和"以废除封建残余为满足"的农民的革命本能和英勇斗争对欧洲大陆的封建势力进行了彻底的扫荡，并对资本主义制度进行了最初的改革，使资产阶级民主共和制的国家形式得以巩固和发展。巴黎公社的胜利是这次革命风暴的顶峰。巴黎公社以后，西方资产阶级革命已经结束了，东方还没有成熟到实现这种革命的程度。巴黎公社失败后，资本主义制度进入和平发展的时期。按照列宁的观点，这一"和平"时期一直延续到1904年，即1905年俄国革命之前。马克思主义两位创始人在这一时期先后去世。在这一时期的末尾，即19世纪末20世纪初，世界历史发展到一个新的阶段，资本主义由自由竞争发展到垄断阶段即帝国主义阶段。这一阶段正是资本主义长期发展，特别是30多年"和平"发展的必然结果。资本主义社会的固有矛盾随着社会生产的发展而不断展现和激化，经济危机频繁发生，大批中小企业纷纷倒闭，生产和资本迅速集中，垄断资本主义逐渐占据主导地位。这一时期，各主要资本主义国家的少数大垄断组织控制了本国各个经济部门。垄断不仅没有排除竞争，无法消除经济危机和缓和资本主义的固有矛盾，反而使竞争在新的形势下更加尖锐和剧烈，经济危机更加频繁和严重，矛盾更加复杂和激化，从而使新的社会动荡和革命风暴取代资本主义的和平发展，成为一种不可阻挡的客观趋势和时代潮流。

帝国主义所带来的新的社会动荡和革命风暴无论从时间和空间、深度还是广度上都是空前的。仅在1905年新的革命高潮到来前10年左右的时间内，新的阶级和民族矛盾，不仅产生于无产阶级和垄断资产阶级之间，而且爆发于殖民地与宗主国之间，甚至帝国主义国家之间为争夺殖民地也兵戎相见，大打出手。矛盾斗争的区域不仅限于西欧，而且扩展到整个欧洲、美洲和亚洲，乃至非洲大陆。垄断资产阶级在经济上以各种手段加大对工人阶级的榨取和剥削的同时，在政治上也依靠反革命暴力更加残酷地压迫、统治工人阶级。矛盾的全面激化，使无产阶级广大群众的革命斗争风起云涌、此起彼伏。例如，法国工人罢工，从1900年到1905年6年间，人数达110万之多，超过此前10年罢工人数的总和。德国工人罢工，在1900—1904年发生了7230多次，比上世纪最后5年罢工次数增加近一倍。在工联主义影响最深的英国，工人罢工斗争也掀起高潮。英国工党就是这次斗争高潮的产物。日本工人运动蓬勃发展，仅1900年就有7000多个工厂，42万多人参加了罢工。在亚洲其他国家，被压迫民族解放运动也伴随着帝国主义抢夺殖民地的狂潮而不断高涨。例如，1893年至1895年朝鲜的东学党人起义；1896年至1898年和1893年至1901年菲律宾人民先后掀起了反对西班牙和美国殖民统治的斗争；1895年至1897年印度爆发了提拉克领导的早期民族主义运动；1900—1901年中国爆发了义和团反帝革命运动，等等。殖民地半殖民地民族解放运动，与无产阶级反对资产阶级的斗争相互呼应和配合，使新的世界无产阶级革命高潮呈现出前所未有的强大生机和活力。而帝国主义列强之间为争夺殖民地，重新瓜分世界爆发的战争则为新的无产阶级世界革命高潮提供了不可缺少的催化剂。从1989年到1905年，先后爆发了为争夺古巴和菲律宾殖民地的美国——西班牙战争，争夺南非霸权的英国与荷兰殖民者后裔布尔人之间的战争，为争夺和瓜分朝鲜和中国东北地区的日本与俄国之间的战争。帝国主义国家之间的战争从整体上削弱了帝国主义的力量，同时也给无产阶级和全世界被压迫民族和人民带来了空前的灾难，全面促进世界无产阶级革命新的高潮的到来。20世纪前半期先后爆发了两次帝国主义世界大战，都不仅引发了新的无产阶级革命高潮，而且呼唤新的伟大革命理论的诞生。这就是列宁的社会主义思想得以产生和发展，并把科学社会主义推进到新的伟大发展阶段的最基本的国际环境和客观条件。

在上述国际大环境和世界历史新时代的大前提、大背景下，新旧世纪之交，特别是20世纪初期俄国的特定国情，又为列宁社会主义理论及其实践提供了直接的斗争舞台。

俄国地处欧亚大陆的结合部，特殊的地缘条件，使其在经济、政治和文化的发展上都具有自身鲜明的特点。19世纪60年代以前它本是一个经济落后的农奴制国家。1861年改革之后，资本主义在俄国获得迅速发展。作为一个后发展国家，俄国同其他欧美资本主义国家一样，在19世纪末

20世纪初也进入了帝国主义阶段。但是特殊的历史条件决定着俄国帝国主义独有的特征,即它是垄断资本同农奴制残余相结合的封建军事帝国主义国家。在整个资本主义——帝国主义世界中,俄国经济发展占据中等水平。但是它却具有三个罕见的极端:工业生产集中程度最高,以各种辛迪加为代表的垄断联合组织决定国民经济的命脉,如冶金和采煤企业产品的辛迪加分别控制了全国同行业的80%和70%以上。金融寡头恶性膨胀,据1941年统计,以彼得堡国际银行和俄国亚洲银行为主导的12家最大银行居然控制着当时全国银行资金的80%。同时它们又直接控制着国家的工业企业,例如,冶金资本的50%,煤炭业的80%,都在金融寡头的控制之下。金融垄断程度十分罕见。尤为严重的是在俄国垄断资本中外资占有比重也达到惊人的程度。截至第一次世界大战前,俄国工业资本的1/3、10家大银行资本约1/2都属于外国资本。仅据1891年至1901年的统计,外资就从俄国赚走30多亿卢布。与此同时,俄国农奴制残余根深蒂固,土地高度集中。1905年统计,当时全国3万个最大地主占有土地约7630公顷,相当于1000万农户占有土地的总和。这在资本主义世界中也是极其罕见的。

这种畸形的、混合的和高度集中的经济状态,决定了俄国当时政治形态的畸形化发展,形成了依托残余的农奴制又同金融垄断资本紧密结盟的沙皇君主专制制度。沙皇政权凭借极其野蛮的庞大军事官僚机器,对内极端残酷地压迫、剥削和奴役广大工人、农民和占全国人口56.7%的非俄罗斯少数民族人民。至十月革命前,号称废除农奴制的改革虽然经过半个多世纪,沙皇俄国实际上仍然是广大工人、农民和各少数民族人民的监狱。同时俄国沙皇又与西方帝国主义列强互相勾结,拼命对外扩张、掠夺,疯狂侵略剥削东方各国人民,残酷镇压欧亚各国人民革命和民族解放运动,充满血腥的俄国封建军事帝国主义充当了凶恶的世界宪兵。沙皇专制主义不仅是一种政治制度,更是一种在旧俄国占统治地位的社会政治思想,其特点是维护专制和皇权,反对民主和自由;鼓吹侵略扩张,宣扬民族沙文主义,蔑视和否定其他国家和民族的独立自主;维护守旧和腐败,反对、仇视进步和革命。如果说,从自由资本主义发展而来的帝国主义,就其普遍性而言集中体现了资本主义的腐朽和堕落,那么沙皇俄国的封建帝国主义,从经济政治到思想文化的腐朽,更为全面更为深刻,其进程更为迅速。它是当时世界帝国主义各种尖锐复杂矛盾的集合点，因而也是帝国主义整个链条中最薄弱的一环。在这里，社会历史的发展已经进入一个极其重要的关头：沙皇专制主义国家机器再也难以正常运转；俄罗斯各族广大人民群众再也无法照旧接受沙皇政权的反动统治，只有社会主义革命和社会主义制度才能解决旧俄国所面临的一切历史任务。

与沙俄统治集团集东西方反动腐朽之大成相对应，俄国广大人民群众具有光荣的革命传统，集中了世界各国人民革命斗争的经验教训，吸收了东西方文明发展的各种积极成果，充分体现了地缘特点所赋予的各种综合优势。特别是俄国无产阶级早在19世纪80年代就开始觉醒，90年代反对沙皇统治和资产阶级的斗争走向高潮。工人运动、农民运动和学生运动逐渐汇合起来，使俄国很快进入资产阶级民主革命的前夜，世界革命的中心已经由西欧向东转移到俄国。新的世界历史条件和俄国的具体国情又决定了俄国资产阶级民主革命从根本上不同于以往西欧、北美的资产阶级民主革命。其主要之点在于，革命的领导力量不是俄国资产阶级而是俄国无产阶级及其政党；革命的阵容空前强大，无产阶级不仅拥有备受农奴制残余压榨的广大俄国农民作为自己的同盟军，而且拥有东方民族解放运动和全世界一切反帝革命力量作为自己强大的后备军；革命的对象也是异乎寻常的强大，它就是当时世界上各种反动势力的最顽固的堡垒，被称为镇压世界革命的疯狂宪兵的沙俄帝国主义。总之，俄国资产阶级革命必然成为重新崛起的无产阶级社会主义革命的序幕和直接过渡。无产阶级革命的规模和范围也必然空前广大，它必然波及和席卷整个世界。

如此空前伟大的革命运动在指导思想和理论需求上，也必然与以往欧美无产阶级革命相比同中有异，有若干崭新的特点。共同之处在于，它依然是在马克思主义的指导之下，只能把马克思主义，特别是其科学社会主义作为自己走向胜利的唯一理论武器。马克思主义之前的其他形形色色的社会主义不可能在这里起支配作用。当然，俄国无产阶级和广大革命人民找到马克思主义的道路并不是笔直和平坦的。俄国人民具有优良的革命传统及擅长理论思维和理论创造的突出优势。为了推翻沙皇专制制度，寻求革命真理，他们以革命的英雄气概、坚强的毅力和伟大的牺牲精神，走过了极其悲壮的曲折的道路，付出了昂贵的代价。早在19世纪70年代，俄国革命民主主义者和各种反对沙皇统治的社会活动家就同马克思、恩格斯发生过直接或者间接的联系,翻译评介马克思、恩格斯的著作。马克思的《资本论》第一卷出版不久就被译成俄文,在俄国出版传播。虽然当时俄国无产阶级还不强大,革命斗争尚处于初期阶段,马克思主义的传播主要在以民粹主义为代表的小资产阶级革命民主派中进行,但却为尔后马克思主义与俄国无产阶级革命运动的结合提供了先期的有利的条件。当民粹主义运动和各种资产阶级、小资产阶级民主派最终与马克思主义分道扬镳,进而成为无产阶级革命运动和马克思主义凶恶的敌人时,俄国无产阶级革命运动与马克思主义的结合就成为不可抗拒的客观的必然的历史潮流。俄国无产阶级革命与马克思主义的关系的特殊性在于,俄国的马克思主义者必然从俄国革命的实践出发成功地解决对马克思主义既要坚持、继承,又要发展、创新的历史新课题。也就是说,他们既要在批判第二国际修正主义和马克思主义的各种凶恶敌人的斗争中学习、坚持和捍卫马克思主义的基本原理,又要结合俄国的特殊国情和革命斗争的实际需求,认真研究俄国本身和其他国家革命斗争的经验教训,大胆进行理论创新,把马克思主义的发展推向新的阶段。

　　俄国无产阶级寻求、学习、坚持和发展马克思主义的过程,大致可以划分为两大阶段。第一阶段是以格·瓦·普列汉诺夫(1856—1918年)为代表的早期俄国马克思主义者。他们在刻苦学习马克思主义基本理论的过程中,同篡改、背叛马克思主义的第二国际修正主义者,和否定、反对马克思主义的俄国民粹主义者,进行了坚决的斗争。他们是在俄国系统宣传马克思主义的拓荒者和先行者。马克思主义的若干经典著作,如《共产党宣言》、《哲学的贫困》、《雇佣劳动与资本》和《社会主义从空想到科学的发展》等,就是经他们翻译成俄文刊印出版并秘密传播到俄国内地。他们的工作不仅比较准确、完整,结束了19世纪70年代初期以来译介马克思恩格斯著作的零散、混乱和失真的状况,而且最重要的具有划时代意义的是,他们作为最早的真正的俄国马克思主义者,是真正站在无产阶级立场上出于进行无产阶级社会主义革命的明确目标来学习、研究和宣传马克思主义的,从而与此前各种资产阶级、小资产阶级民主派对待马克思主义的立场和态度从根本上划清了界限。正因为如此,他们能够首先自觉地起来批判第二国际修正主义和俄国的民粹主义,彻底揭露了他们篡改、背叛和反对马克思主义的反动本质,为马克思主义在俄国和整个国际无产阶级革命新高潮中的运用和发展扫清了障碍，奠定了基础，开辟了道路。他们在宣传、坚持、捍卫马克思主义的斗争中，不仅评介了大量马克思主义创始人的经典著作，而且写下了若干系统研究阐发马克思主义的优秀著作。他们的理论成果给第二国际修正主义和俄国民粹主义以毁灭性的打击，并且把马克思主义的学习和宣传从少数资产阶级知识分子手中解放出来，开始成为无产阶级和广大革命群众手中的理论武器。他们培养了整整一代俄国马克思主义者，其中包括列宁和他的战友们。他们虽然由于多方面的原因犯过很多严重的理论和实践上的错误，但是却为列宁等新一代无产阶级革命家和马克思主义者的成长并迅速登上政治理论舞台、创造性地发展马克思主义提供了不可或缺的准备和基础性条件。他们的理论成就为马克思主义发展到列宁主义、社会主义由科学理论转化为革命运动和现实制度提供了不可或缺的中介、过渡和准备。

马克思主义在俄国传播和发展的第二阶段，是以列宁为代表的一大批新型无产阶级革命家和富有创新精神的新一代马克思主义者崛起和成熟的过程，是列宁主义，其中包括列宁的社会主义思想产生、形成、丰富和发展的重要时期。需要指出的是，上述第一阶段以普列汉诺夫为代表的对第二国际修正主义和俄国民粹主义的理论和政治批判，列宁也作出了不容忽略的贡献。从某种意义上讲，正因为如此，列宁才能成为第二阶段的代表和旗帜。而第二阶段以列宁为代表，并不等于说以普列汉诺夫为代表的俄国老一辈马克思主义者在理论创新和发展方面未作出自己的贡献。普列汉诺夫等人的悲剧在于，他们虽然为马克思主义在俄国的传播和发展奠定了无可替代的坚实基础，但是由于长期侨居国外，缺乏对俄国乃至西欧各国革命实践的直接参与和密切联系，他们是一批国际工人运动和平发展和俄国革命准备时期的理论家，是理论上的巨人，实践上的矮子。当帝国主义战争爆发，新的俄国和欧洲革命风暴到来之时，他们便不可挽回地成为时代的落伍者。他们对新的国际形势的认识和判断及俄国和世界革命的战略、策略乃至一系列重大政治理论问题上犯下了严重错误，他们曾经在马克思主义发展的两大阶段之间的过渡时期和交汇点上坚决地拒绝和抗击修正主义，勇敢地捍卫马克思主义，但是在马克思主义发展新的阶段伴随着革命风暴到来之时却成为新的反对派，成为拒绝革命高潮、固守在和平时期理论宫殿里的过时偶像和"可尊敬的化石"（罗莎·卢森堡语）。这就客观地决定了马克思主义新阶段的到来。列宁主义的产生和发展不仅要用马克思主义的基本理论对新的世界形势和俄国革命实践经验进行科学的总结和大胆创新，而且必须完成继批判第二国际修正主义、俄国民粹主义的斗争之后对普列汉诺夫错误思想理论的批判，即既要接受普列汉诺夫的理论遗产，又要肃清其错误的影响。因此马克思主义发展的第二阶段——列宁主义形成和发展面临的任务和考验是极其艰巨和严峻的。

马克思指出："如爱尔维修所说的，每一个社会时代都需要有自己的伟大人物，如果没有这样的人物，它就要把他们创造出来。"[①] 马克思主义创始人对爱尔维修这句名言的认同和强调表明，这是人类历史发展的一个普遍的带有规律性的社会现象。这样的伟人在任何时代、任何阶级都会毫无例外地产生出来。不同社会时代的客观需要确定了产生各种伟人的必然性。根据这种客观需要创造出相应的伟人来完成其历史使命，从根本上讲是一种不可抗拒的自然历史过程。至于什么人能成为这种伟人，一般认为这是一种偶然性，从而排除了形而上学和唯心史观的宿命论。但是事实上，某个人，恰恰是他（她），而不是别人成为满足历史需要的伟人，也具有某种必然性。这种必然性是指伟人产生的阶级条件、社会条件和个人条件的某种确定性，即这种伟人必然是先进阶级、先进政党和广大人民群众的杰出代表，他本人必须是经过长期斗争考验，为先进阶级、先进政党和广大群众认可的最有威信、最有影响、最有经验，最善于将理论和实践有机结合起来，始终站在斗争前列的先进人物。从马克思主义发展新阶段和俄国革命的实际要求出发，只有列宁才具备这些必要条件。作为新一代无产阶级革命家和马克思主义者，列宁既具备了以普列汉诺夫为代表的老一代马克思主义者所缺乏的实际斗争的丰富经验、崇高威信和广泛影响等实践优势，又拥有同时代其他领袖人物所缺乏的深厚广博的理论和文化素养及创新精神。无论是从政治上、组织上、思想上和道德上以及诸方面的综合上，列宁在当时都是出类拔萃无人可以企及的。因此，他成为马克思主义发展新阶段的杰出代表、列宁主义的创始人和新一代最伟大的无产阶级革命家，是自然而然无可挑剔的。这是历史的选择，是新兴的无产阶级革命高潮的选择，是马克思主义、科学社会主义发展新阶段的选择。

---

① 《马克思恩格斯选集》第1卷，人民出版社1995年版，第432页。

二 列宁对科学社会主义的伟大贡献

马克思主义在19世纪末20世纪初进入新的发展阶段,之所以称之为列宁主义阶段,其全部依据正在于是列宁和以列宁为代表的新一代马克思主义者对马克思和恩格斯的基本理论,特别是科学社会主义理论的新发展作出了无与伦比的新贡献。这些崭新的理论贡献科学地回答了新的历史时代提出的一系列重大的亟待解决的新课题,武装了更为广大的无产阶级和劳动群众,把人类争取社会主义的伟大斗争推进到一个崭新的境界,取得了前所未有的伟大成就,开辟了人类历史的社会主义新纪元。

首先,从总体上和战略上,正是列宁主义结束了马克思、恩格斯相继去世后由于多方面的原因,特别是第二国际修正主义的背叛和破坏造成的马克思主义和国际共产主义运动全面低落的状况。这就是列宁在《马克思学说的历史命运》一文中所界定和论证的马克思主义发展的带有"和平"性质的第二个时期(1872—1904),"内里腐朽的自由派,试图在社会主义的机会主义形态下复活起来。"[①] 列宁的社会主义理论既是对马克思主义——科学社会主义的直接继承,同时又是在批判国际修正主义和俄国民粹主义的斗争中,适应新的革命高潮的需要使科学社会主义的革命本质得到充分强调、突出和发展创新。列宁和列宁主义的这一划时代的伟大贡献已经被一个世纪以来的历史所证实。其实,这一贡献的科学价值和历史意义早在十月革命之初,曾经在若干重大问题上与列宁有过激烈争论的著名女革命家罗森·卢森堡就深刻指出,西方社会民主党所缺少的全部革命荣誉和行动能力都在布尔什维克身上体现出来。列宁和列宁主义(布尔什维主义)及其领导的十月革命,不仅从实际上挽救了俄国革命,而且挽救了国际社会主义的荣誉。一个新的时代正在开始,未来到处都属于布尔什维主义。一个世纪后,虽然列宁所开创的苏联及东欧诸国的社会主义制度已经不复存在,但是社会主义中国的存在和发展表明,列宁所开创的社会主义事业仍然保持着强大的生机和活力。众所周知,没有列宁主义和十月革命的胜利,就不可能有中国和东方诸国革命及社会主义事业的胜利。所以说,中国等国家社会主义事业的胜利和不断发展,仍是对列宁的

[①] 《列宁选集》第2卷,人民出版社1995年版,第307页。

社会主义理论真理性的雄辩证明。作为中国社会主义革命和建设事业的指导思想——毛泽东思想、邓小平理论和"三个代表"重要思想，正是对列宁主义特别是其社会主义理论的继承和发展。可以说列宁的社会主义理论和实践的价值及意义不仅属于苏联和东欧，而且属于中国和东方；不仅属于20世纪，而且属于21世纪和人类更加遥远的未来。再让我们从欧美各国一个多世纪以来的历史和现状来看，特别是从东西方横向比较看，也可以说，如果没有列宁的社会主义理论，今日之世界社会主义的命运肯定不是现在的面貌。在马克思主义创始人之后，列宁的社会主义理论承前启后，居功至伟。

其二，列宁创立的帝国主义理论，把国际无产阶级革命推进到一个崭新的境界。马克思主义创始人所开创的国际无产阶级事业与以往工人运动的根本区别之一，就在于它是建立在对资本主义的本质及其发展规律的科学认识之上的。作为无产阶级革命家，马克思、恩格斯为《资本论》的研究、写作和宣传耗尽了毕生的心血，充分证明了科学认识资本主义的伟大价值和意义。而国际无产阶级革命事业发展新高潮、新阶段的到来同样紧密依靠对资本主义新发展的科学认识。列宁的帝国主义理论科学总结和揭示了《资本论》以来国际资本主义发展的一系列新特征，即资本主义已由自由竞争发展到垄断阶段，即帝国主义阶段。这一阶段的经济政治实质和特殊发展规律必然使资本主义社会固有的一切矛盾更加尖锐、更加集中、更加突出，从而不可避免地爆发给全人类带来深重灾难的帝国主义世界大战，不可避免地把国际无产阶级革命推向新高潮、新阶段。第二国际修正主义者乃至以普列汉诺夫为代表的俄国早期的马克思主义者之所以被历史潮流所淘汰，根本原因正在于他们不懂得或者说不愿弄明白这一根本道理。他们可以远离革命实践和时代潮流对马克思主义若干重要理论作出令人称道的解说，唯独对世界潮流的新发展、国际资本主义的新变化漠然视之，甚至作出荒谬的结论。列宁以科学的帝国主义理论同他们从根本上划清了界限。这一理论作为整个列宁主义的理论基石，不仅揭示了资本主义发展新阶段的特殊本质，揭露了修正主义和各种帝国主义辩护士的丑恶面目，而且从根本上武装了国际无产阶级，为国际无产阶级革命的新高潮、新阶段指明了方向和道路。站在今天的角度我们仍然可以说，尽管这一理论中若干局部甚至较为重要的内容并未被新的国际形势和实践所验证，但是列宁研究帝国主义的基本立场、观点和方法仍是正确的，仍旧富有生机和活力。历史的辩证法就是如此奥妙、复杂而又深刻，它一会儿似乎给各种列宁主义的敌人提供否定帝国主义理论的借口和依据，转眼间又无情地把这些借口和依据打得粉碎，同时使新一代的马克思列宁主义者受到新的考验和教育。一切对全人类的前途和命运负责的富有历史感的人都不仅应当从当代资本主义——帝国主义的新变化新特点中看到丰富和发展列宁理论的必要性和紧迫性，更应当从新的国际关系和世界秩序中随时可见的霸权主义、强权政治的血腥表演上，去更加深刻地理解列宁的一系列基本结论的真理性和预见性。第二次世界大战后半个多世纪虽然未再发生新的世界性战争，但是人们可以清醒地看到，未再发生的仅仅是帝国主义之间的战争。对于社会主义和民族主义国家的人民来讲，帝国主义国家所强加的流血和不流血的战争并未停止、更未消除。血淋淋的事实仍在顽强地重申列宁的真理：帝国主义的本质仍然是垄断、掠夺和战争。如果丢掉列宁的遗训，看不到帝国主义本质的顽固性，社会主义的全面复兴就是不可能的。

其三，列宁创立了社会主义可以首先在一国胜利的理论，首次使社会主义由科学理论变为现实的运动和社会制度，首次实现了科学社会主义在学说、运动和社会制度上的辩证统一。这一理论是其帝国主义理论的必然结果。在新的历史时代和国际形势下，这一理论极大地丰富和创造性地发展了马克思主义的无产阶级革命理论，为俄国十月革命和中国等东方国家的革命胜利提供了理论指导和精神支柱，也为马克思主义的与时俱进、不断创新精神树立了光辉的典范。

马克思主义创始人在资本主义的上升时期曾经指出，社会主义在单独一个国家取得胜利是不可能的，它将在一切文明国家，至少在英、法、德等欧洲主要资本主义国家同时发生，才能取得胜利。马克思在《法兰西内战》中说道，新的法国革命将被迫立刻超出国家范围去夺取欧洲的舞台，因为只有在这个舞台上才能够实现19世纪的社会革命。恩格斯此前也指出，共产主义革命将不仅是一个国家的革命，而将在一切文明国家里，即至少在英国、美国、法国、德国同时发生。这一结论是建立在世界市场已经确立条件下无产阶级和资产阶级的社会地位和作用的客观基础之上的。在各个资本主义国家经济政治发展不平衡性还不明显，它们之间瓜分世界的矛盾斗争尚未激化的客观条件下，这一结论无疑是正确的。它对于阐明无产阶级和资产阶级之间的阶级斗争的国际意义，促进国际无产阶级革命斗争中的团结和联合，揭示社会主义——共产主义革命的世界性和普遍性发挥了重要作用。无产阶级社会主义革命的国际性从其总体趋势和最终结果来讲是毋庸置疑的，这一理论无疑具有普遍性。但是在革命发生和运行的具体过程中情况必然是多种多样的。特别在国际资本主义的历史发展出现新的变化和新的阶段之后，更是如此。这就要求新一代马克思主义者必须适时作出新的结论。富有创新精神的列宁在1915年8月发表的《论欧洲联邦口号》一文中首先提出："经济和政治发展的不平衡是资本主义的绝对规律。由此就应得出结论：社会主义可能首先在少数甚至在单独一个资本主义国家内获得胜利。"[①] 随后，他又在《无产阶级革命的军事纲领》中再次重申："资本主义的发展在各个国家是极不平衡的。而且在商品生产下也只能是这样。由此得出一个必然的结论：社会主义不能在所有国家内同时获得胜利。它将首先在一个或者几个国家内获得胜利，而其余的国家在一段时间内将仍然是资产阶级的或资产阶级以前的国家。"[②]这一理论大胆纠正了人们对马克思、恩格斯"一国不能胜利"结论的教条主义理解。根据帝国主义时代经济政治发展不平衡规律和新的国际形势，特别是俄国革命进程的具体发展，在不否定社会主义革命的国际性质和无产阶级国际团结的重要意义的前提下，列宁的理论把俄国乃至全世界无产阶级的革命意识和历史首创性提升到一个崭新的高度，这可以说是20世纪初期全世界无产阶级和广大人民群众的一次伟大思想解放。作为一个彻底的辩证唯物论者，列宁不仅勇于进行理论创新，而且随时会根据客观进程的发展变化不断丰富发展自己的思想。当列宁直接把这一思想运用到俄国时，全世界无产者都兴奋地看到马克思主义创始人所科学预言的"一天等于20年"的历史大飞跃在俄国变为现实。从率领俄国无产阶级和广大群众奋起批判俄国社会沙文主义，在本国变帝国主义战争为国内战争，推翻沙皇制度，完成资产阶级民主革命，并不失时机地直接过渡到社会主义革命，到十月革命后捍卫苏维埃政权，建设社会主义，历史在凯歌

[①] 《列宁选集》第2卷，人民出版社1995年版，第554页。
[②] 同上书，第722页。

行进中验证着、丰富着和发展着列宁的伟大思想。当十月革命的洪流越过俄国国界，不仅重新启动了欧洲革命，而且把殖民地半殖民地国家的民族、民主革命运动直接汇总到国际无产阶级社会主义革命的大潮之中时，列宁"一国胜利"理论的普遍性和国际性的内涵就得到充分的展现。

其四，创立新型国家理论，为社会主义国家政治制度的建立、巩固和发展奠定了基础。

革命的根本问题是国家政权问题。在整个科学社会主义理论体系中马克思主义的国家学说居于核心地位。因此，列宁对科学社会主义的伟大贡献不能不在这个问题上得到集中而又突出的体现。这不仅是个理论和逻辑问题，更重要的是无产阶级革命进入新高潮新阶段的最为紧迫的政治实践问题。因为革命愈是进入高潮，愈是临近胜利，各种资产阶级、小资产阶级的思想家、各种冒牌的社会主义者就愈是容易将这个问题搅得一塌糊涂混乱不堪。马克思主义创始人的国家学说诞生于欧洲1848年革命，特别是1871年巴黎公社经验的科学总结之中。由于他们所处的时代，从总体上讲，处在无产阶级革命夺取政权的准备阶段。无产阶级革命在猛烈地冲击旧的国家政权，但距建立自己的新型国家政权时间还很遥远，不具有直接现实性，所以国家问题从思想理论上和政治实践上对无产阶级并不构成紧迫严峻的考验。列宁在领导革命的异常紧张艰苦的岁月中始终高度自觉地关注这个问题，终其一生他所考虑的一切重大问题都以国家政权为核心，呕心沥血的思考和创造结下了丰硕的理论成果。它们既是新型国家政权和政治制度建设的理论指南，又是其理论体现。在这里，我们可以更清晰地看到科学社会主义在新的历史阶段如何实现其学说、运动和制度的有机统一。

列宁在这方面的理论贡献首先表现在以极大努力恢复了被第二国际修正主义篡改得面目全非的马克思主义国家学说。其一，列宁明确重申和强调，国家是阶级社会特有的政治现象，是阶级矛盾不可调和的产物和表现，是阶级统治和压迫的机关。国家的本质首要的是阶级本质。同时从其职能的完整意义上又体现为阶级性和社会公共性的统一，从阶级关系上讲，又体现为压迫性、斗争性与协调性、制约性的统一。由于第二国际修正主义者和俄国国内各种机会主义者对马克思主义国家理论的篡改，主要体现在阉割国家的阶级性方面，而当时的革命高潮又特别需要无产阶级和广大群众擦亮眼睛加强对国家阶级本质的认识，所以列宁对国家的阶级本质的论述更为系统更为全面，并予以特别强调。其二，列宁把暴力革命打碎旧的国家机器确认为无产阶级革命的一般规律。众所周知，马克思主义创始人在全面探讨和论述无产阶级革命道路和手段（形式）时，明确提出了暴力革命与和平过渡两种可能。第二国际的修正主义者则片面地强调和平过渡、议会道路，极力排斥和否定暴力革命武装斗争，极大地麻痹和削弱了无产阶级和广大群众的革命斗志。列宁在新的革命高潮中将暴力革命和武装斗争确定为无产阶级革命夺取政权的一般规律，既符合实际斗争的客观需要，又不绝对排斥和平过渡的可能性。从主观愿望和斗争手段上保留这种可能性，不是对根本道路和一般规律的否定和冲击，而是更符合辩证法的有益的补充。这不仅仅是一种斗争策略，从更深层次来讲，也体现了无产阶级对广大群众和人类文明的责任感，表明无产阶级并非是无原则的暴力崇拜狂，不是一味破坏，更重视的是对人类文明和群众利益的维护、对未来社会的建设。旧政权从本质上是对人民利益和人类文明的掠夺和破坏，新的革命政权对这种本质只能是彻底否定。这种否定并不影响国家政权的社会公共职能和经济管理职能，正是从根本上对这种职能的保护和发展。其三，列宁系统阐明无产阶级专政不仅是无产阶级国家的根本组织形式，而且是实现共产主义的必由之路。列宁认为，这是马克思国家学说的实质，只有同时承认阶级斗争、无产阶级革命和无产阶级专政的人，才是真正的马克思主义者。其四，列宁明确阐述了共产主义社会两个阶段的学说，把不断革命论和革命发展阶段论有机统一起来，为新的国家政权和社会建设指明了方向和道路。无可否认，上述内容的主要之点，马克思主义创始人都有论述，列宁的贡献在于结合新时代新形势和实际斗争的客观需要作了更系统、更完整、更有针对性的论述和阐发。没有列宁这些新论述新阐发，十月革命的胜利以及随后各国革命的胜利都是不可思议的。

列宁对马克思主义国家学说的新贡献更富特性之处在于，苏维埃政权诞生后，他在有生之年对无产阶级国家基本制度的建设和完善，对国家机关的不断调整和改革的深入思考。随着阶级斗争形式的转变、国内外形势的变化和社会主义建设的全面展开，新生的国家政权面临愈益严重的考验和挑战。列宁始终密切注视和思考着这一严重问题，特别在其生命的最后两年，即其晚年思考，使马克思主义国家学说获得重大发展。应当说，列宁这些思考是真正前无古人的独立思考。如果说新生国家诞生之初尚未巩固时更多应当思考的是国家的镇压和专政职能，从捍卫国家政权的高度来理解和论述国家的阶级本质，当政权基本巩固后更突出更重要的问题则在于如何处理好国家机关与广大人民群众的关系问题。从辩证的观点看，任何国家的国体和政体都是对立的统一。一般说来政体作为国体的表现方式，二者的统一是不应当存在问题的。但是在实践上，对于任何新的国家政权来讲这却并非易事。无产阶级的国家政权从根本上切实代表无产阶级和广大人民群众的利益，反映人民的呼声和愿望，使人民获得应有的民主权利。这是一种逻辑的必然。但是苏维埃政权诞生后的历史表明，在实际上这竟然是一种非常困难的事。与人民利益根本对立的各种官僚主义、专制独裁、贪污腐败、形式主义等各种黑暗现象竟然在人民政权机关之内层出不穷，屡禁不止，且愈演愈烈。相当多的党和国家各级领导竟然对此泰然处之，习以为常。列宁在有生之年一直为此痛心和忧虑。他的根本结论是，必须从国家机关的结构和工作制度上，亦即无产阶级专政国家的具体形态上"作一番彻底的改革"。只有采取根本的坚决的改善国家机构的措施，才能达到无产阶级专政的国家所面临的国际的、政治的和经济的目标。列宁认为，尽管从总体上讲，苏维埃政权的建立从根本上结束了地主资产阶级的反动统治，国家政权从根本性质上属于无产阶级专政，但是"我们的机关实质上是从沙皇和资产阶级那里拿过来的旧机关",[1] 可恶的官僚主义积习及其滋生的各种新型腐败使之很难切实履行无产阶级专政国家的伟大使命。他曾试图从改进人民委员会和劳动委员会的工作制度、改组工农检查院和中央监察委员会入手来探索整个国家机构的改革，并为这种改革制定了根本的方针，即一定要把国家机构改革的任务同党的全部政治、策略和战略的总计划紧密联结在一起，一定要以完成国家所面临的国际的、政治的和经济的总任务为根本目标。为此，列宁特别强调重视国家机关人员和各级领导干部个人素质的提高，在人员的选拔和机关编制上要特别重视质量，坚决反对和杜绝只求数量急于求成的不负责任的态度，"宁肯少些，但要好些。"他要求国家机关人员和领导干部都要懂得科学地组织一般劳动的原理、特别是科学地组织管理工作和行政工作等原理，

---

[1] 《列宁全集》第43卷，人民出版社1987年版，第341页。

从而把学习提高到改革的战略任务的高度。"为了革新我们的国家机关，我们一定要给自己提出这样的任务：第一是学习；第二是学习；第三还是学习，然后是检查，使我们学到的东西真正深入血肉，真正地完全地成为生活的组成部分，而不是学而不用，或只会讲时髦的辞藻。"[①] 列宁这些谆谆教导和宝贵思想至今仍是社会主义国家政治体制改革的重要指南，这也正是列宁对马克思主义国家学说伟大贡献中最有时代意义和现实价值的内容。

其五，创立了新型无产阶级政党理论，为社会主义革命和建设事业创造了坚强有力的领导核心。从实践和理论上为创建新型无产阶级政党而坚持不懈的努力，是列宁为社会主义革命和建设事业留下的最大政治理论遗产之一。新的历史时代和新的革命形势很快向俄国无产阶级和全世界无产者表明，19世纪欧美各国建立的无产阶级政党已经不能适应和满足革命实践发展的客观需要，马克思主义政党建设理论必须冲破第二国际修正主义的围困而有新的丰富和发展。列宁在政治理论上的成功，列宁主义的诞生首先同他及时充分满足这种客观需要的努力联系在一起。

列宁的建党学说深深植根于新的革命实践中，科学总结了国际无产阶级政党建设的经验教训，彻底批判、克服了第二国际修正主义和俄国孟什维克等机会主义派别对马克思建党学说的篡改和阉割，第一次使马克思主义党建理论具备了系统严整的体系和形态。它明确指出，无产阶级政党必须是以马克思主义革命理论和革命风格武装起来的无产阶级先锋队，必须在斗争中坚决反对任何机会主义和教条主义，必须自觉克服对工人运动自发性的任何崇拜，必须勇于将科学理论付诸革命实践。无产阶级政党必须是无产阶级有组织的部队，即必须有统一严格的铁的纪律，必须形成以职业革命家为核心、由广大党员和各级党组织作基础和骨干的组织网。列宁曾从某种意义上把党组织称为革命家组织，他充满信心地说，给我们一个革命家组织，我们就能把俄国翻转过来。而使革命家组织起来的法宝，就是党的民主集中制的根本组织原则。无产阶级政党在政治上、组织上、思想作风上之所以有一系列严格的标准和要求，就是因为党是无产阶级各种组织的最高形式和领导核心。有赖于此，无产阶级才能成为真正自觉自

---

① 《列宁全集》第43卷，人民出版社1987年版，第380页。

为、优越于其他劳动群众,肩负伟大历史使命的先进阶级。

十月革命胜利后,无产阶级政党成为执政党,党的建设面临一系列重大的崭新的课题。列宁又从理论和实践的结合上为工人阶级执政党的建设作了全面深入的探索,提出了一系列极其重要的新原则,为马克思主义党建学说增添了具有深远历史意义的新内容。他强调指出,必须自觉坚持和善于实现党对国家政权和整个社会生活的领导地位和作用。无产阶级专政有一套完整的体系,其中包括工人阶级的群众组织(工、青、妇等)、工人阶级和劳动群众的经济组织、工人阶级的政权组织,即苏维埃和工人阶级的先锋队组织,即执政的共产党。党是各种组织和整个无产阶级专政体系及整个社会的领导者。执政党的首要的根本的任务就是领导经济建设、大力发展生产力,以建立社会主义和新生政权的强大物质基础,满足人民群众生产、生活和对付外敌入侵的需要。从集中力量领导政治、军事斗争到以经济建设为中心,这是一个伟大的历史转变。后来的事实证明,完成这个转变是非常困难的。但这不是权宜之计,而是根本的战略任务,无论如何都必须胜利完成。为此,党必须从始终保持同群众的密切联系,代表群众的根本利益,发展党内民主,加强党内监督,注重党员质量,纯洁党的队伍,严防腐化变质等根本问题入手不断加强自身的全面建设。

其六,创立了社会主义全面改革理论,从根本上保证社会主义政权和制度的不断完善和发展。这包括政治、经济、文化等社会生活的各个领域各个方面。其中政治体制改革的有关理论,上面已经谈到。而关于经济体制改革的理论不仅意义重大,而且突出集中地体现了列宁的创新精神。这集中体现在他亲自领导的从战时共产主义向新经济政策的转变以及对这种转变的经验总结和理论论证。而他晚年关于社会主义命运和道路的新探索和再思考,则将这种理论研究提升到一个至今仍令人叹服的高度。

实现新经济政策就政策本身而言,主要是用粮食税代替余粮征集制;工业企业停止盲目推行国有化,允许私营经济的存在和发展;大力发展商业和市场经济,加强工农业的结合;积极吸引外商外资,加强同欧美发达国家的经济合作,等等。在实施这些政策的同时,列宁从理论高度上提出了若干新观点。诸如,要把社会主义建设作为一个长期探索的过程;要把发展生产力提高劳动生产率放在首位;允许多种经济成分并存,发展和利用商品交换;大胆利用资本主义特别是国家资本主义建设社会主义;在发展经济的同时要积极开展经济体制改革。这些精辟的观点为后世的社会主义全面改革奠定了基础。

列宁晚年对社会主义建设和改革的思考和构想更带有全局性和战略性。他认为，俄国社会主义经济的发展和改革必须以坚持十月革命道路合理性为前提，在帝国主义条件下经济落后国家先进行政治革命后发展经济建设社会主义，是世界发展一般规律的特殊表现形式，后进民族这种跳跃式超前发展同样具有历史的合理性。在这种条件下进行社会主义建设和改革必须从现实的实践出发，根据自身的经验来重新思考和认识社会主义。这种社会主义建设从总体上讲必须以实现农业合作化、优先解决农业问题，维护广大农民利益为基础来发展工业化和电气化。为了保证经济建设和改革的顺利进行，必须同时加强国家政权和执政党的建设和改革，必须开展文化建设和革命，从总体上提高全党全国人民的综合素质。列宁的这些宝贵思想对今天各社会主义国家的发展和改革事业仍然具有极强的指导作用。

此外，列宁的殖民地和民族解放理论以及马克思主义民族化理论和工农联盟理论，等等，不仅在当时对于推动社会主义革命和马克思主义的发展走出传统的欧美道路，使它们的发展真正具有世界意义发挥了巨大作用，对于今天在新的世纪重振社会主义雄风，开辟马克思主义发展的新局面仍有重大的现实意义。

三　列宁社会主义理论的崭新特色

列宁不仅为科学社会主义作出了伟大的历史性贡献，而且使自己的理论活动和成果极富特色，二者密切相关，内在地统一，共同构成列宁主义的特有机制。因此深刻认识这些特色，对于我们科学把握列宁主义的实质和真谛是绝对必要的。这些特色无论从内容还是形式上都是丰富多彩的，几乎体现于列宁的所有理论活动和成果之中。

其一，实践性是列宁理论的最大特色，也是我们认识其他特色的前提。虽然实践性是马克思主义创始人各种理论的题中固有之义，也是理解马克思主义哲学及其整个理论体系的钥匙。但是从总体上和大的历史时代的区分上，马克思时代是科学社会主义体系的创立时期，是国际无产阶级社会主义革命的准备和演练时期，不可避免地带有某种学理主义色彩。这一理论的实践性特色尚未充分展开。列宁时代是国际无产阶级社会主义革命全面高涨的年代，理论直接面对现实，付诸实践。实践的需要成为理论发展的直接动力和服务对象及检验标准。科学社会主义作为学说必须与实践融为一体。列宁曾经说，"现在一切都在于实践"，① "今天只能根据经验来谈社会主义"，② 要根据实践经验重新认识和思考社会主义。从某种意义也可以说，列宁的社会主义是实践的社会主义。

其二，时代性是列宁社会主义理论的又一显著特色。列宁对马克思主义的丰富发展以实践为基础，但这实践不是学理主义的抽象概念，而是特定时代的具体实践。是列宁首先把他所处的时代确定为帝国主义和无产阶级革命的时代，正是把握了时代的特点、时代的主题和时代精神，列宁才可能把马克思主义、把科学社会主义发展到一个崭新的阶段——列宁主义。可以这样讲，没有对大的历史时代的思考和认定，就不可能有马克思主义的新阶段，就不可能有列宁主义。

其三，战斗性即批判性是列宁主义产生和发展的时代特点决定的。马克思主义创始人曾经把唯物辩证法的实质归结为其批判性和革命性。他们理论的三大组成部分都是在批判一切陈旧学说中完成的。到了列宁的时代，他登上政治理论舞台首先面对的，是以马克思主义创始人的学生和直接继承者自居的第二国际修正主义和以普列汉诺夫为代表的俄国早期马克思主义。它们的情况和性质不尽相同，但是有一个重大的共同点就是都是和平时期的理论家，最终都成为新的革命高潮的落伍者、观潮者和反对派。作为虽然走上资本主义道路但发展水平极低的沙皇俄国，小资产阶级及其思想流派较之西欧有更大的势力和市场。所以列宁所面对的批判任务空前严重。他深有感触地指出，马克思主义每前进一步都要经过战斗。整个列宁主义都是在同第二国际修正主义和俄国国内各种资产阶级小资产阶级思潮的批判战斗中产生和发展起来的。没有批判和战斗，科学社会主义就不会变成现实的运动和制度。

其四，民族性、区域性与国际性、世界性的统一。由于马克思主义创始人曾经自称为"世界公民"，他们根据时代特点更加强调的是无产阶级

---

① 《列宁全集》第33卷，人民出版社1985年版，第208页。
② 《列宁全集》第34卷，人民出版社1985年版，第466页。

社会主义革命的国际性和世界性。后世的形而上学教条主义者出于各种目的往往据此否认马克思主义和社会主义的民族性和区域性的存在。其实，在辩证法看来，无产阶级社会主义革命事业和马克思主义的发展历来都是在民族性与国际性的统一中实现的，这也正是客观世界存在和发展的普遍性与特殊性、共性与个性有机统一的重要体现。愈是民族的，便愈是世界的，至今已经成为世人的常识。在坚持这种统一性中根据时代的特点和具体实践分别强调不同方面，突出哪一方面，这是对每一个马克思主义者的起码要求。在帝国主义时代，要想把无产阶级革命变为直接的现实，要想把马克思主义发展到一个新的阶段，必须突出强调民族性的一面。这是帝国主义时代政治经济发展不平衡规律的直接必然要求。由此，才有可能提出"一国胜利"理论和马克思主义发展民族化理论。一国、一个民族首先胜利，才有可能夺取世界各国、各民族社会主义革命的共同胜利，这已成为不争的事实。马克思主义民族化理论更是振聋发聩，意义重大。事实证明，没有民族化，没有民族特色，就没有生机和活力，马克思主义便成为教条，就不可能发展到今天。

其五，继承性和创新性的统一。在马克思主义发展史上，在处理对待前辈导师理论的坚持与发展、继承与创新的关系上，列宁树立了第一个光辉的典范。与第二国际的诸多理论家相比，在对马克思、恩格斯的生平事迹和理论活动的直观的具体的知识占有上，列宁并不占有什么优势，就是对马克思若干具体论述具体观点的掌握上列宁也不像考茨基等人那样把"成箱成箱"的资料堆积在大脑中，但是列宁对马克思主义基本原理、基本立场和方法，特别是对马克思主义精髓和真谛的理解和运用上堪称楷模。他的一系列重要论著，诸如《马克思学说的历史命运》、《马克思主义的三个来源和组成部分》等至今仍是对马克思主义科学体系的经典论述。他同第二国际修正主义和俄国民粹派的斗争始终紧紧抓住马克思主义的基本理论。他深知自己的历史使命，很少同论敌作书生式的学术之争。他英勇捍卫的始终是马克思主义的基本立场、观点和方法，是马克思主义的精髓和灵魂。因此，应当说列宁在理论和实践上的伟大成功，首先应归功于此。同时，列宁又确乎是在丰富和发展马克思主义、在理论创新上取得巨大成功的千古伟人。包括上述内容，列宁对马克思主义——科学社会主义的全部贡献无不充满创新精神。这种创新大致主要包括三个方面：一是对马克思恩格斯已有理论中固有之义未及阐发或发而未尽者，结合新的实践予以充分阐发和论述；二是马克思主义创始人从未论及，完全根据新的情况、新的需要和新的经验独立自主地提出新思想、新观点、新论断；三是从新的实践出发勇于纠正马克思恩格斯已有的过时的论断。这三种情况是互相交叉互相包容的。其根本特征在于，它们又总是与上述对马克思主义的坚持和继承有机统一在一起。坚持和继承是发展创新的根本前提，而发展和创新又是为了进一步更好更有力地坚持和继承，发展创新是坚持继承的生命线。

四 列宁社会主义理论的历史地位和伟大意义

从上述列宁的理论新贡献及其新特色的论述中已经分别地说明了列宁社会主义理论的历史地位和伟大意义。这里我们可以作一个更集中的概括：

其一，整个列宁主义理论是马克思主义科学体系发展的新阶段，列宁的社会主义理论同样是科学社会主义发展的新阶段。虽然后人一般不像列宁那样把马克思主义概括为哲学、政治经济学和科学社会主义三大组成部分，也把列宁主义区分为同样三大组成部分，但是毫无疑问列宁对马克思主义的伟大贡献同样遍布于哲学、政治经济学和科学社会主义等各个领域各个方面。由于科学社会主义理论本身的特殊性质、地位和作用，在马克思主义的创立时期，它就具有广义和狭义两种含义和称谓。到了列宁时代，这种传统仍在延伸和继续。而且由于时代的特殊性，即帝国主义的形成和发展使得无产阶级社会主义革命（和建设）已经由准备训练时期转变为直接实现的时期。新的革命风暴使马克思主义三大组成部分更加紧密地融为一体，科学社会主义理论的广义化态势更加强烈。从某种意义上可以讲，马克思主义的整个体系和所有理论都社会主义化了。列宁对马克思主义的发展和创新都更为自觉地集中到社会主义革命和建设的伟大目标和使命之中。这就决定了我们从总体上说列宁主义是马克思主义发展的新阶段，与列宁的社会主义理论是科学社会主义发展的新阶段具有不可分割的必然联系。

其二，列宁的社会主义理论首次实现了科学社会主义学说、运动和制度三者的有机统一。我们知道，首次提出科学社会主义学说、运动和制度三位一体思想的是马克思主义创始人。可以说这种"三位一体"说最完整、最全面、最深刻地揭示了科学社会主义的真谛、实质和秘密。但是在马克思主义创立和发展的第一阶段并未实现这种"三位一体",只是实现了理论学说与革命运动的密切结合。至于作为一种社会制度的社会主义,马克思恩格斯只能根据历史发展的总趋势和总规律提供一个大体构想和基本原则。忠实于历史和科学的马克思恩格斯不可能也不愿意为未来的社会主义制度提供详尽的蓝图和成熟的方案,这也正是科学社会主义与各种空想社会主义的重要区别之一。历史和后人都无权为此苛求马克思主义创始人。至于巴黎公社只能作为无产阶级夺取政权的预演。"巴黎公社的原则是永存的",很难将其作为社会主义制度建设的初步实践。但是,只有十月革命的胜利,苏维埃国家的建立,社会主义制度变为活生生的真实的存在,我们才有理由说,科学社会主义的"三位一体"由理论变为现实。列宁清醒地看到,这种"三位一体"虽然已经实现了,但这仍是一个不断探索、不断改革和不断完善的过程。虽然体现这种"三位一体"的苏联已经成为历史,但是列宁的历史功勋是不可磨灭的。这一历史功勋的不朽价值和伟大意义不仅在俄国,而且早已超出俄国。社会主义在中国和其他国家的存在和发展就是铁证。

其三,列宁的社会主义理论是科学社会主义与时俱进不断创新的光辉典范。认真研究列宁的历史贡献及其特色我们可以看出,与时俱进不断创新正是这一切能够产生和不断丰富发展的真正奥秘。列宁登上革命的政治舞台之初首先敏锐地觉察到时代的变化,经过广泛刻苦的科学研究,果敢地断定,时代已经发生了变化,资本主义已由自由竞争发展到垄断阶段,即帝国主义阶段。新的革命高潮的到来,无产阶级革命的理论和实践,一切的一切都要以新的时代的本质和特征作为根本依据和出发点。马克思主义——科学社会主义的全部理论都必须在新时代的新实践中重新接受检验,不断获得活力和发展。第二国际修正主义者和以普列汉诺夫为代表的俄国早期马克思主义者为新的革命高潮所淘汰,根本原因之一,不仅在于他们对时代的判断发生错误,而且在于缺乏与时俱进不断进取勇于创新的精神。

列宁的与时俱进不断创新精神,不仅表现在对时代的判断上,而且表现在他总是高度关注具体实践和形势的新变化新发展、关注对全局和事态发展有重大影响的新事物新现象，从而更深刻更准确地把握实际运动发展的规律和方向。他不仅敢于根据实际修正前辈导师的具有重要影响，但已过时的观点和结论，而且勇于修正自己经过实践检验过时或错误的论点。特别令人感动的是在他病重的晚年，这种与时俱进、不断创新的精神一如既往不断增强。他的著名的"晚年的思考"更是这种精神的经典精品，是留给后世最可宝贵的精神财富。

列宁的社会主义理论虽然取得了伟大的胜利，但是它同样不是教条。其中有的论点已被实践所动摇，还有待于新的更加复杂的实践的重新检验，站在新的时代高度，其中不少观点尚须再思考再探索。不过无论如何，列宁理论的精神实质，其基本理论、基本立场、观点和方法是不可动摇的。它的科学价值不仅超越国界，而且超越时代。我们完全有理由坚信这一伟大理论将使世界社会主义在新的世纪走出低谷，再振雄风，重新走向高潮的重要指南。

在此须要专门提及的是斯大林理论与实践与列宁理论的关系问题。列宁逝世后长达30年的时间，斯大林对苏联和其他国家社会主义革命和建设从理论和实践两个层面上讲都作出了重要贡献，同时也出现了诸多严重的错误，对苏联和其他国家的革命和建设造成严重损害。研究新时代社会主义在学说、运动和制度上的统一，讨论20世纪前半期的世界社会主义运动的发展，无论如何不能绕开斯大林的理论和实践。但是斯大林的历史功过是非是个重大课题，需要专门研究。大体上可以这样讲，他的功绩和贡献主要得益于并应归功于对列宁理论的运用和发展，而其过错与失误从根本上讲又无不归咎于对列宁理论的误解、偏离乃至背叛。当然这需要作具体的研究和说明，不能作机械地绝对化地理解。因为本书的任务是研究、论述马克思、恩格斯之后科学社会主义发展的新阶段，其代表只能是列宁和列宁主义，不可能对斯大林的问题作专门的研究和说明。斯大林在理论和实践上的功过得失将分别在各章相应的问题中顺便予以说明。

五　本卷的结构和逻辑关系

本卷作为《通论》全书的第二卷，是对全书总体构思和特色（社会主义学说、运动和制度三位一体）正式展开和全面体现的说明，共设三篇二十三章。依次分别研究和论述了列宁社会主义理论的基本问题、社会主义在俄国的胜利和20世纪前半期世界社会主义运动,大致对应了科学社会主义发展的列宁阶段的理论学说、社会制度和革命运动发展状况和相互关系。三者所以能够融为一体,就是因为它们之间具有不可分割的内在必然的联系。这里所讲的学说,实质正是进行社会主义革命和建设,确立和巩固社会主义制度的基本规律和互相关系的理论说明,而社会主义制度,不仅是社会主义革命和建设的规范和程式,而且是社会主义理论的制度化实践。所以,从本质上说很难将三者绝对分开,纯粹的理论学说、实践运动和社会制度的说明是不存在的,将三者区分开来分别说明,只是就主导方面而言。从总体上讲,三者的交叉和部分重叠,不仅是难以完全避免的,而且是必然的和必要的。

关于三篇各自的内容和章节设置也须要作如下说明:

上篇,关于列宁社会主义理论的基本问题。现在开设的章节显然难以概全。除已列出的八个方面之外,诸如无产阶级新型民主问题,关于工农联盟问题,等等,都还可以单列。某些重要内容由于篇幅的限制,只能将其并入已列章节加以说明。关于所列问题的次序排列,我们也作了反复思考。通行的排列准则一般有两条:一是按理论问题提出的时间先后;二是按诸问题的逻辑关系。前者比较容易实行。后者实行起来则有相当难度,不同学科,见仁见智,分歧自然很大。我们现在的排列以第二条准则,即诸理论问题的逻辑关系为主,同时兼顾时间顺序,如开篇首章讲帝国主义理论,盖因其他问题皆以时代问题为大前提。篇末以"晚年思考"作结,既考虑到时间顺序问题,又考虑到这一大问题内含的综合性。个别论题,如"马克思主义民族化理论"的设置则出于我们的独立思考和已有研究成果。在已经出版的相关论著中,尚未见将此问题单列出来。我们认为,这个问题无论从何角度看都具有极端重要性。特别是从马克思主义发展史的角度看,没有这一理论,就不会有马克思主义发展的各个阶段,不会有列宁主义也不会有毛泽东思想。因为每一个阶段都会有一种民族形式作为代表。这样安排是否有一点新意,姑妄列出,请专家指正。

中篇,社会主义在俄国的胜利,主要论列的是苏联社会主义制度的确立、完善和发展。本篇不仅在本卷而且在全书都占有重要地位。确认科学社会主义是学说、运动和制度的统一,始于马克思主义创始人,成于列宁。因此研究社会主义制度的确立和发展,只能始于列宁及其创立的苏维埃政权。但是长时间以来，人们对社会主义制度的研究不够重视，无论独立的研究，还是三位一体的综合研究及其成果都较为少见，故此研究难度较大。另外，总结科学社会主义发展的成败得失，特别是苏联的教训，从某种意义上讲，忽视或贬低制度建设从而否定社会主义体制改革的必要性，是社会主义国家出问题犯错误的根本原因之一。目前中国等社会主义国家正在进行体制改革，不仅是新发展的需要，也是吸取了苏联的教训、防止重蹈苏联覆辙的必然举措。因此研究苏联社会主义制度的建立和发展具有重大的现实意义。本篇的章次设置基本上按唯物史观社会结构理论的逻辑体系，一般不会有多大分歧。

这里仍然需要说明的问题是如何评价斯大林在苏联社会主义制度的确立和完善发展过程中的作用问题。虽然列宁生前从理论和实践的结合上为苏联社会主义基本制度的建立奠定了基础，指明了方向，确立了基本的结构和格局。但是列宁逝世太早，他关于苏联社会主义制度的改革、改善和发展的再思考并没有最后完成。随后斯大林领导苏联长达30年，因此后来我们所说的苏联社会主义制度的最后形态，主要是在斯大林领导下完成的，这也正是我们在这里研究和论述的主要内容之一。功过是非，成败得失，在实际上斯大林都应承担主要责任。

下篇研究论述的是20世纪前半期的世界社会主义运动，是在列宁主义和俄国十月革命影响和指导下除了苏联之外的欧洲、亚洲各国革命运动普遍高涨的状况。这些内容在各种国际共产主义运动的论著和教材中已有比较充分的论述，为今天的研究提供了重要前提。我们希望站在世纪之交的崭新历史高度，能对这一过程的成败得失、经验教训及其内在联系作一番新的审视。我们相信，当这一切自觉置于上述"三位一体"格局中进行研究和叙述时，不论作者还是读者都会获得一种新的感受和启示。

这里同样存在一个如何评价斯大林的影响和功过的问题。因为尽管从总体上这一切都是在列宁主义和十月革命的影响、推动和指导下进行的，但是在长达30年（欧亚各国，特别是东欧和中国革命主要是在这30年中进行的）的时间内列宁和十月革命的影响又主要是通过斯大林的理论和决策来实现的。从这个意义上还是可以这样讲，作为外因，影响和推动指导中国和欧亚各国革命的功过是非，仍由斯大林来承担主要责任，研究叙述这一切不能绕过斯大林。当然，具体的研究和叙述对象只能是欧亚各国革命过程自身。从根本上讲，这个过程的功过是非和经验教训，主要责任仍应由各国革命力量自身来承担。

由于从事这种"三位一体"的研究和论述仅是初步的探索和尝试，从项目的组织者到书稿撰写者经验都还不足，条件和能力也都有限，不当和失误之处在所难免。我们真诚期盼广大读者和专家的批评指正，以利于此项研究得到更快更好的开展，结出更加丰硕的成果。

上 篇
列宁社会主义理论基本问题

第一章 关于帝国主义的理论

19世纪末20世纪初，资本主义发展到一个全新的阶段，这时的资本主义已在许多方面与自由资本主义有很大的不同。列宁深入系统地研究了资本主义的这一变化，在继承前人和批判错误思潮的过程中形成了马克思主义的帝国主义理论。当今时代，资本主义同样发生了重大变化。列宁的帝国主义理论仍然闪耀着真理的光芒，但需要在新的实践中加以发展。

第一节 关于帝国主义理论的形成

一 列宁帝国主义理论形成的两个基本阶段

早在19世纪末，列宁就注意到资本主义经济发展过程中的某些新现象并作过一些研究。1895年，他已经注意到资本的集中和积累以及这一过程对社会生活所造成的影响，注意到大工业资本和大银行资本越来越多地带有国际的性质。5年之后，列宁研究了对殖民地掠夺同资本主义发展的联系，指出："凡是资本主义工业发展很快的国家，都要急于找寻殖民地，也就是找寻一些工业不发达、还多少保留着宗法式生活特点的国家，它们可以向那里倾销工业品，牟取重利。"[1] 1908年，列宁在批驳伯恩施坦否认马克思的资本主义经济危机理论时指出："卡特尔和托拉斯把生产联合起来了，但是大家都看到，它们同时又使生产的无政府状态变本加厉，使无产阶级的生活更加没有保障，资本的压迫更加严重，从而使阶级矛盾尖锐到空前的程度。最新的巨型托拉斯恰恰特别清楚、特别广泛地表明资本主义正在走向崩溃，不管这是指一次次政治危机和经济危机，还是

---

[1] 《列宁选集》第1卷，人民出版社1995年版，第279页。

指整个资本主义制度的完全崩溃。"① 他还研究了股份公司在资本集中过程中的作用，指出股份公司是大资本手中的一种万能的形式，通过这种大资本可以将分散在世界各地的资本合并在一起，因而实力更加雄厚。股份公司使百万富翁们不仅可以支配自己的百万财富，而且可以支配超过自己百万财富数倍的资本。

除此之外，列宁还在其他一些著作中，论述到了帝国主义的许多问题。不过，总的说来，在第一次世界大战之前，列宁虽然对帝国主义作了较为深刻的论述，但这种论述仅限于揭示它的某个侧面。

第一次世界大战之后，列宁创立了完整的帝国主义理论。1914年8月，酝酿已久的第一次世界大战全面爆发了。战争的一方是以德、奥为首的同盟国，另一方是以英、法、俄为首的协约国。这是一场为重新瓜分世界而争斗的帝国主义战争。战争的爆发促使列宁加紧了对帝国主义问题的研究。在战争初期，列宁写了许多同帝国主义问题有关的著作，对帝国主义本质作了全面和深刻的揭露，他明确指出了帝国主义的一些特点，如掠夺殖民地、瓜分世界、资本输出等。列宁第一次对帝国主义的基本经济特征作了初步概括，指出："让我们回想一下，从前的'和平的'资本主义时代被当今帝国主义时代所代替的基础是什么，基础就是自由竞争已让位于资本家的垄断同盟，整个地球已被瓜分完毕"，"而对世界的瓜分又迫使资本家从和平扩张转到用武装斗争来重新瓜分殖民地和势力范围。"②他还指出，帝国主义是"垂死的、衰老的、腐朽的"资本主义。此外，列宁还批判了考茨基的"超帝国主义论"，揭示了修正主义产生泛滥的历史根源和社会经济根源。在《社会主义与战争》中，列宁对帝国主义的基本经济特点作了一个十分精彩的概括："帝国主义是资本主义发展的最高阶段，这个阶段只是在20世纪才达到的。过去，不建立民族国家，资本主义就不能推翻封建主义，然而现在，旧的民族国家已经束缚资本主义的发展了。资本主义使集中发展到这样的程度，以致整个的工业部门都掌握在辛迪加、托拉斯这些资本家亿万富翁的同盟手中，几乎整个地球已被这些'资本大王'所瓜分，他们或者采取占有殖民地的形式，或者用金

---

① 《列宁全集》第17卷，人民出版社1988年版，第15页。
② 《列宁选集》第2卷，人民出版社1995年版，第472~473页。

融剥削的千万条绳索紧紧缠绕住其他国家。自由贸易和竞争已经被追求垄断、抢夺投资场所和原料输出地等等的意向所代替。帝国主义的资本主义,已经由反封建主义斗争中的民族解放者,变为最大的民族压迫者了。资本主义已经由进步变为反动,它使生产力发展到了这样的程度,以致使人类面临这样的抉择:要么过渡到社会主义,要么一连几年、甚至几十年地经受'大'国之间为勉强维持资本主义(以殖民地、垄断、特权和各种民族压迫作为手段)而进行的武装斗争。"① 正是在这部著作中,列宁编制了一个列强瓜分世界领土的表格,并稍加修改后,被用到了他的关于帝国主义的最重要的著作《帝国主义是资本主义的最高阶段》一书中。1915 年 8 月,列宁在《论欧洲联邦口号》中深刻地揭示了资本主义经济和政治发展的不平衡性,指出社会主义革命可以首先在某些国家甚至在单独一个国家中获得胜利。

1915 年末,列宁开始着手写作《帝国主义是资本主义的最高阶段》这一著作,1916 年 6 月 19 日该书完稿。《帝国主义是资本主义的最高阶段》的完成,标志着列宁帝国主义理论的最终形成。

二 列宁的帝国主义理论是在批判继承前人的基础上形成的

列宁创立的帝国主义理论是对马克思主义理论的巨大发展,它是马克思、恩格斯的经济理论,特别是《资本论》的基本原理在帝国主义时代创造性的运用。不仅如此,它还吸收了某些资产阶级经济学家的一些合理的理论因素。列宁在为写作作准备时,特别注意收集不同流派的著作,阅读了各种各样人物所撰写的科学论文和专著,不论是小资产阶级的还是资产阶级的学者,不论是改良主义者、修正主义者还是机会主义者的著作,他都认真地加以研究,予以批判,吸收其精华,抛弃其糟粕。其中霍布森和希法亭对列宁帝国主义理论的创立影响最大。

霍布森是英国资产阶级经济学家,一生中写下了大量的著作,其中许多都涉及帝国主义问题,《帝国主义》一书更是系统研究帝国主义的专著。霍布森在研究帝国主义的经济和政治特点时曾对新老帝国主义作了对比,认为新帝国主义和老帝国主义不同的地方在于:第一,它已经不是一

---

① 《列宁选集》第 2 卷,人民出版社 1995 年版,第 512~513 页。

个日益强盛的帝国，而是几个帝国为政治上扩张和获得商业利益的同样的欲望所驱使而互相竞争的理论和实践；第二，金融利益或属于投资的利益统治着商业利益。列宁认为霍布森的这个认识比较正确地指出了现代帝国主义的两个具体的历史特点，其一是在帝国主义时期同时存在着几个帝国主义国家以及它们之间的互相争夺；其二是金融资本家统治着商业资本家。在霍布森看来，这后一个特点才真正反映了帝国主义的本质。就是说，帝国主义国家是为了投资而不是为了贸易才发展市场，并利用廉价的国外生产的优越经济，来代替他们本国的工业和维持政治上与经济上的阶级统治。对于帝国主义的政治特点，霍布森认为，对外实行军国主义，诱使各先进的资本主义国家的政府和人民参加对殖民地的掠夺；对内则建立寡头政治、专制政治，把国家变成为少数金融资本家服务的工具。

列宁认为，霍布森的帝国主义理论揭露了帝国主义的寄生性质，具有一定程度的正确性。"这位英国经济学家丝毫不想以马克思主义者自居，但是他在1902年的著作中却给帝国主义下了一个深刻得多的定义，对帝国主义矛盾作了深刻得多的揭露。"① 霍布森预言，新帝国主义本质上同古式的帝国主义（罗马帝国）没有任何不同，它也是那样的寄生者。但是注定寄生者要死亡的自然规律，不仅适用于个人，而且适用于国家。过程的复杂性和事物本质的被掩盖可以推迟死亡，但不能逃避死亡。列宁后来在写《帝国主义是资本主义的最高阶段》一书时，吸取了霍布森的这些思想。

霍布森虽然注意到了帝国主义的某些特点，较为深刻地揭露了帝国主义的某些矛盾，并对帝国主义作了一个较为深刻的分析，但他并不了解造成这种状况的根源。霍布森不懂得正是资本主义生产的集中和积聚造成了垄断，造成了银行资本和工业资本的融合以及因此而生成的金融资本对政治经济的统治，产生了帝国主义的寄生性和腐朽性。在霍布森看来，帝国主义仅仅是国家在少数金融寡头诱迫下所采取的一种政策，是一种以暴力手段强行掠夺投资场所的一种政策。霍布森认为，他们推行的这种政策表明资本的生产力已经增长过度了。这又意味着储蓄和投资的过程进展太快，而消费则过少，因而造成了国内市场上国民贸易的周期性暴跌和争取

---

① 《列宁选集》第2卷，人民出版社1995年版，第707页。

国外市场问题。他认为采用这种方法夺取的新市场在经济上得不偿失,在政治上使自己遭到其他国家的反对。他坚持认为,要解决储蓄和投资的增长远远超过需求增长的矛盾的办法在于改革分配制度。基于这样的认识,霍布森在肯定资本主义制度的大前提下,建议由国家实行干涉,采取各种社会制裁方法,来实现较好的分配和社会福利。这就是霍布森的社会改良的救治方法。

霍布森是资产阶级和平主义者,企图以国际资本联盟共同瓜分世界来取代帝国主义之间的争夺和战争。对此,列宁给予了坚决的批判,认为这是一种欺骗群众、麻痹人民斗志的幻想。

希法亭是德国社会民主党和第二国际的理论家。他在《金融资本》一书中对帝国主义经济问题进行了可贵的研究。列宁对此给予了充分肯定。"1910年,在维也纳出版了奥地利马克思主义者鲁道夫·希法亭的《金融资本》一书(俄译本1912年在莫斯科出版)。虽然作者在货币理论问题上有错误,并且书中有某种把马克思主义同机会主义调和起来的倾向,但是这本书对'资本主义发展的最新阶段'(希法亭这本书的副标题)作了一个极有价值的理论分析。"[1] 列宁在形成自己的帝国主义理论的过程中吸收了希法亭理论中的一些正确、合理成分。

第一,关于对帝国主义历史地位的描述。希法亭认为,随着资本主义生产的发展,资本有机构成不断提高,这样就使资本周转周期延长,扩大企业规模所需的资本增加,所有这一切都加深了工业对银行的依赖,工业资本的很大一部分已不属于运用这些资本的工业资本家,这样资本便成了"金融资本"。在工业部门中,由于竞争而造成了资本的集中化和卡特尔等垄断组织的产生。把大量资本投入工业的金融资本,由于自己的切身利益,十分关心如何减少竞争,因而也极力促进垄断的发展。集中化的规律在银行业中也同样发生作用,最后必将形成一个能控制所有货币和社会生产的"中央银行"。这样,希法亭便很自然地把帝国主义看作是资本主义合乎规律的一个发展阶段。列宁非常重视希法亭对帝国主义的这种分析,认为它比较正确地反映说明了资本主义的历史地位,说明了帝国主义是资本主义的继续,是一个新的阶段,是它的内在矛盾合乎规律发展的结果和

---

[1] 《列宁选集》第2卷,人民出版社1995年版,第583页。

激化的反映，而不是资本家采取的可有可无的政策。

第二，关于金融资本的定义、活动特点及政治上的反动性。希法亭分析了银行在资本主义生产发展过程中的作用。他认为，在最初，银行的职能主要是：作为支付的中介人；变不活动的资本为活动的资本；把各个阶级的货币形式的收入集合起来，贷给资本家，使闲置在各个阶级手中的货币得到生产的使用。随着银行作用的增强，其职能也发生了巨大变化，已不是简单的中介人，它借助于自己强大的货币力量和优越的地位，越来越使工业资本家依赖于自己。也就是说，银行愈来愈成为工业资本家。通过这种方式实际上变成了工业资本的银行资本，即货币形式的资本，希法亭把它叫作金融资本。列宁一方面肯定了希法亭的这个定义，另外又指出了它的不足。"这个定义不完全的地方，就在于它没有指出最重要的因素之一，即生产和资本的集中发展到了会导致而且已经导致垄断的高度。但是，在希法亭的整个叙述中，尤其是在我摘引这个定义的那一章的前两章里，着重指出了资本主义垄断组织的作用。"[1] "生产的集中；从集中成长起来的垄断；银行和工业日益融合或者说长合在一起——这就是金融资本产生的历史和这一概念的内容。"[2]

对于金融资本的活动特点，希法亭指出，不仅在工业高涨时期金融资本依仗资本的优势可以获得大得无比的利润，而且在衰落时期它也可以利用中、小企业的倒闭的机会而发财。希法亭在《金融资本》一书中，揭示了金融资本家如何利用创办企业、发行股票赚取"创业利润"的情况。列宁在其著作中引用了这些例子。

对于金融资本的反动性，希法亭指出，金融资本家在国内外极力推行的帝国主义政策的特点在于：它为了在国家中占统治地位的大资本家阶层的利益，力求以国家的暴力手段来解决经济竞争问题。它依靠保护关税来为本国卡特尔保护国内市场，通过自己的殖民政策和瓜分势力范围的政策来保证本国大资本家稳固地垄断世界市场的某一部分，用各种经济的和政治的手段把小国、弱国变为本国金融资本家长期霸占的地盘。这样就必然会加深同其他帝国主义国家的矛盾。因此它就要加强国

---

[1] 《列宁选集》第2卷，人民出版社1995年版，第612~613页。
[2] 同上书，第613页。

家政权，加紧军备竞赛并因此而给全世界人民带来灾难深重的战争祸害。金融资本家的统治，在国内必然是以寡头政治代替民主政治，对外则以战争政策代替和平的国际关系。在这种情况下无产阶级反对帝国主义的斗争不应当是以自由贸易的政策代替金融资本的政策，而应当是以社会主义代替帝国主义。列宁充分肯定了希法亭的这些论述，在自己的著作中进行了大量引用。

第三，关于帝国主义间争夺殖民地领土的斗争。希法亭认为，金融资本力求建立尽可能广大的经济地区。用关税壁垒防止外国在这些地区的竞争，以便使这些地区变成民族垄断同盟经营的地区。他认为每一个资本主义垄断组织都有一个固有的欲望，力图用对自然资源的垄断来巩固自己的经济垄断。列宁在研究帝国主义问题时，注意到了希法亭的这些论述。但是，列宁指出，希法亭的这种提法是不正确的，它没有说明现代帝国主义同过去历史上曾经发生过的争夺殖民地领土斗争的主要区别。现代帝国主义国家争夺殖民地领土斗争的特点在于，最富裕的国家已把全世界的领土瓜分完毕；正因为如此，重新瓜分世界的斗争才特别尖锐，冲突才特别激烈，而且必然导致战争。

第四，关于帝国主义与民族压迫之间的关系。希法亭认为，由于资本的输入破坏了各殖民地国家旧的腐朽的生产关系，使它发生了根本性的革命变革，千百年来闭塞的自给自足的农村经济遭到了破坏，商品经济开始发展起来，他们正在被卷入资本主义的漩涡之中。资本主义的发展，促进了这些落后民族的觉醒，他们提出了当初欧洲民族曾经认为是至高无上的目标，这就是建立统一的民族国家，以此作为争取经济自由和文化自由的工具。这种运动必将给欧洲资本造成严重威胁，使其不断增加兵力才能维持自己的统治。列宁肯定了希法亭的这一观点，并作了补充。列宁指出："帝国主义不仅在新开辟的地区，而且在原有地区也实行兼并，加紧民族压迫，因而也使反抗加剧起来。"[①]

总之，列宁批判地吸收了霍布森、希法亭帝国主义理论中的进步、正确成分，并加以改造，在此基础上形成了马克思主义的帝国主义理论。

[①] 《列宁选集》第 2 卷，人民出版社 1995 年版，第 682 页。

三 列宁的帝国主义理论是在对错误思潮的批判中形成的

霍布森、希法亭对帝国主义问题进行了深入的研究，作了极有价值的理论分析，列宁吸收了他们的正确思想，并运用到他的帝国主义理论当中。

考茨基，1854年出生在布拉格的一个知识分子家庭。他曾在宣传马克思主义方面作过许多贡献，但也不时流露出一些机会主义的观点。在第一次世界大战中他完全蜕变为机会主义者，成为国际工人运动中的"中派"代表人物。

第一次世界大战爆发不久，考茨基出版了《帝国主义》一书，提出了"超帝国主义理论"。次年，在《民族国家、帝国主义国家和国家联盟》一书中，他又作了进一步的论述。他认为，帝国主义是高度发展的工业资本主义的产物。帝国主义就是每个工业资本主义民族力图吞并或征服愈来愈多的农业区域，而不管那里居住的是什么民族。从纯经济的观点来看，资本主义可能再经历一个新的阶段，即把卡特尔政策应用到对外政策上的"超帝国主义阶段"。在这个阶段，各国的金融资本将实行国际联合，共同剥削世界，不再互相斗争，从而出现永远和平的新纪元。

很明显，如果不着重分析、揭露和批判"考茨基主义"这一国际机会主义思潮，如果不充分估计这一国际思潮的政治影响和社会影响，那么，在解决共产主义运动和即将到来的社会革命的实践任务方面，就会一步也不能前进。这个神圣的任务就历史地落到了列宁的肩上。

考茨基认为，不应当把帝国主义理解为一个经济阶段，而应当理解为一种经济政策；不应当把帝国主义和现代资本主义看作一个东西，而应当把帝国主义理解为金融资本家情愿采取的一种政策，是工业高度发达的资本主义国家所采取的一种力图吞并、征服落后的农业国家的政策。在考茨基看来，帝国主义作为一种特殊类型的资本主义政策，正像它取而代之的曼彻斯特主义一样，后者也不表示一定的经济阶段，尽管它必然和这种经济阶段联系在一起。考茨基正是从这样一种错误理论出发，并得出结论：帝国主义只是一个经济实力问题，而不是一种经济必然性。对于资本主义经济生活来说，帝国主义不仅不是必要的和最有效的政策，而且是一种最费钱和最危险的政策。除此之外，资本家阶级还可以采取其他经济意义大得多的办法。"资本主义不是不可能再经历一个新的阶段,就是把卡特尔政策应用到对外政策上的超帝国主义的阶段。"①

列宁对考茨基的帝国主义理论进行了彻底批判。列宁指出,考茨基给帝国主义所下的定义是根本要不得的。从政治方面来说,把帝国主义归结为力图兼并是对的,但这是极不充分的,因为帝国主义是力图施用暴力和实行反动的。从经济方面说,考茨基这个定义的错误就更为明显,因为帝国主义的特点恰好不是工业资本而是金融资本;不是只兼并农业地区,甚至还力图兼并工业极不发达的地区。因为在世界领土已经瓜分完结的时候,它不得不把手伸向任何一块土地。而且帝国主义的一个重要特点,是几个大国都想争夺霸权,削弱对手。考茨基的定义最主要的错误还在于,它把帝国主义的政策和产生这种政策的经济基础割裂开来,并由此得出,这种帝国主义政策可以被另一种和平的超帝国主义政策所代替。列宁的批判也正集中于此。列宁指出,帝国主义决不是一种可有可无的政策,而是资本主义合乎规律发展的结果,是它全部发展所造成的一个必然的历史阶段。

正是在批判考茨基"超帝国主义"理论的基础上,列宁形成了马克思主义的帝国主义理论。

第二节 关于帝国主义理论的基本要点

列宁关于帝国主义的理论内容博大精深,涵盖甚广,从不同的角度和方面可以进行不同的概括。

一 垄断、腐朽与垂死——帝国主义的三大基本特征

(一)帝国主义是垄断的资本主义

列宁指出:"帝国主义最深厚的经济基础就是垄断。"

第一,生产和资本的集中发展到这样的高度,以致造成了经济生活中起决定作用的垄断组织。生产的集中,引起垄断是资本主义发展的一般的和基本的规律。19世纪末20世纪初,随着重工业的迅速发展,大型联合

---

① 考茨基:《帝国主义》,三联书店1964年版,第26页。

企业在各国迅猛增加，经济危机又加速了这一过程，垄断组织以不同的形式在各国出现、发展并逐渐占据统治地位，控制了社会生产和流通。垄断的实质是追求高额利润。垄断资本是一种独占性的资本剥削关系，它活动的目的不是简单地在市场竞争中取得一般平均利润，而是凭靠其垄断地位，控制社会生产和市场销售，规定垄断价格，谋取高额的垄断利润。这是垄断资本运动的唯一目的和动机。

垄断代替了自由竞争。但是，必须同时注意到两个事实：其一，垄断并没有使资本主义私有制经济基础发生根本变化，只不过使私有制更加发展，大批生产资料更加集中于一小撮资本家手中；其二，垄断组织无论怎样高度发展，客观上不会出现"纯粹垄断"的局面，实际状况只能是在大资本旁边并存着大量中小资本企业。因而垄断不仅不能消除竞争，反而会加剧各资本家之间的矛盾和争夺。事实上垄断与竞争的关系，大体上是这样：垄断是从竞争中形成的；垄断是自由竞争的对立物，资本家结成垄断组织的目的之一是使竞争更加复杂、剧烈和残酷。

第二，银行资本和工业资本已经溶合起来，在这个金融资本的基础上形成了金融寡头。列宁在对资本主义的生产集中和垄断分析之后，又把生产和流通结合起来进行考察，发现在自由竞争资本主义时代，工业资本在经济生活中占着统治地位，当时的主要经济活动和重要政治机构为工业资本家所左右；但在垄断资本主义时代情况发生了变化，帝国主义的特点，恰好不是工业资本而是金融资本控制着各主要资本主义国家的经济与政治。这时，资本主义国家的银行业的作用发生了巨大的变化。一方面，生产集中向银行业提出了巨额信贷等新的要求；另一方面，受到银行业自身竞争的驱使，银行业也出现了集中的现象，并且在生产和资本集中基础上，银行业中也产生了垄断组织，"银行就由中介人的普通角色发展成为势力极大的垄断者"[①]。经过了一定的发展过程，垄断的工业资本和垄断的银行资本逐步溶合或混合生长成为一种既不单纯是工业资本，也不单纯是银行资本的新型的垄断资本形态——金融资本，同时产生了控制金融资本的一小撮金融寡头。金融资本和金融寡头不仅依靠自有资本的所有权，而且依靠庞大的金融机构，通过参与制等形式，控制了所有资本家和小业

[①] 《列宁选集》第2卷，人民出版社1995年版，第597页。

主的几乎全部资本,大大加强了垄断资本的实力,从而在更广大的范围内剥削工农劳动者,攫取高额垄断利润。经济上的强者要维护自己的地位,一定要握有政治权力,使自己在政治上处于支配地位。金融寡头在建立起自己对经济的统治后,便采取多种措施,组织智囊团影响、控制、左右政府的对内对外政策,通过收买官吏、派出代理人员,甚至亲自进入政界,直接操纵政府机构,从而建立了对帝国主义国家政治的统治。

第三,资本"过剩"导致大量资本输出。列宁认为,在帝国主义时期,资本主义已经成为一个世界经济体系,加强对外经济联系,掠夺世界各国人民,是金融资本统治的重要方面。他全面地研究了资本主义的国际经济关系,发现资本输出具有了特别重要的意义。本来,在自由竞争资本主义时代,资本输出就已经存在,但当时作为特征的是商品输出,这主要是因为工业资本的统治造成资本主义国家商品相对过剩,而进入垄断资本主义时代,虽然商品输出仍有非常重要的作用,但根本特征却是资本输出。这主要因为,资本输出是金融资本的职能,是垄断统治的必然结果。其一,垄断组织在所有发达资本主义国家都占了统治地位,在剥削劳动者和排挤中小资本的基础上积累了大量资本;而垄断统治却又限制了资本在国内的自由转移和运用,使国内有利的投资场所相对缩小,结果在发达资本主义国家普遍地出现了大量"过剩资本"。其二,少数最富国家在世界上处于垄断地位,垄断资本家从殖民地及其他国家榨取了大量利润,使少数最富国家的资本过剩问题显得更加突出。这就迫切要求把资本输出国外,寻找有利的投资场所。同时,进入帝国主义阶段,原来的一些落后国家已经卷入资本主义世界市场,在那里资本少,地价贱,工资低,原料便宜,铁路公路也已开通,这又为接受资本输出提供了可能条件。

通过资本输出,帝国主义国家不仅从输入国搜刮大量利润,而且往往借它来带动商品输出,争夺势力范围,逐步控制落后国家的经济和政治,使之逐步沦为帝国主义列强的殖民地和附属国。因此资本输出是"帝国主义压迫和剥削世界上大多数民族和国家的坚实基础","是极少数最富国家的资本主义寄生性的坚实基础"。[①] 资本输出这一经济现象表明,金融资本不仅掠夺本国人民,而且还掠夺全世界其他国家人民,特别是经济

[①] 《列宁选集》第2卷,人民出版社1995年版,第628页。

不发达国家的人民。可见，资本是一种国际力量，要想彻底战胜它，就需要国际范围内的工人共同行动起来。

第四，与资本输出密切相连，经济上瓜分世界市场的资本家国际垄断同时产生。国际垄断组织是在国内垄断的基础上发展起来的，又是各国大垄断资本集团在国际经济领域激烈斗争的产物。资本家国际垄断同盟的出现，表明垄断组织的势力已越出国界，不同国家的垄断资本集团联合起来，实行对全世界人民的剥削和奴役。列宁把这种现象称为"超级垄断"，指出这是全世界资本和生产集中的一个新的、比过去高得多的阶段。这时，资本主义的再生产过程开始在世界范围中进行，一些国家的垄断组织的相当部分产品，不仅在国外销售，而且在国外生产，它们进行生产的原材料也来自世界各地。这样，资本主义世界经济体系逐步形成。国际垄断同盟这种新型的超级垄断组织的产生，是帝国主义在经济方面的一个重要标志。

第五，国际垄断组织在经济上对世界的分割，必然导致帝国主义列强为争夺殖民地、抢占世界领土展开激烈的斗争。对于帝国主义国家，殖民地有着特殊重要的意义。它是重要的原料来源，是可靠的资本和商品输出市场，因而可以保证帝国主义列强获得稳定的垄断利润。"资本主义愈发达，原料愈感缺乏，竞争和追逐全世界原料产地的斗争愈尖锐，抢占殖民地的斗争也就愈激烈。"[①] 正是因为这样，列宁认为，帝国主义是全世界殖民政策的特殊时代。到了帝国主义阶段，各资本主义列强已经把世界领土分割完毕，在整个世界范围内形成少数帝国主义强国对殖民地和附属国统治的格局。世界分割完毕是帝国主义这个时期的重要经济特征。当然分割完毕，并不是说不可能重新分割了。随着各资本主义国家经济实力的迅速变化，它们之间不断地进行重新分割世界的斗争。但这已经不是世界领土从"无主"变为"有主"的问题，而是从一个"主人"转归另一"主人"的问题了。

总之，帝国主义的经济实质是垄断，帝国主义是垄断的资本主义。

（二）帝国主义是腐朽的资本主义

列宁所说的帝国主义的腐朽性，实际上是指资本主义生产关系已经严

[①] 《列宁选集》第 2 卷，人民出版社 1995 年版，第 645 页。

重地阻碍生产力发展的情况。资本主义经济制度始终存在着一个基本矛盾，即生产的社会性和生产资料资本主义私人占有的矛盾。因而资本主义从它诞生起，就一直存在着生产关系和生产力既相适应又不相适应的情况，只是这种适应情况是不断发展变化的。当资本主义制度取代封建制度之初，新的资本主义生产关系适合生产力发展要求的一面是主要的，从而为生产力发展开辟了广阔的前景；而当资本主义进入它自身发展的最后阶段，这种生产关系不适合生产力的发展要求的一面就成为主要的，从而会妨碍生产力的发展。事实正是这样，在资本主义经济制度建立初期，社会生产力得到了极其巨大的发展。虽然19世纪初生产关系阻碍生产力发展的作用日益明显。比如，1825年爆发了资本主义历史上第一次"生产过剩"经济危机，表明这种生产关系对生产力的不适应方面已逐步发展。但是，总的来说，19世纪70年代以前，资本主义基本上还是向上发展的。直到19世纪末20世纪初，自由竞争的资本主义转化为垄断资本主义，大量社会财富被一小撮垄断寡头所占有，这同高度社会化的生产力是极不相容的，因而垄断资本主义经济关系成为人为地阻碍技术进步和生产力发展的力量。根据这种情况，列宁认为资本主义已经进入了自身发展的腐朽阶段，产生了腐朽性。

第一，垄断统治导致了资本主义生产和技术发展的停滞趋势。由于垄断组织依靠自己特殊的垄断地位，可以控制垄断价格，获取高额利润，因而对技术改进的积极性相对下降，使技术进步的动因在相当程度上消失；同时它们凭借其垄断地位，可以人为地阻碍新技术的采用和生产的发展，结果使生产和技术的发展出现了变化。列宁指出："如果以为这一腐朽趋势排除了资本主义的迅速发展，那就错了。不，在帝国主义时代，某些工业部门，某些资产阶级阶层，某些国家，不同程度地时而表现出这种趋势，时而又表现出那种趋势。"[①] 这种腐朽性决不排除资本主义在个别工业部门，在个别国家或在个别时期内的惊人迅速的发展。其一，帝国主义阶段，资本主义国家生产和技术的前进存在着两种趋势，一种是停滞和腐朽趋势，另一种是发展甚至迅速发展的趋势，这两种趋势同时存在，交织在一起，在一个部门或一个国家，时而表现为这种趋势，时而表现为那种

---

① 《列宁选集》第2卷，人民出版社1995年版，第685页。

趋势。其二,由于生产力是社会生产中最活跃最革命的因素,随着生产的物质手段日益增多,劳动者文化素质日渐提高,科学技术日趋进步,生产力总是不断向前发展的。同时,在资本主义制度下,垄断不可能达到纯而又纯的程度,垄断决不能全面地、长久地排除世界市场上的竞争,因而整个说来,资本主义生产和技术的发展比以前要快得多,而不是慢了,当然这种发展带有更不平衡的特点。其三,总的讲,垄断在经济生活中占了统治地位,凌驾在竞争之上,因而帝国主义时期生产和技术方面的基本趋势是停滞,生产和技术的进步远远落后于社会生产条件为其提供的客观可能性,并在各方面会造成严重的浪费现象。这种情况在垄断资本主义条件下是不会改变的。

第二,垄断统治决定了资本主义的寄生性。掌握大量货币资本的金融寡头对经济生活的控制,使得完全靠货币资本的利息收入为生的食利者,与企业家等参与资本运作的人的分离达到极严重的程度,从而在帝国主义列强的国内造成了一个脱离生产活动、终日游手好闲、专门以"剪息票"为生的食利者阶层。同时,随着资本输出的增长和国际垄断组织的发展,这少数列强成为国际剥削者,一些国家国内经济停滞,变成了以掠夺广大殖民地和经济不发达国家来支撑其统治的食利国。食利阶层和食利国的形成和发展,标志着一小撮金融资本家"完完全全脱离了生产",成为生产过程中多余的人,它给几个靠剥削殖民地的劳动为生的帝国主义国家"打上了寄生性的烙印"。①

第三,帝国主义的腐朽性表现在资产阶级对工人阶级的腐蚀上。列宁指出:"帝国主义有一种趋势,就是在工人中间也造成一些特权阶层,并且使他们脱离广大的无产阶级群众。"在帝国主义国家中,垄断资产阶级利用其高额利润的一部分收买工人阶级的上层,使这些人享有种种特权,过着优越的生活,从工人队伍中分离出来,成为工人贵族。他们完全丧失了一般无产者所具有的革命品质和要求,为了一己利益完全投入垄断资产阶级的怀抱,变成资产阶级的"看门狗"。由此引起了工人运动的分裂,使机会主义得到发展,使工人运动出现暂时腐朽的趋势,使无产阶级出现机会主义的倾向。

---

① 《列宁选集》第 2 卷,人民出版社 1995 年版,第 661 页。

第四，垄断统治推动资产阶级国家在国内外实行反动统治。对内强化国家机器，镇压工人运动；对外推行侵略政策和战争政策，压制民族解放运动，粗暴干涉他国内政。列宁指出："帝国主义是金融资本和垄断组织的时代，金融资本和垄断组织到处都带有统治的趋向而不是自由的趋向。这种趋势的结果，就是在一切政治制度下都发生全面的反动，这方面的矛盾也极端尖锐化。民族压迫、兼并的趋向即破坏民族独立的趋向（因为兼并正是破坏民族自决）也变本加厉了。"①

（三）帝国主义是垂死的资本主义

列宁曾指出："根据以上对帝国主义的经济实质的全部论述可以得出一个结论，即应当说帝国主义是过渡的资本主义，或者更确切些说，是垂死的资本主义。"② 列宁的这一光辉思想，不仅清楚地指明了帝国主义在资本主义发展中的历史地位，而且阐明了它在整个人类历史发展中的地位。

第一，垄断统治使社会生产力有了更大的发展，为资本主义制度的灭亡和社会主义制度的胜利，提供了最完备的物质准备。

第二，在垄断阶段，无产阶级受到了更好的教育，有了一定的文化修养，在高度社会化的大生产的熏陶下，在革命政党用马克思主义教育下，无产者的革命思想和组织纪律性将得到进一步提高，革命的主观力量更加成熟。

第三，垄断统治使资本主义的基本矛盾及由此而引起的其他矛盾达到极其尖锐的程度，推动着新的社会生产力必然去冲破已经束缚生产力发展的资本主义生产关系。

其一，无产阶级和资产阶级的矛盾空前激化。自由竞争发展为垄断，垄断资本家对无产阶级和其他劳动人民在经济上的剥削大大加重，社会两极分化更加突出，人民生活日趋恶化。垄断资本家对人民经济上剥削的加重，必然会引起和产生对群众政治压迫的加强。列宁指出，垄断资本主义的政治上层建筑，就是从民主制转向政治反动。自由竞争要求民主制；垄断则要求政治反动。"在政治方面，帝国主义是力图使用暴力和实

---

① 《列宁选集》第 2 卷，人民出版社 1995 年版，第 681~682 页。
② 同上书，第 686 页。

行反动。"① 垄断资本的统治关系和同它相联系的暴力，正是"资本主义发展的最新阶段"的典型现象，正是经济垄断组织的形成必然引起而且已经引起的结果。垄断资本对劳动人民经济剥削的加重和政治压迫的加剧，必然使而且已经使国内阶级矛盾尖锐化。正如列宁所指出的，是帝国主义把群众推向革命斗争，因为它使阶级矛盾首先使无产阶级同资产阶级之间的矛盾大大加剧。

其二，帝国主义和殖民地、半殖民地人民之间的矛盾空前激化。列宁指出，帝国主义是一小撮大国对世界各民族进行愈来愈厉害的压迫的时代。垄断是从殖民政策中成长起来的。帝国主义国家的垄断资产阶级为了追求最大限度的剩余价值，在加重对本国人民剥削的同时，还在世界范围内，从金融上、产权上，甚至从生产上控制了整批的工业部门，对殖民地和半殖民地人民实行野蛮的掠夺。在政治上，帝国主义者以征服者的地位，残酷压迫殖民地、半殖民地人民，并扶植、勾结当地的反动阶级，共同镇压被压迫民族的民族解放斗争。因此，在帝国主义时代，殖民地和半殖民地的民族解放战争不仅是可能的，而且是不可避免的。帝国主义最重要的特征之一，正在于它使反对民族压迫的斗争扩大化和尖锐化。由此必然得出的结论是：帝国主义往往要产生民族战争。

其三，帝国主义国家之间的矛盾空前激化。"帝国主义的一个重要特点，是几个大国都想争夺霸权。"争夺霸权，也就是争夺商品销售市场、原料来源和投资场所，争夺领土和划分"势力范围"，从而削弱对方，摧毁对方的霸权。这是帝国主义本性的必然表现。列宁指出："资本家瓜分世界，并不是因为他们的心肠特别狠毒，而是因为集中已经达到这样的阶段，使他们不得不走上这条获取利润的道路。"② 由于资本主义经济政治发展总是不平衡的，所以为了重新瓜分世界而进行的帝国主义战争就是不可避免的。帝国主义战争把资本主义的一切矛盾集合在一起，并且使其空前激化，从而加速了无产阶级社会主义革命的到来。

正是由于上述原因，全世界无产者和被压迫民族终将联合起来，进行社会主义革命斗争，以便结束帝国主义的统治，建立崭新的社会制度。

---

① 《列宁选集》第 2 卷，人民出版社 1995 年版，第 653 页。
② 同上书，第 638 页。

对于帝国主义是垂死的资本主义，不能简单化地加以理解，不能把垂死理解为立即死亡或很快死亡。因为，这既不符合历史事实，也不符合列宁提出这个命题的本意。从列宁的全部论述来看，帝国主义是垂死的资本主义，首先是说明帝国主义的过渡性。列宁把帝国主义的过渡性和垂死性等同。十月革命的胜利、中国革命的胜利以及第二次世界大战以后欧亚一系列社会主义国家的建立，无可辩驳地证明了列宁这个论断的正确性。

正确理解列宁关于帝国主义的垂死性，必须看到帝国主义的死亡是一个过程，就是说，必须看到这一过渡的长期性。帝国主义的产生，自由资本主义变为垄断资本主义，意味着资本主义在世界范围内开始死亡，世界历史开始逐步向社会主义过渡。但是，这一过程并不是转眼即逝的。资本主义在全世界范围内过渡到社会主义要经过一个相当长的历史阶段。早在1914年列宁就指出，帝国主义就是完成了自己所能完成的一切而走向衰落的资本主义。这是一个特殊时代，它不是存在于社会党人的意识中，而是存在于实际关系中。为了瓜分剩余的几块地方，正在进行斗争。这是资本主义的最后一个历史任务。这个时代将延续多久，我们还不能说。这样的战争可能会爆发若干次。在这里，列宁已把资本主义的死亡过程是一整个历史时期的思想说得十分清楚了。十月社会主义革命胜利以后，列宁多次论述这一思想。他在俄共（布）第七次代表大会上指出马克思主义者从来没有忘记，暴力是整个资本主义彻底崩溃和社会主义社会诞生的必然伴侣。暴力将是一个世界性的历史时期，是充满着各式各样战争（帝国主义战争、国内战争、二者相互交织着的战争、民族战争，即受帝国主义者以及在大规模国家资本主义、军事托拉斯和辛迪加时期必然结成各种联盟的帝国主义列强压迫的民族的解放战争）的整个时代。这个遭受巨大破坏、实行大规模军事强力和充满危机的时代已经开始了，我们清楚地看到这个时代，然而仅仅是开始。

帝国主义的灭亡之所以要经历一个长时期的过程，是因为：其一，帝国主义者是不甘心灭亡的，必然尽一切力量垂死挣扎，挽救资本主义制度。其次，帝国主义是一个世界体系，由于经济政治发展的不平衡，要在整个地球上消灭资本主义，一定会经历曲折的斗争。同样，社会主义新生力量的成长以至获得胜利也一定要经历一个从少数国家的胜利一直到全世界胜利的过程。

正确理解列宁关于帝国主义的垂死性，必须看到这一过程的曲折性。人类社会的发展本来就不是直线式的，它通常是循着曲折的道路前进的。帝国主义的灭亡过程也不例外，同样也要经历许多波折。列宁本人曾多次谈到过在帝国主义发展中，在向社会主义过渡过程中出现这种曲折的可能性。他在1916年7月批判尤尼乌斯否认帝国主义时期民族战争的可能性时指出，如果欧洲无产阶级不能在第一次世界大战中把帝国主义战争胜利地转化为反对资产阶级的国内战争，那么欧洲的历史就会倒退几十年。"至于说这次1914—1916年的这场帝国主义战争会转化为民族战争，这种可能性很小"，"但是，也不能宣布说这种转化是不可能的。假如欧洲无产阶级20来年还是软弱无力，假如目前这场战争的结局是拿破仑那样的人获得胜利，而许多有生命力的民族国家遭到奴役，假如欧洲以外的帝国主义（首先是日本和美国帝国主义）也能维持20来年，比如说没有由于发生日美战争而转到社会主义，那就可能在欧洲发生伟大的民族战争。这将是欧洲倒退几十年。这种可能性不大。但这并不是不可能的，因为设想世界历史会一帆风顺、按部就班地向前发展，不会有时出现大幅度的跃退，那是不辩证的，不科学的，在理论上是不正确的。"[①]

二　对内走向全面反动，对外实行侵略扩张

垄断资本统治的唯一目的是追求垄断高额利润，为此不仅必须大大提高对劳动者的剥削程度，而且一定会加强对非垄断的中小资本家的排挤和打击，侵犯他们的利益，因而必然使国内矛盾日益深化和尖锐起来。在这种情况下，为了维护资本主义制度，除了继续采用资产阶级民主形式这一手之外，还要启用另一手，这就是，一定要强化资产阶级国家机器，对国内人民实行武装控制与镇压。同样，垄断资本统治追逐高额利润的动机，驱使垄断资本家不满足于对国内劳动者的剥削，必然要加强对国外殖民地和附属国的掠夺，必然对外实行侵略扩张政策。列宁指出，在帝国主义时代，资本主义已由反对封建主义时代的民族解放者，变为各民族的最大压迫者。

垄断资产阶级无休止地追求高额垄断利润，使得帝国主义在政治上对

[①] 《列宁选集》第2卷，人民出版社1995年版，第693~694页。

内走向全面反动和对外实行侵略扩张，导致资本主义国家内部无产阶级和广大劳动人民反对资产阶级以及殖民地、半殖民地人民反对帝国主义列强战争的爆发。同时，垄断统治使得帝国主义各国经济政治发展出现的跳跃性，表现得更为不平衡，从而使各国实力对比发生变化，与原先占有的势力范围变得很不适应，为解决这类矛盾，最后只有诉诸武力。第一次世界大战就是在这种情况下发生的。基于这样的分析，列宁指出，帝国主义就是战争。

总之，列宁关于帝国主义的理论，准确地揭示了帝国主义的本质，阐明了帝国主义在人类历史长河中的地位，为正确认识资本主义指明了方向。它是马克思主义在新时代的发展，是全世界工人阶级和被压迫人民求解放的强大思想武器。

第三节 资本主义的新变化和对列宁帝国主义理论的当代评价

历史发展到今天，人们对帝国主义和列宁的帝国主义理论必然产生新的认识。这是我们必须予以正视和认真思考的。

一 当代资本主义的新变化

当代资本主义经过一系列的自我调整和变革，在生产力、生产关系、社会结构、政府功能等诸多方面都发生了重大变化。

第一，生产力方面的变化。生产力的社会化程度更高，范围更广，层次更多。当代资本主义国家经济快速发展。二战后50年，西方发达资本主义国家所创造的生产力，远远超过了以往数百年间资本主义所创造的一切惊人记录。经济发展的被动性有所缓和，产业结构发生了深刻变化。在新技术革命推动下，西方发达资本主义国家的产业结构已完成从劳动密集型到资本密集型，再到技术、知识密集型的转变，目前正由传统的工业经济转向信息经济。发达资本主义国家占世界经济总量的4/5，世界贸易总量的3/4，以及绝大部分的资本输出。发达资本主义国家的劳动生产率水平和经济实力走在世界前列，占据着世界经济的绝对优势。

第二，生产关系方面的变化。发达资本主义国家通过对资本主义运行机制的改良、企业组织结构的优化、管理机制的调整、税收和财政政策的运用、收入分配制度的改善、社会福利制度的建立等,在一定程度上缓解了生产资料私人占有对生产力发展的制约,特别是吸收和利用科学技术发展的最新成果,为资本主义生产力的发展提供了新的空间。发达资本主义国家对生产关系的三个具体环节做了调整:在产权关系上,出现了资本社会化的趋势;在劳资关系上,采取包括允许部分工人参加企业管理等多种形式,出现了"管理民主化"的趋势;在分配关系上,对收入分配政策进行了调整。

第三,社会结构方面的变化。产业结构、阶级结构和劳资关系都出现了新变化,劳资矛盾在继续深化中趋向缓和,社会在多重危机的挑战中呈现出全局性相对稳定。随着科学技术的进步和生产的发展,当代资本主义的产业结构和劳动力结构,已出现了转向信息化、服务化和高科技化的趋势;以金融、信息和其他服务业为主要内容的第三产业迅速崛起,在西方发达国家国民经济中占据的比重已上升到2/3,而作为工农业物质生产部门的第一产业和第二产业的比重则大幅度下降,两个部门加在一起只占约1/3。与此相适应,当代资本主义国家的劳动力结构也发生了重大变化。在西方发达国家中,农业劳动力只占劳动力总数的5%—6%,在美国则下降到不足3%。传统意义上的产业工人数量也大幅度下降,在多数发达国家劳动力占的比重已不足30%。相反,第三产业从业者和产值连年增加,在总量中已上升到60%—70%。劳动者队伍出现了知识化、白领化、多领化(除白领、蓝领外,还有高级管理层的金领、维修与营销人员的灰领和大量女工的粉领)、有产化(不再是完全的无产者,拥有储蓄和股票者越来越多)等趋势,整体素质日益提高。在"福利制度"和资本主义改良措施下,工人阶级的社会地位得到改善,不仅参与国家管理,而且参与企业管理和社会管理。工人阶级的要求日益实际和多元,更多地通过工会等合法组织和渠道维护自己的利益,"劳资两大阵营"尖锐对立的情况已变得模糊。

第四,政府职能方面的变化。资本主义国家本质上是维护资产阶级统治的政治工具,其对内职能主要是压迫人民,对外职能主要是侵略扩张。但是,在新科技革命迅猛发展的态势驱动下,政府不得不促进经济文化的发展,协调社会的进步,缓解社会的矛盾,维护社会的稳定。政府通过调整利率、税率和汇率等各种形式扶植企业,促进经济的发展。不仅如此,国家还通过"国有化"和政府直接投资的途径建立一批国有企业,这些企业大都是私人企业难以经营或无利可图的。国有企业还为私人企业的生产和再生产过程提供多方面的便利,如廉价的原料和燃料、方便的运输和通讯以及最新的科技研究成果等。政府还大力增加科技和文教拨款,尽力提高科技和文教水平,非常注重培养和引进科技人才,奖励和赞助科技研究成果。总之,政府在一定程度上已经变成为包括政治、军事、经济、科技、文教和人民生活在内的资本主义社会全面发展的推进器。政府还致力于建立并完善各种社会保障制度,照顾社会各部分人士的权益,如失业救济、劳工保护、老人退休、儿童教育、全民医疗保健、低收入者的补贴等。总之,在一定意义上说,政府已经变成全民利益的重要的"协调器"和各种社会矛盾的"磨合器"。

第五,国际关系方面的变化。二战以后,亚洲、非洲、拉美和大洋洲等一百多个国家获得了独立,建立了民族国家,帝国主义的殖民体系土崩瓦解。当今发达资本主义国家依仗其在战后科技革命的成果,依然拥有强大的经济、科技和政治、军事实力,依然在尽力维护其资本家国际垄断同盟,除通过资本输出、商品输出外,还增加技术输出等渠道,继续剥削新独立的发展中国家,个别发达国家仍然在推行霸权主义和强权政治,干预发展中国家的内政。同时,发达国家之间的争夺与矛盾也依然激烈。发达国家与发展中国家的矛盾是当今世界的主要矛盾。然而,当今世界毕竟发生了极大的变化。资本主义国家之间已很难再像第一次、第二次世界大战前那样形成军事集团,已勿需用发动新的世界大战的手段来重新划分势力范围;而发展中国家也难以再发动民族解放战争来反对发达国家对它们的欺凌与盘剥;大多数国家也难以出现国内革命的形势。虽然局部战争还时有发生,但总体上退居次要地位,和平与发展会越来越成为世界的主题。同时,新的科学技术革命创造了大量新产品、新技术、新服务,拓展了贸易空间,导致了生产经营和资本流动的国际化,推动了经济全球化的进程,发达国家与发展中国家的相互依赖日益加深。

二 当代资本主义发生变化的原因

总的说来,当代资本主义发生变化的原因是生产力内部矛盾运动的结果，是社会生产力本身所具有的加速发展趋势的表现。具体说来，可以从以下几个方面加以考察。

第一，科技革命的推动。科技革命是当代发达资本主义国家社会生产力高度发展的巨大推动力。西方资本主义国家采取一系列政策、措施，吸收和利用当代科学技术发展的最新成果，为资本主义社会生产力的发展提供了新的空间，促使生产规模不断扩大和提高，为经济增长提供了强大的动力。

第二，现代市场经济的建立为当代资本主义提供了能够保持发展的经济形式。资本主义是以发达的商品经济也就是市场经济为发展生产力的基本形式，这就使它获得了其他私有制社会所无法比拟的发展能力。随着国家干预机制的建立，资本主义经济的发展有了保障。

第三，不合理的国际经济分工对当代资本主义发展起了支撑作用。西方资本主义国家利用经济、科技甚至军事优势，制定出有利于自己的国际规则，主导经济全球化，在不合理的经济秩序和世界市场中，对发展中国家进行经济剥削，谋取最大利润，这也是当代资本主义发生变化的重要原因。

第四，社会主义制度的存在与发展，社会主义运动的影响和斗争，是当代资本主义能够保持发展的国际政治条件。社会主义制度的某些经验对当代资本主义发展也有借鉴作用。

第五，当代资本主义在不断完善其体制的同时，也在塑造着自己的国民精神。这种精神因素及其体现在社会历史主体中的文化力，成为社会经济发展的精神支柱。

三 正确认识当代资本主义的发展

当代资本主义国家在其发展过程中进行的自我调节、改善和改良，虽然延缓了资本主义的灭亡，但并不可能改变资本主义必然灭亡的历史命运。

第一，资本主义社会的基本矛盾依然存在。当代资本主义尽管发生了许多新的变化，但资本主义与生俱来的基本矛盾，即资本的私人占有与生产的社会化之间的矛盾，不但依然存在，而且更为复杂，有时还十分尖锐。当代资本主义的自我调节只能在其根本制度容许的范围内调整生产力与生产关系的不平衡和不适应，推迟经济危机的爆发或减弱其强度。事实上，当代资本主义的发展并非一帆风顺，仅战后的20世纪就经历了70年代的石油危机、80年代的滞胀危机以及90年代的金融危机。总的看，尽管矛盾的表现形式已不同于以往，但矛盾本身没有也不可能得到根本的解决，而是在新的基础上不断积累和加深。

第二，资本主义社会中工人阶级并没有消失。在资本主义发展到了今天的全球化时代，仍然存在着一个与资本家阶级相对立的雇用劳动者阶级，也就是工人阶级。否认发达国家工人阶级的存在，宣布工人阶级已经消亡，这是资本主义阵营重复了近一个半世纪的论调。苏联和东欧剧变后，西方国家掀起了一个诛伐"现实社会主义国家官方意识形态"的批判高潮，马克思主义的工人阶级理论也受到极大的歪曲与诽谤，西方到处都在谈论"资本主义的掘墓人已经先于资本主义而死亡"、"西方发达资本主义社会正在与无产阶级彻底决别"等论调。然而，事实上，尽管资本主义社会的劳资关系发生了重大的变化，但依旧是资本家占统治地位的资本主义社会，资本对于工人剩余价值的剥削依然存在。工人阶级并没有从当代发达资本主义国家中消失。

第三，两极分化是当代资本主义国家严重的社会问题。到20世纪末，西方资本主义国家一方面实现了经济全球化，另一方面又把资本主义制度内部矛盾充分暴露出来。在发达的资本主义国家内部，社会的两极分化已经达到了前所未有的程度。严重的两极分化和贫富分化，促进了人们对于社会主义的向往和渴求。从社会主义的起源看，第一次工业革命以后，工人阶级贫困化成了西欧社会最大的社会问题，正是为了解决工人贫困化问题，才产生了社会主义的理论和实践。可以说，从最原始的意义上说，社会主义就是要解决多数居民贫困化的问题，社会主义的基本要求就在于坚决维护绝大多数人的利益，维护社会平等与社会公正。目前西方资本主义社会的两极分化达到历史上前所未有的水平，由此引发的人们对于社会主义的渴望和需求也正在日益扩大，而且将会越来越大。

四 列宁的帝国主义理论是需要在新的实践中加以发展的真理

如上所述列宁的帝国主义理论归纳出垄断资本主义的五个基本特征，正是在这样的基础上，列宁作出了帝国主义是垄断、腐朽、垂死的资本主义的论断。列宁的帝国主义理论已经被20世纪帝国主义发动的两次世界大战和一系列国家无产阶级的社会主义革命和广大殖民地半殖民地人民的民族解放战争所证实。时至今日，列宁关于帝国主义基本特征的判断和资本主义发展趋势的论述没有过时，仍然闪耀着真理的光芒。

同时，应当看到，当代资本主义已经发生了重大变化，在很大程度上不同于列宁时代的帝国主义。基于此，对当代资本主义的认识也不能停留和局限在列宁时代对资本主义认识的水平上。这是马克思主义的基本要求，也是列宁思想的本质。早在19世纪初，伴随着市场的自由竞争，资本垄断就已经出现。私人资本家总是力求独占、垄断市场以攫取最大限度的利润。在1847年出版的作为马克思主义科学奠基名著的《哲学的贫困》中，针对小资产阶级社会主义学家蒲鲁东对垄断与竞争的曲解，马克思就已指出垄断与竞争的辩证关系："垄断产生着竞争，竞争产生着垄断。垄断者彼此竞争着，竞争者逐渐变成垄断者。"[①] 在1867年出版的《资本论》第一卷这部划时代的巨著中，马克思从垄断资本的进一步发展来论证资本主义制度灭亡的必然性。他认为，随着资本主义制度日益具有国际的性质，资本的垄断成了与这种垄断一起并在这种垄断之下繁盛起来的生产方式的桎梏，资本主义的丧钟就要响了。实际上私人垄断资本在19世纪下半叶又得到较大、较快的新发展。恩格斯于1880年进而讲到：资本主义的发展已经出现这样的新形式，即"国内同一工业部门的大生产者联合为一个'托拉斯'，即一个以调节生产为目的的联盟；他们规定应该生产的总产量，在彼此间分配产量，并且强制实行预先规定的出售价格。"[②]"在托拉斯中，自由竞争转为垄断。"[③] 根据19世纪末20世纪初资本主义的新变化，托拉斯、辛迪加、卡特尔等垄断资本新形式的新发展，列宁提出了帝国主义理论。列宁的帝国主义理论是对马克思主义的资本主义理论的重大发展。如果列宁还固守着马克思的《资本论》，不去分析垄断资本主义的新的特征，就无法超越马克思主义的理论。在发展马克思主义理论方面，列宁是一个光辉的榜样。当代资本主义和列宁时代相比已经

[①] 《马克思恩格斯选集》第1卷，人民出版社1995年版，第176页。
[②] 《马克思恩格斯选集》第3卷，人民出版社1995年版，第751页。
[③] 同上书，第752页。

发生了重大的变化,甚至"焕然一新",突出的表现是,当代资本主义不仅从垄断资本主义那里继承了垄断性、垂死性和腐朽性,而且还具有相当强的竞争力、生命力和调节力。新的时代和新的实践要求后来的马克思主义者不囿旧说,打破陈规,解放思想,实事求是,大胆探索,勇于创新,进一步发展列宁的帝国主义理论。

第二章 党的建设理论

建立一个俄国马克思主义工人政党,在列宁之前,普列汉诺夫就已经在他制定的劳动社纲领中提出来。不过普列汉诺夫心目中的党是西欧社会民主党那种类型的政党。列宁把劳动社的思想推向前进,提出要建立一个适合于俄国条件的新型工人政党,这个党的主要特点是积极领导无产阶级进行革命斗争。1899年俄国社会民主党宣告成立,但是由于没有制定党的纲领和章程,大会后党中央委员会又被沙皇警察破获,各地方组织仍处于分散状态。为了建立统一的无产阶级政党,列宁在流放中就周密地考虑了建党计划。1900年,列宁刚一结束三年的流放生活,就立即从创办《火星报》着手开展建党的活动。他先后写下了《怎么办?》、《进一步,退两步》、《社会民主党在民主革命中的两种策略》等著作,论述了无产阶级政党建设的思想原则、组织原则和在民主革命中的策略路线,从而解决了在思想上、组织上、政治上建设马克思主义革命政党的任务。

第一节 新型无产阶级政党建设理论

列宁的新型无产阶级政党理论内容极其丰富而又严整。

一 关于无产阶级政党的性质、作用

马克思、恩格斯没有对无产阶级政党下过定义。他们在19世纪四五十年代,把无产阶级的政治性组织都看作无产阶级政党,把自己创立的共产主义者同盟看作无产阶级政党中的一种形态,是最先进的工人政党。19世纪60年代第一国际成立后,马克思、恩格斯把第一国际作为无产阶级政党的第二个历史形态。19世纪七八十年代欧美群众性社会主义工人政

党成立后，他们又把这种类型的政党作为无产阶级政党，而这种政党当时并不要求党员参加党的一个组织，因而党与阶级之间的界限是不清楚的。

列宁从理论上说明了无产阶级政党是工人阶级的先进部队，是一个有组织的整体，它同工人阶级之间既有明确的界限又有密切的联系。列宁关于无产阶级政党是工人阶级的先进的、有组织部队的论述，全面地阐明了新型无产阶级政党的性质，澄清了孟什维克散布的关于无产阶级政党的错误观念，发展了马克思主义政党学说。

列宁认为，党是工人阶级先进的、有组织的部队，是无产阶级的领导者。这为无产阶级政党这个概念的内涵和外延作出明确的规定。

孟什维克借口工人政党是工人阶级的党，认为它应当包括本阶级乃至其他阶级中一切同情党的分子，即使是不十分积极地依附于党的人也应包括在内。列宁指出，无产阶级政党只是工人阶级广大群众的先进部队和领导者。它由工人阶级中觉悟程度和积极程度最高的那部分人组成，以科学社会主义思想为指南，是无产阶级斗争的自觉表达者。它教育工人群众认识自己的阶级利益和历史使命，引导他们离开工联主义的道路而走上科学社会主义的道路。它领导无产阶级的全部解放斗争。作为阶级的党，整个或者几乎整个无产阶级都应当在它的领导下行动，应当尽量紧密地靠近它；但是，在资本主义制度下，整个阶级或者几乎整个阶级都提高到先进部队即党的觉悟程度和积极程度是不可能的。因此，党只能包括本阶级的真正觉悟的少数人，不可能整个阶级都参加党。绝对不能把作为工人阶级先进部队的党和整个阶级混淆起来，"忘记先进部队和倾向于它的所有群众之间的区别，忘记先进部队的经常责任是把愈益广大的阶层提高到这个先进的水平，那只是欺骗自己，无视我们的巨大任务，缩小这些任务。"[①]而抹杀靠近党的分子和加入党的分子之间的区别，就是这种遗忘和漠视的表现。

孟什维克把党和组织完全割裂开来，认为，党是比组织更为广泛的概念，它是由少数有组织的革命家加上许许多多无组织的形形色色的同情党的人所构成。列宁在批判这种观点时指出，作为工人阶级先进部队的党，必须是有组织的。"组织"一词通常有狭义和广义两种含义，狭义的是指

---

① 《列宁选集》第 1 卷，人民出版社 1995 年版，第 474 页。

人类集体中的一些细胞，广义的是指这种细胞团结成一个整体的总和。党是"组织的总和"，即是由许多组织细胞构成的一个整体，是联系在一起的各个组织的总和。它按集中制的原则组织起来，有着从中央到基层的严密的组织体系，像网一样，把各种地方的和专门的、中央的和普通的党组织连结在一起。党内只容纳参加党组织的分子和党的组织，不容许存在没有参加党组织的人和非党的组织。孟什维克混淆有组织和无组织的现象，必然使党陷入无政府状态，削弱无产阶级阶级斗争的武器。"无产阶级在争取政权的斗争中，除了组织，没有别的武器。"[①] 无产阶级"所以能够成为而且必然会成为不可战胜的力量，就是因为它根据马克思主义原则形成的思想一致是用组织的物质统一来巩固的，这个组织把千百万劳动者团结成一支工人阶级的大军。在这支大军面前，无论是已经衰败的俄国专制政权还是正在衰败的国际资本政权，都是支持不住的。"[②] 列宁认为，无产阶级政党是工人阶级的先进的、有组织的部队，它同阶级之间有着明确的界限：党是阶级的觉悟的、先进的部分，构成党的是革命家组织和为党的中央及各地党委批准为党组织的工人组织。在这个界限以外的就不属于党；同时，党又必须得到本阶级的支持，必须和本阶级群众保持密切的联系，否则它就不成其为先进部队和领导者。党"只有当它由广泛的社会民主主义工人运动围绕着的时候，才是有意义的"。[③] 党和群众的联系是胜利的唯一保证，只有在实际上而不是在口头上领导群众的革命组织，才能够同警察进行斗争，才能取得胜利。

关于无产阶级政党的作用，列宁指出，党作为无产阶级领导的先锋队、教育者和组织者，在无产阶级运动发展中起着特殊的作用。党不是做工人运动的尾巴，而是要领导工人运动，把它提高到科学社会主义的水平。也就是说，党的作用是把工人组织起来，在他们中间进行宣传和鼓动，把他们反对压迫者的自发斗争提高为整个阶级自觉的斗争，提高为争取实现一定的政治目标和社会主义理想的斗争。

---

① 《列宁选集》第1卷，人民出版社1995年版，第526页。
② 同上。
③ 同上书，第475页。

二 关于无产阶级政党的组织原则

列宁从俄国的实际情况出发，坚决摒弃经济派建立狭隘工会组织的主张，提出建立集中统一的、有着既广大又严密的组织的无产阶级政党。他总结了俄国社会民主党遭到反动沙皇政府破坏的教训，创造性地提出党的组织应由两部分组成。一部分是牢固的、集中的、战斗的革命家组织，作为党组织的核心，这个革命家组织在毫无政治自由的沙皇制度下，只能保持秘密状态；另一部分，是广泛的地方党组织网，并在党组织外围建立各种形式的公开的、半公开的群众性组织。革命家组织和地方党组织网结合起来，能把各个部分的工作协调起来，把无产阶级的自发斗争引向自觉。

列宁认为广泛民主原则在有政治自由的国度里是应该实行的，但对秘密组织是无法执行的。因此，在俄国当时黑暗专制制度下，应把集中制作为党的组织基础。这个基本思想在《怎么办?》一书中已经提出来了。党的二大以后，列宁针对孟什维克反对集中制，仇视组织性、纪律性的思想和行为，进一步论述了集中制的内容和意义。他指出，集中制原则就是根据统一的章程来建立党和进行党的工作。集中制原则要求：全党一切权力集中在党中央；实行自上而下的领导，地方和中央保持一致；全党服从统一的纪律，就是少数服从多数，下级服从上级，部分服从整体；在中央统一领导下，全党统一计划、统一行动。实行这个原则，是要保证党对各级组织、各群众组织和整个革命运动的坚强领导，没有这些条件，工人阶级的党就不能成为真正的党，就不能完成本阶级的任务。

当时，强调民主集中制主要是由于，一方面党刚成立不久，党内存在严重的组织涣散、思想动摇的情况和派别活动；另一方面是处在沙皇专制制度统治下，党只能在秘密状态下活动。列宁认为，在党的生活中这只是一种暂时的现象，在推翻沙皇制度后立刻就会改变。在 1905 年革命中，当沙皇政府被迫许诺给人民以民主和自由的新条件下，列宁立即提出实行党内民主化，采用选举制度。1905 年 12 月，在列宁主持的布尔什维克第一次会议上，通过了根据列宁的思想形成的《党的改组》的决议，第一次提出要实行"民主集中制"。1906 年又把这一条写入党章。

党员要不要参加党的组织问题，其实质是关系到按马克思主义的组织原则还是按机会主义的组织原则建党的问题。列宁在无产阶级政党史上第一次明确地提出必须把参加党的一个组织作为党员的一个条件。列宁指出，只有把党员吸收到党的组织里来，才能实现党对党员的监督和领导；否则，党就永远不会有统一的意志和统一行动。他在批驳马尔托夫等人提出的广泛散布党员称号的主张时，阐明了党员的称号对党的巩固性、坚定性和纯洁性的重大意义。他指出，我们的任务是要保护我们党的巩固性、坚定性和纯洁性。我们应当努力把党员的称号和作用提高，提高，再提高。因此，他强调，必须缩小党员的概念，宁可十个实际工作者不自称为党员，也不让一个空谈家有权利和机会做一个党员，只有无产阶级先进分子并参加党的一个组织的人才有资格称为党员。列宁彻底批判了马尔托夫等人降低党员条件、造成一种把党和阶级混为一谈的涣散组织的思想。

三 关于党员的条件

列宁从党是工人阶级的先进的、有组织的部队这种观点出发，认为党员必须是工人阶级的先进分子和有组织性的分子。列宁指出，为了保持党的先进性，党员必须是真正的先进分子而不是空谈家。宁可十个办实事的人不自称党员，也不让一个空谈家有权利和机会做一个党员，这应是一个毋庸置辩的原则。规定只有承认党纲，在物质上帮助党并且参加党的一个组织的人才有资格成为党员，这就树起了一道屏障，防止空谈家和机会主义分子钻进党内。"容纳真正的社会民主党人的党组织愈坚强，党内的动摇性和不坚定性愈少，党对于在它周围的、受它领导的工人群众的影响也就会愈加广泛、全面、巨大和有效。"① 如果像马尔托夫那样，降低党员条件，广泛散布党员称号，那只能为空谈家和机会主义分子敞开大门，使党从先进部队降为一般部队，甚至成为工人群众的尾巴。列宁指出："我们的任务是要维护我们党的坚定性、彻底性和纯洁性。我们应当努力把党员的称号和作用提高，提高，再提高。"②

列宁又指出，要使党成为有组织的部队，就只能容纳有组织性的分子，即参加党的一个组织的人。这样，党才能对党员进行监督和领导，使党成为有组织的整体。如果承认不参加党的任何一个组织的人是党员，就

---

① 《列宁选集》第1卷，人民出版社1995年版，第473页。
② 《列宁全集》第7卷，人民出版社1986年版，第272页。

等于反对党对党员的任何监督和领导。因为党的机关不可能对没有参加党的任何一个组织的人进行真正的监督和领导。不把参加党的一个组织作为党员的必要条件，那就会把有组织的分子和无组织的分子、接受领导的分子、先进的分子和落后分子混淆不清地搞到党内，造成党组织的涣散和混乱，无法形成一个整体。

列宁关于党员先进性的论述，发展了马克思主义建党学说，对于保证无产阶级政党政治上的先进性和组织上的严密性有着重大的意义。在无产阶级政党史上，把参加党的一个组织作为党员必备条件之一，是从列宁开始的，后来各国共产党都实行了这个原则。

四 关于巩固党和党内斗争

列宁认为党的真正统一，不仅是思想的统一，而且是组织的统一；没有全体党员都必须遵守的统一的纪律，组织的统一是不可能的。针对孟什维克顽固坚持小组习气使党受到极大破坏的情况，列宁提出要坚持党性，反对小组习气、宗派观点和庸俗观念。他认为，在各个零星小组融合为一个党组后，党要经历最后一个困难的过渡，从小组习气过渡到党性，从庸俗观念过渡到对革命的义务的自觉，从造谣诽谤和施加小组压力过渡到纪律性。党性要求以党的正式章程为基础来建立党内联系，党员和党内任何一部分都要根据党的纲领、策略和党章规定的原则办事，所作的决定要对党负责，把党的利益放在第一位，要除掉感情用事，不能讲私人交情。只有这样，才能巩固党。这是巩固无产阶级政党的重要原则。

党内斗争是经常存在的。马克思、恩格斯论述了党内斗争的客观规律性问题并指出了进行党内斗争的正确方针。列宁在新的历史条件下，总结俄国党内斗争的经验教训，进一步提出了正确进行党内斗争的一些重要原则。他认为，党内各种色彩之间的斗争，当它还没有导致无政府主义行为和造成分裂的时候，当它还是在全体同志和全体党员一致承认的范围内进行的时候，是不可避免而且是必要的。只有在适当的范围，采取适当的斗争形式，进行纯洁的思想斗争，才能使党更加巩固。

根据列宁的思想，大致可以归纳为如下一些原则：第一，实行党内民主和自我批评，是巩固党、密切同群众联系的必要条件。必须用一切办法提高全体党员的积极性，尽量使他们参加党内生活中各种重大问题的讨论。党内要有发表不同意见的自由,任何一个党的小组都有权要求党给予陈述和坚持自己观点的机会。第二,党内思想斗争要弄清分歧,成为就问题的实质进行讨论的有一定见解的论争,批评要有内容、要慎重、要合乎分寸,不能用无谓的争吵代替思想斗争。为了党内和平,在个人问题上可以让步;但是要坚持原则,不能放弃思想斗争。第三,党内斗争要限制在一定范围内,合乎组织原则,不能破坏章程,阻碍实际活动和正常工作。党员对中央机关的活动或对它的成员不满,可以而且应当通过同志式的交换意见或是在党的刊物上提出意见;但是绝不允许用抵制或拒绝中央机关领导的手段。要保护少数人的权利,使他们的观点和意见能够在党内表达和出版,以便把党内产生的分歧、不满和义愤,从庸俗的争吵引向合乎组织原则的正当斗争。第四,党内斗争要光明正大,开诚布公,相信党员的大多数能够识别是非。对党内意见分歧采取说服的办法,不能把思想斗争引导到采用生硬粗暴的手段。不容许使用两面派的手法和散布流言蜚语的手段。第五,召开党的代表大会是有决定意义的斗争办法。代表大会的决定,全党都必须服从。在代表大会上为中央机关的成分而斗争是容许的;在代表大会之外,这种斗争就不应当在党的生活中占有地位。

列宁阐明的这些思想和原则,既坚持了马克思主义无产阶级政党学说的基本原理,又是严格从俄国特殊的历史条件出发的。他用普遍适用的新原理和适合俄国国情的特殊性的内容,为马克思主义建党学说的丰富和发展作出了贡献。

五 关于无产阶级政党的策略原则

列宁认为,党的政治策略和行动的内容如何,关系到党内团结和革命成败,甚至关系到党是不是真正的无产阶级革命政党。当时,伯恩施坦修正主义和俄国的经济派提出了一套改良主义的策略,企图把社会民主党从革命党变为改良党。普列汉诺夫虽然坚决反对伯恩施坦和经济派,但他从抽象的公式出发,认为资产阶级比农民进步,资产阶级革命必须依靠资产阶级,所以他重视资产阶级而轻视农民在民主革命中的作用,不能为俄国党制定正确的策略路线。俄国的小资产阶级政党则热衷于个人恐怖手段。列宁与这些形形色色的错误策略进行了斗争,并把马克思主义的策略原理同当时的历史条件和俄国的实际结合起来,为俄国的新型无产阶级政党制定了正确的策略原则。

第一，列宁把马克思、恩格斯提出的无产阶级政党要保持独立性，要支持一切反对现存社会制度和政治制度的革命运动的策略原理同俄国的实际结合起来，提出了俄国无产阶级政党要掌握民主革命的领导权，要联合农民、广泛利用资产阶级等等各种暂时的、间接的同盟者的力量的策略路线。

列宁指出，无产阶级是俄国最先进和唯一彻底革命的阶级，是俄国全体被剥削劳动群众唯一的和天然的代表，是争取政治自由和民主制度的先进战士。"只有独立的工人政党才能成为反对专制制度斗争的坚固堡垒"，[①]"成为一切争取民权、争取民主的战士的领袖"。[②] 它要领导各种社会阶层的反政府行动，使所有一切反政府阶层都能够尽力帮助这个斗争和帮助工人政党。只有这样，无产阶级政党才是不可战胜的，才能推翻专制制度。

列宁指出，党要做革命先锋队就应当吸引别的阶级，首先是吸引农民，建立工农联盟。"农民问题在俄国社会中和俄国革命运动中不论过去和现在都占有重要的地位"。[③] 工人政党必须支持农民的革命要求，发动农民和联合农民，才能取得民主革命的胜利。不仅如此，工人政党在民主革命中维护小农的利益，农民群众就会习惯于把工人政党看作他们利益的保护者，将来就易于领导雇农和半雇农过渡到社会主义去，而无产阶级只有同农村贫民结成联盟，才能取得社会主义革命的胜利。

列宁具体分析了俄国的资产阶级，指出它的两面性。一方面它同专制制度有矛盾，在一定程度上能够参加反对专制制度的斗争；另一方面它又害怕和反对工农革命运动，对专制制度存在幻想。因此，无产阶级及其政党一方面要支持资产阶级反对专制制度的斗争，把它作为暂时的同盟者，"只有那些不信赖自己的人，才会害怕即使是同不可靠的分子结成的暂时的联盟，而不结成这样的联盟，无论哪一个政党都是不能存在的。"[④] 另一方面，无产阶级政党要向无产阶级揭示本阶级的利益同资产阶级利益的

[①]《列宁全集》第 4 卷，人民出版社 1984 年版，第 155 页。
[②] 同上书，第 163 页。
[③] 同上书，第 206 页。
[④]《列宁选集》第 1 卷，人民出版社 1995 年版，第 304 页。

对立性,要同资产阶级对专制政府的幻想和妥协进行坚决的斗争,无情地揭露他们的任何不彻底的方面,揭露他们向政府讨好的任何企图。无产阶级政党应当善于在紧要关头抓住任何一个自由主义者,当他打算移动一寸的时候,强迫他移动一尺。如果他固执不动的话,就抛开他,越过他,向前进。

列宁还指出,无产阶级政党要利用所有一切不满专制政府的表现,把所有一切即使是还很微弱的抗议聚集起来并且给以推动,甚至连敌人内部矛盾也要加以利用,以充分孤立最主要的敌人,不放过任何一个打击它的机会。

第二,列宁提出了处理暂时利益和最终目的、改良和革命的关系的正确原则。他指出,伯恩施坦和经济派把改良作为一切,丢掉社会主义最终目的,这是机会主义的策略。革命的社会民主党的策略是不放弃争取各项改革的斗争,不放弃夺取敌人的、即使是无关紧要的和个别的阵地,只要这一阵地能增强他们的攻击力量和有助于取得完全的胜利。然而,他们从不忘记,有时敌人主动退出某一阵地,正是为了分割和更容易击溃进攻者。只有永远记住最终目的,只有从总的革命斗争的观点来评价每一个前进步骤和每一项改革,才能够保证在前进的道路上不致失足和不犯可耻的错误。革命的社会民主党要把争取改良的斗争包括到自己的活动范围之内,为无产阶级的最近目的和利益而斗争,同时,在进行这种斗争时,一分钟也不忘记最终目的,要把改良和革命结合起来,并"使争取改良的斗争服从于争取自由和争取社会主义的革命斗争。"[①]

第三,列宁提出,革命的无产阶级政党承认一切斗争手段,善于把各种不同的斗争形式和斗争方法结合起来,并随着形势的变化巧妙地从一种方法过渡到另一种方法。当时,国际国内的种种机会主义分子,有的把议会斗争作为基本的甚至是唯一的斗争手段,有的单纯强调经济斗争,有的把和平、合法的斗争作为唯一的活动方式,有的鼓吹个人恐怖手段。针对这种情况,列宁指出,无产阶级政党不能用某种事先想好的政治斗争的计划或方法来束缚自己的手脚,缩小自己的活动范围,而要承认一切斗争手段,只要这些手段适合党的现有力量、并且在现有条件下能够使党得到最

[①] 《列宁选集》第1卷,人民出版社1995年版,第348页。

大的成绩。应当记住,任何人民运动都有千变万化的形式,不断创造新形式,抛弃旧形式,或者把新旧形式配合使用。党的责任就是积极地参加制定斗争方法和斗争手段的过程。列宁深刻地分析了只进行经济斗争的做法,指出,从经济基础决定上层建筑的原理中,决不应当作出经济斗争有首要意义的结论,因为一般说来,最重要的、有决定作用的阶级利益只能用根本的政治改造来满足。无产阶级的基本经济利益只能经过用无产阶级专政代替资产阶级专政的政治革命来满足。固然,在实践中,有时政治的确应当服从于经济,但是,当无产阶级没有自由或者政治权利受到压制的时候,始终必须把政治斗争提到首位。经济斗争和工联主义的斗争最多只能暂时改善一下工人的劳动条件和生活条件,在一定程度上促进工人群众的觉醒和团结,然而它不能改变工人被剥削被压迫的地位,也不能把工人阶级的意识发展到马克思主义的政治意识的高度。所以,革命的社会民主党必须把经济斗争和政治斗争结合为无产阶级的统一的阶级斗争,要在工人阶级同现代社会的各个阶级、同国家的关系上代表工人阶级,到居民的一切阶层中去,组织全面的政治揭露和政治鼓动,用科学社会主义精神来说明一切问题,领导各阶层人民推翻专制制度,并进而为实现无产阶级专政而斗争。

针对修正主义者只讲和平的方法,列宁指出,不能把和平的方法作为唯一的活动方式,资产阶级一到决定关头就会用暴力保卫自己的特权,这时,无产阶级要实现自己的目的,除了暴力革命就别无出路。因此,工人政党既愿意用和平的方法取得政权,又要准备用暴力的方法夺取政权。当然,工人政党所主张的暴力手段是依靠群众直接参加并且能保证群众参加的暴力手段,不是搞个人恐怖。个人恐怖手段是错误的策略,它不能瓦解反动政府而只能瓦解革命力量。

第四,列宁指出,要把坚定性和灵活性结合起来,要善于抓住主要环节。列宁认为,全部政治生活是由一串无穷无尽的环节组成的一条无穷无尽的链条,"政治家的全部艺术就在于找到并牢牢抓住那个最不容易从手中被打掉的环节,那个当前最重要而且最能保障掌握它的人去掌握整个链条的那个环节。"[①]

[①] 《列宁选集》第1卷,人民出版社1995年版,第441页。

第二节 列宁建党理论的突出特色

列宁的建党理论在新的历史条件下发展了马克思主义的建党学说，既是列宁主义在党建领域的拓展，也是列宁主义的重要组成部分，具有着突出的特色。

一 重视旗帜建设

党的纲领就是党的旗帜。列宁十分重视党的纲领的制定。他指出："纲领对于政党的团结一致、始终一贯的活动有重大意义。"① 它表述党的基本观点，明确规定最近的政治任务，指出一些最迫切的要求，成为全党团结战斗的旗帜。一个政党如果没有纲领，就不可能成为政治上比较完整的、善于在任何转折时期始终坚持自己的路线的有机体。列宁指出，社会民主党的活动已经带动了相当多的社会主义知识分子和觉悟工人，迫切需要用纲领来巩固党同他们之间的联系，为他们今后更广泛的活动打下牢固的基础。由于俄国的政治腐败和敌人捏造等原因，人民群众对社会民主党人的真正任务和方法发生极其严重的误解，党要领导一切民主分子，就必须消除这些误解。制定党纲，则有助于消除误解。列宁认为，党内发生意见分歧和争论，正说明必须制定党纲。一方面，争论将会使党纲的讨论更全面；另一方面，制定党纲将使争论不致没有结果，有助于弄清分歧究竟在哪里，程度有多深，是否妨碍协同工作。通过制定党纲，确定运动的性质、目标和任务的基本观点，有助于巩固党在思想上的一致。

关于制定党纲的原则，列宁给以了马克思主义的规定。

第一，党的纲领应当符合科学社会主义的基本要求。列宁认为，党纲应该"完全具备当代社会民主主义理论的水平"。② 这里的社会主义实际上就是科学社会主义。他指出，党的纲领应当准确地符合马克思主义学说的整个精神，要正确地反映党的无产阶级性质。党应当为实现自己的革命

---

① 《列宁全集》第4卷，人民出版社1984年版，第186页。

② 同上书，第188页。

原则和革命职责，而把最高要求列入纲领，并始终不渝地尽一切力量争取实现。在斗争正在进行的时候，企图预先断定是否能够达到全部最高要求，那就是十足的庸人习气，就要产生机会主义。

党纲要贯彻反对机会主义的精神。列宁针对修正主义者反对马克思的无产阶级贫困化理论，主张在党纲中要叙述这个理论，以便同机会主义划清界限。他坚持在党纲中提出无产阶级专政。"无产阶级专政问题提得很明确，而且是针对伯恩施坦、针对机会主义提出来的。"①

第二，党的纲领应当是明确而清晰的。列宁认为，彻底的无产阶级纲领必须具备三个条件：对于最终目的有明确的看法，对于达到这一目的的道路有正确的了解，对于当前的实际形势和最近任务有确切的概念。

对最终的目的有明确的看法，就是明确指出党的最终目的是由无产阶级夺取政权，建立社会主义社会。"工人阶级要获得真正的解放，必须进行资本主义全部发展所准备起来的社会革命，即消灭生产资料私有制，把它们变为公有财产，组织由整个社会承担的社会主义的产品生产代替资本主义商品生产，以保证社会全体成员的充分福利和自由的全面发展。""这个无产阶级革命将彻底消灭社会的阶级划分，因而也将彻底消灭由这种划分所产生的任何社会不平等和政治不平等。"②

对达到目的的道路有正确的了解，就是正确指出达到这一目的的道路是"进行无产阶级反对资产阶级的阶级斗争"，③在俄国农村中还有"全体农民反对农奴制残余的斗争"。④列宁指出，最终目的和达到这一目的的道路是纲领的实质。

对于当前的实际形势和政治任务有确切的概念，就俄国来说，就是看到在俄国的资本主义社会中存在着许多农奴制残余，特别存在着沙皇专制制度，这些都大大阻碍生产力的发展，使无产阶级的阶级斗争不能充分地和全面地展开，使农民处于垂死境地，使全体人民处于愚昧无知、毫无权利和受压迫的境地，因此，党的最近的政治任务就是推翻沙皇专制制度，建立以民主宪法为基础的共和国。

---

① 《列宁全集》第39卷，人民出版社1986年版，第367页。
② 《列宁全集》第6卷，人民出版社1986年版，第193页。
③ 同上书，第386页。
④ 同上。

第三，党的纲领应当符合本国的特点。制定党的纲领时仿效和借鉴是完全应该的，但仿效不应是简单的抄袭，而必须充分注意本国的特点。俄国社会民主党的纲领，应使俄国的特点得到充分的反映。比如，对农民问题就应当有特殊的提法。由于俄国的农民受农奴制残余的压迫，他们能够同农奴制残余，特别是同沙皇专制制度进行革命斗争，因此，工人政党纲领应写明支持农民，提出农民归还割地、收回赎金、成立农民委员会等保护农民利益的要求，以便吸引农民群众参加民主革命，达到肃清旧农奴制残余，使农村阶级斗争自由发展的目的。一般说来，社会主义工人政党不应支持小私有制，可是由于俄国的特点，工人政党就应支持小私有制以反对农奴制度。

第四，党的纲领应当有战斗性。列宁批评普列汉诺夫起草的党纲避而不谈俄国的资本主义，而只是抽象地阐述一般的资本主义，就像经济教科书的提纲一样。列宁认为，作为俄国无产阶级政党的纲领，就应十分明确地控诉俄国的资本主义，对俄国的资本主义宣战，成为党对俄国资本主义的种种现象进行日常的宣传和鼓动的方针，不能像讲课提纲那样抽象地一般地阐述资本主义。

列宁关于制定党纲的论述，丰富和发展了马克思、恩格斯这方面的思想。按照列宁的原则制定的党纲，彻底贯彻了马克思主义，反映了时代的要求和本国的特点，它是一个真正革命的、战斗的纲领。

二 重视从思想理论上建党

完全以马克思主义理论为指导，这是列宁建党理论的突出特色。列宁指出："只有以先进理论为指南的党，才能实现先进战士的作用"[1]。"没有革命理论，就不会有坚强的社会党"[2]，列宁指出，革命理论能使一切社会主义者团结起来，他们从革命理论中能取得一切信念，他们能运用革命理论来确定斗争方法和活动方式。对于俄国的工人政党来说，由于存在三种情况，理论的意义就显得更为重要。第一，党还刚刚在形成起来，同各种机会主义派别的清算还远没有结束，在这种条件下，初看起来似乎并

---

[1] 《列宁选集》第1卷，人民出版社1995年版，第312页。
[2] 《列宁全集》第4卷，人民出版社1984年版，第161页。

不重要的错误,也可能引起极其可悲的后果,这种或那种"色彩"的加强,可能决定党许多许多年的前途;第二,在像俄国这样的国家里开始的社会主义工人运动,只有在善于批判地运用别国经验的条件下才能顺利发展,但是,在现代工人运动已经有了巨大的成长和扩展的情况下,要做到这一点,就需要有丰富的理论力量和政治经验;第三,俄国社会民主党担负着世界上任何一个社会主义政党都还不曾担负过的革命任务,这就特别需要用革命理论来武装。

列宁指出,革命的工人政党以马克思主义为指导思想,必须有正确的方法。

第一,必须正确地对待马克思主义。他指出,马克思主义是现代唯一正确的革命理论,它把严格的高度的科学性和革命性内在地不可分割地结合在一起,是社会科学的最新成就,在现代知识水平上不可能有马克思主义之外的革命理论。马克思主义第一次把社会主义从空想变成科学,给这个科学奠定了巩固的基础,规划了继续发展和详细研究这个科学所应遵循的道路。现代社会在经济方面和政治方面的全部发展,革命运动和被压迫阶级的斗争的全部经验,都日益证实马克思主义观点的正确性。只有革命的马克思主义的理论,才能成为工人阶级运动的旗帜,革命的工人政党应该完全以马克思的理论为依据,用它作为行动的指南。

第二,捍卫马克思主义的纯洁性,反对各种攻击和歪曲。以伯恩施坦为代表的修正主义者,打着"批评自由"的旗号,大喊要"革新"马克思主义,但是他们并没有把这门科学推进一步,并没有教导无产阶级任何新的斗争方法,只是向后倒退,用资产阶级观点来批评马克思主义的基本思想,宣传社会矛盾缓和论,否定社会革命和无产阶级专政,否定社会主义这个最终目的,要求把社会民主党从主张社会革命的政党变为改良党。修正主义所造成的思想混乱,对于社会主义运动和无产阶级政党极其危险。在工人政党内,如果修正主义思想占了上风,那就不是工人阶级的社会主义政党了。

第三,在发展中坚持马克思主义。马克思主义不是僵死不变的教条,而是一种科学。马克思、恩格斯只是给这种科学奠定基础,社会主义者如果不愿落后于实际生活,就应当在各方面把这门科学向前推进。要根据条件的改变和各国当地的特点来运用马克思主义和发展马克思主义。对马克思主义的每一个原理，都应当历史地、同其他原理联系起来，同历史经验联系起来加以考察。对于俄国工人政党来说，尤其需要独立地探讨马克思的理论，因为它所提供的只是总的指导原理，而这些原理的应用具体地说，在英国不同于法国，在法国不同于德国，在德国又不同于俄国。马克思主义者不能以抽象的公式而要以是否符合现实社会经济发展过程作为学说的最高的和唯一的标准。如果不顾时间、地点、条件的变化，只是背诵马克思的结论，照抄照搬过去的办法来解决现实的问题，那就违背了马克思主义的精神。

三 重视组织建党

列宁非常重视党的民主集中制建设。他指出，"为了保证党内团结，为了保证党的工作集中化，还需要有组织上的统一，而这种统一在一个已经多少超出了家庭式小组范围的党里面，如果没有正式规定的党章，没有少数服从多数，没有部分服从整体，那是不可想像的。"① 1906年3月，列宁在起草党的策略纲领时第一次明确提出了民主集中制；同年4月召开的"四大"，在党章上第一次写上了民主集中制的原则。列宁关于党的民主集中制思想的主要内容有如下几个方面。

第一，列宁比较完整地提出并阐述了党内集中制原则的具体内容。这包括：在党内实行统一的严格的纪律；实行少数服从多数，下级服从上级的原则；党的各级组织和全体党员必须执行党的代表大会的决议，必须服从党的中央委员会的领导，等等。但列宁同时指出，我们要求的是行动一致与讨论和批评自由的统一。列宁强调，没有思想的组织性是毫无意义的，没有讨论和批评的自由，无产阶级就不承认行动的一致。基于这种认识，列宁指出，"任何纪律也不能要求党员盲目地在中央委员会起草的一切决议草案上签字"。②

第二，列宁比较完整地提出并阐述了党内民主制原则的具体内容。这包括：党内的一切事务由一律平等的全体党员直接或通过他们的代表来处理；党的所有领导人员和机构都由选举产生，向党员报告工作，并可以撤

---

① 《列宁选集》第1卷，人民出版社1995年版，第499页。
② 《列宁全集》第13卷，人民出版社1987年版，第192页。

换；保证全体党员都积极参加党的生活，参加讨论党所面临的一切问题；排除一切委任制，从下到上一切机关都实行普遍选举制、报告制和监督制；对一切最重要的问题在党的决议未通过前，展开广泛的讨论，充分自由地进行党内批评，集体制定全党性的决议；使召开党的领导机关的公开会议成为一种制度；使党的舆论对领导机关的工作进行经常的监督；等等。

第三，禁止党内派别活动。列宁指出："现在不应当有反对派，现在不是时候！"① 俄共（布）"十大"通过了列宁起草的决议，第一次在党内禁止派别活动。决议责令立即毫无例外地解散一切不论按何种政纲组成的集团，并责成所有组织密切注意，禁止任何派别活动。决议规定，中央委员如恢复或进行派别活动，经中央全会 2/3 票的多数决定，可降为候补委员，甚至采取极端措施，将其开除出党。需要指出的是，在禁止党内派别活动的同时，列宁并没有要求党内有不同观点的人放弃他们的观点，取消他们为自己观点辩护的权利。相反，列宁指出："在各种专门的刊物和文集上可以而且应当划出一定的篇幅，使党员们能就上述各种问题详细交换意见。"②

无产阶级政党实行的民主集中制原则，是列宁提出的一个重要的党建原则。国际共产主义运动和社会主义活动的历史表明，无产阶级政党能否正确地贯彻实行这一原则，关系到党的建设乃至整个社会主义事业的成败。长期以来，列宁的民主集中制思想受到一些资产阶级思想家的攻击和西欧某些共产党组织的怀疑。特别是 20 世纪 80 年代末 90 年代初世界社会主义运动受到严重挫折的情况下，它再次受到攻击和怀疑。对此，我们必须给予正确的理解，用历史的观点来看待列宁的民主集中制思想。就是说，要注意列宁的民主集中制思想形成和发展过程中各个阶段不同的历史条件。列宁的民主集中制思想是以列宁的整个建党实践和革命实践活动为基础的，因而在其自身发展的各个时期，无不反映当时的历史特点和建党实践。在建党初期，列宁强调"自上而下的集中制"，是与下列历史条件相联系的：俄国党当时刚脱离分散的小组状态，党内既存在比较浓厚

---

① 《列宁全集》第41卷，人民出版社1986年版，第36页。
② 同上书，第91页。

的小组习气，也存在严重的经济主义、崇拜工人运动的自发性和轻视党组织的作用的倾向；为了克服这些错误的思想倾向，"就必须把棍子弯向另一边"。① 在沙皇专制制度下，党处于非法秘密状态，这也决定了组织上需要强调"自上而下的集中制"的组织形式和组织原则。党的"二大"后，列宁的民主集中制思想最终确立。一方面是由于1905年的革命为党内实行民主制创造了条件，但更主要的是，列宁通过这一时期的建党实践认识到，没有党内生活的民主化，就不能使党内不同意见和观点的争论正常化，而不将不可避免的党内斗争纳入正常轨道，党就会因各种无理取闹和抵制行为陷入分裂境地而无法向前发展。

十月革命后，面对空前严峻的战争形势，布尔什维克党实行了"极端民主制"和铁的纪律，使党组织军事化。此时，列宁特别强调党的集中领导和严格的纪律的重要性。他认为，这是无产阶级战胜资产阶级的基本条件之一。战争结束后，为给和平时期党内生活的民主化创造条件，列宁分析了前一时期极端集中制给党的建设带来的严重危害的情况，把民主建设放在党的建设的中心位置。

可见，列宁是根据不同的历史条件而强调民主集中制原则中的民主和集中两个不同的方面。在非法和秘密状态下、在非常时期，往往强调集中的方面，而当条件发生变化，党转向公开状态、转入和平建设时期，则强调民主方面。从党自身建设的规律来看，一个时期过分强调集中制，可能会给党的发展带来不良影响。这时，列宁又会把民主建设摆在首要位置，强调党内生活的民主方面。

总之，列宁的组织建党原则即民主集中制思想，既区别于官僚主义的集中制，又区别于无政府主义。民主集中制原则是民主和集中两个方面的有机结合，是对立面的统一。民主和集中两个方面既相互对立，又相互联系，相互交融，互为前提和条件，两个方面互相构成无产阶级政党组织原则的不可缺少的部分。民主是集中的基础，而集中又是民主的条件和保证。否认其中的任何一个方面，就从根本上否定了民主集中制的原则，就会导致官僚主义的集中制和无政府主义。

---

① 《列宁全集》第7卷，人民出版社1986年版，第253页。

第三节 列宁建党理论的历史意义

列宁的建党理论丰富和发展了马克思主义建党学说，具有着重大的历史意义，对马克思主义政党建设提供了诸多重要的历史启迪。

第一，必须加强对全党的马克思主义教育，提高党员的政治思想觉悟和理论素质。列宁认为，衡量执政党党员的质量的根本标志，首先是全党在政治上是否保持高度的一致，党员的全部注意力是否集中到党所注意的基本任务上。政治思想上的统一必须建立在马克思主义理论水平提高的基础上。为了提高党员的马克思主义理论修养，列宁和俄共（布）决定大力发展党校教育。1919年3月党的"八大"会议上规定：（1）建立中央委员会直属高级党校；（2）制订地方党校统一的教学大纲和教学计划；（3）派有关的讲课人帮助地方党校。1921年3月党的"十大"决议又规定，在近期内除建立一所二年制的党的大学、四所高级的党的大学和高于省级的区域苏维埃和党务干部学校外，要使每个省城都有一所办得很好的、每年有二至三班学员毕业的苏维埃和党务学校，共和国至少半数县份内建立苏维埃和党务干部学校。必须使所有新入党的党员都能通过党纲短期训练班的学习。1921年12月党的十一次全国代表会议再次强调扩大党校网，并指出，订阅一种党报是每个党员的义务。列宁和俄共（布）中央还具体确定对党员教育的具体内容。1919年12月俄共（布）第八次全国代表会议作出了关于党员的教育和学习的决议，具体规定了向党员讲课的题目，对党员进行党的纲领、奋斗目标和党的基本知识的教育，解答广大群众关心的最重要的问题以及苏维埃建设的当前问题。

第二，严格入党条件，纯洁党的组织。从十月革命胜利初期，列宁就一直强调坚持严格的入党条件。党的"八大"通过的《关于党的建设》的决议，提出要认真注意党的社会成分，在接受非工人党分子时要特别审慎。在党的第八次代表会议通过的执政党的党章里，第一次规定了入党的人都必须经过预备期，以便熟悉党的纲领和策略，并对个人品质进行考察。进入新经济政策时期以后，列宁提出要规定更加严格的入党条件，包括延长新党员的预备期，吸收党员必须严格审查，不仅要看入党者的表现，而且要考察其入党动机。同时，还对入党介绍人的条件和责任提出了严格的要求。规定介绍人的人数和党龄的长短要根据被介绍人的不同情况而定，一般由二人介绍，多则五人，党龄应在一年或五年以上。党的"十大"决议还规定，如果新党员违反党纪等情况，介绍人应受纪律处分，如果他们在介绍新党员时一再采取不谨慎和轻率的态度，就要受到开除党籍的处分。

列宁认为，冒险家和其他危害分子乘机混进执政党里来是不可避免的现象，因此，为了保持党的无产阶级先锋队的性质，执政党要善于纯洁自己的队伍。纯洁队伍的措施之一，就是实行清党。实行清党，清除不纯分子，巩固党的组织，这是列宁的一贯思想。早在1905年列宁就指出，党必须把那些反对党的纲领、反对党的策略决议和党章的党员清洗出党，否则，"它就不可避免地会瓦解，首先在思想上瓦解，然后在物质上瓦解。"① 无产阶级政党成为执政党后，一方面，野心家和其他危害分子会千方百计地混进党里；另一方面，某些共产党员也可能经不起各种考验，腐化堕落，丧失了充当执政党党员的资格。因此，采取清党这种措施，把那些"欺骗分子、官僚化分子、不忠诚分子和不坚定的共产党员以及虽然'改头换面'但内心里依然故我的孟什维克从党内清除出去。"② 这对于保持党的纯洁性是十分必要的。1919年3月俄共（布）"八大"开始了第一次清党，1921年3月"十大"的决议对清党问题作了进一步的规定，同年8月正式开始清党。这次清党共有17万人被清除出党，约占当时党员总数（73万人）的25％。1922年党的十一大对清党工作作了总结，大会通过的《关于党的巩固和新任务》的决议指出，党在今后必须采取类似的清党措施，以便使党进一步的巩固。在这之后，又进行了一次清理。通过几次清党，党员人数大大减少了，到列宁逝世前已降到30万人，但党员质量大大提高了。

第三，正确贯彻民主集中制，实行集体领导和个人负责相结合。民主集中制原则体现在党的领导方式上就是集体领导的原则。列宁指出，集体领导是无产阶级政党领导的最高原则。为了完成工农国家的事务，必须实行集体领导；但是任何夸大和歪曲集体领导因而造成办事拖拉和无人负

---

① 《列宁选集》第1卷，人民出版社1995年版，第665页。
② 《列宁选集》第4卷，人民出版社1995年版，第562页。

责，把集体领导机关变为空谈场所的思想和行为，都是极大的祸害。实行集体领导要明确地规定每个人对一定事情所负的责任。这就明确地提出了集体领导和个人负责相结合的原则。

为了加强集体领导，俄共（布）八大决定中央委员会设立政治局、组织局和书记处。政治局对不容拖延的问题作出决定，并且就自己两周内的全部工作，向中央委员会的定期全体会议作报告。组织局指导党的全部组织工作。每个委员领导一个相当的工作部门，每两周向中央委员会全体会议作一次报告。书记处负责处理中央日常事务，分若干部，由各个书记分工负责，每两周向中央全会作一次报告。为了使中央两个执行机构工作互相协调、互相联系，由中央书记兼任两局委员。但是，为了避免中央书记个人决定一切重大问题，削弱集体领导，列宁代表中央委员会强调指出："党中央书记只执行中央作出集体决议的，即由组织局、政治局或中央全会作出决议的那些任务。"①

个人崇拜对贯彻集体领导原则是极为不利的。列宁十分重视无产阶级政党的领袖作用，但坚决反对个人崇拜。他认为党的领袖是复数，是在斗争中、在实践中培养出来的一批人，而不是一个人。列宁在人民中享有崇高的威望，但他从来反对突出他个人。他在党内一直是中央委员和政治局委员，没有其他职务。虽然党和国家的路线及一些重大的方针政策，都是列宁提出来的，但他总是以政治局一般成员的身份提出，经过集体讨论，形成党的决议作为全党的行动准则。列宁坚决反对那种以为个人可以决定中央委员会的重大问题的想法，决不允许突出他个人。他不允许对他个人或他的功绩作任何颂扬，一旦稍有这样的苗头出现，他就毫不留情地坚决制止。列宁为俄国党正确坚持党的民主集中制作出了光辉的表率。

第四，加强对党的监督，保持党与群众的血肉联系。列宁认为，无产阶级执政党代表无产阶级和劳动人民掌握着国家的权力，为了使党的各级组织和党员干部不脱离群众，保证为大多数人的利益服务，必须在党内建立一套民主监督制度，把党的自身建设置于广大群众的严格监督下进行。这是列宁关于执政党建设思想的一个重要内容。早在十月革命前"六大"通过的党章中，根据列宁的思想，第一次规定了在党内建立检查委员会，

---

① 《列宁全集》第30卷，人民出版社1985年版，第405页。

以检查中央委员会的会计处和一切事宜，并向下一次党代表大会提出报告。1920年9月，俄共（布）第九次全国代表会议通过列宁草拟的决议，决定成立一个同中央委员会平行的监察委员会。决议规定，党的代表大会选出的监察委员会应当有权接受和协同中央委员会审理一切控诉，必要时可以同中央委员会举行联席会议或把问题提交党代表大会。这是无产阶级执政党第一次建立同中央委员会平行的监督机构。同时，决议对党内仍然保留的检查委员会也作了新的规定，赋予它检查各级党委员会的工作，并对一切失职行为除了报告原选举机关外还必须直接报告中央等权力。到1921年3月，列宁主持召开的党的十大特别通过了《关于监察委员会》的决议，明确规定了成立监察委员会的目的及其任务，规定了中央、区域和省的监察委员会的产生方式。规定监察委员会和党委员会平行地行使职权，监察委员会委员有权出席本级党委员会和苏维埃委员会的一切会议以及本级党组织的其他各种会议，并有发言权；监察委员会的决议，本级的委员会必须执行，而不得撤销；如有不同意见，可以把问题提交联席会议解决；如果同党委员会不能取得协议，可以把问题提交代表大会或本级代表会议解决。在列宁逝世前，他还十分关心党的监督制度的进一步完善问题。他指出，工农检查院是为监察党和国家机关而设立的，"在我的思想上，我就是这样把我们的工作、我们的政策、我们的策略、我们的战略等等的总计划同改组后的工农检查院的任务联系起来的。我们之所以应该对工农检查院特别关心、特别注意，把它的地位提得特别高，使它的领导具有中央委员会的权力等等，在我看来，理由就在这里。"[1]

总之，列宁的建党思想，博大精深，涵盖党的建设的方方面面，继承并创造性地发展了马克思、恩格斯的党建理论，有力地指导和推进了俄国和世界其他马克思主义政党的健康发展。

---

[1] 《列宁选集》第4卷，人民出版社1995年版，第797页。

第三章　社会主义可能在一国或数国首先胜利的理论

帝国主义是无产阶级社会主义革命的前夜。无产阶级社会主义革命究竟怎样发生并取得胜利，这是摆在各国革命政党面前的一个迫切问题。列宁对此进行了深入研究。他指出："经济政治发展的不平衡是资本主义的绝对规律。由此就应得出结论：社会主义可能首先在少数甚至在单独一个资本主义国家内获得胜利。"①

第一节　社会主义革命理论的重大突破

无产阶级社会主义革命，既是历史发展的必然，又是历史赋予无产阶级的神圣使命。对于这一革命的历史进程，科学社会主义的创始人马克思、恩格斯进行了明确的阐述。

1847年，恩格斯在《共产主义原理》中指出："共产主义革命将不是仅仅一个国家的革命，而是将在一切文明国家里，至少在英国、美国、法国、德国同时发生的革命。"② 这就是恩格斯的回答和结论。在这里，恩格斯既明确表达了社会主义革命"同时发生"的设想，又预言了"同时发生"的范围是"文明国家"，即资本主义国家，至少是英、美、法、德四个最发达的资本主义国家。

恩格斯认为，由于资本主义大工业的蓬勃发展而形成了世界市场，从而把世界各国人民，特别是资本主义国家的人民，彼此紧紧地联系起来，

---

① 《列宁选集》第2卷，人民出版社1995年版，第554页。
② 《马克思恩格斯选集》第1卷，人民出版社1995年版，第241页。

致使每一个国家的人民都受着另一个国家事变的影响;由于资本主义大工业大体上的同步发展,而使所有资本主义国家的社会发展进程不相上下,资产阶级和无产阶级都成了社会上两个起决定作用的阶级,它们之间的斗争成了这一时代的主要斗争;各资本主义国家的统治阶级即资产阶级,为了维护自己的统治,总是相互勾结,联合行动,共同镇压无产阶级的革命行动。因此,无产阶级社会主义革命,单独在某个国家内发生并且获得胜利是不可能的,这种革命必须"同时发生",相互影响和相互支援,才有可能获得胜利。但是,这个"世界性的革命"又不是"同时胜利"的,而是有阶段的和多层次的革命。它将首先是"文明国家",其后才是"其他国家";它"实现"的快慢和难易也不相同,归根结底取决于生产力水平的高低。"共产主义革命发展得较快或较慢,要看这个国家是否有较发达的工业,较多的财富和比较大量的生产力。因此,在德国实现共产主义革命最慢最困难,在英国最快最容易。共产主义革命也会大大影响世界上其他国家,会完全改变并大大加速它们原来的发展进程。它是世界性的革命,所以将有世界性的活动场所。"①

马克思和恩格斯的思想是一致的。早在《共产主义原理》之前,在他们共同写作的《德意志意识形态》一书里,就已经提出了社会主义革命将"同时发生"的思想。该书指出:"交往的任何扩大都会消灭地域性的共产主义。共产主义只有作为占统治地位的各民族'一下子'同时发生的行动,在经验上才是可能的。"② 之后,马克思在总结1848年欧洲革命经验的著作《1848年至1850年的法兰西阶级斗争》中,在1872年《关于海牙代表大会》中,都表述了同样的思想。

马克思在总结1848年欧洲革命的经验教训时指出:"神圣同盟的胜利使欧洲的局面发生了变化,只要法国发生任何一次新的无产阶级起义,都会必然引起世界战争。新的法国革命将被迫立刻越出本国范围去夺取欧洲的地区,因为只有在这里才能够实现19世纪的社会革命。"③ 马克思还指出,过去的经验表明,由于各国工人的分散的行动,结果遭到了共同的失

---

① 《马克思恩格斯选集》第1卷,人民出版社1995年版,第241页。
② 同上书,第86页。
③ 同上书,第401页。

败。马克思在总结巴黎公社革命的经验教训时指出，在反对无产阶级时，各民族政府是一致的，它们会联合起来共同镇压无产阶级的革命斗争。"巴黎公社之所以失败，就是因为在一切主要中心，如柏林、马德里以及其他地方，没有同时爆发同巴黎无产阶级斗争的高水平相适应的伟大的革命运动。"① 直到恩格斯的晚年，他仍然坚持社会主义革命"同时发生"的思想，他认为只有在欧洲的舞台上才能实现社会主义革命；只有至少需要英、法、德三国的共同行动，才能一举粉碎三国阴谋，以及粉碎当时欧洲反动势力最强大的堡垒——沙皇俄国的阴谋，无论是法国人、德国人或英国人都不能单独赢得消灭资本主义的光荣。

马克思、恩格斯关于社会主义革命"同时发生"和有阶段的分层次的胜利的思想，在自由资本主义时代无疑是正确的。第二国际各国党一般都主张和坚持社会主义革命必须在全世界或者整个欧洲同时取得胜利的观点。例如即将爆发的资产阶级民主革命将推动欧洲的无产阶级运动，使无产阶级有可能在德国取得统治地位，进而导致无产阶级在西欧取得统治地位。

同样，在1905年，列宁预计俄国的社会主义革命将要同欧洲无产阶级的社会主义革命一起进行。他说，俄国的"第二次胜利将是欧洲的社会主义革命"。"如果没有欧洲的社会主义无产阶级对俄国无产阶级的支援，那么，这个斗争对于孤军作战的俄国无产阶级，几乎是毫无希望的，而且必然要遭到失败。"② 就是在第一次世界大战爆发后不久所写的俄国社会民主党中央委员会关于战争的宣言中，列宁也仍然坚持社会主义革命同时胜利的思想。他提出欧洲社会民主党人当前的政治口号应当是建立欧洲共和国联邦，即推翻德国、俄国和奥地利的君主制度。可见，在列宁提出社会主义革命"一国胜利"学说之前，包括列宁在内的几乎所有的马克思主义者都奉行马克思和恩格斯关于社会主义革命"同时胜利"的公式。

历史进入帝国主义时代，无产阶级社会主义革命已经由主要是理论上的论证提到了革命实践的日程上来。在新的时代，"同时发生"的结论是否还适用呢？第二国际占统治地位的传统的社会主义革命"同时胜利"

---

① 《马克思恩格斯全集》第18卷，人民出版社1964年版，第180页。
② 《列宁全集》第10卷，人民出版社1987年版，第142页。

论是否正确呢？适应时代要求的新的社会主义革命理论又是什么呢？这是在帝国主义时代，科学社会主义所面临的一个需要解答的新课题。

面对这一新课题，列宁以无产阶级革命家的伟大气魄，冲破了第二国际传统的社会主义革命"同时胜利"论，运用最彻底、最完整、最周密和内容最丰富的马克思主义发展论考察帝国主义，创造性地提出了社会主义能够首先在一个或者少数几个国家取得胜利的新理论，即"一国或数国首先胜利"论。

1915年8月，列宁在《社会民主党人报》第44号上，发表了《论欧洲联邦口号》一文。该文指出：从帝国主义的经济条件来看，即从"先进的"、"文明的"殖民强国输出资本和瓜分世界这一观点来看，欧洲联邦在资本主义制度下不是无法实现，便是反动的。之所以说它是无法实现的，是因为帝国主义各国之间从根本上来说，在经济利益上是互相矛盾的；之所以说它是反动的，是因为在资本主义制度下成立欧洲联邦，就等于缔结瓜分殖民地和共同镇压欧洲社会主义运动的协定。该文还指出，与欧洲联邦不同，世界联邦是一种在我们看来同社会主义相联系的各民族联合和自由的国家形式；但是把它当作一个独立的口号却未必是正确的。这是由于：第一，它和社会主义混合起来了；第二，它会产生认为社会主义不可能在一个国家内获得胜利的不正确的见解，以及对这个国家和其余各国间的关系的不正确的见解。列宁指出：经济政治发展的不平衡是资本主义的绝对规律。由此就应得出结论：社会主义可能首先在少数或者甚至在单独一个资本主义国家内获得胜利。

1916年9月，列宁针对左派社会主义民主党人反对党纲中"人民武装"的条文，针对他们反对任何战争和提出的"废除武装"的错误口号，写了《无产阶级革命的军事纲领》一文。该文指出社会主义者不能反对一切战争，而且进一步论述了"一国胜利"的理论。他强调指出："资本主义的发展在各个国家是极不平衡的。而且在商品生产下也只能是这样。由此得出一个必然的结论：社会主义不能在所有国家内同时获得胜利。它将首先在一个或者几个国家内获得胜利，而其余的国家在一段时间内将仍然是资产阶级的或资产阶级以前的国家。"[①] 这是列宁关于社会主义革命

---

① 《列宁选集》第2卷，人民出版社1995年版，第722页。

"一国胜利"论最经典的表述。列宁指出幻想各国无产者采取联合行动，就是把社会主义束之高阁，也就是使它永无实现之日。

第二节 "一国或数国首先胜利"理论的根据和内容

一 经济政治发展不平衡是"一国或数国首先胜利"理论的根据

资本主义经济政治发展不平衡是资本主义固有的规律。这一规律不仅在帝国主义时代存在，在自由资本主义时期也存在。在资本主义商品经济制度下，由于剩余价值规律与竞争规律的作用，各个企业、各个部门、各个国家的经济发展是不平衡的。资本家为了追逐利润展开激烈的竞争，有的企业兴旺发达，有的企业破产倒闭；一些生产部门迅速扩张，一些部门急剧衰落。在企业、部门之间发展不平衡基础上，各个资本主义国家之间的经济发展也出现了不平衡，一些原来比较先进的国家，旧工业部门所占比重较大，技术落后，设备陈旧，因而发展就比较缓慢；而一些原先后进的国家，大量资本集中在具有先进技术装备的新兴工业部门中，因而经济发展速度比较快。资本主义世界经济就是在这种不平衡的矛盾中发展起来的。马克思、恩格斯早已看到了资本主义国家经济发展水平的差别和工人运动发展程度上的差别。他们曾经指出，英国资本主义最发展，是最具备社会主义革命物质条件的国家。在19世纪，恩格斯指出德国工人觉悟程度和组织程度都比较高，可以很快取得政权。但是，马克思和恩格斯并没有把它概括成资本主义经济政治发展不平衡规律。这是由于在自由资本主义时期，这个规律表现得还不像帝国主义时期那样突出。

经济发展不平衡规律，虽然是资本主义固有的规律，但在资本主义发展的不同阶段却有着不同的特点。在19世纪70年代之前，资本主义还处在上升阶段，自由竞争占着统治地位，那时生产集中和社会化程度还不很高，企业规模小，经营分散，资本主义各国的发展虽不平衡，但总的来说，资本主义的发展还是比较平稳的，一些国家要赶上和超过另一些国家，一般要经过相当长的一段时间。同时，由于地球上还有许多未被占领的地区，资本主义国家可以"和平"地去进行扩张，从而不致引起资本主义世界大规模的战争。进入19世纪末20世纪初，垄断代替自由竞争占据统治地位，情况发生了深刻的变化。由于生产和资本高度集中，生产社会化程度极大提高,科学技术有了巨大发展,使那些走上资本主义道路比较晚的国家,有可能利用现代科技成果和先进生产设备,充分吸收国外资本,加强对廉价劳动力的榨取,迅速发展新兴工业部门,提高本国商品在世界市场的竞争能力,大大加强自己的经济实力,从而在较短的时期内,跳跃式地迅速赶上和超过老的资本主义国家。而那些老牌的资本主义国家,由于垄断统治所固有的寄生腐朽性特别突出,原有工业部门设备陈旧,加之大量资本输出国外,使整个经济发展速度远远落后于后起的资本主义国家。这样,就大大加深了资本主义各国经济发展的不平衡,使各国之间的力量对比发生了跳跃式的变化。列宁曾对这种状况作了深刻分析,指出:"经济政治发展的不平衡是资本主义的绝对规律。"1860年前,英国在世界工业生产中一直占第一位,其次是法国,德国、美国还刚刚走上舞台;到1880年,善于引进科学技术、利用外资的美国,依靠新兴工业部门的发展,后来居上,超过了英、法,跃居世界工业生产的第一位;到19世纪末,新兴工业强国德国也超过了英国和法国,进到世界工业生产的第二位。

资本主义国家经济发展的不平衡,必定会引起各国政治发展的不平衡,也就是会使各国政治、军事力量和国际地位发生变化。随着各国政治、军事力量及其在国际舞台上的地位的变动,各帝国主义实力对比同原来资本主义列强对殖民地附属国的分割发生严重的不平衡,后起的帝国主义国家要求瓜分更多的殖民地。这种尖锐矛盾,只能通过武力来解决,帝国主义战争成为不可避免。这种战争必然会削弱帝国主义的实力,在帝国主义统治的链条中造成最薄弱的环节,无产阶级发动的社会主义革命有可能首先在这里取得胜利。

二 "一国或数国首先胜利"理论的内容

列宁的"一国或数国首先胜利"思想是对当时流行于各国社会民主党中的社会主义革命"同时胜利"思想的直接否定。在马克思和恩格斯的社会主义革命"同时发生"和"同时胜利"思想的影响下,与马克思和恩格斯同时期的许多马克思主义者,以及后来的第二国际的许多著名领导人都认为,社会主义革命有可能同时在最先进的文明国家里获得胜利,社会主义首先在一个被其他国家封锁的国家中胜利是绝对不能想象的。因此，列宁在《论欧洲联邦口号》中首次提出"一国胜利"之后，引起了各国社会民主党中"墨守成规"的人们的反对。例如，1915—1916年，托洛茨基在他创办于巴黎的报纸《我们的言论报》上，同列宁展开争论，反对列宁"一国胜利"学说，鼓吹全欧同时革命，建立"欧洲联邦"。他宣称拯救俄国革命的方法是把革命转到整个欧洲去，否则，就休想革命的俄国能在保守的欧洲面前站得住脚。对于这些反对意见，列宁当时未予理会，直到1916年9月才在《无产阶级革命的军事纲领》中，批判了坚持社会主义革命"同时胜利"的观点，并且更加明确地作出了关于社会主义不能在所有国家内同时获得胜利的确定不移的结论，从而发展了《论欧洲联邦口号》中的思想。

列宁的"一国或数国首先胜利"理论，既指无产阶级可以首先在一国爆发社会主义革命并胜利地夺取政权，又指一国夺得政权的无产阶级能够保持住政权。列宁在《论无产阶级革命的军事纲领》中给"一国或数国首先胜利"理论规定了一个极其明确和崭新的含义：社会主义将首先在一个或几个国家内获得胜利，而其余的国家在一个相当时期内将仍然是资产阶级的或资产阶级以前的国家。列宁的这后半句表明，即使在一个相当时期内，社会主义只在一个国家内获得胜利，它也能保住政权。因此，列宁"一国或数国首先胜利"思想的最初含义包括如下两层意思：既指无产阶级可以首先在一国爆发社会主义革命并胜利地夺取政权，又指在一国夺得政权的无产阶级能够保持住政权。列宁根据对帝国主义时代资本主义经济政治发展不平衡规律的深刻分析而得出的在一国夺得政权的无产阶级能够保持住政权的思想，是列宁"一国或数国首先胜利"思想的核心内容和实质，是马克思和恩格斯从来没有提出过的。

早在十月革命前，列宁就论证了在一国夺得政权的无产阶级能够保持住政权的问题。他在《俄国革命和革命战争》一文中指出，俄国无产阶级一旦取得政权，完全可能保持政权，并且使俄国一直坚持到西欧革命的胜利。十月革命胜利后，列宁更进一步地论证在一国胜利了的无产阶级能够保持住政权的问题。他详尽地提出了"一国胜利"的具体条件和保持政权应采取的一系列具体措施。

列宁还认为先进的资本主义国家不一定首先取得社会主义的胜利。在《论欧洲联邦口号》和《论无产阶级革命的军事纲领》中，列宁没有明确指出只有先进的资本主义国家才能首先获得社会主义胜利，这表明列宁当时已经产生了不一定是先进的资本主义国家首先取得社会主义胜利的思想。在他看来，究竟是哪一种类型的国家首先取得社会主义的胜利，只有随着革命形势的发展才能确定。

十月革命以后，西方社会民主党人提出疑问：为什么第一个进行无产阶级革命并建立无产阶级专政的国家是欧洲最落后的国家之一？俄国的落后同它向最高形式的民主制即无产阶级的民主制的"飞跃"，是不是存在着极大的矛盾？对于这一问题，列宁指出：历史是在许多矛盾中前进的，"无产阶级专政的实现首先表明了俄国的落后和它越过资产阶级民主的'飞跃'之间的'矛盾'，这难道奇怪吗？假使历史让我们不通过许多矛盾而实现新式民主，那倒是奇怪了。"① 这就是说，落后的国家先于发达国家实现了无产阶级民主，的确表现出历史发展过程中的矛盾，但是历史的前进正是在许多矛盾中实现的。列宁指出："任何一个马克思主义者，甚至任何一个懂得现代科学的人，如果有人问他'各个不同的资本主义国家平衡地或谐和均匀地过渡到无产阶级专政是否可能'，他的回答一定是否定的。在资本主义世界中从来没有而且不会有什么平衡，什么谐和，什么均匀。在每个国家的发展中，都是有时是资本主义和工人运动的这一方面、这一特征或这一类特点特别突出，有时是另一方面、另一特征或另一类特点特别突出。发展过程从来都是不平衡的。"② 他进一步指出，当法国进行伟大的资产阶级革命从而使整个欧洲走向新生活时，资本主义比法国发达得多的英国竟成为反革命同盟的首领，伙同欧洲的反动势力以武力干涉法国革命，力图扼杀这场革命；而这时英国的工人运动却英明地预示了后来马克思主义理论中的许多原理。这说明了历史发展过程中的矛盾性。1848年，当欧洲许多国家发生软弱的资产阶级革命时，法国却爆发了无产阶级和资产阶级之间的第一次伟大战斗，即巴黎工人的六月起义。这说明了历史发展的不平衡性。英国是一个先进的资本主义国家，但是，"从无产阶级的革命斗争来看，这个先进的资本主义国家竟落后了几十年。法国工人阶级在1848年和1871年先后两次举行了反资产阶级的英勇

---

① 《列宁全集》第36卷，人民出版社1985年版，第292页。
② 同上书，第292页。

起义，对世界历史作出了重大贡献，在这两次起义中，法国无产阶级的力量好像是用尽了。这以后，即从 19 世纪 70 年代起，国际工人运动中的领导权转到了在经济上比英法都落后的德国。而到 20 世纪第二个十年，当德国在经济方面超过了英法两国的时候，领导德国马克思主义工人政党这个全世界的模范政党的，已是一小群十足的恶棍和卖身投靠资本家的最卑鄙的坏蛋。"① 这些事实也说明了历史发展过程中的矛盾和不平衡。由此出发，列宁得出结论：先进的资本主义国家不一定首先取得社会主义的胜利；落后的俄国先发生革命并建立新政权，国际革命的领导权转到俄国人手中，是一点也不奇怪的事。

列宁的这个思想显然同马克思和恩格斯的思想也是不相同的。原因是国际形势和资产阶级革命形势的发展，随着时代而不同。总之，列宁的"一国或数国首先胜利"理论是马克思主义社会主义革命理论宝库中的崭新思想，是对马克思主义革命理论的重大发展。

第三节 "一国或数国首先胜利"理论的实践验证
——俄国十月社会主义革命的胜利

列宁关于落后的俄国可以首先取得社会主义胜利的思想，是在二月革命之后形成的。列宁在《论欧洲联邦口号》一文中首次提出社会主义可能首先在一国或数国首先获得胜利的论断之后，仍然认为俄国当时的首要任务是进行资产阶级民主革命。他在 1916 年初还作了这样的估计：欧洲的社会主义革命也许还要经过 5 年、10 年或者更多的时间才能爆发。甚至在二月革命之前一个多月，列宁在国外的一个报告中还认为，由无产阶级领导的俄国资产阶级民主革命仍然是未来欧洲革命的序幕，至于欧洲社会主义革命何时才会来临，我们这些老年人也许活不到未来这次革命的决战那个时候。这就表明，在俄国资产阶级民主革命完成之前，列宁还没有形成俄国可以首先取得社会主义革命胜利的思想。然而，俄国二月革命胜利之后的情况就不同了。

第一，二月革命推翻了沙皇专制制度，在俄国出现了两个政权并存的

---

① 《列宁全集》第 36 卷，人民出版社 1985 年版，第 293 页。

局面，除了资产阶级临时政府之外，还存在着一个以握有武器的工农群众为后盾的工农民主专政的苏维埃。正如列宁所说的，"革命在几个月以内就使得俄国在政治制度方面赶上了先进国家"①。很显然，这种政治制度对于俄国开展社会主革命是十分有利的。

第二，列宁指出，俄国是一个比最先进的资本主义国家落后得多的国家，战争给它带来的困难特别大，经济破坏已达到空前的程度，因此俄国人民必须抉择：或者是灭亡，或者是把自己的命运托付给最革命的阶级，以便最迅速、激进地过渡到更高的生产方式。也就是说，俄国具备了发生革命的形势。对于革命形势问题，列宁在《第二国际的破产》一文中指出，革命形势有三个主要特征：（1）统治阶级不能照旧不变地维持自己的统治。不光是由于统治阶级的政治危机给被压迫阶级的愤怒和不满造成一个突破的缺口，使"下层不愿"生活下去；而且"上层不能"照旧生活下去。（2）被压迫阶级的贫困和灾难超乎寻常地加剧。（3）由于上述原因，群众积极性大大提高，整个危机形势和"上层"本身都迫使他们去进行独立的历史性的革命。没有革命形势就不可能有革命，但是，并不是任何革命形势都能引起革命；就是说，要发动成功的革命，除了具备客观的革命形势之外，还必须有主观条件的成熟。"只有在上述客观变化再加上主观变化的形势下才会产生革命，即必须在加上革命阶级能够发动足以摧毁（或打垮）旧政府的强大的革命群众行动，因为这种旧政府，如果不去'推'它，即使在危机时代也决不会'倒'的。"② 总之，在二月革命胜利后，无论在理论上还是在实践上都不允许把革命仅仅停留在民主革命阶段，使革命半途而废，而必须把革命推向前进，走向社会主义。

在这种情况下，列宁在1917年4月8日第五封《远方来信》中提出，俄国无产阶级要在最近的将来取得胜利。两天后，列宁又指出："俄国革命既然创立了工人代表苏维埃，也就把俄国无产阶级推上了这种'突破'资本'战线'的阵地。"③ 1917年5月7日，列宁在俄国社会民主工党（布）第七次全国代表会议开幕词中更明确地指出，过去马克思和恩格斯

---

① 《列宁选集》第3卷，人民出版社1995年版，第271页。
② 《列宁选集》第2卷，人民出版社1995年版，第461页。
③ 《列宁选集》第3卷，人民出版社1995年版，第47页。

预测社会主义革命将是法国工人开始，德国工人完成，现在，开始进行这个革命的伟大光荣已经落到俄国无产阶级身上了。

列宁全面论证了较落后的资本主义俄国可以首先取得社会主义胜利的问题。

第一，俄国是一个帝国主义国家，无产阶级社会主义革命的物质条件已经具备。不仅如此，俄国还是一个在经济上和政治上都非常落后的军事封建帝国主义国家，由于沙皇专制制度腐朽透顶，使得社会各种矛盾异常尖锐，群众的革命力量异常强大，因而使俄国成了帝国主义时代各种社会矛盾的集合点，成了帝国主义链条中的薄弱环节，这就为俄国无产阶级首先突破资本主义阵线创造了条件。

第二，在资产阶级和无产阶级的阶级对比上，俄国资产阶级特别软弱和落后，它们既缺乏统治的经验，又没有力量。就经济发展状况来说，俄国是个介于发达资本主义国家同东方落后国家之间的国家，即比先进国家落后，又比落后国家先进的国家。在战前，它的国民收入只有英国的1/6，不到法国的1/4。从政治上来说，资产阶级不仅软弱，而且缺乏统治经验，正如列宁所指出的，使我们这支队伍站在国际无产阶级的其他队伍前面的，是历史环境，是沙皇制度的残余，是资产阶级的软弱，而不是我们的意志。

第三，俄国的社会主义革命得到贫苦农民的支持。帝国主义战争引起了全俄经济危机，群众无法照旧生活下去，农民起义遍及全国，从而使俄国有可能实现马克思早在1856年谈到德国革命时所希望的再版的农民战争来支持社会主义革命。正如列宁在总结十月革命胜利原因时所指出的："俄国的落后使得无产阶级反对资产阶级的革命与农民反对地主的革命独特地结合了起来。我们在1917年10月就是这样开始革命的，不然，我们就不会那样容易取得胜利。"[①]

第四，俄国在帝国主义世界大战中屡战屡败，人民群众对专制政府深恶痛绝，帝国主义各国正忙于相互交战，无暇干涉"俄国内政"，出现了有利于俄国革命的国际环境，所以，俄国革命是和帝国主义世界大战相联系的革命。列宁指出，两个巨大的强盗集团中，无论哪一个都不能马上打

---

① 《列宁选集》第3卷，人民出版社1995年版，第794页。

败对方,也不能联合起来对付我们;只有由于我国革命能够利用而且利用了国际政治和经济方面的这个机会,才在欧俄实现了光辉的胜利进军。

第五,俄国社会主义革命有无产阶级政党(布尔什维克)的正确领导。俄国无产阶级遭受资本家和沙皇专制制度的残酷剥削与压迫,有强烈的革命性和高度的组织纪律性,站在20世纪初国际无产阶级的前列。经过1905年、1917年两次民主革命的实际锻炼,布尔什维克党吸取了欧洲社会主义运动的教训,同时又有自己领导俄国资产阶级民主革命的经验,因此,无论在理论上还是在实践上都比西欧的无产阶级政党更加成熟。这些就使俄国的无产阶级完全有力量战胜本国的资产阶级。

在十月革命之后,列宁根据俄国社会主义革命胜利的经验和对先进资本主义国家社会主义运动的科学分析,十分肯定地断言,世界社会主义革命在各先进国家中的开始,决不会像俄国革命开始时那么容易。第一,到了帝国主义时代,各个发达的资本主义国家都拥有大量的殖民地,各国的垄断资本家都可以从大量的超额利润中拿出一小部分,在国内培养一个比较广泛、比较稳定而人数不多的工人贵族阶层,这就是在先进的资本主义国家中革命运动受到阻碍的一个主要原因。第二,第一次世界大战之后,西欧的那些先进的资本主义国家,能够利用他们在世界大战中获得的胜利而向本国被压迫阶级作一些不大的让步,这些在经济上和政治上的让步暂时推迟了这些国家的革命运动,造成某种类似"社会和平"的局面。第三,列宁认为,西欧最大的不幸和危险就是没有革命的无产阶级政党。在第一次世界大战期间,那些最先进的资本主义国家的无产阶级政党几乎都同本国资产阶级同流合污,变成了机会主义政党。第四,在巴黎公社失败之后,世界资本主义进入了相对的和平发展时期,因此,这些先进资本主义国家的无产阶级及其政党,没有经受过像俄国革命者和工人阶级的先锋队所经受过的艰苦锻炼,所以要在这些国家培养出工人阶级的革命战士而不是培养出机会主义"战士",还需要付出更大的牺牲,并且必须有一个过程。

另外,在十月革命胜利前后,列宁除了论证俄国能够首先取得社会主义革命胜利外,还一贯认为,俄国的社会主义事业需要得到国际无产阶级世界革命的支持和援助,在列宁看来,没有无产阶级国际革命的支持,俄国的社会主义事业就不能巩固。因此,列宁始终十分重视国际环境对俄国社会主义事业的影响，并努力争取使俄国的社会主义事业得到各国革命人民的支持。

十月革命的胜利，证实了列宁关于社会主义革命有可能在一国或几个国家内首先获得胜利的科学论断是正确的。根据帝国主义时代资本主义经济、政治发展不平衡的加剧，列宁对帝国主义的本质和特征进行了全面考察和分析，提出了社会主义可能在帝国主义阵线最薄弱的环节即一个或几个国家内首先获得胜利的原理。同时，列宁又根据对俄国国内革命形势和国际状况的科学分析，得出社会主义可能在经济比较落后的俄国首先取得胜利的结论。十月社会主义革命的胜利，就是在这一理论指导下取得的。不仅如此，十月社会主义革命的胜利又为这一理论的发展开辟了广阔的道路，它向世人表明，经济相对落后的国家在特殊的历史条件下可以首先走向社会主义。这是列宁对马克思主义关于社会主义革命学说的重大贡献。

第四章　帝国主义时代的民族和殖民地理论

　　帝国主义时代是资本主义发展的最高阶段，也是一个世界殖民政策的特殊时代。由于帝国主义奉行瓜分世界的国际政策，整个世界明显地出现了极少数帝国主义宗主国和广大殖民地半殖民地两极，世界上的民族也明显地划分为压迫民族和被压迫民族两类。于是，民族问题扩大为民族殖民地问题，成为一个世界性的问题。在这种历史条件下，列宁在继承和捍卫马克思主义民族理论的基础上，与时俱进，开拓创新，实现了三个"有机结合"，即把民族问题同殖民地问题有机结合起来，把民族殖民地问题同推翻国际帝国主义问题有机结合起来，把民族解放运动同国际无产阶级世界革命有机结合起来，创立了完整的民族殖民地理论。列宁的民族殖民地理论是列宁主义的重要组成部分，是指导全世界被压迫民族和殖民地半殖民地人民争取民族独立、实现民族自决并最终走上社会主义道路的强大理论武器，同时对社会主义国家正确处理民族关系和民族问题也具有极为重要的指导和借鉴意义。

第一节　民族殖民地理论的提出

一　帝国主义时代的民族和殖民地问题已成为一个世界性的问题

　　1915 年，列宁在《和平问题》一文中明确指出，无产阶级政党在考察、处理民族问题时，"必须同资本主义发展的帝国主义时代联系起来。"① 也就是说，要正确认识和处理帝国主义时代的民族问题，必须首

---

① 《列宁全集》第 26 卷，人民出版社 1988 年版，第 316 页。

先明确帝国主义的实质和特点。帝国主义是资本主义的垄断阶段。"这样的定义能包括最主要之点",一个很重要的原因就是帝国主义已"垄断地占有已经瓜分完了的世界领土",[①]"我们所考察的这个时期的特点是世界瓜分完毕"。可见,我们所处的这个时代是一个"世界殖民政策的特殊时代"。[②] 在这一时代,帝国主义对世界领土的瓜分,必然形成帝国主义的殖民体系。这样,整个世界便分为两极:一极是极少数的帝国主义宗主国;另一极则是广大的殖民地和半殖民地。世界上的民族也就分为两部分,"一部分是为数众多的被压迫民族,另一部分是少数几个拥有巨量财富和强大军事实力的压迫民族。"[③] 这说明,在帝国主义时代,民族问题已扩大为民族殖民地问题,由一个局部性的问题扩展为一个世界性的问题。

由于垄断组织的形成大大激化了世界范围的竞争,由于"只有占领殖民地,才能充分保证垄断组织自如地应付同竞争者的斗争中的各种意外事件"[④],在19世纪的最后25年和20世纪初,帝国主义列强以前所未有的速度和疯狂性,加紧侵略扩张、加强殖民掠夺。以非洲为例,在1876年殖民国家布鲁塞尔国际会议之前,帝国主义列强在非洲侵夺的殖民地只占该洲全部面积的1/10,而到了20世纪初,列强已将这个面积达3000万平方公里的富饶大陆宰割瓜分殆尽,灭亡了几十个国家,几乎所有的非洲国家和地区都沦为殖民地和附属国,只剩下埃塞俄比亚和利比里亚两国保持形式上的独立。在瓜分世界的过程中,英、俄、法、德、美、日6个最大的帝国主义国家在1914年以前抢占的殖民地面积竟达6500万平方公里,相当于六个半欧洲。帝国主义列强视广大的殖民地为自己的"生命线",大肆掠夺、残酷压迫、血腥统治,在为自己攫取巨额财富的同时,造成了广大殖民地的贫穷与落后。例如,拉丁美洲是美国的"后院"和传统势力范围。据统计,在帝国主义时代,美国从拉美榨取的金钱财富每年为20亿美元,平均每分钟约4000美元;同时,在拉美造成的非正常死亡每年多达200万人,平均每分钟约4人。而这一事例,仅仅是帝国主义

---

① 《列宁选集》第2卷,人民出版社1995年版,第650页。
② 同上书,第640页。
③ 《列宁选集》第4卷,人民出版社1995年版,第275页。
④ 《列宁选集》第2卷,人民出版社1995年版,第645页。

残酷剥削和压迫广大殖民地民族的冰山一角。哪里有压迫,哪里就有反抗;压迫愈重,反抗愈烈。帝国主义列强的残酷剥削和压迫,必然激起广大殖民地民族的激烈反抗。轰轰烈烈的民族解放运动,也必将预示着国际帝国主义的最终灭亡。

1920年,列宁在为共产国际第二次代表大会草拟的《民族和殖民地问题提纲初稿》中,提出了认识和解决帝国主义时代的民族和殖民地问题的方法问题:在帝国主义时代,对于无产阶级和共产国际来说,特别重要的是:弄清具体的经济事实;在解决一切殖民地和民族问题时,不从抽象的原理出发,而从具体的现实生活中的各种现象出发。列宁本人也正是按照这一方法和思路,从分析帝国主义时代的实质和特点入手,进而分析帝国主义时代的民族和殖民地问题的特点,最终提出自己的民族殖民地理论。

二 马克思、恩格斯提供了关于民族殖民地问题的基本的主要的思想

19世纪中后期,为适应工人阶级革命斗争的需要,马克思主义创始人马克思、恩格斯在全面研究资本主义基本矛盾、制定无产阶级革命理论和路线的过程中,曾着力研究爱尔兰、匈牙利、波兰、塞尔维亚、印度等的民族问题,并在此基础上形成了马克思主义关于民族问题的基本理论,"提供了关于民族殖民地问题的基本的主要的思想",[①] 从而为列宁在帝国主义时代提出完整的民族殖民地理论奠定了坚实的理论基础。

马克思、恩格斯深刻分析了民族殖民地问题产生的社会阶级根源,探讨了民族殖民地问题的实质,并指出了解决民族殖民地问题的根本途径和主体力量。他们认为,民族是一个历史范畴,是社会发展到一定阶段由氏族、部落演化而来。在阶级社会,民族是由不同的阶级组成的。在资本主义社会,民族分裂为两个民族即有产民族和工人民族。由于生产资料私有制的存在,民族内部的阶级剥削和阶级压迫扩展到民族之间,造成民族之间的剥削和压迫。也就是说,民族压迫的根源在于私有制,民族问题的实质是阶级和阶级斗争问题。因此,要解决民族问题、消除民族压迫,使各民族真正团结起来,就必须消灭"现存的所有制关系"即私有制。"人对

[①] 《斯大林全集》第10卷,人民出版社1954年版,第90页。

人的剥削一消灭,民族对民族的剥削就会随之消灭。""民族内部的阶级对立一消失,民族之间的敌对关系就会随之消失。"① 而"消灭现存的所有制关系只符合工人阶级的利益。"② 而且,只有工人阶级能做到这一点。因此,"无产阶级对资产阶级的胜利同时就是一切被压迫民族获得解放的信号。"③ 此外,马克思、恩格斯通过对德国和俄国压迫波兰的历史的分析和研究,提出了一个著名的思想:任何民族当它还在压迫、奴役其他民族时,不能成为自由的民族,就不能获得自身的解放。在1847年纪念1830年波兰起义17周年的国际大会上,恩格斯指出:"一个民族当它还在压迫其他民族的时候,是不可能获得自由的。因此,只要波兰没有从德国人压迫下解放出来,德国就不可能获得解放。"④ 在1874年,恩格斯又指出:"压迫其他民族的民族是不能获得解放的。它用来压迫其他民族的力量,最后总是要反过来反对它自己的。只要俄国兵士还侵占着波兰,俄国人民就既不能获得政治解放,也不能获得社会解放。但是在俄国目前的社会发展水平下,有一点是毫无疑问的:俄国失去波兰之日,也就是俄国国内的运动强大到足以推翻现存秩序之时。"⑤

列宁认为,马克思主义的民族理论建立在"历史的基础上"⑥,既不仅仅限于解释过去,而且大胆地预察未来,并勇敢地用实际活动来实现未来。其中,工人阶级首先必须取得政治统治,上升为"民族的阶级"即民族的领导阶级;就发达的资本主义国家来说,"工人没有祖国",⑦ 工人至少是各文明国家的工人的"联合的行动""是无产阶级获得解放的首要条件之一。"⑧ 这些论断是马克思主义民族理论的精髓和核心,是"毋庸置疑的真理"。⑨ 列宁正是在继承和捍卫马克思主义民族理论的基础上,运用马克思主义的阶级斗争的观点和阶级分析法,根据帝国主义时代民族

---

① 《马克思恩格斯选集》第1卷,人民出版社1995年版,第291页。
② 同上书,第308页。
③ 同上书,第309页。
④ 同上书,第309~310页。
⑤ 《马克思恩格斯选集》第3卷,人民出版社1995年版,第242页。
⑥ 《列宁选集》第2卷,人民出版社1995年版,第440~441页。
⑦ 《马克思恩格斯选集》第1卷,人民出版社1995年版,第291页。
⑧ 同上书,第291页。
⑨ 《列宁选集》第2卷,人民出版社1995年版,第441页。

和殖民地问题的实际情况，创立了完整的民族殖民地理论，进一步丰富和发展马克思主义的民族理论。

三 澄清在民族殖民地问题上的种种错误，提出完整的民族殖民地理论

（一）批判民族文化自治，提出完整的民族纲领

帝国主义时代的俄国是一个多民族国家，民族关系十分复杂，民族矛盾极其尖锐。按照马克思主义原则正确处理民族关系，解决民族矛盾，把被压迫民族的解放运动同无产阶级革命结合起来，便成为当时无产阶级政党必须解决的一项迫切而重要的任务。早在1902年起草的《俄国社会民主工党纲领草案》中，列宁便提出解决民族问题的纲领性口号："承认国内各民族的自决权"。该纲领在1903年7月召开的俄国社会民主工党第二次代表大会上获得通过。但1905年革命失败以后，在俄国掀起了资产阶级民族主义浪潮。主要表现有三种：一是沙俄专制统治者的民族沙文主义更为嚣张，列宁称之为"黑帮民族主义"；二是被压迫民族中的民族主义加强，鼓吹无条件的民族分离，鼓吹工人建立特殊的民族组织，使民族分离出来；三是俄国社会主义运动中的包括崩得分子、取消派分子和机会主义分子要求取消俄国党纲中承认民族自决权的条文，代之以民族文化自治，企图以"民族文化自治"偷换民族自决权。列宁说：这一切情况都无条件地要求我们"比以往更加重视民族问题，并以坚定的国际主义和各民族的无产阶级统一的精神对这个问题制定彻底的马克思主义的解决办法。"① 为此，列宁在1913年至1914年，先后发表了《工人阶级和民族问题》、《民族问题提纲》、《论"民族文化"自治》、《关于民族问题的批评意见》和《论民族自决权》等20多篇文章，彻底批判了民族文化自治理论，提出完整的民族纲领。

所谓"民族文化自治"，就是"以民族划线分割教育事业"，② 把原来由国家管理的教育事业交给各民族管理，实行按民族分校。列宁认为，民族文化自治的思想基础和内容就是要在某种"公正"划定的范围内巩

---

① 《列宁全集》第23卷，人民出版社1990年版，第336页。
② 《列宁选集》第2卷，人民出版社1995年版，第349页。

固民族主义,"确立"民族主义,借助于专门的国家机关牢固而长期地隔离一切民族。① 而马克思主义同民族主义是不能调和的,马克思主义主张用国际主义代替一切民族主义。按照阶级标准来划分,"在每一个现代民族中,都有两个民族。每一种民族文化中,都有两种民族文化。"② 一种是地主、资产阶级的文化,它在无产阶级取得胜利前占统治地位;一种是无产阶级的和劳动人民的文化,是受压抑的,但又充满生命力的文化。民族文化自治理论抹杀了这两种文化的根本对立,实际上只能是加强资产阶级文化和资产阶级民族主义对无产阶级的影响,把民族解放运动纳入资产阶级民族主义的轨道,造成各民族工人阶级的分裂隔绝状态。对此,列宁一针见血地指出:对于各民族的无产阶级来说,"民族文化的口号是资产阶级的(而且常常是黑帮——教权派的)骗局。""我们的口号是民主主义的和全世界工人运动的各民族共同的文化。""资产阶级的民族主义和无产阶级的国际主义——这是两个不可调和的敌对口号,这两个同整个资本主义世界的两大阶级营垒相适应的口号,代表着民族问题上的两种政策(也是两种世界观)"。③ "如果用马克思主义的观点,即用阶级斗争的观点来观察现代的民族生活,如果把口号同阶级利益和阶级政策加以对照,那么事实就是如此。"④ 这样,列宁运用马克思主义的阶级斗争的观点揭露了民族文化自治理论的阶级实质,提出了发展国际主义文化的口号。当然,列宁在这里只是从阶级属性上分析"民族文化"的内涵,并不是全面论述文化问题。他也主张马克思主义者必须适应各民族的特点用各种语言宣传工人的国际主义口号,这说明列宁并不否认各民族文化有自己独特的形式。

在批判民族文化自治理论的基础上,列宁给俄国无产阶级提出了双重的任务:一方面,要反对一切民族主义,首先是反对大俄罗斯民族主义;不仅要一般地承认各民族完全平等,而且要承认建立国家方面的平等,即承认民族自决权,民族分离权;另一方面,这是为了同一切民族的各种民族主义进行有成效的斗争,必须坚持无产阶级斗争和无产阶级组织的统

---

① 《列宁选集》第2卷,人民出版社1995年版,第348页。
② 同上书,第344页。
③ 同上书,第339页。
④ 同上书,第335页。

一，不管资产阶级如何力求造成民族隔绝，必须使各无产阶级组织极紧密地结成一个跨民族的共同体。总之，"各民族完全平等，各民族享有自决权，各民族工人打成一片——这就是马克思主义教给工人的民族纲领，全世界经验和俄国经验教给工人的民族纲领。"①

(二) 批判第二国际机会主义，提出完整的民族殖民地理论

第一次世界大战是帝国主义列强为扩大和巩固对弱小民族的压迫和剥削而进行的战争。战争给殖民地人民带来了巨大的灾难，同时也加速了殖民地半殖民地人民的觉醒，使世界各被压迫民族的民族解放运动日益高涨。历史已经把被压迫民族反对压迫民族、争取民族独立的斗争提上了日程。如何对待日益高涨的殖民地半殖民地的民族解放运动，成为各国社会民主党人共同面临的一个重大而现实的问题。当时，第二国际大多数的右派首领公然背弃马克思主义的民族理论，充当帝国主义殖民主义的辩护士，胡说什么对殖民地的兼并是进步的，可以促进被压迫民族经济文化的发展，进而反对殖民地的民族解放运动；中派如考茨基之流，玩弄两面派手法：一方面口头上表示拥护民族自决权；另一方面又反对每个民族都有要求民族独立的权利，认为要求自决"太过分了"，只要"民族自治"就够了，这在实际上仍在反对民族自决权；在齐美尔瓦尔德左派内部对此问题也存在分歧。如德国著名的左翼革命家罗莎·卢森堡认为，在帝国主义时代，民族国家已成为过时的理想，强调民族自决权会转移无产阶级的视线，使无产阶级脱离争取社会主义的斗争等。

在这场国际范围的民族殖民地问题的争论中，列宁继承了马克思主义的民族理论，并结合帝国主义和无产阶级革命时代的新的历史条件，写下了《革命的无产阶级和民族自决权》、《社会主义革命和民族自决权》、《论尤利乌斯的小册子》、《关于自决问题的争论总结》等光辉著作。在这些著作中，列宁批判了社会沙文主义和左派社会民主党人在民族自决问题上的错误观点，创造性地制定了帝国主义时代民族殖民地问题的完整理论，丰富和发展了马克思主义的民族理论。

首先，列宁指出，必须区分压迫民族和被压迫民族。列宁根据帝国主义时代的实质和特点，指出帝国主义时代是一个世界殖民政策的特殊时

---

① 《列宁选集》第2卷，人民出版社1995年版，第401页。

代。在这个时代，全世界殖民地领土已被几个最大的帝国主义国家瓜分，所有的殖民地都遭受着帝国主义国家残酷的剥削和压迫。因此，"社会民主党的纲领应当指出帝国主义时代基本的、最本质的和必然的现象：民族分为压迫民族和被压迫民族。"① 列宁的这一重要论断揭示了帝国主义时代民族问题的特点，是列宁民族殖民地理论的理论基础。列宁认为无产阶级政党必须从这一基本事实出发，把民族问题由局部的、国内的问题与整个世界的民族殖民地问题联系起来，把殖民地被压迫民族的民族解放运动同无产阶级世界革命结合起来。被压迫民族的人民与帝国主义国家的无产阶级的共同敌人都是帝国主义国家中的垄断资产阶级。因此，各国社会民主党人都必须坚决地支持一切被压迫民族的解放斗争，直到完全实现民族自决即民族独立。这样就揭穿了社会沙文主义者所谓殖民主义可以促进殖民地经济、文化发展的谎言。

其次，列宁认为，殖民地的民族解放运动是不可避免的、进步的。针对第三国际领导人普遍漠视殖民地的民族解放运动的情况，一方面，列宁指出，殖民地的民族解放战争是不可避免的。在殖民地和半殖民地（中国、土耳其、波斯），有将近10亿人口，即世界人口的一半以上。那里的民族解放运动或者已经很强大，或者正在发展和成熟；另一方面，列宁指出殖民地的民族解放运动是"进步的、革命的"。列宁在批判那种把反帝的民族解放运动与无产阶级社会主义革命对立起来的错误观点时，指出以帝国主义为斗争矛头的民族解放运动不仅不会削弱、阻挡无产阶级争取社会主义的斗争，而且可以促进社会主义革命。社会主义革命可以因大罢工、游行示威、饥民骚乱、军队倒戈而爆发，也可以因殖民地暴动，或因在被压迫民族的分离问题上举行全民公决而爆发。因此，列宁从反对帝国主义和实现社会主义革命的根本利益出发，认定应把发达国家的无产阶级革命运动和殖民地的民族解放运动结成一条反对帝国主义的统一战线，发达国家的无产阶级要尽一切努力支援殖民地的民族解放运动。

最后，列宁指出，民族自决的口号非但没有"过时"，反而成为当时世界性的紧迫现实问题。当时，德国左派革命家罗莎·卢森堡反对以列宁为首的俄国革命党人提出的民族自决的口号，认为这一口号"笼统"、

---

① 《列宁选集》第2卷，人民出版社1995年版，第565页。

"死板",是"形而上学的空谈"等等。针对这一攻击,列宁则运用"具体的历史的方法"① 研究民族自决问题。列宁指出,从整个世界历史发展进程来看,民族运动的产生是同资本主义上升时代,即资本主义彻底战胜封建主义的时代联系在一起。但历史发展到 20 世纪初,资本主义已发展到帝国主义阶段,世界上的民族明显地划分为压迫民族和被压迫民族,两类民族之间的斗争使民族自决问题越发迫切,"帝国主义使这一陈旧的口号更新了"。列宁根据民族自决问题把当时世界的主要国家分为三类:第一类是西欧的先进资本主义国家和美国,在这些地区资产阶级进步的民族运动早已结束。但是,对于受这些国家压迫的弱小民族来说,实行民族自决仍是一个现实的、毫不过时的问题。第二类是东欧国家,包括巴尔干国家、奥地利和俄国。在这些地区资产阶级民族民主运动当时正在迅猛发展,"我们在当前所处的时代承认民族自决权,具有特别迫切的意义。"②第三类是中国、波斯、土耳其等殖民地半殖民地国家。在这些地区,有将近 10 亿人口,但却遭受着非常残酷的民族压迫,这里爆发的或即将爆发的资产阶级民族民主革命是"有世界意义的事变"。③ 从这些"事变"中,我们社会民主党人应当看出"建立民族独立的和单一民族的国家的趋向。"④ "正是因为而且仅仅是因为俄国及其邻邦处在这个时代,所以我们需要在我们的纲领上提出民族自决权这一条。"⑤

第二节 民族殖民地理论的基本内容

列宁的民族殖民地理论是列宁主义的重要组成部分。斯大林在论述列宁民族殖民地理论时曾正确地指出:马克思和恩格斯当年分析爱尔兰、印度、中国、中欧各国、波兰、匈牙利等国的事件时,已提供了关于民族殖民地问题的基本的主要的思想。列宁在自己的著作中就是以这些思想为基础的。列宁在这方面的新贡献在于:(1)他把这些思想集合成为一个关

---

① 《列宁选集》第 2 卷,人民出版社 1995 年版,第 376 页。
② 同上书,第 382 页。
③ 同上书,第 380 页。
④ 同上。
⑤ 同上。

于帝国主义时代民族殖民地革命学说的严整体系；（2）他把民族殖民地问题和推翻帝国主义的问题联系起来；（3）他宣布民族殖民地问题是总的国际无产阶级革命问题的一个组成部分。[①]

一 立论基础：坚持压迫民族和被压迫民族的科学划分

列宁在继承马克思主义民族理论的基础上，结合帝国主义时代的具体历史条件，把世界上的民族科学地划分为压迫民族和被压迫民族两大类，突破了第二国际机会主义者把民族问题仅仅局限在与欧洲"文明民族"有关的狭隘的范围，把民族问题和殖民地问题紧紧地联系在一起，从而扩大了民族问题的范围，使民族问题由欧洲反对民族压迫的局部问题变为世界上的被压迫民族、殖民地半殖民地国家从帝国主义压迫下解放出来的世界性的问题，是列宁民族殖民地理论的逻辑起点和立论基础。

列宁最早是在1915年七八月写的《和平问题》和10月写的《革命的无产阶级和民族自决权》中把民族问题和帝国主义时代联系起来，和殖民地问题联系起来的。列宁指出，帝国主义是极少数大国对世界各民族进行愈来愈厉害的压迫，是极少数大国为扩大和巩固对各民族的压迫而进行战争的时代，是一些伪善的社会爱国主义者欺骗人民群众的时代；帝国主义时代出现了一个基本的、最本质的和必然的现象：民族分为压迫民族和被压迫民族。因此，在无产阶级政党的纲领中，中心问题就是要作出压迫民族和被压迫民族的科学区分，这是由帝国主义的本质决定的。后来，在1920年共产国际第二次代表大会上代表民族和殖民地问题委员会所作的报告中，列宁又进一步指出关于压迫民族和被压迫民族的区分是共产国际民族殖民地提纲中"最重要最基本的思想"。列宁认为，在帝国主义时代，无产阶级在解决民族殖民地问题时，不应从抽象的原理出发，而应从具体的现实生活中的各种现象出发。而帝国主义时代一个很重要的现象和特点，就是全世界已经划分为两部分，一部分是为数众多的被压迫民族，另一部分是少数几个拥有巨量财富和强大军事实力的压迫民族。

列宁关于帝国主义时代压迫民族和被压迫民族的科学区分，揭示了帝国主义时代民族问题的特点，反映了帝国主义时代民族关系的最基本最重

[①]《斯大林全集》第10卷，人民出版社1954年版，第90页。

要的现实,把民族问题和殖民地问题紧密结合起来,既与第二国际机会主义者的民族理论划清了界限,也为两类民族的无产阶级政党制定各自相应的民族纲领提供了理论依据。

第二国际机会主义者如伯恩施坦、万-科尔等人,深受"欧洲中心论"的影响,把欧洲人称为"文明民族",而把殖民地半殖民地国家称为"非文明民族",认为"文明民族"统治"非文明民族"是必要的,是"完全有理由的"。他们不谴责任何殖民政策,反而认为殖民政策可以起到传播文明的作用,社会主义者必须予以承认,甚至提出要实行所谓的"社会主义殖民政策"。对此,列宁一针见血地指出:"欧洲人常常忘记殖民地人民也是民族,容忍这种'健忘'就是容忍沙文主义。"[①] 第二国际机会主义者的有关民族论调掩盖了帝国主义和殖民地民族之间的尖锐矛盾,是在为帝国主义的殖民政策唱赞歌,是典型的民族沙文主义和殖民掠夺主义。

由于帝国主义时代民族已明显地划分为压迫民族和被压迫民族两大类,从民族角度来看,压迫民族的工人和被压迫民族的工人的实际地位是不一样的,无论在经济上、政治上还是在思想上或精神上的区别是很明显的,为了保证国际无产阶级的团结与统一,"必须区分压迫民族的社会民主党人和被压迫民族的社会民主党人的具体任务"。[②] 压迫民族的无产阶级不能只限于发表一些泛泛的、千篇一律的反对兼并、赞成一般民族平等的言辞,而应明确地支持受本民族压迫的殖民地和民族有政治分离的自由。否则无产阶级的国际主义就会始终是一句空话,被压迫民族的工人和压迫民族的工人之间的信任和阶级团结都将无从谈起。另一方面,被压迫民族的无产阶级必须特别维护和实行被压迫民族的工人与压迫民族的工人的充分的无条件的(包括组织上的)统一。否则在资产阶级的种种诡计、背叛和欺骗下,就不可能捍卫住无产阶级的独立政策和它同其他国家无产阶级的阶级团结。

二 根本原则:有条件地承认民族自决权

承认民族自决权,即承认被压迫民族的自由分离和自由联合权,是列

---

① 《列宁选集》第2卷,人民出版社1995年版,第771页。
② 同上书,第573页。

宁在处理民族殖民地问题的过程中始终坚持的基本原则，是列宁民族殖民地理论的重要组成部分。

早在1902年，俄国社会民主工党纲领草案提出"承认国内各民族的自决权"的口号，后来列宁在全面阐述马克思主义民族纲领时又明确提出："各民族完全平等，各民族享有自决权，各民族打成一片"。关于什么是民族自决，列宁认为，不能"玩弄法律上的定义"，也不能"杜撰抽象的定义"，而应当运用马克思主义观点，"研究民族运动的历史—经济条件"，从而得出正确的理解。[①] 列宁指出，从历史上看，民族运动是资产阶级民主革命的伴侣，在全世界，资本主义彻底战胜封建主义的时代是同民族运动联系在一起的。从经济上看，民族运动的经济基础是：为了使商品生产获得完全胜利，资产阶级必须夺得国内市场，必须使操同一种语言的人所居住的区域用国家形式统一起来，同时清除阻碍这种语言发展和阻碍把这种语言文字固定下来的一切障碍，从而使资本主义广泛而自由地发展起来，使居民按各个阶级广泛而自由地组合起来。[②] 最深刻的经济因素推动了民族国家的建立。而民族国家最能满足资本主义发展的需要，是一切民族运动的趋势，也是资本主义时期典型的正常的国家形式。[③] 由此可见，所谓民族自决，就是民族脱离异族集合体的国家分离，就是成立独立的民族国家。[④] 从历史—经济的观点来看，民族自决除政治自决，即国家独立、建立民族国家以外，不可能有什么别的意义。[⑤]

列宁还指出，发展中的资本主义在民族问题上有两种历史趋势。民族生活和民族运动的觉醒，反对一切民族压迫的斗争，民族国家的建立，这是其一。各民族彼此间的各种交往的发展和日益频繁，民族隔阂的消除，资本、一般经济生活、政治、科学等的国际统一的形成，这是其二。这两种趋势都是资本主义的世界规律。第一种趋势在资本主义发展初期占主导地位，第二种趋势标志着资本主义已经成熟，正在向社会主义社会转化。列宁认为马克思主义者必须考虑到这两种趋势，首先要维护民族平等、语

---

① 《列宁选集》第4卷，人民出版社1995年版，第371页。
② 同上书，第370页。
③ 同上书，第371页。
④ 同上。
⑤ 同上书，第372页。

言平等和民族自决权，其次要维护无产阶级国际主义原则，警惕资产阶级民族主义（哪怕是最精致的）毒害、分化、离间各民族的无产阶级。①

列宁认为，马克思主义者承认民族自决权，"丝毫也不意味着我们必须支持任何民族自决的要求"。② 民族自决权只是一种政治意义上的独立权，即在政治上从压迫民族自由分离的权利。具体说来，这种政治民主要求，就是有鼓动分离的充分自由，以及由要求分离的民族通过全民投票来决定分离问题。因此，这种政治民主要求并不就等于要求分离、分裂、建立小国，它只是反对任何压迫民族的斗争的彻底表现。正如我们主张人们享有离婚的自由，但不提倡人人都离婚一样。无产阶级承认各民族平等，承认各民族都有成立民族国家的平等权利，同时又把各民族无产者之间的联合看得高于一切，提得高于一切。③ 我们的真正的主要的任务不是促进各民族的自决，而是促进各个民族中的无产阶级的自决。我们应当永远无条件地努力使各民族的无产阶级最紧密地联合起来。④ 我们希望的是革命无产阶级的团结和联合，而不是分离。我们希望的是革命的联合、自由的联合，因此我们必须承认分离的自由（没有分离的自由就无所谓自由的联合）。

此外，列宁认为所谓"完全地无条件地承认民族自决权"的主张，只不过是一种资产阶级民主主义的空话。我们应当使民族自决的要求服从于无产阶级斗争的利益，⑤ 从工人的阶级斗争着眼来估计一切民族的要求，一切民族的分离。马克思主义者只能有条件的而且只能在上述条件下承认民族独立的要求。这个条件也正是我们对民族问题的提法同资产阶级民主派的提法的区别之所在。⑥ 在民族运动中，无产阶级只是为了民族和睦，为了平等，为了创造最好的阶级斗争环境，才支持资产阶级。对于无产阶级来说，重要的是巩固和发展本阶级来反对资产阶级，用彻底的民主和社会主义的精神教育群众。其中，在对待被压迫民族的资产阶级民族主

---

① 《列宁选集》第2卷，人民出版社1995年版，第340页。
② 《列宁选集》第1卷，人民出版社1995年版，第459页。
③ 《列宁选集》第2卷，人民出版社1995年版，第385页。
④ 《列宁选集》第1卷，人民出版社1995年版，第459页。
⑤ 同上书，第461页。
⑥ 同上。

义的态度上，无产阶级必须在原则上划清两种倾向。在被压迫民族的资产阶级反对压迫民族这一点上，我们在任何时候、任何场合都加以支持，而且比任何人更坚决。而当被压迫民族的资产阶级极力主张自己的资产阶级民族主义时，我们就要反对。"我们反对压迫民族的特权和暴力，同时丝毫也不纵容被压迫民族谋求特权"。①

总之，列宁认为，无产阶级一方面必须承认一切民族都有分离权；另一方面，又必须从消除任何不平等、任何特权和任何特殊地位着眼，来评价每一个关于分离的具体问题。② 无产阶级从来不无条件地承认民族自决权，而历来主张民族自决的要求必须服从于阶级斗争的利益，在承认民族自由分离的基础上实现无产阶级的自由联合，并用真正民主的和社会主义的精神教育广大人民群众，从而为无产阶级社会主义世界革命的胜利奠定坚实的民族和政治基础。

三 核心内容：民族殖民地问题是社会主义世界革命总问题的一部分

列宁在把民族问题和殖民地问题紧密结合起来的基础上，又将民族殖民地问题同推翻国际帝国主义和实现社会主义世界革命的问题紧密联系起来，第一次明确认定帝国主义时代的民族殖民地问题是社会主义世界革命总问题的一个组成部分，并创造性地提出和倡导"全世界无产者和被压迫民族联合起来"的纲领性口号，极大地丰富和发展了马克思主义的民族理论。

列宁认为，帝国主义意味着资本的发展超出了民族国家的范围，意味着民族压迫在新的历史基础上的扩大和加剧。由此可以得出结论："我们应当把争取社会主义的革命斗争同民族问题的革命纲领联系起来。"③ 列宁敏锐地注意到被压迫民族具有占世界人口绝大多数和具有巨大革命潜力这两大特点。列宁曾高度评价了亚洲的觉醒，将其与欧洲无产阶级夺取政权的斗争并列，作为20世纪初世界历史迈进新阶段的主要标志。继亚洲觉醒以后，各被压迫民族纷纷觉醒，采取实际行动，"使每一个民族都参

---

① 《列宁选集》第2卷，人民出版社1995年版，第385～386页。
② 同上书，第386页。
③ 《列宁全集》第27卷，人民出版社1990年版，第78页。

与决定全人类命运的问题。"① 而第一次帝国主义世界大战使被压迫民族最终加入了革命运动，最终卷入了全世界革命运动的总漩涡。在这里，人口中的多数是第一次进行独立的运动，他们将成为推翻国际帝国主义的斗争的积极因素。十分明显，在未来世界革命的决战中，占世界人口多数的人民的运动，最初是为了争取民族的解放，将来一定会转而反对资本主义和帝国主义。因此，列宁提出应当完全有理由相信：社会主义革命不会仅仅是或主要是每一个国家的革命无产者反对本国资产阶级的斗争。不会的，这个革命将是受帝国主义压迫的一切殖民地和国家、一切附属国反对国际帝国主义的斗争。

正是由于被压迫民族在反对国际帝国主义的斗争中的巨大作用，被压迫民族与国际无产阶级具有共同的敌人和压迫者——国际垄断资产阶级，列宁高度重视国际无产阶级同世界被压迫民族的联合，十分赞同和倡导"全世界无产者和被压迫民族联合起来"的战略口号。列宁指出："共产国际在民族和殖民地问题上的全部政策，主要应该是使各民族和各国的无产者和劳动群众为共同进行革命斗争、打倒地主和资产阶级而彼此接近起来。这是因为只有这种接近，才能保证战胜资本主义，如果没有这一胜利，便不能消灭民族压迫和不平等现象。"② 一方面，被压迫民族在争取民族解放时，要把帝国主义国家的无产阶级作为自己可靠的同盟军，与无产阶级反对帝国主义的革命运动汇合起来；另一方面，帝国主义国家的无产阶级在争取阶级解放时，必须取得被压迫民族的援助，如果没有这种援助，"他们是不能取得胜利的"。③ 共产国际执委会根据列宁上述战略思想，提出了一个简明的纲领性口号："全世界无产者和被压迫民族联合起来！"列宁高度肯定和赞扬了这一口号，认为它正确概括了共产国际在民族殖民地问题上的全部政策，丰富和发展了马克思主义创始人在《共产党宣言》结语中发出的"全世界无产者联合起来"的战斗号召，充分体现了帝国主义时代民族殖民地问题的新特点和马克思主义者的新战略。

---

① 《列宁选集》第2卷，人民出版社1995年版，第78页。
② 《列宁选集》第4卷，人民出版社1995年版，第217页。
③ 《列宁选集》第2卷，人民出版社1995年版，第80页。

四　策略指导：保持无产阶级在民族解放运动中的领导权

列宁科学地预见到在世界革命发展过程中，占人口大多数的殖民地、半殖民地和被压迫民族的民族解放运动必将发挥越来越大的作用。他将世界社会主义革命的最终胜利，寄希望于占世界人口绝大多数的被压迫民族的革命斗争。列宁在其"政治遗嘱"《宁肯少些，但要好些》中明确指出："斗争的结局归根到底取决于如下这一点：俄国、印度、中国等等构成世界人口的绝大多数。正是这个人口的大多数，最近几年来非常迅速地卷入了争取自身解放的斗争，所以在这个意义上说，世界斗争的最终解决将会如何，是不可能有丝毫怀疑的。在这个意义上说，社会主义的最终胜利是完全和绝对有保证的。"①

鉴于此，列宁不仅提出资本主义国家的无产阶级要支持殖民地国家民族解放运动，而且认真分析了殖民地国家民族解放运动的性质、动力、任务和前途等问题，提出殖民地国家的无产阶级在民族解放运动中必须牢牢地掌握领导权，这是实现殖民地国家"非资本主义发展道路"的根本保证。

列宁认为，殖民地国家最重要的特点就是，在这些国家资本主义以前的生产关系还占统治地位，这些地区人民群众的绝大多数，"不是受过资本主义工厂锻炼的工人"，而是"遭受中世纪制度压迫的劳动农民群众"，②他们不仅受商业资本的剥削，而且也受封建主和封建国家的剥削。因此，在这些国家，农民是主要革命群众，是民族解放运动的主力军；需要解决的斗争任务不是反对资本而是反对中世纪残余，即进行资产阶级民主革命。而另一方面，殖民地国家的广大人民群众还长期遭受外国帝国主义的残酷剥削和压迫，而外国帝国主义势力又总是勾结和扶持殖民地国家的封建势力作为其殖民统治的工具。因此，殖民地国家的人民群众在完成反对封建主义的斗争任务的同时，还必须大力开展反对国际帝国主义的斗争。斗争任务决定革命性质。列宁认为，在十月革命后的新形势下，就世界范围的斗争全局而言，殖民地国家反对国际帝国主义的民族解放运动已

---

① 《列宁选集》第4卷，人民出版社1995年版，第196页。
② 同上书，第79页。

经成为全世界无产阶级社会主义革命的同盟军，从而成为无产阶级社会主义世界革命的一个重要组成部分；但是，就它在本国本地区历史发展过程中的地位而言，仍然没有超越资产阶级民主革命的阶段。

在认清革命的任务和性质的基础上，殖民地国家的无产阶级面临的首要问题就是正确判断革命的对象和动力，在反对帝国主义的民族解放运动中牢牢把握革命的领导权。列宁认为，即使是在"几乎没有无产阶级"、"还谈不到纯粹的无产阶级运动"的落后国家，共产党人也应该在民族解放运动中尽力"担负起领导者的作用"。[①] 在一切殖民地和落后国家，无产阶级先进分子"应该组成能够独立进行斗争的基干队伍，即党的组织"，[②] 并且必须结合本国的实际情况，创造性地运用共产主义的理论原则，动员广大人民群众，不断把革命斗争推向前进。为此，共产党人必须正确处理两个方面的关系，第一是无产阶级同本国农民群众的关系；第二是无产阶级同本国资产阶级的关系。首先，由于本国的居民绝大多数是农民，殖民地国家的无产阶级政党必须处理好同农民的关系。必须结合农民群众的切身利益，用朴素的语言进行共产主义宣传，激发他们独立思考政治问题、独立进行政治活动的愿望；必须领导和支持反对封建主义的农民运动，实现他们获得土地的愿望和要求，"竭力使农民运动具有最大的革命性"[③]；必须进行建立劳动者苏维埃和农民苏维埃的思想，"只要是条件允许的地方，都应该立即进行建立劳动人民苏维埃的尝试。"[④] 列宁严肃地指出，在农民占人口绝大多数的情况下，无产阶级政党如果不同农民运动发生一定的关系，不在实际上支持农民运动，那么，要在这些国家里实行共产主义的策略和共产主义的政策，"那就是空想"。[⑤] 其次，无产阶级又必须正确处理与本国资产阶级的关系，必须高度警惕资产阶级在民族解放运动中的两面性，严防他们争夺革命的领导权。列宁依据大量历史事实充分而鲜明地指出了被压迫民族资产阶级的两面性。他指出，在具有资产阶级民主革命性质的民族解放运动中，被压迫民族中的资产阶级在一定历

---

① 《列宁选集》第 4 卷，人民出版社 1995 年版，第 277 页。
② 同上书，第 279 页。
③ 同上书，第 220 页。
④ 同上书，第 278 页。
⑤ 同上书，第 276 页。

史时期和一定程度上具有反对封建势力、反对民族压迫、要求民主平等、要求民族独立的民主主义进步趋向。如在亚洲觉醒时期，"先进的亚洲"各国如土耳其、中国等国家的资产阶级都"还在同人民一起反对反动势力"，"追求生活，追求光明，追求自由"。① 这是问题的一个方面。在这同时，无产阶级政党还必须清醒地认识到，在许多场合，被压迫民族的资产阶级往往用民族主义口号来掩饰他们离间工人和愚弄工人的意图，而在暗中却同压迫民族的资产阶级勾结起来，损害各民族劳动群众的利益。历史曾多次表明：只要革命的无产阶级在资产阶级面前站了起来，资产阶级就会出卖自由、祖国、人民和民族的利益。比如，在无产阶级巴黎公社革命期间，我们看到，在法兰西民族受压迫、受屈辱最厉害的时候，法国的资产阶级把自己出卖给普鲁士人，保卫民族的政府变成了背叛人民的政府，被压迫民族的资产阶级依靠压迫民族的士兵残酷地镇压敢于伸手夺取政权的无产者同胞。② 这是问题的另一个方面。基于此，在民族解放运动中，无产阶级政党一方面出于革命形势的需要必须与本国的资产阶级民主派实行必要的联合；另一方面还必须从本阶级和本民族的根本利益出发保持自身的独立性，与资产阶级背叛革命的行为进行坚决的斗争，并高度警惕资产阶级夺取革命领导权的企图。

关于被压迫民族解放斗争的发展前途，列宁为其指明了社会主义的光明方向，提出了殖民地落后国家走向"非资本主义发展道路"的科学论断。早在1905年革命时期，列宁就曾着重论述过由资产阶级民主革命向社会主义革命转变的问题。十月革命前后，他又进一步阐明了殖民地落后国家在取得民族独立后转向社会主义道路的条件、特点和规律。列宁认为，"一切民族都将走向社会主义，这是不可避免的，但是一切民族的走法却不会完全一样"，"在社会生活各方面的社会主义改造的速度上，每个民族都会有自己的特点"。③ 对于资本主义以前的生产关系占统治地位的殖民地国家来说，只要无产阶级及其政党牢牢地掌握民族民主革命的领导权，把民族民主革命引向彻底的胜利，"而各苏维埃政府以其所拥有的

---

① 《列宁选集》第2卷，人民出版社1995年版，第318页。
② 《列宁选集》第1卷，人民出版社1995年版，第466页。
③ 《列宁选集》第2卷，人民出版社1995年版，第777页。

一切手段去帮助它们",那么,落后民族就可以避免资本主义的发展道路。也就是说,在先进国家无产阶级的帮助下,落后国家可以不经过资本主义发展阶段而过渡到苏维埃制度,然后经过一定的发展阶段过渡到共产主义。

第三节 民族殖民地理论的历史意义

列宁的民族殖民地理论,继承和发展了马克思主义的民族理论,运用阶级斗争观点和阶级分析法,以帝国主义时代压迫民族和被压迫民族的科学区分为立论基础,以承认民族自决权即被压迫民族的自由分离和自由联合为根本原则,以"全世界被压迫民族和无产者联合起来"为战略口号,以无产阶级社会主义世界革命的胜利为目标,成为帝国主义时代的马克思主义——列宁主义的重要组成部分。在这一伟大理论的正确指导下,俄国国内各民族在自愿、平等的基础上组成了苏维埃社会主义联盟;十月革命后,被压迫民族的民族解放运动风起云涌,与无产阶级社会主义革命相互配合、相互支援,最终实现了民族的解放,有的还走上了社会主义的发展道路;社会主义国家慎重处理民族问题,实行民族区域自治制度等适合本国国情的民族政策,实现了各民族之间的团结合作和共同发展。

一 列宁的民族殖民地理论直接指导了苏维埃社会主义共和国联盟的建立

俄国是一个多民族国家,民族关系比较复杂,民族问题比较突出。在推翻沙皇统治、取得社会主义革命胜利之后,如何处理民族关系,建立什么样的国家结构形式,是列宁比较关注的重大问题。在充分照顾俄国民族关系的实际情况、综合分析联邦制和集中制的优劣的基础上,列宁逐步形成了在民族平等基础上建立各民族自愿联盟的思想,有效地解决了俄国的国家结构形式问题,进一步丰富和发展了民族殖民地理论。

"在分析任何一个社会问题时,马克思主义理论的绝对要求,就是要把问题提到一定的历史范围之内;此外,如果谈到某一国家(例如,谈到这个国家的民族纲领),那就要估计到在同一历史时代这个国家不同于其他各国的具体特点。"① 正是在这种科学方法论的指导下，列宁认真分析了俄国民族问题的具体特点：在俄国，大俄罗斯民族是主体民族，是压迫民族，但只占全国人口的43%，而占全国人口57%的少数民族被大俄罗斯民族称为"异族人"，居住在边疆地区，并遭受着残酷的剥削和压迫。而在同时代的周边国家，"异族人"的同族人则享有较多的民族独立，其资产阶级革命和民族运动也已经开始。"可见，正是由于俄国民族问题的这些具体的历史特点，我们在当前所处的时代承认民族自决权，具有特别迫切的意义。"② 在这种思想的指导下，列宁坚决主张俄国各少数民族享有民族自决权，即与大俄罗斯民族分离并建立独立的民族国家的权利；同时主张建立马克思、恩格斯所设想过的集中统一的共和国，反对联邦制和分权制。但是，在1917年二月革命，特别是十月革命之后，俄国的情况发生了很大变化。俄国边疆地区的"异族人"纷纷宣布独立，成立了许多小的民族国家，如乌克兰、爱沙尼亚、拉脱维亚、立陶宛、白俄罗斯等，当时的俄国实际上已经处于彼此隔绝、完全分离的状态。在这种情况下，列宁开始考虑实行联邦制的现实可能性。

1917年4月，列宁指出，一方面，"无产阶级政党首先应当坚持宣布并坚持立刻实行的，就是一切受沙皇制度压迫、被强迫并入或被强迫留在俄国疆界内的各大小民族，即被兼并的民族，都享有同俄国分离的充分自由"；另一方面，"无产阶级政党力求建立尽可能大的国家，因为这对劳动者是有利的；它力求各民族彼此接近以至进一步融合，但是它不想通过暴力，而只想通过各民族工人和劳动群众的兄弟般的自由联合来达到这个目的"。③ 6月，列宁在全俄苏维埃代表大会上第一次表示可以采纳联邦制，他指出"我们所希望的是一个有坚强政权的、统一而不可分割的俄罗斯共和国，但是坚强的政权要靠各民族自愿协议才能建立起来"。④ 8月在《国家与革命》一书中，列宁援引恩格斯的观点，认为联邦制在解决民族问题时是"前进一步"，是向集中制共和国的"过渡"。⑤ 1918年1

---

① 《列宁选集》第2卷，人民出版社1995年版，第375页。
② 同上书，第381~382页。
③ 《列宁选集》第3卷，人民出版社1995年版，第52页。
④ 同上书，第80页。
⑤ 同上书，第174~175页。

月发表的《被剥削劳动人民权利宣言》明确规定："俄罗斯苏维埃共和国是建立在自由民族的自由联盟基础上的各苏维埃民族共和国联邦。"① 在随后的三年国内战争时期，为了保卫新生的苏维埃政权，俄罗斯联邦和其他各民族共和国在自愿的基础上结成了军事联盟，后来又发展为经济上的联盟，这种联盟有力地保证了苏俄取得国内战争和反对外国帝国主义武装干涉的胜利，也促进了各民族共和国政治上的接近和联盟。于是，1922年，各民族共和国进一步提出了成立统一的联盟国家的问题。

1922年8月，俄共（布）中央成立以斯大林为首的委员会，专门负责成立联盟国家的有关事务。斯大林拟定了一个联合的方案《关于俄罗斯苏维埃联邦社会主义共和国和各独立共和国的相互关系》的草案，即所谓的"自治化"方案。该方案规定，乌克兰、白俄罗斯、阿塞拜疆、格鲁吉亚和亚美尼亚作为自治共和国加入俄罗斯联邦。也就是说，非俄罗斯各民族共和国在俄罗斯联邦的范围内实行民族自治，并受俄罗斯联邦最高权力机关的统一领导和管理，即非俄罗斯各民族共和国是加入俄罗斯联邦，成为其一部分，而不是与俄罗斯联邦平等地组成一个新的国家联盟。这一带有明显的大俄罗斯沙文主义倾向的联合方案，立即遭到了多数民族国家共产党中央的反对，其中格鲁吉亚共产党中央委员会反对最为激烈。9月，正在哥尔察克村休养的列宁认为"斯大林有点操之过急"，并批评了斯大林拟订的"自治化"方案。列宁建议所有独立的苏维埃民族共和国，包括俄罗斯联邦，在民族平等、自愿联合的基础上，成立一个新的苏维埃社会主义共和国联盟。10月，俄共（布）中央全会讨论各独立共和国的联合和相互关系问题，因患牙病而未能出席会议的列宁给加米涅夫写了一张便条："我宣布要同大国沙文主义决一死战。我那颗该死的牙齿一治好，我就要用满口的好牙吃掉它。要绝对坚持在联盟中央执行委员会中由俄罗斯人、乌克兰人、格鲁吉亚人等等轮流担任主席。绝对！"② 全会完全支持列宁的立场。1922年12月，俄罗斯联邦与乌克兰、白俄罗斯、亚美尼亚、阿塞拜疆、格鲁吉亚等6个苏维埃民族共和国在自愿、平等的基础上组成了苏维埃社会主义共和国联盟（简称苏联）。苏联的成立是列

---

① 《列宁选集》第3卷，人民出版社1995年版，第386页。
② 《列宁全集》第43卷，人民出版社1987年版，第216页。

宁的民族殖民地理论在社会主义条件下的具体实践，是列宁民族政策的伟大胜利。

二 列宁的民族殖民地理论对社会主义国家正确处理民族关系具有重要的指导和借鉴意义

十月革命后，列宁的民族殖民地理论，鼓舞被压迫民族同国际无产阶级相互配合、相互支援，在帝国主义国家无产阶级革命运动陷入低潮的情况下，掀起了民族解放运动的新高潮，最终打破帝国主义的殖民体系，纷纷取得民族独立，有的走上了社会主义的发展道路。这些社会主义国家，在处理国内的民族问题和民族关系时，仍然自觉地运用列宁的民族殖民地理论，并结合本国的具体实际，制定了适合本国国情的民族政策，巩固和发展了社会主义新型民族关系。

列宁认为，在社会主义条件下也必须承认民族自决权，同时又必须承认民族问题在社会主义条件下仍将长期存在。他指出，在帝国主义时代，民族自决权既是被压迫民族解放运动的革命原则，对无产阶级来说"也是社会主义原则"。在社会主义制度的条件下也必须承认民族自决权，承认各民族有安排自己命运的平等权和民主权，"在社会主义制度条件下如果拒绝实行民族自决，那就是背叛社会主义"。[①] 在阶级社会，民族问题就是阶级利益的对立问题，民族问题产生的根源就是生产资料的私有制；只要存在着私有制，阶级压迫就会存在，民族压迫也就会存在。因此，消除民族压迫、实现被压迫民族的彻底解放，就必须消灭私有制，也就是说，要实行社会主义。因此，列宁指出，在社会主义条件下，一方面要承认各民族一律平等；另一方面要实现被压迫民族的自决权，即政治上的自由分离权。唯其如此，才能在实际上彻底铲除民族间的摩擦和不信任，加速国内各民族的亲近和融合。[②] 在这里，列宁明确指出了，只有在社会主义条件下才能消除民族压迫的根源，才能实现各民族真正的平等、团结和融合。同时，列宁又清醒地认识到，在社会主义条件下，虽然作为民族压迫的根源即私有制和剥削阶级被消灭，但民族差别仍存在，民族问题

---

① 《列宁全集》第28卷，人民出版社1990年版，第17页。
② 同上书，第21页。

"就是无产阶级专政在全世界范围内实现以后,也要保持很久、很久"。① 这是因为,在社会主义条件下,由于阶级因素已经消除,民族问题主要是指民族差别问题,这包括自然差别和社会差别,而社会差别则是最主要的。自然差别也就是各民族的宗教信仰、民族心理、风俗习惯、语言文字、地理环境等之间的差异。而社会差别则主要是指各民族之间存在着事实上的不平等的问题,即经济文化发展水平上的差异问题。对这些问题的有效解决,是一个重大的政治问题,直接关系到社会主义国家的民族团结、政治稳定、国防巩固和经济发展的问题。因此,这需要社会主义国家正视民族问题,采取积极有效的措施,制定符合本国国情的民族政策,尊重民族之间的自然差别,重点解决民族之间的社会差别,积极帮助少数民族地区大力发展经济和文化,从而逐步解决社会主义国家的民族问题。

在列宁有关民族理论的指导下,社会主义国家采取各种措施,逐步解决存在的民族问题。其中,中国在解决民族问题、消除民族之间的事实上的不平等方面成就尤为显著。在新中国成立后,中国共产党在列宁民族殖民地理论的指导下,根据本国民族关系和民族问题的现状,坚持民族平等、民族团结和各民族共同繁荣的基本原则,努力发展平等、团结、互助的社会主义新型民族关系,维护了多民族国家的统一,实现了各民族之间的和睦相处。

列宁的民族殖民地理论是列宁主义的重要组成部分。这一理论,继承和捍卫了马克思主义的民族理论,在对帝国主义时代民族问题的特点作出精辟而透彻的分析的基础上,在指导解决俄国和其他国家的民族殖民地问题的过程中,与时俱进,不断创新,在新的实践基础上以新的观点、新的论断丰富和发展了马克思主义的民族理论,具有极其重大的理论和实践意义,产生了深远的历史影响。这一理论关于民族自决、民族平等等思想精华至今仍闪耀着时代的光芒。

---

① 《列宁选集》第4卷,人民出版社1995年版,第200页。

第五章　无产阶级革命的战略、策略

战略是研究带全局性的革命斗争或建设事业指导规律的科学。它主要是指无产阶级及其政党在某一整个革命阶段内规定斗争的目标，明确革命和建设的对象、主要依靠力量和可以争取联合的中间力量，以及如何对待敌人和同盟军等的总方针和总政策问题。策略是研究局部性革命斗争或建设事业指导规律的科学。它主要是根据革命形势发展的趋势和实际状况，规定在一个比较短的时期内的行动路线和为实现这个行动路线而提出的口号以及所采取的斗争形式、建设方式、组织形式等。战略和策略的关系是对立的统一，既有区别又有联系。二者是全局与局部的关系。战略是全局，策略是局部，是战略的一部分，隶属于战略，受战略决定，根据战略制定，为战略服务。

无产阶级革命的战略、策略理论是指导无产阶级革命斗争的科学，是无产阶级及其政党实现其历史使命的强大武器，其任务是解决怎样进行革命斗争的问题。因此，无产阶级政党在领导无产阶级和人民群众进行革命斗争的过程中，不仅需要掌握马克思主义的理论，提出正确的革命纲领，而且还需要依据马克思主义的理论和实际情况，制定正确的革命战略、策略。列宁不仅继承了马克思、恩格斯的战略、策略的基本原则，并且按照新的历史条件来研究和发展它们。在系统地总结俄国布尔什维克党革命经验的基础上，列宁创立了完整的无产阶级革命战略、策略的思想体系，丰富和发展了马克思主义无产阶级革命战略、策略思想。

第一节　无产阶级革命战略、策略理论的大发展

无产阶级革命战略、策略理论是在无产阶级革命斗争实践中逐步发展

和完善起来的。马克思、恩格斯根据无产阶级反对资产阶级的斗争经验，提出了无产阶级革命战略、策略的基本原则。列宁适应时代和革命运动发展的需要，在总结同第二国际机会主义者斗争经验的基础上，规定了无产阶级在资产阶级民主革命中的战略原则和策略路线，奠定了无产阶级革命战略、策略的理论基础。在俄国二月革命、十月革命以及粉碎外国武装干涉和国内反革命叛乱的革命斗争经验基础上，系统阐述了无产阶级革命战略、策略思想，把无产阶级战略、策略思想发展成为一个较为严整的科学体系。

一 马克思、恩格斯提出了无产阶级战略、策略理论的基本原则

马克思、恩格斯是无产阶级革命的战略、策略思想的奠基人。在创立科学社会主义过程中，马克思、恩格斯不仅为人类揭示了社会主义必然代替资本主义的历史总趋势，而且根据无产阶级反对资产阶级的斗争经验，特别是根据1848年欧洲革命和1871年法国巴黎公社革命的斗争经验，提出了无产阶级战略、策略理论的基本原则。

马克思、恩格斯在《共产党宣言》中指出，无产阶级革命的使命是消除一切阶级差别，无产阶级只有解放全人类，才能最终解放无产阶级自身。这为无产阶级革命指明了斗争的战略方向。同时，马克思、恩格斯阐述了共产党人政治斗争策略的基本原则。第一，无产阶级及其政党在革命中必须把无产阶级的当前利益和长远利益相结合。要求必须把无产阶级实现共产主义、解放全人类的最终目的，同目前开展的革命斗争结合起来，否则在革命斗争中就会犯错误。"共产党人为工人阶级的最近的目的和利益而斗争，但是他们在当前的运动中同时代表运动的未来。"[①] 第二，无产阶级及其政党必须把政治斗争中的原则的坚定性与策略的灵活性结合起来。马克思、恩格斯在《共产党宣言》里具体分析了法国、瑞士、波兰和德国的经济和政治状况，各反对党派的阶级关系和政治态度，制定了共产党人在各国应当采取不同的斗争策略。

1848年欧洲革命和1871年法国巴黎公社运动后，马克思、恩格斯的无产阶级战略、策略思想有了新的发展。1848年欧洲大陆爆发了波澜壮

[①] 《马克思恩格斯选集》第1卷，人民出版社1995年版，第306页。

阔的资产阶级民主革命运动，就其性质而言，是一场资产阶级民主革命，但是无产阶级在革命斗争中经受了一场深刻的革命教育和锻炼。1871年法国巴黎公社运动是无产阶级推翻资产阶级统治，建立无产阶级专政的第一次伟大尝试，为国际共产主义运动提供了宝贵的经验。这时无产阶级已经成为一种独立的政治力量并且显示出了自己的革命力量。无产阶级及其政党在革命中应持何种态度，怎样实现自己的政治理想，显然是科学社会主义诞生后面对的一个重大现实问题。马克思、恩格斯在两次革命运动经验的基础上，进一步阐明了无产阶级革命战略、策略的基本原则，如关于不断革命的思想，关于无产阶级领导的工农联盟的思想，关于无产阶级社会主义革命和农民战争相结合的思想，关于在资产阶级民主革命和一切群众运动中保持无产阶级的政治独立性的思想，关于对待同盟者要坚持既联合又斗争的思想，关于无产阶级的国际团结等无产阶级革命战略、策略思想，等。

二 列宁在资产阶级民主革命时期捍卫和发展了马克思主义战略、策略思想

列宁在1905年俄国第一次资产阶级民主革命中捍卫和发展了无产阶级革命的战略、策略思想。他于1905年6~7月写的《社会民主党在民主革命中的两种策略》一书，系统地阐述了帝国主义时代资产阶级民主革命的特点、动力和前途，以及党在民主革命中的完整的理论和策略，提出了关于无产阶级应当掌握资产阶级民主革命领导权、关于资产阶级民主革命中的工农联盟、关于民主革命和社会主义革命的相互关系和区别，以及由民主革命转变为社会主义革命的一系列理论。这些理论不仅规定了无产阶级在资产阶级民主革命中的战略原则和策略路线，而且形成了列宁关于无产阶级在资产阶级民主革命中的战略、策略的思想体系。

列宁根据资产阶级民主革命的时代条件和斗争特征发展了马克思、恩格斯关于无产阶级领导权的一般原则，提出了无产阶级应当掌握资产阶级革命领导权的思想，形成了严密的理论体系并指导了俄国资产阶级民主革命时期的具体政治路线。列宁依据俄国无产阶级的特点得出只有无产阶级才能担当起领导俄国资产阶级民主革命的历史重任。因为"无产阶级，

就其本身的地位而言,是最先进和唯一彻底革命的阶级,因而担负着在俄国一般民主主义革命运动中起领导作用的使命"①,并且指出俄国无产阶级能否掌握1905年俄国资产阶级民主革命的领导权,关系到这次革命的成败。"革命的结局将取决于工人阶级是成为在攻击专制制度方面强大有力但在政治上软弱无力的资产阶级的助手,还是成为热门革命的领导者。"②

关于从资产阶级民主革命向社会主义革命转变的理论。列宁坚持和发展了马克思、恩格斯的不断革命理论,阐明俄国无产阶级革命分为两个阶段,民主革命胜利后立即向社会主义革命转变的思想。列宁认为,资产阶级民主革命和社会主义革命是无产阶级领导的俄国革命发展链条上的两个环节,这两个革命环节既相区别又相联系,必须通过资产阶级民主主义变革而通向社会主义道路。他指出:"我们不能跳出俄国革命的资产阶级民主的范围,但是我们能够大大扩展这个范围,我们能够而且应当在这个范围内为无产阶级的利益奋斗,为无产阶级当前的需要、为争取条件积蓄无产阶级的力量以便在将来取得完全胜利而奋斗。"③ 无产阶级在实现资产阶级民主革命任务后,必须建立工农民主专政,最大限度地利用民主革命的成果,尽快地转变为社会主义革命。

关于工农联盟的思想。列宁认为无产阶级把农民争取过来,建立工农联盟是实现无产阶级领导权的主要基础和中心内容。他指出:农民"能够成为完全而又极其彻底地拥护民主革命的力量",④ "农民必然会成为革命和共和制的支柱",⑤ "只有农民加入无产阶级的革命斗争,无产阶级才能成为战无不胜的民主战士"。⑥

列宁关于无产阶级在资产阶级革命中的战略原则和策略路线,彻底粉碎了孟什维克和第二国际的机会主义策略路线,奠定了俄国新型马克思主义政党的战略、策略基础,武装了俄国无产阶级,成为他们争取民主革命

---

① 《列宁选集》第1卷,人民出版社1995年版,第579页。
② 同上书,第529页。
③ 同上书,第543页。
④ 同上书,第604页。
⑤ 同上。
⑥ 同上书,第566~567页。

和社会主义革命胜利的路线保障。

三 十月革命前后列宁无产阶级革命战略、策略理论发展成为一个较严整的体系

在1917年俄国二月革命和十月革命以及1918—1920年间的粉碎外国武装干涉和国内反革命叛乱的伟大斗争中，列宁适应时代和革命运动发展的需要捍卫和发展了无产阶级战略、策略理论，把马克思、恩格斯关于战略与策略的思想发展成为一个比较严整的体系。这一时期列宁的战略、策略思想集中体现在《帝国主义是资本主义的最高阶段》、《国家与革命》、《无产阶级革命和叛徒考茨基》和《共产主义运动中的"左派"幼稚病》等著作中。

（一）十月革命前后列宁无产阶级革命战略、策略思想形成的历史背景

十月革命前后，资本主义世界所固有的各种矛盾空前激化，与帝国主义世界大战紧张进行的同时，各国工人运动重新高涨起来，亚洲被压迫民族开始迅速觉醒。世界历史进入了无产阶级革命的新时代。俄国成了帝国主义体系各种矛盾的焦点，成了世界革命的中心，而俄国无产阶级也就成了国际无产阶级的先锋队。正是在这样的历史条件下，列宁领导俄国无产阶级进行夺取政权和建设社会主义的斗争，指导各国无产阶级和各被压迫民族开展争取解放的斗争。在这长期的革命斗争中，列宁粉碎了俄国各种非无产阶级的社会主义思潮，捍卫、继承并发展了无产阶级革命的战略、策略理论，把马克思关于战略与策略的思想发展成为一个比较严整的体系。

（二）列宁无产阶级战略、策略理论的大发展

第一次世界大战和十月革命的影响，推动了世界革命迅速发展。革命形势的发展迫切需要成熟的无产阶级政党来领导。面对共产国际成立初期的这种状况，列宁认为有必要总结布尔什维克党领导俄国的革命经验和十月革命后巩固无产阶级专政的经验，教育和引导各国共产党正确地吸取布尔什维克党的成功经验，并结合本国革命的具体实践，用马克思主义科学的战略、策略理论来武装党，建设一个真正的马克思主义政党，从而"把布尔什维主义历史上和当今策略上普遍适用的、具有普遍意义和必须

普遍遵循的原则应用到西欧去",① 以迎接新的革命高潮。

列宁的无产阶级革命战略、策略思想,不是对某些战略与策略思想的分别阐述,而是形成了关于战略、策略的完整的思想体系。他在继承马克思和恩格斯的个别无产阶级革命战略、策略原理的基础上向前发展了这些原理,把这一切结合为指导无产阶级阶级斗争的完整的无产阶级革命战略、策略理论体系。列宁以新的战略方针武装了革命的无产阶级。

他指出无产阶级不仅在社会主义革命而且在资产阶级民主革命、民族解放战争以及进步的社会运动中,都要掌握对城乡劳动群众的领导权;提出无产阶级的解放斗争要同世界被压迫民族的解放斗争联合起来的战略口号;要求由资产阶级民主革命立刻转变为社会主义革命,并强调社会主义在帝国主义统治的薄弱环节有可能在一国或几国首先取得胜利。

列宁还针对当时"左派"共产党人拒绝参加反动议会和反动工会的错误,提出了无产阶级革命斗争的一系列策略原则。他强调无产阶级政党必须把马克思主义普遍原理同各国革命的具体实际结合起来;提出了"哪里有群众,就一定到哪里去工作"的战略口号,要求无产阶级及其政党把自己的战略、策略的基点,放在动员和组织无产阶级和广大群众的基础之上,利用矛盾最大限度地孤立敌人,最大限度地争取同盟军;必须掌握一切斗争形式和组织形式,把合法斗争和秘密斗争结合起来,把议会内斗争和议会外斗争结合起来;在革命高潮时,要善于率领广大群众抓住有利时机向敌人展开进攻,在革命走向低潮时,在不利的或必要的情况下又善于同敌人达成必要的妥协,实行有组织的退却;等等。

这些战略方针和策略依据,是根据俄国革命的实际经验和无产阶级解放运动发展的客观要求而提出的完整的无产阶级革命的战略、策略思想体系,是对马克思主义战略与策略思想的重大发展。

总体说来,列宁在以下几个方面发展了马克思主义的战略、策略思想。第一,列宁把马克思、恩格斯关于不断革命的策略原理,发展成了由资产阶级民主革命不停顿地转变为社会主义革命的策略路线。第二,把马克思、恩格斯关于社会主义革命中无产阶级领导权的思想,发展成为无产阶级在每个一般的进步社会运动中,包括在资产阶级民主革命和社会主义

---

① 《列宁选集》第4卷,人民出版社1995年版,第157页。

革命中，都对城乡劳动群众实行领导的完整学说。第三，把马克思、恩格斯关于利用议会斗争的策略思想，发展成了把议会内的斗争和议会外的斗争结合起来，把合法斗争同非法斗争结合起来的策略原则。第四，把马克思和恩格斯关于全世界无产者联合起来的战略口号，发展成了无产阶级的解放斗争要同全世界被压迫民族的解放斗争联合起来的战略口号，并且第一次明确提出了建立无产阶级统一战线的策略方针。这对于无产阶级争取群众的大多数和获得大量的同盟者，孤立打击主要敌人，具有重大的实践意义。第五，创造性地提出了社会主义革命从一国胜利到多国胜利直至全世界彻底胜利的战略思想，揭示了在新的历史条件下世界社会主义革命发展历程的客观规律，对无产阶级革命具有巨大的指导作用。列宁的这一套完整的战略、策略思想，揭示了在新的历史条件下世界社会主义革命发展历程的客观规律，对无产阶级革命具有巨大的指导作用。列宁的这一套完整的战略、策略，在俄国革命和建设中得到了运用和检验。

第二节　列宁政治、经济战略思想的重大转变

1917年的十月革命，创建了人类历史上第一个无产阶级专政的国家，这是科学社会主义史上的重大事件，也是人类历史的重大事件。在这之后，伴随着国内外形势的重大变化和革命事业的发展，列宁的战略思想发生了重大变化。

一　从"序幕"和"阶梯"到"一国建成社会主义"，肯定俄国先于西方进行社会主义革命和建设的可能性——政治发展战略思想的转变

在十月武装起义之前，列宁虽然提出了社会主义在一国或数国首先胜利的理论。但是，究其根本，在列宁的思想上，十月革命是作为欧洲社会主义革命的"序幕"和"阶梯"，即同欧洲社会主义革命的过程联系在一起的革命而展开的。

这一时期，列宁在确定革命的战略思想时，从西方各国面临着无产阶级社会主义革命的形势而俄国资产阶级革命的任务没有完成的事实出发，认为即将爆发的俄国革命的意义在于，它是西方社会主义革命的"序幕"，是走向全欧洲社会主义革命的"阶梯"。列宁指出："俄国是一个农

民国家,是欧洲最落后的国家之一。……在贵族地主的大量土地没有触动的情况下,在有1905年经验的基础上,俄国这个国家的农民性质能够使俄国资产阶级民主革命具有巨大的规模,并使俄国革命变成全世界社会主义革命的序幕,变成进到全世界社会主义革命的一级阶梯。"俄国无产阶级单靠自己的力量是不能胜利地完成社会主义革命的。但它能使俄国革命具有浩大的声势,从而为社会主义革命创造极好的条件,这在某种意义上说就意味着社会主义革命的开始。这样,俄国无产阶级就会使自己主要的、最忠实的、最可靠的战友——欧洲和美洲的社会主义无产阶级易于进行决战。"① 在这里,列宁极深刻地阐述了关于"序幕"和"阶梯"的思想。根本的内容是把俄国革命和欧洲社会主义革命看成为同一个过程的革命,把俄国革命和欧洲其他国家的革命密不可分地联系在一起。在列宁看来,在俄国的十月革命以后,将会有欧洲各国社会主义革命的爆发,在欧洲各国的社会主义革命胜利时,俄国革命因为得到其他国家革命的帮助会走向社会主义革命并取得胜利。

在这之后的国内战争时期,列宁仍然坚持了这样的战略思想。1918年11月,他在全俄苏维埃第六次(非常)代表大会上的讲话中,在肯定俄国革命一年以来的成绩时指出,我们的口号应该是:再接再厉,牢记着我们不是为俄国革命而是为国际社会主义革命去进行最后的决战。社会主义革命要在一个国家内取得完全胜利是不可思议的,它至少需要几个先进国家(我们俄国还算不上先进国家)最积极的合作。1920年11月,列宁指出:"三年前当我们提出关于俄国无产阶级革命的任务及其胜利的条件的问题时,我们总是明确地说:"没有西欧无产阶级革命的支持,这个胜利就不可能巩固;只有从国际的观点出发才能正确估价我们的革命。为了取得巩固的胜利,我们必须使无产阶级革命在一切国家或者至少在几个主要的资本主义国家取得胜利。"② 这段话是列宁对十月起义以来自己和党对俄国革命与西欧革命关系的思想认识的历史性总结。它说明,直到1920年底为止,列宁和党是把俄国革命同西欧革命作为同一个过程的革命看待的,是将两个方面的过程密切联系在一起的。

---

① 《列宁全集》第29卷,人民出版社1985年版,第90~91页。
② 《列宁全集》第40卷,人民出版社1986年版,第22页。

上述列宁的战略思想，根源于当时欧洲的革命形势。当时西欧各国具备了社会主义革命的物质条件，形成了革命的形势。俄国虽然走在了革命的前头，但它进行社会主义革命的物质条件比较差，只有把俄国革命同西方革命联系在一起，争取西方革命的支持，才能看到俄国社会主义胜利的前途。同时，列宁的战略思想，与马克思、恩格斯晚年的一个重要思想有关。19世纪80年代以后，马克思、恩格斯鉴于西方各国社会主义革命的条件日益成熟，鉴于俄国面临着资产阶级民主革命的任务，而且俄国的革命有一触即发之势，提出了俄国革命是西方革命的"信号"以及前者与后者相互"补充"的思想。列宁关于"序幕"和"阶梯"的战略思想，同马克思、恩格斯晚年的这一思想是一致的。

1920年底，苏俄面临的国际国内形势发生了重大变化。

从国际形势上看，第一，西欧各国的革命风暴很快过去，工人运动走向了低潮。芬兰、德国、匈牙利等国的革命，由于各种主客观原因，未能取得最后的胜利；英国、法国、意大利等国的工人运动未能发展成为无产阶级夺取政权的革命。列宁看到了这一事实。他指出，革命虽然在发展，"可是实际上运动没有像我们所期望的那样直线地前进。直到目前，在资本主义特别发达的其他大国中，革命还没有到来。""我们预言过的国际革命正在向前发展。但是，这种前进运动并不是我们所期望的那种直线运动。"[1] 第二，国际上革命力量同反动势力之间形成了一种均势。也就是说，十月革命以后，苏维埃俄国的力量在不断增强，殖民地人民革命斗争的力量也在增强，可是帝国主义国家由于受到革命力量的冲击，由于它们内部的矛盾和斗争，力量削弱了，这样国际上革命力量同反动势力之间形成了一种力量均势，帝国主义国家已经不敢贸然发动对苏维埃俄国的军事进攻。列宁指出："目前俄罗斯联邦所面临的国际形势的特点是存在着某种均势，这种均势虽然极不稳定，但毕竟造成了世界政治中一种特殊的局面。"[2]

从国内看，苏俄取得了国内战争的伟大胜利。从1918年夏天起，十几个帝国主义国家把军队开进俄罗斯，对俄国革命进行武装干涉，国内的

---

[1] 《列宁全集》第42卷，人民出版社1987年版，第40页。

[2] 同上书，第1页。

各种反动分子也纷纷发动叛乱，企图颠覆苏维埃政权。苏俄人民在列宁的领导下，进行了英勇的国内革命战争。到1920年底，国内战争取得了伟大的胜利。这一胜利说明，苏俄无产阶级依靠自己的力量，可以巩固苏维埃政权。列宁指出："即使全世界社会主义革命推迟爆发，无产阶级政权和苏维埃共和国也能够存在下去。"①

在这样的形势下，列宁的战略思想发生了转变，提出了苏俄先于西方国家进行社会主义建设的思想。

1920年11月，列宁在俄共（布）莫斯科代表会议上的讲话中，首先阐述了这一新的战略思想。他在讲到国际形势和俄国无产阶级的任务时指出："只要总的看一下我们所处的国际形势，就会发现：我们已经取得了巨大的成就；我们不仅有了喘息的时机，而且得到了某种更为重要的东西。"②"现在我们要谈的，已经不只是喘息时机，而是比较长期地进行新建设的重要机会。"③同年12月，列宁在全俄苏维埃第八次代表大会上的报告中，在讲到电气化以及教育问题时指出："必须使每一个工厂、每一座电站都变成教育的据点，如果俄国布满了电站和强大的技术设备组成的密网，那么，我们的共产主义经济建设就会成为未来的社会主义的欧洲和亚洲的榜样。"④1921年春，在俄共（布）十大报告上，列宁指出："不管怎样，如果我们据此断定欧洲在短期内会用扎实的无产阶级革命来援助我们，那简直是疯了，我相信在这个大厅里不会有这样的人。三年来，我们已经逐渐懂得：寄希望于国际革命，并不是指望它在一定期限内爆发，现在发展的速度正在不断加快，到春天可能会引起革命，但也可能引不起。因此，我们要善于使我们的工作同国内外的阶级关系相适应，以便能长期保持无产阶级专政，消除（哪怕是逐渐消除）我们遭受的一切灾难和危机。只有这样提出问题，才是正确的，清醒的。"⑤这一论断表明，列宁已经自觉地放弃了过去那种把俄国革命过程与西方革命过程联系在一起的战略思想。

---

① 《列宁全集》第40卷，人民出版社1986年版，第22页。
② 同上书，第23页。
③ 同上书，第24页。
④ 同上书，第158页。
⑤ 《列宁全集》第41卷，人民出版社1986年版，第14～15页。

考察列宁的思想，俄国先于西方进行社会主义建设的可能性在于以下两个方面。第一，苏维埃政权能够在资本主义国家的包围中存在下去。经过三年的国内战争，国内外敌人颠覆苏维埃政权的企图没有得逞，又由于国际关系上出现了"均势"，帝国主义国家短时间内不可能发动对俄国的战争，苏维埃政权在资本主义国家的包围中存在下去已经不成问题。列宁认识到了这一点，并且认识到这一事实为苏俄进行社会主义建设提供了可能。第二，苏维埃俄国能够同资本主义国家建立正常的经济联系。任何国家的经济发展，都离不开世界，即必须同其他国家发生和建立经济上的联系。俄国进行社会主义经济建设，也必然是这样。或者说，俄国进行社会主义经济建设，重要的条件之一在于它同资本主义国家建立正常的经济联系。列宁指出，苏俄能够在资本主义国家的包围中存在下去，从国际经济的角度看，一个极大的因素就是苏维埃俄国开始同各资本主义国家建立贸易关系。苏俄同资本主义国家建立正常的经济联系，对双方都有利，否则对双方都不利，所以，"先进国家的大工业在帮助我们，资本主义国家的大工业在帮助我们恢复我国经济，虽然这些国家是由那些对我们恨之入骨的资本家领导的。"[①] 正是由于上述两个原因，列宁认为，苏维埃俄国能够一国建成社会主义。

至此，列宁完成了从"阶梯"、"序幕"到"一国建成社会主义"的转变，即政治发展战略的转变。

二 从"战时共产主义政策"到"新经济政策"——经济发展战略思想的转变

俄国无产阶级于1917年10月夺取政权后，苏维埃俄国经历了一个"用赤卫队进攻资本"的时期。在这一时期，苏俄对那些反对新政权的资产者进行了打击，镇压了他们的军事叛乱，通过国有化的方式剥夺了他们的财产，制止了他们的消极怠工及破坏生产的活动。显然，在这一时期，无产阶级处于战略进攻的态势。到1918年春，列宁提出，无产阶级应该暂停对资产阶级的打击，暂停国有化，把工作重心转移到发展生产上。但如何组织和发展生产却不是很清楚。

---

① 《列宁全集》第42卷，人民出版社1987年版，第330页。

列宁根据马克思、恩格斯的设想和俄国的实际情况，认为苏维埃俄国进入共产主义第一阶段，不需要或者几乎不需要过渡阶梯和中间环节，可以较快地直接过渡到社会主义建设。按照这样的设想，列宁采取了一系列的社会改造措施，如废除土地私有制，实行工人对产品生产和分配的监督制度，对银行和大工业采取了国有化措施，使苏维埃政权掌握了国家经济命脉，为社会主义建设创造了必要前提。列宁当时认为，俄国经济的恢复，社会生产力的提高，将为通过建立全民以产品生产和分配的计算与监督，直接走向社会主义奠定物质基础。列宁的设想是，首先建立和健全国家计算和监督机关，把全部产品的生产和分配置于国家的直接管理或控制之下，实行全国范围的经济生活集中化，使国家尽可能多地掌握社会产品，通过工农业、城乡之间的实物交换，限制和排斥私人商品生产和分配，从而不经过市场而经过直接的产品交换建立起社会主义经济制度来。这种依靠国家垄断和国家干预进行的"直接和彻底摧毁旧社会经济制度而代之以新社会经济制度"的做法，列宁把它称为"革命方法"、"直接过渡"，或者比作"冲击方式"。实践证明，这在俄国是不具备客观条件的。

1918年夏，帝国主义的武装干涉和国内战争的爆发，迫使苏维埃人民中断了和平建设，党和国家的工作重点未能真正转移。布尔什维克党为了动员全部人力物力来保卫国家，采取了后来称为"战时共产主义政策"的非常措施：宣布全国为统一的军营，把大工业以及大部分中小企业收归国有，由国家进行高度集中管理；实行余粮收集制，确立对粮食、布匹的垄断，要求农民把全部剩余粮食上交国家；有计划地分配一切必需品，禁止商品交换，不允许私人买卖粮食和工业品，取消货币流通；实行普遍劳动义务制。随着军事上的胜利，"战时共产主义"政策更加升级，更加强调集中，强调和革命精神的作用，强调"直接用无产阶级国家的法令"，"按共产主义原则来调整国家的生产"，统一组织产品分配。[①] 总之，当时认为可以通过简捷的、急速的、直接的方法过渡到共产主义的生产和分配的原则上去，可以由五种经济成分并存、小生产占优势的状况，转变为以社会主义公有制为基础的经济制度。

---

① 《列宁选集》第4卷，人民出版社1995年版，第570页。

1920年11月，外国武装干涉和国内战争结束，苏维埃俄国开始了和平经济建设时期。11月21日，列宁在俄共（布）莫斯科省代表会议上发表的《我国国内外形势和党的任务》的讲话中，论述了实现全党工作重点转移的问题。他指出，为了彻底战胜资本主义，第一，必须战胜剥削者和捍卫被剥削者的政权，这是用革命力量推翻剥削者的任务；第二，担负起建设任务，就是建立新的经济关系，树立怎样做这件事情的榜样。实现社会主义变革任务的这两个方面是密不可分的，这使布尔什维克领导的革命不同于过去一切只满足于破坏方面的革命。同年12月，列宁在苏维埃第八次代表大会上论述了国家电气化问题，指出俄国电气化远景计划是一个表明怎样把俄国转到共产主义所必需的真正经济基础上去的伟大的经济计划，强调只有当国家实现了电气化，为工业、农业、运输业打下了现代大工业的技术基础的时候，才能彻底取得胜利。但是，"战时共产主义政策"的实行，虽然曾经起了历史的积极作用，却影响了广大农民的生产热情，挫伤了工农群众的积极性，破坏了工业和农业的正常关系，引起了工农群众的不满，严重地妨碍了社会生产力的提高，造成了国内经济危机和政治危机。在这种情况下，经济建设的发展和电气化计划的实现是根本无从谈及的。

但是，"战时共产主义"政策的实践却是很有教益的。列宁通过细致的思考和总结，取得了极其宝贵的经验教训，加深了对在俄国建设社会主义规律的认识。他清楚地认识到，从资本主义通向社会主义的道路是不平坦的，资本主义愈不发达的国家其过渡时间必然愈长。当时的俄国，在生产力发展水平、生产社会化程度和商品经济发展程度诸方面，都低于西欧发达资本主义国家，所以向社会主义过渡，必然会碰到更多困难，经历更长时间，通过更曲折的道路。因而，列宁以无产阶级革命家的大无畏气概，采取果断措施，坚决纠正错误，抛弃了企图通过国家法令直接走向社会主义的旧途径和旧方法。

1921年3月俄共十大召开，在列宁的领导下作出了用粮食税代替余粮收集制的决议，实行了新经济政策。这年4月，列宁写了《论粮食税（新政策的意义及其条件）》，从理论上对新经济政策作了说明。这个时期，确定了对待小农经济、资本主义经济和贸易自由的新政策，普遍实行经济核算，让市场机制起一定的调节作用，有计划地利用商品货币关系来发展社会主义经济。显然,在经济建设的根本问题上采用了"'改良主义的'、逐渐的、审慎迂回的行动方法",这是更符合俄国的客观实际的。"在一个小农生产者占人口绝大多数的国家里,实行社会主义革命必须通过一系列特殊的过渡办法。"① 从一定意义上看,列宁把粮食税政策当作最终必然导致社会主义经济结构在城乡获得胜利的一种过渡措施。

在1922年和1923年初,列宁在坚持新经济政策实践基础上,口授了《给代表大会的信》、《论合作社》等信件和论文,进一步探索和论述了如何限制资本主义,发展社会主义经济,完成社会主义改造的具体途径,陆续提出了一系列重要原则意见,主张在尽快恢复和发展国民经济,建立巩固的工农联盟的基础上,实现全国电气化,通过国家资本主义和合作化把各种非社会主义经济成分逐步引上社会主义轨道,这实际上是在总结俄国革命和建设经验的基础上制定的建设社会主义纲领。至此完成了俄国社会主义建设经济发展战略的根本改变。

第三节 列宁若干重要的策略思想

在列宁革命和建设的生涯中,制定了无数的无产阶级策略原则。这是革命和建设胜利的重要保证,是列宁思想的重要组成部分。

一 列宁无产阶级革命战略、策略的基本原则

(一) 利用矛盾最大限度地孤立敌人,团结一切可以团结的力量

无产阶级政党在领导革命斗争中,要利用敌人内部的一切矛盾,区别对待,分化瓦解,争取尽可能多的同盟者,哪怕这些同盟者是暂时的、动摇的、不稳定的、靠不住的、有条件的,建立最广泛的统一战线,最大限度地孤立和打击最主要的敌人。这是马克思主义的一个基本策略原则。列宁以俄国革命的实际经验丰富和发展了这个策略原则。

第一,列宁认为,推翻国际资本的战争要比国家之间通常进行的最顽强的战争还要困难百倍,费时百倍,复杂百倍。因为,在一个相当长的时期内,资产阶级比无产阶级的力量还强些,这不仅因为资产阶级还有广泛

---

① 《列宁全集》第32卷,人民出版社1985年版,第203页。

的国际联系，还因为作为资本主义经济产生和存在土壤的商品生产还广泛存在。为了推翻国际资产阶级而进行的战争，如果事先拒绝采用机动办法，拒绝利用敌人之间的矛盾，拒绝同各种可能的同盟者通融和妥协，幻想不走曲折、迂回的道路，而走一条笔直的顺利大道，这实在是幼稚病的表现。

第二，列宁认为，反动保守势力绝不会是铁板一块，敌人之间的种种矛盾是客观存在的。无产阶级革命敌人内部阶层与阶层、集团与集团、党派与党派之间的利害冲突是始终存在的。这是不以人的主观意识为转移的客观情况。无产阶级政党就是善于利用敌人之间的矛盾，甚至作必要的妥协，以争取大量的、哪怕是暂时的同盟者，达到发展和指导革命力量，孤立和战胜主要敌人的目的。列宁指出："要战胜更强大的敌人，就必须尽最大的努力，同时必须极仔细、极留心、极谨慎、极巧妙地一方面利用敌人之间的一切'裂痕'，哪怕是最小的'裂痕'，利用各国资产阶级之间以及各个国家内资产阶级各个集团或各种类别之间利益上的一切对立；另一方面要利用一切机会，哪怕是极小的机会，来获得大量的同盟者，尽管这些同盟者可能是暂时的、动摇的、不稳定的、不可靠的、有条件的。谁不懂得这一点，谁就是<u>丝毫不懂得马克思主义，丝毫不懂得现代的科学社会主义</u>。"[①]"谁要是没有在相当长的时期内和在各种相当复杂的政治形势下，在实践上证明他确实会运用这个真理，谁就还没有学会帮助革命阶级去进行斗争，使全体劳动人类从剥削者的压榨下解放出来。以上所说的一切，对于无产阶级夺取政权以前和以后的时期，都是同样适用的。"[②]

（二）争取群众是无产阶级革命战略策略的基本出发点

革命是千百万群众的事业，单只依靠无产阶级先锋队是不够的。无产阶级政党在制定战略、策略时必须正确估量群众的觉悟程度和行动决心。列宁指出，随着反对机会主义的胜利和各国共产党的成立，无产阶级的先锋队在思想上已经被争取过来了。可是，"单靠先锋队是不能胜利的。当整个阶级，当广大群众还没有采取直接支持先锋队的立场，或者还没有对先锋队采取至少是善意的中立并且完全不会去支持先锋队的敌人时，叫先

[①] 《列宁选集》第4卷，人民出版社1995年版，第180页。

[②] 同上。

锋队独自去进行决战，那就不仅是愚蠢，而且是犯罪。"① 只有争取群众，使广大劳动群众置于共产党的领导之下，才能解决无产阶级革命的实际任务。所以，共产党人必须坚持这样的原则："哪里有群众，就一定到哪里去工作。"② 共产党人必须不怕困难，要在"有无产阶级群众或半无产阶级群众的机关、社团和协会（哪怕这些组织是最反动不过的）里有步骤地、顽强地、坚定地、耐心地进行宣传和鼓动"，③ 说服和团结广大劳动群众，而不应当把自己和群众隔离开来。

各国共产党要把大半还没有醒悟的广大群众引导到革命立场上来，就必须学会和掌握无产阶级的正确的革命策略。否则就不能实现争取群众的任务。列宁要求无产阶级和共产党人要善于同最广大的劳动群众，首先是同无产阶级劳动群众，但同样也同非无产阶级劳动群众联系、接近，甚至可以说在某种程度上同他们打成一片。并且"应该清醒地注意到正是整个阶级的（而不仅是它的共产主义先锋队的）、正是全体劳动群众的（而不仅是他们的先进分子的）觉悟和准备的实际状况。"④ 只有适合群众觉悟水平和行动决心的策略，才能动员和组织群众，引导他们满怀信心地去夺取胜利。

（三）必须坚持原则的坚定性与策略的灵活性相结合

坚持原则的坚定性和策略的灵活性是无产阶级革命战略、策略的基本原则之一。

原则的坚定性，就是要求无产阶级政党必须始终站稳无产阶级的立场，根据无产阶级的根本立场和马克思主义的基本原理观点，提出和制定符合无产阶级和广大群众的根本利益的战略目标。其基本特点是具有坚定性和严肃性，不能随意变动。一百多年前，马克思恩格斯就宣告：资本主义必然灭亡，社会主义必然胜利，表明了他们对原则的坚定性。列宁也指出，原则的政策是唯一正确的政策。一个真正的无产阶级革命政党，只有坚持原则的坚定性在革命斗争过程中保持政治上的独立性，并同那些抛弃无产阶级最终目的的机会主义作斗争。

---

① 《列宁选集》第4卷，人民出版社1995年版，第201页。
② 同上书，第163页。
③ 同上。
④ 同上书，第168页。

策略的灵活性,就是要求无产阶级政党在坚持原则的坚定性的前提下,根据客观形势和敌我力量对比的变化,在策略上和战术上采取及时而适当的斗争形式和手段,其具有灵活性和随机应变的基本特点。列宁认为,无产阶级在革命斗争过程中,在敌强我弱,敌我力量对比悬殊的形势下,为了保存革命力量,争取有利时机,掌握斗争的主动权,向敌人作某种暂时的、局部的、非原则性的妥协,是完全必要的。

原则的坚定性和策略的灵活性是对立统一的。坚定的原则是灵活的策略的基础,而灵活的策略则是为实现革命的坚定原则服务的。无产阶级及其政党在指导革命斗争时,必须坚持原则的坚定性与策略的灵活性的有机统一,不能借口灵活性而放弃革命原则,也不能把革命原则看成是僵死的教条,否定一切灵活性。而是"应当把对共产主义思想的无限忠诚同善于进行一切必要的妥协、机动、通融、迂回、退却等等的才干结合起来。"[①]

(四)把当前斗争和长远目标结合起来

马克思、恩格斯在《共产党宣言》中指出:"共产党人为工人阶级的最近的目的和利益而斗争,但是他们在当前的运动中同时代表运动的未来。"列宁在《国家与革命》中认为,这是马克思主义关于无产阶级革命战略、策略的一个基本原则。这个原则要求,无产阶级及其政党在为共产主义这一最终目标奋斗时,必须高度重视和积极参加当前一切有利于无产阶级的革命斗争;同时,在参加当前斗争时,决不忘记和脱离长远目标。如果只有当前斗争而没有长远目标,当前斗争就会迷失方向,误入歧途,走上邪路;如果只有长远目标而没有当前斗争,长远目标也会变成空话。因此必须把当前斗争和长远目标结合起来,既要胸怀革命的大目标又要脚踏实地地搞好当前的斗争,用实际行动去创造美好的未来。一切机会主义者都是背离这一战略、策略的基本原则的。左倾机会主义者不从实际出发,乐于空谈长远目标而忽视开展当前的斗争;而右倾机会主义者则竭力鼓吹迁就眼前利益,放弃长远目标。第二国际修正主义的头子伯恩施坦就说过"最终目的算不了什么,运动就是一切。"用眼前的微小利益,引诱无产阶级放弃长远目标,破坏无产阶级革命事业。

---

① 《列宁选集》第4卷,人民出版社1995年版,第203页。

当前斗争和长远目标相结合,体现了无产阶级的眼前利益和长远利益的内在联系和辩证统一关系。实现共产主义代表着无产阶级和广大劳动人民的长远利益;当前运动则代表着无产阶级和广大劳动人民的眼前利益。长远利益决定眼前利益,眼前利益必须服从长远利益。如果"为了眼前暂时的利益而忘记根本大计,只图一时的成就而不顾后果,为了运动的现在而牺牲运动的未来,这种做法可能也是出于'真诚的'动机。但这是机会主义,始终是机会主义。"[①] 同时也应看到,长远利益的实现需要一个过程。在这个过程中,忽视了现阶段的斗争和群众的眼前利益,就无法调动广大群众的积极性。所以,每个国家的共产党人应当根据本国本民族的实际情况,确定适合本国国情的发展道路和近期目标。只有这样,才能有效地动员和组织广大群众投身到革命中来。

二 列宁的若干重要策略思想

（一）对待民粹主义的策略

民粹派是19世纪60年代之后在俄国出现的代表小资产阶级利益的社会思潮。自由主义民粹派力图以小资产阶级的小市民的社会主义偷换马克思主义,以小资产阶级的改良运动代替革命的解放运动,成为19世纪末俄国马克思主义发展的主要障碍。只有彻底揭露自由主义民粹派的思想体系,才能在先进工人队伍中广泛传授马克思主义,使马克思主义与俄国的工人运动结合起来,为俄国无产阶级革命扫清道路。

列宁在批判自由主义民粹派的社会主义理论时认为,马克思主义者不仅必须坚决否定这种理论的任何社会主义性质,而且必须充分认识自由主义民粹派纲领的两重性,即一方面它是空想的和反动的;另一方面它又反映了农民反对农奴制,反对封建专制制度的革命民主主义方面。生活在俄国这样一个经济十分落后的国度里的无产阶级,决不应忘记自己的革命民主主义的任务。因此,在反对自由主义民粹派的反动面时,不应当忘记它们的民主主义部分。

正确的马克思主义者的态度应当是,在坚决地抛弃掉自由主义民粹派纲领中的一切反动部分之后,接受其中一般民主的条款,并且要更彻底、

[①] 《马克思恩格斯全集》第22卷,人民出版社1965年版,第274页。

更深入地实行这些条款。这是因为在 19 世纪末的俄国还存在着强有力的半农奴制，它像一副沉重的枷锁套在俄国无产阶级和一般民众身上。反对这种专制制度、等级制度和官僚制度对于工人阶级有着十分重要的意义。因为这些中世纪封建制度的残余极大地加重了资本家对无产阶级的剥削，束缚着他们政治思想的发展，使他们根本无法顺利地进行反对资产阶级的斗争。所以，同激进的民主派一道去反对专制制度，反对反动的封建农奴制，乃是工人阶级的直接责任。工人阶级应当牢记，反对这一切反动制度的斗争是促进反资产阶级斗争的必要手段，工人需要一般的民主要求，只是为战胜资本主义清扫道路。"一般说来，俄国共产主义者，马克思主义信徒，比其他任何人都更应该把自己称为社会民主党人，并在自己的活动中始终不应忘记民主主义的巨大重要性。"①

自由主义民粹主义是一种小资产阶级的思想体系。它站在小生产的立场上批判资本主义，维护小生产，因而它是反动的。从方法论上看，自由主义民粹主义强调俄国的特殊性，否认马克思主义理论的普遍意义。列宁正是在同这种小资产阶级思想体系的斗争中，阐明了马克思主义的意义。

（二）阐明了建立新型政党的基本策略原则

从 1899 年到 1904 年，列宁的中心任务是建设一个新型的工人阶级政党。在建党实践中，他同经济派、孟什维克进行了坚决的斗争，发展了马克思主义的建党学说。

列宁认为，党的政治策略如何，将关系到党内团结和革命成败，甚至关系到党是不是真正的无产阶级政党。当时，伯恩施坦修正主义和俄国的经济派提出了一套改良主义的策略，企图把社会民主党从革命党变为改良党。普列汉诺夫虽然坚决反对伯恩施坦和经济派，但是他从抽象的公式出发，认为资产阶级比农民进步，资产阶级革命必须依靠资产阶级，所以他重视资产阶级而轻视农民在民主革命中的作用，不能为俄国党制定正确的策略路线。俄国的小资产阶级政党——社会革命党，则热衷于个人恐怖手段。列宁与这些形形色色的错误策略进行了斗争，并把马克思主义的策略原理同当时的历史条件和俄国的实际结合起来，为俄国的新型无产阶级政党制定了正确的策略原则。

---

① 《列宁选集》第 1 卷，人民出版社 1995 年版，第 71 页。

第一，提出了俄国无产阶级政党要掌握民主革命的领导权，要联合农民、广泛利用资产阶级等等各种暂时的、间接的同盟者力量的策略路线。

第二，提出了处理暂时利益和最终目的、改良和革命的关系的正确原则。列宁指出，伯恩施坦和经济派把改良作为一切，丢掉社会主义最终目的，这是机会主义的策略。革命的社会民主党的策略是不放弃争取各项改革的斗争，不放弃夺取敌人的、即使是无关紧要的和个别的阵地，只要这一阵地能增强他们的攻击力量和有助于取得完全的胜利。然而，他们从不忘记，有时敌人主动退出某一个阵地，正是为了分割和更容易击溃进攻者。只有永远记住最终目的，只有从总的革命斗争的观点来评价每一个前进步骤和每一项改革，才能够保证在前进的道路上不至失足和不犯可耻的错误。

第三，提出革命的无产阶级政党承认一切斗争手段，善于把各种不同的斗争形式和斗争方法结合起来，并随着形势的变化巧妙地从一种方法过渡到另一种方法。

第四，提出，要把坚定性和灵活性结合起来，要善于抓住主要环节。

列宁提出的这些策略原则，丰富和发展了马克思主义的策略思想，同各种机会主义的策略划清了界线。实行这样的策略，无产阶级政党的革命性就会得到发扬，它就能适应帝国主义和无产阶级革命新时代的要求。

(三) 1905年革命中的策略思想

1905年1月俄国爆发了资产阶级民主革命，正确地制定革命的策略成为俄国社会民主工党的首要任务。列宁把马克思主义同俄国革命实践结合起来，创造性地制定了一种适合俄国国情的正确的革命策略。1905年4月，布尔什维克召开了俄国社会民主工党第三次代表大会，讨论了俄国革命运动新高潮所提出的关于组织和策略方面的新问题，特别是策略问题，通过了武装起义、临时革命政府、在变革前夕对政府的态度、对农民运动的态度、党的公开的政治活动等问题的决议。列宁对这些问题分别起草了决议草案或作了发言。这些决议贯穿了一条基本的策略路线：无产阶级掌握革命的领导权；实行工农联盟；麻痹资产阶级的不稳定性；通过武装起义彻底推翻专制制度；建立工农民主专政；消灭包括地主土地占有制在内的一切农奴制残余，把民主革命进行到底；不失时机地转变为社会主义革命。

1905年6～7月，列宁写了《社会民主党在民主革命中的两种策略》一书，全面而深刻地批判了孟什维克的策略路线，指出它的实质是变无产阶级为资产阶级的可怜走卒，使革命仅仅以自由资产阶级和沙皇专制制度的妥协分赃来结束。列宁在书中从理论上论证了第三次代表大会的策略，进一步阐述了无产阶级掌握民主革命领导权、工农联盟、工农革命民主专政、民主革命转变为社会主义革命等原理，用新的革命理论丰富了马克思主义。

第一，社会民主党可以参加临时革命政府。列宁从革命政权的意义、新的时代要求有新的斗争方式、俄国社会民主党参加临时革命政府同米勒兰主义的区别等方面不仅阐明了俄国社会民主党可以参加临时政府，并且说明了参加临时政府的条件。

第二，不失时机地把民主革命转变为社会主义革命。其一，阐明了民主革命与社会主义革命的区别和联系。由于俄国专制制度和人民群众的矛盾、农奴制和资本主义的矛盾在很大程度上掩盖了纯粹资本主义的矛盾，只有推翻专制制度、扫除农奴制残余后，无产阶级才能充分开展反对资本主义的斗争，所以，俄国的革命分为民主革命和社会主义革命两个阶段。这两个阶段的革命是两种不同性质的社会革命，它们的任务和参加革命的社会力量都是不同的，必须加以区别。如果混淆民主革命和社会主义革命的任务和条件，必然使革命遭受失败。其二，指出民主革命的完结，就是社会主义革命的开始。其三，指明了由民主革命转变到社会主义革命的阶级力量配置，为无产阶级社会主义革命找到了同盟军。其四，指出了革命转变的主客观条件。

第三，把秘密斗争和合法斗争结合起来。列宁认为，用历史态度考察斗争形式问题是马克思主义的一个基本理论原则。在不同时期，由于条件不同，就有不同的斗争形式。学会把秘密活动和公开活动结合起来，非常重要。"完成了这个任务，就将表明经历了革命的第一个战役的党已经成熟，完成了这个任务，就会为无产阶级在第二个战役时在社会民主党的领导下更巧妙地、更团结一致地进行斗争，取得更为决定性的胜利提供一个保证。"①

---

① 《列宁全集》第17卷，人民出版社1988年版，第130页。

（四）对待帝国主义战争的策略

第一次世界大战爆发后，第二国际各国社会主义民主党都纷纷制定了自己对待战争的策略思想。其中绝大多数的党都背叛了斯图加特和巴塞尔大会的反战决议和宣言，公开追随本国帝国主义政府，并且在"保卫祖国"的虚伪口号下，帮助资产阶级驱使交战国的工人和农民为垄断资产阶级的私利而互相残杀。在这种情况下，以列宁为首的布尔什维克党，不仅同各国马克思主义者一起坚持了斯图加特和巴塞尔大会所制定的反战决议和宣言，批判了第二国际各社会民主党中关于战争问题的种种谬论，反对帝国主义反动的战争和社会帝国主义的背叛行径，而且制定了马克思主义政党在第一次世界大战期间的策略。列宁提出的策略口号是"变帝国主义战争为国内战争"、"使本国政府在帝国主义战争中失败"，这为各国马克思主义者指明了通过革命战争消灭帝国主义战争，建立社会主义，实现世界持久和平的道路。

（五）签订布列斯特和约，巩固苏维埃政权的策略

为了巩固苏维埃政权，苏俄政府于1917年11月20日（12月3日）开始同德国及其盟国在布列斯特—里托夫斯克进行和平谈判，并于12月2日（12月15日）签订了暂时停战的协定。在双方进行缔结和约的谈判过程中，德方提出把被他们军队强行占领的俄国西部地区（包括波兰、立陶宛以及拉脱维亚、爱沙尼亚和白俄罗斯的一部分）割让给德国。围绕同德缔结和约问题，俄共（布）党内产生了严重的分歧。列宁提出了正确的策略，主张接受德国提出的掠夺性条件，立即签订和约。列宁认为：第一，为了巩固新生的工农政权和及早恢复遭到严重破坏的国民经济，苏维埃政府当前亟须一个喘息的机会；第二，根据敌我双方军事力量的对比，以及广大人民群众的厌战情绪，不可能立即进行革命的战争；第三，在当时的情况下，苏维埃俄国如不退出帝国主义战争，客观上就是帮助了协约国。列宁认为，在不向人民隐瞒，又不同帝国主义签订任何密约的情况下，只是由于没有力量继续作战，才同意签订不利于一个弱国而有利于帝国主义者集团的和约，这"丝毫没有背叛社会主义"。[①] "无产者懂得，既然没有力量，就得屈从，然而他善于后来在任何条件下都养精蓄

[①] 《列宁选集》第3卷，人民出版社1995年版，第394页。

锐，无论如何要一次再次地重新奋起。"① "只要我们认真看待起义和战争，我们就是签订十个极端苛刻的和约，也决不会灭亡。只要我们不被绝望和空谈所断送，我们是不会亡在征服者手里的。"② 实践证明，列宁的策略思想是完全正确的。在1918年3月签订布列斯特和约以后，列宁立即提出了组织和建设的任务，即根据社会主义原则改造俄国经济制度和提高社会生产力的任务。

（六）通过资本主义过渡到社会主义的策略

列宁从落后国家向社会主义过渡必须创造物质条件、改变小生产占优势这种落后的经济结构的任务出发，提出了资本主义，特别是国家资本主义是小生产过渡到社会主义的中间环节的策略。

早在十月革命前，列宁就十分重视国家资本主义在向社会主义过渡中的意义。十月革命初期，列宁又进一步肯定了国家资本主义在国家经济结构中的重要作用。在新经济政策时期，列宁则进一步认识到，国家资本主义负有一种新的历史使命。"既然我们还不能实现从小生产到社会主义的直接过渡，所以作为小生产和交换的自发产物的资本主义，在一定程度上是不可避免的，所以我们应该利用资本主义（特别是要把它纳入国家资本主义的轨道）作为小生产和社会主义之间的中间环节，作为提高生产力的手段、途径、方法和方式。"③ "同社会主义比较，资本主义是祸害。但同中世纪制度、同小生产、同小生产者涣散性引起的官僚主义比较，资本主义则是幸福。"④ 当然，允许资本主义的发展，并不是无产阶级的目的。但是无产阶级面对上述落后国家的经济现实，能采取什么样的政策呢？列宁认为，唯一合理的、行得通的政策，不是试图禁止或者堵塞资本主义的发展，而是努力把这一发展引上国家资本主义轨道。"全部问题，无论是理论上的或实践上的问题，在于找出正确的方法，即应当怎样把不可避免的（在一定程度上和在一定期限内不可避免的）资本主义的发展引导到国家资本主义轨道上去，靠什么条件来做成这件事，怎样保证在不久的将来把国家资本主义变成社会主义。"

---

① 《列宁选集》第3卷，人民出版社1995年版，第426页。
② 同上书，第427页。
③ 《列宁选集》第4卷，人民出版社1995年版，第510页。
④ 同上书。

第六章　无产阶级专政理论

无产阶级专政是马克思主义的精髓，也是列宁主义的核心问题。列宁指出，马克思在总结历次革命运动中具有全世界历史意义的经验教训时，得出一个简单、严格、准确、明显的公式，这就是无产阶级专政。它是马克思主义的"实质"、"精华"。"只有承认阶级斗争，同时也承认无产阶级专政的人，才是马克思主义者。马克思主义者同庸俗小资产者（以及大资产者）之间最大区别就在这里。必须用这块试金石来测验是否真正了解和承认马克思主义。"① 可见列宁把对待无产阶级专政的态度作为识别真假马克思主义、检验路线问题上的大是大非、区分阶级营垒的准绳。列宁历来认为，没有无产阶级专政就没有社会主义和共产主义。离开无产阶级专政的"社会主义"，不是空想就是欺骗。谁在口头上大讲特讲社会主义而实践上却背离甚至反对无产阶级专政，谁就不是革命者，就不配做共产党员，就应当取消他的无产阶级领袖或顾问的资格，就必须揭穿他的可耻的叛变行径。

第一节　列宁无产阶级专政理论的形成

列宁无产阶级专政理论有一个形成的过程。了解和认识这一过程对于深刻理解和把握这一理论的精神实质是十分必要的。

一　无产阶级专政理论初步思想——工农民主专政理论的创立

（一）临时革命政府可以吸纳社会民主党人参加

在1905年革命中列宁提出了无产阶级专政和农民革命民主专政的理

---

① 《列宁选集》第3卷，人民出版社1995年版，第139页。

论。这个理论的提出一方面是由于革命开始，需要明确革命的最近目标和最好结局；另一方面是由于孟什维克在革命前夕和革命初期，为了反对无产阶级民主革命的领导权而把无产阶级政党参加临时革命政府看作可怕和危险的事，完全否定无产阶级和农民的革命民主专政。

孟什维克完全从教条主义出发，认为俄国资产阶级革命的结局就应该是资产阶级掌握政权、成为主人，社会民主党人不应该参加临时革命政府，只能从下面施加压力，推动资产阶级把革命进行到逻辑终点。如果社会民主党参加临时革命政府，那是"变相的米勒兰主义"，只能使自己政治上灭亡和丢脸，使革命失败，使专制制度恢复原状。法国的米勒兰主义者参加资产阶级反动政府同俄国社会民主党人参加临时革命政府是性质不同的两回事。前者是在历史已经向工人阶级提出实行社会主义变革任务的客观条件下参加资产阶级反动政府的，他们在争取共和国的掩盖下拜倒于资产阶级的社会改良之前，诱骗无产阶级离开社会主义变革。而俄国的历史进程向无产阶级提出的是资产阶级民主主义变革的任务，在这种变革时期，不能把无产阶级和资产阶级简单地对立起来，在无产阶级和资产阶级之间有着广泛的小资产阶级的农民阶层，他们同无产阶级有着共同的利益，无产阶级如果不同小资产阶级结成联盟，就不可能完成民主主义变革的任务。社会民主党参加临时革命政府就等于实行无产阶级和农民的革命民主专政。"临时革命政府"从阶级内容来说就是无产阶级和农民革命民主专政。因为临时革命政府的支柱只能是革命的人民，即无产阶级和农民，这种政府只能是他们进行革命的专政。孟什维克的错误就是把民主主义变革和社会主义变革混为一谈，贬低社会民主党在俄国资产阶级民主革命运动中的任务。

列宁指出，革命政权是完成政治变革的最重大的和最高的手段之一。只有成立临时革命政府才能从政治上领导人民群众，把人民的革命力量组织起来，把各地的起义从政治上联合、组织起来，使之成为全民的胜利；只有临时革命政府才能实行革命的政治改造，保障政治自由。无产阶级政党应该关心并积极利用革命政权，从原则上说可以派代表参加临时革命政府。

列宁写了《社会民主党和临时革命政府》、《无产阶级和农民的革命民主专政》、《社会民主党人在民主革命中的两种策略》等论著，批驳了这些谬论,从革命政权的意义、新的时代要求有新的斗争方式、俄国社会民主党参加临时革命政府同米勒兰主义的区别等方面,不仅阐明了俄国社会民主党可以参加临时革命政府,并且说明了参加临时革命政府的条件,这些条件是:力量对比及其因素对无产阶级政党有利;参加临时革命政府的目的,是为了更好地同一切反对革命企图作无情斗争和捍卫工人阶级的独立利益;党对自己的全权代表进行严格的监督;保持社会民主党的独立性,一分钟也不忽略社会主义革命的目标。

(二) 建立工农民主专政是实现对俄国沙皇制度的彻底胜利所必须的

在与孟什维克的争论中,列宁阐明了有关无产阶级和农民的革命民主专政方面的一系列问题,逐步形成无产阶级专政理论。列宁指出,无产阶级和农民革命民主专政是无产阶级领导的、以工农联盟为基础的民主革命取得胜利后建立的人民政权。这个政权由工农建立,依靠工农,其性质是民主主义的专政,任务是把民主革命进行到底,实现社会民主党的最低纲领,而不是直接实现社会主义。"无产阶级和农民的革命民主专政,同世界上一切事物一样,有它的过去和未来。它的过去就是专制制度、农奴制度、君主制度、特权制度……它的未来就是反对私有制的斗争,雇用工人反对业主的斗争,争取社会主义的斗争。"① 实行工农民主专政对俄国甚至全世界的发展具有极其重大的意义。要使革命取得胜利,就必须"实现无产阶级和农民的革命民主专政。"② 因为这个政权把民主革命进行到底,努力使它具有一个最有利于无产阶级的形式,就能最大限度地利用民主革命,使俄国无产阶级能够顺利地进行下一步的争取社会主义的斗争。"除了无产阶级和农民的革命民主专政,没有而且也不可能有其他手段可以加速社会主义的到来。""革命党的领导者也必须更广泛、更大胆地提出任务,使他们的口号始终走在群众的革命主动性的前面,成为他们的灯塔,向他们表明我们的民主主义理想和社会主义理想的无比宏伟和无比壮丽,向他们指出达到完全的无条件的彻底胜利的最近最直的道路。"③ 同时俄国无产阶级在民主革命中取得这种彻底胜利,必将大大提高全世界无

---

① 《列宁选集》第1卷,人民出版社1995年版,第591页。
② 同上书,第617页。
③ 同上书,第616页。

产阶级的革命毅力，使革命烈焰迅速蔓延。

列宁充分论证了在俄国实现工农民主专政的可能性。由于俄国革命的特点，俄国的资产阶级革命要作为资产阶级的胜利是不可能的，然而由于无产阶级和农民群众联合起来的力量能够压倒一切反革命力量，所以他们能够取得革命的胜利。而在革命中取得胜利的无产阶级和农民的联盟就是无产阶级和农民的革命民主专政。无产阶级和农民在民主主义问题和争取共和制的斗争中有着统一的意志，在反对专制制度、农奴制度、实行民主改革方面他们有着共同的利益，这也是工农民主专政可能实现的依据。"只有无产阶级才能成为彻底的民主战士。只有农民群众加入无产阶级的革命斗争，无产阶级才能成为战无不胜的民主战士。如果无产阶级力量不够，做不到这一点，资产阶级就会成为民主革命的首领并且使这个革命成为不彻底的自私自利的革命。要防止这种危险，除了实行无产阶级和农民的革命民主专政以外是没有别的办法的。"[①] 这一革命口号是根据俄国客观经济条件提出的，实行工农民主专政不仅与俄国当时的经济发展总进程不矛盾，相反能够彻底肃清一切封建残余使俄国走一条发展资本主义的道路，促进生产力获得最有利的发展条件。列宁还分析了俄国无产阶级的状况，认为只有无产阶级才能担当起领导俄国资产阶级民主革命的历史重任。俄国无产阶级同欧洲资产阶级民主革命时期的无产阶级相比，更加成熟，有了自己的政党——俄国社会民主工党。列宁还在总结1905年革命中出现的工人代表苏维埃这一新生事物时，指出工、兵、农代表苏维埃可以作为工农民主专政的政治形式。列宁关于无产阶级和农民的革命民主专政的理论解决了无产阶级领导的民主革命建立什么样的政权这个问题，为革命指出了最好的结局，是对马克思提出的人民主权和人民专政思想的发展，也是列宁无产阶级专政理论的雏形。

二 无产阶级专政理论的形成

列宁考察马克思主义国家学说中无产阶级专政理论并在俄国革命实践过程中运用发展，初步形成无产阶级专政思想。19世纪末20世纪初，世界资本主义发展到垄断资本主义即帝国主义阶段。帝国主义就是战争。

[①] 《列宁选集》第1卷，人民出版社1995年版，第566~567页。

"旷日持久的战争造成的空前惨剧和灾难","国际无产阶级革命正在显著的发展,这个革命对国家的态度问题,已经具有实际的意义了。"① 列宁为了适应俄国无产阶级革命斗争的迫切需要,解决历史发展提出的具有迫切政治实践和重大理论意义的课题,在1917年撰写了《国家与革命》,系统阐述了马克思主义国家学说,捍卫和发展了无产阶级革命和无产阶级专政理论。

(一) 关于无产阶级专政的历史必然性

首先,依据资本主义社会基本矛盾运动及其阶级斗争发展规律对无产阶级专政的历史必然性做出深刻阐述。列宁发挥了马克思关于从资本主义社会过渡到社会主义必须经过无产阶级专政这样一个过渡时期的思想,论证了无产阶级专政的历史必然性与必要性。"从资本主义向共产主义过渡,当然不能不产生非常丰富和多样的政治形式,但本质必然是一样的,就是无产阶级专政。"② 列宁说"从前,问题的提法是这样的:无产阶级为了求得自身解放,应当推翻资产阶级,夺取政权,建立自己的革命专政。现在问题的提法已经有些不同了:从向着共产主义发展的资本主义社会过渡到共产主义社会,非经过一个'政治上的过渡时期'不可,而这个时期的国家只能是无产阶级的革命专政。"③

其次,从完成无产阶级历史任务的角度来看,列宁认为在向社会主义过渡时期中,无产阶级重要的任务之一就是镇压资产阶级的反抗,不建立无产阶级专政,无产阶级就不能完成推翻资产阶级、击退资产阶级反革命进攻的任务。列宁指出,从资本主义向共产主义的过渡时期镇压及实行镇压的特殊机构还是必要的,但这已不是原来意义上的国家,国家的阶级性质发生了根本变化,已是被剥削者多数镇压少数剥削者的特殊机器,它实行镇压的同时,把民主扩大到绝大多数居民身上。"向前发展,即向共产主义发展,必须经过无产阶级专政,决不能走别的道路,因为再没有其他人也没有其他道路能够粉碎剥削者资本家的反抗。"④ 同时从实现无产阶级领导广大民众调整社会主义经济的任务考察,无产阶级专政也是建成社

---

① 《列宁选集》第3卷,人民出版社1995年版,第109页。
② 同上书,第140页。
③ 同上书,第188页。
④ 同上书,第190页。

会主义的必要条件。"无产阶级需要国家政权,中央集权的强力组织、暴力组织,既是为了镇压剥削者的反抗,也是为了领导广大民众即农民、小资产阶级和半无产者来'调整'社会主义经济。"① 列宁认为无产阶级专政将存在很长的历史时期,他强调指出"无产阶级专政对介于资本主义和'无阶级社会',即共产主义之间的整整一个历史时期都是必要的。"②

最后,从国家形态的专政和民主两方面论证无产阶级专政的必要性。列宁从民主制度的发展说明向共产主义发展必须经过无产阶级专政。他说,资产阶级民主制度"实质上只是供少数人、供有产阶级、供富人享受的民主制度……大多数居民在通常的和平局面下被排斥在社会政治生活之外。"③ 资本主义民主不可能像机会主义者所想象的那样,可以"简单地、直接地、平稳地走向'日益彻底的民主'"。④ 因为无产阶级专政第一次使广大人民群众享受民主,但不是简单的扩大民主,还要对剥削者、资本家实行专政。"人民这个大多数享有民主,对人民的剥削者、压迫者实行强力镇压,即把他们排斥于民主之外,——这就是民主从资本主义向共产主义过渡时改变了的形态。"⑤ 这就是区别于资产阶级民主的无产阶级民主的实质。只有到了共产主义社会,阶级已不存在时,才能实现真正完全的民主,那时人们就会"逐渐习惯于遵守起码的公共生活规则,自动的遵守这些规则,而不需要暴力,不需要强制,不需要服从,不需要所谓国家这种实行强制的特殊机构。"⑥

(二) 关于无产阶级专政国家政权的依靠力量

首先,列宁认为无产阶级专政的阶级基础是无产阶级。列宁进一步发挥了马克思、恩格斯在《共产党宣言》中关于无产阶级专政就是"组织成为统治阶级的无产阶级"的思想。由于无产阶级所处的资本主义时代及其在资本主义经济中的作用,决定了其鲜明的阶级特点,使之成为唯一能团结、联合和组织一切被剥削劳动群众进行斗争的领袖。因此,只有无

---

① 《列宁选集》第 3 卷,人民出版社 1995 年版,第 131 页。
② 同上书,第 140 页。
③ 同上书,第 189 页。
④ 同上书,第 190 页。
⑤ 同上书,第 191 页。
⑥ 同上。

产阶级才有可能有力量推翻资产阶级统治,进而建立自己的政治统治即无产阶级专政。

其次,无产阶级专政的性质与任务。列宁指出"阶级斗争学说经马克思运用到国家和社会主义革命问题上,必然导致承认无产阶级的政治统治,无产阶级专政,即承认不与任何人分享而直接凭借群众武装力量的政权。"①

再次,无产阶级专政必须有马克思主义为指导的无产阶级政党的领导。"马克思主义教育工人的党,也就是教育无产阶级的先锋队,使它能够夺取政权并引导全体人民走向社会主义,指导并组织新制度,成为所有被剥削者劳动者在不要资产阶级并反对资产阶级而建设自己社会生活的事业中的导师、领导者和领袖。"②

最后,列宁总结性地指出,马克思无产阶级专政理论同他关于无产阶级在历史上的革命作用的学说有不可分割的联系,"这种作用的最高表现就是无产阶级专政,无产阶级的政治统治。"③ 而无产阶级要通过暴力革命打碎资产阶级的国家机器,建立无产阶级专政,以实现自己的历史使命。

(三) 苏维埃是一种新型的无产阶级专政国家形式

列宁在总结巴黎公社,尤其是俄国两次民主革命经验的基础上,得出了对马克思主义理论来说具有非常重要意义的结论:"'打碎'国家机器是工人和农民双方的利益所要求的,这个要求使他们联合起来,在他们面前提出了铲除'寄生物'、用一种新东西来代替它的共同任务。""1871年,欧洲大陆上任何一个国家的无产阶级都没有占人民的大多数。当时只有把无产阶级和农民都包括进来的革命,才能成为把真正的多数吸引到运动中来的'人民'的革命……打碎这个机器,摧毁这个机器,——这就是贫苦农民同无产者自由联盟的'先决条件'。"④ 在此,列宁指出了工农联盟是无产阶级专政的客观基础,创造性地提出了俄国的无产阶级专政就是无产阶级领导下的无产阶级和农民、城市小资产阶级的特种形式的阶级

---

① 《列宁选集》第3卷,人民出版社1995年版,第131页。
② 同上书,第131~132页。
③ 同上书,第132页。
④ 同上书,第145页。

联盟的思想，苏维埃政权实际就是这样一种无产阶级专政的新形式，它不是俄国人空想出来的，而是革命创造出来的，再造了巴黎公社型的国家，是一种真正民主的新型国家，是无产阶级专政最适当的国家形式。在《布尔什维克能保持国家政权吗?》一文中，列宁进一步论述了苏维埃这种无产阶级专政国家形式。"假如革命阶级的人民创造力没有建立起苏维埃，那么无产阶级革命在俄国就是没有希望的事情，因为毫无疑义，无产阶级决不能利用旧的机构来保持政权，而新的机构也不可能一下子就建立起来。"[①] 当然，由于各国国情的差异，各国无产阶级革命在不同历史条件下呈现出不同特点，各国无产阶级专政的具体形式必定有所差异，决不能教条式的照搬照抄苏维埃这种国家形式，要不断地利用新的经验进一步发展马克思主义的基本原理，创造灵活多样、适应本国实际情况的无产阶级专政的具体模式。

第二节　无产阶级专政理论的丰富和发展

伴随革命的发展和胜利，列宁的无产阶级专政理论不断丰富和发展，逐渐形成完整成熟的体系。

一　十月革命初期关于建立新型无产阶级国家政权思想

十月武装起义胜利后，以列宁为首的布尔什维克党，肩负起创造一个新的、社会主义的政治经济制度的伟大历史使命。领导广大无产阶级和劳动群众彻底摧毁旧的、资产阶级国家机器，建立起新的、以工农联盟为基础的无产阶级国家政权，成为首要任务。

革命的核心问题是国家政权问题。进行无产阶级革命时必须摧毁旧的国家机器代之以新的国家机器，因此没有第二条道路。"革命不应当是新的阶级利用旧的国家机器来指挥、管理，而应当是新的阶级打碎这个机器，利用新的机器来指挥、管理。"[②] 在总结巴黎公社历史经验时，明确地说："无产阶级不能简单的掌握现成的国家机器并运用它来达到自己的

[①]　《列宁选集》第3卷，人民出版社1995年版，第296页。
[②]　同上书，第215～216页。

目的，无产阶级应当打碎这个机器，而用新的机器来代替它。"① 列宁在回应十月革命前夕机会主义者对无产阶级"不能在技术上掌握国家机关"的攻击时指出："无产阶级不能'掌握''国家机构'和'开动这个机构'。但是，它能够把旧的国家机构中一切具有压迫性和守旧性的东西以及其他不可救药的资产阶级的东西打碎，而用自己的新机构来代替它。这个机构就是工兵代表苏维埃。"②

苏维埃空前第一次着手真正使全体人民都学习管理，并且开始管理国家。"俄国除了苏维埃政府以外，决不应当有别的政府。"③ "只有布尔什维克政府方能被认为是工人的苏维埃政府。"④ 对于苏维埃这种新型的国家机构，列宁做了详尽的阐述，概括起来主要包括：第一，同人民密切联系的工农武装力量，无论在军事还是革命方面都是从前的军队不可比拟的；第二，同大多数人民不可分离，易检查、易更新的联系是从前的国家机构不具备的；第三，机构成员依据民意选举和更换，民主性增强；第四，同各行各业的紧密联系使得各种深刻改良易于实行；第五，先锋队组织形式的存在，确保其用来发动、教育、训练和领导广大群众的功能的实现，使其参与国家政治生活；第六，保证把议会制和直接民主的优点结合起来，即把立法与执法的职能在选出的人民代表身上结合起来，这是在民主发展过程中具有世界意义的一大进步。

十月革命胜利无产阶级政权建立，仅仅是社会主义革命的开始，苏维埃政权从建立的那一天起，国内外敌人就进行各种反革命破坏活动。以列宁为首的布尔什维克党领导俄国劳动人民同国内外敌人进行艰苦卓绝的斗争，保卫和巩固新生的苏维埃政权。在《苏维埃政权的当前任务》中阐述了很多思想，为巩固新生的苏维埃政权起到了理论指导的作用，列宁根据科学社会主义关于过渡时期必须坚持无产阶级专政的基本原理，深刻阐述了加强无产阶级专政的必要性。"不难了解，在由资本主义进到社会主义的任何过渡中，由于两个主要原因，或者说在两个主要方向上，必须有

---

① 《列宁选集》第3卷，人民出版社1995年版，第294页。
② 同上。
③ 同上书，第355页。
④ 同上书，第358页。

专政。"① 第一，被革命所镇压的剥削者在一个相当长的时期内，不会放弃推翻已建立的无产阶级政权的图谋，为了彻底战胜和铲除资本主义，保卫社会主义，务必实行无产阶级专政，无情地镇压剥削者的反抗。第二，社会主义革命极有可能经过战争过程，会造成极为混乱的状态，存有大量敌人捣乱、破坏，需要"铁的手腕"。"马克思正是总结了历次革命的这个历史经验，这个有全世界历史意义的——经济的和政治的——教训，提出了一个简短、尖锐、准确、鲜明的公式：无产阶级专政。"② 列宁指出："认为不要强制，不要专政，便可以从资本主义向社会主义过渡，那就是极端的愚蠢和最荒唐的空想主义。马克思的理论很早就十分明确地反对过这种小资产阶级民主主义的和无政府主义的胡说。"③ 列宁还指出，随着无产阶级政权的基本任务由武力镇压剥削者的反抗转向组织管理经济建设，即工作重心转移到经济建设上来，无产阶级政权的镇压和强制的表现形式也要转变。要充分运用人民法院法庭审判这一无产阶级专政工具，严厉惩办反革命分子，惩办破坏劳动纪律的犯罪分子。

二 外国武装干涉和国内战争时期列宁无产阶级专政理论

（一）批判考茨基背叛马克思主义的行为，捍卫无产阶级专政理论

1918 年夏，英、法、美、日等 14 国纠集起来发动了对苏维埃俄国的武装干涉，企图用军事力量把苏维埃政权"扼杀在摇篮中"。苏维埃俄国的无产阶级和人民群众投入到保卫苏维埃政权的斗争中，反对帝国主义的武装干涉和国内反革命叛乱。配合帝国主义的军事进攻，在意识形态领域也出现了一股反对十月革命和苏维埃共和国的反动思潮，突出表现就是考茨基 1918 年 8 月写的《无产阶级专政》的小册子，他曲解了马克思关于无产阶级专政的概念，反对暴力革命鼓吹议会道路，把民主和专政对立起来；认为俄国落后，不具备建设社会主义的物质条件。为了回击考茨基的攻击，阐明马克思主义关于无产阶级革命和无产阶级专政的理论，维护苏维埃政权、促进国际无产阶级革命，列宁于 1918 年 10 月～11 月在领导

---

① 《列宁选集》第 3 卷，人民出版社 1995 年版，第 496 页。
② 同上书，第 497 页。
③ 同上书，第 496 页。

俄国人民同国内外阶级敌人进行斗争的同时，抱病写了《无产阶级革命和叛徒考茨基》一书，揭露和批判了考茨基对无产阶级专政概念的歪曲，从理论上捍卫了马克思主义，捍卫了无产阶级专政的新形式——苏维埃政权，极大地丰富和发展了马克思主义的无产阶级革命和专政的学说。

首先，揭穿了考茨基曲解无产阶级专政理论的反动实质，从暴力方面对什么是无产阶级专政的问题做了科学回答。

批判考茨基侈谈"一般民主"的谬论，指出无产阶级专政是专政和民主的统一。考茨基在他的小册子《无产阶级专政》中，把布尔什维克与非布尔什维克在无产阶级专政问题上的根本分歧歪曲为"两种根本不同的方法的对立，即民主方法和专政方法的对立"。① 列宁指出："无产阶级专政问题是无产阶级国家同资产阶级国家对比、无产阶级民主同资产阶级民主对比的问题。"② 也就是用无产阶级专政代替资产阶级专政，用无产阶级民主代替资产阶级民主的问题。考茨基"只谈一般民主，而不谈资产阶级民主，甚至避开这个确切的阶级的概念"这实际上是回避民主的阶级性，是"粉饰资产阶级民主，抹杀无产阶级革命的问题。"③ 而不是民主方法与专政方法的对立问题。

批驳考茨基关于无产阶级专政的各种错误言论，指出无产阶级专政是马克思学说的实质。考茨基在他的小册子中对无产阶级专政这个"词儿"的解释是：这个"词儿"意味着消灭民主，自然还意味着一个人的独裁；是一种统治状态，还是一种管理形式。为否定暴力革命和无产阶级专政，鼓吹"和平演变"和"纯粹民主"，考茨基还提出3个动词：马克思认为英法可能以和平方式实行变革；巴黎公社是用民主方法选举出来的；阶级只能统治不能管理。对于考茨基的种种谬论，列宁一一驳斥，"总之，考茨基对无产阶级专政概念作了史无前例的歪曲，把马克思变成了庸俗的自由主义者，就是说考茨基本人已经堕落到自由主义者的地步……考茨基对'无产阶级的革命专政'这个概念的'解释'把被压迫阶级对压迫者的革命化为乌有，他也就在对马克思的思想作自由主义的歪曲方面打破了世界

---

① 《列宁选集》第3卷，人民出版社1995年版，第590页。

② 同上。

③ 同上书，第591页。

纪录。"① 列宁指出"对于自由主义者来说，谈一般'民主'是很自然的。马克思主义者却决不会忘记提出这样的问题：'这是对哪个阶级的民主？'"马克思主义者认为，"专政不一定意味着消灭对其他阶级实行专政的那个阶级的民主，但一定意味着消灭（或极大地限制，这也是消灭方式的一种）被专政的或者说作为专政对象的那个阶级的民主。"② 针对如何认识无产阶级专政，列宁指出"专政是直接凭借暴力而不受任何法律约束的政权。无产阶级的革命专政是由无产阶级对资产阶级采用暴力手段来获得和维持的政权，是不受任何法律约束的政权。"③

其次，批驳考茨基鼓吹的"纯粹民主"的谬论，阐述了资产阶级民主和无产阶级民主的区别，从民主的方面对什么是无产阶级专政做了科学回答。

考茨基用了几十页的篇幅来"证明"资本主义民主比中世纪制度进步，以便回避资本主义民主的资产阶级性质。列宁指出，民主制是在历史中产生和发展的，具有鲜明的阶级性。只要民主，不要专政，在剥削阶级存在的社会里，对所有阶级都同样实行少数服从多数的"纯粹民主"是不存在的，也是不可能的。只要有不同的阶级存在，就不能谈什么"纯粹民主"，而只能谈阶级的民主。列宁认为，无产阶级民主与资产阶级民主相比具有无可比拟的优越性，其表现主要有：无产阶级民主是绝大多数居民的民主，即对被剥削者的民主；苏维埃政权是世界上第一个吸收群众即被剥削群众参加管理的政权；苏维埃政权为劳动者享受各种民主、自由权利提供了物质条件及其他方面的实际保证；苏维埃的代表是由人民选举并受人民监督的。"无产阶级民主比资产阶级民主要民主百万倍；苏维埃政权比最民主的资产阶级共和国要民主百万倍。"④"无产阶级专政必然使民主的形式和机关发生变化，而且，一般说来，正是这种变化使得资本主义压迫的劳动阶级能在世界上空前广泛地实际地享有民主。"⑤

再次，剖析了考茨基主张"纯粹民主"的理论根据，指出超阶级平

---

① 《列宁选集》第3卷，人民出版社1995年版，第600页。
② 同上书，第593~594页。
③ 同上书，第594~595页。
④ 同上书，第606页。
⑤ 同上书，第699页。

等观的实质,从国家镇压职能方面对什么是无产阶级专政做出科学回答。

批驳考茨基的谬论,指出剥削者与被剥削者的关系是压迫与被压迫的关系,无产阶级必须以革命暴力维持自己的统治;至于剥夺剥削者的选举权问题,不是一般无产阶级专政的问题,而纯粹是俄国的问题。"剥削者不能同被剥削者平等……在一个阶级剥削另一个阶级的一切可能性没有完全消灭以前,决不能有真正的事实上的平等"。"无产阶级不粉碎资产阶级的反抗,不用暴力镇压自己的敌人,就不能获得胜利,凡是实行'暴力镇压'的地方,没有'自由'的地方,当然也就没有民主。"①

无产阶级必须运用国家机器镇压剥削者,"专政的必要标志和必需条件,就是用暴力镇压剥削者阶级,因而也就是破坏这个阶级的'纯粹民主'即平等和自由。"②"专政就是铁的政权,是有革命勇气的和果敢的政权,是无论对剥削者或流氓都实行无情镇压的政权。"③

同时列宁还指出无产阶级专政作为一种暴力手段,是针对镇压剥削阶级的反抗说的,但是决不能把无产阶级专政同暴力等同起来,他强调无产阶级专政的实质主要不在于暴力,"它的主要实质在于劳动者的先进部队、先锋队、唯一领导即无产阶级的组织性和纪律性。"④

最后,批驳了考茨基反对把苏维埃变成国家组织的谬论,从国家形式方面论述了苏维埃是无产阶级专政的俄国形式。

政体问题是统治阶级面临的一个重要问题,统治阶级必须找到适合本国国情的合理的管理形式和组织结构,否则国家的性质就无法很好的体现,统治就难以维持。列宁根据马克思和恩格斯在《共产党宣言》中对无产阶级国家的有关论述,指出把苏维埃国家变成国家组织是符合马克思主义原则的,也是俄国无产阶级革命斗争发展的必然结果。列宁认为国家无非是一个阶级镇压另一个阶级的机器。考茨基反对把苏维埃变成国家组织,就是反对无产阶级掌握政权,建立无产阶级专政,其思想认识根源就是"对国家的迷信",考茨基认为,国家是一种非阶级的或超阶级的全民组织,而列宁说"正是在这一点上现出了小资产者的原形,小资产者正

---

① 《列宁选集》第 3 卷,人民出版社 1995 年版,第 611 页、第 615 页。
② 同上书,第 614 页。
③ 同上书,第 497 页。
④ 同上书,第 835 页。

是认为国家'终究'是一种非阶级的或超阶级的东西。"①

(二) 总结苏维埃建立之初的经验,发展无产阶级专政理论

从1919年初到1920年底,在布尔什维克党领导下,苏联红军和广大工农经过艰苦卓绝的斗争,先后粉碎了高尔察克、邓尼金、尤登尼奇、弗兰格尔等国内反革命武装的进攻,收复被占领的地区。《伟大的创举》、《无产阶级专政时代的经济和政治》、《在俄共(布)莫斯科市代表会议上关于星期六义务劳动的报告》、《共青团的任务》等文章,就是在这样的历史条件下,在总结俄国苏维埃政权建立两三年实践经验的基础上,从理论上探索捍卫和巩固无产阶级专政、建设社会主义国家的历史文献,丰富发展了无产阶级专政理论。

列宁根据马克思《哥达纲领批判》中有关过渡时期的论述,分析了俄国当时的经济结构、阶级关系,对无产阶级专政理论做了进一步阐述。

第一,关于无产阶级专政的历史任务和奋斗目标。

列宁对于无产阶级专政的历史任务从不同时期、不同阶段进行了分析,他指出"在无产阶级革命后的初期,我们首先忙于主要的和基本的任务,即击败资产阶级的反抗,战胜剥削者,粉碎他们的阴谋⋯⋯这是当然的,不可避免的。但除了这个任务以外,同样不可避免地要提出——而且愈向前发展就愈要提出积极地提出一个重要的任务,即从积极的方面来说建设共产主义,创造新的经济关系、建立新社会。"②

由于在过渡时期(即从资本主义向社会主义过渡的时期)社会上仍存在着社会主义、资本主义和小商品经济三种基本的经济形式,存在着无产阶级、资产阶级和小资产阶级三种基本的阶级力量,他们之间是不可能"和平共处"的。因此,无产阶级和资产阶级,社会主义和资本主义"谁战胜谁"的斗争,就成为过渡时期的主要矛盾。在这样残酷、激烈、复杂、多样的阶级斗争中,无产阶级为了巩固新取得的政权必须利用自己的革命专政,镇压剥削者的反抗,这是其一;无产阶级专政更重要的任务是创造新的经济关系,建立新社会。"无产阶级专政不只是对剥削者使用的暴力,甚至主要的不是暴力。这种革命暴力的经济基础,它的生命力和成

---

① 《列宁选集》第3卷,人民出版社1995年版,第619页。
② 《列宁选集》第4卷,人民出版社1995年版,第9页。

功的保证,就在于无产阶级代表着比资本主义更高类型的社会劳动组织,实质就在这里。共产主义的力量源泉和必获全胜的保证就在这里。"① 组织和建立强大的社会主义经济基础,领导社会主义建设是无产阶级专政更艰巨、更重要的任务。"第二个任务比第一个任务更困难,因为解决这个任务决不能靠一时表现出来的英勇气概,而需要在大量的日常工作中表现出来的最持久、最顽强、最难得的英勇精神。但这个任务又比第一个任务更重要,因为归根到底,战胜资产阶级所需要力量的最深源泉,这种胜利牢不可破的唯一保证,只能是新的更高的社会生产方式,只能是用社会主义的大生产代替资本主义和小资产阶级的生产。"②

列宁认为,无产阶级专政的最终目标是完全消灭阶级。"社会主义就是消灭阶级……在无产阶级专政时代,阶级始终是存在的。阶级一消失,专政也就不需要了。没有无产阶级专政,阶级是不会消失的。"③ 也就是说无产阶级专政的根本任务和最终目标就是消灭阶级,建立没有阶级、没有剥削的社会主义社会。首先,列宁深刻阐明了马克思主义关于阶级问题的一系列基本理论,"所谓阶级,就是这样一些大的集团,这些集团在历史上一定的社会生产体系中所处的地位不同,同生产资料的关系(这种关系大部分是在法律上明文规定了的)不同,在社会劳动组织中所起的作用不同,因而取得归自己支配的那份社会财富的方式和多寡也不同。所谓阶级,就是这样一些集团,由于他们在一定社会经济结构中所处的地位不同,其中一个集团能够占有另一个集团的劳动。"④ 因此,要消灭阶级,最根本的是要改变他们对生产资料的占有关系,消灭资本主义私有制。要完全消灭阶级,不仅要消灭资产阶级和一切剥削阶级,而且要消灭工农之间、城乡之间、体力劳动和脑力劳动之间的差别。

第二,无产阶级担当着过渡时期整个革命事业的领导者的重任。

在无产阶级已夺取政权的条件下,在从资本主义向社会主义过渡的历史时期,必须坚持无产阶级的领导权,发挥无产阶级的先锋模范作用。无产阶级之所以能成为过渡时期革命事业的领导者,首先因为他的强烈的革

---

① 《列宁选集》第4卷,人民出版社1995年版,第9~10页。
② 同上书,第13页。
③ 同上书,第66页。
④ 同上书,第11页。

命性、高度的纪律性，他是资本主义社会中最强大、最先进的阶级；其次，由于无产阶级拥有强大的同盟军；最后，还由于无产阶级建立了自己的先锋队——无产阶级政党，无产阶级政党"除了他们自己的更加自觉、勇敢、团结、革命、坚定的先锋队的权威以外，是不承认任何束缚和任何权威的。"①

第三，无产阶级政党在无产阶级专政体系中的领导作用。

对于无产阶级革命和无产阶级专政时期是不是需要马克思主义政党进行领导的问题，俄共（布）党内和国际共产主义运动中的一些无政府工团主义者是持否定态度的，而列宁指出"只有工人阶级的政党，即共产党，才能成为团结、教育和组织无产阶级和全体劳动群众的先锋队，也只有这个先锋队才能抵制这些群众中不可避免的小资产阶级动摇性，抵制无产阶级中不可避免的种种行会狭隘性或行会偏见的传统恶习的复发，并领导全体无产阶级的一切联合行动，也就是说在政治上领导无产阶级，并且通过无产阶级领导全体劳动群众。不这样，便不能实现无产阶级专政。"②在无产阶级专政体系中党如何领导呢？列宁指出"没有一些把先锋队和先进阶级群众、把它和劳动群众连接起来的'传动装置'，就不能实现专政。"③列宁还指出，党领导无产阶级专政的主要工作是通过"不分职业而把劳动群众团结在一起的苏维埃来进行的。"④党对政权工作的领导，表现在无产阶级政权的一切大政方针都必须由党来决定，列宁根据俄共（布）执政的经验强调："我们共和国的任何国家机关未经党中央指示，都不能解决任何重大政治问题和组织问题。"⑤

第三节　无产阶级专政的历史经验

列宁无产阶级专政理论既是马克思以来无产阶级夺取政权斗争历史经验的科学总结，又是进一步总结无产阶级专政崭新历史经验的理论指导。

---

① 《列宁选集》第 4 卷，人民出版社 1995 年版，第 13 页。
② 同上书，第 474 页。
③ 同上书，第 370 页。
④ 同上书，第 158 页。
⑤ 同上书，第 157 页。

一 无产阶级专政的雏形——巴黎公社

1871年3月18日巴黎工人举行英勇的武装起义，推翻了资产阶级的反动统治。3月28日，人类历史上第一个无产阶级政权——巴黎公社，宣告成立。巴黎公社是人类历史上无产阶级掌握政权的第一次尝试，它虽然只存在了72天，却首次使马克思主义的科学社会主义从理论变成了实践，以宝贵的实践经验丰富了无产阶级专政理论。马克思为总结巴黎公社的历史经验，写下了著名的《法兰西内战》，发展了马克思主义关于无产阶级革命和无产阶级专政的理论，为国际共产主义运动提供了宝贵的经验。

无产阶级打碎旧的国家机器之后，应该建立新型无产阶级专政的民主政权。"工人阶级不能简单地掌握现成的国家机器，并运用它来达到自己的目的。……公社的真正秘密就在于：它实质上是工人阶级的政府，是生产者阶级同占有者阶级斗争的结果，是终于发现的、可以使劳动者在经济上获得解放的政治形式。"[①] 而巴黎公社失败的根本原因，除了受当时历史条件的限制以外，还因为没有一个以马克思主义作为指导思想的政党的正确领导。工人阶级与其他阶级联盟，特别是工农联盟是无产阶级取得胜利的根本保证。

列宁十分重视巴黎公社的经验。他深入研究了马克思、恩格斯关于无产阶级专政的阶级基础的思想，并在总结巴黎公社，尤其是俄国两次民主革命经验的基础上进一步发展了它。列宁提出了关于将贫苦农民和无产阶级结成巩固的阶级联盟以实现打碎旧的国家机器，建立无产阶级专政国家的思想，而俄国的苏维埃政权就是无产阶级领导下的无产阶级和农民、城市小资产阶级特种阶级联盟的政权，是无产阶级专政的新形式。列宁以新的思想揭示出无产阶级专政的本质和历史使命，无产阶级专政是工人阶级对自己的同盟者——农民等小资产阶级劳动群众实行国家领导，其目的是镇压剥削阶级的反抗和建立社会主义社会。

列宁在领导俄国革命的过程中进一步研究了无产阶级取得政权后，如何才能保证劳动人民真正享受到民主权利，并防止国家变质问题。十月革

---

① 《马克思恩格斯选集》第3卷，人民出版社1995年版，第117页。

命前，列宁曾设想在无产阶级夺取政权并废除旧的官僚机构后，国家的管理职能将由所有的人"轮流行使，然后将成为一种习惯，最后就不再成其为特殊阶层的特殊职能了"。① 十月革命胜利后，又多次强调这个问题。

二　世界上第一个无产阶级专政社会主义国家——苏维埃

俄国十月社会主义革命的胜利，第一次把马克思主义的革命理论变成千百万无产阶级劳动群众的实践，在一个占地球 1/6 的土地上建立起无产阶级劳动群众为之奋斗了 70 年的第一个社会主义国家，是马克思列宁主义的辉煌胜利，苏维埃作为无产阶级专政的一种具体形式，在其建立、巩固、建设的历史过程中为国际共产主义运动提供了极其丰富而宝贵的历史经验，极大地丰富发展了无产阶级专政理论。

第一，无产阶级及其先锋队共产党是无产阶级专政的领导力量。无产阶级要取得革命胜利必须有一个马克思列宁主义政党的领导，通过革命斗争，打碎资产阶级国家机器，建立无产阶级专政。布尔什维克党在革命的准备——实现——巩固的不同阶段，坚持马克思无产阶级革命和无产阶级专政的学说，由于其先进性，能够勇敢地领导人民群众向旧世界进行坚决的冲击，机智绕过横在前进道路上的一切暗礁，巧妙地将各种各样的革命运动，即争取和平的一般民主运动，夺取土地的农民运动，反对民族压迫的民族解放运动和无产阶级推翻资产阶级的社会主义革命运动，汇合成总的革命洪流，取得社会主义革命的伟大胜利，建立了无产阶级专政的苏维埃政权，这就使以后的社会主义革命和建设有了根本保证。

第二，无产阶级专政的必然性。十月革命后，列宁分析俄国过渡时期经济政治特征，认为苏维埃俄国过渡时期经济结构包括宗法式的—小商品生产—私人资本主义—国家资本主义—社会主义五种；政治上不同阶级的地位状况发生了相应的变化即无产阶级成了统治阶级，资产阶级已被推翻但尚未完全消灭，农民和小资产者动摇不定。这样的政治经济状况使得无产阶级专政成为必然。

第三，关于无产阶级专政和苏维埃政权的实质，列宁指出这是同苏维埃所肩负的历史任务相联系的。十月革命后的最初几年，强调无产阶级专

---

① 《列宁选集》第 3 卷，人民出版社 1995 年版，第 154 页。

政的暴力镇压职能；在新生的苏维埃政权得到巩固以后，发展生产力、提高生产率、培养和加强组织性和纪律性成为一项更为迫切的任务。"无产阶级专政不只是对剥削者使用的暴力，甚至主要的不是暴力。这种革命暴力的经济基础，它的生命力和成功的保证，就在于无产阶级代表着比资本主义更高类型的社会劳动组织，实质就在这里。"① 列宁认为，无产阶级所肩负的第一方面的任务，即镇压地主和资产阶级的反抗是比较容易的，这已为十月革命后的实践所证明，但要完成第二个任务，即组织经济、建立社会主义经济关系则比较困难，无论在时间或精力上都要付出更高的代价，且随着无产阶级政权的巩固这越来越成为主要任务。

第四，无产阶级专政必须以巩固的工农联盟为基础。俄国的国情是无产阶级只占人口中的少数，农民占大多数，这种情况下，保持和维护工农联盟就成为无产阶级专政的一项具有战略意义的任务。"最高原则就是维护无产阶级同农民的联盟，使无产阶级能够保持领导作用和国家政权。"② 布尔什维克党非常重视农民的作用，并且善于和教育人民，和农民结成巩固的工农联盟，共同捍卫无产阶级专政，争取社会主义的胜利。

第五，无产阶级专政要取得最终的、彻底的全面胜利，还应坚持无产阶级国际主义。坚决反对民族主义、沙文主义，各国无产阶级相互支持，彼此之间相互声援，反对帝国主义、殖民主义，维护各国无产阶级和劳动群众的利益。

十月革命的基本经验反映了世界无产阶级革命的一般规律，具有普遍的意义。苏维埃政权的建立极大地鼓舞了世界各国无产阶级通过革命斗争建立无产阶级政权的勇气和行动。苏联在建设、发展中积累的经验对于其他国家无产阶级政权建设具有很强的借鉴意义。

三 人民民主专政社会主义国家——中国

在世界反法西斯战争取得胜利的基础上，社会主义越出苏联一国范围走向多国发展的新阶段。1949年中华人民共和国宣告成立。中国的人民民主专政是马克思列宁主义关于无产阶级专政的普遍原理同中国革命具体

---

① 《列宁选集》第4卷，人民出版社1995年版，第9页。
② 《列宁全集》第42卷，人民出版社1987年版，第49~50页。

实际相结合的产物,是以毛泽东为主要代表的中国共产党人在政权问题上的一个创造。

中国的人民民主专政承担了新民主主义和社会主义两重任务。这与马克思主义经典作家所论述的无产阶级专政,与苏联式的无产阶级专政,都是有所不同的。

中国的人民民主专政,在政权组织形式和国家结构形式方面也有自己的特点。它的政权组织形式,是人民代表大会制度。它在国家结构形式上,不是实行苏联那样的联邦制,而是实行单一制,而且也不同于一些社会主义国家实行的单一制。

四 小结

从人类历史上第一个无产阶级政权巴黎公社成立,无产阶级专政从理论转变为实践至今已有一百多年的历史,苏联、中国以及其他社会主义国家的革命、建设、发展的历史都极大地丰富发展了这一理论。纵观历史,考察无产阶级政权的历史经验,可以得出以下具有普遍性的认识:

首先,无产阶级专政是以工人阶级为领导,以工农联盟为基础,以消灭一切阶级和进入无阶级社会为使命的新型民主和新型专政的社会主义国家政权。其实质不仅在于暴力,而且主要的不在于暴力,其主要实质在于无产阶级的组织纪律性和比资本主义更高的社会主义的社会劳动组织。这也就规定了社会主义国家政权建立之后,更主要的任务是发展社会生产力,将工作的重点放在经济建设上。

其次,无产阶级专政的阶级基础是工农联盟,而无产阶级及其政党的领导是无产阶级专政的领导力量,这是革命胜利、建设发展得以顺利进行的重要保证。这也就给无产阶级政党提出了不断提高自身领导水平的客观要求,与时俱进,适应时代、环境的变化,丰富和发展理论,善于并敢于进行创新,将原则的坚定性与政策、策略的灵活性很好地结合起来,以高效、高质的领导确保无产阶级专政政权历史使命的完成。

再次,无产阶级专政肩负着革命与建设的双重职能。特别是在当今和平与发展成为时代主题的大背景下,物质文明、政治文明、精神文明等全方位的综合国力的较量成为一个国家立足于世、稳固发展的依托。这就要求社会主义国家把发展作为第一要务,使人民生活条件不断得到改善,社会现代化程度不断提高，保持国家稳定和社会全面进步。

最后，无产阶级专政的形式具有多样性的特点。由于世情、国情、党情的不同，无产阶级革命夺取政权的道路，无产阶级专政的政权形式以及建设发展模式的选择都不可避免地具有很大的差异性。这就要求因地、因时制宜，不断探索适合本国的发展道路、寻求适合本党不断提升现代化水平的途径，不能盲目照搬他国他党的模式，要走出有本国特色的社会主义道路。

列宁亲自缔造了世界上第一个工农国家，通过革命实践，丰富发展了无产阶级专政理论，为世界无产阶级革命运动的发展做出了杰出贡献，对于社会主义国家建设也提出了宝贵的预见性指导。当然，历史发展是曲折前进的，我们要正视苏东社会主义国家遭受的挫折，"一个真正的社会主义者，在遭受严重失败的时候，既不应当充好汉，也不应当悲观失望。"[1]同时，也要看到中国等国社会主义正蓬勃发展的现实，充满信心，勇于探索、捍卫、发展社会主义，为无产阶级专政学说增添新的时代内容。

---

[1] 《列宁选集》第3卷，人民出版社1995年版，第471页。

第七章 关于马克思主义民族化的理论

列宁按照事物自身所固有的辩证法，用全面、发展、联系的观点观察问题、分析问题，反对绝对化、凝固化、静态化地对待任何真理，形成了独特而系统的马克思主义民族化理论，并把它应用于指导俄国的无产阶级革命和社会主义建设中去。

第一节 马克思主义自身发展的辩证法

马克思主义民族化理论从根本上说源于世界各国、各民族革命实践发展的客观需要，同时又是马克思主义理论自身发展的必然逻辑和辩证运动的结果。

一 把理论与各国实际相结合是马克思主义自身发展的辩证法

把马克思主义普遍原理同各国具体实际相结合，是马克思主义者必须遵循的基本指导原则，也是马克思主义自身发展的辩证法。在人类历史发展的进程中，曾经涌现出许许多多的思想理论，但却没有哪一种理论能够像马克思主义一样保持着它的勃勃生机，对社会进步发挥着那么巨大的作用，对世界产生那样深刻的影响。这当中的根本原因在于，马克思主义是从客观实际中产生，同时又是只有和各国、各民族实际紧密相联系从而才能得到发展的科学。既然各国、各民族的情况千差万别，那么马克思主义就必然随着各国、各民族的特点不同而表现出不同的特点。

对于马克思主义的这个特征，马克思、恩格斯在开始创立它的时候，就作过明确的论述。马克思、恩格斯一向认为，他们的学说不是教条，而是行动的指南；要把这些基本原理付诸实现，随时随地都要以当时的历史条件为转移。"正确的理论必须结合具体情况并根据现存条件加以阐明和发挥。"① 在《共产主义者和卡尔·海因岑》一文中，恩格斯指出："海因岑先生以为，共产主义是从一定的理论原则即自己的核心出发并从此进一步做出结论的学说。……海因岑先生大错特错了。它不是从原则出发，而是从事实出发。被共产主义作为自己前提的不是某种哲学，而是过去历史的整个过程，特别是这个过程目前在文明各国的实际结果。"② 也正是在这个意义上，马克思早在1843年就强调："新思潮的优点就恰恰在于我们不想教条式地预料未来"，"我不主张我们竖起任何教条主义的旗帜"。③ 到了晚年，恩格斯还在谆谆教导："我所在的党没有提出任何一劳永逸的现成方案。我们对未来非资本主义社会区别于现代社会的特征的看法，是从历史事实和发展过程中得出的确切结论；脱离这些事实和过程，就没有任何理论价值和实际价值。"④

马克思列宁主义是科学，但又不是一般的科学，而是一种把科学性和革命性内在地不可分割地结合起来的革命科学，一种把冷静分析客观形势和演进的客观进程，同坚决承认广大群众的革命毅力、革命创造性和革命首创精神出色地结合起来的革命科学。就是说，马克思主义是一种以揭露资本主义社会的一切对抗和剥削形式，考察其演变，证明其暂时性并转变为另一种形式的必然性，帮助无产阶级尽可能迅速而容易地消灭任何剥削为己任的理论。正因为马克思主义是一种帮助广大群众进行实际斗争的革命科学，因而它必定要在广大革命群众的实践斗争中不断地吸取营养，不断地用群众实践的新经验、新知识来补充自己，用新结论、新原理来代替某些旧的过时的原理和结论，以便进一步指导革命实践。马克思主义的这种革命性，要求必须把理论和各国的实践紧密地结合起来。马克思、恩格斯反复强调他们所创立的理论是行动的指南，而不是教条，是"活的理论，即同工人阶级在其每个可能的发展阶段一道工作的理论"，而不是"一堆应当熟记和背诵的教条，像魔术师的咒语或天主教的祷词一样。"⑤

---

① 《马克思恩格斯全集》第27卷，人民出版社1972年版，第433页。
② 《马克思恩格斯全集》第4卷，人民出版社1958年版，第311～312页。
③ 《马克思恩格斯全集》第1卷，人民出版社1956年版，第416页。
④ 《马克思恩格斯全集》第36卷，人民出版社1974年版，第419～420页。
⑤ 《马克思恩格斯全集》第38卷，人民出版社1972年版，第93～94页。

马克思主义的生命力在于它和各国、各民族的实践紧密相联系。

马克思主义不仅是科学、革命的科学，而且是向人类文明成果开放的思想体系。马克思主义之所以赢得世界历史性的意义，非常重要的原因就是它吸收了各国、各民族的优秀文明成果。正像列宁所指出的："马克思主义同'宗派主义'毫无相似之处，它绝不是离开世界文明发展大道而产生的一种固步自封、僵化不变的学说"，恰恰相反，马克思的学说的产生"正是哲学、政治经济学和社会主义极伟大的代表人物的学说的直接继续"，他"回答了人类先进思想已经提出的种种问题"。[①] 马克思主义绝不是一成不变和神圣不可侵犯的，随着人类对自然、社会和人的思维本身的认识日益深化，随着各国、各民族的实践，马克思主义自身不断地向前发展，并且在各个民族国家表现出不同的特点。

列宁进一步指出，在人类从今天的帝国主义走向明天的社会主义革命的道路上，同样表现出这种多样性。一切民族都将走向社会主义，这是不可避免的，但是一切民族的走法却不完全一样。在民主的这种或那种形式上，在无产阶级专政的这种或那种类型上，每个民族都会有自己的特点。十月革命后，他把视野投向俄国之外的东方国家。"在东方那些人口无比众多、社会情况无比复杂的国家里，今后的革命无疑会比俄国革命带有更多的特殊性。"[②] 列宁在这里明确提出了社会主义的民族化问题。他进一步指出："世界历史发展的一般规律，不仅丝毫不排斥个别发展阶段在发展的形式或顺序上表现出特殊性，反而是以此为前提的。"[③]

二 马克思主义民族化的基本内涵

一般说来，马克思主义民族化就是把马克思主义和本国、本民族的实际相结合，并且加以发展的状态或进程。具体说来，它包括三个方面的内容。

第一，从时间方面来看。由于马克思主义的一些原理、观点，是反映特定情况的，因此，不同国家的人们在具体运用这些原理的时候，必须依

---

① 《列宁全集》第23卷，人民出版社1990年版，第41页。
② 《列宁选集》第4卷，人民出版社1995年版，第778页。
③ 同上书，第776页。

据现时的情形加以改变。在自由资本主义时代，马克思、恩格斯认为社会主义革命只能在欧洲大多数发达国家中同时发动和陆续取胜。这是因为在那个时代，资本主义的发展在总体上说是相对平衡的，而且在世界上还有广阔的未被占领的地区，这就使后起的资本主义国家无需为了扩充殖民地和附属国，而同捷足先登的其他资本主义国家发生军事冲突和血腥厮杀。相反地，当革命在一个资本主义国家里爆发的时候，其他资本主义国家的统治阶级还可以同那里的统治阶级相勾结去进行干涉和镇压。在这种情况下，无产阶级革命只有不是在一国，而是在世界范围内普遍发动、相互声援才能取胜。而当自由资本主义进入帝国主义阶段以后，一方面因为地球上的全部领土已被资本主义列强瓜分完毕；另一方面因为资本主义极不平衡和跳跃式的发展，又破坏了资本主义在世界范围内的均势，于是，在帝国主义列强中间就出现了通过战争重新分割世界的趋向，而帝国主义战争则削弱了垄断资本势力，使它不可能联合起来共同对付无产阶级革命运动。从而，为无产阶级冲破帝国主义阵线的最薄弱环节创造了条件。正是牢牢地把握了时代的这种变化，列宁得出了社会主义可能首先在少数甚至单独一个资本主义国家内获得胜利的结论。

第二，从条件方面来看。马克思列宁主义原理的有效性、实用性要依条件为转移；就是说，当某个原理所反映的客观条件发生变化的时候，就必须用新的条件、新的结论来取代先前的条件和过时的结论。众所周知，马克思主义认为，自从原始公社解体以来，阶级斗争一直是历史发展的直接动力，资产阶级和无产阶级的斗争，是现代社会变革的巨大杠杆。但是这个原理的运用，要以阶级本身还没有消灭、社会主义还没有取得胜利为条件。在社会主义革命取得胜利，社会主义改造完成以后，阶级斗争在社会中的地位就随之而发生变化。如果无视这个变化，而继续坚持适用于过去条件的旧的原理，就会犯阶级斗争扩大化的错误。中国在这方面有着深刻的教训。中共"八大"指出，现在革命的暴风雨时期已经过去了，中国国内的主要矛盾已经是人民对于经济文化迅速发展的需要同当前经济文化不能满足人民需要的状况之间的矛盾。但是，在国际上发生了波匈事件，国内发生了反右斗争以后，中国对国内阶级斗争形势的判断发生了严重失误，认为在经济上剥削阶级消灭之后，政治上地主、富农、资产阶级还没有消灭，进而又认为在整个时期，在社会主义社会建成以前，无产阶级同资产阶级的斗争、社会主义道路同资本主义道路的斗争,始终是中国国内的主要矛盾,继而又提出要"以阶级斗争为纲"的方针,把阶级斗争置于一切工作之上,乃至发生"文化大革命",给中国人民带来巨大灾难,直到1978年底,中共十一届三中全会才纠正了这个错误。可见,马克思理论的运用应当注意其具体的适用条件,这是马克思主义民族化理论的重要要求。

第三,从空间方面来看。马克思主义的运用要从当地的客观实际出发,要因地而异。这是马克思主义民族化理论的核心内容。早在19世纪70年代,马克思、恩格斯在为《共产党宣言》所撰写的德文版序言中就明确指出,"《宣言》中所阐述的一般原理整个说来直到现在还是完全正确的",同时,又强调"这些原理的实际运用,正如《宣言》中所说的,随时随地都要以当时的历史条件为转移"。① 列宁则指出,只要各个民族之间,各个国家之间的民族差别和国家差别还存在,那么各国共产主义工人运动国际策略的统一,就不是要求消除多样性,而是要求共产党人在运用马克思主义基本原则的时候,把这些原则在某些细节上正确地加以改变,使之正确地适应于民族的和民族国家的差别,针对这些差别正确地加以运用,就是说,必须查明、弄清、找到、揣摩出和把握住民族的特点和特征,绝不能生吞活剥地照抄照搬马克思主义的个别词句和别国的革命模式。

第二节 列宁关于马克思主义民族化的科学表述

列宁是马克思主义民族化的承前启后者。他不仅重视一般原理的具体应用,而且还从哲学的高度阐述了马克思主义民族化理论。

一 列宁全面概述了一般与个别即普遍与特殊的辩证关系

列宁指出,这是对立统一规律在一般、个别问题上的展开。第一,一般与个别互相联系,彼此统一。个别一定与一般相联系而存在。一般只能在个别中存在,只能通过个别而存在。第二,一般与个别互相区别、彼此

---

① 《马克思恩格斯选集》第1卷,人民出版社1995年版,第248页。

对立。任何一般都是个别的一部分、一方面，或本质。任何一般只是大致地包括一切个别事物。任何个别都不能完全地包括在一般之中。第三，一般、个别在一定条件下互相转化。任何个别经过千万次的转化而与另一类个别事物、现象、过程相联系。转化经过的中间环节多少差别很大。在一定条件下，普遍是个别，个别是普遍。

列宁通过俄国革命的成功经验，发现一般规律与其特殊表现形式的辩证关系。一般规律不但不排斥特殊表现形式和规律，反而以特殊表现形式和规律为前提和基础，而特殊表现形式和规律又不越出一般规律。

二 列宁提出了具体问题具体分析的原则

第三国际成立后，列宁在着重批判修正主义的同时，也批判了国际共产主义运动中的"左"倾教条主义思潮，提出了"马克思主义的精髓，马克思主义的活的灵魂：对具体情况作具体分析。"①

第一，必须根据实际情况制定革命策略。列宁根据俄国经验提出必须从实际出发制定革命策略的唯物主义原则。制定革命策略，必须清醒地客观地估计到本国、邻国和一切国家的阶级力量，并且要估计到许多革命运动的经验。革命政党必须根据客观实际情况和历史经验，来制定自己的斗争策略，决不能从主观愿望和想当然出发。

第二，要将共产主义的基本原则同各民族的具体特点相结合。列宁指出，只要各个民族之间的差别和各个国家之间的差别还继续存在，各国共产主义工人运动国际策略的统一，就不能消除多样性，消除民族差别。要把共产主义共同的和基本的原则应用于各国、各民族的特点上去，"在细节上把这些原则正确地加以改变，使之正确地适应和应用于这种情况。当每个国家采取具体的途径来解决统一的国际任务，……都必须考察、研究、探索、揣测和把握民族的特点和特性。"② 在俄国，要把马克思主义理论实际运用到俄国的特殊情况以及俄国各地区的情况上。列宁把一般、个别，普遍、特殊的辩证关系运用到实际工作并加以具体化。

第三，必须学会抓住历史链条上的主要环节。列宁认为，全部社会生

---

① 《列宁选集》第4卷，人民出版社1995年版，第213页。
② 《列宁全集》第31卷，人民出版社1985年版，第73～74页。

活总是错综复杂的,是由一串无穷无尽的环节组成的一条无穷无尽的链条。要抓住整个发展链条,就要善于抓住链条上的一个特殊环节。一个领导者,"必须善于在每个特定时机找出链条上的特殊环节,必须全力抓住这个环节,以便抓住整个链条并切实地准备过渡到下一个环节。"① 同时,在历史发展的链条里,各个环节的次序,它们的形式,它们之间的区别,是复杂而又灵活多变的。对主要环节要作客观分析,不能想抓哪个环节就去抓哪个环节。抓主要环节是多方面的,有时链条的最薄弱环节是主要环节,抓住了最薄弱环节,也就掌握了整个链条。对于过时的、腐朽的事物,要突破主要环节,以便摧毁整个链条;对于新生的、前进的事物,则要加强最薄弱的环节,才能巩固和发展整个链条。

第四,必须对客观事物进行全面的、历史的分析。列宁认为,抓主要环节,要顾及整个链条,注意全面性,防止片面性。要把握一事物,一定要分析它的整个历史发展,分析它产生或灭亡的具体历史条件。他强调,在分析任何一个社会问题时,马克思主义理论的绝对要求,就是要把问题提到一定的历史范围之内;脱离历史环境来提问题,就等于不懂得辩证唯物主义的起码要求。只有全面、历史地分析问题,才能真正把握事物的本质和发展。

三 列宁全面论证了辩证法的基本要求

第一,要真正地认识事物,就必须把握、研究它的一切方面、一切联系和"中介"。我们决不会完全做到这一点,但是,全面性的要求可以防止错误和防止僵化。第二,要求从事物的发展、"自己运动"、变化中来观察事物。一事物的多种属性、特质、用处以及它同周围世界的联系并不是一成不变的,而是常常变化的。第三,必须把人的全部实践——作为真理的标准,也作为事物同人所需要的那一点联系的实际确定者——包括到事物的完满的"定义"中去。第四,没有抽象的真理,真理总是具体的。

正是来自对马克思主义哲学的深刻认识,列宁非常重视马克思主义的民族化问题,并由此形成了社会主义革命和社会主义建设的完整思想。列宁主义实质上就是马克思主义同俄国实际相结合的马克思主义。

---

① 《列宁选集》第3卷,人民出版社1995年版,第506页。

第三节　马克思主义民族化的典范

列宁是马克思主义民族化的典范，他的一生是把马克思主义同俄国实际相结合，并进行创造性思考与行动的一生。

一　按照马克思主义民族化理论组建无产阶级政党

20世纪初，列宁理论思考和实践的着力点，是如何在俄国建立无产阶级政党问题。这是一项巨大而复杂的系统工程。当时，他撰写了《怎么办？》、《进一步，退两步》等文章，创建了俄国无产阶级政党，完成了建党的任务。按照列宁的主张建立的俄国无产阶级政党，是新型的马克思主义政党。这个党同19世纪西方各国社会主义政党的最大区别在于：第一，它强调党员必须参加党的一个组织，即党应该有许许多多的基层组织，所有党员都要参加一个基层组织，在党的基层组织的直接领导下开展活动。第二，它强调党内的严格纪律，即认为党应该有严格的纪律，党的各级领导者和全体党员都要遵守纪律，对于违反纪律者必须进行惩处。俄国的无产阶级政党之所以有这一特点，或者说列宁之所以提出这样的建党主张，是因为俄国政治制度的实际决定的。在沙皇专制制度下，人民没有西方那样的"民主权利"，不能够公开地建立政党，不能够公开地进行政治活动。在这样的条件下，无产阶级政党必须是秘密状态下的党，党必须有严密的组织性和纪律性；否则，就不能保证党的生存。俄国党的这个特点说明，列宁正是把马克思主义的建党原则同俄国特殊社会的特殊性结合起来，即从俄国的实际出发来制定建党的原则的。

二　按照马克思主义民族化理论思考俄国革命的道路

在俄国社会主义革命的道路问题上，俄国小资产阶级和第二国际分子把马克思主义关于五种社会形态更替的理论绝对化，把生产力起决定作用的观点简单化，用固定不变的眼光来看待俄国革命后的新情况、新特点，否定俄国社会主义革命胜利的可能性。普列汉诺夫指责列宁和布尔什维克，认为在俄国无产阶级还没有准备之前就过早地夺取政权，只能意味着将它推上最大的历史灾难的道路。考茨基认为在俄国建立无产阶级专政和社会主义制度这种做法，就像一个怀孕妇女，为了把她无法忍受的怀孕期缩短并且引起早产，她疯狂万分地猛跳。他断言：这样生下的孩子，通常是活不成的。苏汉诺夫则认为，在落后的俄国走向社会主义是头脑产生混乱的想法，它与马克思的社会主义毫无共同之处。总之，在他们看来，走社会主义道路只有在西欧资本主义国家才是可行的，除此之外不可能有第二条走社会主义的道路。因为它不符合马克思主义的"经典"，是与历史发展规律相悖的；如果落后国家硬要走，只能造成"历史的悲剧"。

对于这些反对的声音，列宁指出，"马克思主义中有决定意义的东西，即马克思主义的革命辩证法，他们一点也不理解。"[①] 因为按照马克思主义的革命辩证法，事物生长、发展所需要的条件不是单一的、固定不变的，而是多种多样、变化发展的。其中主要条件和非主要条件对事物的作用也不是孤立的、不变的，而是相互影响、相互转化的。随着时间的推移，主要条件转化为非主要条件，非主要条件转化为主要条件，主要条件为非主要条件的发展提供依据，非主要条件为主要条件的发展创造前提。这种现象，无论是在自然界还是在人类社会都是屡见不鲜的。就社会主义革命和社会主义建设而言，情况也是如此。社会主义革命需要客观的物质条件，如发达的生产力和占人口多数的无产阶级等，这在理论上是确定无疑的，而且这种条件愈是成熟，社会主义革命取得胜利的可能性就愈大。但这不是说，客观的物质条件是制约社会主义革命的唯一因素，只有在生产力高度发达和无产阶级居多数的国家才能进行革命，才能取得胜利，落后的国家就不能进行社会主义革命，就不能取得胜利。事实上，在那些生产力有了一定程度的发展，无产阶级有了一定数量的国家，当国内的阶级矛盾异常尖锐，人民群众觉悟迅速提高，革命时机日益成熟时，只要有以马克思主义武装起来又经过艰苦磨炼的坚强团结的工人政党，就能够在帝国主义防线的薄弱环节打开缺口，取得无产阶级革命胜利并率先走向社会主义。因为落后国家之所以落后，关键的原因就在于统治阶级的反动和社会制度的腐朽。用马克思的话说，就在于生产关系和上层建筑成为生产力和经济基础发展的桎梏。只有打破这种桎梏，建立与生产力和经济基础发展要求相适应的新的生产关系和上层建筑，才能为生产力和经济基础的迅

---

① 《列宁全集》第43卷，人民出版社1987年版，第369页。

速发展创造条件，开辟道路。在这里，究竟是先等到社会主义所需要的一切——高度的生产力、高度的文明等都具备后才起来走向社会主义，还是先创造出发展这一切的前提，如驱逐地主，驱逐俄国资本家，然后开始走向社会主义呢？一切革命的马克思主义者无疑会选择后者而摒弃前者。所以，问题的实质不是落后的无产阶级不能走向社会主义，而是如何走向社会主义，它具有哪些特点。凡是彻底的唯物主义者，都应当从实际出发，认真地研究这一问题，实际地开辟一条落后国家走向社会主义的新道路。

在这一探索中，列宁的工作为同时代人和后继者树立了光辉的榜样。他指出："对于俄国社会党人来说，尤其需要独立地探讨马克思的理论，因为它所提供的只是总的指导原理，而这些原理的应用具体地说，在英国不同于法国，在法国不同于德国，在德国又不同于俄国。"①

三 按照马克思主义民族化理论思考苏维埃俄国的社会主义建设道路

十月革命后，特别是从 1918 年春天开始，当探索俄国社会主义发展特殊道路的任务现实地摆在面前时，列宁就非常明确地号召全党："我们应该研究走向社会主义这一极端困难的新道路的特点"。② 他进一步指出，要研究俄国革命的特殊条件和革命发展的特殊道路。列宁不仅要求全党同志这样做，自己也以身作则，走在全党的前面。

可以说，列宁晚年的全部时间和精力都用在研究这个问题上，直到生命结束。他把马克思的一般原理同俄国的实际相结合，对俄国社会主义发展道路问题作了认真深入的探索，写出了大量论及俄国经济、政治、文化等建设方面的文章，特别是在 1922 年 12 月、1923 年 3 月在生命垂危时还以惊人的毅力口授了一组信件和 5 篇文章。被称为"政治遗嘱"的这些信件和文章，对俄国社会主义革命和社会主义建设的经验作了全面的总结和概括，深入地探讨了社会主义道路的特殊性问题。

列宁分析了俄国的国情。他指出："俄国是个介于文明国家和初次被这场战争最终卷入文明之列的整个东方各国即欧洲以外各国之间的国家，所以俄国能够表现出而且势必表现出某些特殊性，这些特殊性当然符合世

---

① 《列宁全集》第 4 卷，人民出版社 1984 年版，第 161 页。
② 《列宁全集》第 34 卷，人民出版社 1985 年版，第 162 页。

界发展的总的路线，但却使俄国革命有别于以前西欧各国的革命，而且这些特殊性到了东方国家又会产生某些局部的东西。"① 在这里，列宁的意思表达得非常明确。第一，世界各国、各民族大体上划分为三种不同的类型：西方发达的资本主义国家，东方不发达的落后国家，介于二者之间，像俄国这样的比较落后的次发达国家。在这三种不同的国家里，由于开始走向社会主义时所处的物质基础不同，地理环境、文化传统、生活方式等客观条件的差异，各国建设社会主义的方式和道路必然是多种多样的，各具自己的特色，至少存在着以上三种类型的国家，具有五层楼式的经济结构，文明程度低等，这些特殊性虽然不会改变世界发展的总路线，但它们必然会在俄国的历史进程中发挥作用，使俄国走向社会主义的道路表现出自己的特殊性。第二，列宁虽然重视俄国道路的特殊性，但并不把这种特殊性绝对化，使之成为落后国家的普遍模式，而是强调这些特殊性到了东方国家又会表现出新的特殊性。

列宁指出，经济文化落后的俄国向社会主义过渡，必须有一系列特殊的办法，如发展小农经济，利用城市私人资本主义经济，重视商业和市场的作用，等等。

列宁除了重视俄国的特殊国情外，还分析了中国、印度等东方国家的具体特点，指出这些国家占世界绝大多数，饱受西方资本主义列强的压榨，经济文化十分落后，社会关系异常复杂，劳动人民处于极端贫困、极端受剥削的地位，整个国家的"体力、物力根本不能同西欧任何一个小得多的国家的体力、物力和军事力量相比"，② 等等，这些特点必然使这些国家走向社会主义的道路带有自己的特殊性。"我们的欧洲庸人们做梦也没有想到，在东方那些人口无比众多、社会情况无比复杂的国家里，今后的革命无疑会比俄国革命带有更多的特殊性。"③

总之，列宁在马克思主义民族化方面做出了卓越贡献，他既是马克思主义民族化理论的倡导者，也是实践者。

---

① 《列宁全集》第43卷，人民出版社1987年版，第370页。
② 同上书，第390页。
③ 同上书，第372页。

第八章 列宁晚年的社会主义思想

20世纪20年代以后，列宁病情不断恶化，不得不脱离日常工作，但他仍然没有停止对社会主义事业的思考。尤其在预感自己可能不久于人世时，他以惊人的毅力，口授了《日记摘录》、《论合作社》、《论我国革命》、《怎样改组工农检查院》、《宁肯少些，但要好些》等被称为"政治遗嘱"的书信和文章。列宁晚年的思考，冷静、深入地回顾、总结了十月革命以来所走过的道路，是其最后关于社会主义建设的完整、全新的构想与设计，是后来者探索社会主义道路的宝贵财富。

第一节 用革命辩证法总结社会主义的历史经验

列宁根据马克思主义辩证法的基本原理，在理论上不断探索，用革命辩证法总结和揭示社会主义的历史经验，极大地丰富和发展了马克思主义的历史辩证法。他在1923年1月写的《论我国革命》中强调指出，马克思主义中有决定意义的东西是马克思主义的革命辩证法。这是列宁在一生的革命斗争中，尤其是在十月革命胜利以后的社会主义革命和建设中，得出的一个极其重要的哲学论断。

一 运用马克思主义辩证法观察社会主义社会

列宁运用马克思主义辩证法来观察社会主义社会，早在十月革命前，列宁就作过不少虽是探索性的，但又是相当精辟的理论分析。列宁指出，马克思主义辩证法是最彻底、最完整、最周密、内容最丰富的发展论。马克思的全部理论，正是运用这个科学的发展论揭示了资本主义必然灭亡、社会主义和共产主义必然胜利的社会历史发展的基本规律。

列宁根据马克思的科学社会主义理论，运用这个科学的发展论，进一步分析和概括出关于社会主义社会辩证法的若干根本性的论点。

第一，社会主义的新社会不是凭空产生的，而是刚从资本主义旧社会脱胎而来的社会，在政治、经济、文化等各方面就不可避免地带有资本主义的旧的"痕迹"和"残余"。这些旧的"痕迹"和"残余"，主要是存在着阶级和阶级斗争、资产阶级斗争、资产阶级权利以及脑力劳动和体力劳动的差别等等。只有在这些旧的"痕迹"和"残余"完全消除，社会主义得到充分巩固以后，共产主义才能发展起来。

第二，社会主义社会在消灭了剥削阶级以后，还仍然存在工人和农民的阶级差别，仍然有脑力劳动与体力劳动的差别。"社会主义就是消灭阶级"，这是说，消灭阶级是社会主义的目标，在社会主义时期，要为彻底消灭阶级、实现共产主义创造条件。

第三，共产主义社会是彻底消灭了阶级、个人获得全面发展的社会生产者的联合体。其实现的条件是：迫使人们奴隶般的服从分工的情形已经消灭；脑力劳动和体力劳动的对立也随之消失；劳动已不仅仅是谋生的手段，而且成了生活的第一需要；随着个人的全面发展，生产力也增长起来，社会财富的一切源泉都充分涌流。只有具备了上述条件以后，保护资产阶级权利的国家才会消灭，共产主义社会才能实现。

第四，社会主义和共产主义是经济上成熟程度不同的两个阶段。在资本主义社会和共产主义社会之间，有一个从前者变为后者的革命转变时期。同这个时期相适应的也有一个政治上的过渡时期，这个时期的国家只能是无产阶级的革命专政。

第五，从资本主义到社会主义，从不完全的社会主义到完全的社会主义，从完全的社会主义到共产主义，必然是一个经历许多过渡阶段的发展过程。不能把社会主义看成是一种僵死的、凝固的、一成不变的东西。实际上，只有从社会主义实现时起，社会生活和私人生活的各个方面才会开始真正地迅速地向前推进，形成一个先有大多数居民然后是全体居民参加的真正群众性的运动。

在上述理论的基础上，列宁在十月革命以后的一系列著作中，在总结社会主义具体实践经验的基础上，对于社会主义社会的辩证法，作了多方面的探索与揭示，在理论上提出了许多创造性的精辟的论述。

关于"一物的两面"的辩证法。唯物辩证法的实质和核心是对立统一规律。列宁运用对立统一规律即矛盾规律来分析和把握社会主义建设新时期中的一系列基本问题,简明地提出了"一物的两面"的辩证法思想。列宁认为社会主义建设的展开,建设中一些基本任务的解决,决不是一帆风顺的,必然会遇到各种困难,因此,"实际解决这些最基本的任务同克服走向社会主义的最初步骤的组织工作上的困难,已经成为同一个事物的两个方面。"① 正是根据这个辩证法思想,列宁进一步分析了国家建设需要许多具有各种知识、技术和实际经验的头等学者和专家来指导,以便迅速地发展国家的经济。但在无产阶级还没有培养出自己的专家以前,就要利用原来是资产阶级的高级知识分子,并且为了吸引他们愿意为苏维埃国家服务,就要付给他们以高额薪金,这样做对社会主义建设是完全有利的。同时,列宁又尖锐地指出,"问题也有它的另一面",即高额薪金对苏维埃政权和工人群众的腐化作用。对于这种客观存在的矛盾,列宁认为既要清醒地认识到要立刻摆脱资本主义的遗毒是做不到的;又要认识到必须利用资产阶级专家,使无产阶级和劳动群众自己尽快地学会技术,以便尽快地迅速地免除向资产阶级专家缴纳的一切"贡款"。同样,对待资本主义的东西,列宁也是采取这种辩证的分析方法的。列宁不仅认为资本主义的剥削制度在本质上是坏的东西,同时认为在资本主义社会里也有进步的东西。他认为资本主义一切进步的东西也有两个方面。例如,"泰罗制"这个资本主义的最新发明也同资本主义其他一切进步的东西一样,有两个方面。一方面是资产阶级剥削的最巧妙的残酷手段;又一方面是一系列的最丰富的科学成就的体现,它按科学来分析人在劳动中的机械动作,省去多余的笨拙的动作,制定最精确的工作方法,实行完善的计算和监督制,等等。通过这种矛盾分析,列宁得出结论:"苏维埃共和国无论如何都要采用这方面一切有价值的科学技术成果。社会主义能否实现,就取决于我们把苏维埃政权和苏维埃管理组织同资本主义最新的进步的东西结合的好坏。"②

唯物辩证法认为质量互变规律是事物发展的普遍规律,事物在量变的

---

① 《列宁选集》第3卷,人民出版社1995年版,第478页。

② 同上书,第492页。

基础上发生的质变的过程就是飞跃，是旧事物的灭亡，新事物的产生。列宁运用唯物辩证法的这个基本规律来观察、分析人类社会从资本主义到社会主义这个伟大的历史转变。列宁认为，资本主义灭亡、社会主义胜利在人类社会的发展历史上，是一个巨大的飞跃，这是全世界历史的转变关头，这种飞跃在时间上不是短暂的，而往往包括十年或更多的时间。同时，这个飞跃也不是轻而易举的，而是新事物和旧事物的激烈斗争，旧事物在彻底灭亡以前总要作拼死的挣扎，新事物总要在艰苦的斗争条件下逐步成长。列宁指出，大飞跃时代真正应当注意的地方，就在于旧事物的碎片极多，并且有时比新事物的幼芽（不是常常可以一眼看到的）的数量还积累得更快一些。因此，这时最重要的任务是在旧的残余还没有清除干净的地面上，小心地照顾在碎片底下生长出来的新事物的幼芽。在整个社会主义建设的时期，必然是旧的资本主义残余不断清除、新的共产主义的因素不断生长的伟大时代，革命的共产主义者必须坚定地扶持新生事物。不断生长的共产主义的因素是适应于历史发展规律的新生事物，而新生事物总是不可战胜的。

同反辩证法的思想和行为进行坚决的斗争。以折衷主义偷换辩证法是机会主义、修正主义反对马克思主义的惯用手法。十月革命前，考茨基首先以这种办法为沙文主义打掩护；十月革命后，托洛茨基、布哈林也曾以这种手法反对列宁。1920年12月至1921年1月托洛茨基、布哈林挑起了关于职工工会问题的争论。在这场争论中，列宁运用马克思主义的辩证法，正确地阐明了政治和经济之间的辩证关系。列宁指出，政治是经济的最集中的表现，政治同经济相比不能不占首位；不肯定这一点，就是忘记了马克思主义最起码的常识。换句话讲，从政治上看问题，意思就是说，如果对待工会的态度不正确，就会使苏维埃政权灭亡，使无产阶级专政灭亡。托洛茨基和布哈林说他们所关心的是提高生产，还需要"从经济上"看问题。列宁指出，这样说是不对的，因为全部问题就在于，一个阶级如果不从政治上正确地处理问题，就不能维持它的统治，因而也就不能解决它的生产任务。针对布哈林的"在我看来完全无可争辩的，就是无论政治因素也好，经济因素也好，都不能丢掉……"，列宁尖锐地指出，布哈林在这里所犯的错误的理论实质，"就在于他用折衷主义偷换了政治和经济之间的辩证关系（马克思主义所教导我们的这种辩证关系）。'既是这个，又是那个'，'一方面，另一方面'——这就是布哈林在理论上的立场。这就是折衷主义。辩证法要求从相互关系的具体的发展中来全面地估计这种关系，而不是东抽一点，西抽一点。"①

二 社会主义社会一般与个别的辩证法

列宁在1918年3月在《关于修改党纲和更改党的名称的报告》中指出："商品生产产生了资本主义，而资本主义又导致帝国主义。这是总的世界历史前景，不应当忘记社会主义的基础。"② "我们应当从商品生产的发展、向资本主义的过渡以及资本主义转变为帝国主义这个总的基础出发。"③ 同时，"也可以得出同样必然的结论：社会革命的时代已经开始了。"④ 列宁正确地揭示了时代主题——世界进入帝国主义和无产阶级革命的时代。无产阶级以暴力革命摧毁资产阶级国家机器，建立以社会主义公有制为基础的社会主义经济制度，无产阶级专政的社会主义开展有计划的社会主义建设，等等。总之，资本主义必然灭亡，社会主义必然胜利，这是世界历史发展的一般的普遍的规律。同时，列宁指出社会主义不可能在世界各国按照同一种模式同时实现。社会主义在具体国家内的实现，就不能不具有特殊性。列宁认为世界历史发展的一般规律，不仅丝毫不排斥个别发展阶段在发展的形式或顺序上表现为特殊性，而且是以这种特殊性为前提的。社会主义在每个国家的胜利都是按照自己的方式来完成这一发展过程的。由于各国开始建立社会主义时所处的条件不同，诸如民族差别、国家差别、地方差别、经济结构的特点、生活方式、居民的觉悟程度和实现这种或那种计划的尝试等等，都一定会在走向社会主义道路的特点上反映出来。这种特殊性，决定了各国向社会主义过渡的形式也应当是多种多样的。这种多样性愈是丰富，就能愈可靠愈迅速地促进社会主义的进程。当然，各国实现社会主义的特殊性和多样性，并不超出世界发展的共同路线。社会主义社会发展的一般规律，正是通过各国的特殊性以及由此而产生的多种多样的形式而表现出来的。

---

① 《列宁选集》第4卷，人民出版社1995年版，第415~416页。
② 《列宁全集》第3卷，人民出版社1995年版，第459页。
③ 同上书，第462页。
④ 同上。

三 社会主义社会主要矛盾的辩证法

列宁创造性地揭示了矛盾规律是辩证法的实质和核心。列宁指出，对抗和矛盾完全不是一回事。在社会主义条件下，对抗将会消失，矛盾仍将存在。这就是说，社会主义社会仍然有矛盾，即使在对抗性的矛盾消失之后，非对抗性的矛盾还将存在。列宁揭示了对抗矛盾和非对抗矛盾的辩证关系，指出了二者转化的可能性。他曾经设想在一定条件下用"赎买"政策和平地改造资本主义工商业，这就是在一定条件下对抗性矛盾可以转化为非对抗性矛盾。列宁也指出，非对抗性矛盾在一定条件下向对抗性矛盾转化的可能性。他指出："在我们的社会制度内并不存在必然发生这种分裂的基础"，但要"密切注视可能产生分裂的情况并防止这种情况"[1]发生。这就是说，在剥削阶级消灭以后，社会主义社会内部没有产生对抗性矛盾的阶级基础了，但是非对抗性矛盾如果处理不当，就有可能转化为对抗性矛盾。

列宁指出，对抗性矛盾不可调和，其中斗争性处于支配地位。同一性表现为矛盾双方的相互依存、相互制约。资产阶级要保持这种旧的统一，而无产阶级则力求通过斗争打破统一而建立新统一。可是，社会主义社会大量存在的非对抗性矛盾，诸如工农之间、领导与群众之间、党内外之间、国民经济体系中各个部门之间、各个企业之间等等，列宁特别注重的是如何把对立面有机地统一起来，因而提出了把对立的方面结合起来的思想。这就是说，在非对抗性矛盾中，同一性处于主导的、支配的地位；斗争性始终存在，但其规模、程度和范围受制于同一性，以巩固这种同一性为前提。因为在社会主义社会里，在公有制的基础上，各社会集团、各社会现象、社会因素的不同方面之间的统一，不仅是一般意义上的相互依存、相互制约，而是在共同利益基础上的结合、联合和经济、政治、思想上的统一。这种同一性是推动社会发展的强大力量。列宁认为，没有这种统一，就不能建成社会主义。现在的任务就是要把这个统一的意志应用于工业和农业。列宁提出在有关经济政策、制度、各种关系和组织形式之间，力求有适当的比例而和谐地结合。在经济政策中的平均制与重点制的

---

[1] 《列宁选集》第4卷，人民出版社1995年版，第783页。

问题上，列宁批判了托洛茨基把生产与消费两个方面割裂开来的错误观点。他指出："必须想办法把重点制和平均制结合起来，而这两个概念却是彼此排斥的。但不管怎样，我们多少学过一些马克思主义，懂得在什么时候用什么办法可以而且应当把对立面统一起来，而更重要的是，三年半来，我们在我们的革命实践中已经不止一次地把对立面统一了起来。"①"的确，可以把这些对立的概念不和谐结合起来，也可以把它们和谐地结合起来。"② 因此，社会主义社会里，善于掌握非对抗性矛盾的同一性，把对立面和谐地结合起来，这对于社会主义社会的发展具有重大的意义。

由于社会主义条件下产生的社会矛盾的性质不同，解决矛盾的方法也不同，因而解决矛盾的结果所表现出来的飞跃和质变的形式，就必然具有新的特点。一般说来，对抗性矛盾用阶级斗争的激烈的对抗的方法解决的结果，必然是一种突变，是一种爆发式的飞跃。在十月革命后列宁曾设想用另一种和平渐进的方式来解决这类矛盾。苏维埃政权的经济政策原打算实行一系列渐进的改变，比较慎重地过渡到新制度。这就是说，工人阶级曾经想用最适合当时所存在的关系的方法，尽可能逐步地不经过特别破坏地过渡到新的社会关系上去。但是，资产阶级以反革命的武装叛乱拒绝了苏维埃政权的这个建议。列宁指出，迫使我们进行殊死的无情的斗争，迫使我们不得不远比我们所设想的更多的摧毁旧的关系。如果说，在无产阶级专政的社会主义社会的条件下，解决无产阶级与资产阶级的对抗性矛盾曾经试图用渐进的方式；那么，无产阶级政党在解决工人阶级和农民阶级之间的非对抗性矛盾的时候，就必定要采取渐进的方式，因而必然是一个渐进性变化的过程。列宁指出：要把小农经济改造成社会主义经济，这种转变显而易见需要很长的时间，无论如何是不能一下子完成的，在小农经济的国家中，不经过一系列的逐步的预备阶段，要过渡到社会主义是不可能的，必须要坚持地耐心地用各种逐渐的过渡办法使劳动农民觉醒起来，而且只是随着这种觉醒程度，只是随着农民的独立组织程度前进。列宁提出的这种解决社会主义社会条件下非对抗性矛盾的"渐进性变化"和"逐渐的过渡"，也就是非爆发式的飞跃形式，正是社会主义社会中矛盾

---

① 《列宁选集》第4卷，人民出版社1995年版，第376页。
② 同上。

飞跃形式的特点。

列宁坚持马克思主义辩证法，在对社会主义社会矛盾的基本分析中，提出了正确认识与处理社会主义社会的矛盾以及正确认识社会主义条件下矛盾飞跃形式的新变化和新特点的重要思想，从而揭示了社会主义社会辩证法的一个重要方面。

四 社会主义社会发展过程的辩证法

社会主义社会是社会主义的政治、经济和文化诸方面组成的有机统一体。整个社会主义社会的辩证发展过程，具体地表现为社会主义在政治、经济和文化诸方面的辩证发展过程。在实质上，这是社会主义社会的生产力与生产关系之间以及经济基础与上层建筑之间的矛盾运动。列宁的晚年，对于社会主义的政治、经济和文化的建设有大量的独到思考。

关于社会主义社会的政治，从根本上说，就是无产阶级及其先锋队共产党领导下的无产阶级专政的辩证的历史发展过程。从无产阶级专政建立起，加强党的领导，正确处理群众、阶级、政党、领袖之间的辩证关系，发扬社会主义民主，加强社会主义法制，巩固无产阶级专政，真正创造实现共产主义的充分的条件以后，无产阶级专政自行消亡。而这又是和正确处理社会主义时期的阶级斗争和阶级矛盾问题，直至最后彻底消灭阶级紧密地联系在一起的。因此，在社会主义时期的政治中，充满了民主与专政的辩证法，民主与集中的辩证法，阶级斗争的曲折展开直至终结的辩证法，等等，这一切总的体现为无产阶级专政的建立、巩固到自行消亡的辩证法。

关于社会主义社会的经济，从根本上说，是在社会主义社会生产力与生产关系的矛盾运动中不断发展的。社会主义社会最根本的任务是大力发展社会生产力。为此，要处理好生产力与生产关系的辩证关系，变革与调整生产关系以适应生产力的发展；在生产关系方面，要处理好社会主义经济成分与非社会主义经济成分的关系，使非社会主义经济成分逐步改造为社会主义经济；在社会主义经济的各部类、各部门、各企业内部要处理好相互间的辩证关系，不断改革，改善经营管理水平。所有这一切是为了促使社会主义经济的发展。

关于社会主义文化，从根本上说，是在社会主义社会的上层建筑与经济基础的矛盾运动中不断发展的。社会主义文化的主要方面属于社会主义上层建筑领域，因而它首先要满足社会主义经济基础的需要，要正确处理社会主义上层建筑与经济基础之间的辩证关系，同时社会主义文化又不能脱离人类社会历史发展的文化传统与文化遗产，就要正确处理批判与继承、肯定与否定之间的辩证关系，正确处理社会主义文化的各个组成要素之间的辩证关系。所有这一切都是为了促使社会主义文化在推陈出新的辩证运动中不断繁荣。

总之，列宁在晚年对马克思主义革命辩证法有着正确的把握和创造性的发展，并自觉不自觉地运用这些辩证法原理，对社会主义建设道路和综合保障问题进行了深入的思考。这些思考，见识独到，老练成熟，闪耀着马克思主义的真知灼见。

第二节　关于社会主义建设道路的思考

晚年的列宁对社会主义有了更多、更为成熟的思考。

一　用合作社形式将农民引向社会主义道路

列宁在晚年思考中全面阐述了实现合作化的纲领，阐明了合作社的性质和作用，提出了实现合作化的政策措施，论证了实现合作化的条件和保证。

合作社是早在十月革命前就在俄国城乡出现的联合小商品生产者的集体经济组织，其形式包括消费合作社、信贷合作社、产品采购和加工与销售合作社以及生产合作社，等等。所谓生产合作社，也不是简单的共耕和集中劳动，它不否定小商品生产者的独立性。十月革命后，苏维埃政权改造和利用这种合作社，使其协助进行农产品和工业原料的采购、加工，帮助国家实行粮食贸易垄断，并通过它对部分生活资料进行分配。战时共产主义时期，它成了一种分配产品和收集余粮的国家机关。改行新经济政策以后，在恢复和扩大商品货币关系的情况下，又恢复了合作社商业组织的性质，恢复了它的群众性和经营形式的多样性，并把消费合作社和生产合作社分开。生产合作社又分为各类专业合作社，如亚麻生产合作社、棉花合作社、烟草合作社等。农民根据自己的需要可以同时加入一到几个合作社，但仍然是以一家一户的家庭生产为基础的，不是简单的共耕，不是集中劳动，不是完全统一经营和统一分配，而是在生产的不同环节、不同的形式的联系和联合。因此，这种生产合作社是首先从流通领域将农民联系和组织起来，它仍然保持着参加者很大的独立性和自主性，是建立在农民自主经营的基础上的。在这种合作社中，农民的家庭经济是合作社多层次经济中的一个层次。

这种合作社不同于集体农庄。集体农庄组织是直接地把农民从生产领域组织起来，它追求的是纯公有制，并由一个中心统一组织生产，集中劳动，按劳动日统一分配。整个集体是一个经济实体，一个经营层次，劳动者对生产经营说不上有什么独立性和自主权，一切听从统一指挥，很难谈得上生产者从个人利益上关心生产。这种集体农庄的形式，正是列宁在新经济政策之前所追求的。进入新经济政策的第一个时期，列宁虽然认识到离开大机器孤立地对小农进行集体化改造是行不通的，因而办集体农庄是做了许多蠢事，但仍然认为，等到恢复了大工业，领导这些小业主向社会化的、集体的、公社的劳动过渡，这在理论上是毫无疑问的。进入新经济政策的第二个时期，到1921年10月，列宁开始放弃了这种用"公共大农业"改造小农的模式。他认为，小农国家向社会主义过渡，"不能直接凭热情，而要借助于伟大革命所产生的热情，靠个人利益，靠同个人利益的结合，靠经济核算"。[①] 并且提出无产阶级国家必须成为一个精明的业主和批发商，通过"批发商业在经济上把千百万小农联合起来，引起他们经营的兴趣，把他们联系起来，把他们引导到更高阶段：实现生产中各种形式的联系和联合。"[②] 在新经济政策的第二个时期，从国家资本主义退到了商业，合作社又恢复了它的群众性和商业性，广大农民自愿地加入合作社。这种合作社从流通领域入手，以商业为纽带，在不同领域和不同层次上用多种形式把农民联合了起来，并且把农民的个人利益和国家利益有机地结合了起来，把小农经济和社会主义大工业联系了起来。

事实上，通过合作社来实现社会主义的思想，不是列宁首先提出来的。早在19世纪初，一些空想社会主义者就幻想在资本主义制度下，仅

[①] 《列宁全集》第42卷，人民出版社1987年版，第176页。

[②] 同上书，第177页。

仅通过发展合作社就可以使被剥削的工人阶级和劳动人民摆脱资本主义的剥削，和平过渡到社会主义。

马克思和恩格斯在研究无产阶级推翻了资本主义统治，剥夺了大资本和大地产以后，如何过渡到社会主义、共产主义时，也很重视合作社的作用。恩格斯指出："在向共产主义经济过渡时，我们必须大规模地采用合作生产作为中间环节，这一点马克思和我从来没有怀疑过。"[①] 这就是说，马克思和恩格斯当时就看到，要将一个资本主义的经济制度改造成为完全的共产主义制度，不可能将剥夺过来的大资本和大地产完全由代表社会的国家立即组织统一的经营管理；在过渡到社会主义的过渡时期，甚至要利用合作社这种组织形式，由劳动人民来管理经济。但是马克思和恩格斯当时设想的合作社，是在生产资料属于社会（首先是国家）的条件下组成的合作社。"我们对于小农的任务，首先是把他们的私人生产和私人占有变为合作社的生产和占有，不是采用暴力，而是通过示范和为此提供社会帮助。"[②]

在列宁晚年的思考中，改变了过去把合作社看成是国家资本主义性质的观点，认为它是社会主义性质的。他反复强调，在政权掌握在工人阶级手里和生产资料公有制的条件下，文明的合作社工作者的制度就是社会主义制度；单是合作社的发展就等于社会主义的发展。他反复指出，人们对合作社的意义认识不足，强调要充分认识它的意义。从前人们认为改造小农的形式是集体农庄，直到现在，人们还没有改变过去这种认识，还没有认识到合作社是改造小农的好形式，还对合作社这种"买卖机关"抱"鄙视态度"。列宁有针对性地让人们转变这种认识。他明确宣布，我们可以通过从前我们鄙视的买卖机关建成完全的社会主义了。这种"买卖机关"的合作社显然不是过去那种集体农庄。

列宁指出，由于找到了合作社这种改造小农的新形式，就有了建成完全的社会主义所必需而且足够的一切；有了完全合作化的条件，也就在社会主义的基地上站稳了，在政权掌握在工人阶级手里和生产资料公有制的条件下，现在要解决的任务就只有居民的合作化了，等等。至此，列宁

---

① 《马克思恩格斯全集》第36卷，人民出版社1974年版，第416页。

② 《马克思恩格斯选集》第4卷，人民出版社1995年版，第498～499页。

"一国建成社会主义"的理论才得以正式确立。正是从这个意义上，列宁认为，实现合作化有着"巨大的、不可估量的意义"。[①]

列宁提出了实现合作化的许多措施。第一，他提出要对合作社提供财政上的帮助和支持。他指出，对合作社的优待要成为纯粹财政上的优待，贷给合作社的国家资金，应该比贷给私人企业的多些，甚至和拨给重工业等等的一样。第二，列宁提出要找出一种能够充分帮助合作社的奖励方式，要努力使真正的居民群众参加合作社的流转，并要经常检查农民参加的情况。第三，列宁提出要对农民进行文化工作，这是完全合作化的条件。列宁认为，要完全实现合作化，必须让农民经历整整一个提高文化水平的时代，在最好的情况下，这个时代也要一二十年。

列宁的合作化思想，是在坚持新经济政策的基础上，对新经济政策的进一步发展和完善，是列宁新经济政策思想的"最成熟之果"。新经济政策解决了如何与小农共处的问题。至于采取什么形式改造小农，将小农引向社会主义，这个问题并没有得到解决。而这是一个必须解决的问题；不解决这个问题，新经济政策就不能成为建成社会主义的政策，"新经济政策的俄国将变为社会主义的俄国"的论断就不能成立。因为，要等到实现了工业化、电气化再对小农进行改造，这至少需要十几年甚至几十年的时间，要在这段时间内听任农村资本主义的发展，并使社会主义在与资本主义的竞赛中取得胜利，绝不是轻而易举的事情。另一方面，如果害怕资本主义而重新回到过去那种工业化与集体化同时并举、用集体农庄式的"大农业"改造小农、消灭城乡资本主义的做法上，那么，新经济政策同样不成为其为建成社会主义的政策，只能是一种权宜之计。列宁的合作社思想解决了在新经济政策条件下对小农进行社会主义改造的方法和途径的问题，从而使新经济政策成为一套完整的建成社会主义的政策，新经济政策的道路至此才最后真正成为建成社会主义的道路。

二 发展大工业，实现工业化和电气化

列宁一贯认为，大工业是社会主义赖以建立的物质基础。早在1918年，他就指出，提高劳动生产率，归根到底是保证新社会制度获得胜利的

[①] 《列宁选集》第4卷，人民出版社1995年版，第767页。

首要任务。为提高劳动生产率,必须发展大工业,特别是重工业,即燃料、铁、机器制造业、化学工业等生产。1920年初,在列宁的倡议下成立了全俄电气委员会。到1920年底,制定出全俄电气化计划并在苏维埃八大上一致通过。全俄电气化计划第一次把马克思主义关于大工业是社会主义唯一的物质基础的一般原理,具体化为在国家电气化基础上对整个国民经济进行社会主义改造和技术改造的伟大工程计划。列宁高度评价这一计划,称之为"第二个党纲",并提出"共产主义就是苏维埃政权加全国电气化"的著名公式。

改行新经济政策后,列宁并没有放弃这一思想主张,也没有废除和否定电气化计划。但是实行新经济政策却从根本上改变了发展大工业、实现工业化和电气化的方法和途径。这种根本改变,主要表现在解决恢复和发展大工业与农民关系问题上的变化,以及由此而引起的对小农经济进行社会主义改造的认识上的变化。如前所述,在新经济政策实行之前,在恢复和发展大工业的同时,组织工农业之间直接的产品交换,排斥小农的自由贸易,并与此同时力图实现农业的集体化。由于小农经济离不开贸易自由,这种方法实际是将恢复和发展大工业建立在与小农经济对立的基础上。经过战时共产主义的实践,列宁认识到这种企图跳过商品经济的发展直接过渡到社会主义的方法是行不通的。这是由于大工业是社会主义的唯一基础,如果否定或忽视了这项基本任务,也就谈不上向社会主义过渡了。既然俄国是一个资本主义不发达的国家,大工业只在国民经济中占较少部分,占优势的是小农业、小生产,加上战争的破坏,大工业只剩下一些可怜的残骸了,因此,在这种条件下,为了恢复和发展大工业、实现电气化,不考虑农民的需要,不适应小农经济的要求,而采取那种窒息和扼杀小生产,"直接和彻底摧毁旧社会经济结构以便代之以新社会经济结构"的"革命办法",① 无异于杀鸡取卵,既脱离了农民国家的实际,也不能完成恢复和发展大工业、实现电气化的任务。新经济政策从根本上改变了恢复和发展大工业、实现工业化和电气化的方法和途径。这就是坚持从农民国家和小农经济占优势的国情出发,尽可能地向做买卖的农民让步,允许农民的自由贸易,最大限度地支持和适应小农生产力发展,在小

---

① 《列宁全集》第42卷,人民出版社1987年版,第245页。

农生产力提高的基础上来恢复和发展大工业，实现电气化。这样，才真正找到了一条符合俄国小农经济占优势的国情的、切实可行的实现工业化和电气化的正确道路。

在列宁晚年的思考中，他从俄国所处的国际环境的战略高度，再次提出和阐述了发展大工业，实现电气化的任务，同时再次重申通过支持小农生产力发展来实现工业化和电气化的正确方法和途径。他指出，光靠培植小农和极小农，光靠农民对无产阶级政权的信任、支持，到社会主义革命在较发达的国家里获得胜利，是不容易的，因为小农和极小农停留在极低的劳动生产率水平上。那么，在西方革命推迟的条件下，应该采取什么样的政策和策略呢？列宁回答道，为了保住俄国的工人政权，为了保持工人政权在俄国小农和极小农中间的威望和对他们的领导，必须极其谨慎，"把自己社会关系中任何浪费现象的任何痕迹铲除干净"，"靠大力节约把任何一点积蓄都保存起来，以发展我们的大机器工业，发展电气化，发展泥炭水力开采业，完成沃夫霍夫水电站工程，如此等等"，从而俄国从"农民的、庄稼汉的、穷苦的马上，从指靠破产的农民国家实行节约的马上跨到大机器工业、电气化、沃尔霍夫水电站工程等等的马上"。① "我们的希望就在这里，而且仅仅在这里。"②

三 学习和利用资本主义一切有价值的东西

学习和利用资本主义一切有价值的东西，使之为社会主义建设服务，这是列宁在十月革命后建设社会主义过程中所一贯坚持的思想，也是他最后关于社会主义建设的全新构想的重要组成部分。

十月革命发生在资本主义不很发达的俄国，经济关系和社会关系中大量存在的是前资本主义的、封建宗法的、农奴制的东西。针对这一情况，列宁坚持历史的辩证法。一方面他坚决批判第二国际和苏汉诺夫之流认为俄国生产力没有达到进行社会主义革命的水平，因而十月革命是历史的错误的论调；另一方面，他清醒地认识到，俄国社会主义革命的这种历史跳跃性，决定了无产阶级夺取政权后，必须利用和吸收资本主义的一切积极

---

① 《列宁选集》第4卷，人民出版社1995年版，第797页。

② 同上。

成果，来为社会主义服务。列宁坚决反对把资本主义和社会主义抽象地对立起来的做法。早在1918年春，列宁就指出，在前资本主义、资本主义、社会主义这三个历史环节中，资本主义文明带有二重性：和社会主义发展前景相比，资本主义是落后的、是祸害；和现实中大量存在的中世纪制度以及与此相联系的官僚主义相比，资本主义是先进的、是幸福。这就是说，在俄国的情况下，要特别善于利用资本主义的文明成果，来克服前资本主义的中世纪制度的落后性；同时也应从社会主义新型文明的高度，来分析资本主义文明的历史局限性和阶级局限性。正是在这个意义上，列宁指出："乐于吸取外国的好东西：苏维埃政权＋普鲁士的铁路秩序＋美国的技术和托拉斯＋美国的国民教育等等等等＋＋＝总和＝社会主义。"①

上述思想是列宁在十月革命后反复强调和一贯坚持的。1919年三四月间，列宁指出："仅靠摧毁资本主义，还不能填饱肚子。必须取得资本主义遗留下来的全部文化，并且用它来建设社会主义。"② 1920年3月，列宁又指出："共产主义是从资本主义成长起来的，只有用资本主义遗留下来的东西才能建成共产主义。"③ 实行新经济政策后，特别是在晚年，列宁把学习和利用资本主义积极成果提到了更加突出的地位。1922年9月，他指出："无论如何要继续前进并学会欧美科学中一切真正有价值的东西——这就是我们头等的最主要的任务。"④

为了有效地吸收发达资本主义国家的资金、技术和管理经验，列宁提出实行租让制。他指出："当我们国家在经济上还极其薄弱的时候，怎样才能加速经济的发展呢？那就是要利用资产阶级的资本。"⑤ 同时，实行租让制也可以吸收发达资本主义国家的先进技术和先进的管理经验。列宁认为，租让制是从技术比较先进的国家取得技术帮助的一种手段。他指出，把一个工人租让给德国人——这是最好的学习方法。在这方面，任何学校、讲座都不如在工厂里进行实际工作有效。

列宁在晚年关于社会主义建设的构想中，仍然反复强调学习和利用资

---

① 《列宁全集》第34卷，人民出版社1985年版，第520页。
② 《列宁全集》第36卷，人民出版社1985年版，第48页。
③ 《列宁全集》第38卷，人民出版社1986年版，第242页。
④ 《列宁全集》第43卷，人民出版社1987年版，第209页。
⑤ 《列宁全集》第40卷，人民出版社1986年版，第42页。

本主义的文明成果。与以前不同的是，他重点强调在提高全民族文化水平和改造国家机关中学习和吸收西方发达资本主义国家有价值的东西。这是列宁关于在社会主义经济建设中学习和利用资本主义先进技术和管理经验思想的进一步深化。

基于对俄国经济文化落后性的认识，他特别强调利用资本主义的文化成果，来克服农奴制、宗法制所造成的愚昧落后、官僚主义等等。列宁指出："当我们高谈无产阶级文化及其与资产阶级文化的关系时，事实提供的数据向我们表明，在我国就是资产阶级文化状况也是很差的。果然不出所料，我们距离普遍识字还远得很，甚至和沙皇时代（1897年）比，我们的进步也太慢。这是对那些一直沉湎于'无产阶级文化'幻想之中的人的一个严厉警告和责难。这说明我们还要做多少非做不可的粗活，才能达到西欧一个普通文明国家的水平。"[①] "对于那些过多地、过于轻率地侈谈什么'无产阶级文化'的人，我们就不禁要抱这种态度，因为在开始的时候，我们能够有真正的资产阶级文化也就够了，在开始的时候，我们能够抛掉资产阶级制度以前的糟糕之极的文化，即官僚或农奴制等等的文化也就不错了。"[②] 列宁的上述论述，把在经济文化落后的国家建设社会主义必须学习和利用资本主义文明成果的思想提到了异常的高度。

当然，列宁并不是否认应当从社会主义新型文明的高度，对资产阶级文化采取科学的分析批判态度，而是强调在俄国的情况下，利用资产阶级的文化成果，克服封建的、农奴制的不文明状态是更加突出、更为迫切的任务。

列宁关于利用资本主义文明成果的思想，显示了共产党人和无产阶级革命家的远见卓识和思想解放、实事求是的宏大气魄。时至今日，对于社会主义国家改革开放，进行社会主义现代化建设，仍具有重大的指导意义。

第三节 关于社会主义建设综合保障的思考

为实现社会主义经济建设的纲领和构想，列宁提出了诸多保证条件。

---

① 《列宁选集》第4卷，人民出版社1995年版，第762~763页。
② 同上书，第784页。

一 进行文化革命

第一，必须大力发展文化教育事业。

列宁十分重视文化教育，把它看作社会主义经济建设和实现社会主义不可缺少的条件和保证。早在1918年，他就指出："应当知道和记住，当我们有文盲的时候是不可能实现电气化的"。① 必须让每个青年懂得，"只有受了现代教育，他才能建立共产主义社会，如果不受这种教育，共产主义仍然不过是一种愿望而已。"② 进入新经济政策以后，列宁把文化教育的任务提得更高了。1921年10月，列宁在全俄政治教育委员会第二次代表大会的报告中，将提高群众的文化水平看成是"从政治上描述伟大任务的时期已经过去"以后的一项"最迫切"的任务。他将能否完成文化任务提到"或者是断送苏维埃政权所取得的一切政治成果，或者是为这些成果奠定经济基础。"③ 1922年3月，他又指出："新经济政策在经济上和政治上都充分保证我们有可能建立社会主义经济的基础，问题'只'在于无产阶级及其先锋队的文化力量。"④ 后来，列宁在十一大的政治报告中又讲到，新经济政策是资本家与共产党员的一场严重竞赛，在这里，共产党员缺少的不是政治权力，也不是经济力量，而是缺少文化。

在列宁晚年的思考中，对文化建设尤为关注。他十分明确地指出："在一个文盲的国家里是不能建成共产主义社会的"。⑤

列宁科学地阐明了文化建设同经济建设的辩证关系。他认为经济建设是发展文化建设的物质基础，而文化建设是经济建设不可缺少的重要保证和条件，两者相互联系，相互促进。实现电气化离不开文化建设，实现合作化也需要文化革命。对于经济建设事业，文化建设决不是可有可无的事情，而是不可缺少的事业。因此，列宁十分强调文化建设的伟大意义。"只要实现了这个文化革命，我们的国家就能成为完全社会主义的国

---

① 《列宁全集》第40卷，人民出版社1986年版，第158页。
② 《列宁全集》第39卷，人民出版社1986年版，第301~302页。
③ 《列宁全集》第42卷，人民出版社1987年版，第195页。
④ 《列宁全集》第43卷，人民出版社1987年版，第63页。
⑤ 《列宁选集》第4卷，人民出版社1995年版，第294页。

家了。"①

关于文化建设和政治变革的关系以及文化建设在俄国的进程，列宁也有十分精辟的论述。当时俄国的敌人和一些教条主义者都认为在一个文化不够发达的国家里想要培植社会主义是狂妄的事情，是不可能成功的，必须先发展了文化，有了高度文明才能进行社会主义建设，不这样根本就不能进行革命。列宁反驳了他们，论证了在俄国由于所处的特殊国际环境和革命的某些特殊性，政治变革和社会变革先于文化变革、文化革命的道理。他明确指出："既然建立社会主义需要有一定的文化水平（虽然谁也说不出这个一定的'文化水平'究竟是什么样的，因为这在各个西欧国家都是不同的），我们为什么不能首先用革命手段取得达到这个一定水平的前提，然后在工农政权和苏维埃制度的基础上赶上别国人民呢？"② 因为世界历史的发展规律"不仅丝毫不排斥个别发展阶段在发展的形式或顺序上表现出特殊性，反而是以此为前提的。"③ 列宁对于俄国这个后于政治变革的文化革命的艰巨性和长期性是十分明确的，决没有因为取得了政治变革的成功而忽视文化革命的重要性。

为了发展文化事业，在农民和一切居民中进行文化革命，必须吸收和改造人类历史上一切有价值的优秀文化成果。对于资产阶级文化，也不能采取一概排斥的虚无主义态度，而是要研究，要创新，要批判地继承和吸收。要吸引国内外专家技术人才参加社会主义事业，特别要吸收和团结国内知识分子，包括资产阶级专家。在这方面列宁的论述很多，其出发点，则在于他认为社会主义建设离不开人类文明的大道，必须以庞大的资本主义文化所获得的一切经验为基础，所以不能采取虚无主义态度，也不能采取一概排斥和打倒的态度。如果认为我们只用清白的共产党人的双手，不要资产阶级专家帮助，就能建成共产主义，那是一种很幼稚的想法。"对于专家，我们不应当采取吹毛求疵的政策。这些专家不是剥削者的仆役，而是有文化的工作者，他们在资产阶级社会里为资产阶级服务，全世界的社会主义者都说过，这些人在无产阶级社会里是会为我们服务的。在这个

---

① 《列宁选集》第4卷，人民出版社1995年版，第774页。
② 同上书，第777页。
③ 同上书，第776页。

过渡时期内，我们应当尽可能地使他们有较好的生活条件。这将是顶好的政策，这将是最经济的办法。不然的话，我们节省了几个亿，却可能造成用几十亿也不能补偿的损失。"① 同时，列宁深信，这些专家的大多数，将遵循自己的途径来承认共产主义，即通过自己那门科学所达到的成果来承认共产主义。共产党人要尊重他们，善于团结和帮助他们。

列宁极其重视人民教育事业，因为只有提高了工人农民的教育程度和文化水平，才有改造落后的工农业的可能；也才能使人民群众摆脱贫困、落后和愚昧的状态，克服旧习惯势力的影响；归根结底，才能保证无产阶级和广大劳动人民的解放。为了端正教育事业的目的，列宁一方面批判了以宣扬教育脱离政治、脱离生产劳动为特点的旧的教育制度，指出这种旧教育制度实际上是为资产阶级培养人才的；同时，要求教育事业应当同全体劳动者反对剥削者的斗争，同社会主义建设事业紧密联系起来。列宁认为苏维埃教育的培养目标应该是具有共产主义觉悟和现代科学文化知识的建设社会主义、共产主义的一代人。

为了迅速提高人民的文化水平，在列宁的领导下，苏维埃政府开展了多种形式的教育活动：学校教育和社会教育；正规教育和业余教育；初级教育和高等教育；等等。在普及初等教育、大力扫除文盲的同时，苏维埃政府从1919年开始在全国举办了各种类型的高等学校，以期能培养出社会主义建设的各行各业的专家。

为了发展教育事业，提高教师质量，列宁极其关心教师队伍的建设和成长。他一方面指出要帮助从旧社会过来的几十万教师们为苏维埃教育事业服务；另一方面列宁曾几次建议党和政府要注意提高人民教师的地位，改善他们的待遇，使他们成为苏维埃制度的坚定支柱。在列宁病重期间，他仍念念不忘这个问题，甚至认为提高人民教师地位的问题是主要的事情。他指出："应当把我国国民教师的地位提到在资产阶级社会里从来没有、也不可能有的高度。这是用不着证明的真理。为此，我们必须经常不断地坚持不懈地工作，既要振奋他们的精神，也要使他们具有真正符合他们的崇高称号的全面修养，而最最重要的是提高他们的物质生活水平。"②

---

① 《列宁选集》第3卷，人民出版社1995年版，第768页。
② 《列宁选集》第4卷，人民出版社1995年版，第764页。

第二，必须加强道德思想教育。

在经济建设方式、方法改变，进入新经济政策时期以后，列宁仍然十分强调加强思想教育和道德教育。他并没有因为在经济上允许贸易自由和多种经济成分并存而放弃或放松这方面的要求。当然，列宁十分明确，在过渡时期，在建成社会主义的物质基础之前，在广大农民和居民中是不宜进行纯粹的和狭义的共产主义思想教育的，而在共产党员和共青团员中则必须进行共产主义教育，要求他们成为真正的共产主义者。

列宁要求共青团员应当把自己培养成共产主义者。"青年团的任务就是要这样来安排自己的实际活动：使团员青年在学习、组织、团结和斗争的过程中把他们自己和那些以他们为带头人的人都培养成共产主义者。应该使培养、教育和训练现代青年的全部事业，成为培养青年的共产主义道德的事业。"① 什么是共产主义道德，共产主义道德就是为了把劳动者团结起来反对一切剥削和一切私有制服务的道德。无产阶级所提倡的道德完全服从无产阶级斗争的利益，不能离开无产阶级阶级斗争的利益来空谈道德问题。他指出，共产主义道德"是为摧毁剥削者的旧社会、把全体劳动者团结到创立共产主义者新社会的无产阶级周围服务的。"②

列宁认为，共产主义道德是人类道德发展的一个新的阶段，它同一切剥削阶级的旧道德有本质的区别。一切剥削阶级的旧道德都是建立在生产资料私有制基础上，坚持个人利益第一，利己主义原则是它的核心内容。"旧社会依据的原则是：不是你掠夺别人，就是别人掠夺你；不是你给别人做工，就是别人给你做工；你不是奴隶主，就是奴隶。可见，凡是在这个社会里教养出来的人，可以说从吃母亲奶的时候起就接受了这种心理、习惯和观点——不是奴隶主，就是奴隶，或者是小私有者、小职员、小官吏、知识分子，总之，是一个只关心自己而不顾别人的人。"③

共产主义道德是建立在公有制经济基础之上的，强调集体主义原则，它并不否定或忽视个人利益，而是主张个人利益服从集体利益。我们要努力消灭"人人为自己，上帝为大家"这个可诅咒的常规，我们要努力把

---

① 《列宁选集》第4卷，人民出版社1995年版，第288页。
② 同上书，第290页。
③ 同上书，第291页。

"人人为我，我为人人"和"各尽所能，各取所需"的原则灌输到群众的思想中去，变成他们的习惯，变成他们的生活常规，我们要逐步地坚持不懈地实行共产主义纪律，推行共产主义劳动。

二 进行机构改革

在列宁的晚年，尤其重视党和国家机关的改造问题。

苏维埃政权是人类历史上第一个社会主义国家。它一方面具有无限的生命力；但另一方面列宁已经看到它的国家机关存在着严重的缺点。列宁指出，苏维埃国家的一些机构，"实质上是从沙皇和资产阶级那里拿过来的旧机关。"① 它"仅仅在表面上稍微粉饰了一下，而从其他方面来看，仍然是一些最典型的旧式国家机关。"② 因此，列宁指出，"我们面前摆着两个划时代的主要任务。第一个任务就是改造我们原封不动地从旧时代接收过来的简直毫无用处的国家机关。"③

列宁首先重视工农检查院的改革。他指出，工农检查院是为苏维埃一切机关而设的，它的活动应毫无例外地涉及一切国家机关。它是改善苏维埃国家机关的工具。因此，他把改组工农检查院同苏维埃国家的政策和战略等等的总计划联系起来。他指出："在我的思想上，我就是这样把我们的工作、我们的政策、我们的策略、我们的战略等等的总计划同改组后的工农检查院的任务联系起来的。"④ 列宁进一步指出，要把那些"半贵族老爷式的玩具性机构"一律撤销，紧缩编制，裁减冗员。"只有彻底清洗我们的机关，尽量缩减机关非绝对必要的一切，我们才能够有十分把握地坚持下去。"⑤

列宁在改组工农检查院的计划中首先一项就是把工农检查院和中央监察委员会结合起来。他认为，这样"对于两个机关都有好处"。⑥ 它一方面可以提高工农检查院的威信；另一方面使中央委员会更紧密地联系群

---

① 《列宁选集》第4卷，人民出版社1995年版，第747页。
② 同上书，第779页。
③ 同上书，第773页。
④ 同上书，第797页。
⑤ 同上。
⑥ 同上书，第780页。

众，使它的工作更有条理、更踏实。列宁认为，这种改革还有一个好处，"就是在我们中央委员会里纯粹个人因素和偶然情况的影响就会减少，从而分裂的危险也会减少。"①

为了改善国家机关，"应该遵守一条准则：宁可数量少些，但要质量高些。"②"理所当然应该关心特别认真地提高它的质量，把具有真正现代素质的人才，即同西欧优秀人才相比并不逊色的人才集中到"国家机关当中。③ 他要求把了解、考核和选拔干部作为领导工作的经常的重要任务，从共产党员中"百里挑一，千里挑一"地选拔干部。对于工农检查院的工作人员，列宁指出，必须用"完全特殊的办法，经过极严格的考核来挑选工农检查院的职员"，④"凡是我们决定要破例立刻委派为工农检查院职员的公职人员，应符合下列条件：第一，他们必须有几名共产党员推荐；第二，他们必须通过关于我们国家机关知识的考试；第三，他们必须通过有关我们国家机关问题的基本理论、管理科学、办文制度等等基础知识的考试；第四，他们必须同中央监察委员和本院秘书处配合工作，使我们能够依赖整个机关的全部工作。"⑤

为了提高国家机关工作质量，不仅需要选拔合格的干部，而且机关工作人员还必须有合理的结构。列宁指出："最好是使这个机构有各种各样的人员，在这个机构里我们应当设法把多种素质和不同优点结合起来，因此，我们得下功夫拟好候选人名单。"⑥ 这是列宁的一个宝贵的思想。一个机关，人员配备合理了，才能做到高效率地运转，从而保持最佳的状态。

当时苏维埃国家机关的干部，普遍缺乏文化科学知识和业务能力，因此，列宁把培训干部看作是革新国家机关的根本大计。他向广大干部提出了"第一是学习，第二是学习，第三还是学习"的任务。列宁要求建立干部的考试、考核和奖惩制度。要通过这些制度，促使广大干部把学习和

---

① 《列宁选集》第4卷，人民出版社1995年版，第782页。
② 同上书，第786页。
③ 同上书，第784页。
④ 同上书，第787页。
⑤ 同上书，第788页。
⑥ 同上书，第790页。

自己的工作结合起来，勤奋工作，恪尽职守；领导干部可以了解干部，做到量才适用，赏罚分明。

三 反对官僚主义，健全社会主义民主和法制

列宁认为，苏维埃政权在原则上实行了高得无比的无产阶级民主，对全世界作出了实行这种民主的榜样。列宁揭示了无产阶级民主的一个重要特点，就是要求那些曾被资本主义压迫和剥削的广大人民群众直接参加国家管理。由于俄国经济文化的落后性，苏维埃虽然在纲领上是通过劳动群众来实行管理的机关，而实际上却是通过无产阶级先进阶层来为劳动群众实行管理的机关。这样由少数人参加国家管理就可能产生种种弊端，特别是产生官僚主义的弊病。加之俄国有着久远的封建专制的历史，本来就存在广大小生产这种滋生官僚主义的深厚阶级基础，因此，在苏维埃政权建立后，反对官僚主义是一个很重要的任务。

从苏维埃建立初期，列宁就注意到国家机关中克服官僚主义的必要性。1917年12月5日在全俄苏维埃海军第一次代表大会上第一次提出反对官僚主义之后，他多次提出反对官僚主义的问题。他认为，无产阶级国家的发展同民主的发展是紧密相连的。发扬社会主义民主，健全社会主义法制，是无产阶级政权建设的根本要求，又是克服国家机关的各种弊端特别是官僚主义、巩固改革成果的重要措施。

在国家机关的改革中充分发扬社会主义民主，重要的是实行选举制、罢免制和监督制。列宁指出，应当在一切地方和部门尽可能地逐步推行选举制和罢免制。他推崇巴黎公社制定的公职人员必须选举产生而且可以随时撤换等原则，认为这是扩大民主和根绝官僚制的措施。他把罢免视为真正民主制的基本原则之一。他指出，任何由选举产生的机关和代表会议，只有承认和实行选举人对被选举人的罢免权，才能被认为是真正民主的和确实代表人民意志的机关，才能有效防止官僚主义以及投机分子的阴谋活动，保障国家机关的无产阶级性质。

列宁一直把建立和完善国家监察（检查）机构，加强对各机关、部门进行监督和检查，作为政权建设和改革国家机关的重要措施。检查机关的任务，除了检查和督促党和国家的路线、方针、政策、法令的贯彻执行和检查违法乱纪情况以外，就是保证最大的工作效率。列宁要求各级领

导，包括人民委员会主席和副主席，都要对本机关和所属机关、部门进行经常性的检查和监督。列宁还十分重视"从下面"而且由"下面的人"来进行检查，希望有更多的自下而上的监督形式和方法。他热情欢迎群众来信来访，并提出许多具体规定和措施，要求各机关认真对待群众来信来访工作。列宁认为，充分发挥检查机关、各级领导、广大群众三方面的检查和监督作用，对改革和完善国家机关，揭露和清除当时国家机关普遍存在的各种弊端，反对官僚主义，是十分必要的。

列宁十分重视社会主义法制在改革国家机关中的作用，一再要求通过立法形式把人民当家作主管理国家事务的民主权利和人民参加国家管理的步骤、方式和具体办法以及国家各机关和工作人员的职责、权限固定下来，定为法则。

四 维护党的团结，防止分裂

列宁晚年特别忧虑的一个问题是党的团结，尤其是党中央领导核心的团结问题。列宁指出，阶级敌人把他们反对苏维埃政权的阴谋寄托在俄国共产党的分裂上。如果党发生分裂，我们党就有垮台的危险。基于这样的认识，晚年的列宁对这个问题进行了认真的思考。"首先我建议把中央委员人数增加到几十人甚至100人"；"其次，我想提请代表大会注意，在一定的条件下赋予国家计划委员会的决定以立法的性质"。① 列宁指出，增加中央委员人数，可以提高党的威信，改善苏维埃俄国的机构。列宁认为，特别重要的是这一改革是"为了防止中央委员会一小部分人的冲突对党的整个前途产生过分大的影响"。② 列宁还指出，增加中央委员应该从工人（包括农民）中选拔，而这些工人"应当主要不是来自那些做过长期苏维埃工作的工人，……因为在这些工人中间已经形成了某些正应该加以克服的传统和成见。"③

列宁还具体分析了俄共（布）中央领导人性格上的一些特点。他认为由于当时两个主要领导人斯大林和托洛茨基之间关系不协调或产生严重

---

① 《列宁选集》第4卷，人民出版社1995年版，第743页。
② 同上。
③ 同上书，第748页。

分歧，就有可能导致党内分裂的危险。列宁特别指出总书记斯大林的性格太粗暴。列宁认为，作为一个党的主要领导人，存在这种缺点"是不可容忍的"。① 因此，他建议代表大会选拔一位"在各方面同斯大林一样"，但具有"更耐心，更忠顺，更和蔼，更关心同志，少任性等等"的人来担任党的总书记。列宁认为，性格上的缺点可能是微不足道的小事，但是从防止分裂来看，"这是一种可能具有决定意义的小事"。②

列宁的上述意见，是加强党的团结，防止党分裂的一条十分重要的遗训。这已为此后的苏联共产党的实践所证明。列宁是维护党的团结的光辉典范。在列宁领导俄共（布）几十年的奋斗中，有许多党的领导人曾经反对过他提出的正确路线，有些甚至犯了严重的错误，列宁也曾与他们进行过毫不调和的斗争。但是当他们放弃了自己的错误立场，表示拥护党的正确路线时，列宁仍然团结他们共同工作。所以在列宁的领导下，俄共（布）始终是生机勃勃的。

列宁关于加强党的团结的思想，对于无产阶级政党建设具有重要的指导意义。

第四节 列宁"晚年思考"的当代评价

列宁最后关于社会主义建设的思考，有着极其深刻而丰富的内涵，具有独特的创造性。

一 列宁晚年思考的主题是经济文化落后国家如何建设社会主义

根据马克思、恩格斯的设想，无产阶级只有在几个或多个先进国家"同时"取得政权，这些国家共同建设社会主义，才能取得社会主义的胜利。在一个时期中，列宁也是持这种思想的。他指出："为了取得巩固的胜利，我们必须使无产阶级革命在一切国家或者至少在几个主要的资本主义国家取得胜利。"③ 他进一步指出"我们单靠自己的力量是不能在一个

---

① 《列宁选集》第4卷，人民出版社1995年版，第746页。
② 同上。
③ 《列宁全集》第40卷，人民出版社1986年版，第22页。

国家内全部完成社会主义革命的,即使这个国家远不像俄国这样落后,即使我们所处的条件远比经过四年空前艰苦、破坏惨重的战争以后的条件要好得多。"① "社会主义革命要在一个国家内取得完全胜利是不可思议的,它至少需要几个先进国家(我们俄国还算不上先进国家)最积极的合作。"② "从全世界历史范围来看,如果我国革命始终孤立无援,如果其他国家不发生革命运动,那么毫无疑问,我国革命的最后胜利是没有希望的。"③ 国际国内政治形势的变化,促使列宁的思想发生了根本的变化,他由主张多国共同建设社会主义转变为主张俄国一国建设社会主义。

从国际形势看,十月革命胜利后不久,芬兰、德国、匈牙利等国先后爆发了革命,西欧国家的工人革命运动也掀起了高潮,形成了欧洲革命的风暴。在革命风暴的形势下,欧洲一些国家存在着无产阶级革命胜利的可能性。由此,在这一时期,存在着俄国同其他一些国家共同建设社会主义的可能性。然而,到1921年,欧洲革命风暴过去了,各国的革命形势落入低潮。对此,列宁有着清醒的认识。他指出:"运动并没有像我们所期望的那样直线地进展。直到目前,在资本主义特别发达的其他大国中,革命还没有到来。"④ 革命是一条"笔直的"、"最容易走的道路",但是,"事实表明,其他各国人民并没有走上这条笔直的道路,……至少不像我们期望的那样快就走上这条道路。"⑤

面对这样的形势,列宁认为,俄国无产阶级应全力搞好国内的经济建设事业,力求建成社会主义,即应采取一国建设社会主义的方针。"现在我们是通过我们的经济政策对国际革命施加我们的主要影响。……在全世界范围内斗争已经转到这个方面来了。我们一旦完成了这个任务,那我们在国际范围内肯定就取得最终的胜利。因此,经济建设问题对于我们有非常重大的意义。"⑥

但是,如何进行经济建设,对于苏维埃俄国和列宁来说,却是一个全

---

① 《列宁全集》第34卷,人民出版社1985年版,第357页。
② 《列宁全集》第35卷,人民出版社1985年版,第150页。
③ 《列宁全集》第34卷,人民出版社1985年版,第8页。
④ 《列宁全集》第42卷,人民出版社1987年版,第40页。
⑤ 同上书,第321页。
⑥ 《列宁全集》第41卷,人民出版社1986年版,第335~336页。

新的课题，理所当然，这也就成了列宁晚年思考的核心。从以上的论述可以看出，列宁对此进行了深入、严谨的思考。

二 "根据经验来谈论社会主义"

要回答如何建设社会主义的问题，首先就应当解决如何认识社会主义的问题。十月革命前列宁对社会主义的认识和理解主要依据马克思、恩格斯对社会主义的论述，即认为社会主义就是建立单一的生产资料公有制，就是实行计划经济和消灭商品货币关系。但是经过一段实践之后，列宁发现马克思、恩格斯关于社会主义的设想并不完全适合于经济文化落后的俄国。因而，他不再拘泥于马克思、恩格斯的某些论述，也不再固守自己原有的一些看法，而是根据俄国的实践来重新认识社会主义。列宁强调，实践比世界上所有理论争论都更为重要，"对俄国来说，根据书本争论社会主义纲领的时代已经过去了，我深信已经一去不复返了。今天只能根据经验来谈论社会主义。"① 正是俄国的社会主义实践，以及这种根据实践来谈论社会主义的科学态度，使列宁"对社会主义的整个看法根本改变了"。②

三 强烈的改革意识

在列宁的晚年思考中自始至终贯穿着改革的思想。经过几年的社会主义实践，列宁发现十月革命所开创的事业在取得重大成就的同时，也存在着不少的弊端和缺陷。正是基于这样的认识，列宁非常重视改革在社会主义建设中的作用。《论黄金在目前和在社会主义完全胜利后的作用》、《怎样改组工农检查院》等文章深入地论述了改革问题。列宁指出，新经济政策本身就是一种改革措施。针对党和国家机关中存在的弊端，他认为必须对苏维埃俄国的"政治制度作一系列的变动"，③ 强调今后"我们每前进一步和每提高一步都必定要同时改善和改造我们的苏维埃制度"。④ 完全可以说，列宁是社会主义改革事业在理论和实践上的倡导者。

---

① 《列宁全集》第34卷，人民出版社1985年版，第466页。
② 《列宁选集》第4卷，人民出版社1995年版，第773页。
③ 同上书，第743页。
④ 同上书，第613页。

总之，列宁晚年的思想和过去相比有了很大变化。这种变化，一方面来自于他对三年国内战争时期的战时共产主义政策的反思，以及后来转向新经济政策后对落后国家社会主义建设发展规律的深刻认识和把握；另一方面来自于他对当时国际形势和世界社会主义革命的正确认识和科学判断。正是这两方面的因素促成了列宁晚年思想的形成。从战时共产主义到新经济政策，再到晚年的思考，是列宁关于社会主义建设思想发展的基本轨迹。可以说，到了晚年，列宁终于找到了一条符合俄国国情的建设社会主义的道路，从而也大大发展了马克思、恩格斯的社会主义理论。

中 篇
社会主义在俄国的胜利

第九章 俄国十月社会主义革命

1917年10月25日（俄历），在当时帝国主义统治的薄弱环节——俄国，爆发了震撼世界的具有历史意义的事件——十月革命。俄国无产阶级在列宁和俄共（布）的领导下，推翻了地主资产阶级政权，创建了人类历史上第一个社会主义国家。这场伟大的革命"不只是开创了俄国历史的新纪元，而且开创了世界历史的新纪元"。[①] 自那时起，世界上无论是赞颂俄国十月革命的人，还是诅咒它的人，都不能不承认俄国十月革命对人类发展史产生了极其深远的影响。它的影响之巨大不仅表现在第二次世界大战之后，东欧和远东地区相继出现了一批仿照苏联模式建立起来的社会主义国家，而且还表现在当十月革命的故乡苏联已经解体，镰刀斧头红旗已从克里姆林宫上空飘落下来之后，仍有人在坚持俄国十月革命的道路，仍有人在探讨它的发生和结果。从这个意义上讲，俄国十月社会主义革命光芒永存。

第一节 十月革命的历史机遇和客观必然性

80多年来，关于十月革命的历史必然性问题一直存在着争论。早在革命前夜，孟什维克甚至布尔什维克党内一些人认为，俄国资本主义还没有成熟到进行社会主义革命的程度。革命胜利后的初期，一些人又认为十月革命是一个"偶然的事件"，是列宁及布尔什维克党发动的一次"成功的政变"。这种观点后来并未销声匿迹。随着苏联的演变，这种观点又流行起来。一些学者包括某些苏联学者在内，在否定十月革命

[①] 《毛泽东选集》第1卷，人民出版社1991年版，第303页。

历史必然性的基础上，把苏联演变的根源与十月革命联系起来，甚至把前苏联和当前俄罗斯出现的一系列经济、政治危机都归咎于十月革命。因此，有必要对这一问题作出分析。这种分析对于我们坚持社会主义制度和迎接下一次国际共产主义运动的浪潮来说，都具有一定的理论意义和现实意义。

一 20世纪初俄国的特殊国情是十月革命爆发的历史前提

19世纪末20世纪初，俄国是一个军事封建帝国主义国家，它具有一般帝国主义国家的基本特征和矛盾，又具有自身的特点。其最突出的特征是：垄断资本同封建农奴制残余相结合；金融寡头同封建君主沙皇政权有着千丝万缕的联系；本国经济对外国资本具有极大的依赖性。这种独特的现象，使俄国社会矛盾极为复杂和尖锐，成为帝国主义一切矛盾的集合点，是帝国主义体系中最薄弱的环节。

俄国原本是一个经济相对落后的农奴制国家，但是自1861年农奴制改革后，俄国资本主义就有了长足的发展，它用几十年的时间走过了西欧一些国家用几个世纪才走完的路程。特别是在19世纪90年代的工业高涨时期，俄国资本主义更是获得了重大的发展。到20世纪初，俄国资本主义已进入垄断资本主义阶段，即帝国主义阶段。

1902—1903年的俄国，资本在100万卢布以上的大企业有710家，资本总数为207830万卢布，到第一次世界大战前夕，这类企业已发展到1107家，资本总数为426620万卢布，其中，资本在1000万卢布以上的企业从32家增加到95家，资本总数从41470万卢布增加到159770万卢布。企业规模不断扩大，产业工人也随之倍增。1901年，拥有500人以上的大企业虽只占企业总数的3.3%，却集中了工人总数的51.4%。1913年，5%的大型企业，集中了54%的工人。随着生产和资本的高度集中，出现了垄断组织，到第一次世界大战前夕，垄断组织已遍布所有的工业部门，控制着80余种主要产品的生产。银行资本也大大集中了，20世纪初，8个最大的银行控制了俄国全部银行资本的55.7%，银行控制了冶金工业资本的50%，控制了采煤工业资本的60%和电气工业资本的80%。[①] 银

---

① 〔苏〕安·米·潘克拉托娃：《苏联通史》第3卷，三联出版社1980年版，第5~9页。

行资本和工业资本的结合，就成为财政寡头，操纵着工业、商业、交通运输等国家的经济命脉。与此同时，垄断资本瓜分世界的要求也愈来愈成为俄国对外政策的重要因素。1900年俄国参加了为侵略中国而组织的八国联军；1904—1905年俄国和日本进行了争夺中国东北的战争；1907年俄国和英国签订了划分波斯的势力范围的协定；1912年俄国插手两次巴尔干战争，同德国和奥匈帝国争夺在巴尔干的势力范围。1914年俄国又参加了用武力重新瓜分世界的第一次世界大战。上述事实表明，俄国已出现了帝国主义的基本特征，已经是一个帝国主义国家了。

但与此同时，俄国还保留着大量的封建农奴制残余。在俄国农村存在着半农奴制的土地占有制和宗法式的经济形式。农民的经济技术水平极其低下。据1910年统计，全国正式使用的有1000把木犁和2500万个木耙，铁犁仅420万把，铁耙不足50万个，农业机械几乎等于零。在一些地区一直存在着半公开的"短期农奴制"。俄国的许多边疆地区在很大程度上保留着自然经济的封闭状态，甚至保留着原始的宗法经济；除了羊肠小道之外，没有铁路公路，几乎同现代工业文明相隔绝。俄国的工业严重落后于西方国家。1913年，俄国工业生产总量仅占世界工业生产总量的4%，而同一时期美国的工业生产总量则占世界工业生产总量的34%左右。[①] 由于经济落后，俄国日益成为西方国家的资本（主要是法国和英国的资本）输出场所，俄国的工业和金融业都操纵在外国资本家的手中，1914年外国资本在俄国股份公司中占有47%的比重。这种状况使俄国资产阶级具有两重性：一方面具有侵略弱小民族和争霸世界的本性；另一方面又具有对西方帝国主义国家的依附性。

综上所述，20世纪初，俄国已具备了社会主义革命所必须的基本物质前提。同时，俄国又具有不同于西欧主要资本主义国家的特点，正如列宁所说，俄国经济"一方面是最落后的土地占有制和最野蛮的乡村，另一方面又是最先进的工业资本主义和金融资本主义"，这就"构成俄国革命最深刻的原因的矛盾"。而在世界大战的特殊环境下，俄国社会的这些矛盾便异常尖锐地表现出来。战争引起了空前严重的政治、经济、民族的

---

① 《列宁全集》第16卷，人民出版社1988年版，第400页。

全面危机，加速了革命的到来。

二　二月革命胜利后建立起来的资产阶级临时政府的垮台和苏维埃的胜利是十月革命发生的直接前提

1917年2月27日（俄历，以下同）俄国二月革命胜利，这一日产生了彼得格勒工兵代表苏维埃，同时成立了俄国家杜马临时委员会。3月2日，成立了以李沃夫为首脑的资产阶级临时政府，其中包括米留可夫、古契柯夫和克伦斯基等人，这一政府代表着地主和大资产阶级的利益，维护着旧沙皇贵族的财产的特权。临时政府成立后不久便得到了美国、法国、英国、意大利的承认。这样，二月革命后的俄国出现了历史上罕见的两个政权并存的局面。一个是资产阶级临时政府，它是主要的政权，掌握全部主要国家机关，并拥有社会上层的支持，可以发号施令；另一个是工兵代表苏维埃，它得到工农士兵的支持，拥有实权，但它自愿把政权让给资产阶级，自己甘居次要地位，成为辅助性政权。

虽然临时政府作为一个政体在俄国开始行使起政府的职能，然而，临时政府自始至终都处在内外交困的危机之中。事实上，它一直是一个"悬在空中"的机构，全国各地的工兵代表苏维埃、农民代表苏维埃都凭借自己的群众基础牢牢掌握着自己的力量。李沃夫政府成立后，陆海军部长古契柯夫坚决反对承认苏维埃的合法性，要求它回到国家杜马中去，古契柯夫失败后不得不自动辞职。外交部长米留可夫宣称新政府将继续进行旧俄国的战争，并恪守战时协约国之间订立的各项条约，由此引起了轩然大波，他不得不从政府中辞职。司法部长克伦斯基保留下大部分原沙皇时代的检察官，沙皇贵族的财产和特权都得到了维护。由于新政府并没有实现民众对和平、土地、面包、民族自治的迫切要求，工农大众在布尔什维克党教育下逐渐看清临时政府的反动实质，愤怒地说："洋姜不比萝卜甜！"临时政府和沙皇政府一样，都是反革命反人民的政府。于是，工农大众几次上街示威，抗议它的所作所为，使临时政府的统治三次陷入危机中。4月，李沃夫被迫改组临时政府，克伦斯基就任陆海军部长。6月末，克伦斯基发动一次对德奥军队的攻势，军事进攻的彻底失败使李沃夫政府摇摇欲坠。7月8日，立宪民主党人退出政府，克伦斯基当上了新联合政府的总理。随即，克伦斯基主动迎来了前线"可靠的"科尔尼洛夫军队的反革命叛乱。克伦斯基在这一事件中扮演了极不光彩的角色,他原是指望科尔尼洛夫来对付拒不服从命令的首都驻军,却反而打了自己一个耳光。克伦斯基不得不求助于革命力量,科尔尼洛夫不战自败,新联合政府威信扫地。9月底,克伦斯基在"预备国会"上极为勉强地改组了政府,在短短的几个月里,脆弱的临时政府频频换人,然而,无论谁来组阁都是不可能拯救这个已成"空中楼阁"的临时政府的。

10月25日,临时政府在一天之内即被推翻。短命的资产阶级临时政府为什么注定要垮台?这个秘密要由苏维埃来揭破。

二月革命胜利当天,彼得格勒工兵代表苏维埃宣告成立。在短短时间内,全俄各地的工人代表苏维埃和农民代表苏维埃都成立了起来。彼得格勒工兵代表苏维埃是全俄苏维埃的中心。从性质上看,苏维埃仍不具备完善的政权机制,但是它却有着广泛的坚实的基础。厌战的士兵、饥饿的工人和农民都坚定地站在自己选举出来的苏维埃的一边。可以说这一时期,历史真正实现了谁背叛群众,群众就抛弃谁的真理。军官指挥不了士兵,官吏的命令无人理睬。任何决定都必须经苏维埃许可后方能执行。在临时政府与苏维埃并存的格局中,苏维埃的群众优势决定了临时政府的无能。

第一,转向革命的士兵和饥饿的工人农民是苏维埃的支柱,他们由于"和平、面包和土地"的共同利益而战斗在一起。临时政府则成了官吏和上层军官的空架子,失去了士兵的支柱之后,它无力约束革命的工人和农民。甚至可以说临时政府只有名义上的性质。

第二,苏维埃直接产生于士兵和劳动者之中,它完全是一种灵活的工具,时刻在根据工人群众的意见而调整自己。在非常时期,苏维埃代表了形势的走向,它取得了民众的信任,有着源源不断的生命力。临时政府则为了资产阶级和地主的利益而频频与工人农民发生尖锐冲突,它一步步地从革命转向反动。临时政府已经堕落为工人和士兵的革命对象。

第三,临时政府的失策逐渐掏空自己仅有的一点儿社会信任基础。而在苏维埃内部孟什维克和布尔什维克的较量中,布尔什维克则由少数变为多数。在布尔什维主义的旗帜下,苏维埃终于发挥出自己的全部力量,直接向临时政府挑战。当全社会各阶层都起来反对时,临时政府已成垂死之势。于是,在一日之内临时政府宣告垮台,短短的时间里,全国各地苏维埃都夺取了政权。从而为十月革命不可避免地发生奠定了政治力量的基础。

三 俄国国内外不可调和的矛盾是十月革命爆发的根本原因

20世纪初，俄国社会各种矛盾的尖锐化达到空前的程度。

阶级矛盾。广大备受压榨的农民和地主之间、雇佣工人和资本家之间矛盾日益尖锐。农村经常发生夺取地主土地、粮食和饲料的农民骚动。根据不完全的统计，1907年各种形式的农民反抗达197次，1914年发生1046次。工人的反抗斗争更是风起云涌，并且从经济罢工发展到要求推翻沙皇专制的政治罢工。1910年经济罢工有214次，政治罢工8次，1914年经济罢工迅速上升到1370次，政治罢工达1034次，参加者近十万之众。

民族矛盾。沙皇政府对待占人口57%的非俄罗斯民族的政策，一是推行大俄罗斯主义，压制少数民族的发展；二是挑动民族纠纷，防止各民族在反抗沙俄统治中团结起来。在波兰、波罗的海沿岸、芬兰和南高加索地区不断爆发反对沙俄专制的民族斗争，俄国成了众所周知的"各民族监狱"。第一次世界大战使民族关系空前紧张，非俄罗斯民族不仅承受着战争的重担，而且被强制"征调"：凡年满19岁至43岁的男性"帝国异族居民"，都必须应召参加军事后勤工作。此举遭到非俄罗斯民族的强烈不满。

俄国和其他帝国主义国家之间的矛盾。俄国由于社会经济发展的落后，使得本国经济对西欧发达国家有强烈的依附性，依赖于外国的投资，外资大量流入采矿、铁路、冶金、机器制造和银行等重要国民经济部门，操纵着俄国的工业和金融。在1913年仅偿付外债就达4.424亿卢布，占整个国家预算支出的13.7%。

俄国日益沦为外国资本的原料输出地。继克里米亚战败后，沙皇政府在日俄战争中再遭惨败，俄帝国面临被肢解的危险。

深刻的社会矛盾激起俄国社会各个阶级、各个阶层的反抗。作为其阶级利益的代表——19世纪末20世纪初随着西方民主思想的传入成立的各类资产阶级政党，他们或要求君主立宪，或要求实行资产阶级法治，迫使沙皇政府变革。除此之外，最引人注目的是1898年成立的以马克思主义为指导的俄社会民主工党，在列宁领导下其矛头直指专制政府，直接提出了推翻沙皇专制，实行无产阶级革命的口号。

沙皇政府摇摇欲坠的"上层"已无法继续照原样统治下去。

1914年爆发的第一次世界大战，是促使革命爆发的导火线。沙皇政府在战争中严重失利，俄国伤亡和被俘人数达350万之多，且丧失大片在经济战略上十分重要的领土。这一场战争，使本已不景气的社会陷入了无法自拔的最后危机。1915年，发生了燃料危机，顿巴斯开采的煤有35%运不出去；1916年12月，彼得格勒73家停工企业中，半数以上是因为缺乏燃料。运输危机更造成了国民经济的很大混乱。而粮食危机更大，与1914年相比，1916年国家只收购到了50%的粮食。粮价及其他食品价格飞涨。1917年1月，首都的面粉只够吃10天，食油只够吃3天。战争把国内一切资源都消耗尽了。沙皇政府因税收不能弥补赤字，只得大量发行纸币，造成卢布贬值。沙皇政府向外大量借债，战争期间外债达80亿卢布之多，从而更加依赖英、法、美等帝国主义国家。战争使千百万人背井离乡，生活极端困苦，"下层"人民再也不愿意照原样生活下去，革命一触即发。德·阿宁在《克伦斯基等目睹的俄国1917年革命》一书中写道：在革命之前的几个月就已经感觉到充满大革命的气氛，随时都有发生动乱的可能，然而，这种感觉却不是从布尔什维克、马克思主义者和革命家那里显露出来的，而是从温和的社会主义者、自由主义者、右派那里，特别是从保安局的报告中显示出来的……克伦斯基、米留可夫和罗将柯这样一些著名的杜马领袖在革命前夕的讲话中就已提出了警告：国家很快就会发生动乱，必将陷入深渊。

四 工人阶级力量的发展和政治思想的成熟，产生了列宁这样的马克思主义者和俄国布尔什维克党，这是十月革命爆发的主观条件和取得胜利的根本保证

列宁在1911年论及巴黎公社失败的教训时曾说，胜利的社会革命至少要具备两个条件：生产力的高度发展和无产阶级的充分准备。即要具备实现社会主义革命的客观物质基础和主观条件。当革命的客观条件业已成熟，革命时机已到来之时，无产阶级能否夺取政权，取决于是否具备革命的主观条件，特别是取决于阶级力量的对比和领导革命的政党及其领袖人物的决策。

而当时的俄国正好具备了这些主观条件。

当时,俄国无产阶级的力量超过了资产阶级的力量。俄国无产阶级同西欧资本主义国家相比,虽然不够强大,人数不占优势,但却具有西欧无产阶级所不及的优点。首先,俄国无产阶级身受资本主义和农奴制残余的双重压迫,具有更高的阶级觉悟和强烈的革命精神;其次,俄国资本主义发展相对集中,工人阶级的队伍更为聚集,在纺织、冶金、矿山、铁路运输等行业,集中了绝大多数的产业工人。其中集中在1000人以上大企业的工人占到全国工人总数的40%;集中在彼得格勒地区和莫斯科地区的产业工人占全国工人总数的64%。这就增强了工人阶级的团结性、组织性和纪律性。再次,俄国无产阶级有较丰富的政治斗争经验。早在19世纪70年代,大城市的工人为反对旧制度,就先后建立了"南俄工人协会"、"北方工人协会"等战斗组织。特别是经历了1905年、1917年2月两次资产阶级民主革命和世界大战的锻炼与考验,显示出无产阶级的革命毅力和政治上的成熟性。事实证明:只有无产阶级才是彻底的革命力量,只有它才能把资产阶级民主革命进行到底,并及时转向社会主义革命。

由于俄国是农民占绝大多数的国家,无产阶级能同广大贫苦农民建立巩固的联盟。占俄国总人口80%的广大农民,在沙皇专制统治下,政治上没有民主与自由,经济上受着资本主义生产方式的残酷剥削,同沙皇政权、地主贵族之间的矛盾十分尖锐,因此,他们在反对沙皇统治和争取土地的斗争中同工人争取社会主义的斗争的利益相一致,是无产阶级的同盟军,且蕴藏着巨大的革命潜力。在1905年资产阶级民主革命中,广大农民投入反沙皇制度、要求土地和自由的斗争。俄国无产阶级及其政党布尔什维克,为引导农民走上革命的道路,制定了土地纲领,在革命斗争中结成联盟,创立了"工人苏维埃"、"农民苏维埃"这些新型革命战斗组织。在1917年二月革命中,工农联盟是推翻沙皇政权的决定性力量。二月革命胜利后,在工、农代表苏维埃的基础上,成立了工农民主专政的政权,积极推动资产阶级民主革命向社会主义革命转变。正如列宁指出的:"俄国的落后使得无产阶级反对资产阶级的革命与农民反对地主的革命独特地结合了起来。我们在1917年10月就是这样开始革命的,不然,我们就不会那样容易取得胜利。"①

有以列宁为首的马克思主义政党的正确领导。十月革命的发生，是俄国社会历史发展的必然。但是，如果没有列宁和布尔什维克党的正确领导，如果没有革命领袖和革命政党的首创精神与高超的领导艺术，就不可能把历史的必然性及时地转变为现实。在准备和发动革命的过程中，在革命斗争发生转折的关键时刻，列宁和布尔什维克党在一系列重大问题上采取果断措施，作出英明决策，从而保证了革命运动顺利进行。1917年二月革命胜利后，俄国出现两个政权并存的特殊局面，反映了二月革命后政治形势和阶级力量对比的新变化。在这个历史转折关头，列宁抓住时机，统一全党思想，及时制定了从资产阶级民主革命向社会主义革命过渡的方针，提出了"社会主义革命万岁"的口号。1917年7月反革命势力发动叛乱，结束了两个政权并存的和平发展局面，俄国政治形势发生了新的变化，反革命势力联合起来，控制了国家政权。在这个革命发展的又一重要关头上，布尔什维克及时召开党的第六次代表大会，重新制定斗争方针，放弃"全部政权归苏维埃"的和平发展的策略口号，确立实行武装起义、推翻资产阶级临时政府、建立无产阶级专政的总方针。"六大"确定的准备武装起义总方针为革命发展指明了方向，全党工作重心转向准备武装起义。自1917年六月反革命叛乱发生至十月武装起义前夕，列宁撰写了110篇文章，其中60多篇（包括书信）都是为了发动武装起义做准备的。与此同时，列宁还主持召开了30多次中央会议，商议和决定有关武装起义工作。1917年10月24日（俄历）清晨，当反动政权首先挑起内战的紧急形势下，列宁和布尔什维克党中央在做了充分准备的基础上，立即果断地决定于当晚提前发动武装起义，认为"拖延起义就是犯罪"。1917年10月25日晚，在彼得格勒赤卫队攻打临时政府所在地冬宫的隆隆炮声中，列宁主持召开全俄工兵苏维埃代表大会，向全世界宣告建立了世界上第一个社会主义国家。

总之，十月革命取得胜利，既有客观条件，也有主观因素；既合乎社会发展的客观规律，也是当时国际和俄国国内特定的社会历史条件使然。把这一划时代的大革命的胜利看成是"历史的偶然"，或少数人搞的"阴

---

① 《列宁选集》第3卷，人民出版社1995年版，第794页。

谋政变"都是不符合实际的、错误的。

第二节 十月革命的发展道路

20世纪末，在东欧剧变、苏联解体，世界社会主义事业处于低潮的情况下，一部分人不免对十月革命道路究竟是否正确，是否具有普遍性、规律性产生了怀疑。一时间，十月革命搞错了或者搞早了的论调颇为流行。

十月革命发生在俄国，固然有其民族特点，但就其基本经验来说是具有普遍意义的。列宁说："我国革命的某些基本特点所具有的意义，不是局部地区的、一国特有的、仅限于俄国的意义，而是国际的意义。"[①] 毛泽东也指出："十月革命的道路，从根本上说来，是全人类发展的共同的光明大道。"十月革命的胜利表明，"无产阶级必然能够战胜资产阶级，社会主义必然能够战胜资本主义，被压迫民族必然能够战胜帝国主义。当然在人民前面还有困难和曲折。但是，列宁在36年前说得好，'重要的是，坚冰已经打破，航线已经开通，道路已经指明'。"[②] 毛泽东对十月革命的这一评价，反映了社会发展的规律性，是颠扑不破的真理。

十月革命道路究竟是什么？十月革命的道路，就是苏联社会主义革命和建设的基本经验。对此，中共中央1956年在毛泽东主持下撰写的《再论无产阶级专政的历史经验》一文作了精辟的总结和概括：（一）无产阶级先进分子组织成为共产主义的政党，这个政党以马克思列宁主义为自己的行动指南，按照民主集中制建立起来，密切联系群众，力求成为劳动群众的核心，并且用马克思列宁主义教育自己的党员和人民群众；（二）无产阶级在共产党领导之下，联合劳动人民，经过革命斗争从资产阶级手里取得政权；（三）在革命胜利后，无产阶级在共产党领导之下，以工农联盟为基础，联合广大的人民群众，建立无产阶级对于地主、资产阶级的专政，镇压反革命分子的反抗，实现工业的国有化，逐步实现农业的集体化，从而消灭剥削制度和对于生产资料的私有制度，消灭阶级；

[①]《列宁选集》第4卷，人民出版社1995年版，第132页。
[②]《十月革命40周年纪念文集》，人民出版社1958年版，第60页。

（四）无产阶级和共产党领导的国家，领导人民群众发展社会主义经济和社会主义文化，在这个基础上逐步地提高人民的生活水平，并为将来过渡到共产主义社会而奋斗；（五）无产阶级和共产党领导的国家，坚持反对帝国主义侵略，承认各民族平等，维护世界和平，坚持无产阶级国际主义原则。[①]

这些基本经验，即我们所说的十月革命的道路，是经过历史考验的马克思列宁主义的普遍真理。它们反映了人类社会发展长河中这个特定阶段内关于社会主义革命和建设的普遍规律，而且也是各国无产阶级为了取得胜利都必须走的共同道路。这是社会主义的共性。正因为这样，我们中国共产党人始终把自己所从事的事业看成是伟大的十月革命的继续。

100多年国际共产主义运动的历史、尤其是苏联东欧剧变的现实表明：一切修正主义极力否定和集中攻击的正是这些基本的东西。他们正是想避开十月革命所开创的无产阶级解放这一条必由之路，以适应资产阶级的需要，维护资本主义的统治。在无产阶级革命取得胜利以前，修正主义竭力攻击无产阶级革命和无产阶级专政，反对无产阶级夺取政权；在建立了社会主义制度后，修正主义又竭力攻击共产党的领导、无产阶级专政、生产资料公有制和按劳分配原则、马克思列宁主义的指导（用我们现在常用的话来说，也就是四项基本原则），企图颠覆社会主义制度，复辟资本主义。苏联东欧剧变这一世纪性的悲剧，不是十月革命道路的失败，而是否定和放弃十月革命道路的结果。它从反面证明了捍卫十月革命道路的必要性。

不言而喻，十月革命的道路反映的是人类社会发展中社会主义革命和建设的共同的方面。由于各国具体国情以及所处的历史条件的差异，它们实现共同规律的具体形式必然会有不同。从这个意义来说，不同的国家都会有它自己的具体的发展道路。这就是社会主义的特殊性。所有国家在进行革命和建设时都必须把社会主义的共性和特殊性结合起来，既要坚持十月革命这一共同的道路，又要努力根据本国具体国情寻找实现这一共同规律的具体形式。马克思列宁主义认为：在人类社会的发展中有共同的基本规律。但是在不同的国家和民族中间，又存在着千差万别的特点。因此，

---

① 《人民日报》，1956年12月29日。

每个民族都经历着阶级斗争,并且最后都将沿着在一些基本点上相同、而在具体形式上各有不同的道路,走向共产主义。教条主义者是思想懒汉,他们不懂得十月革命道路这一共同规律只有通过一定的民族特点、特殊国情,才能在现实生活中具体地表现出来和发挥作用。他们不肯根据这些特点具体地运用马克思列宁主义的普遍真理来解决本国的问题。因此,他们也就不可能指导无产阶级的事业达到成功。某些社会主义国家出现的不顾本国国情照抄照搬苏联具体模式带来的问题,证明了教条主义的危害。我国从20世纪50年代起,以毛泽东同志为核心的第一代中央领导集体就开始探索具有中国自己民族特点的社会主义道路,明确提出以苏联经验为鉴戒,走中国自己的路。对此,毛泽东曾说"我们中国人民正是沿着十月社会主义革命的道路取得今天的胜利和成就的。中国人民一贯把中国革命看作伟大的十月社会主义革命的继续,并且以此为莫大的光荣。"① 中共十一届三中全会以后,邓小平在总结中国社会主义建设成功和失败的历史经验基础上,在十二大上提出:"把马克思主义的普遍真理同我国的具体实际结合起来,走自己的道路,建设有中国特色的社会主义,这就是我们总结长期历史经验得出的基本结论。"② 并在中国改革开放和现代化建设的实践中,逐步形成了邓小平建设有中国特色的社会主义理论,提出了"一个中心、两个基本点"的党的基本路线,找到了十月革命这一共同道路与我国具体国情相结合形式,继承、丰富和发展了马克思列宁主义、毛泽东思想,为国际共产主义运动作出了重大贡献。

第三节 十月革命的历史意义和世界影响

十月革命是20世纪震撼世界最伟大的历史事件,过去蕴藏着的、为世人所不曾见过的俄国无产阶级和劳动群众的革命精神和力量,在列宁的领导下像火山一样迸发出来,世界从此对俄国另眼相看了,对无产阶级另眼相看了。站在新世纪之初,回首上世纪之初发生的这场革命,更能感受到它对世界发展的深刻影响及其伟大意义。

---

① 《人民日报》,1957年4月18日。
② 《邓小平文选》第3卷,人民出版社1993年版,第3页。

一 十月革命的历史意义

十月社会主义革命是在一个经济文化比较落后，没有经过资本主义高度发展阶段的国家取得胜利的。这是科学社会主义关于无产阶级革命，武装夺取政权，建立无产阶级专政学说的一次伟大实践，也是俄国无产阶级打碎旧世界，建设新社会的伟大创举。

（一）十月革命对俄国的意义

十月革命完成了俄国资产阶级民主革命的任务，使俄国彻底摆脱了封建农奴制残余的束缚，结束了剥削阶级的统治，使俄国走上了社会主义的康庄大道，并进而建立起社会主义的经济制度、政治制度和文化制度，使占俄国人口绝大多数的工人和农民第一次成了国家政治生活的主人。从经济地位看，革命前贫富差距极大，12家银行控制全国银行资本的80%，达几十亿卢布，而工人平均月工资不足16卢布；平均每户地主拥有300俄亩土地，普通农户只有8俄亩。革命后，仅从1940年工资水平看，全国各部门职工月平均工资为33卢布，其中工业生产部门工人为32.3卢布，建筑工人为33.9卢布，运输工人34.7卢布，农场职工为21.9卢布，文教部门职工为32.3卢布，科研机构46.7卢布，而国家各级管理机关干部为38.8卢布。在俄国及人类历史上第一次真正实现了社会公正、平等的原则。

保持了国家独立和领土完整。正如俄共1995年1月第三次代表大会通过的党纲中所指出那样，伟大的十月社会主义革命使俄国在第一次世界大战中，在军事、政治和经济崩溃，领土被肢解，执政的资产阶级和地主联盟完全丧失能力的情况下保存民族国家唯一现实的机会。在第二次世界大战中，1941年，当法西斯德国入侵苏联，使占人口45%、工业总产值33%、耕地面积47%的领土沦入敌手，苏联面临灭亡之时，由十月革命而激发巨大热情的苏联工人、农民和士兵依靠国家强大的工业和国防能力，在苏共领导下英勇奋战，终于把德军赶出苏联，不仅为世界人民最终消灭希特勒德国作出贡献，而且再次捍卫了俄罗斯的主权和领土完整。

短期内使俄国成为世界工业强国，向实现现代化迈出坚实步伐。列宁在驳斥第二国际一些人认为"俄国生产力还没有发展到足以实现社会主义的水平"时曾提出一个著名论点：为什么不可以首先用革命手段取得达到这个一定水平的前提，"然后在工农政权和苏维埃制度的基础上赶上别国人民呢?"① 十月革命后,苏维埃政权加快了工业化步伐,在较短时期内,即在1937年第二个五年计划完成后从一个落后农业国变成了工业国:1913年俄国农业总产值为240.43亿卢布,占国民收入的34.8%,工业和运输业仅为133.83亿卢布,占国民收入19.3%,到1937年苏联农业产值为262亿卢布,工业总产值已达955亿卢布,已占国民收入80%以上。1938年与1913年相比较,苏联工业产值增长了近7倍,年均增长率为7.8%,同期美国年增长率为1.4%,英国为0.7%,法国为0.6%,日本为2.7%,德国为1.6%。② 苏联仅用几十年时间走完了西方国家上百年才走完的工业化进程。而且此时苏联工业总产值已占世界第二位,欧洲第一位。

虽然苏联已经解体,社会主义制度已不复存在,但是伟大的十月革命的光荣传统,将永远铭刻在俄罗斯人民和独联体各国人民的心中,并将对它们今后的发展给予深刻的影响。

(二) 十月革命的国际意义

十月革命实现了世界社会主义运动史上第二次伟大的历史性飞跃,社会主义自此在地球上由理想变为现实、由科学理论变为崭新的社会制度,人们不再只是从书本上去论证或设计社会主义社会,而可以在经济文化并不发达的国家创造新生活,建设新的社会制度。

实现社会主义是工人阶级和一切被压迫、被剥削的劳动群众的理想。千百年来,广大劳动者一直渴望建立一种没有阶级压迫和阶级剥削的社会制度。社会主义理想是伴随资本主义剥削制度的产生而出现的。从16—19世纪初,一批空想社会主义者表达了建立新的社会制度的愿望。他们的杰出代表对资本主义制度进行了深刻的揭露和批判,对未来的新社会作了充满热情的讴歌和描绘。但是,他们始终没有走出"乌托邦寓言的云雾"。拨开这种云雾、揭示人类社会发展规律的历史任务,是由马克思和恩格斯完成的。

19世纪30—40年代,马克思和恩格斯在欧洲资本主义国家的经济关

---

① 《列宁选集》第4卷,人民出版社1995年版,第777页。
② 苏联科学院经济研究所:《苏联社会主义经济史》第4卷,三联书店1982年版,第23页。

系日趋成熟的情况下，积极投身于工人运动实践，在批判地继承前人优秀成果，总结欧洲工人运动经验的基础上，创立了唯物史观和剩余价值学说，从而使社会主义从空想变成科学，实现了社会主义发展史上的第一次飞跃。

19世纪末20世纪初，在西方资本主义从自由竞争进入垄断阶段，国家间的竞争和争夺殖民地的斗争空前激烈，并酿成第一次世界大战的条件下，列宁通过深入分析帝国主义时代经济政治发展的新情况，在理论上创造性地提出社会主义在帝国主义阵线最薄弱的环节首先取得胜利的论断，领导了伟大的俄国十月革命并取得了胜利，创立了人类历史上第一个无产阶级专政的国家，使社会主义制度在世界1/6的土地上变成了现实。从此，社会主义不再仅仅是一种理论、一种美好的愿望，它已经作为一种社会制度存在于现实生活之中。这是人类历史上的一次壮丽的日出。

十月革命的胜利，动摇了帝国主义的殖民体系，开辟了各帝国主义国家无产阶级革命的新纪元。俄国无产阶级首先举起了反对资本主义、帝国主义的大旗，在一个最大的资本主义国家推翻了地主资产阶级的统治，建立了无产阶级专政，使被剥削、被压迫的无产阶级第一次上升到统治的地位。这就为国际无产阶级树立了光辉的榜样，大大增强了他们的斗争勇气和信心。各国人民的革命斗争中，每当遇到困难、遭到失败的时候，他们总是从十月革命，从社会主义俄国得到鼓舞。而且，俄国无产阶级在革命过程中积累了丰富的斗争经验，粉碎了第二国际修正主义的谬论，为各国无产阶级的革命斗争开辟了一条正确的道路。正如斯大林所说："十月革命的伟大意义之一就在于它表明了列宁主义必然战胜世界工人运动中的社会民主主义。""第二国际和社会民主主义在工人运动中统治的时代已经完结了。""列宁主义和第三国际统治的时代已经到来了。"①

十月革命的胜利不仅动摇了帝国主义统治的中心，而且也打击了帝国主义的后方，震撼了帝国主义在殖民地、附属国的统治，开辟了民族殖民地人民解放运动的新时代。十月革命把民族问题"从欧洲反对民族压迫的局部问题变为各被压迫民族、各殖民地和半殖民地从帝国主义压迫下解

---

① 《斯大林全集》第10卷，人民出版社1954年版，第212页。

放出来的总问题。"① 同时，十月革命的胜利，也使民族殖民地解放运动从世界资产阶级革命的一部分变成了世界无产阶级革命的一部分，从资产阶级革命的同盟军变成了无产阶级革命的同盟军。因为十月革命改变了世界历史的发展方向，使整个世界分成了两个互相敌对的营垒，即国际帝国主义反革命营垒与国际无产阶级革命营垒，在这种情况下，"不管被压迫民族中间参加革命的阶级、党派或个人，是何种的阶级、党派或个人，又不管他们意识着这一点与否，他们主观上了解了这一点与否，只要他们反对帝国主义，他们的革命，就成了无产阶级社会主义世界革命的一部分，他们就成了无产阶级社会主义世界革命的同盟军。"② 不仅如此，十月革命的胜利还为各被压迫民族与殖民地人民的彻底解放指明了一条正确的道路，即在无产阶级领导下，与国际无产阶级结成联盟，进行彻底的反帝反封建斗争的道路。从此，"殖民地和附属国的解放革命的时代，这些国家的无产阶级觉醒的时代，无产阶级在革命中掌握领导权的时代已经到来了。"③

十月革命的胜利，社会主义制度的建立，大大地解放了社会生产力，显示了社会主义制度的优越性和生命力。众所周知，十月革命胜利之初，国内外敌对势力从各个方面对新政权进行威胁，加上社会主义建设是一项开天辟地的事业，没有前人的经验可供借鉴，布尔什维克党面临的形势十分严峻。但是，以列宁为代表的布尔什维克党人凭着对社会主义事业的坚定信念，依靠人民群众的积极性和创造性，不断在实践中总结经验，修正失误，巩固了新政权，探索出了一条以新经济政策著称的社会主义建设新路，使国民经济很快得到恢复。列宁逝世后，苏联共产党虽然出现了若干重大失误，但是基本上坚持十月革命开创的社会主义道路，依靠工人阶级和人民群众，胜利完成了两个五年计划，实现了国家工业化，使国民经济发展水平由原来的欧洲第四位上升到第一位。苏联很快就跻身于世界强国之林。当20世纪30年代初整个资本主义世界陷入经济危机而百业萧条，社会主义苏联却蒸蒸日上、阔步前进的时候；当40年代初德国法西斯军

---

① 《斯大林全集》第4卷，人民出版社1954年版，第148页。
② 《毛泽东选集》第2卷，人民出版社1991年版，第671页。
③ 《斯大林全集》第10卷，人民出版社1954年版，第208页。

队猖狂践踏中西欧大部分国家的领土，而在苏联红军的有力反击下却连连溃败的时候，谁不由衷地赞叹社会主义制度的威力！苏联和后来陆续建立的社会主义国家取得的成就，鼓舞了资本主义国家工人阶级的斗争，迫使那些国家的统治阶级为巩固自己的统治而调整政策，从而使劳动人民的状况得到了一定程度的改善。

十月革命的胜利，打破了资本主义一统天下的局面，打破了资本主义生产方式永世长存的神话，形成了"一球两制"的世界新格局。在十月革命及其开创的社会主义事业推动下，马克思列宁主义以空前磅礴的气势向世界各地传播。民族民主革命和社会主义革命有了新的高涨。第二次世界大战以后，欧洲、亚洲、拉丁美洲的一些国家相继建立社会主义制度，社会主义从一国实践发展成为多国实践。特别是中国革命的胜利，使世界政治力量的对比发生了深刻的变化。半个多世纪以来，尽管全球政治、经济面貌发生了巨大的变化，尽管苏联东欧的剧变使欧亚10个社会主义国家改制易帜、社会主义事业遭受到空前的挫折，但是它并没有撼动社会主义制度在亚洲和拉丁美洲的发展，今天，十月革命所开创的社会主义事业正在中国、越南、朝鲜、古巴和老挝等社会主义国家继续着、发展着，在全世界继续着、发展着，昂首阔步地在21世纪前进。

二　十月革命的世界影响

(一) 十月革命的首创精神鼓舞了全世界被压迫人民和被压迫民族

十月革命为全世界的一切被压迫民族树立了榜样，推动了被压迫民族争取解放的斗争。正是在十月革命的影响下，被压迫民族日益觉醒，一次又一次地掀起反殖民主义斗争的高潮，如：1918年8月，日本发生了所谓"米骚动"；1918年11月在德国爆发了革命；1919年3月，匈牙利发生了无产阶级革命；同年4月，德国巴伐利亚建立了苏维埃政权；1920年，在意大利爆发了工人夺取工厂、农民夺取土地的斗争。可以说，这些运动的如火如荼，都与十月革命有着直接联系。在东方，1919年中国"五四"运动、朝鲜人民反对日本压迫者的"三一"运动、土耳其的凯末尔革命与印度旁遮普的起义，也都曾受到十月革命的激励。这些革命斗争大多数都被帝国主义资产阶级镇压下去了，然而它们都在不同程度上打击了帝国主义的统治，支持了新生的苏维埃政权，表明了各国无产阶级与殖民地半殖民地人民"走俄国人的路"的决心。

（二）十月革命促进了西方工人运动与东方被压迫民族解放运动的联合

正如斯大林所指出的，十月革命"在社会主义的西方和被奴役的东方之间架起了一座桥梁，建成了一条从西方无产者经过俄国革命到东方被压迫民族的新的反对世界帝国主义的革命战线。"[①] 十月革命前的西方工人运动由于受第二国际的控制，在民族殖民地问题上采取了追随本国政府的方针。就连卢森堡这样的左派领导人也有这方面的错误。然而自十月革命起情况改变了。苏维埃政权面对帝国主义的联合武装干涉，积极联合东西方的革命力量。1919年共产国际建立，它将过去的"全世界无产者联合起来"的口号，发展为"全世界无产者和被压迫民族联合起来！"这口号进而发展为各国共产党和社会主义国家的对外政策。新中国成立以来一直将支持被压迫民族的解放运动和加强同第三世界发展中国家的合作作为自己外交政策的基石，这里就蕴含着十月革命的影响。

（三）十月革命使社会主义从欧美的运动发展为世界的运动，掀起了两次世界社会主义革命的高潮

1917年俄国十月革命的成功，引发了20世纪世界社会主义运动的第一次高潮。在十月革命胜利的鼓舞下，芬兰、德国、匈牙利等欧洲国家的无产阶级曾掀起夺取政权的革命风暴；朝鲜、中国、印度等亚洲国家出现了规模空前的反帝反封建的民族民主革命运动。在欧亚革命风暴中，欧洲无产阶级左派纷纷脱离社会民主党，建立了共产党；印度、中国等亚洲国家的共产党相继成立。使世界社会主义运动走出了第二国际破产的低迷，并把活动舞台从欧洲扩展到亚洲。

第二次世界大战后，社会主义运动又出现了第二次高潮。苏联迅速恢复和发展国民经济，改善人民生活的榜样作用和在世界反法西斯战争中的重大贡献，以及中国等一系列社会主义国家的建立，在世界上造成了很大的震动，产生了强大的吸引力。在社会主义革命胜利的影响下，发达资本主义国家的共产党，力量增强，队伍扩大，工人运动有了进一步的发展。在社会主义国家的支持下，亚非拉民族解放运动不断高涨，持续了几百年

---

① 《斯大林全集》第4卷，人民出版社1954年版，第149页。

的殖民体系在反帝反殖的革命浪潮冲击下，土崩瓦解。在挣脱殖民枷锁获得民族独立的国家中，有许多还表示要以社会主义为发展方向。社会主义思潮和运动，不仅在欧洲和亚洲，而且在整个世界广泛兴起和发展。

（四）十月革命推动了马列主义在全世界的进一步传播和各国马克思主义政党的建立

十月革命以前，马克思主义的传播主要限于欧洲和北美；十月革命以后，全世界无产阶级和劳动群众认识到马列主义的真理性及其无比的威力，从而使马列主义走出了欧美的狭窄范围而在全世界获得广泛传播。在十月革命的影响下，1918年德国、波兰、匈牙利、阿根廷等7国建立了共产党、工人党，1919年美国、保加利亚、墨西哥等6国建党，1920年英国、法国、印度尼西亚、乌拉圭等9国建党，1921年中国、意大利、罗马尼亚、捷克等7国建党，以后陆续还有许多国家建立了共产党。马列主义的广泛传播和各国马列主义政党的建立和发展，从根本上改变了各国历史的进程。正如毛泽东所说："十月革命一声炮响，给我们送来了马克思列宁主义。十月革命帮助了全世界的也帮助了中国的先进分子，用无产阶级的宇宙观作为观察国家命运的工具，重新考虑自己的问题。走俄国人的路——这就是结论。"① 他还说："中国共产党所领导的人民革命，从来就是十月革命所开始的社会主义革命的一个组成部分。"②

第四节　十月革命的当代评价

在十月革命4周年时，列宁就说过："这个伟大的日子离开我们愈远，俄国无产阶级革命的意义就愈明显，我们对自己工作的整个实际经验也就思考得愈深刻。"③ 进入21世纪，人们对十月革命历史意义和世界影响的思考，由于立场不同、观点不同，得出的结论也会不同。特别是在十月革命故乡建立起来的社会主义大厦轰然倒塌之后，如何评价十月革命的历史地位更成为国际论坛的一个热点。

---

① 《毛泽东选集》第4卷，人民出版社1991年版，第1471页。
② 《在苏联最高苏维埃庆祝伟大的十月社会主义革命四十周年会议上的讲话》，《人民日报》，1957年11月7日。
③ 《列宁选集》第4卷，人民出版社1995年版，第563页。

一 十月革命是历史的必然

西方的自由派和 20 世纪 20 年代流亡国外的俄国政治家一直不承认十月革命爆发的历史必然性。而对于苏联的史学界来说,十月革命是历史的必然、是无产阶级领导的人民大众反对资产阶级的社会主义革命,这个立论是无可争议的。然而从 80 年代末起,苏联的某些政论家、新闻记者开始对十月革命发难,他们重弹西方自由派和俄国流亡政治家的老调,从根本上否认十月革命。苏联解体后,少数俄罗斯的右翼政治家则更是公开谴责十月革命。他们认为,十月革命是各种偶然事件巧合的结果,与社会发展的进程没有必然联系。

对上述这种无视历史事实、否认革命的必然性的论调,绝大多数俄罗斯学者以至一些严肃的西方学者都据理进行了反驳。俄罗斯科学院院士帕·瓦·沃洛布耶夫、英国的十月革命问题"重评派"学者爱·阿克顿、美国的俄裔十月革命问题专家亚·叶·拉比诺维奇等都认为,十月革命是 20 世纪初俄国客观历史发展的必然产物,是社会各种矛盾激化的结果。十月革命的爆发是人民群众对和平、土地和面包的渴求在政治上的反映,"全部政权归苏维埃"是人民作出的选择;布尔什维克党顺应历史潮流,不失时机地领导人民推翻资产阶级政权,建立工农政权,这是得到人民的广泛支持的。

那么,十月革命究竟是必然的还是偶然的?辩证唯物主义告诉我们,在表面上看是偶然因素起作用的地方,实际上是受着一种内在的隐蔽的规律的支配,问题在于发现这些规律。在讨论十月革命及其引火物——第一次世界大战发生的历史必然性问题时,我们不能不为恩格斯的科学预见所叹服。早在 19 世纪 80 年代,恩格斯就预见到一场大规模世界战争和无产阶级革命行将到来的不可避免性。恩格斯说:"对于普鲁士德意志来说,现在除了世界战争以外已经不可能有任何别的战争了。这会是一场具有空前规模和空前剧烈的世界战争。那时会有 800 万到 1000 万的士兵彼此残杀,同时把整个欧洲都吃得干干净净,比任何时候的蝗虫群还要吃得厉害。三十年战争所造成的大破坏集中在三四年里重演出来并遍及整个大陆;到处是饥荒、瘟疫,军队和人民群众因极端困苦而普遍野蛮化;我们在商业、工业和信贷方面的人造机构陷于无法收拾的混乱状态,其结局是普遍的破产；旧的国家及其世代相因的治国才略一起崩溃，以致王冠成打地滚在街上而无人拾取；绝对无法预料，这一切将怎样了结，谁会成为斗争中的胜利者；只有一个结果是绝对没有疑问的，那就是普遍的衰竭和为工人阶级的最后胜利造成条件。"[1] 恩格斯这一大段对世界形势的分析和预测几乎一字不差地变成了现实，仿佛历史舞台上的戏剧就是按照恩格斯的脚本排演的，只不过出场的士兵人数比恩格斯估计的还要多好几倍。这说明，第一次世界大战及由此引起的十月革命乃是历史发展合乎规律的结果。

二 十月革命是历史的飞跃

把十月革命说成是"历史悲剧"的观点来自西方资本主义世界。有人提出，十月革命是对俄国社会进行最严重的革命破坏的开始，布尔什维克的实验是人类近代史上持续时间最长、最激烈的极权主义社会实验。布尔什维克在其执政期间非但没能解决俄国社会在 20 世纪所面临的诸多问题，反而引发了经济、政治、精神及对外政策等危机。因此，十月革命是 20 世纪最大的悲剧性错误。按照他们的观点，如果没有十月革命，俄国会沿着资本主义道路走向繁荣，和美国、英国等国一起跨进发达资本主义国家行列。十月革命一声炮响，断送了俄国资本主义发展的前程，使俄国陷入了苦难的深渊。

这种观点丝毫不符合历史的真实。

十月革命前的俄国是一个相当落后的资本主义国家。虽然资本主义已经发展到垄断阶段，但只是集中在少数几个工业城市，广大的农村却还保存着农奴制残余，残酷的阶级压迫和民族压迫使广大劳动人民过着暗无天日的生活。法国历史学家让·艾伦斯坦用数字说明了俄国的落后状态：人口只有俄国 1/4 的法国，其工业生产却是俄国的 2 倍半。美国工业生产的绝对数字是俄国的 14 倍，而以人口平均计算，则是它的 22 倍。而且，这些数字只反映了数量上的情况，从质量上看，差别还要大。此外，俄国的工业化并未深刻改变这个辽阔的国家的农村结构。集中在几个大城市和某些地区（圣彼得堡、莫斯科、顿巴斯、巴库、乌拉尔）的工业，在沙俄

---

[1] 《马克思恩格斯全集》第 21 卷，人民出版社 1965 年版，第 401~402 页。

的巨大的乡村躯体上，好像是几块嵌镶的装饰品。第一次世界大战更把俄国推到了崩溃的边缘。正是十月革命拯救了俄国，为俄国生产力的发展开辟了广阔道路。十月革命20年后，苏联一跃而成为世界第二工业强国，其工业产值超过了欧洲的每一个国家。苏联在第二次世界大战中的胜利，同俄国在第一次世界大战中的溃败，形成了鲜明对比。十月革命40周年时，苏联走在发达资本主义国家前头，成功地发射了世界第一颗人造地球卫星。到20世纪70年代初，苏联的工业产值达到美国的75%，国民收入达到美国的2/3。苏联所取得的成就，是东西两半球不带偏见的公正的人士公认的事实。至于后来苏联的剧变和解体，其根本原因是苏共自己否定社会主义制度和党的领导，丢弃马克思列宁主义和无产阶级专政，推行人道的民主的社会主义路线的结果，是背离十月革命道路的结果。不管人们从哪个角度去分析苏联解体、苏共取消的原因，也不能把这笔账算在十月革命的头上。

当然，十月革命的意义远远超出苏联一国的范围，它对20世纪整个世界的历史也产生了极大的影响。它促进了亚、非、拉各国解放事业的胜利，加速了帝国主义殖民体系的瓦解。苏联作为一种新型的社会制度，它给国际工人运动和民族解放运动树立了榜样，带来了一系列社会主义国家的诞生。苏联在短短的几十年间所取得的惊人成就，不仅标志着东方落后国家要赶上西方先进国家的潮流，而且是寻找替代资本主义社会模式的英勇尝试。苏联作为资本主义对抗力量的存在，使资本主义世界受到了威胁，迫使其借鉴社会主义制度的经验进行自身的调整。总之，十月革命改变了世界的格局，推动了历史的进程。尽管近年来世界社会主义运动出现了挫折，苏联作为社会主义国家已不复存在，但十月革命这20世纪的重大历史事件将永载史册！

三　十月革命是俄国历史发展的正常产物

十月革命是在一个小农占多数的、经济文化比较落后的、资本主义还没有充分发展的国家取得胜利的。这似乎不符合马克思有关社会主义革命的理论。近些年来社会主义实践遭受的某些挫折更加雪上加霜，人们不仅怀疑：十月革命是否是一个没有孕育成熟的"早产儿"。

西方学者往往抹杀社会主义从一国胜利到多国胜利的实践，认为俄国的革命现实与马克思的原先预想是对立的、冲突的。美国学者罗伯特·文森特·丹尼尔斯说:"人们回过头来看,就可以明了:俄国革命不是马克思所期望的革命;它窃取了马克思主义的合法继承性。"在他看来,俄国革命"并不是像马克思设想的那种形势的产物;它不是工业成熟的果实,而恰恰是产生于模仿欧洲快速工业化时的困难局面。因此,人们可以说,这是一场违反一般规律的、在一个缺乏理想条件的国家里取得政权的社会主义运动"。① 美国实用主义者悉尼·胡克说:"布尔什维克的成功决不证明他们的理论是科学的。因为他们赢得的是权利,而不是社会主义。即使他们完成了社会主义,——从他们的方法来看,这是一件极端不像会有的事情,——这也不会证明他们的方法可以在别的地方成功。"②

历史有惊人的相似。十月革命前后考茨基、普列汉诺夫等人都曾以"俄国生产力还没有发展到足以实现社会主义的高度"为借口,极力反对十月革命和苏维埃政权。普列汉诺夫指责列宁在条件尚未具备的俄国组织社会主义,是陷入"极其有害的空想"。考茨基攻击布尔什维克党在俄国用暴力夺取政权、建立无产阶级专政,就像一个怀孕妇女疯狂万分地猛跳而引起"早产",并诅咒"这样生下来的孩子,通常是活不成的"。③

可见,80多年前和80多年后对十月革命的争议无非都集中在一个焦点上,即"俄国社会主义革命是否违背唯物史观"。无论是对当今俄国现实反思的学者们,还是当年反对十月革命的革命者们,他们的一个共同的特点就是把马克思的唯物史观看成是单纯的经济决定论;而把列宁所领导的十月革命看成是不顾经济条件的唯意志论的表现。他们固守于马克思所提出的西欧社会主义革命模式,把马克思的社会经济形态学说看作是简单划一的机械图式。他们把生产力看作是制约社会历史进程的唯一因素,而忽视了上层建筑对于经济基础的反作用,忽视了革命政党、革命阶级和人民群众在历史上的能动作用。一句话,他们的根本错误就在于不懂得历史的辩证法,而把马克思的唯物史观与辩证法割裂开来。

而列宁的杰出之处就在于:他站在时代的前列,对俄国的现实国情进

---

① [美]罗·文·丹尼尔斯:《革命的良心——苏联党内反对派》,北京出版社1985年版,第622、624页。

② [美]悉尼·胡克:《理性,社会神话和民主》,上海人民出版社1987年版,第119页。

③ [德]卡·考茨基:《无产阶级专政》,三联出版社1958年版,第55页。

行了正确的、清醒的认识，并依据帝国主义统治链条上的薄弱环节日益成熟的新特点，提出和论证了社会主义革命可以首先在资本主义工业不发达的、无产阶级占居民少数的国家取得胜利的理论。

四 十月革命是一场典型的无产阶级革命

苏联解体后，学术界尤其是少数俄罗斯政治家持这样一种观点，认为十月革命不是俄国社会发展的客观要求，而是一小撮职业革命家精心策划的阴谋，是布尔什维克搞的政变；认为二月革命的成果还未巩固，二月革命开辟的社会道路还没有展开，没有必要紧接着进行又一次革命。有的人甚至公然说，十月革命是一次政变，其结果是为数不多但很团结的左翼激进政党篡夺了政权。对这种无视历史事实、否认革命的社会性、否定作为革命主体的人民群众在革命中所起的推动性作用的论调，许多学者都据理进行反驳。俄罗斯科学院院士、俄国革命史学术委员会主席帕·沃洛布耶夫，英国十月革命问题"重评派"学者爱·阿克顿，俄罗斯学者弗·洛吉诺夫等人，都在其文章和谈话中描绘了俄国各个社会阶层程度不同地参加1917年十月革命的情景，从而说明人民群众是革命的创造者，布尔什维克作为革命的先锋队是在广大人民群众的支持下取得革命的胜利的。沃洛布耶夫明确指出，十月革命不是一次政变，而是一场伟大的人民的社会革命，是一场反对资产阶级的革命。

人类社会的历史发展同自然界发展不同，它是人们自己创造历史，是以人为中心的活动史。纵观人类历史发展，任何革命事件，无论是成功的还是失败的，都不是纯粹客观的、自发的、自然而然的进程，而是主客观条件相结合的产物。当客观条件发展到一定时候，总有一批能洞察时势，把握时机，提出代表历史前进方向的先锋人物组织成政党，他们率领人民群众采取革命行动来变革社会，推动历史前进。而政变，通常是指统治阶级内部为争夺政权而采取的军事的或政治的突然袭击。当然，政变也有不同情况，有统治集团内部的夺权篡权行动；有外国势力干涉别国内政采取的阴谋活动；也有反动势力为复辟而发动的。至于十月革命究竟是革命还是政变，也不能依某些政治家、理论家的观点来做出判断，而要看当时俄国社会发展是否有革命的客观要求，革命是否代表了历史发展的方向从而给俄国社会带来了进步。诚然，二月革命是俄国社会内部自19世纪后期即开始酝酿已久的一场推翻沙皇专制制度的资产阶级民主革命,它经历了1905年革命的失败终于在1917年2月获得成功,建立了资产阶级的临时政府,为俄国走向现代文明社会创造了条件。然而,由于俄国是一个资本主义发展很晚的国家,当它19世纪下半叶废除农奴制,开始资本主义萌动时,老牌资本主义已发展了几百年。俄国的资产阶级有与生俱来的软弱性,反封建不彻底,惧怕无产阶级而往往与封建统治者妥协甚至勾结起来对付无产阶级和广大人民群众。二月革命后,支持革命的工人、士兵、农民并没有得到革命的果实,土地、面包、结束战争、赢得和平这些革命的基本要求一个也没有得到满足。地主占有制这一农奴主沙皇的物质基础丝毫不被触动;金融垄断组织、大银行、辛迪加、卡特尔的活动不被监督;祸国殃民的、肮脏的帝国主义战争还在进行。新政府有决定意义的部长位置(内务部、陆军部)仍由公开的君主派大地主占有制的拥护者所占据,共和派的立宪民主党人只得到一些次要位置,劳动派的代表则不起任何作用。当时,俄国这个居于中等发展水平的国家承受不了战争重负,陷入了严重危机,整个国民经济体系土崩瓦解,面临全国性灾难:铁路运输混乱不堪正日益解体,工厂原料和燃料供应即将停止,粮食运送要中断,规模空前的灾荒和饥荒,消费不足、营养不良日甚一日。战争又葬送了几十万士兵的生命,而临时政府的机关却不起任何作用。群众集会、游行示威、各党派和苏维埃的代表大会、各种决议、呼吁、抗议不绝于耳。事实证明,资产阶级的临时政府当时既没有决心也没有能力担当起资产阶级民主革命尚未完成的重任。在严重危机的形势下,列宁为首的布尔什维克党毅然发动和领导了工人和士兵的武装起义,推翻了不起任何作用的临时政府,建立了苏维埃政权。在新政权领导下,迅速结束了战争,赢得了和平;进行了土地革命;开展了医治战争创伤的种种恢复工作;完成了本属资产阶级民主革命应完成的任务。

可见,十月革命不是少数人的密谋,更不是个别人的主观臆断,一意孤行,而是俄国社会深刻矛盾和危机爆发的结果。十月革命挽救了陷于水深火热之中的俄国,为它走向现代社会开辟了道路。十月革命又是世界上第一个由无产阶级政党执掌全国政权的国家,为世界工人阶级和劳动人民点燃了获得解放的希望之火,它也极大地震惊了世界资产阶级。十月革命理所当然地是一场革命,而且是伟大的革命。这是早已镌刻在世界史册上的不朽事实，是不能用70多年后苏联的解体来加以否定的。

五 十月革命是伟大的社会主义革命

以往在苏联，人们在谈到十月革命时，都是将之称为"伟大的十月社会主义革命"，然而自苏联解体之后，一些人对十月革命的社会主义性质产生了怀疑，提出种种看法。一种观点认为，十月革命是资产阶级民主革命。如西方学者尼·哈丁、俄罗斯学者阿·伊·福明以列宁的《四月提纲》为依据，认为十月革命是二月革命的继续。他们认为列宁关于俄国当时形势特点的表述，即"从革命的第一阶段向革命的第二阶段过渡"，实际上是指从资产阶级民主革命的第一阶段向第二阶段过渡；列宁所说的"俄国资产阶级民主革命已经完成了"是仅就资产阶级掌握政权而言，"已经完成"的是通常意义上的资产阶级民主革命，而俄国的革命不属于这种类型；俄国革命的特点在于，它"不仅把全部政权交给了资产阶级，而且已经到达无产阶级和农民的革命民主专政"的程度，因此政权转到无产阶级和农民手中是资产阶级民主革命第二阶段的内容。由此认为，十月革命是二月革命开创的资产阶级民主革命的继续，在十月革命中产生的苏维埃社会不是真正科学意义上的社会主义社会，而是没有资产阶级的国家资本主义的并具有伪社会主义意识形态构架的工业化社会的变种，换言之，它没有在社会形态上发生突破。[①]

另一种观点认为，十月革命是亚洲型社会革命。如俄罗斯学者E·博罗金认为，俄国是以亚细亚生产方式为特征的东方国家。它的资本主义是在国家的保护下发展起来的。因此，与西方以私有制为基础的资本主义不同，俄国的资本主义是以国有制为基础的亚洲型资本主义。十月革命是亚洲型社会革命。这一革命的目标是反对衰落的亚洲封建主义和正在崛起的私有制资本主义，为农民同生产资料彻底分离并在国有制经济基础上建立社会化生产创造条件。列宁和布尔什维克尽管主观上追求社会主义目标，但他们的许多战略和策略方针客观上都是与发展起来的亚洲社会革命的要求相一致。俄国革命不管以什么形式结束，其最后的

[①] 刘淑春等编：《"十月"的选择——90年代国外学者论十月革命》，中央编译出版社1992年版，第6页。

结果也只能走向国家资本主义。列宁后来认识到了这一点，提出通过国家资本主义走向社会主义。但由于列宁过早逝世，这条道路没有坚持下来。斯大林搞集体化、没收富农财产、实行镇压，都是要维护国家资本主义。斯大林现象就是独特的国家垄断资本主义，是一定发展阶段的亚洲型资本主义。

第三种观点认为，十月革命是无产阶级的、国家社会主义的、工业化的革命。俄罗斯学者米·戈里诺夫在对革命的客观结果即革命产生的社会类型（制度）、革命的成果与失误、革命对民族和整个人类进步所作的贡献进行分析的基础上，得出结论：十月革命是无产阶级的、国家社会主义的、工业化的革命，十月革命后直至20世纪30年代形成的社会制度可以称为国家无产阶级工业化社会主义。他指出：说它是"社会主义的"，是因为它实现了生产社会化，消灭了资本主义和一切私有制；说它是"国家的"，是因为它所实现的社会化基本上是虚幻的非现实的，因为支配财产方面的大部分职能与群众格格不入，只是对党和国家机构的代表有利；说它是"无产阶级的"，是因为无产阶级是这个制度的社会基础；说它是"工业化的"，是因为社会主义当时在俄国客观上要解决的（而且在付出巨大代价之后解决的）主要任务是加速实现国家工业化，无产阶级国家社会主义工业化的革命为间接地向国家市场的、和谐的后工业化社会主义社会过渡开辟了道路。

但是，坚持马克思主义的学者们仍然坚持认为十月革命是伟大的社会主义革命。在他们看来，十月革命是向社会主义过渡的开始，尽管俄国当时并不完全具备进行社会主义革命的经济文化条件。列宁在论证进行社会主义革命的必要性时，分析了导致俄国走向社会主义革命的必要性时，着重分析了导致俄国向社会主义过渡的两个具体因素：第一次世界大战和国家的落后。在列宁看来，既然国家落后、战争和经济破坏已把国家推向灾难的边缘，同时在社会中又蕴藏着巨大的革命潜力，那就应当以革命的方式改变通常的历史发展顺序，即不要等待社会主义的物质前提"完全"成熟，而是首先推翻不能保证国家进步的资产阶级，建立工农政权，然后在这一政权的基础上发展生产力。因此，列宁的方案不是在俄国立即实行社会主义，而是从实际出发，逐步采取措施向社会主义过渡。

十月革命是伟大的社会主义革命，是工人农民第一次胜利的革命。苏维埃国家作为世界上第一个多民族的劳动人民的国家，它实行的是最初的社会主义。尽管这种社会主义还不完善，但却在人类历史上首次体现了社会平等和社会公正的理想。

第十章 列宁时期社会主义建设的最初探索

十月革命的胜利，使苏联成为世界上第一个社会主义国家。人类历史从此开辟了新的篇章。年轻的苏维埃政权成立之后，不仅面临着巩固政权的任务，而且还面临着探索和研究建设社会主义的新任务。可是因为建设社会主义对于当时的苏联来说毫无经验和先例可借鉴。而且俄国是在经济文化非常落后的条件下，首先突破重围取得社会主义革命的胜利。这些特殊因素决定了列宁在领导人民走向社会主义道路时，不得不经历一个艰难曲折的探索过程。这个过程，大体划分为三个阶段。一是进一步巩固苏维埃政权时期（从1917年11月到1918年上半年），列宁制定了向社会主义过渡的初步计划；二是外国武装干涉和国内战争即战时共产主义时期（从1918年夏天到1921年初）。这期间，俄国实际上走了一段"直接过渡"的道路；三是由战时共产主义转变为新经济政策时期（从1921年春天到1924年），列宁在总结"直接过渡"的经验教训和实行新经济政策的过程中，开辟了一条落后国家向社会主义过渡的道路。

第一节 革命高潮时期的探索和思考

从1917年11月到1918年春天，苏维埃政权基本上完成了剥夺剥夺者的任务，银行和大工业的国有化使无产阶级掌握了国家的经济命脉。1918年3月，苏俄和德国签订了布列斯特和约，战争暂时停止，从而获得了不到半年时间的极为短暂的喘息时机。列宁抓住了这个来之不易的和平时机，立即着手拟定了向社会主义过渡的初步计划。

一　初步计划中的社会主义建设思想

列宁在《苏维埃政权的当前任务》和《论"左派"幼稚性和小资产阶级性》等一系列著作中，制定了苏俄向社会主义过渡的初步计划，提出了进行社会主义改造的方法和途径等。这些社会主义建设的思想，尽管由于国内战争的爆发没有来得及完全实现，但至今仍具有指导意义。

（一）关于工作重心转移的思想

列宁认为，无产阶级在夺取政权和镇压了剥削者的反抗以后，必须尽快将工作重心转移到经济建设上来，"组织对俄国的管理"这是苏维埃政权的当前的中心任务。列宁指出："我们已经夺回了俄国——为了穷人，为了劳动者，从富人手里，从剥削者手里夺回了俄国。现在我们应当管理俄国。目前时局的全部特点，全部困难，就是要了解从主要任务是说服人民和用武力镇压剥削者转到主要任务是管理这一过渡的特征。"① 因为，"在任何社会主义革命中，当无产阶级夺取政权的任务解决以后，随着剥夺剥夺者及镇压他们反抗的任务大体上和基本上解决，必然要把创造高于资本主义的社会结构的根本任务提到首要地位，这个根本任务就是：提高劳动生产率，因此（并且为此）就要有更高形式的劳动组织。"② 管理国家的任务主要是经济任务，管理的主要意义是经济管理，就是"要用新的方式去建立千百万人生活的最深刻的经济的基础。"③ 这是一个最困难和最崇高的任务。但是这次转移由于1918年5月开始的捷克斯洛伐克兵团的叛乱和夏天的帝国主义武装干涉没有能够实现。到了1920年底，苏俄在基本上打败了帝国主义进攻以后，才真正开始把工作重心转移到经济建设上来。

列宁在《论合作社》中，对这个思想又进行了明确的阐发。他说："我们不得不承认我们对社会主义的整个看法根本改变了。这种根本的改变表现在：从前我们把重心放在而且也应该放在政治斗争、革命、夺取政权等等方面，而现在重心改变了，转到和平的'文化'组织工作上

---

① 《列宁选集》第3卷，人民出版社1995年版，第477页。
② 同上书，第490页。
③ 同上书，第477页。

去了。"① 就是说，列宁强调在无产阶级夺取和镇压剥削者的反抗以后，要及时地将工作重心转移到经济建设和文化建设上来。

（二）关于对产品的生产和分配实行全民的计算和监督的思想

列宁继续发挥了自己在十月革命刚刚成功时的有关"计算与监督"的思想，认为社会主义经济的特点是建立在大生产基础上的联合劳动，是由整个社会有计划地调节生产和分配，如果没有科学的计算，缺乏严格的监督，则根本不可能组织社会主义的经济。因此，他认为计算和监督是建设社会主义的一项极为重要的任务，指出，社会主义的实质就是计算和监督，主张工人阶级应该建立起自己监督工厂的制度，"每一件产品、每一俄磅粮食都应当计算到，因为社会主义首先就是计算。"②

那么，怎样对产品的生产和分配实行全民的计算和监督？列宁提出，在当前情况下，除了实行全民（首先是资本家）义务劳动制，对每个资产者建立劳动消费收支手册外，还必须采取以下两项妥协的措施。第一，用付给高额报酬的方法吸引资产阶级专家为社会主义建设服务。无产阶级由于还没有自己的专家，不得不采用旧的资产阶级的方式聘用资产阶级专家，即付给资产阶级专家以高额报酬。这种办法是一种妥协，是违背巴黎公社和任何无产阶级政权的原则的。但是要提高劳动生产率，培养和造就无产阶级自己的专家，使广大劳动群众在实践中更好更快地学到建设社会主义的经验，学习先进的科学技术和管理方法，学会计算和监督，这种妥协是必要的，对资产阶级专家付给较高的报酬，即"贡赋"，是值得的。我们要缩减或免除这种"贡赋"，就必须组织起来，"工人农民通过利用资产阶级专家，自己愈快地学会最好的劳动纪律和高级劳动技术，我们就能愈快地免除向这些专家交纳的一切'贡赋'"③ 这样，就能用普遍地计算和监督的方法使资产阶级专家受我们的支配。第二，颁布《消费合作组织的法令》，同资产阶级合作社达成逐步吸引全体居民加入合作社的步骤和措施的协议。这里说的资产阶级合作社就是按资本主义方式经营的、按股金分取红利的合作企业。这个协议实际上也是一种妥协，因为它

---

① 《列宁选集》第4卷，人民出版社1995年第3版，第773页。
② 《列宁全集》第33卷，人民出版社1985年第2版，第52~53页。
③ 《列宁选集》第3卷，人民出版社1995年第3版，第485页。

"实质上就是苏维埃政权放弃了免费入社的原则（这是惟一的彻底无产阶级的原则），而且还放弃了一地全体居民加入一个合作社的原则。"① 这样做，是为了尽快恢复和发展生产，活跃经济生活，苏维埃政权必须利用现有的资产阶级合作社组织，为社会主义服务。如果在全国范围内搞好了全民的计算和监督，就不会有这种妥协。随着全民的计算和监督的发展，就会逐渐吸引全体居民（包括农民）参加统一的由无产阶级领导的合作社，成为社会主义的初级经济组织形式，并向更高级的社会主义经济组织形式过渡。

（三）关于提高劳动生产率是实现社会主义的重大物质条件和根本任务的思想

列宁从俄国经济文化比较落后的实际出发，进一步阐发了《共产党宣言》中关于无产阶级夺取政权以后要"尽可能快地增加生产力的总量"的思想。他指出，当无产阶级夺取政权和随着解决了镇压剥削者反抗的任务以后，"必然要把创造高于资本主义的社会结构的根本任务提到首要地位，这个根本任务就是：提高劳动生产率"。②

如何提高劳动生产率？列宁认为，第一，需要建立和加强大工业的物质基础，即发展燃料、钢铁、机器制造业、化学工业的生产。这是关系到国计民生的基础产业，是国民经济发展的基础，是苏维埃俄国对整个国民经济进行技术改造的根本保证，必须优先发展。这些部门的生产发展，才能用现代技术设备武装工业、农业、交通运输业。列宁把发展大工业看成是奠定社会主义的物质基础，是无产阶级最根本最重要的利益之所在。第二，只有提高群众的文化教育水平，提高劳动技能，加强劳动纪律，改善劳动组织，才能提高劳动生产率。列宁认为，如果不能用无产阶级自觉的纪律去战胜自发的小资产阶级的无政府主义恶习，社会主义便不能取得胜利。第三，要提高劳动生产率，必须学习西方资本主义国家的先进科学技术和管理经验，就是要善于吸收资本主义一切进步的东西，为社会主义服务。列宁认为："社会主义能否实现，就取决于我们把苏维埃政权和苏维

---

① 《列宁选集》第3卷，人民出版社1995年版，第489页。
② 同上书，第490页。

埃管理组织同资本主义最新的进步的东西结合得好坏。"① 以资本主义企业管理的最新成就——"泰罗制"为例,列宁指出苏维埃共和国无论如何都要采用这方面一切有价值的科学技术成果。第四,组织社会主义竞赛是提高劳动生产率的重要手段。组织社会主义竞赛是吸引人民群众参加改造社会,改造旧的经济制度和建设新社会的有效途径。它可以极大地激发人民群众建设社会主义的热诚,充分地调动人民群众的积极性和创造性,掀起建设社会主义的高潮。

(四)关于利用国家资本主义过渡到社会主义的思想

根据列宁当时的设想,社会主义必须建筑在现代科学最新成就的大资本主义技术基础之上,并且:"没有一个使千百万人在产品的生产和分配中严格遵守统一标准的有计划的国家组织,社会主义就无从设想。"② 因此,列宁认为小商品生产者所必然带来的资本主义自发势力,它的无政府状态,是同社会主义格格不入的。他在《论"左派"幼稚性和小资产阶级性》一文中,对比小资产阶级、资本主义、国家资本主义和社会主义之间的关系时指出:"小资产阶级和私人资本主义合在一起,既同国家资本主义又同社会主义作斗争。小资产阶级抗拒任何的国家的干涉、计算与监督,不论它是国家资本主义的还是国家社会主义的。"③ 也正是从这个意义出发,列宁曾多次说到,从资本主义到社会主义的过渡时期中,主要的敌人是小资产阶级,当然,这主要是针对十月革命后生产资料私有制社会主义改造以前那部分从事投机倒把活动的小生产者而言,同时也与列宁当时对于社会主义必须在全国范围内实行统一的生产和分配这一直接过渡思想分不开。

至于对"国家资本主义"本身的解释,列宁认为,国家资本主义是受无产阶级国家控制的"集中的、有统计、有监督的和社会化的东西",因而它既优于私人资本主义,又优于小生产者,而最接近于社会主义。并认为国家资本主义是苏维埃俄国的救星,只要俄国有了国家资本主义,那么过渡到完全的社会主义"就会容易,就会有把握"。认为在苏维埃政权

---

① 《列宁选集》第3卷,人民出版社1995年版,第492页。
② 同上书,第526页。
③ 同上书,第522页。

下国家资本主义已经"是 3/4 的社会主义"。①

二 对十月革命初期列宁社会主义思想的评价

列宁在十月革命初期关于社会主义的思想在很大程度上讲,仍然是基于马克思、恩格斯关于社会主义的认识出发,想将社会主义这一理想社会建于苏俄这一具体国家,在初期并没有充分考虑苏俄小农占优势这一特殊国情,因而在社会主义理论上带有明显的直接过渡思想。

但是,我们在分析这一阶段列宁关于社会主义改造的计划时,又不能把列宁的全部思想都简单地划入直接过渡的范围。这一时期,列宁提出了一些比较谨慎的具体经济政策,反映了他在探索社会主义道路过程中理论上的重大进展:明确提出无产阶级在夺取政权以后,必须把组织任务、经济任务提到首位,适时地实现工作重点的转移,大力发展生产力,根据小生产占优势的特殊国情,明确提出了利用某些中间环节,如利用国家资本主义,实现特殊过渡的办法等。这无疑符合俄国革命的实际情况,当然,从总体上看,在这一期间,列宁还没有解决俄国走向社会主义的关键问题,即在小农占优势的俄国如何把社会主义经济与农民经济结合起来以及结合点是什么的问题,也就是说,他并没有摆脱直接过渡的思想。

有人认为,1918 年春列宁的思想不能划入直接过渡的范围,因为列宁在此时的著作中已经提出了新经济政策的基本原则,只是由于后来的战争才使这些原则没有来得及贯彻执行。这种看法是不全面的,我们不妨作一些分析:

第一,怎样看待列宁在 1918 年春的一些著作中提出的国家资本主义作为过渡的"中间站"问题。应当看到,这时列宁所强调的国家资本主义,与新经济政策时所提出的国家资本主义二者不同。此时是指国家要利用资本主义的计算和监督机关,从而对全国的产品生产和分配进行计算和监督,以便与小资产阶级自发势力作斗争。这一时期的国家资本主义主要是与城乡、工农业的产品交换制相联系的,而不是与市场紧密联系的。对此,列宁已清楚地认识到二者的区别。他说,1918 年春,我们提到过国家资本主义,但是,"很重要的一点,即对国家资本主义具有根本意义的

---

① 《列宁全集》第 34 卷,人民出版社 1985 年第 2 版,第 236~237 页。

贸易自由,在这里就一个字也没有提到。"①"根本没有提出我们的经济同市场,同商业的关系问题。"②

第二,如何看待列宁在1918年春提出的停止进攻和发展生产力的问题。停止进攻并不意味着放弃直接过渡的思想,这里涉及列宁对建立社会主义经济的一个看法。列宁认为,实现社会主义要以生产的社会化为前提。因此,问题的关键不在于"没收"、"国有化";从国有化到社会化还有一个"过渡"。列宁认为,在俄国,使生产在事实上社会化,就是对产品的生产和分配实行普遍的最严格的计算与监督,以及提高劳动生产率。其中,有决定意义的事情是前者。因此,列宁提出了由剥夺转向组织统计和监督的任务。可见,这时的停止进攻是与加强计算和监督联系在一起的。至于强调发展生产力,把提高劳动生产率作为镇压剥削阶级反抗以后的根本任务提出来,当时也仅仅是从一方面来看的,③列宁后来也说,1918年春"我们曾经知道,看到,说过:需要……组织性、纪律性,提高劳动生产率。什么是我们所不知道的呢?这项工作的社会经济基础是什么?是以市场、商业为基础还是反对这个基础?"④正像列宁自己在1921年10月,当俄国退向国家调节商业和货币流通的时候所讲的,他在重看1918年3—4月所写的文章时,确实发现其中有直接过渡的思想。

第三,怎样评价苏维埃政权在这个阶段所制定的一些比较谨慎的经济政策,怎样理解列宁所说的苏维埃政权原来打算采取一系列渐进的措施向社会主义过渡。这个问题,列宁在俄国转向新经济政策后自己有一个十分清楚的答案。列宁说:"你们回想一下我们党从1917年底到1918年初所作的各种正式的和非正式的声明就可以发现,我们那时已认为,革命的发展、斗争的发展的道路,既可能是比较短的,也可能是漫长而艰辛的。但是,在估计可能的发展时,我们多半(我甚至记不得有什么例外)都是从直接过渡到社会主义建设这种设想出发的,这种设想也许不是每次都公开讲出来,但始终是心照不宣的。"⑤也就是说1917—1918年春,占主导

---

① 《列宁选集》第4卷,人民出版社1995年第3版,第718页。
② 《列宁全集》第42卷,人民出版社1987年第2版,第221页。
③ 参见《列宁全集》第42卷,人民出版社1987年版,第221页。
④ 《列宁文稿》第4卷,人民出版社1978年版,第285页。
⑤ 《列宁全集》第42卷,人民出版社1987年版,第220页。

的想法和基本的做法是直接过渡，虽然也估计到俄国向社会主义过渡可能要通过漫长而艰苦的道路，并因此也制定了一些比较谨慎的经济政策。

总之，这一阶段列宁既有"直接过渡"思想，又有"迂回过渡"思想。比较而言，"直接过渡"思想占了上风。由于缺乏实践经验的检验和校正，列宁和布尔什维克党暂时还不得不基本搬用科学社会主义创始人的某些一般原理，还没有能够在反复实践的基础上自觉地把它们和苏维埃俄国的特殊国情糅合到一起。

第二节 战时共产主义的理论与实践

苏维埃政权的建立和巩固，引起国内外剥削阶级的仇恨和反抗。从1918年下半年起，帝国主义发动了14个国家对苏维埃政权的武装干涉，同时爆发了国内战争。为了打赢这场战争，捍卫年轻的苏维埃政权和建设新社会，从1918年下半年到1921年春，苏维埃政府实行了战时共产主义政策。"战时"指的是当时特殊的战争环境；"共产主义"表示这项政策的性质。

一 战时共产主义政策的基本内容

（一）从粮食垄断、禁止私人买卖粮食到余粮收集制

余粮收集制是战时共产主义政策的最重要部分。1918年8月5日和10月30日，苏维埃政府先后颁布了《关于产粮区强制实行商品交换》等法令。1919年1月11日，人民委员会继粮食专卖措施之后颁布了《关于各产粮省收集余粮和饲料交给国家支配》的法令，即著名的余粮收集制法令。根据这项法令，苏维埃政权确定了国家所需粮食和饲料的数量，然后分摊给各产粮省、县、乡、村，直至各个农户，按固定价格强制向农民征购。征购的产品由粮食扩大到肉类、马铃薯、鱼及各种动物油、植物油等主要农副产品。起初规定要按阶级原则征收，贫农不收，中农酌量征收，富农多收，但实际上由于任务艰巨，在粮食最困难的时候要求和强迫每个农户将所剩的每一普特粮食都交出来。

（二）取消自由贸易，经济关系的实物化

1918年11月，苏维埃政府发布法令，规定粮食人民委员有权征集、

分配、运输个人和家庭所需的一切物品，坚决取缔私人商业。1919年3月16日人民委员会通过法令规定全国城乡存在的各种形式的合作社，一律联合并改组为统一的分配机关——消费公社。全体城乡居民都必须加入消费公社，实行产品和日用必需品的国家统一分配制。1919年1月23日人民委员会发布法令，规定在苏维埃管理机构、国有化企业、市政企业及商业企业之间的相互结算应采用簿记的方式，取消货币结算，同时，确立了消灭货币的方针；职工实物工资的比重不断提高，由1918年占47%，提高到1920年占92%；1920年1月19日，人民委员会发布撤销人民银行的法令，将银行机构与财政机构合并；同时，国家逐步取消出售商品的货款和国家提供劳务的收费。战争结束后，一度实行了免费向居民发放食品和日用品，免收居民的房租、水电、煤气、暖气的费用。由于经济实物化，国家财政、信贷和货币的作用被严重削弱，货币的职能自然缩小，几乎失去意义。

（三）加速工业的国有化和工业管理的集中制

1918年6月，大工业企业实行了国有化。1920年初，中型企业也基本上被收归国有。内战结束后，最高国民经济委员决定：凡拥有机械动力而雇5人以上或无机械动力而雇10人以上的私人工业企业收归国有。在实行国有化的同时，工业管理实行了集中制。全国一切大中小企业都由国家统一领导。在最高国民经济委员会下面设立52个总管理局。总管理局越过地方行政机关直接给所属企业规定生产计划和产品分配计划。企业从上级机关得到机器和原料、材料，并按照上级机关的规定提交产品。

（四）实行普遍劳动义务制和劳动军事化

国内战争后，工业劳力缺额相当大。为了解决劳力不足问题，苏维埃政府由自由雇工过渡到普遍劳动义务制。劳动义务制是和劳动军事化联系在一起的。在国家缺乏必要的物质手段支付工人的劳动报酬的情况下，只能采取劳动军事化即用强制手段把工人固定在需要的工作岗位上。1920年1月29日人民委员会发布法令，规定所有居民，不论其从事任何工作，都必须一次性地或定期地履行各种性质的劳动义务。法令强调任何公民如不履行劳动义务或在劳动中私自逃跑，将交付法院甚至革命法庭治罪。劳动义务制由此成了强迫劳动制。

二 战时共产主义政策形成的原因

第一次世界大战结束后，帝国主义国家在巴黎召开"和平"会议。在会议上，除了忙于瓜分殖民地和划分势力范围外，制订反苏计划是它们的另一主题。1918年夏，英法日美等协约国不宣而战，从四面八方向苏俄发起进攻。它们极力支持并联合苏维埃国家内部各种反革命势力，在各地进行武装叛乱，推翻当地苏维埃政权，建立白卫政权。国内外敌人力图将新生的苏维埃政权扼杀在摇篮之中。

当时，苏俄经济极端困难。如1918年4—5月份，只完成粮食计划采购量的14.1%和12.2%，莫斯科和列宁格勒这两月的粮食供应计划只完成6.1%和7.1%。夏天，这两个城市的工人每两天只能领到1/8磅的面包，有时整整一个星期还领不到。工厂由于缺乏原料、燃料和粮食，停工的达40%以上。前线军队的供给也很困难。于是，以列宁为首的苏维埃政府宣布"社会主义祖国在危急中"，提出"一切为了前线，一切为了胜利"的口号，并宣布全国为军营，把全国政治、经济、文化生活转入战时轨道，动员一切人力、物力保证国防需要。

正是为了适应这种非常形势，列宁和苏维埃政府在经济上不得不采取一系列非常的、特殊的又带有强制性的措施，即实行："战时共产主义"。列宁后来说："为了拯救国家，拯救军队，拯救工农政权，当时必须这样做"。[①]

可见，"战争和经济的破坏"是促使战时共产主义政策得以实施的客观原因。

而列宁和俄共（布）的"直接过渡"思想（即幻想从小生产基地出发，不经任何阶梯一步就跨进社会主义、共产主义）则是战时共产主义政策实施的主观原因。这一点从列宁及俄共（布）的有关言论中就可以看出。战时共产主义的实践与俄共（布）党内领导人头脑中某些固有的社会主义传统观念是吻合的。因此，在俄共（布）领导人看来，战时共产主义既是保证战争胜利的需要，又是实现社会主义、共产主义的简捷道路。正因为这样，在1920年末到1921年初内战已基本结束的情况下，俄

[①] 《列宁全集》第41卷，人民出版社1986年版，第10页。

共（布）还制订了不少战时共产主义色彩更浓的政策。

影响战时共产主义政策制订的主观因素表现在下列几方面：

第一，认为社会主义与商品货币关系是不相容的。列宁在十月革命前就说过，"社会主义……就是消灭商品经济，""只要仍然有交换，谈论什么社会主义就是可笑的。"① 在十月革命胜利后，这种思想就付诸实践。1919年3月，列宁在为俄共（布）八大起草的党纲提出，"在分配方面，苏维埃政权现时的任务是坚定不移地继续在全国范围内用有计划有组织的产品分配来代替贸易。""为消灭货币做好准备"。② 战时共产主义时期，强迫全国城乡居民加入消费公社，取消自由贸易，就是这种理论在实践中的产物。

第二，认为在无产阶级夺取政权后，俄国可以不经过一定的过渡时期直接向社会主义、共产主义过渡。1921年，列宁在回顾战时共产主义时期的各项政策时，承认是犯了企图从一个落后国家直接向社会主义过渡的错误。他说，那时我们"设想不必先经过一个旧经济适应社会主义经济的时期就直接过渡到社会主义。我们设想，既然实行了国家生产和国家分配的制度，我们也就直接进入了一种与以前不同的生产和分配的经济制度。"③ 他承认，采取战时共产主义措施的主观因素是企图决定直接过渡到共产主义的生产和分配。

第三，强调生产、管理和分配方面的高度集中统一，认为集中程度越高便越能发挥社会主义的优越性。战争需要集中全国人力、物力，这是很自然的。问题是这种非常措施又是同俄共（布）党设想的建设社会主义的方式相一致的。俄共（布）八大通过的党纲强调，苏维埃政权在经济方面的根本任务，是按照一个全国性计划把国内所有经济活动最高限度地联合起来，使生产最大限度地集中起来。列宁当时也说，"要实现共产主义"（这是指社会主义、共产主义社会的生产特征）"绝对需要在全国范围内把劳动最高度地最严格地集中起来，这就要首先克服工人在职业上和地区上的散漫性和分散性"。④ 计划性本是社会主义经济的优点，但如不

---

① 《列宁全集》第17卷，人民出版社1988年版，第111页。
② 《列宁选集》第3卷，人民出版社1995年版，第748~749页。
③ 《列宁全集》第42卷，人民出版社1987年版，第221页。
④ 《列宁全集》第36卷，人民出版社1985年版，第89~90页。

顾客观条件，一味地强调高度集中，国家把一切都包揽起来就会影响地方和企业积极性的发挥。这种高度集中管理体制的弊端，在战时共产主义时期，就已经开始暴露了。

第四，企图用军事方法、行政命令的方法去领导经济建设。在战时，军事命令方法集中人力物力，保证了战争的胜利。在转入经济建设时，军事方法很自然会被借用过来。1920年3月，俄共（布）九大指出，当前无产阶级的任务是过渡到按军事方式工作。在同一时期，列宁也有同样的论述。他说，"从战争转向和平建设的任务提出来了……估计到过去国家把全部注意力集中在战争上，现在国家在军事方面已取得了决定性的胜利，就应该用军事办法来完成经济任务。"① 采用军事方式领导经济建设，这就是为什么在国内战争已基本结束时，战时共产主义各项措施反而得到加强的原因。

三 对战时共产主义政策的评价

战时共产主义，对新生的苏维埃俄国来说，是一个非常特殊、非常短促，但却具有非常重要意义的历史时期。它虽仅存两年半，却形成了一套社会主义理论思想体系，它对后来的苏联以及世界各社会主义国家的政治经济体制，具有非常深远的影响。这种影响常常不是直接的，而是间接的——以那种未被足够认识的战时共产主义思想——直接过渡的思想，顽固地表现出来。

如何认识、评价战时共产主义，一直是苏联，也是其他许多史学家们争论不休的课题。

对待战时共产主义，苏联在20世纪20年代基本上是一种看法；30年代到50年代又是另一种看法；从60年代到现在，苏联及俄罗斯学者的研究又进入了一个新的阶段。

在20世纪20年代，苏联占统治地位的基本上是列宁的看法。那时，列宁不得不在两条战线上进行斗争。一方面，他要批判孟什维克、社会革命党人、考茨基等人，因为他们说布尔什维克实行战时紧急措施，整个是犯了过错。对此，列宁说："采取这种措施并不是由于苏维埃政权对于某

---

① 《列宁全集》第38卷，人民出版社1986年版，第114页。

种政策的偏爱,而是由于我们极端贫困,没有别的出路。"① "我们当时不这样就不能在一个经济遭到破坏的小农国家里战胜地主和资本家……应当说我们实行'战时共产主义'是一种功劳。";另一方面,列宁又要在肯定战时共产主义的历史功绩的同时,批评战时共产主义超过真正限度的部分,亦即在社会主义意识形态上错误的东西。在1921年10月召开的莫斯科省第七次代表会议上,列宁做了自我批评性的发言,说:"到1921年春天已经很清楚了:我们用'强攻'的办法即用最简捷、迅速、直接的办法实行社会主义生产和分配的原则的尝试已经失败。"② 列宁甚至说:"由于我们企图过渡到共产主义,到1921年春天我们就遭到了严重的失败,这次失败比高尔察克、邓尼金和皮尔茨斯基使我们遭到的任何一次失败都严重得多,重大得多,危险得多。"③ 列宁对战时共产主义所犯错误的批判,尽管只是刚刚开始,尽管由于苏维埃经济已经走投无路不得不实行新经济政策,所以短时间内能够为大多数党员接受。但是,我们也看到,这种批判进行得多么艰难,多么不彻底。就在莫斯科省第七次党代表会议上,索凌(莫斯科市委领导人)、斯图科夫(党的莫斯科区域委员会领导人)、拉林(计委领导人之一,最高运输委员会副主席)等人,认为列宁对战时共产主义的检讨,是在"捏造错误"。尽管列宁对战时共产主义的看法,在20世纪20年代大部分时间里占据上风,但是上述争论一直在党的高级干部中进行着。列宁病重及逝世以后,这一争论持续不断地在以托洛茨基、季诺维也夫、加米涅夫等一大批反对派,同执行新经济政策的布尔什维克党中央进行着。最后,这场斗争竟导致了新经济政策的过早夭折。

在20世纪30—50年代,斯大林经济模式的建立,使苏联的社会主义理论及观念,重又趋于保守,对战时共产主义的评价是,它只不过是"在进攻过程中向前跑得太远,没有替自己保证向社会主义的过渡,而只是为了更有把握地,具有胜利保障地重新实行进攻"。④ 很明显,这一时期的基本思想是,战时共产主义的意识形态并没有错,只是跑得远了一

---

① 《列宁全集》第41卷,人民出版社1986年版,第141页。
② 《列宁全集》第42卷,人民出版社1987年版,第225页。
③ 同上书,第184页。
④ 《联共(布)党史简明教程》,人民出版社1997年版,第316~317页。

点,"暂时的退却"之所以必要,只是为了沿着战时共产主义的道路,重新走下去。在30—50年代的苏联史学著作中,充满了这一基本观点。

但是,从20世纪60年代以后,苏联及俄罗斯学者对战时共产主义的评价改变了。他们认为,战时共产主义含有与列宁思想相违背的错误——即在实践中体现的直接过渡思想。但他们在论述这种错误时认为,这同列宁及布尔什维克党的领导无关;列宁和布尔什维克党的总体领导,毫无"直接过渡"思想,问题只是出在一些次要的领导人,如布哈林、拉林、奥新斯基、柯伦泰、克利茨曼、托洛茨基等等"反党分子"的身上。

显然,这种解释过于肤浅。他们的主观愿望是想维护列宁的威信,但是他们恰恰忽略了,研究列宁的伟大之处,正在于发现他的思想发展的内在逻辑。关键的问题不在于列宁是否一度有过不正确的思想,而在于,列宁作为无产阶级革命的领袖如何通过革命实践,创造性地发展马克思主义。不要害怕谈论列宁及布尔什维克党在某一特定历史时期的缺点或错误,就像列宁善于批评一些人那样:"斯图科夫和索凌两同志非常担心,认为一承认错误,不管是怎样承认,是全部还是局部,是直接还是间接,都是有害的。"[1] 马克思主义者应该害怕的是回避错误,不敢从认识错误中寻找正确的前进方向。

对待战时共产主义,我们应该像列宁一样给予客观公正的评价,过分看重它的历史功绩,或者过分夸大它的错误实质,都会有失偏颇而不是实事求是的。

战时共产主义并不是无产阶级社会主义革命在经济上必不可少的阶段,也不是建设社会主义必须采取的政策。它是战争环境和帝国主义武装干涉迫使无产阶级专政采取的一种临时性政策,其目的是防止经济总崩溃,集中一切现有资源同国内外反对苏维埃政权的敌人进行斗争。它主要是采取经济手段以外的某种带有军事性质的强制性措施,即不通过市场,而是在市场之外建立城市之间产品的直接交换,以保证前线和后方的需要。

应当指出,战时共产主义的一些主要措施,在反对外国武装干涉和国内战争中是起了很大作用的。它们保证了前线的胜利。这些作用着重表现

---

[1] 《列宁全集》第42卷,人民出版社1987年版,第235页。

在以下几个方面:

一是国家手里集中全国所有的原料、物质和人力资源的储备,保证了红军日益增长的武器和军备供应;

二是建立了领导国家最重要的国民经济部门的各级苏维埃经济机构;

三是镇压了资产阶级公开的反抗,剥夺了其在生产和流通领域内的主要手段。剥削阶级及其残余在国内经济生活中已不起决定作用;

四是打击了富农利用手中余粮进行投机的活动,富农进一步被削弱,农民保住了从富农手中夺取的土地等革命胜利的果实;

五是完成了自己最主要的任务,即战胜了国外武装侵略者的进攻和平息了国内反革命分子的武装暴乱。新生的苏维埃共和国终于站住了脚,作为无产阶级专政基础的工农联盟经受住了考验。

所以,从这个意义上说,战时共产主义是一种功劳。

然而,正如列宁指出,我们"同样必须知道这个功劳的真正限度"。①列宁在《十月革命四周年》一文中指出,"战时共产主义"错误的实质在于:"我们计划(说我们计划欠周地设想也许较确切)用无产阶级国家直接下命令的办法在一个小农国家里按共产主义原则来调整国家的产品生产和分配。现实生活说明我们错了。"② 根据列宁的分析,"战时共产主义"政策的错误主要是:

第一,它不是通过市场,而是采用经济以外的手段,超越市场来建立城乡直接的产品交换。这种违背经济发展规律的做法,使在苏维埃俄国经济成分中占优势的小生产丧失了生存的经济条件,阻碍了生产力的提高,造成了农业生产的凋敝。

第二,"战时共产主义"政策严重损害了农民的利益。余粮收集制实际上是无偿地从农民手中拿走粮食,是对农民的变相剥夺,使农民失去生产和经营的积极性。这不仅使生产下降,还极大地动摇了工农联盟的经济基础,造成了严重的经济和政治危机。

第三,"战时共产主义"政策企图用完成军事任务的办法、以行政命令的方式去指挥完成经济任务。

---

① 《列宁全集》第41卷,人民出版社1986年版,第208页。

② 《列宁选集》第4卷,人民出版社1995年版,第570页。

第三节 新经济政策的理论与实践

1920年底,苏联人民击退外国武装干涉者,取得了国内战争的胜利,1921年初转入和平经济建设。这时,国民经济已濒临崩溃,工厂倒闭,土地荒芜,还有饥荒和瘟疫,人民生活异常艰难,农民对余粮收集制极为不满,由此引发多起动乱和喀琅施塔得叛乱。面对严重的经济、政治危机,列宁深感到如不改变政策将失去广大群众,丢掉阶级基础。总结历史经验,列宁和俄共(布)其他领导人毅然改变政策,以1921年3月召开的俄共(布)十大和随后列宁写的《论粮食税》为标志,从战时共产主义政策过渡到新经济政策。这一过渡标志着列宁对社会主义建设思想的一个大转变,标志着对在小农占优势的国家走向社会主义的道路又有了新的认识,标志着列宁找到了俄国建设社会主义现代化的道路——新经济政策道路。

一 新经济政策的基本内容

(一) 用粮食税代替余粮收集制

粮食税是新经济政策的核心,它的提出从政策上看是相对于"战时共产主义"的余粮收集制而言的,其理论实质则标志着列宁和俄共(布)建设社会主义思想由直接过渡到间接过渡思想的重大转变。俄共(布)认为,俄国国民经济的恢复应从农业开始,因为要改善工人的生活状况,就需要粮食和燃料,而要增加粮食生产和收购,增加燃料的收购和运输,就"必须立刻采取迅速的、最坚决的、最紧急的办法来改善农民的生活状况和提高他们的生产力。"[①] 1921年3月,俄共(布)十大通过了《关于以实物税代替余粮收集制的决议》。根据决议精神,余粮征集制被征收实物税代之,并在一定范围内恢复贸易自由,农民可以用自己的剩余产品换取所需的小工业品。粮食税的征收重点放在富农和富裕农户身上。中农缴纳税额不大,贫苦农民则部分或全部免征。粮食税政策的实行,减轻了余粮收集制的沉重负担,使农民得以休养生息。同时满足了

---

① 《列宁选集》第4卷,人民出版社1995年版,第500页。

小农周转自由的经济要求，保证了农民的利益，从而大大激发农民生产劳动的积极性，促进农业经济发展并进而推动了不需要国家大量投资的小工业的发展。

（二）工业企业停止推行国有化

在所有制方面，新经济政策改变了国内战争时期关于工业企业普遍国有化的做法，允许私人经营企业，并且将尚未收为国有的小企业，仍归原业主经营；已经收归国有的小企业，则通过租借合同，租给私人企业资本家或合作社经营。某些国家尚难以经营开发的厂矿、企业，可以租让给外国资本家。对双方都有利的厂矿、企业、油田、森林等等，坚决租让给外国资本家经营，或者与外国资本家建立联合股份公司。这样做的结果不仅大大减少了中小企业主及少数个体经营者的反抗情绪，而且大幅度地促进了工业经济的发展。在农业方面，国家允许并支持小农经济发展。在商业方面，国家支持和鼓励私人经营中小型商业企业。针对新的实践，列宁阐述了多种经济成分存在的思想。

（三）大力发展商业，建立工业和农业的结合点

实行粮食税，允许农民在纳完粮食税后，用剩余的粮食去换取工业品和其他生活用品，就必然要允许一定程度的贸易自由。也就是说，必须大力发展商品经济。基于这种认识，列宁强调："目前商业竟是我国经济生活的试金石，是无产阶级先头部队同农民结合的惟一可能的环节，是促使经济开始全面高涨的惟一可能的纽带。"[1] 在苏维埃俄国的经济生活中，在国家正确调节下活跃商业，是布尔什维克党"必须全力抓住这个环节"。[2] 为此，他要求苏维埃的工作人员学习经商，学会掌握、指导和调节商业的本领；要求在国营企业中按照商业原则实行经济核算；要求建立和健全与商业原则相适应的财政、金融等制度和机构。

（四）加强同资本主义国家的经济交往与合作

十月革命后世界上只有俄国一个社会主义国家存在，她处于世界资本主义的包围之中。这些资本主义国家不仅从经济上阻挠俄国经济的发展，而且从政治上想把她扼杀在摇篮里。在这种情况下，列宁清醒地认识到：

---

[1] 《列宁全集》第42卷，人民出版社1987年版，第347～348页。

[2] 《列宁选集》第4卷，人民出版社1995年版，第614页。

"社会主义共和国不同世界发生联系是不能生存下去的,在目前情况下应当把自己的生存同资本主义的关系联系起来。"[1] 而同资本主义联系起来的最主要形式就是实行租让制。租让制,就是在当时把国内一些暂时无法经营的企业,拟定一定的条件同外国资本家签订合同,租让给他们经营。这样一方面可以利用资本主义国家的资金,引进他们的技术,同时俄国也从中学到了人家先进的管理经验。这对于当时促进俄国国民经济的发展大有好处。可以说,租让制是社会主义国家实施的最早最初步的对外开放形式。

二 新经济政策的实质及其评价

国民经济的迅速恢复,是新经济政策正确性的证明。1924—1925年度农业总产值达到战前的87%;1925年的大工业产量相当于战前的75%。但新经济政策决不只是恢复战后经济的权宜之计,而是苏联向社会主义过渡的一项长期的基本政策,肩负着使苏联"建立社会主义经济基础"的历史使命。

新经济政策是扬弃1920年以前的"直接过渡"的产物。"直接过渡",幻想从小生产基地出发不经过任何阶梯、桥梁,一步跨进社会主义、共产主义大厦。这是违背社会发展客观规律的。实际上只会退到原始共产主义,这已为"战时共产主义"的弊病及其后果所证实。"间接过渡"的设想则提出,当落后国家建立无产阶级政权后,不能不面对多种经济并存、小生产经济成分占绝对优势的现实条件,考虑需要经过哪些环节和阶梯,才能一步又一步地过渡到社会主义?这是值得认真思考和严肃对待的问题。列宁制定的新经济政策,正确回答了这个根本问题。因为其中包含着三个正确对待:第一,正确对待小生产者。关心并尊重他们的利益和志趣,鼓励他们发展生产,并以合作社为"阶梯",引导他们逐步走向社会主义。第二,正确对待资本主义经济成分。因为它比小生产较为先进,有必要和可能利用它(并尽量把它纳入国家资本主义渠道)作为"中间环节",创造社会主义物质条件。第三,正确对待商品经济。发展商品货币关系,以它作为联结各经济成分、各经济部门间的"纽带",作

---

[1] 《列宁全集》第41卷,人民出版社1986年版,第167页。

为工农之间、城乡之间的"结合点"。抓好这个"中心环节",就能带动并搞活国民经济的全局。这样一来,一条由一系列"阶梯"、"中间环节"和"中心环节"组成的"间接过渡"到社会主义的"迂回道路",已经被开通。

随着实践的不断深入,列宁曾从多个侧面去揭示新经济政策的实质。

第一,指出新经济政策的实质在于无产阶级和农民的经济联盟。

列宁认为新经济政策之所以重要,就是因为它能检验是否真正达到了同农民经济的结合。"新经济政策的全部意义就在于而且仅仅在于:找到了我们花很大量所建立的新经济同农民经济的结合。"① 有了这种结合,才能建立作为苏维埃共和国基础的工农两个阶级的经济联盟,"它既要满足双方经济上的要求,又要照顾小农利益。"② 只有建立了经济联盟,才能保证工人阶级对农民的领导,并通过许多逐步的过渡,转到使用大机器的社会主义的农业。所以,从政治上讲,新经济政策的基础和实质就在于无产阶级和农民在新的经济基础上的结合,从而引导农民积极参加社会主义建设,巩固工农联盟,巩固苏维埃共和国的基础。

第二,指出新经济政策的实质在于利用中间环节逐步向社会主义过渡。

列宁指出,在小农经济占绝对优势而工业又遭到严重破坏的情况下,必须采取一系列"中间的途径、方法、手段和辅助办法,才能使资本主义以前的各种关系过渡到社会主义。关键就在这里",我们"必须善于考虑那些便于从宗法制度、从小生产过渡到社会主义的中间环节。"③

在社会主义经济建设中引进了商品、市场、国家资本主义,就是引进了资本主义方法和经济因素,正是这一举措才根本改变了苏维埃经济政策的根本原则和建设社会主义的方式和方法。在新经济政策体制下,建立了不同于传统的纯而又纯的社会主义经济的新的社会经济结构和新的经济运行机制。在经济结构上,新经济政策在公有制占主导的前提下,容许五种经济成分并存;在运行机制上,新经济政策是对"战时共产主义"时期

---

① 《列宁选集》第4卷,人民出版社1995年版,第661页。
② 《列宁全集》第41卷,人民出版社1986年版,第350页。
③ 《列宁选集》第4卷,人民出版社1995年版,第509、510页。

国家统一组织生产和分配的高度集中的经济机制的否定，而且是采用国家领导和调节的商业和货币流通，利用私人资本主义并将其纳入国家轨道。实际上提出了市场和计划相结合的问题。在管理方法上，"按商业原则办事"，学习经营管理。这是对社会主义经济管理原则的重大改革。总之，通过中间环节向社会主义过渡，也就是根本否定了直接过渡，而采用迂回过渡的方法，它是一条更加符合经济规律的新的社会主义建设道路。

第三，指明新经济政策是一种战略上的退却。

列宁多次宣布：我们的新经济政策的实质是在于"开始作战略退却"，即从直接过渡的道路转到迂回过渡的道路。退却，并未改变苏维埃国家的实质，"没有从根本上改变苏维埃俄国社会制度方面的任何东西，只要政权还掌握在工人手里，就不可能有任何改变"。① 在这个基础上实行的新经济政策，只是改变了社会主义建设的方法和方式。

战略退却的内容主要包括两个方面，即农民的贸易自由和实行国家资本主义。在1922年11月列宁在《答〈曼彻斯特卫报〉记者问》中明确指出："新经济政策的真正实质在于：第一，无产阶级国家准许小生产者有贸易自由；第二，对于大资本的生产资料，无产阶级国家采用资本主义经济学中叫作'国家资本主义'的一系列原则。"②

一个月后，列宁在《全俄苏维埃第九次代表大会的报告提纲》中写道：我们在退——向何处？

退到国家资本主义（租让制）上去　　｛注意｝
退到合作制的资本主义上去　　　　　｛还要退到｝
退到私人资本主义上去　　　　　　　｛商业上去｝③

这两处都明确阐明了退却的内容，所谓新经济政策，正是指对这两种经济成分的特殊政策。无产阶级不仅对自己的盟友小生产者作出让步，而且对自己原来的敌人资本主义作出让步。下面和农民经济结成联盟，上面同国家资本主义结成联盟。退却的目的是通过不同的经济联盟尽快发展生产力，建立和巩固社会主义的基础。不作这样的退却，勉强

---

① 《列宁全集》第43卷，人民出版社1987年版，第290页。
② 同上书，第263页。
③ 《列宁全集》第42卷，人民出版社1987年版，第514页。

去做力所不及的事，脱离了农民和苏维埃俄国的基本国情，就会葬送社会主义。

第四，揭示新经济政策的实质在于资本主义方式同社会主义方式之间具有决定意义的竞赛。

列宁指出，既然引进了资本主义方法，就要学会运用这种方法在竞赛中取胜，这是"俄国和国际的市场举行的一场考试，我们受制于这个市场，同它有割不断的联系。"① 考试能否及格，决定着新经济政策的命运，也决定着苏维埃政权的命运。列宁强调，这是新经济政策的关键，也是党的政策的全部实质。他指出，目前最大的危险在于许多共产党员认识不到这一点，甚至不知道自己不懂这一行。因此，他要求广大党员干部放下架子，从头学习经营管理。如果大家都能清醒地认识到这一点，就能在同私人资本的竞赛中考试及格。

邓小平曾讲过："社会主义究竟是个什么样子，苏联搞了很多年，也并没有完全搞清楚。可能列宁的思路比较好，搞了个新经济政策，但是后来苏联的模式僵化了。"② 这段话明确肯定了列宁的新经济政策。的确，新经济政策是列宁的伟大创举，他的基本思路体现出了无产阶级夺取政权以后，特别是在俄国这样落后的"农民"国家里，确立什么样的社会主义建设方向和具体道路，才是可取的。

三 新经济政策的理论思考

列宁从十月革命以后，特别是实行新经济政策期间，对苏俄如何建设社会主义进行了深刻的理论思考，提出了很多精辟的论述。

（一）把建设社会主义作为一个长期探索过程

列宁特别强调实践对认识和建设社会主义的意义。他认为，社会主义是人民群众在实践的基础上长期探索和试验的过程。既然是探索和试验的过程，就要不断提出各种措施和方案，通过实践检验，对了就坚持，错了就改正。列宁说：为了建设社会主义，"我们准备忍受几千个困难，准备作几千次尝试，而且，我们在作了一千次尝试以后，准备去作一千零一

---

① 《列宁选集》第4卷，人民出版社1995年版，第669页。
② 《邓小平文选》第3卷，人民出版社1993年版，第139页。

次尝试"。① 既然建设社会主义是个长期探索和试验的过程，就会既有成功又有失误，对探索提出"只许成功，不许失败"的要求，是不切实际的。列宁指出：在这样崭新、艰难和伟大的事业中，缺点、错误和失误是不可避免的。"如果我们的敌人责难我们说，列宁自己也承认布尔什维克干了许多蠢事，那我要回答说：是的，但是你们知道不知道，我们干的蠢事跟你们干的蠢事毕竟全然不同的。"②

（二）社会主义要有雄厚的物质基础

列宁指出，社会主义的唯一物质基础就是同时也能改造农业的机器大工业。在一个农民国家里建设社会主义，必须从落后的农业国变为先进的工业国；没有高度发达的大工业生产，就根本谈不上社会主义。他说："大机器工业及其在农业中的推广，是社会主义惟一的经济基础"。③ 列宁把国家工业化的任务具体化为一个具有先进水平的全国电气化计划，甚至提出了"共产主义就是苏维埃政权加全国电气化"这一著名公式。他特别强调，由宗法制农业社会过渡到社会主义，没有电气化是不行的。

为了实现工业化，列宁指出必须采取一系列相应的措施：必须依靠广大群众，开展社会主义劳动竞赛，提高劳动生产率；必须加强劳动纪律，采用最先进的科学管理方法；要使劳动者从个人利益上去关心劳动成果，反对分配上的平均主义，实行按劳分配，实施奖金制度；还必须掌握和运用先进的科学技术，团结和利用科学家、技术专家，充分发挥他们的作用。

（三）要利用和发展商品货币和市场

战时共产主义政策企图不通过商品货币关系，实行直接的产品分配，结果遭到严重挫折。新经济政策的一项重要内容，就是用商品交换代替产品分配。在实施新经济政策的过程中，列宁越来越认识到商品货币关系的重要性，他提出商业是千百万小农与大工业之间惟一可能的经济联系，无产阶级国家政权和共产党只有全力抓住商业这个环节，才能满足农民的需要，有效地推动农业和整个国民经济的发展，并为农民逐

---

① 《列宁全集》第34卷，人民出版社1985年版，第379页。
② 《列宁全集》第43卷，人民出版社1987年版，第285页。
③ 《列宁全集》第42卷，人民出版社1987年版，第159页。

步过渡到社会主义创造条件,否则就建不成社会主义社会经济关系的基础。不过,列宁认为商品经济只是在从资本主义到社会主义的过渡时期是必要的,至于进入社会主义社会后,列宁坚持认为,它将被有计划的产品经济所取代。

(四)利用资本主义,建设社会主义

列宁一直明确认为,社会主义必须继承和利用资本主义一切有益的东西。早在十月革命前夕,他就曾指出国家垄断资本主义是社会主义最完备的物质基础,是社会主义的入口。十月革命后,他又提出利用国家资本主义作为向社会主义过渡的中间站,指出:"不经过国家资本主义和社会主义所共有的东西(全民的计算和监督),就不能从俄国现时的经济情况前进。"① 新经济政策实施后,列宁更加明确提出利用租让制、合作制等各种形式的国家资本主义作为向社会主义过渡的步骤,他说:"我们应该利用资本主义(特别是要把它纳入国家资本主义的轨道)作为小生产和社会主义之间的中间环节,作为提高生产力的手段、途径、方法和方式。"② 列宁乐于吸收外国,尤其是发达资本主义国家一切好的东西为社会主义服务,他曾提出:"苏维埃政权+普鲁士的铁路秩序+美国的技术和托拉斯组织+美国的国民教育等等等等++=总和=社会主义。"③

(五)通过合作制引导农民走向社会主义

列宁认为,在俄国这样一个经济落后,小生产占优势的国家里处理好同农民的关系,是建设社会主义的重要条件,但是,农民具有劳动者和小私有者的两重性,对他们不能驱逐、镇压,只能通过长期、谨慎的改造和教育。列宁总结了新经济政策实施后合作社发展的经验,于1923年1月写了著名的《论合作制》一文。他指出合作社在不同的社会制度下其性质和发展方向是不同的。在资本主义制度下,合作社具有资本主义性质,但是在生产资料公有制条件下,在无产阶级掌握政权的条件下,文明的合作社工作者的制度就是社会主义制度。因为,合作社在新经济政策时期的发展,使我们找到了私人利益、私人买卖利益与国家对这种利益的

---

① 《列宁选集》第3卷,人民出版社1995年版,第527页。
② 《列宁选集》第4卷,人民出版社1995年版,第510页。
③ 《列宁全集》第34卷,人民出版社1985年版,第520页。

检查监督相结合的尺度,找到了使私人利益服从共同利益的尺度。俄国居民的合作化,对建立社会主义有深远的意义,单是"合作社的发展也就等于……社会主义的发展。"① 列宁还规定了合作化的原则、方法和步骤。他强调,实行合作化必须坚持自愿原则,采取典型示范的方法,逐步推进。同时,国家要在物质、财政、组织等方面给合作化以大力支持、帮助。

(六)有步骤地发展社会主义民主,反对官僚主义

俄国十月革命前是个军事封建国家,小生产占优势,没有资产阶级民主的传统。十月革命后,俄国要越过资产阶级民主阶段,直接在小生产的基础上建设社会主义民主,只能采取逐步发展的方针。列宁在逝世前写了《怎样改组工农检察院》、《宁肯少些,但要好些》两篇文章,提出了两项划时代的任务:一是改革国家机关,发动群众参加管理,反对官僚主义;二是进行文化建设,提高工农文化水平。他指出反对官僚主义是改造国家机关的重要一环,他认为官僚主义是社会主义发展的"最可恶的敌人"。从当时的情况出发,他把改组工农检察院作为改造国家机关,反对官僚主义是最重要的,强调要让工农群众参加管理和监督国家的事务。由于官僚主义最深刻的根源在于俄国文化的落后性,因而克服官僚主义长远的根本措施是提高整个民族的科学文化水平。列宁说:"为了革新我们的国家机关,我们一定要给自己提出这样的任务:第一是学习,第二是学习,第三还是学习。"②

(七)加强党和人民群众的联系,改善党的领导

列宁极为重视正确处理执政党和群众的关系,认为它是建设社会主义的根本保证。他尖锐地指出:对于执政的共产党来说,"最严重最可怕的危险之一,就是脱离群众,就是先锋队往前跑得太远,没有'保持排面整齐',没有同全体劳动大军即同大多数工农群众保持牢固的联系。"③ 他非常尖刻地批判了当时党内存在的各种脱离群众的现象,如官僚主义、特权思想、腐化堕落、违法乱纪、骄傲自满、不负责任等。列宁十分强调党

---

① 《列宁全集》第43卷,人民出版社1987年版,第367页。
② 同上书,第380页。
③ 《列宁选集》第4卷,人民出版社1995年版,第626页。

内民主和集体领导的重要性。他坚持党的代表大会应实行年会制，尽量做到决策的民主化和科学化。他认为集体领导是党的领导原则，但同时要实行个人负责的制度。党必须有一批经过考验、受过长期教育和训练、富有才能、并能密切配合的领袖群体。但领袖不是圣人，绝对不能培植对领袖的个人崇拜。列宁主张从严治党，纯洁党的组织。他还要求明确党政职权范围。他说："必须十分明确地划分党（及其中央）和苏维埃政权的职责；提高苏维埃工作人员和苏维埃机关的责任心和独立负责精神，党的任务则是对所有国家机关的工作进行总的领导，不是像目前那样进行过分频繁的、不正常的、往往是琐碎的干预。"[①]

列宁对落后国家社会主义道路的探索是多方面的，也是很有价值的。遗憾的是，他没有完成自己的探索，过早地去世了。列宁晚年，能够正视落后的国情，面对社会主义建设中的一连串新情况新问题，他没有拘守于书本教条和传统观念的束缚，而是根据变化了的时代，根据千百万群众的实践，不断调整和改变各种陈旧的思想观点，勇于实践，大胆创新，努力探索一条适合俄国国情的社会主义道路，这是列宁社会主义观的最大特点，也是列宁留下的最珍贵的思想遗产。

第四节 最初探索的历史意义

列宁这一时期对社会主义建设道路的探索，以及在探索中得出的一系列重要理论、结论，不仅对巩固苏维埃俄国的政权，而且对以后经济文化不发达国家快速建设社会主义，都具有重要的指导意义。

一 社会主义没有固定的建设模式，只有在实践中不断探索才能找到成功的道路

尽管，马克思、恩格斯关于科学社会主义的理论抽象和社会主义模式的设想是正确的，但它却不能作为社会主义建设实践的出发点，更何况他们只是对未来社会基本趋势和大致轮廓的勾划，从来没有而且从来拒绝给未来的社会主义制定出周详的建设模式。列宁既遵循马克思主义又不拘泥

---

① 《列宁全集》第43卷，人民出版社1987年版，第64页。

于马克思主义,根据俄国实际进行社会主义建设的探索。列宁非常重视实践,认为"实践比世界上任何理论的争论更重要",不能"为死教条而牺牲活的马克思主义"。他把探索俄国社会主义建设道路比喻为"攀登一座还没有勘察过的非常险峻的高山","在这里既没有车辆,也没有道路,什么也没有,根本没有什么早经试验合格的东西"。① 要想找到成功的建设道路,"只有经过一系列建立这个或那个社会主义国家的各种各样的、不尽完善的具体尝试才会成为现实"。② "灵活机动,善于根据客观条件的变化而迅速急剧地改变自己的策略,如果原先的道路在当前这个时期证明不合适,走不通,就选择另一条道路来达到我们的目的。"③ 这是一个彻底的唯物主义者的态度,他就是这样试试,那样试试,不断地进行探索。刚开始对资本主义大企业没有决定立即没收,而是实行工人监督,由于资本家不承认工人监督,才转而采取没收政策,列宁称之为"赤卫队进攻资本家时期"。1918年夏因为外国武装干涉和国内战争又实行"战时共产主义"政策,主张直接过渡到社会主义。战时共产主义政策碰到很大困难后又转而实行新经济政策,通过国家资本主义向社会主义过渡,但列宁在实践中认为退却得还不够,还要往后退,"从国家资本主义转到国家调节商业和货币流通",即无产阶级国家必须通过发展商业,通过市场的办法来建设社会主义。这种正确的探索,不仅对当时俄国摆脱政治经济危机,巩固无产阶级政权有重要意义,而且对当今经济文化不发达国家成功建设社会主义,也有重要的指导意义。列宁的探索对邓小平有很大启发,邓小平指出:"在革命成功后,各国必须根据自己的条件建设社会主义。固定的模式是没有的,也不可能有。"④ "要坚持马克思主义。坚持走社会主义道路。但是,马克思主义必须是同中国实际相结合的马克思主义,社会主义必须是切合中国实际的有中国特色的社会主义。"⑤ 基于此,邓小平提出了建设有中国特色社会主义理论。

---

① 《列宁选集》第4卷,人民出版社1995年版,第637~638页。
② 《列宁选集》第3卷,人民出版社1995年版,第527页。
③ 《列宁选集》第4卷,人民出版社1995年版,第569页。
④ 《邓小平文选》第3卷,人民出版社1993年版,第292页。
⑤ 同上书,第63页。

二 无产阶级夺取政权以后,应以经济建设为中心

社会主义社会必须建立在社会化大生产的基础上,没有社会化的大生产,就没有社会主义。当然,这决不是说,在经济文化落后的国家,不应该进行社会主义革命,无产阶级不应该夺取政权。不是的。马克思主义告诉我们,在特定的历史条件下,在经济文化落后的国家,在革命的条件成熟的时候,无产阶级也可以首先进行无产阶级革命,建立无产阶级专政,然后在无产阶级专政国家领导下,努力发展生产力,为社会主义制度创造必要的物质技术基础。事实上,列宁领导俄国 7 年社会主义建设实践的一个重要指导思想,就是以经济建设为中心,列宁称之为"转轨",从阶级斗争转向"物质文化建设"。列宁认为,以经济建设为中心,迅速提高劳动生产率,是一切国家取得无产阶级革命胜利后的重要任务,对于经济文化不发达的俄国,这项任务尤其重要。一是因为俄国面对比自己发达得多的资本主义国家的包围和武装进攻;二是因为国内的局势的稳定也需要提高劳动生产率,发展经济和文化,否则,农民就可能受"耐普曼"们即新资产阶级的挑拨,不跟布尔什维克党走,建立不起巩固的工农联盟;三是因为只有以经济建设为中心,迅速发展大工业,才能有效地支援农业,在俄国广大农村实现机械化和合作化;四是因为只有以经济建设为中心,提高劳动生产率,才能使先进的社会主义制度与先进的生产力相一致,使社会主义政权真正建立在强大的技术基础上。只有这样,社会主义政权才能巩固和发展,"我们才能得到最后的胜利"。

列宁以经济建设为中心的理论与实践,顶住了 14 个帝国主义国家的武装干涉和国内白俄反革命匪帮的叛乱,进行了伟大的卫国战争,取得了反对德国法西斯进攻的伟大胜利,不仅保住了世界上第一个社会主义国家的政权,而且不断使其巩固和发展。当然,苏联在这方面也有深刻的教训,如斯大林的"肃反"扩大化和赫鲁晓夫"清算"斯大林错误的失误等。其他社会主义国家,特别是我们中国,这方面的教训也是深刻的,有一个时期没有以经济建设为中心,一再强调阶级斗争为纲,翻来覆去地瞎折腾,使我们失去了大好时机,影响了社会主义的迅速发展。后来我们纠正了以阶级斗争为纲的错误,回到了以经济建设为中心的轨道上来,提出"只有发展才是硬道理"的指导思想,才使我国的经济政治形势一天比一

天好转。重温列宁的思想和我国社会主义建设的实践，我们深刻认识到，列宁以经济建设为中心的社会主义建设思想的现实意义和深远的历史意义。

三 经济文化不发达国家建设社会主义，需要利用资本主义这个中间环节迂回向社会主义过渡

列宁通过7年社会主义建设的实践，终于找到了在小农占多数的经济文化不发达的俄国建设社会主义的正确道路，这就是实行新经济政策，通过迂回的办法，经过国家资本主义向社会主义过渡。列宁认为，社会主义固然要摧毁资本主义，"但仅靠摧毁资本主义，还不能填饱肚子。必须取得资本主义遗留下来的全部文化，并用它来建设社会主义。"① 工人阶级政权"单靠专政、暴力、强制是坚持不住的；惟有掌握了文明的、技术先进的、进步的资本主义的全部经验，使用一切有这种经验的人，才能坚持得住。"② 所以，"我们应该利用资本主义（特别是要把它纳入国家资本主义的轨道）作为小生产和社会主义之间的中间环节，作为提高生产力的手段、途径、方法和方式。"③"必须充分利用科学、技术和资本主义俄国给我们留下来的一切东西。"④ 这里的"一切"包括资本主义的科学、技术、知识、艺术、专家和知识分子，某些组织和机关，还包括被传统观念认为是资本主义所固有的商品生产、价值规律、市场、利润等经济发展方法和手段。在有人反对向资本主义学习时，列宁曾强调说："我们要立刻用资本主义昨天留下可供我们今天用的那些材料来建设社会主义，马上就着手建设"，⑤"如果你们不能利用资本主义世界留给我们的材料来建设大厦，你们就根本建不成它。"⑥ 利用国家资本主义来建设社会主义是列宁当时的选择，因为只有它才能充当从小生产走向社会主义的中间环节。然而，当时并不是所有的人都能认识到这一点。在人们的传统观念

---

① 《列宁全集》第36卷，人民出版社1985年版，第48页。
② 《列宁全集》第38卷，人民出版社1986年版，第241页。
③ 《列宁选集》第4卷，人民出版社1995年版，第510页。
④ 《列宁全集》第36卷，人民出版社1985年版，第6页。
⑤ 同上书，第48页。
⑥ 同上书，第6页。

中，资本主义正是社会主义所要消灭的对象，两者怎么能相容呢！于是，有苏俄当时流行的观点，即"资本主义是祸害，社会主义是幸福"。列宁对这种观点进行了批评。他认为这种观点忘记了当时苏俄的社会经济结构的总和，而只从中抽出资本主义和社会主义两种成分进行简单的比较。"同社会主义比较，资本主义是祸害。但同中世纪制度、同小生产、同小生产者涣散性引起的官僚主义比较，资本主义则是幸福。"① 在列宁的这段评述中贯穿了认识资本主义的科学方法论，即辩证历史唯物主义的观点。列宁要求把资本主义放在历史发展的过程中进行考察，要结合现实，辩证地看待资本主义的作用而不能把资本主义与社会主义抽象地对立起来。列宁关于利用资本主义的思想，在我国20多年来的改革开放中已经开花结果。党的十五大报告提出了我国社会主义初级阶段的基本经济制度是以公有制经济为主体的多种经济成分共同发展。全国人大九届二次会议也把"非公有制经济是社会主义市场经济的重要组成部分"写进了中华人民共和国宪法，十六大报告更是强调"必须毫不动摇地鼓励、支持和引导非公有制经济发展"，这正是对列宁利用资本主义建设社会主义思想的继承和发展。

---

① 《列宁选集》第4卷，人民出版社1995年版，第510页。

第十一章 苏联社会主义制度的确立

社会主义在俄国的胜利，从根本上来讲就是社会主义制度在俄国的确立和发展。十月革命胜利后，至列宁逝世前不到 10 年的时间，新生的苏维埃政权战胜了国内外反动势力的联合夹击之后基本上获得了巩固，并为尔后苏联社会主义基本制度的最终确立和发展奠定了基础。但是苏联社会主义制度的最终确立和发展，基本上是在列宁逝世之后，在以斯大林为代表的苏联共产党的领导下完成的。

第一节 苏联的形成和发展

一 原沙俄帝国版图内主要苏维埃政权的建立与发展

在 1917 年二月革命和十月革命前后，沙俄帝国实际上已分裂成若干个国家，主要包括俄罗斯、乌克兰、白俄罗斯、爱沙尼亚、立陶宛、拉脱维亚、亚美尼亚、阿塞拜疆、格鲁吉亚、哈萨克斯坦、鞑靼斯坦、巴什基尔、花拉子模、布哈拉等。这些新诞生的国家有的是无产阶级掌权，有的是资产阶级或其他阶级执政。经过内战的洗礼，除巴什基尔、哈萨克等共和国以自治身份加入俄罗斯苏维埃联邦社会主义共和国外，最后共有 6 个独立的民族共和国维持了苏维埃社会主义政权并基本上站稳了脚跟。它们是：俄罗斯、乌克兰、白俄罗斯、格鲁吉亚、亚美尼亚、阿塞拜疆。此外，还有布哈拉和花拉子模苏维埃人民共和国和远东共和国。

俄罗斯苏维埃联邦社会主义共和国。1917 年 11 月第二次全俄苏维埃代表大会上成立的苏维埃政府，迅速摧毁了旧的国家机器，着手建立新的工农社会主义国家的各级机关。首先，彼得格勒武装起义胜利之后的短短几个月时间里，各地政权纷纷转到了苏维埃的手里，由苏维埃组建了工农民主政府；其次，为了保卫新生的苏维埃政权，有效地同反革命和怠工进行斗争，在人民委员会之下成立了全俄非常委员会即"全俄同反革命和怠工斗争非常委员会"；其三，根据全俄中央执行委员会和人民委员会的命令，成立了新的法院；其四，根据苏维埃人民委员会的命令，建立了工农红军和工农海军。苏维埃政权建立后，立即进行了经济领域的社会主义改造：资产阶级和地主的财产被剥夺，法律规定对生产和分配实行工人监督；苏维埃国家掌握了国家银行、国有企业和国有铁路，并把私人银行和大工厂收归国有；国家成立最高国民经济委员会领导国民经济，实行国民经济计划化；苏维埃政府废除了沙皇政府和资产阶级临时政府的一切内债和外债，颁布了对外贸易国有化法令；在分配领域贯彻按劳分配原则；宣布土地国有化，并交由劳动人民无偿使用。苏维埃政府宣布实行免费教育和免费医疗，颁布了职工保险法令；宣布信仰自由，实行教会与国家分离，学校与教会分离；宣布妇女在社会生活的一切领域都拥有与男人享有平等的权利。在对国内政治和经济生活实行革命性改造的同时，苏维埃政权还进行了思想文化领域的社会主义改造。1918年7月，全俄苏维埃第五次代表大会通过了第一部苏维埃宪法，即俄罗斯苏维埃联邦社会主义共和国宪法，以国家根本法的形式肯定了十月社会主义革命的成果、苏维埃社会主义社会制度和国家制度。为了巩固新生的政权，在布尔什维克党和全国人民的共同努力下，从1918年初到1920年底，经过三年的浴血奋战，终于打败了白卫军，打败了十四个帝国主义国家的联合武装干涉，彻底挫败了反动势力企图恢复旧秩序的图谋。在极其困难的条件下，在国内外敌人的封锁、合围和联合绞杀面前，新生的苏维埃政权最终站稳了脚跟。苏维埃俄罗斯的社会主义制度更加巩固了。1921年3月，苏俄由军事共产主义转向新经济政策，开始了全面恢复国民经济、探索社会主义建设道路的艰难历程。

乌克兰苏维埃社会主义共和国。二月革命后，乌克兰的民族运动也进入了高潮。1917年3月，乌克兰民族政府——中央拉达建立。中央拉达控制着首都基辅与乌克兰大多数地区。但在乌克兰东部的顿巴斯、哈尔科夫和叶卡捷琳诺夫、斯拉夫等地，工业比较发达，工人阶级的力量比较集中，布尔什维克党组织也比较强大，政权很快便转到了苏维埃手中。彼得格勒武装起义的消息传到基辅后，中央拉达立即宣布保持中立。与此同时，基辅召开了工人代表苏维埃与士兵代表苏维埃联席会议。中央拉达对苏维埃力量采取了镇压措施，并宣布自己为全乌克兰最高权力机关，不服从俄罗斯苏维埃政府。拉达还公开给俄国的反革命势力提供保护和支持，并答应继续进行帝国主义战争，使乌克兰一度成为威胁整个苏维埃政权的反动基地。12月4日，俄罗斯苏维埃共和国人民委员会向乌克兰中央拉达提交了《对乌克兰人民的声明并附对乌克兰拉达的最后通牒》，一方面重申乌克兰共和国拥有与俄罗斯分离或者结成联盟的权利，另一方面要求拉达不要给反动军队提供支持，而应对革命军队予以协助。通牒说：如果得不到满意的答复，人民委员会将认为拉达与俄罗斯及乌克兰苏维埃政权处于公开的战争状态。拉达拒绝了苏维埃政府的通牒。哈尔科夫工人赤卫队和革命士兵与俄罗斯苏维埃政府军队一道，解除了该市拉达军队的武装。12月11日，在哈尔科夫召开了全乌克兰苏维埃第一次代表大会。12日，大会宣布乌克兰为苏维埃共和国。1918年1月，基辅为苏维埃军队占领。到1918年2月，乌克兰大部分地区相继建立了苏维埃政权。1919年1月6日，乌克兰苏维埃政府把乌克兰称为乌克兰苏维埃社会主义共和国。1919年3月14日，乌克兰中央执行委员会批准了乌克兰苏维埃宪法。根据宪法，劳动者拥有广泛的民主权利，并通过拥有全部政权的苏维埃来行使自己的权力。乌克兰苏维埃国家的中央机关是乌克兰苏维埃代表大会、全乌克兰苏维埃中央执行委员会和人民委员会。宪法从法律上确定了乌克兰苏维埃社会主义共和国的主权。乌克兰苏维埃社会主义共和国第一部宪法确定了乌克兰新的社会主义社会制度和国家制度的原则，从法律上巩固了无产阶级和贫苦农民专政在乌克兰苏维埃社会主义共和国国土上的胜利。1918年至1920年间，乌克兰人民在俄罗斯的帮助下最终粉碎了反革命中央拉达执政内阁、白卫军、奥德和英法干涉军，巩固了苏维埃政权。

  白俄罗斯苏维埃社会主义共和国。在第一次世界大战期间，白俄罗斯西部被德国军队占领。在白俄罗斯未被德军占领的地区苏维埃政权建立较快，这与本部战线广大士兵的革命化有直接关系。10月至11月间，白俄罗斯和西部战线建立了苏维埃政权。1918年2月至11月，几乎整个白俄罗斯都被德国军队占领。1918年12月底，白俄罗斯共产党（布）第一次代表大会发表告白俄罗斯工人、雇农、农民和红军战士书，宣布筹建以白俄罗斯工农政府为首的白俄罗斯苏维埃社会主义共和国。1919年1月1日，白俄罗斯苏维埃社会主义共和国宣告成立。成立宣言宣布，白俄罗斯的一切政权只属于工人、农民、雇农和红军代表苏维埃。1919年2月初，白俄罗斯第一次工、农和红军代表苏维埃代表大会召开，通过了白俄罗斯苏维埃社会主义共和国第一部宪法。宪法第一部分为被剥削劳动者权利宣言，宣布白俄罗斯是工人、士兵、农民代表的苏维埃共和国，中央和地方的全部政权均归苏维埃；第二部分阐明了劳动者的权利和义务以及权力机关的结构。根据白俄罗斯苏维埃社会主义共和国宪法，代表大会选举产生了白俄罗斯苏维埃社会主义共和国政府。1919年2月底，白俄罗斯苏维埃社会主义共和国与立陶宛苏维埃社会主义共和国合并成立立陶宛和白俄罗斯苏维埃社会主义共和国。不久，白俄罗斯又被波兰军队占领。1920年7月，明斯克解放。7月底，在明斯克召开了立陶宛和白俄罗斯的共产党代表、明斯克市和明斯克省苏维埃及工会组织的代表会议。会上通过了关于恢复白俄罗斯苏维埃社会主义共和国的《独立宣言》。《宣言》完全确认根据革命工农政府1919年1月1日的《宣言》中所宣布的原则重建一个独立自主的白俄罗斯苏维埃社会主义共和国。12月，第二次全白俄罗斯工人、农民和红军代表苏维埃代表大会召开，选举产生了白俄罗斯苏维埃社会主义共和国政府。

外高加索三国（阿塞拜疆、格鲁吉亚和亚美尼亚）的苏维埃政权。外高加索是少数民族聚居区，民族主义势力（格鲁吉亚的孟什维克、亚美尼亚的达什纳克党和阿塞拜疆的平等党）控制着外高加索的局势。十月革命初期，仅仅在外高加索的大工业中心巴库及周围几个县建立了苏维埃政权。1918年夏，外国武装干涉者占领巴库，巴库苏维埃政权被颠覆。1920年4月，在苏俄红军的帮助下，阿塞拜疆建立了苏维埃政权。5月5日，俄罗斯苏维埃政府宣布承认阿塞拜疆苏维埃政权。1921年5月召开的第一次全阿塞拜疆苏维埃代表大会通过了苏维埃阿塞拜疆的第一部宪法。在国内战争期间，亚美尼亚被土耳其和英国军队占领。1920年11月，革命高潮席卷了亚美尼亚。11月底，建立了亚美尼亚苏维埃政权。1921年12月至1922年1月，全亚美尼亚进行了苏维埃选举。1922年2月召开的亚美尼亚苏维埃第一次代表大会通过了苏维埃亚美尼亚的第一部宪法。在1918年至1920年的国内战争期间，格鲁吉亚被德、土、英等国军队占领。1921年2月，格鲁吉亚革命者在苏俄红军的帮助下建立了苏维埃政权，成立了格鲁吉亚苏维埃社会主义共和国。7月，阿扎尔苏维埃社会主义自治共和国加入格鲁吉亚。12月，阿布哈兹苏维埃社会主义共和国加入格鲁吉亚。1921年12月至1922年1月，格鲁吉亚进行了苏维埃选举。1922年召开的格鲁吉亚第一次代表大会通过了苏维埃格鲁吉亚的第一部宪法。阿塞拜疆、亚美尼亚、格鲁吉亚三个外高加索苏维埃共和国宪法都规定了苏维埃政权的基本原则，即以工农和红军代表苏维埃为代表的政权是劳动者的政权，消灭人剥削人的制度，实行基本生产资料的国有化。三国宪法都确定了各自苏维埃共和国及其权力机关的体制，即苏维埃代表大会——中央执行委员会——人民委员会体制。1922年3月12日，在斯大林、奥尔忠尼启则等人的压力下，三国联合成立外高加索苏维埃社会主义联邦共和国。

二 关于建立社会主义国家联盟的争论

各苏维埃社会主义国家建立并稳定之后，仍然面临着严峻的形势。其一，它们的外部受到强大的帝国主义势力的包围和随时进攻的威胁，政权的生存问题仍没有得到根本解决。其次，各国都面临着恢复和发展经济的艰巨任务。当时各共和国已经是田园荒芜、工厂停工，而各国政府所能调动的资源又非常有限。因此，能不能平稳地度过经济恢复这一难关，也是各国新政权面临的严峻考验。为了应付危机，内战期间与战后初期，各共和国曾通过签订条约与协议的办法加强相互之间的联系，以达到资源互补、相互支援的目的。1919年4月，俄共（布）中央起草决定，论证了各条战线红军指挥的统一和整修铁路网运输管理统一的必要性，要求各苏维埃共和国军事部门和供给部门在工作中严格遵守和执行俄罗斯苏维埃联邦社会主义共和国相应部门的指令。1919年6月，全俄中央执行委员会通过了《关于俄罗斯、乌克兰、拉脱维亚、立陶宛、白俄罗斯等苏维埃共和国结成军事联盟的决定》。经过反复磋商，各共和国一致同意将各自的军事组织及军事指挥、国民经济委员会、铁路运输管理、财政和劳动人民委员部统一起来。1920年9月，苏俄与阿塞拜疆缔结军事——经济同盟条约；1920年12月，苏俄与乌克兰之间签订工农联盟条约；1920年12月，苏俄与亚美尼亚签订军事——政治协定；1921年1月，苏俄与白俄罗斯之间签订工农联盟条约；1921年5月，苏俄与格鲁吉亚签订联盟条约。在这些条约的基础上，成立了联合的军事、财政、劳动、交通、邮电等人民委员部和国民经济委员会。联合人民委员部都设在俄罗斯联邦人民委员会内，并在各独立国家驻有全权代表。对联合人民委员部的监督权属于各共和国派有代表参加的全俄苏维埃代表大会及其中央执行委员会。[1] 不难看出，各苏维埃共和国与苏俄之间实质上已经形成一种带有联邦性质的关系。战争结束后，上述方式已经远远不能满足需要，多数国家希望找到更为紧密的联合方式以解决共同面临的问题。这样，如何巩固这种联邦关系，把各苏维埃共和国的联合进一步加强，如何用新的、不同于沙俄帝国的方式把各苏维埃国家重新联合起来，便提上了议事日程。建立联盟的设想便是在这一背景下提出来的。

各苏维埃社会主义共和国之间建立什么样的联盟关系？当时主要有两种可供选择的方案：一种是斯大林提出来的"自治化"方案；另一种是列宁主张的各共和国以平等身份结成联盟即以分权方式管理国家的方案。

1922年8月，俄共（布）组织局成立了一个委员会，为即将召开的中央委员会讨论俄罗斯联邦和各独立的民族苏维埃共和国的相互关系做准备。参加该委员会的有斯大林、古比雪夫、奥尔忠尼启则、拉柯夫斯基、索柯里尼柯夫和各民族共和国的代表。斯大林很快拟就了《关于俄罗斯联邦和各独立共和国的相互关系》决议草案，即民族"自治化"计划。草案的基本思想是乌克兰、白俄罗斯、阿塞拜疆、格鲁吉亚和亚美尼亚作为自治共和国正式加入俄罗斯联邦。斯大林在没有征求列宁意见的情况下，即把该方案提交各民族苏维埃共和国讨论。结果，白俄罗斯主张保持原条约关系，实际上是反对斯大林的方案；乌克兰没有表态；格鲁吉亚坚决反对。但是，草案还是被委员会会议通过。重病在身的列宁对斯大林的民族"自治化"方案十分不满。列宁认为，"斯大林有点操之过急。""我们承认自己同乌克兰社会主义苏维埃共和国以及其他共和国是平等的，将同他们一起平等地加入新的联盟，新的联邦，即'欧洲和亚洲苏维埃共和国联盟'。""重要的是，我们不去助长'独立分子'，也不取消他们的

---

[1] 〔苏〕苏联科学院历史研究所编：《苏联民族—国家建设史》上册，商务印书馆1997年版，第251页。

独立性，而是再建一层新楼——平等的共和国联邦。"他建议在全俄中央执行委员会之外建立一个欧洲和亚洲苏维埃共和国联盟全联邦中央执行委员会。[①] 列宁对斯大林的草案第一条做了实质性的修改，即所有独立的苏维埃共和国（包括俄罗斯联邦）在自愿平等的基础上成立苏维埃共和国联盟。

三 苏维埃社会主义国家联盟的建立与发展

1922 年 12 月，苏维埃社会主义共和国联盟第一次苏维埃代表大会召开。大会通过了关于苏维埃社会主义共和国联盟成立宣言，审查并批准了关于成立苏维埃社会主义共和国联盟条约，宣布享有平等权利的各苏维埃社会主义共和国按自愿原则联合成立苏维埃社会主义共和国联盟，同时宣布各共和国有权自由退出，新生的苏维埃社会主义共和国也有权加入联盟。最初加入苏联的是俄罗斯苏维埃联邦社会主义共和国、乌克兰苏维埃社会主义共和国、白俄罗斯苏维埃社会主义共和国和外高加索苏维埃社会主义联邦共和国。苏联苏维埃第一次代表大会选举产生了苏联中央执行委员会。

为拟定全联盟宪法的各基本部分草案，苏联中央执行委员会主席团在 1923 年 1 月成立了 6 个委员会，即制定苏联人民委员会、劳动与国防委员会、人民委员部条例委员会、预算委员会，制定最高法院和苏联人民委员会国家政治保安总局委员会条例委员会，确定苏联国旗和国徽委员会，制定苏联中央执委会及其成员条例委员会，制定建立苏联人民委员部草案委员会等。制定苏联人民委员会、劳动与国防委员会、人民委员部条例委员会又成立了起草宪法和每项条例草案的专门分委员会。中央执委会主席团各委员会和加盟共和国中央执行委员会有关委员会以苏联成立宣言盟约为基础就拟定全联盟宪法各基本部分草案做了大量工作。俄共（布）中央二月全会建议在中执委会下设立平等的第二院即民族院作为代表各民族利益的机关。在随后的俄共（布）十二大上斯大林进一步阐述了建立两院制的构想，其后又作了多次补充。1923 年 4 月，苏联中央执委会主席团成立了扩大的宪法委员会，由各共和国中央执委会的代表组成，其任务

[①] 《列宁全集》第 43 卷，人民出版社 1987 年版，第 213、214 页。

是根据俄共（布）十二大的精神考虑各加盟共和国中执委会各委员会的提供的草案和材料，最终完成苏联宪法综合草案的起草工作。6月，宪法草案提交俄共（布）中央宪法委员会并获赞同。随后，联盟宪法草案提交各加盟共和国最高国家权力机关审批。7月6日，苏联中央执委会第二次会议审议并通过了联盟宪法草案。中央执委会第二次会议上还正式成立了苏联政府——苏联人民委员会。1924年1月，全联盟第二次苏维埃代表大会召开。大会最后批准了苏维埃社会主义共和国联盟宪法草案。根据1924年苏联宪法，各加盟共和国鉴于建立苏联这一事实，相继对各自的宪法进行了修改。

根据1924年宪法，各加盟共和国是享有主权的国家，在宪法规定的范围和联盟所属的职权的限制之外，均有权独立行使自己的国家权力。后来的1936年宪法和1977年宪法都继承了相关的规定。但是，列宁去世后，斯大林把这个形式上的松散联邦变成了一个极度中央集权的国家，联邦制名存实亡。加盟共和国在经济管理权、立法权、行政区划分等各方面的权力均受到极大的削弱。在组织问题上，加盟共和国的国家领导人通常是由党中央委派加盟共和国党中央领导人兼任。他们要服从联共（布）中央的领导，执行中央的决定。在民族问题上，任何谋求本民族利益的努力都被斥之为"资产阶级民族主义"并受到无情的镇压。

苏维埃社会主义国家联盟成立时，只有俄罗斯、乌克兰、白俄罗斯和外高加索联邦（阿塞拜疆、格鲁吉亚与亚美尼亚）等几个加盟共和国。此后，苏联的范围不断扩展，加盟共和国不断增加。

1924年之前，中亚和哈萨克斯坦境内，存在着三个国家，即属于俄罗斯联邦的土耳其斯坦苏维埃社会主义自治共和国（1918年4月）以及建立于1920年4月的花拉子模苏维埃人民共和国和1920年10月建立的布哈拉苏维埃人民共和国。俄罗斯联邦政府承认花拉子模和布哈拉为主权国家。1923年10月，第四次花拉子模代表大会宣布把花拉子模苏维埃共和国改组为社会主义共和国，并加入苏联；1924年9月，布哈拉苏维埃人民共和国改组为社会主义共和国并加入苏联。随后在土耳其斯坦、花拉子模和布哈拉境内进行民族划界工作。在此基础上，1925年2月成立了乌兹别克苏维埃社会主义共和国和土库曼斯坦苏维埃社会主义共和国，1926年12月成立了塔吉克苏维埃社会主义自治共和国。1925年5月，苏联苏维埃三大通过关于土库曼和乌兹别克共和国加入苏联的决定。1929年12月，苏联中央执行委员会批准塔吉克苏维埃人民共和国改组为塔吉克苏维埃社会主义共和国。1931年3月，苏联苏维埃第五次代表大会接纳塔吉克苏维埃社会主义共和国加入苏联。在中亚民族划界中成立的卡拉吉尔吉斯自治州于1926年2月改为吉尔吉斯苏维埃自治共和国。1936年12月，吉尔吉斯与原属俄罗斯苏维埃联邦共和国的哈萨克苏维埃社会主义自治共和国成为苏联的加盟共和国。原属外高加索联邦的阿塞拜疆、格鲁吉亚与亚美尼亚也都成为加盟共和国。1939年，苏联与德国签订的《苏德两国友好边境条约》所附的秘密议定书，把波罗的海沿岸三国（爱沙尼亚、拉脱维亚、立陶宛）以及罗马尼亚的比萨拉比亚和北布科维纳划入苏联的势力范围。1940年，苏军通过秘密议定书进驻波罗的海三国以及比萨拉比亚和北布科维纳，波罗的海三国成为苏联的加盟共和国。北布科维纳成为乌克兰的一部分。比萨拉比亚与建立于1924年的摩尔达维亚苏维埃社会主义自治共和国合并，成立摩尔达维亚苏维埃社会主义共和国，加盟苏联。通过秘密议定书，苏联还收回了久已失去的西乌克兰、西白俄罗斯的大片领土，分别与乌克兰和白俄罗斯合并。同时，根据与德国达成的谅解，苏军还向芬兰发动进攻，突破了曼纳林防线，强行把苏芬边界向北推移。1940年3月，苏联把从芬兰夺取的领土交给卡累利阿苏维埃社会主义自治共和国并将其由自治共和国改组成卡累利阿－芬兰苏维埃社会主义加盟共和国，1956年7月又改为卡累利阿苏维埃社会主义自治共和国。1944年苏联正式把原属中国的唐努乌梁海地区纳入苏联。第二次世界大战结束时，在远东，苏联又把日本占领的南库页岛与千岛群岛等划入自己的版图。在西部则把东普鲁士的北部和柯尼斯堡市并入苏联。上述领土都成了俄罗斯联邦的组成部分。而外喀尔巴阡乌克兰则并入了乌克兰共和国，克莱佩达同立陶宛共和国合并。到20世纪40年代中后期，苏联已经成为一个拥有16个加盟共和国、2240多万平方公里面积的大国。

第二节　苏联关于建设社会主义的探索和选择

一　决定苏联历史发展进程的一场理论论争

列宁辞世后，在布尔什维克党内引发了一场激烈的争论。一直延续到

20世纪30年代初的这场论争，对苏联的发展影响极大。争论实质是什么是社会主义？单独一国能否建成社会主义？在一个相对落后的国家里能否建成社会主义？如何建设社会主义？关于列宁主义的争论，其实质是由谁来诠释列宁学说以及如何来诠释列宁学说的问题，其背后隐含着的一个更深层的理论问题则是怎样诠释社会主义的真髓，也就是说：到底什么是社会主义？而围绕着一国建成社会主义的争论的实质则是在苏联这样一个落后的国家里依靠自身的力量能不能建设社会主义的问题。分歧的由来很大程度上仍然是基于对社会主义的含义的不同的理解——要建设的是一个什么样的社会主义？与此交织在一起的另一个重大分歧是：用什么样的办法来实现社会主义的目标。也就是说：如何来建设社会主义？争论的结果是斯大林的建设方案成了苏联社会发展的唯一的选择。

二 如何建设社会主义：托洛茨基方案及其评价

对于如何建设社会主义这一问题，托洛茨基的实质回答是："等待"世界革命，促成世界革命。在托洛茨基看来，如果没有各主要资本主义国家无产阶级革命的胜利，在苏联一国进行社会主义建设，好像建造无数层的高楼大厦一样，尽管可以一层一层地建造下去，但不知何时才能盖上屋顶，也就是说，不知何时才能竣工。所以严格来讲，只有在世界革命完成之后，才可以认真地谈论建设新世界的道路和方法问题。这是托洛茨基包括季诺维也夫等人反对一国建成社会主义思想的要害之所在，也是他们同斯大林、布哈林等人的根本分歧之所在。但是，托洛茨基等人并不反对世界革命发生之前在苏联搞工业化和进行社会主义建设。甚至可以说，他们对于在苏联如何进行工业化建设仍有一个相对完整的思路。

从不断革命的立场出发，强调限制和消灭私有经济，从根本上否定新经济政策所确定的社会发展道路，是托洛茨基等左倾反对派的理论和政策基础。对于以新经济政策取代战时共产主义，托洛茨基是赞成和支持的，即使在同斯大林和布哈林发生严重分歧时，他也没有否定新经济政策的必要性。但是，在新经济政策的探索逐步深化之后，当新经济政策已明显地由一种策略手段发展为一种社会发展战略的时候，托洛茨基等左倾反对派却没有跟上时代的步伐，没有继续前进。他们始终认为新经济政策是暂时退却，是一种权宜之计，他们无时无刻不在谈论新经济政策的消极后果，他们把新经济政策时期成长起来的较富裕的农民等同于富农，提出要在农村展开一场新的阶级斗争，进行所谓的"第三次革命"。

强调发展国营工业和超高速实现工业化，是托洛茨基等"左"倾反对派的一个重要思想。托洛茨基等人强调，在社会主义建设中必须一切以工业为中心，严格服从国营工业的利益，实行所谓的"工业专政"。早在1923年秋"销售危机"发生后，托洛茨基等人就提出了限制私人资本、实行"工业专政"，加强经济的计划性等要求。在联共（布）中央提出工业化方针之后，托洛茨基等反对派又提出了"超工业化"的要求，他们把高速发展工业同战胜资本主义相联系，反复强调工业落后的危险性，要求坚决实行国民收入的再分配，以保障工业化的高速度。他们认为，只有当工业化的发展速度不是落后于整个经济运动，而是带动其他经济部门，并不断地使国家的技术水平更加接近于先进的资本主义国家时，向社会主义发展才有保障。为了得到这个保障，一切都必须服从这个无论对无产阶级还是对农民来说都是至关重要的目标。只有在工业获得了很大的发展的情况下，才能使工人得到较高的工资，使农民得到廉价的工业品。托洛茨基认为，苏联之所以总是出现粮食收购危机，归根结蒂还是工业化实行得不够，从而浪费了时间，因此，最终的解决办法不在农业本身，而是必须进一步加强工业化，在超过现在所做的一切基础上加强工业化。那么，如何解决超工业化的资金来源呢？托洛茨基等人认为，每年最大限度地把资金从农业抽调到工业能保证整个工业的最大发展速度。具体地说，就是：国家财政投资大力支持工业；提高工业品的价格，对农民课以高额赋税。

如果说托洛茨基在一国能否建成社会主义问题上的观点具有明显的灰暗色调的话，那么，不难看出，在如何建设社会主义的问题上，托洛茨基道路又明显地带有冒险主义的激进色彩。运用国家政权的力量强制推行加速工业化战略，实际上是托洛茨基当初所提出的、受到列宁批判的"兵营式共产主义"思想的一个翻版，只不过在新的形势下作了些许涂抹而已。列宁在其临终前《给代表大会的信》中对托洛茨基"过分热衷于事情的纯粹行政方面"表现出的担心显然不是没有理由的。从不断革命论出发到所谓"第三次革命"论，从新经济政策实施前夕提出所谓的"把螺丝拧紧"、"整刷工会"的劳动军事化主张到超工业化理论的提出，无一不反映出托洛茨基思想中的军事化、行政化思维的强大惯性。这一思维惯性是在长期的革命战争年代形成的，它习惯于简单明快，习惯于大刀阔斧、势如破竹、雷厉风行，而对于"枯燥乏味"的建设任务却缺少足够的心理准备，不愿意也不知道如何进行艰苦细致的工作，总是希望打几个冲锋、搞几次运动就能解决问题，一劳永逸地解决问题。这种思维模式广泛地存在于从革命年代、战争年代刚刚转入建设年代的一大批人的头脑中，托洛茨基的超工业化理论不过是这种思维惯性的一种极端形态罢了。但是，这种思维模式对于建设事业是有害的，它往往不能对社会的当前发展阶段、当前的现实做出客观实际分析，它往往急于跨越当前的状态而进到理想的社会中去，它往往借用一种极为简单的在某种程度上甚至是粗暴的手段去处理所面临的复杂的建设问题。欲速则不达，当革命的思维惯性遇到繁杂的建设课题的时候，常常会遭遇挫折。在革命时期基本结束，建设时期已经来临的关键的转折点，列宁曾经指出，"对于一个真正的革命家来说，最大的危险，甚至也许是唯一的危险，就是夸大革命性，忘记适当地和有效地适用革命的方法的限度和条件。真正的革命家如果开始用大写字母写'革命'二字，把革命奉为几乎是神圣的东西，丧失理智，不能最冷静、最清醒地考虑、权衡和检查一下究竟应该在什么时候、什么环境、什么场合转而采取'改良主义'的行动，那他们就最容易为此而碰得头破血流。真正的革命家，如果失去清醒的头脑，一心设想什么伟大的、胜利的世界性的革命，在任何场合、任何情况下都能够而且应该用革命方式来解决种种任务，那他们就会毁灭，而且一定会遭到毁灭"。因此，在革命胜利之后，列宁及时指出，必须用另一种方式进行更加艰苦的社会建设，而不可能再用高举红旗前进的方式、用高喊"乌拉"的方式达到目的了。新经济政策实际上就是一种社会发展战略的转变。从整体上说，托洛茨基等左倾反对派没能跟上时代的步伐，没有完成这一思想的转变和观念的更新，因此，在心理上难以适应从急风暴雨式的革命进攻向和平渐进的经济建设的转轨。在大转折的年代，托洛茨基等人是时代的落伍者。托洛茨基方案不是苏联社会发展的最佳选择。这一方案如果付诸实施，即便不像布哈林所批判的那样即刻给苏联带来毁灭性的后果，它也会造成社会的畸形发展，留下很大的后遗症。

三 如何建设社会主义：布哈林方案及其评价

布哈林对苏联社会主义建设道路的理论探索源于他对战时共产主义的深刻反思。转入新经济政策之后，布哈林在认真分析俄国的国情的基础上提出了著名的"落后型社会主义"理论："向社会主义的发展不是从空地上开始的；向社会主义的发展是在工人阶级夺取政权以后开始的，而工人阶级所得到的是资本主义制度给它留下的遗产……这种遗产在各个不同的资本主义国家中是各不相同的"。"可怕的、半农奴制的野蛮状态和可怕的总的经济落后，同西欧资本主义所达到的最先进的形式的这种结合，就构成俄国资本主义的显著特点，构成它的所谓的'民族面貌'"。正因为如此，"我们正在建设的社会主义不可避免地是一种社会主义建设的落后的形式"。①"落后型社会主义"的显著特点是发展速度缓慢，过渡时期较长，必须集中注意力去解决农民问题，想尽一切办法把分散的和落后的广大农民群众组织起来，把他们吸引到社会主义建设事业中去。在这里，操之过急、急于求成是没有用处的，甚至可能是有害的。布哈林认识到，在苏联这样一个落后的国家里实现向社会主义过渡，将会面临许多复杂、新颖、独特和困难的建设任务，企图沿袭过去的战争经验、阶级斗争的经验，企图"仅仅通过法令、通过纯粹的暴力措施不可能完成自己的任务"，"这是一个长时期的有机的过程，严格地说，是真正长入社会主义的过程"，②"向社会主义的进一步发展是通过进化的道路而不可能通过其他的道路"。也正是基于这种认识，布哈林提出了他的关于"乌龟速度"的名言：我们不会由于国内的阶级差距和我们的技术落后而灭亡，甚至在低下的技术基础上我们也能够建设社会主义，社会主义的这种发展将非常缓慢，我们将以乌龟速度爬行，但我们终究在建设社会主义，并且我们定将建成它。

布哈林进一步发挥和发展了列宁晚年的思想，更加突出了市场机制的作用，把市场关系的存在看成是新经济政策的决定性因素、确定新经济政

---

① 《布哈林文选》上册，人民出版社1981年版，第475页、第474～475页、第475～476页。

② 同上书，第63页。

策实质的最重要的标准。而有了市场关系，就可以把过渡时期存在着的各种经济成分的积极性调动起来，使它们相互促进、共同繁荣。布哈林认为，在市场机制下向社会主义的过渡应当通过"进化"和"改良"的办法，和平长入社会主义。他强调，"私人资本不能用一道命令予以没收，也不能用革命的宝剑机械地一挥来砍倒。只有在我们的国家机构和合作社成长壮大的基础上，在经济斗争的过程中才能战胜它……在这里也有镇压，但这不是重点。在这里也有合作，也有阶级斗争。这种阶级斗争（在社会主义胜利时）在排挤和消灭的基础上将会战胜阶级敌人及其代表的经济形式"。[1] "随着各种私人企业主及其私人经济的被排挤，随着国家——合作社经济的组织性和完整性的提高，我们将逐步地越来越接近社会主义，即接近计划经济，那时，一切都属于劳动人民，那时，全部生产都是为了满足全体劳动人民的需要"。[2]

在苏俄这样一个落后的农民占人口绝大多数的国家里，如何把广大的农民群众吸引到社会主义建设中来，是一个带有根本性的问题。布哈林认为，要吸引农民，首要的任务是激发农民的生产积极性，打消农民不敢冒富和不愿冒富的心理，把新经济政策推广到农村去。为了鼓励农民富裕起来，首先要扫除当时流行的"左"的观念。正是在这样的背景下，布哈林提出了他那个给他带来极大麻烦的"发财吧"的著名口号。与那种从农民的富裕中看到的只是农村资本主义发展的观点不同，布哈林看到的却是另一种更为重要的东西："从农民经济的积累中，我们将得到什么呢？农业积累就意味着对我国工业品的需求日益增长。这种需求能引起我国工业的巨大发展，而这种发展反过来又能使我国工业对农业起到良好的促进作用"。[3] 那么，用什么样的办法把农民吸引到社会主义的轨道上来呢？布哈林进一步阐述并发展了列宁的合作社思想，认为合作社道路是引导农民走向社会主义的康庄大道。布哈林强调，列宁"遗嘱中的重要之点是，可以不再对农民使用暴力而达到社会主义"。[4] 由于旧习惯、旧经济方式在农民身上有着根深蒂固的影响，想急剧打破这些习惯是不可能的，但

---

[1] 《布哈林文选》上册，人民出版社1981年版，第296页。
[2] 同上书，第436页。
[3] 同上书，第368~369页。
[4] 转引自郑异凡《布哈林论稿》，中央编译出版社1997年版，第244页。

是，随着时间的推移，"农民从自己的私有经济即单个的小农户的利益出发，必然会走上自身联合的道路，从而越来越和睦地同无产阶级的国营工业结合起来"。① 布哈林认为，在无产阶级政权的正确而积极的引导下，宗法式的农民经济和小商品经济可以通过合作制的形式长入社会主义，私人资本主义经济——在当时的苏联主要是富农经济——也可以通过合作制的特殊形式长入社会主义。

苏联面临的另一个紧迫的任务是社会主义的工业化，而工业化本身又需要首先解决工业化的资金积累来源以及如何处理国民经济各部门之间的平衡关系这两个重大理论和现实问题。布哈林认为，社会主义工业化的资金相当大的部分要取自农业，这是毫无疑问的，但问题是如何取法。普列奥布拉任斯基提出"社会主义原始积累规律"，把农村看作殖民地，要求用扩大剪刀差的办法，最大限度地从农业抽调资金到工业中去，以牺牲农业的办法发展工业。布哈林说，这种做法实际上是"建议无产阶级杀掉会生金蛋的母鸡"，"是一种行会的、狭隘的、笨拙的、目光短浅的政策，就是说，简直是愚蠢的政策"，它最终会"导致社会主义工业和整个国民经济的崩溃和破产"。② 布哈林认为，无产阶级夺取政权之后，不能把农村视为殖民地，而应当把它看成是工业赖以发展的市场："农民有支付能力的需求愈大，则我们的工业就发展得愈快"，"我们的工业中的积累就进行得愈快"。③ 所以，必须使工业适应农民市场，逐步掌握这个市场，"无产阶级工业只有依靠农民市场，才能起经济上的领导作用。如果没有农民经济中的积累，社会主义工业中的积累是无法长期进行的"。④ 在布哈林看来，社会主义工业化资金积累问题应当通过不断扩大农村市场容量的办法来解决。这种办法在开始的时候固然会走得慢一点，但是，随着农民市场容量的不断扩大和资本周转的不断加快，最终会获得一个比较高甚至是最高的积累速度。布哈林还引用列宁在俄共（布）十一大上的报告说："同农民群众，同普通劳动农民汇合起来，开始一道前进，虽然比人们所期望的慢得多，慢得不知多少，但全体群众却真正会同我们

---

① 《布哈林文选》上册，人民出版社 1981 年版，第 414 页。
② 同上书，第 233 页、第 424 页。
③ 同上书，第 422 页。
④ 同上书，第 299～300 页。

一道前进。到了一定的时候，前进的步子就会加快到我们现在梦想不到的速度"。① 这才是社会主义工业化资金积累的健康之路。

进行社会主义工业化，如何处理国民经济各部门之间的关系，也是布哈林始终关注的问题。首先，在工农业关系上，布哈林既反对托洛茨基派经济学家提出的每年最大限度地把资金从农业抽调到工业中去的主张，同时也反对那种要求取消用于工业的一切扣款以保护农业的主张。他认为前一种做法是采取剥夺、剥削的手段，强迫农民"纳贡"，是杀鸡取卵的办法，而后一种做法则忽略了农业对工业的依赖性：没有拖拉机、化肥、电气化，农业就要陷于停滞状态，没有工业的前导就不可能消灭农村的落后、野蛮和贫困。所以，布哈林特别强调的就是："工业要发展，需要农业取得成就；反之，农业要取得成就，也需要工业得到发展。这种互相依赖的关系是最根本的东西，它本身应当决定领导党的正确政策；领导党的责任首先就在于，使局部的和暂时的，眼前的、短期的、次要的和从属的利益服从长远的、最共同的、最根本和基本的利益"。② 其次，布哈林认为，不仅工农业之间存在着平衡问题，而且工业内部各部门之间、农业内部各部门之间、积累和消费（包括生产性消费和个人消费）之间等等都有一个平衡问题。在重工业和轻工业的发展比重方面，布哈林强调两者之间的最完满的结合，反对片面重工业化。他认为社会主义工业化固然需要把重心放在生产资料的生产上，但这类建设周期较长，需要若干年才能出产品，而轻工业则周转较快，因此，可以在发展轻工业的条件下，利用轻工业赚回的资金投入重工业建设。为了扩大再生产和保持工业的高速度，适当扩大基本建设的规模是必要的，但是，布哈林警告说，制订基本建设规划时不能以投资越多越好和规模越大越好作为出发点，而必须考虑到国家的后备情况。他把那种不顾实际情况而一味主张多搞基本建设的做法称为"疯人的政策"，这种政策将会导致连锁反应：加剧商品荒，而商品荒又会引起粮食荒，因为农民如果不能从工业那里得到任何东西，他们就不会出售自己的粮食。"工业品荒意味着粮食荒"。③ 布哈林尖锐地指出，

---

① 《布哈林文选》上册，人民出版社1981年版，第330页。（所引列宁报告原文见《列宁全集》第43卷，人民出版社1987年版，第77页。）

② 《布哈林文选》上册，人民出版社1981年版，第423页。

③ 同上书，中册，人民出版社1982年版，第309页。

"从一种在经常没有后备的情况下实施的政策中会闻到一点冒险主义的气味"。① 布哈林认为,在农业内部,必须保持谷物业、畜牧业和技术作物的生产之间的平衡,为此,就需要国家调整政策,在价格、税收等等方面鼓励谷物生产,同时对个体农户实行积极的扶持政策。因为苏联存在着大约2500万小农户或极小农户,粮食的绝大多数是他们提供的,农村居民中的大多数也是由这些中农和贫农组成的,他们生活得愈好,生产得愈多,出售得愈多,对苏维埃国家就愈好。如果国家在农村政策上出现失误,一旦谷物生产出现不稳定,就会打破农业生产内部的平衡,引起连锁反应。布哈林认为,"国家的一切经济部门都是相互联系和相互依赖的",② 为了社会健康和稳步的发展,经济建设中必须保持各部门之间的平衡。

列宁在临终前谈到布哈林时说:"布哈林不仅是党的最宝贵的和最大的理论家,他也理所当然被认为是全党喜欢的人物"。③ 应该说,布哈林是无愧于列宁的这一评价的。布哈林曾经是"左派共产主义者"的领袖,在缔结布列斯特和约、发展国家资本主义等问题上曾经同列宁展开过激烈的争论,并为此受到过列宁的严厉批评。对于他的理论中表现出的某种繁琐哲学的倾向,列宁在其临终遗言中也曾给予谆谆的告诫。但布哈林没有辜负列宁对他寄予的厚望。在苏俄由战时共产主义向新经济政策过渡的实践探索中,在对战时共产主义的深刻的理论反思中,布哈林的思想开始发生跳跃式的变化。他逐渐把握了列宁关于社会主义建设的思想脉络,最终成为列宁新经济政策思想的忠实的捍卫者和最接近列宁本人想法的理论阐释者,并在列宁之后推动了新经济政策战略的进一步发展和完善,从而凸显出了一条完全不同于战时共产主义模式的建设社会主义的新路的雏形。在列宁去世前后激烈的政治斗争中,布哈林积极参与了理论方面的论争,他在一系列的著述和讲话中,对托洛茨基等左倾反对派的观点给予了毫不妥协的抨击:他批判了托洛茨基把俄国社会主义革命的前途寄托于西欧革命、以农民为第三次革命对象的"不断革命论"以及在社会主义建设中

---

① 《布哈林文选》中册,人民出版社1982年版,第292页。
② 同上书,第306页。
③ 《列宁全集》第43卷,人民出版社1987年版,第339页。

强调一切都必须以工业为中心、必须严格服从国营工业的利益的"工业专政论",批判了普列奥布拉任斯基的剥夺农民的"社会主义原始积累规律",批判了托洛茨基等左倾反对派的超工业化理论,也批判了反对派否认苏联一国可以建成社会主义的观点。从俄国落后的现实出发,布哈林强调了新经济政策的长期性和必要性,提出了"落后型社会主义"的发展模式:即无产阶级夺取政权之后,应当把工作重心从阶级斗争转向文化经济建设,把发展经济放在第一位,向社会主义的过渡应当是一种有机的长入过程;应当大力发展农村经济,以经济利益吸引农民参加合作社,走上社会主义道路;发展的高速度关键不是牺牲农民的利益,强制推进工业化,而首先应当是加速农民经济的发展,迅速扩大国内农民市场的容量,为工业的持续、高速和健康发展创造前提条件;保持国民经济的平衡发展,发挥多种经济成分的互相繁荣、互相促进作用,运用价值规律、市场机制实施经济管理,"通过市场关系走向社会主义",这是新经济政策的真髓。历史地看,布哈林所阐述的社会发展方案是更接近列宁晚年思想的方案,是朝着市场经济方向发展的方案,也是国民经济较为均衡发展的方案。

但是,要保证布哈林方案的顺利实施,也就是说,要保证苏联沿着新经济政策的道路继续走下去,在当时的苏联却是一件极为困难的事情。在比较好的情况下,它需要,第一,能够保证这一方案得以贯彻的相对健全的制度;第二,能够保证这一方案得以贯彻的领袖或领袖群体;第三,能够保证这一方案得以顺利贯彻的干部基础或者更广泛的群众基础。即使在不太好的情况下,它至少也应该拥有能够在剧烈的社会转型时期娴熟地驾驭苏联这艘巨型航船的领袖和一批能够保驾护航、推波助澜的干部队伍。但苏联当时的情况却不容乐观。首先,从战时共产主义向新经济政策的转轨,实际上是一次大的社会发展战略调整,而这种调整并没有得到政治体制和行政管理体制改革的有机配合,也就是说,从制度保障的层面上,社会发展战略的转轨首先就缺乏有效的支撑物。列宁确曾注意到了党和国家机关中的过于集权问题。他也做过一些改革的努力,但是,到去世之前,他也不得不承认:"在改善我们的国家机关方面,我们已经瞎忙了五年,但只不过是瞎忙而已,五年来已经证明这是无用的,徒劳无益的,甚至是有害的。这种瞎忙使我们看来像是在工作,实际上却搅乱了我们的机关,我们的头脑"。① 有鉴于此，列宁在致代表大会的信中希望能够"对我们的政治制度作一系列的变动"。② 但是，列宁的建议没有得到其继任者们应有的重视。结果，经济改革不仅得不到政治改革的积极配合和支持，相反常常受到旧的政治体制和行政管理体制的阻挠和干扰。这无疑加大了新经济政策前进过程的难度和风险。其次，在列宁去世之后的联共（布）的高层领导群体中，能够像布哈林那样深刻而全面地把握新经济政策的内涵者可谓凤毛麟角，而像托洛茨基那样积极反对这场经济变革的人却大有人在，更不用说还存在着一大批对这一政策持怀疑观望态度的人了。倘若列宁在世，以他的威望、才学、胸襟气度和远见卓识，以及他高超的领导艺术，或许可以驾驭新经济政策这条航船驶出激流浅滩，而他的后继者中却没有一人具备这种才能。又倘若列宁去世之后，其继任者们能够从大局出发，能够群策群力，能够容忍不同意见之间的正常辩论，或许依靠集体的力量也能够在不断地试探和校正中拨正航向。但是，托洛茨基的自负，季诺维也夫和加米涅夫的目光短浅及关键时刻和重大问题上的摇摆不定，布哈林的书生气质及其对政治斗争的厌恶心理，以及斯大林在党内斗争中动辄使用行政和组织处理手段，所有这一切都使得党内的正常争论日益走向激烈的权力斗争而无法得到有效的遏止。结果，这些领导人之间通力合作的可能性越来越渺茫并最终彻底消失，胜利者的思想也随之上升为党的路线。而深谙列宁的新经济政策思想的布哈林却恰恰是这场斗争的牺牲品。最后，20世纪20年代，苏维埃政权的各级干部大多数来自国内战争前线，他们对于行政命令和军事方式习以为常，而对新经济政策所要求的经济管理方法却极端的陌生和不适应。布哈林曾援引一位德国教授评论布尔什维克的话说："他们是最优秀的第一流的政治家，卓越的政治战略家，出色的鼓动家，卓越的改造人的教师；但是他们缺乏经济训练，缺乏经济修养。别看经济战线上一两万布尔什维克在埋头工作，弄得疲惫不堪，但他们缺乏足够的经济上和文化上的训练……这种说法离真实情况并不远"。③ 列宁号召广大党员干部学习商业，学习管理，学会做生意是有

---

① 《列宁全集》第43卷，人民出版社1987年版，第380页。
② 同上书，第337页。
③ 转引自郑异凡《布哈林论稿》，中央编译出版社1997年版，第348~349页。

其深刻的背景的。面临着一支文化水平不高、经济管理素质较差的干部队伍,新经济政策推行的难度可想而知。而对当时俄国的广大人民群众而言,他们虽然从新经济政策的实施中得到了实惠,但对于一个文盲占70%的小农国家而言,在政治空气日益紧张的情势下,要寻求人民对新经济政策的理性的、自觉的支持也决非易事。此外,苏联当时所处国际背景也是一个不可忽视的因素。20世纪20年代,新生的苏维埃政权虽然战胜了帝国主义的武装干涉,但仍然是处于资本主义包围之中的一个"孤岛",时刻存在着的外部压力以及对苏联所处的外部环境的判断必然会折射到领导人的思想中来,并对苏联高层关于社会发展战略的争论发生这样或那样的影响。新经济政策就是在这样的复杂背景下艰难地前进着。

1927年底,苏联的粮食收购量锐减,出现了一场严重的粮食收购危机。在关于危机的成因与摆脱危机的出路问题上,布哈林与斯大林之间爆发了激烈的争论。争论不断升级,逐渐演化为一场中止还是继续新经济政策的严重的路线分歧。伴随着斯大林的胜利,新经济政策被中止了,布哈林方案被斥为"印花布工业化"和"复辟资本主义的路线"而被抛弃。苏联没有沿着列宁晚年的设想继续探索下去,而是采取了另一种社会发展战略,走上了另一条建设道路。

四 如何建设社会主义:斯大林方案及其评价

落后挨打论是斯大林工业化方案的立论基础。在同托洛茨基与季诺维也夫的争论中,斯大林与布哈林之间在一些重大问题上就存在着或明或暗的分歧,其中最深刻最根本的分歧之一就是对新经济政策的评价。布哈林把新经济政策看成是建设社会主义的正常的经济政策,是列宁晚年所设想的建设社会主义的宏大的发展战略。而斯大林却始终把新经济政策视为社会发展的非常态,他更多的是从消灭资本主义的政治策略的角度解释这一政策的,即便是同左倾反对派进行斗争时也是如此。在斯大林看来,新经济政策是战争结束后恢复时期的一种特殊政策,是一种喘息,一种积累。当经济的恢复达到一定的程度之后,当苏联人民从战争的废墟上重新站起来之后,当苏联有了建设的初步积累之后,就应当中止这种缓慢的、不正常的发展战略,转而采取高速度的发展战略,而且要不断地加速度,直到赶上和超过已经工业化了的西方列强。只有这样,苏联才能求得生存的空间，才能摆脱西方列强的控制。虽然斯大林与布哈林都认识到了苏联经济发展落后的事实，但他们却得出了截然不同的结论：布哈林强调的是不能超越从旧俄继承下来的落后的经济基础，在这种基础上苏联将只能采取"乌龟速度爬行"，在这个过程中只能量力而行，平衡发展，为将来的工业化奠定基础；而斯大林强调的则是"落后是要挨打的"，正因为苏联从旧俄继承下来的是一个非常落后的经济基础，它才必须尽一切可能在最短的时间内摆脱落后状态，以避免重新陷入"挨打"的被动局面。斯大林以不容置疑的口吻向苏联人描述了这样一个景象："决不能减低速度！恰恰相反，必须竭力和尽可能加快速度……延缓速度就是落后。而落后者是要挨打的。但是我们不愿意挨打。不，我们绝对不愿意！旧俄历史的特征之一就是它因为落后而不断挨打。蒙古的可汗打过它。土耳其的贵族打过它。瑞典的封建主打过它。波兰和立陶宛的地主打过它。英国和法国的资本家打过它。日本的贵族打过它。大家都打过它，就是因为它落后。因为它的军事落后，文化落后，国家制度落后，工业落后，农业落后。……你们愿意让我们的社会主义祖国被人打垮吗？如果你们不愿意，那末你们就应当在最短期间消灭它的落后状况，并在它的社会主义经济建设方面展开真正的布尔什维克的速度。别的办法是没有的。正因为如此，列宁在十月革命前夜说：'或是灭亡，或是赶上并超过各先进的资本主义国家'。我们比先进国家落后了五十年至一百年。我们应当在十年内跑完这一段距离。或者我们做到这一点，或者我们被人打倒"。[①] 斯大林后来曾经这样解释说："落后了一百年并因落后而有灭亡危险的国家是不能不加以督促的"。"我们不能知道帝国主义者究竟会在哪一天进攻苏联，打断我国的建设。他们随时都可以利用我们技术上经济上的弱点来进攻我们，这一点却是不容置疑的。所以，党不得不鞭策国家前进，以免错过时机……"[②] 要么灭亡，要么改变新经济政策的思路，加速工业化，这就是斯大林向苏联人民展示的两条道路。他毫不犹豫地选择了后者。

加速工业化是斯大林工业化理论的核心内容之一。工业化思想不是斯大林的创造。早在列宁时期，布尔什维克党就确定了必须进行社会主义工

[①] 《斯大林全集》第13卷，人民出版社1954年版，第37~39页。
[②] 同上书，第167、168页。

业化的方向。在要不要工业化的问题上，苏联高层领导人中间并没有分歧，问题是如何实现工业化的目标。在工业化的速度问题上，斯大林不赞成布哈林的"乌龟速度"，而是更加强调工业化的高速度，并且要不断加快速度。斯大林认为，"按发展速度来说，我国全部工业，特别是我国的社会主义工业，已经赶上和超过资本主义国家工业的发展"。"我国社会主义工业的空前未有的发展速度直接地和无可怀疑地证明了苏维埃生产制度优于资本主义生产制度"。在这种情况下，他进而提出，党的任务就是"巩固社会主义工业已经达到的发展速度"，① 并且"应当保持现在的工业发展速度"，"应当一有可能就加快这种速度，以便把大量商品投入农村而从农村取得更多的粮食，以便供给农业首先是供给集体农庄和国营农场以机器，以便使农业工业化并使农业生产的商品率提高"。② 斯大林表示，"党在实现五年计划和争取工业建设的胜利时实行了以最高速度发展工业的政策。党仿佛是鞭策了国家，督促它向前奔驰"。但是，党采取这种"最高速度""是绝对正确的"，"党不得不鞭策国家前进，以免错过时机，而能尽量利用喘息时机，赶快在苏联建立工业化的基础，即苏联富强的基础。党不可能等待和应付，它应当实行最高速度的政策"。③ 1931年3月，苏联苏维埃第6次代表大会通过的《关于苏联政府工作报告的决议》中说："在新经济政策的最后阶段，苏维埃国家已进入直接建设社会主义的时期"，"速度的问题对于当前这个时期具有决定性的意义。反对苏维埃政权提出的速度，是机会主义——我们的阶级敌人的代理人的最为突出的特点"。④ 工业化的速度问题被高度政治化了。

斯大林工业化理论的另一个核心内容是他把重工业和军事工业摆到了首要的地位。斯大林在谈到工业化时不是强调整个工业的发展，而是强调发展重工业，尤其是军事工业，强调重工业可以脱离农业和轻工业而依靠其自身的扩展。他说："有些同志认为工业化一般地就是发展任何一种工业……这当然是不正确的。不是发展任何一种工业都算做工业化。工业化

---

① 《斯大林全集》第10卷，人民出版社1954年版，第257~258页、第259页。
② 《斯大林全集》第11卷，人民出版社1954年版，第80页。
③ 《斯大林全集》第13卷，人民出版社1954年版，第167、168页。
④ 《苏联共产党和苏联政府经济问题决议汇编》第2卷，中国人民大学出版社1983年版，第293页。

的中心,工业化的基础,就是发展重工业(燃料、金属等等),归根到底,就是发展生产资料的生产,发展本国的机器制造业。工业化的任务不仅要增加我国整个国民经济中工业的比重,而且要在这种发展中保证受资本主义国家包围的我国在经济上的独立,使我国不致变成世界资本主义的附属品。处于资本主义包围中的无产阶级专政的国家,如果自己国内不能出产生产工具和生产资料,如果停留在这样一个发展阶段,即不得不使国民经济受制于那些出产并输出生产工具和生产资料的资本主义发达国家的阶段,就不可能保持经济的独立。停留在这个阶段就等于让自己隶属于世界资本"。"由此可见,我国的工业化不能只了解为发展任何一种工业,比如说,发展轻工业,虽然轻工业及其发展是我们所绝对必需的。由此可见,工业化首先应当了解为发展我国的重工业,特别是发展我国自己的机器制造业这一整个工业的神经中枢。否则就谈不到保证我国在经济上的独立"。[①] 在斯大林看来,"轻工业问题是没有什么特别困难的",他甚至一度认为"这个问题我们在几年以前已经解决了"。他说,"比较困难、更加重要的是重工业问题。所以比较困难,是因为它需要大量投资,而且工业落后的国家的历史表明,重工业没有大量长期的借款是不能发展的。所以更加重要,是因为不发展重工业我们就不能建成任何工业,就不能实现工业化"。[②] 即便后来他不得不承认苏联因为轻工业发展的落后而造成了相当的困难的时候,斯大林仍然坚持认为,必须把重工业和军事工业放在首位:"有人对我们说:建成了许多新工厂,奠定了工业化的基础,这都是很好的。但是,如果放弃工业化政策,放弃扩大生产资料生产的政策,或者至少把这件事情放到末位,而多生产一些布匹、鞋子、衣服和其他各种日用品,那就好得多了。日用品的确生产得不够用,因而造成了相当的困难。但是必须知道而且必须考虑到这种把工业化任务放在末位的政策会使我们得到什么结果。当然,我们可以从这一时期内用于购买重工业设备的十五亿卢布外汇中拿出一半来输入棉花、皮革、羊毛和橡胶等等。那时我们就会有更多的布匹、鞋子和衣服。可是那时我们就会没有拖拉机工业,也没有汽车工业,就会没有比较巨大的钢铁工业,就会没有金属来制

---

① 《斯大林全集》第8卷,人民出版社1954年版,第112~113页。
② 《斯大林全集》第12卷,人民出版社1954年版,第109页。

造机器，因而就会在用新技术武装起来的资本主义包围面前处于手无寸铁的状况。那时我们就不可能用拖拉机和各种农业机器供给农业，因而就会挨饿。那时我们就不可能战胜国内资本主义分子，因而就会大大增加资本主义复辟的机会。那时我们就不会有一切现代化的国防武器，而没有这些武器就不能保持国家的独立，国家就会变成外敌用武的对象。那时我们的地位就会和目前中国所处的地位多少相似：中国没有自己的重工业，没有自己的军事工业，现在只要谁高兴，谁都可以蹂躏它……很明显，自重的政府，自重的党是不能采取这种会招致灭亡的观点的。正因为党摈斥了这种反革命的立场，党在工业方面完成五年计划的事业中才取得了决定性的胜利"。①

贡税论是斯大林工业化理论的一个关键环节。实行工业化，最迫切的就是资金问题。资金问题从哪里来？这是各派政治力量分歧和争论的一个焦点之所在。斯大林认为，苏联应该走"靠本国节约来发展工业的道路，即社会主义积累的道路"。他认为这条道路是苏联实现工业化的"惟一的道路"。② 在分析了苏联工业化与英美等资本主义国家工业化之间的差别之后，斯大林指出，苏联的工业"将在更大程度上依靠国内市场，首先是依靠农民市场"。③ 这样，农民将不得不为国家的工业化付出牺牲："在这方面，我国农民的情况是这样：农民不仅向国家缴纳一般的税，即直接税和间接税，而且他们在购买工业品时还要因为价格较高而多付一点钱，这是第一；而在出卖农产品时多少要少得一些钱，这是第二。这是为了发展为全国（包括农民在内）服务的工业而向农民征收的一种额外税。这是一种类似'贡税'的东西，是一种类似超额税的东西；为了保持并加快工业发展的现有速度，保证工业满足全国的需要，继续提高农村物质生活水平，然后完全取消这种额外税，消除城乡间的'剪刀差'，我们不得不暂征收这种税"。④ 斯大林说，"如果我们不想破坏我国工业，不想减低为整个国家从事生产并把我国国民经济推向社会主义的我国工业的一定发

---

① 《斯大林全集》第13卷，人民出版社1954年版，第166~167页。
② 《斯大林全集》第8卷，人民出版社1954年版，第114~115页。
③ 同上书，第120页。
④ 《斯大林全集》第11卷，人民出版社1954年版，第139~140页。

展速度，那末我们是不能立刻取消这种额外税的"。①

全盘农业集体化是斯大林加速工业化的必然延伸。斯大林在关于苏联第一个五年计划的总结报告中说，苏联要完成工业化，就"需要有重大的牺牲，如果我们真想达到目的，我们就应该公开和自觉地忍受这种牺牲……"②缴纳"贡税"就是农民为苏联的工业化所作出的重大牺牲。斯大林不顾布哈林等人的反对，坚持实行贡税政策，利用工农业之间的剪刀差从农民那里攫取更多的资金。为了能够保证农业为工业化服务，为了防止因为对农民挖得太苦而引发粮食收购危机，一句话，为了能够有效地控制农业和农民，将其纳入国家所规定的轨道，斯大林发起了全盘农业集体化运动。在斯大林看来，小农经济的大量存在，是工业化高速发展的一个重要制约因素，也是不断造成粮食收购危机的一个重要原因。③ 因此，第一，"必须逐步而又坚定不移地把出产商品最少的个体农民经济联合为出产商品最多的集体经济，联合为集体农庄"。第二，"必须使我国各地区毫无例外地都布满集体农庄（和国营农场），它们在向国家缴纳粮食方面不仅能够代替富农而且能够代替个体农民"。④ 在斯大林的直接推动下，苏联在20世纪20年代末30年代初开始了一场规模巨大的农业全盘集体化运动。斯大林极其肯定地认为，"由于集体农庄和国营农场运动的发展，我们正在完全摆脱粮食危机，或者说已经摆脱粮食危机。如果集体农庄和国营农场更加迅速地发展下去那就没有理由怀疑，再过两三年我国就会成为世界上粮食最多的国家之一，甚至是世界上粮食最多的国家"。⑤ 然而，斯大林的这一预言始终没能实现。直到解体，苏联的农业始终没能摆脱萎缩状态。

阶级斗争尖锐化理论是斯大林加速工业化和全盘农业集体化的衍生物。阶级斗争尖锐化理论是斯大林的一个创造，其直接源起是1927年底和1928年的粮食收购危机和所谓的"沙赫特事件"，而其更深层的背景则是加速工业化所造成的社会关系的日益紧张。斯大林与布哈林之间在一

---

① 《斯大林全集》第11卷，人民出版社1954年版，第164页。
② 《斯大林全集》第13卷，人民出版社1954年版，第161页。
③ 《斯大林全集》第11卷，人民出版社1954年版，第179页。
④ 同上书，第7页。
⑤ 《斯大林全集》第12卷，人民出版社1954年版，第118页。

系列重大问题上的严重分歧和激烈争论又更进一步加深了斯大林对这一理论的强调。在斯大林看来，造成粮食收购危机的原因，除了工业发展的速度太慢和小农经济生产的商品粮太少这两个原因外，另一个重要的原因就是富农的投机破坏。而沙赫特事件，则被斯大林看作是资产阶级专家所策动的经济反革命事件，是从西方资本主义国家的反革命组织那里领取经费进行的暗害活动，是西欧资本主义反苏组织对苏联工业的经济干涉。把两者联系起来，斯大林的结论是："收购危机标志着农村资本主义分子在新经济政策的条件下对苏维埃政权发动的第一次严重的进攻"，"沙赫特事件标志着国际资本及其在我国的代理人对苏维埃政权发动的又一次进攻"。① 1928年的联共（布）中央全会上，在提出"贡款论"的同时，斯大林明确阐述了他的阶级斗争尖锐化理论："我们所有的进展，我们在社会主义建设方面的每一个稍微重大的成就，都是我们国内阶级斗争的表现和结果"，"随着我们的进展，资本主义分子的反抗将加强起来，阶级斗争将更加尖锐"，"从来没有过而且将来也不会有这样的事情：垂死的阶级自愿放弃自己的阵地而不企图组织反抗。从来没有过而且将来也不会有这样的事情：在阶级社会中，工人阶级不经过斗争和波折就能向社会主义前进。恰恰相反，向社会主义的前进不能不引起剥削分子对这种前进的反抗，而剥削分子的反抗不能不引起阶级斗争必然的尖锐化"。② "这种尖锐化的真正原因究竟是什么呢？原因有两个：第一，我们在前进，我们在进攻，工业中和农业中的社会主义经济形式都在增长，伴随着这种增长的是城市和乡村的一部分资本家受到相应的排挤……第二，资本主义分子不愿意自动退出舞台，他们现在反抗而且将来还会反抗社会主义，因为他们看到他们的末日到了……我国阶级斗争尖锐化的根源就在这里"。③ 此后，斯大林在多种场合重申和论证了他的这一理论。在斯大林看来，"阶级的消灭不是经过阶级斗争熄灭的道路，而是经过阶级斗争加强的道路达到的。国家的消亡不是经过国家政权削弱的道路，而是经过国家政权最大限度地加强的道路到来的……"④ 斯大林阶级斗争尖锐化理论成了全盘集体

---

① 《斯大林全集》第11卷，人民出版社1954年版，第54页。
② 同上书，第149~150页。
③ 《斯大林全集》第12卷，人民出版社1954年版，第34~35页。
④ 《斯大林全集》第13卷，人民出版社1954年版，第190页。

化中消灭富农运动、20世纪20年代末的镇压阶级敌人运动以及30年代的大清洗运动的理论基础。

斯大林的社会主义建设方案是在同托洛茨基等左倾反对派和布哈林派的论战和斗争中逐渐形成的，到20世纪20年代末和30年代初已基本成型。苏联的社会主义工业化和现代化建设的实践主要是按照斯大林的设计进行的。

在斯大林的领导下，在斯大林的旗帜下，苏联人民以前所未有的热忱、献身精神和群众英雄主义展开了一场气势恢宏、规模浩大的工业化建设运动。苏联的工业化运动创造了辉煌的成就：工业化使第一个社会主义国家由一个经济落后国家变成了工业强国，取得了不依附于帝国主义的经济上的独立地位；工业化建立了苏联强大的国防力量，为打败法西斯入侵准备了物质条件；工业化为苏联科学技术进步创立了强大基础，使苏联高科技方面得以站在世界的前列；工业化成为苏联社会进步的基础和推动力，它不仅是苏联社会物质和文化生活改善所依赖的力量，而且也是苏联在世界上发挥作用的坚强后盾。应该承认，这些成就主要来自于苏联人民的创造力，而同样不可否认的是，这些成就是在斯大林的领导下取得的。

承认斯大林工业化的巨大成就，并不是说斯大林的方案就是绝对合理的。斯大林依靠其出色的组织能力把苏联人民的革命热情再次激发起来，用于宏大的社会主义建设工程，但是，用短促突击的办法搞建设，毕竟不是一种正常的和健康的途径。群众的热情不可能持久，人民对牺牲的承受力也是有限的。一个社会的整体生产力水平的提高是不可能依靠短促突击的方法完成的，而各生产部类的增长长期失调和国民经济的发展长期失衡的状态终于无法持久地维持下去。因此，时间越久，斯大林方案的弊病便越明显，这种弊病持续的时间越长，其危害性也就越大。

第三节　苏联社会主义制度的最终确立

一　苏联的加速工业化与农业集体化运动

苏联选择了斯大林和斯大林方案，从而迈出了斯大林模式社会主义制度形成的第一步，也是决定性的一步。斯大林一一击败反对派之后，便开始按照自己的设计加速向社会主义过渡。这一过渡主要是伴随着高速工业化、农业全盘集体化运动实现的。

1925年，苏联国民经济恢复时期宣告结束。正是基于当时的历史背景和列宁的工业化思想，同年12月召开的联共（布）第十四次代表大会把国家工业化确定为党的总路线。在这次大会上，对于列宁提出的发展大工业、实现国家工业化这一战略目标，并没有出现意见分歧。到1928年，国民经济中工农业发展比例失调的现象凸显出来，最主要的是粮食的供应量不能满足规模愈来愈大的工业化建设需要。这时，工业化走到一个十字路口，必须重新考虑工业化的政策：是坚持高速度地发展工业，还是根据实际条件把工业化速度降下来？如果坚持工业化的高速度，那么就无法按照新经济政策的原则，通过市场交换获得工业化必需的粮食。在战胜党内反对派以后，斯大林从理论到实践愈来愈明确地形成了一整套工业化的方针和政策，甚至是采取了托洛茨基的方针。这场工业化运动的特点，一是高速度，二是优先发展重工业，三是采用行政手段。苏联从1929年到1940年的工业每年平均增长速度为16.8%，其中1929—1932年的工业化高潮时期年均增长速度为19.2%。在始终优先发展重工业和军事工业的情况下，苏联的生产资料生产在工业总产值中的比重不断增加。这个比重，1928年为39.5%，1932年为53.4%，1937年达到了57.8%，到备战更为紧张的1937—1940年间更是高达62%。苏联从1928年10月开始实行第一个五年计划。由国家计划委员会编制详尽的各行各业的增长指标，作为指令性计划下达，各部门各地区必须当作法律一样严格执行，把国民经济统得很死。苏联从1928年到1937年用两个五年计划的时间，实现了国家工业化目标。工业化运动在短时间内就建立起比较完整的现代工业体系的基础，同时苏联也形成了重工业和军事工业过重、农业和轻工业过轻的畸形经济结构和过度集中的指令性计划管理体制。

斯大林的农业全盘集体化运动，并不是基于农业发展本身的要求，更不是基于农民的要求，而是为配合国家工业化运动而实行的一种措施。在新经济政策时期，农业的社会主义改造基本上是以列宁的合作社计划为指导思想的，即在帮助个体农民大力发展商品生产的基础上，按照自愿原则广泛组织和发展各种形式的合作社（首先是流通领域的合作社），并通过这些合作社来引导农民加强各方面的合作，以便随着条件的成熟逐渐过渡到以生产资料公有制为基础的、高度社会化和机械化的社会主义大农业。

因此，集体农庄在这一时期的发展极其有限，国家需要的农产品也主要通过市场交换从农民手中收购。但是，从工业化建设开始后，这一政策就逐渐不适应形势的要求了。

斯大林为解决粮食问题而采取双管齐下的措施。第一，是采取非常措施强制收购粮食，以解燃眉之急。第二，是实现农业全盘集体化，把"分散细小"的农民组织到集体农庄，借此一劳永逸地解决粮食供应问题。到1929年初斯大林给布哈林等人戴上右倾反党的帽子，并对他们进行组织处理后，接着开展清党，清洗农村中"富裕党员"和同富农有"直接联系"的党员。这样就把上面和下面反对农业集体化的势力压了下去，为大规模开展农业集体化运动扫清障碍。正是在这种情况下，1927年党的十五大本来提出的农业逐步集体化方针，就立即变成农业全盘集体化方针。1929年4月，党的十六次全国代表会议向全党提出必须大力支持农业全盘集体化的任务。

为了积极配合工业化运动，在1929—1934年短短几年时间里就完成了农村生产关系的巨大变革，其速度与规模在人类历史上都是罕见的。1929年11月，斯大林发表《大转变的一年》一文，标志着全盘集体化作为改造农业生产关系的一场政治运动在全国全面铺开。斯大林提出："目前集体农庄运动中具有决定意义的新现象，就是农民已经不像从前那样一批一批地加入集体农庄，而是整村、整乡、整区、甚至整个专区地加入了。这是什么意思呢？这就是说，中农加入集体农庄了。"[①] 斯大林这篇文章的发表，使此前个别地区的全盘集体化发展成急风暴雨式的全国性政治运动。1930年1月，联共（布）中央通过《关于集体化的速度和国家支持集体农庄建设的措施》的决议。决议将全国农村分为三类地区，并为每一类地区分别规定了基本实现集体化的时间表。1931年8月，联共（布）中央又通过《关于下一步集体化的速度和巩固集体农庄的任务》的决议。根据这个决议规定的标准，一个区或一个州只要68%—70%的农户和75%—80%的播种面积加入集体农庄，就可以认为基本上完成了集体化任务。按照这个标准，许多产粮区在1931年10月前就已基本上实现了集体化，开始进入巩固集体农庄的阶段。但就全国来看，到1934年7

---

① 《斯大林全集》第12卷，人民出版社1954年版，第118页。

月才基本上完成这一任务，其标志就是加入集体农庄的农户达到71.04%，播种面积达到87.4%。作为工业化运动的配套措施，农业全盘集体化运动的基本特点，一是时间短，二是行政命令开路，三是消灭富农。

随着农业全盘集体化运动的基本完成，苏联建立起了一种新的直接为国家工业化服务的农业经济体制。从所有制结构看，有国营农场、机器拖拉机站、集体农庄，前两者是国家所有制，后者是集体所有制。从经济管理的形式看，主要是过度集中的计划管理体制。这种农业经济体制主要功能是便于把农业纳入国家计划控制，而不是促进生产发展。

不论是工业化运动，还是农业集体化运动，都是由国家采取行政命令手段推行的，一度导致社会关系紧张，党群关系紧张，这必然引起党内外有识之士的怀疑和不满。大清洗运动就是为了压制这种不满而展开的。高速工业化、全盘农业集体化与大清洗这三大运动是相互配合、互相促进的，彼此有着紧密的内在联系。斯大林坚持高速度优先发展重工业，要求苏联在10年内跑完资本主义国家50年至100年所走的路。这对小农占优势的国家（而且是经过第一次世界大战和三年内战破坏，经济勉强恢复到1913年水平的国家）而言是非常困难的。为了解决高速工业化所需的资金问题，斯大林发动了农业的全盘集体化运动，把个体农民组织成为集体农庄，实行义务交售制，将农村纳入国家指令性计划的运行轨道。而为了镇压强制推行高速工业化和全盘集体化造成的不满情绪，斯大林又发动了大清洗运动，旨在为实现国家工业化和农业全盘集体化扫清政治障碍。三大运动是相辅相成、紧密配合，最终催生了一个以过度集权为基本特征的斯大林社会主义模式。

二 苏联宣布建成社会主义

十月革命后，苏俄立即颁布了土地法令，宣布没收地主、资产阶级、皇室、教堂和寺院的土地，永远废除土地私有权，一切土地、矿藏、森林、水流都成为国家财产。1917年12月，又实行了银行国有化。随后，运输业、对外贸易也相继实行了国有化。1918年6月，又宣布一切工业部门国有化。由于认定单一生产资料公有制是社会主义的基础和特征，认为非公有制成分是非社会主义成分，是消灭的对象，苏联通过实行单一的公有制排挤和排斥非公有经济形式的存在。1932年，苏联工商业中的中小私有企业即被完全消灭。到20世纪30年代中期，与外资的合营经济也基本上被消灭了。经过国家社会主义工业化与农业集体化，到1936年底，苏联公有经济的比重在国民收入中达到了99.1%，在工业总产值中达到98.8%，在农业总产值中达到98.6%，在商品贸易中达到了100%。1937年还有为数甚微的个体经济"残余"，在全国的生产基金中只占0.4%，而且这些个体经济的残余还是作为特殊情况被允许暂时存在的，它们在社会主义所有制体系中并没有合法的地位。公有制生产关系在国民经济各部门中普遍确立起来。与此同时，产品分配制度、以指令性计划为特征的经济管理体制等也都建立起来了。苏联在短时期内建立起了完整独立的大工业体系，那些对国民经济技术改造和国防建设具有重大意义的一系列重工业部门，如汽车、拖拉机、机床、飞机、发动机、大型涡轮机和发电机等制造业，也都相继建立起来。到1937年，苏联已实现机器设备的自给，并开始出口。在极短的时间里，苏联从一个落后的小农国家发展成了强大的工业国。

苏联社会经济领域的巨大变化被认为是社会主义在苏联取得胜利、社会主义生产关系在国民经济一切部门中已经确立的结果，建立新的社会主义经济这个社会主义革命的最艰巨的任务解决了。正是在这一背景下，1935年2月1日，联共（布）中央全会通过决议，要求代表联共（布）中央出席第七次全苏苏维埃代表大会的代表就修改苏联宪法提出建议，其中的一项建议便是在宪法中正确说明当前的社会经济基础，使宪法符合于苏联目前的阶级力量对比关系（如建立了新的社会主义工业，粉碎了富农，取得了集体农庄制度的胜利，确立了作为苏维埃社会基础的社会主义所有制等等）。第七次全苏苏维埃代表大会接受了联共（布）中央的建议。第七届苏联中央执行委员会第一次会议选出了由31人组成、以斯大林为主席的宪法委员会。1936年11月，第八次全苏苏维埃非常代表大会召开。斯大林作了关于苏联宪法草案的报告。大会通过了新宪法，并宣布12月5日（宪法于该日被通过）为苏联的宪法节。

斯大林在报告中详细介绍了1924年到1936年间苏联社会发生的变化：（1）社会主义体系在国民经济一切部门中的完全胜利，现在已经是事实了。这就是说，人剥削人的现象已被铲除和消灭，生产工具和生产资料的社会主义所有制已经确立而成为我们苏联社会不可动摇的基础。在工业方面,资本主义已经被从苏联工业范围中完全驱逐出去,社会主义的生产形式成了苏联工业独占统治的体系。在农业方面,富农已经被消灭,个体小农也只占很小的比重。苏联已经有了世界上规模最大的、机械化的、用新技术武装起来的生产,即无所不包的集体农庄和国营农场体系。在商业领域,商人和投机者已经被从商业领域完全驱逐出去,全部商品流转都已掌握在国家、合作社和集体农庄手中。(2) 伴随着经济领域的重大变化,苏联的阶级结构也发生了重大变化。地主阶级已经因国内战争完全消灭了。在社会主义改造过程中,其他剥削阶级也遭到了与地主阶级同样的命运。在工业方面已经没有资本家阶级了,在农业方面也已经没有富农阶级了。在商品流转方面也已经没有商人和投机者了。在苏联社会只剩下了工人阶级、农民阶级和知识分子。但是,工人阶级、农民阶级和知识分子本身也发生了质的变化。在消灭了资本主义和把生产资料变成社会主义公有财产以后,苏维埃国家的工人阶级不再是原来的旧的意义上的无产阶级了。它已经变成为不受任何剥削、在社会中居于领导地位并引导着社会向共产主义前进的新工人阶级。这是人类历史上从来没有过的新型的工人阶级。农民阶级也不再是被束缚在自己那一小块土地上并受地主、富农、商人和高利贷者剥削的小生产者阶级了。随着集体农庄制度的胜利,农民摆脱了一切剥削。农民的劳动成了以公有制为基础的集体劳动。这也是人类历史上从来没有过的新型的农民阶级。苏联的知识分子也发生了变化。他们是为人民服务的、不受任何剥削的、新型的社会主义知识分子。他们大都是工农出身。他们的利益与工人阶级和农民阶级完全一致。他们同工人阶级和集体农民一道建设社会主义。这样的知识分子也是历史上从没有过的。(3) 苏联的民族关系也发生了重大变化。实践证明,在社会主义基础上建立多民族国家的实验,是完全成功了。制造民族纠纷的主要势力即剥削阶级已经不存在了,培植民族互不信任心理和燃起民族主义狂热的剥削制度已经不存在了。苏联各族人民的面貌发生了根本变化,他们中间互不信任的心理已为相互友爱的感情所代替,并在统一的联盟国家体系中建立真正兄弟合作的关系。斯大林指出,新宪法是已经走过的道路的总结,是已经取得的成就的总结。它是把事实上已经获得和争取到的东西登记下来,用立法程序固定下来。既然苏联社会已经做到在基本上实现了社会主义，建立了社会主义制度，那么，新宪法就是要把社会主义在苏联的胜利固定下来，把合乎劳动者愿望并有利于劳动者的社会秩序固定下来，把具有深刻国际主义性质的新型民族关系固定下来，把完全没有附带条件和限制的彻底的人民民主权利固定下来，把保障公民权利的手段用立法程序固定下来。

在这里，斯大林宣布苏联已经建成社会主义的基本依据是：（1）在生产力方面，苏联已经从农业国变成了工业国；（2）在生产关系方面，苏联已经消灭了生产资料私有制，建立了生产资料公有制（全民的国家所有制和集体农庄－合作社集体所有制），实现了"按劳分配"原则；（3）在社会阶级结构方面，苏联已经消灭了剥削阶级，只剩下了工人阶级、农民阶级和知识分子；（4）在政治制度方面，苏联已经建立了各民族平等的劳动人民当家作主的苏维埃国家制度。斯大林的建成社会主义的标准，与列宁和他本人过去提出的建成社会主义的标准相比，都有了很大的变化。列宁强调，社会主义必须达到高度的劳动生产率；社会主义不仅要消灭阶级对抗，而且要消灭阶级差别；社会主义应当实行劳动人民民主管理。而在1936年前后，苏联的工业产值已经在国民经济总产值中占优势，但其劳动生产率还远远落后于西方发达国家；它只是刚刚消灭剥削阶级；它虽然在法律上宣布劳动人民是国家的主人，但实际上人民的民主管理权利还很有限。斯大林本人过去也认为社会主义社会是"无阶级的社会"和"无国家的社会"，认为社会主义的实现意味着国家的消亡。直到1930年时他还把消灭阶级差别看作是建成社会主义的标志。1936年斯大林匆匆宣布苏联已经基本建成社会主义社会，无疑大大降低了社会主义的标准。同时，它也标志着在社会发展阶段问题上，苏联领导人"左"的指导思想上已经登堂入室，为此后"左"倾思潮的进一步泛滥埋下了祸根。在1939年的联共（布）十八大上，苏联党进而认为，苏联在第三个五年中进入了新的发展阶段，即完成无产阶级的社会主义社会的建设并从社会主义逐渐过渡到共产主义的阶段。第二次世界大战后，苏联领导人和苏联党再次重申，现在苏联党的任务是：从社会主义逐渐过渡到共产主义，最后建成共产主义社会。

上述斯大林关于社会主义已经建成的基本依据不论是否真正能够成立，也不论当时、后来乃至当今人们从不同角度和层面发现了多少问题，作出了何等评论，但是谁也无法否认，这毕竟是人类历史上第一次将社会主义制度变为活生生的现实。任何马克思主义者都应肯定，苏联共产党人终究是建设社会主义制度的拓荒者和最早的探索者。没有这最初的一步，就不会有第二步、第三步，就不会有社会主义的未来。

第十二章 苏联社会主义经济制度

任何经济落后国家在通向社会主义的道路上都会面临两个问题：一是如何取得社会主义革命的胜利；二是如何进行社会主义建设并最终建成社会主义。十月革命的胜利使世界上第一个无产阶级政权在帝国主义链条最薄弱的环节上建立，它为社会主义在俄国的最终确立创造了前提条件。十月革命后，面对国内外复杂的经济政治形势，布尔什维克党果敢地进行了自己的选择，建立了世界上第一个定型的社会主义模式，这是人类历史上一次重大的社会试验。

苏联的社会主义经济制度是一种产生于、并适合于特定国家特殊国情下的社会主义革命和社会主义建设的历史模式。与马克思、恩格斯的设想不同，这一模式不是在资本主义商品经济高度发达的、生产社会化程度很高的国家中建立，而是在一个没有经过发达的商品经济阶段、经济文化落后的小农国家中建立的。在本质层面上，苏联的经济制度是一种社会主义的经济制度。由于20世纪70年代以后苏联在美苏争霸中失利并最终引发了苏东剧变，所以人们对这种模式本身提出了许多的批评。但是客观地说，这种模式是适合于20世纪20—50年代苏联具体情况的，带有苏联特色的历史模式。正是这种历史性决定了苏联社会主义经济制度的有效性与局限性的特点，也决定了其在世界共产主义运动史中的巨大影响和特殊的历史地位。

第一节 苏联社会主义经济制度的建立

苏联社会主义经济制度的建立可以划分为由列宁领导的苏联社会主义经济制度的创建时期（1917—1924年）和由斯大林领导的苏联社会主义

经济制度的初步发展时期两个阶段，后者始于 1924 年，止于 1953 年斯大林逝世（或苏共 20 大的召开）。在此期间，苏联通过实行战时共产主义政策、新经济政策，并最终通过工业化和集体化的路径确立了社会主义经济制度。

一 战时共产主义政策的实行——直接过渡的探索

战后初期，在如何尽快走向社会主义道路的问题上存在着所谓"直接过渡"和"间接过渡"的争论。战时共产主义政策就是直接过渡的探索，是马克思主义理想中的社会主义制度在经济文化落后的俄国的直接试验。

这种过渡模式的选择，是由其特殊的时代背景决定的。

连年的战争，使俄国经济陷入了严重的灾难，并导致饥荒的大面积蔓延和粮食的空前缺乏。俄国原先是欧洲的主要粮食生产国，第一次世界大战前，粮食出口达到每年 6 亿至 7 亿普特，农产品出口占全部出口总额的 73.7%。在三年多帝国主义战争中，农村近 1000 万青壮年被征入伍，大片的土地荒芜，粮食生产急剧下降，各种粮食供应计划无法实现。而此时农村一些拥有大量粮食的富农趁机囤积居奇，不仅拒绝按照国家规定的价格出售粮食，而且大搞黑市交易、投机贩卖，这也是造成饥荒的重要原因。国内战争爆发以后，苏维埃国家的处境更加艰难。由于被四面的战火所包围，同主要的粮食、原料和燃料产区的联系被切断，所以工业原料和燃料极度匮乏，约有 40% 的工厂不得不停工待料。再加上为了对付战争，红军队伍迅速扩大，部队给养问题日益严重。在严酷的内外环境下，为了克服极端严重的经济困难，苏维埃政权被迫采取了一系列被称为"战时共产主义"的非常政策和措施，建立了紧急应对的战时体制。战时共产主义政策大致包括以下几方面的内容：

（一）在国家垄断的前提下实行余粮收集制

为了保证军队、城市居民和企业工人的口粮供应，1918 年 12 月 30 日至 1919 年 1 月 6 日，在莫斯科举行了全俄粮食会议。会议认为必须实行余粮收集制，在国家垄断的前提下向农民征收粮食，这是解决粮食危机的惟一方法。具体做法是：由粮食人民委员部确定余粮征收的总数，自上而下地摊派给各产粮省、县、乡直至每个农户承担，按固定价格向农民强制征收。同时，人民委员会又发布《关于采购食品》的决定，决定重申对基本食品的国家垄断，严禁私人贸易。在实行过程中，余粮收集制表现出两个特点，一是贯彻了阶级原则，贫农不收余粮，中农酌情征收，富裕农户多收。二是强制性，为完成征粮指标，大规模的工人征粮队下乡协助征粮。这些举措的确在很短的时间内征集到了大量的粮食，部分地缓解了严重的饥荒危机，满足了城市和军队的粮食供应问题。但在取得显著成绩的同时，这一制度本身存在的危机也显露出来，表现在它极大地触犯了农民的利益，挫伤了农民的生产积极性。列宁后来说过，"特殊的'战时共产主义'就是：我们实际上从农民手里拿来了全部的余粮，甚至有时不仅是余粮，而是农民的一部分必须的粮食，我们拿来这些粮食，为的是供给部队和养活工人。"[①] 余粮收集制在很大程度上实际是对农民无偿的强制性的一种剥夺，是为了稳定城市局面而采取的一种牺牲农业的过渡方式。

（二）实行工业管理集中制，加快工业国有化步伐

为了保证工业能够更好地满足备战的需要，苏维埃国家对工业实行了集中管理，主要指的是按工业部门设立中央管理局，并通过下设的州管理局对工业实行三级管理体制。另外在完成了土地和银行的国有化以后，苏维埃国家决定对工业企业实行国有化。1918年6月，人民委员会颁布法令，苏维埃共和国境内的采矿、电气、烟草、玻璃、皮革、水泥和其他工业部门的大企业，以及公有事业企业和铁路运输企业的所有资本和资产，均无偿地转为苏维埃共和国的财产。这一法令颁布以后，大约有3000多家大企业收归国有，其中半数以上是重工业。1918年年底，全俄国民经济委员会宣布，工业国有化已经基本完成。随后，最高国民经济委员会又颁布法令，将部分中小企业收归国有，到1920年年底，国有化工业企业总数达到37226家。

（三）实行普遍劳动义务制和劳动军事化

由于大批工人参加红军走上前线，另有一批熟练工人因城市里粮食危机或工厂关闭而流入农村，自1918年秋天起，劳动力不足的问题日益严重。为保证前线的胜利和工厂的工人需求，苏维埃政权决定将自由雇工制

[①] 《列宁全集》第41卷，人民出版社1986年版，第208页。

过渡到实行普遍的劳动义务制。人民委员会为此通过了《关于非劳动者的劳动手册》法令。法令规定：公民应该完成定期参加公益劳动的义务。应该参加公益劳动的公民范围包括：靠非劳动收入生活的人；使用雇佣劳动获取利润的人；私商；不参加公益劳动的自由职业者等。对逃避义务劳动、擅离职守、故意破坏劳动工具的犯罪分子送人民法庭治罪。

(四) 取消自由贸易、经济关系的实物化

为缓解物资奇缺的矛盾，人民委员会决定限制市场流通和私人贸易，实行国内贸易国有化和实物配给制。1918年11月，人民委员会颁布了对国内商业的国有化政策和征用政策法令。法令规定，城市中一切个人消费品和家庭日用品的采购，统由粮食人民委员部办理，以国营商业和消费合作社取代私人贸易，禁止私人经营。1919年3月16日，人民委员会又颁布了《关于消费公社》的法令。法令规定，各地均设统一的分配机构——消费公社，每个公社社员到一个指定的分配地登记注册，就能得到一份均等的食品和日用品，借此消灭分配中的不平等现象。这种由国家全面垄断粮食和物品供应的做法，在解决物资缺乏问题的同时，也解决了因物价飞涨导致的货币贬值问题。因为随着各地消费公社的建立，经济关系迅速地表现出了实物化和无货币结算的特点，货币的作用逐渐地降低。到1920年下半年，在国内战争行将结束的时候，人民委员会又通过了《关于取消若干货币结算的法令》，废除了国家机关、企业和工人、职员的邮电费、使用自来水费和其他市政公用设备费用的法令草案，从而使经济关系的实物化特征进一步加深。

二 新经济政策的制定和实行——对社会主义的再认识

如果说，直接过渡的战时共产主义政策是一种左倾的、超越发展阶段的、脱离俄国实际的发展思路，那么，苏维埃政权随之实行的迂回过渡的"新经济政策"思想所体现的则是理论联系实际的、把马克思主义和俄国实际相结合的发展思路。

从战时共产主义向新经济政策的转轨也是为形势所迫。其中最关键的问题是余粮收集制引起了许多农民的意见和不满。很多地方由于征粮指标过高，许多农民在完成交粮任务之后自己的生存成了问题，被迫把自己的春播的种子都吃掉了，也有一些地方发生过用手枪顶着太阳穴强迫农民交粮食的事情。到 1919 年年初，各地发生了多起农民起义的事件，当时国内存在的不满情绪已经到了危及革命政权的程度。列宁审时度势，决定废弃战时共产主义政策改行新经济政策。新经济政策包括以下主要方面：

（一）粮食税

粮食税是新经济政策的一项重要的内容，粮食税制的通过和实行，标志着战时共产主义时期的结束和新经济政策时期的开始。党的十大决定用粮食税代替余粮收集制是迫不得已的，因为不改变这一政策，无产阶级专政就难以保持。我们帮助农民，是因为不和他们结成联盟就不可能有无产阶级政权，就谈不上保持政权。在我们看来，起决定作用的动机是考虑怎样才有利于达到目的，而不是公平分摊。我们帮助农民，因为这是我们保住政权所绝对必须的。1919 年 3 月 21 日，全俄苏维埃通过了《关于用实物税代替粮食和原料收集制》的法令。法令规定：取消作为国家收购粮食、原料和饲料办法的余粮收集制，实行实物税，实物税要大大低于用余粮收集制征收的税额。7 天以后，苏维埃政府又颁布法令，规定 1921—1922 年的实物税税额为 2.4 普特，具体说来，粮食征购量降低 43.3%，油籽料降低 50%，肉类降低 74.5%，亚麻纤维降低 93.3%。

（二）租让制和租赁制

早在 1918 年年初，列宁就提出过国家资本主义的设想，把它作为过渡的社会主义的特殊的经济形式，但由于战争的突然来临，当时没有来得及实践。实行新经济政策后，列宁认为在苏维埃社会里存在着五种经济成分，国家资本主义就是其中之一，列宁说："我们应该利用资本主义作为小生产和社会主义之间的中间环节"。[1] 在这样的指导思想下，苏联进行了租让制和租赁制的尝试。租让制就是将一些有利于加速国民经济恢复和发展的厂矿企业、油田、森林等按照一定条件租给外国资本家去经营。租赁制就是指国家把一部分中小企业出租给私人或者合作社经营，承租人也可以是原业主或者原承租人。在食品加工企业和轻工业部门的一些小企业中，租赁制和租让制广泛地展开。到 1922 年年底，出租的企业达到 4000 个，工人总数 7 万人，租赁企业的产值约占工业总产值的 3% 左右。

在实行租让制和租赁制的同时，私人企业的发展也得到肯定。1921

---

[1]《列宁全集》第 41 卷，人民出版社 1986 年版，第 217 页。

年7月7日,《关于手工业和小工业》的法令颁布,允许公民可以自由从事手工业和开办雇工人数不超过20人的小企业。同年12月人民委员会又宣布,将已经国有化而雇工在20人以内的小企业通过出租的办法还给原业主,从而使私人企业的数量大大增加。租让制、租赁制和私人企业的发展,对苏维埃国家摆脱严重的经济危机,恢复国民经济有着很大的作用。

(三) 商品货币关系的恢复

新经济政策在流通方面的重要举措就是恢复了商品货币关系,允许商品生产和商品流通,实行自由贸易,这是新经济政策的主要杠杆。

商品货币关系的恢复是与粮食税的实行密不可分的。由于粮食税的数额比余粮收集制的定额减少了很多,所以,个体农民在缴纳了粮食税以后,手中还有一些可供自由支配的多余粮食和其他农产品,小规模的集市贸易由此而自发地展开了。1921年8月,人民委员会提出,为了全面恢复国民经济,必须发展城乡之间的交换,尤其要恢复货币流通,在可能和有利的地方应当实行货币交换方式。苏维埃政府也随即取消了商品交换的地区限制,并使商品、工资、税务等货币化。粮食人民委员会的商业体制也相应地做出了调整,商业中国家资本主义的原则被广泛运用,整个商业由直接的商品交换制转到了以货币为媒介的正常的自由贸易轨道。

从以上具体的政策举措可以看出,新经济政策具有以下几个重要的特征:一、以市场为导向。从粮食税的实行到商品货币关系的恢复以及自由贸易的展开,都意味着市场机制在逐渐地发挥其应有的作用。二、多种经济成分共存。通过租赁、租让形成了国家垄断资本主义经济成分,而自由贸易的开展也使私人经济成分大大地增加了。除此之外,列宁还重视实行合作制,认为这是农民最容易接受的办法,是引导农民过渡到社会主义的最简捷的道路,合作制经济由此也占了一席之地。

对以上特征,列宁在1922年10月回答英国记者的提问时概括说,新经济政策的真正实质在于,"第一,无产阶级国家准许小生产者有贸易自由,第二,对于大资本的生产资料,无产阶级国家采用资本主义经济学中叫做'国家资本主义的一系列原则'"。[①]

[①] 《列宁全集》第43卷,人民出版社1987年版,第263页。

三　斯大林经济模式的形成

从斯大林经济模式的形成过程看，可分为三个时期：一是以全盘农业集体化为标志的斯大林模式开始形成的时期；二是以"社会主义工业化"为标志的斯大林模式全面建设时期；三是以"大清洗"运动为标志的斯大林模式最终确立的时期。

在思想上、政治上和组织上取得了对托洛茨基、布哈林等人斗争的胜利以后，斯大林便按自己的设想领导苏联人民开始进行社会主义建设。斯大林认为这是应对复杂的国际、国内环境的正确选择。对国际环境，斯大林说，"党知道战争日益逼近，没有重工业就无法保卫国家，所以必须赶快着手发展重工业，如果这件事做迟了，那就要失败。党记住了列宁的话，没有重工业，便无法保持国家的独立；没有重工业，苏维埃制度就要灭亡。因此，我国共产党也就拒绝了'通常的工业化'道路，而从发展重工业开始来实现国家工业化"。[①] 而对国内环境，他认为，在一个小农经济占优势的国家，如果没有重工业和先进的技术，要在国内完成改造整个国民经济的任务是极其困难的。

（一）社会主义工业化道路

苏联的社会主义工业化道路是通过几个五年计划完成的。1927年，苏联制定了第一个五年计划（1928—1933年），该计划规定的任务是建立社会主义大工业，优先发展重工业，迅速建设国民经济各部门，为社会主义奠定最强大的物质基础，即在苏联"创立一种不仅能把全部工业而且能把运输业和农业都按社会主义原则改造和改组的工业。"1932年年底，苏联完成了第一个五年计划，对于它的主要成绩，斯大林是这样总结的："由于工业产值在国民经济中的比重已经增加到了70%，所以，苏联已经由一个农业国变成了一个工业国；由于消灭了工商业部门中的资本主义成分，社会主义经济体系已经成为工业中的唯一形式；由于击溃了富农阶级，社会主义经济体系也成为农业中的稳固的经济基础；集体农庄制度消灭了农村中的贫困现象，消灭了失业现象，在部分生产部门保持8小时工作制，在绝大多数企业中改为7小时工作制，在有害的环境中实行6小时

---

① 《斯大林选集》下卷，人民出版社1979年版，第496页。

工作制；社会主义在国民经济的一切部门都取得了胜利,消灭了人剥削人的现象。"①

1933—1937年,苏共实行了第二个五年计划,任务是"彻底消灭资本主义成分,肃清经济中和人民意识里的资本主义残余,在最新技术基础上完成整个国民经济的改造,掌握技术和新企业,实行农业机械化和提高农业生产率",经过4年零3个月的努力,苏联第二个五年计划也宣布成功。二五期间,工业的投资额比一五期间增加1.2倍,高达538亿卢布,其中重工业投资占83%,轻工业占用了17%。

这场工业化运动的特点：一是高速度。苏联从1929年到1940年间的平均工业增长速度为16.8%,在从1928年到1937年的两个五年计划时期苏联就实现了国家工业化。工业化运动在很短的时间内就建立起了比较完善的现代工业体系的基础,使苏联从一个经济技术依赖于西方的农业国变成为世界工业强国之一。按绝对工业产值计算,20世纪30年代末苏联已跃居欧洲第一位和世界第二位。二是优先发展重工业,重工业作为重中之重得到了来自各方面的支持。为给重工业和军事工业的发展提供资金,苏联的生产资料生产在工业总产值中的比重不断增加。这一比重在1928年为39.5%,1932年为53.4%,1937年达到了57.8%。② 由此苏联也形成了重工业过重,农业和轻工业过轻的畸形经济结构。三是完全采用行政手段,形成了过度集中的指令性计划经济模式。

经过两个五年计划,完成了工业化的苏联不仅在经济基础方面发生了重大的变化,在阶级结构方面也发生了重大变化,剥削阶级被消灭了,剩下的只是工人阶级和农民阶级以及知识分子。斯大林总结说："人剥削人的现象已被铲除和消灭,生产工具和生产资料的社会主义所有制已经确立而成为我们苏联社会不可动摇的基础"。③

(二) 农业集体化

苏联的农业集体化是从列宁时代就开始有的。在新经济政策实行期间,在列宁的合作社计划指导下,按照自愿原则曾广泛组织了各种形式的

---

① 《斯大林全集》第13卷,人民出版社1954年版,第164~180页。
② 《苏联国民经济统计年鉴》,世界知识出版社1959年版,第145页。
③ 《斯大林选集》下卷,人民出版社1979年版,第393页。

合作社。列宁希望通过合作社来引导农民加强各方面的合作，并逐渐过渡到以生产资料公有制为基础的社会主义大工业，但是在这一时期，集体农庄发展得极其缓慢。随着第一个五年计划的开展，苏联的工业进入了迅速发展的时期，工业化对粮食的需求量也越来越大。可是，农业的增长率却开始放慢，特别是农产品的商品率急剧的降低，由战前的26%降低到13%。对这种粮食供应紧张的局面，斯大林认为主要的原因有两条：一是小农经济的"日益分散化和零碎化"；二是拥有余粮的富户故意囤积粮食，不肯按固定价格卖给国家。解决这个问题，一方面是要采取非常措施收购粮食；另一方面最根本的出路就是实现农业集体化，把"分散细小"的农户集中到集体农庄中去，以彻底解决粮食问题。由此可见，本来列宁把农业集体化当成是社会主义改造的基本方向，但是，斯大林的农业集体化却变成了为"社会主义工业化"服务的配套措施。

在1929—1934年短短几年的时间内，苏联的农业集体化突击完成，其速度与规模在人类历史上是罕见的。1929年4月，苏共十六大通过了关于全党大力支持农业全盘集体化的决议。同年5月，苏维埃第五次代表大会正式通过关于支持整村、整乡全盘集体化的决议。1929年11月斯大林发表《大转变的一年》一文，标志着全盘集体化作为一场政治运动在全国展开。到1934年7月，苏联基本上完成了农业集体化的任务，其标志就是加入集体农庄的农户达到65%，播种面积达到了87.4%。

整个农业集体化运动由几个不可分割的部分组成。

一是用行政命令手段实现农业集体化。在上级的严令督促下，各级基层苏维埃及集体化工作人员纷纷采取行政措施强迫农民加入集体农庄引起了农民的强烈不满。

二是消灭富农阶级。按照斯大林的观点，富农是造成农业发展困难的阶级敌人，因此要把党的限制富农剥削的政策转变为消灭富农阶级的政策，要把反富农斗争作为推进全盘集体化运动的动力。根据计算，全国大约有100多万富农，约占农户总数的4%—5%。对这些富农，苏维埃国家采取了极端的手段，他们或者被迁徙到偏远的地区，或者被迁到本地区划出的集体农庄以外的地段，或者被逮捕入狱。

三是限制商品流转。在农业集体化的疾风暴雨中，有些地区取消了集市贸易。虽然经过了一段时间，国家不得不允许商品的流通，但还是进行了严格的限制。1932年5月，国家通过决议，准许集体农庄庄员、个体劳动农民在集市上出售自己的农产品。但是，严禁私商开设商店和店铺，彻底铲除企图靠损害工人和农民利益而发财的倒卖商和投机商。

（三）大清洗运动

不论是工业化运动，还是农业集体化运动都是由国家采取命令手段强制推行的，其中存在的种种问题引起了党内外有识之士的不满，一度导致社会关系紧张，党群关系紧张。针对这种情况，从1934年开始，苏联开展了大规模的政治大清洗运动。

大清洗运动表现出三个特点：它的指导思想是阶级斗争越来越尖锐的观点、它的运作过程撇开司法机关以及司法程序、它的主要打击对象是党政军高级干部和知识界精英。大清洗运动表明，谁反对斯大林，谁反对斯大林模式，谁就要遭到镇压。那些对工业化和农业集体化运动持不同意见者都被带上了反革命的帽子，一大批经济学家和理论家等被镇压。实际上从1927年开除托洛茨基派，1929年开除布哈林派，就已经开始了政治大清洗，但是从1934年到1938年的4年间，苏联先后出现了两次更大规模清洗的高潮。加米涅夫、布哈林等反对派均被当作人民公敌处死。大清洗运动破坏法制、滥用权力、制造了大批的冤假错案，严重破坏了社会主义民主和自由，扼杀了干部和群众的积极性。

从战时共产主义政策到新经济政策，再到社会主义工业化和农业集体化的过程本身，就是苏联社会主义经济政治制度建立和体制形成的时期，是统一历史过程中的不同侧面。到1936年12月，在苏维埃第八次非常代表大会通过的宪法中，苏共宣布苏联已建成社会主义，这标志着对欧洲、亚洲等其他社会主义国家的发展产生巨大影响的苏联社会主义模式的最终确立。

第二节 苏联社会主义经济制度的特点及影响

苏联的社会主义经济制度是经历了战时共产主义、新经济政策以及工业化和农业全盘集体化而最后形成的，其中的每一个阶段都表现出不同的特点。

一 战时共产主义的特点

战时共产主义是苏维埃国家在战争的特殊环境下所采取的一系列非常政策和临时措施，是苏维埃国家在内外交困的严峻形势和巨大的战争威胁条件下不得已作出的选择。战时共产主义的目标在于不惜一切代价巩固和捍卫苏维埃政权，确保十月革命的成果，并以军事共产主义为途径迅速实现向共产主义的直接过渡。它在当时的战时环境下取得了不小的成就，使苏维埃政权能够在十分困难的情况下，在很短的时间内征集到大量的粮食和物品，保证了城市工人和红军的最低限度的供应，这是其无可否认的历史功绩。然而，作为小农经济环境和传统社会主义观念的产物，战时共产主义政策毕竟存在着很大的局限性。总体上看来，它不是一项利于生产力发展的政策，因为它脱离了落后国家的客观事实。首先，俄国是一个经济文化比较落后的国家，企图在这样的国家里越过商品经济高度发展的阶段而直接过渡到社会主义、共产主义，是一种不切实际的空想。其次，它完全脱离了农民的需求。通过完全禁止集市贸易和私人商业，由国家直接实行工农业之间的产品交换，实际上侵害了农民的利益，这与俄国小农经济国家的国情相违背。第三，对传统理论的认识存在偏差。由战争造成的经济实物化本来是一种违背商品经济规律的东西，但在当时却被看作是合理的，先进的东西，人们甚至认为用经济关系实物化取代商品货币关系就是更加接近社会主义，这实际上是对马恩理论的曲解。列宁在许多报告、文章中对战时共产主义政策都做出过评价："实行余粮收集制、战时共产主义时犯了错误，干了蠢事，是企图在一个小农国家里直接过渡，脱离了农民经济的常规"。"我们上层制定的经济政策同下层脱节，它没有促成生产力的提高"。① 也就是说，对战时共产主义，应放在特定的历史环境下去进行评价，既不要全盘否定，要看到它的历史功绩，又不应全盘肯定，应看到它的历史局限性。

战时共产主义的实行是两种过渡思想斗争的结果，之所以迂回过渡的思路被否定而直接过渡的思想在当时占了上风，除了前面提到的客观因素外，还有主观方面的原因。最主要的原因就是战时共产主义的模式和人们

---

① 《列宁全集》第42卷，人民出版社1987年版，第184页。

头脑中的某种固有的社会主义传统观念相吻合。列宁曾经指出，1918年我们"决定直接过渡到共产主义的生产和分配。但是我们决定，农民按照余粮收集制交出我们所需数量的粮食，我们则把这些粮食分配给各个工厂，这样，我们就是实行共产主义的生产和分配了"。① 也就是说，在许多人的观念里，社会主义、共产主义就是意味着剥夺剥夺者，就是生产资料的共有化，就是取消商品货币关系和商品流通。苏维埃在战时环境下做到了这些，于是许多人自觉不自觉地把这些措施和政策就看作实现共产主义、社会主义的简捷道路。列宁说："我们计划（说我们计划欠周的设想也许更为确切）用无产阶级国家下命令的办法在一个小农国家里按照共产主义的原则来调整国家的产品生产和分配。现实生活说明我们错了。"②

虽然列宁后来已经意识到了战时共产主义政策存在的超越社会发展阶段的问题，并对此提出了批判性的意见，但一些人仍然把这个时期实行的那套高度集中的经济管理体制看作是实现社会主义、共产主义经济制度的样板。战时共产主义时期的一些基本原则，如取消货币关系，实行经济关系的实物化、实行劳动报酬的平均主义、经济管理的集中化与依靠行政手段的管理仍然被看作是社会主义的特征，这也是以后斯大林时期取消"新经济政策"向"战时共产主义政策"回归的一个重要的因素。战时共产主义政策作为俄国社会主义经济制度的最初探索虽然存在的时间很短，但是它对后来的苏联模式的形成以及其他社会主义国家的建设历程，都产生了深远的影响。

二 新经济政策的特点

新经济政策是为形势所迫而实行的，列宁和俄共（布）的领袖们起初都认为新经济政策是不得已而为之，是暂时的"退却"。虽然列宁后来改变了看法，但其他领导人没有能够很快地转变，他们对新经济政策的公正性、对在新经济的道路上建设社会主义的可能性产生了怀疑，一些被称为"原则卫士"的人把新经济政策看成是与社会主义原则格格不入的东西。他们认为新经济政策就是向敌人投降，是为资产阶级复活创造条件，

---

① 《列宁全集》第42卷，人民出版社1987年版，第182页。

② 同上书，第176页。

是从十月革命口号的后退；认为这是俄国无产阶级革命由于遇到不利的国内外条件而作的退却，是对小生产者的让步，今后的主要任务就是早日回到战时共产主义那种理想的社会主义原则。他们最不能接受的是：无产阶级革命的目的在于消灭资产阶级，而新经济政策则使私商和"新经济政策的商人"发展起来了，出现了新的不公平。1923年在党的十二大上托洛茨基说必须最大可能用更新的政策代替新经济政策，即立即"缩小新经济政策，对新经济政策施加更大的压力"。还有一些人把新经济政策只是看成是某种策略，是两次进攻之间的喘息，一旦时机成熟或条件改变，还会重新实行向资本主义进攻的政策。只有布哈林、李可夫、鲁祖塔克等人坚决拥护新经济政策，认为新经济政策的实施引入了商品货币关系和市场关系，因此能在各种经济成分之间建立正常的经济联系，各种经济成分将通过市场进行竞争，最后的结局是社会主义力量排挤和战胜私人资本直至取得胜利。但是，党的主要领导人托洛茨基、季诺维也夫、加米诺夫、斯大林等人都对新经济政策持怀疑态度。

事实上，新经济政策在实行了一段时间后，本身存在的矛盾和问题也逐渐地暴露了出来，这表现在曾对当时苏联经济社会政治产生极大影响的三大事件上。一是1923年夏秋出现的"工业品销售危机"，是指在当时并不充裕的工业品却销售不畅，大量积压，并最终危及工业再生产的现象，该危机最终通过迫使国家降低工业品价格才得以解决。二是1926年出现的"生活用品商品荒"是指当时全国性的包括棉布、食糖、黄油在内的日用生活品短缺的现象。危机最后通过迫使国家大幅度上调工业品价格才得以解决，其结果是形成了工业品价格与农产品价格的剪刀差。三是自1927年底到1929年多次或反复出现的"谷物收购危机"，是指在当时农业出现大丰收的背景下却出现的危及城市和军队供应的粮食收购危机。当时，1929年，不得不对城市实行粮食定量供给。这意味着，国家同农村富裕农民的矛盾在特定的条件下有可能使整个国民经济陷入混乱。

与战时共产主义政策相比，新经济政策是一种缓慢的、迂回的、切合实际的过渡方式。由于在恢复和发展国民经济方面的突出贡献，新经济政策得到了大家的认可和欢迎。但遗憾的是，由于领导集团的倾向不同，在实行了短短几年时间后，新经济政策就被斯大林经济模式所代替。

三　斯大林经济模式的特点及影响

从新经济政策转变为斯大林经济模式的原因是复杂的，这次转变的结果是建立起了斯大林模式，即后来持续存在了半个世纪并在第二次世界大战后扩大到欧洲、亚洲、拉丁美洲一系列国家的苏联社会主义模式。

列宁去世后，俄共（布）面临着一个突出的问题，是继续坚持新经济政策还是重新回到战时共产主义政策？在这个重大的问题上存在很大的争议，其中激烈的斗争有两次，一是反对托洛茨基的斗争，二是反对布哈林派的斗争。这场 20 世纪 20 年代进行的党内论战的最终结果是权力之争压倒了理论争执，斯大林的观点最终取得了胜利。实际上，这场论战是斯大林模式的理论准备阶段。

反对布哈林派的斗争异常的激烈。这场争论的主题是：苏联应当采取什么方法建设社会主义，是继续坚持新经济政策，还是结束新经济政策？斯大林和布哈林在三个问题上存在着很大的分歧：

一是对于市场机制的看法。布哈林认为新经济政策不是权宜之计，而是一项长久性的战略决策，它的实质就在于通过允许多种经济成分的并存繁荣经济，通过发展商品经济，通过市场走向社会主义。"据我看来，市场关系的存在——在某种程度上——是新经济政策的决定性因素。这是确定新经济政策的最重要的标准"。[①] "新经济政策的最深刻的意义在于，我们第一次开辟了各种经济力量、各种经济成分互相繁荣的可能性，而只有在这个基础上才能得到经济的增长"。[②]

布哈林在对俄国国情进行认真分析的基础上，提出了著名的"落后型社会主义"的理论，"可怕的、半农奴制的野蛮状态和可怕的总的经济落后，同西欧资本主义所达到的最先进的形式的这种结合，就构成俄国资本主义的显著特点，构成它所谓的'民族面貌'。"[③] "落后型社会主义的显著特点是发展速度缓慢、过渡时期较长，农民问题严重等。"[④] 因此，布哈林提出了他的关于乌龟速度的名言，"我们不会由于国内的阶级差距

[①] 《布哈林文选》下册，人民出版社 1983 年版，第 392 页。
[②] 同上书，上册，人民出版社 1981 年版，第 357 页。
[③] 同上书，下册，人民出版社 1983 年版，第 475、474、476 页。
[④] 同上书，第 63 页。

和我们的技术落后而灭亡,甚至在低下的技术基础上我们也能够建设社会主义,社会主义的这种发展将非常的缓慢,我们将以乌龟速度爬行,但我们就是在建设社会主义,并且我们定将建成它。"①

斯大林将列宁倡导的新经济政策理解为一种权宜之计,认为是社会主义的暂时退却。具体到商品经济和市场关系上,斯大林仍然坚持传统的马克思主义观点,认定商品经济的属性是资本主义的,资本主义的根蒂就隐藏在"商品生产里,藏在城市小生产,特别是农村小生产里"。②他认为布哈林搞"市场常态化",实际上就是要取消国家对经济的调节作用,这是向从右边来破坏新经济政策的小资产阶级自发势力让步。

而对于布哈林所提出的"乌龟速度爬行"的观点,斯大林认为,苏联现在面临的问题不是前进,就是灭亡。"落后是要挨打的",所以,必须改变新经济政策的思路加速工业化,而且主要是重工业化。在斯大林的概念里,实际上是把社会主义工业化理解为重工业化,并且把重工业化作为区分社会主义工业化和资本主义工业化道路的基本标志之一。它还片面强调工业发展的高速度,说多一个工厂就是多一个同资本主义作斗争的堡垒,工业化的速度问题被高度政治化了。

二是对于农民和农业问题的看法。在布哈林眼里,工农关系首先是一个经济问题,然后才是一个政治问题,在斯大林眼里,工农关系仅仅是一个政治问题。

斯大林认为,既然发展的第一要义是社会主义的工业化,那么国内的其他部门就要为工业化让路。比如,对于工业化的资金来源问题,斯大林认为,"靠本国节约来发展工业的道路是社会主义积累的道路",是实现工业化的"惟一的道路"。苏联的工业"将在更大程度上依靠国内市场,首先是依靠农民市场"。③

而布哈林则相反,他坚决反对要求农民以缴纳"额外贡税"的办法为工业化积累资金,认为这是对农民实行剥夺、剥削,是一种杀鸡取卵的办法。他也反对"优先发展重工业"的观点,认为重工业要和轻工业均

---

① 转引自郑异凡《布哈林论稿》,中央编译出版社1997年版,第229页。
② 《论联共(布)党内的右倾危险》,载《斯大林全集》第11卷,人民出版社1954年版,第196页。
③ 《斯大林全集》第8卷,人民出版社1954年版,第120页。

衡发展，而且工业的发展和农业的发展要结合起来，必须尊重客观经济规律，协调发展。

对于新经济政策实行后期出现"粮食收购危机"的原因，布哈林认为，主要是因为粮价不合理，农产品价格过低造成农民不愿意种粮和卖粮。因此，摆脱危机最终要靠协调市场比例关系，缩小工农产品的价格剪刀差来解决。他坚决反对斯大林滥用"非常措施"，试图"用强制手段把农民赶进公社的做法"，而斯大林则认为，发生粮食收购危机的根本原因是小农经济的劣根性和"富农"的捣乱，他们始终威胁着苏联经济的发展。摆脱危机的根本出路就在于依靠集体农庄，"必须使我国各地区都毫无例外的都布满集体农庄（和国营农场），他们在向国家交纳粮食方面不仅能够代替富农而且能够代替个体农民"，必须"铲除一切产生资本家和资本主义根源并消除资本主义复辟的可能性……"[①]

三是对于阶级斗争的认识问题。对于如何引导非无产阶级走上社会主义道路的问题，二人存在很大的分歧。布哈林认为，对新生的资产阶级不是采取暴力的、政治的手段，而是要采取和平的经济的方式同他们斗争，要用大力发展社会主义的方法来排挤他们并且最终消灭私有经济，为此，他提出"和平长入社会主义"理论。"长入论"的含义是，在无产阶级掌握政权的前提下，国家要扶持劳动者个体经济并把他们当作社会主义经济的有益补充，对资产阶级或富农经济也要用经济的办法战胜他们，直至最后消灭他们。布哈林大胆地指出："应当对全体农民，对农民的所有阶层说：发财吧，积累吧，发展自己的经济吧！只有白痴才会说，我们永远应当贫穷；现在我们应当采取的政策，是要能在我国消灭贫穷的政策。"[②]而斯大林则认为，粮食收购危机和意外事故说明城乡资产阶级正在向社会主义进攻，在这种情况下，不能指望资本主义经济（包括富农经济）会在无产阶级专政条件下"长入社会主义"，而只能通过残酷的阶级斗争才能铲除资本主义，必须"向国民经济中的资本主义分子实行全面的

[①]《斯大林全集》第11卷，人民出版社1954年版，第7页。
[②]《论新经济政策和我们的任务》，载《布哈林文选》上册，人民出版社1981年版，第368页。

进攻"。① 他认为，阶级斗争是社会主义发展的动力，社会主义越接近胜利，阶级斗争越激烈、越尖锐。他把布哈林的观点定性为是右倾机会主义，认为他的观点是与党的政策相违抗，"发财吧"的口号是"号召恢复资本主义"，"和平长入资本主义"，是鼓吹"阶级斗争熄灭论"。

由上可见，斯大林和布哈林之间的争执是有关社会主义制度选择的关键性问题的争执，二人之间的分歧是带有根本性的路线分歧。最终结果是，斯大林的理论政策主张取得了胜利，这种斗争的结果对苏联的社会主义建设产生了重大的影响，形成了后来的斯大林模式。

在经过了激烈的斗争之后，斯大林倡导的以工业化、农业全盘集体化和大清洗为主要内容的三大运动也正式展开。三大运动各有其不同的实施情况和独特之处。

首先来看苏联国家工业化。苏联国家工业化的实现显示了社会主义工业化道路的生命力。在短短几年的时间内，苏联从一个落后的农业大国变为一个强大的工业国，工业化的成就是举世公认的。工业化极好地调动了广大工人、农民的积极性，极大地提高了劳动生产率，激发了广大人民的创造精神和主人翁精神，使面临内忧外患的苏联达到了空前的团结，这是工业化进程的又一大成就。

在1930年的6月的联共（布）十六大报告中，斯大林正式把苏联国家工业化称之为"社会主义工业化"。其用意在于强调社会主义国家实行工业化道路和方法应该区别于资本主义国家的工业化道路。关于两种道路的区别，斯大林将其归纳为这样的几点：（1）社会主义工业化是从重工业开始。（2）坚持高速度的发展。（3）完全依靠本国积累的资金来完成。

优先发展重工业观点的提出有多方面的原因。斯大林强调优先发展重工业的方针首先是针对托洛茨基的"世界分工论"而提出的。托洛茨基认为，苏联是世界经济体系的一部分，如果忽视世界经济中的分工，"就必然大大减低我们经济发展的速度。"要实现国家工业化，"就意味着增加我们对世界市场、对资本主义、对它的技术和经济的依赖，意味着加强对世界资产阶级的斗争。"这种观点正是斯大林所反对的，他认为要依靠自己的力量，建立独立的工业体系。这既是斯大林出于对这一问题的认

----
① 《斯大林全集》第12卷，人民出版社1954年版，第14、25页。

识，也是同托洛茨基斗争的需要。当然，当时的国情也需要优先发展重工业。因为苏联在资本主义包围下发展社会主义首先迫切需要巩固国防，保障经济的独立和自主，在当时的历史条件下，强调高速度，强调优先发展重工业的工业化方针，是必要的、合理的。但遗憾的是，这一方针被过分地夸大了，由此引发的后果也是严重的。它忽视了一个国家的现代化需要全面的可持续发展的原则，把优先发展重工业的方针神圣化普遍化，把一个在特定时期特定环境下采取的措施当作规律，即使在工业化完成以后直到苏联解体之前的几十年时间里，苏联依然把重工业的发展作为重中之重。其他产业的被轻视导致了国民经济的严重畸形，比例严重失调，轻工业和农业长期落后，这一点至今还在影响着作为苏联继承国的俄罗斯的经济，这是其多年来难以摆脱危机、难以使经济稳定增长的一个重要的原因。实际上，将是否优先发展重工业作为区分资本主义和社会主义的标志也是不科学的，这并不符合世界各国工业化的实际。因为虽然英、法等国是从发展轻工业开始走上工业化道路的，但德国的现代化进程就是从先修铁路开始的。

苏联社会主义工业化的高速度是有目共睹的，这集中体现在它的"赶超"战略和五年计划所规定的各项指标中。斯大林提出应该用"真正的布尔什维克的速度"在最短的时间内改变苏联经济文化落后的局面，赶上并超过先进的资本主义国家。也许这一政策的初衷是好的，但违背客观经济规律盲目追求高速度的结果是为弄虚作假开辟了道路，也助长了生产中的浮夸、冒进等不良现象的出现。

苏联国家工业化的资金来源主要是内部积累。这是当时国内外环境造成的，因为当时处于重重包围中的苏联不可能得到来自外部世界的援助，只能依靠自己的力量，靠节衣缩食来搞建设。苏联人民，无论工人、农民还是知识分子，都为国家工业化做出了重大的贡献和牺牲。因为俄国是一个经济落后的小农国家，现代化的工业部门基本上就不存在，所以，当时投资量最大的重工业根本就谈不上自身积累，结果资金积累就只能靠抑制消费，依靠全体国民，首先是农民节衣缩食。为满足工业发展对资金的大量需求，苏联当时主要采取了以下措施：一是提高积累率，压缩消费率。国家大幅度提高国民收入中用于扩大再生产的资金积累率，从而相应压缩用于消费的资金。例如，苏联工业化前夕的积累率为16%，而工业化正式开始后则达到了 26%—29%。这一比例大大超过了其他国家的积累率，在主要的资本主义国家这一比例一般为 7%—10%，经济最景气年份也只有 12%。二是扩大工农业产品的剪刀差，抑制农民消费。国家以远远低于其价值的收购价格向农民收购大量的粮食，每年借此为工业发展征集的资金在工业化总资金中平均占到 33.4%。三是用征收捐税、发行公债和开展居民储蓄的方法，直接抑制居民消费。

总之，苏联的社会主义工业化道路是在特殊的历史条件下进行的，我们既要看到工业化目标的实现对苏联国家整体建设的重要意义，也要认识到，这个目标是以苏联人民的巨大付出和牺牲为代价而获得的。

农业全盘集体化是为了配合工业化运动，在 1929—1934 年的短短几年时间内就完成的。1929 年 11 月，斯大林发表《大转变的一年》的文章，标志着全盘集体化作为改造农业生产关系的一场政治运动在全国的展开。斯大林这篇文章发表以后，农民不是像以前那样一批一批地加入集体农庄，而是整村、整乡、甚至整个专区地加入集体农庄。这种由国家强制，在很短的时间内完成全社会生产关系变革的事例在人类历史上是罕见的。随着农业全盘集体化的完成，苏联建立起了一种直接为国家工业化服务的农业经济体系。这种农业经济体系的功能是为了更好的加强国家对农业对农民的控制，为了将农业纳入国家计划控制以更好地为工业服务。

苏联社会主义工业化、农业全盘集体化与政治大清洗运动三者之间彼此有着紧密的内在联系。斯大林坚持高速度优先发展重工业，要求苏联在 10 年内跑完资本主义国家 50 年甚至 100 年所走的路，这对经济基础薄弱的国家是非常困难的，于是斯大林倡导发动了农业全盘集体化运动，旨在建立集中计划的农业供应体制以保证工业化目标的迅速实现。由于工业化和农业全盘集体化引起了不少反对的声音，为了扫清由此而带来的政治障碍，斯大林又发动了大清洗运动。三大运动紧密相连，共同形成了高度集权的、完全计划管理的斯大林模式。

斯大林式的社会主义经济制度作为特定历史时期的产物，在当时的战时环境下曾取得了巨大的历史功绩。这主要表现在：

首先它保证了苏联政局在 20 世纪 30—40 年代社会剧烈变化中的基本稳定。当时的苏联处于激烈的国内外阶级斗争的历史环境中。一方面是处于资本主义世界的包围中，另一方面由于苏联国内各地区经济政治发展的不平衡,导致各加盟共和国的特殊经济——政治利益矛盾,再加上复杂的民族矛盾长期存在,使苏联社会主义政权面对的国内外政治经济形势极为复杂和凶险。通过实行高度集中的政治经济体制,苏联有效地应付了当时的局面,保持了政局的基本稳定,保证了苏维埃政权的生存。

其次,斯大林模式的建立使苏联成为了社会主义工业强国。苏联模式的应用保证了20世纪30年代苏联重工业的高速度发展,有力地促成了社会主义工业化的实现,创造了空前的苏联工业化奇迹,极大地促进了苏联社会的进步,从而为苏联社会主义制度奠定了物质的和经济技术的基础。到第二次世界大战前夕,苏联工业产值已经占到整个国民经济的84%,这一震惊世界的"工业化奇迹"大大改变了苏联原先落后的工业国地位,使苏联成为工业总产值在欧洲占第一位,在世界居于第二位的社会主义强国。

第三,斯大林经济模式保证了苏联反法西斯战争的胜利。苏联高度集中的政治经济体制首先保证了重工业的高速发展,从而保证了苏联反击法西斯德国入侵的战争需要,为卫国战争的最后胜利奠定了基础。其次保证了苏联能够在战争突然爆发后迅速将国民经济转入战时体制,从而有力地支持了战争的进程。在二战中苏联模式充分显示了它的适应力和战斗力,为苏维埃反法西斯战争的胜利提供了强有力的物质和人员保障。苏联战时动员之快,规模之庞大,军事生产能力恢复和增长之快,以及全国上下齐心协力、团结一致、奋起卫国的爱国主义和英雄主义精神的高涨,表明斯大林模式在战时具有很高的动员能力和组织效率,是苏联在二战中获胜的主要条件之一。

第四,推动了世界社会主义运动的发展。苏联在实现工业化中取得的巨大成就和在反法西斯战争中取得的伟大胜利,在一定的历史时期和从一定的实践的角度上表现了社会主义的优越性从而赢得了巨大的声望并在相当长的一段时间内成为世界社会主义运动的一个样板。在苏联模式的示范和感召以及在苏联政府的帮助下,一大批国家先后走上了社会主义道路,并以苏联为中心形成了一个在很长的时间内同资本主义阵营相抗衡的世界社会主义体系,深刻地改变了世界历史发展的进程。

第五,作为资本主义制度的竞争者,苏联模式的成功发展对二战后资本主义世界的社会经济改革和发展也起到了巨大的借鉴和推动作用。

在看到历史功绩的同时,我们也应看到斯大林经济模式本身存在的弊病。主要可以归纳为以下几个方面：

一是国家所有制占绝对优势。苏联从 1925 年就开始排挤私人资本主义，到第二个五年计划完成之后，生产资料公有制（包括全民集体制和全民所有制）在国民经济中占了绝对的统治地位。其中的国家所有制又在公有制中占了绝对优势，而且它被看成是社会主义所有制的高级形式；合作社——集体农庄所有制则被看成是和社会主义所有制的低级形式。国家所有制下的企业的生产资料所有权与经营权都高度集中于国家，企业都由中央直接管理，失去了任何的经营自主权，完全成为了国家机关的附属品。

二是排斥价值规律的作用，实行指令性计划经济。国家通过层层行政机关，采用具有强制性的行政指令和决议，对全国的企业和经济活动进行集中统一的组织、指挥和调节监督，在生产、分配、交换、消费的各个环节都实行全面的计划管理，这是斯大林经济体制的核心。这种体制下，企业的经营活动不能自主地根据市场的需求来进行，价格、供求、竞争等市场机制几乎没有发挥作用的余地，市场这只看不见的手被完全排斥了。

三是非均衡的经济结构：优先发展重工业和军事工业的方针造成了苏联经济的畸形特点。在第一个五年计划时期内，工农业总产值中工业产值占 70.7%。第二个五年计划内，重工业增长速度为 19%，产值增加了 1.4 倍，轻工业增长速度为 14.8%，产值增加了 1 倍，但农业产值只增加了 54%。在 1938 年开始执行的第三个五年计划中就规定：生产资料产值要增长 107%，消费品产值增长 72%，农业增长 52%。轻工业发展的相对滞后和农业发展的长期滞后实际上也制约了工业的快速发展，这也是二战以后苏联经济发展速度放慢的重要原因。

四是经济关系实物化特点突出。价格、货币、财政等经济杠杆作用很小，对企业的生产经营基本不起作用。由于货币计算、货币作用关系被忽视，因而导致经济上的严重浪费和低效率。

第三节　对苏联社会主义经济模式的评价

一　苏联经济模式形成的国际环境：资本主义的重重包围及战争危险的逼近

20 世纪 20—30 年代苏联所处的国际环境，其基本态势就是资本主义国家的包围和战争危险的逼近。因为社会主义革命并没有像列宁预计的那样,能够在欧洲乃至世界范围内取胜,特别是1923年德国工人起义失败后的形势表明：十月革命所引发的欧洲工业革命最终归于失败,资本主义在力量对比中占据了优势,社会主义苏联成为处于强大的资本主义国家包围中的一个红色孤岛。20年代末30年代初,资本主义世界爆发了迄今为止规模最大、破坏力最严重、波及国家最多的经济危机,经济危机使各种矛盾迅速激化。为了摆脱危机,德意日等国相继建立起法西斯统治。1937年11月,德意日三国结成反共产国际协定,旨在"协力防止共产主义的破坏"。资本主义国家之间的矛盾迅速上升为局部战争,国际局势更加险恶。对处于战争威胁中的苏联来说,对付外敌入侵和应付紧急事变成为当务之急。党内外产生了一种极其强烈的危机感和紧迫感,表现在经济上,就使整个苏联经济政治体制具有鲜明的备战特点,要求高速发展重工业和加速农业全盘集体化。这当然不能仅仅依靠经济手段来实现,相反必须依靠高度集权的行政手段才能实现,所以最终形成了高度集中的、以发展重工业为特点的、备战型的经济模式。可以说,苏联经济模式是苏联在特定的国际环境下的一种特定的历史选择。

二　苏联经济模式的文化渊源：俄罗斯对现代化的渴望

苏联赶超式的经济模式是有其深厚的文化渊源的。实际上,从1861年农奴制改革之后,在俄国资本主义较快发展的同时,加快发展赶超世界强国就已经成为了一种心声。斯大林模式的出现也是俄罗斯民族可望早日改变国际落后面貌,赶上西方发达国家的民族心声的一种反映。斯大林提出的政治口号就是"落后就要挨打"。他是典型的"强国主义者"。他所倡导的模式,所用的政治手法、经济途径,都与俄罗斯的民族文化传统有着很大的关系。

三　斯大林经济模式的现实条件：落后的经济文化因素的制约

斯大林经济模式是建立在一个商品经济发展不够充分、市场化程度极低的小农经济国家基础之上的经济模式。这样的现实条件对模式的选择有着至关重要的作用。在20世纪20年代末和30年代初,斯大林比号召人们学习经商和进行有盈利工作的列宁更能赢得大多数党内积极分子、大多数新的苏维埃知识分子的喜欢,原因是当时的大多数人对经商做买卖这一类复杂的市场活动非常陌生,大多数干部也完全不懂市场商业原则,他们觉得那种简单的、命令化的产品交换方式更容易被大家接受,而且从技术角度上来看,当时苏联实行自上而下的计划管理在技术上更为简便易行。这是20世纪20年代,高度集中的计划管理的斯大林模式能够被大多数派别所接受的重要原因。实际上,人们文化知识水平的低下和认识水平的差异对斯大林模式的形成起了推动作用。这种文化的局限性也表现在苏共领导人的认识上,斯大林之所以主张工业化的高速度,一方面有急于求成的因素,另一方面也由于他以及当时的苏共领导人对工业化社会的陌生。邓小平曾多次说到,斯大林搞了多年的社会主义,实际上他并没有搞清楚到底什么是社会主义。所以说,斯大林经济模式也是苏共领导人及苏联人民在落后的经济文化条件制约下的选择。

四 苏联经济模式的理论基础:对马克思、恩格斯社会主义观念的教条式理解

对苏联模式形成有重大影响的经济理论大概有以下几个方面:

比如,关于社会主义商品生产理论。马克思、恩格斯在其经典著作中,把消灭商品货币关系作为社会主义的特征之一。其实这指的是成熟的或完善的社会主义社会。列宁和苏联其他领导人却认为无产阶级夺取政权后,将立即消灭商品货币关系。就连布哈林也认为,市场关系只适用于过渡时期,一旦社会主义公有制建立起来,就没有商品货币关系。这对形成高度集中的和排斥市场作用的计划经济体制,无疑起了重要的作用。斯大林在《苏联社会主义经济问题》一书中对社会主义商品货币关系问题做出如下裁决:(1)社会主义制度下的商品生产是一种"特殊的商品生产","它的活动范围只限于个人消费品",生产资料不是商品。(2)社会主义制度下商品生产存在的原因,是因为存在两种所有制(国家所有制和合作社—集体农庄所有制)。将来在两种基本生产成分即国营成分和集体农庄成分由一个包罗一切而有权支配全国一切消费品的生产成分来代替的时候,商品流通及其货币经济就会作为国民经济不必要的因素而趋于消失。(3)20世纪50年代初期苏联面临的任务是不断缩小商品货币关系的利用范围,而不是发展商品货币关系,发展商品生产。任务在于,要使农业的一切部门中都培植这些产品交换的萌芽,并把他们发展成为广泛的交换系统。应该一往直前、毫不犹豫地推行这种制度,一步一步地缩小商品流通的活动范围,就使社会主义易于过渡到共产主义。由上可见,在斯大林的观念中,除了个人消费品以外的大多数产品都不是商品,商品生产应该受到严格的限制,商品货币关系应该逐渐地消失。这实际上是对马克思主义的教条式理解,甚至是错误的理解。恩格斯曾预言:"一旦社会占有了生产资料,商品生产就将被消除,而产品对生产者的统治也随之消除。社会生产内部的无政府状态将为有计划的自觉的组织所代替"。[1] 这里所讲的社会占有生产资料是指占有全部生产资料,只有这样,才能消灭商品生产,而这种条件在当时的苏联是不具备的。在没有真正理解马恩经典理论的基础上就盲目推行否定商品货币关系,排斥市场机制的做法必然产生严重的后果。事实上,由此而形成的经济体制是一种以产品经济观为基础的、不尊重客观经济规律的、排斥市场作用的、缺乏竞争的体制。

再比如,对马克思、恩格斯关于社会发展阶段论的理解。关于社会发展的阶段问题,马克思、恩格斯的基本观点是:资本主义社会经过一个短暂的过渡时期可以进入社会主义,社会主义再经过充分的发展才可以进入共产主义社会。也就是说,社会主义共产主义不是一蹴而就的,而是要经过商品经济高度发展的阶段才可以实现。对此,斯大林坚持超阶段论(穷过渡理论)。1936 年,斯大林在《关于苏联宪法草案》的演说中就宣布,"我国已经基本上实现了共产主义第一阶段,即社会主义"。1946 年,当苏联刚刚摆脱战争阴云,百废待兴之时,斯大林就断言:"一个国家内的共产主义",特别是在苏联这样的国家内,是完全可能的。这种不顾本国国情盲目自信的做法其根源就是对社会主义、共产主义的机械的、形而上学的认识和对马克思、恩格斯理论的错误理解。其他方面,马克思、恩格斯关于对未来社会的其他方面的设想,如在全社会实行单一的全民所有制、实行经济的计划管理,实行按劳分配、消灭私有制,消灭剥削等等都在苏联模式中被生搬硬套,虽然苏联经济现实中的许多方面与马恩的设想并不完全相同。

由上可见,苏联社会主义经济制度是马克思、恩格斯设想的"纯粹

---

[1] 《马克思恩格斯选集》第 3 卷,人民出版社 1995 年版,第 323 页。

的、非经济的、非市场的"的社会主义理论与俄国特殊的经济政治条件相结合的产物。苏联经济制度是具有苏联特色的社会主义模式。这种模式建立的理论根基是被教条化和曲解了的马克思、恩格斯的社会主义理论。实现这种社会主义的基本标准不是生产力水平，也不是人民群众生活水平的富裕程度，更不是国家政治制度上的民主化，而是以行政手段对社会各方面的控制程度，其最大的特点就是高度集权性。斯大林经济模式是在列宁领导的战时共产主义以及新经济政策的基础上形成的，虽然列宁与斯大林在如何建设社会主义的具体思路以及政策上具有显而易见的区别，但从本质上来看，无论是战时共产主义、新经济政策还是经过高速工业化、农业集体化以及大清洗运动最后形成的斯大林模式都具有逻辑上的一致性，是一脉相承的，是列宁和斯大林根据各自对社会主义的理解领导着苏联人民所进行的探索，探索的结果就形成了有苏联特色的社会主义经济制度。苏联社会主义经济制度在本质上是社会主义性质的，在体制上是具有苏联特点的，在时空范围上是20世纪初期的，是符合苏联在特定历史阶段上的特点的。

斯大林模式在反法西斯战争中显示了其巨大的力量，这也极大地提高了斯大林的威信。这时的斯大林已经完全陶醉于苏联所取得的成就中，无视战后苏联社会潜藏的巨大的社会政治、经济、文化思想危机和苏联社会巨大的变革思潮，认为对他制定的一系列政治经济体制"不应批评，不应检查"。斯大林模式被进一步理想化、凝固化与神圣化，它本是一种用于应战的"非常模式"，但却演变为"正常模式"，甚至是"惟一正确的模式"。到20世纪70年代，苏联的发展呈现出明显的停滞状态、严重的经济问题已经日益暴露，高能耗低产出的粗放型经济发展道路走不下去了，再加上多年与美国争霸对国力的损伤，以及严重的社会问题和民族矛盾的合力作用，终于导致20世纪80年代末90年代初的苏东剧变以及苏联的最后解体。

第十三章　苏联社会主义政治制度

苏联社会主义经济制度是其整个制度体系的基础，而与其相伴而行，并作为其集中体现的社会主义政治制度，则是整个苏联社会主义制度体系的核心。它的形成、确立和发展同样经历了一个艰苦探索的过程。

第一节　苏维埃政治制度的确立

一　苏维埃政治制度的最初设计

在十月革命前后到与左派社会革命党分道扬镳的这段时间内，列宁对苏维埃民主制度的探索是以各社会主义政党的共存为理论和实践的前提的。在一系列的著作和讲话中，他向人们展示了一幅苏维埃民主制度的运作流程图。

（一）苏维埃的政治基础

任何一个政治制度都有它赖以存在的基本原则，只有承认这些基本原则者才能在该制度下合法地存在并参与政制的运作。苏维埃制度也不例外。苏维埃明确表示它是劳动者的政权，国家的一切权力属于劳动人民，人民通过苏维埃代表大会及其机关行使自己的权力。1918年1月16日全俄中央执行委员会宣布，"根据十月革命取得的全部成果，按照今年1月3日执行委员会会议上通过的被剥削人民宣言，俄罗斯共和国的全部政权属于苏维埃和苏维埃机关。因此，任何人或任何机关攫取国家政权某种职能的尝试，都应视为反革命行动。任何这类尝试，苏维埃政权都将使用所拥有的一切手段予以镇压，直至使用武力"。[①] 愿意参加政府的政治势力

[①] 《列宁全集》第33卷，人民出版社1985年版，第233页。

必须"执行全俄苏维埃第二次代表大会全体批准的，采取渐进的、然而是坚定不移的步骤走向社会主义的纲领"。① 如果说左派社会革命党人被允许参加政府是因为他们接受了苏维埃制度的原则，那么，立宪会议的解散和立社民主党的遭镇压则是因为它们不承认苏维埃的法律基础。

（二）多数党组织政府

现代政治是政党政治，而在并非单一政党存在的条件下，由代表机构中占多数的党组成政府则是通例。在苏维埃政权下这一原则仍然是有效的。列宁指出，"我们坚持苏维埃政权的原则，即由最近一次苏维埃代表大会上的多数派掌握政权的原则"，而"全俄苏维埃第二次代表大会上布尔什维克党占了多数。因此，只有这个党组织的政府才是苏维埃政府"；作为多数党，它"不仅有权利，而且对人民负有义务组织政府"。② 布尔什维克党并不排斥联合政府，而且在成立新政府和向全俄苏维埃第二次代表大会提出新政府成员名单前曾主动邀请左派社会革命党人参加政府。当然，吸收哪一个党派进入政府是由多数党即布尔什维克党决定的，被吸收者如果同意进入政府，也就是默认了多数派管理国家、组织政府的领袖权。否则，它可以不同意进入政府而继续留在苏维埃内并保持对政府的批评权，并时刻准备和争取和平接管政权，这样它便默认了苏维埃代表大会是最高权威。它也可以不承认苏维埃政权的合法性，从而对该政权采取暴力手段进行颠覆，这样它便是苏维埃政权的敌人了。

（三）苏维埃内部权力的和平转移

承认多数党组织政府的原则事实上也就等于在理论上、在法理上认可权力发生和平转移的可能性，因为任何政党，即使是无产阶级政党，也并不总是能在任何时候任何条件下占据多数，这是不难理解的。当然，无产阶级政党可以采取正确的政策、成功的策略来取得并保证多数，但只要承认苏维埃内部有不同政党存在并承认多数党组织政府的原则，那么在某种条件下布尔什维克党成为少数并不是没有理论上的可能。十月革命后，布尔什维克党组成了合法的政府，列宁也并没有放弃而是坚持了苏维埃内部权力和平转移的思想。在反驳那些攻击布尔什维克的言论时，他曾说过，

---

① 《列宁全集》第33卷，人民出版社1985年版，第71页。
② 同上书，第67~68、71页。

布尔什维克党在苏维埃第二次代表大会上争得了多数，因此，直到苏维埃第三次代表大会或苏维埃改选或中央执行委员会重组新政府为止，只有布尔什维克政府才能被认为是苏维埃政府。这里的言外之意是，任何政党只要有能力在下一届苏维埃大会上或在苏维埃改选时或在中央执行委员会组织新政府时能争得苏维埃中的多数，它当然也有资格组织政府。

（四）苏维埃的选举、监督和罢免

苏维埃的选举方式是按生产单位选举代表、直接选举与多级选举相结合及比例代表制。直接选举主要是在基层，即由工、农、兵群众直选地方苏维埃代表；选举不是按地域划分的选区进行，而是按生产单位即企业、机关、军队及农村的村镇等进行。多级选举是指上级苏维埃由下级苏维埃推举代表构成而不是由选民直选。这样便形成了上下级苏维埃之间不可分割的联系。比例代表制是按照各党所得选票多寡按比例在代表机构中分配代表名额的一种制度，就它切实反映各政治势力的实力对比、保证它们都有自己的代表这点来说，它比简单多数制要公平。监督与罢免是直接联系在一起的，"正是苏维埃与劳动人民接近，才造成一种特别形式的罢免和另一种自下而上的监督制"。[1] 因为代表由人民选举产生、受其委托并对其负责，他们随时有权召回即罢免和改选代表。如果只给选民选举权而不给他们罢免权，人民监督权就是一句空话，因为情况往往是，靠人民选票当选的人却去帮助镇压人民，而这时人民却没有撤换和采取有效措施的民主。有了罢免权，人民随时可以撤换自己的代表，这是直接的、彻底的和立即见效的民主原则。

（五）议行合一：从理想到现实

列宁曾把苏维埃设想为立法与行政合一的工作机关，由于被选出来的代表既是立法者、又是法律的执行者和检查者，立法与行政的划分当然也就不存在了。国家的一切管理人员都是由人民选举产生的代表担任的，这样便可以"把议会制的长处和直接民主制的长处结合起来，就是说，把立法的职能和执法的职能在选出的代表身上结合起来"。[2] 但是，苏维埃的议行合一并没有像设想的那样实行。第二届全俄工兵苏维埃代表大会在

---

[1] 《列宁全集》第34卷，人民出版社1985年版，第186页。
[2] 《列宁全集》，第29卷，人民出版社1985年版，第456页。

通过的一系列法令和决议中宣布全部政权归苏维埃,在大会休会期间其全权领导机构是第二届全俄中央执行委员会,同时它又组成了临时工农革命政府——人民委员会作为国家的最高管理机关。从理论上及最初的设想看,中央执行委员会是受代表大会委托的全权机构,而人民委员会只是行政管理机关,如果按照议行合一的思路及代表大会及中央执行委员会的法理权威,"议行合一"的"工作机关"应该是中央执行委员会。但事实上,当时代表大会与中央执行委员会对人民委员会的约束则明显不力。这样,"议行合一"事实上是把权力合进了行政权的手里。"议行合一"所设定的理论基础从付诸实践的一开始便发生了倾斜。造成这种状况的原因首先而且主要在于革命和战争时期的非常环境,它需要一个干练的、反应迅速的、决策果断的领导机关去管理和指挥全局,而列宁为首的人民委员会则集中了布尔什维克内久经锻炼和考验的有较强的把握时局和领导能力的领袖人物,这是革命成功所必需的。第二,一个不容忽视的因素是列宁本人的威望。可以设想如果列宁不是出任人民委员会主席而是中央执行委员会主席,那么,固然仍需要一个干练的核心领导机构行使管理权,但"议行合一"是否仍会沿着原来的道路发展是值得思考的。我们今天只能说,当时的历史背景决定了列宁必然会出任人民委员会主席,而列宁的这一任职客观上加重了"议行合一"向行政权的倾斜——尽管这是列宁本人也并不一定想看到的。

二 苏维埃民主制度在实践中错位

十月革命所建立起来的俄罗斯苏维埃共和国的基本政治制度是工兵农代表苏维埃制度,即由劳动者代表组成的全俄苏维埃代表大会是国家的最高权力机关;大会休会期间由全俄中央执行委员会代行其权力;苏维埃共和国的中央政府是人民委员会;人民委员会对全俄苏维埃代表大会和全俄中央执行委员会负责,而全俄苏维埃代表大会及其执行委员会有权监督和撤换政府。

历史地看,十月革命胜利初期确实存在一个短暂的革命民主阶段:苏维埃代表由基层群众选举产生,各党派进入苏维埃代表大会的代表名额由它们在群众中拥有的影响按比例分配;各企业均由职工普选的工厂委员会或工厂会议负责领导,市或省一级成立地方工人监督委员会,全国成立全俄工人监督委员会；处于革命激情中的劳动群众经常举行集会讨论和决定问题。但这种革命浪潮中的直接民主不仅十分短暂，而且也有很大的局限性，具体表现为民主的范围受到限制和民主实施的深度不够。尽管这与政权初创时的机制不完善、运转不正常和战争环境的制约不无关系，但更为根本的是初步的民主实践暴露了当时俄国广大劳动群众还远不具备实行直接选举及亲自参加政权管理的政治意识和文化水平这一严酷的现实。列宁也开始承认，"直到今天，我们还没有达到使劳动群众能够参加管理的地步，因为除了法律，还要有文化水平，而你不能使它服从任何法律的。由于文化水平这样低，苏维埃虽然在纲领上是通过劳动群众来实行管理的机关，而实际上却是通过无产阶级先进阶层来为劳动群众实行管理，而不是通过劳动群众来实行管理的机关"。[①]

苏维埃制度没有按照预设的轨道运转，而是出现了游离与滑轨。一系列事件为革命民主时期苏维埃的嬗变提供了契机，形成了作为后来数十年因袭一贯的政治制度的基础。这些事件包括：多党共存格局的消失；干部委任制的普遍化；中央集权与一长制的确立；党内争论与党内集中制的加强，等等。

一党制的确立、委任制的普遍化、权力集中化趋势的加强，等等，为苏维埃制度的嬗变提供了一个契机，这诸多合力催生了一个新制度框架：它既不同于列宁最初的理论设想，也与苏维埃初掌政权时的设计大异其趣。最初的设计中的苏维埃制度内，苏维埃是权力的核心，管理权即使不与苏维埃合一也是隶属于苏维埃的，党在苏维埃内活动，它是靠自己的纲领、自己的组织来领导苏维埃的；而在实践中我们看到的却是一个权力日益从代表机关，向行政机关、向党的机关，向党中央，并最终到党的政治局集中的趋向。最初的设计中，苏维埃拥有监督和罢免权；而随着委任制的普遍化，监督与罢免权大大弱化了。最初的设计中，苏维埃遵循的是由地方逐级指向中央的权力构造程序；而随着中央集权的日益巩固和地方权力的日渐式微，却形成了权力从上向下的单向流动。这一制度的毛坯是在不知不觉中形成的，也是列宁等苏维埃制度的最初设计与缔造者们始料不及的。

[①] 《列宁全集》第36卷，人民出版社1985年版，第154～155页。

三 最高苏维埃制度的确立

苏维埃政权之初，立法职权分散，法出多门，相互矛盾的现象颇多，而多头立法则是国家处于非常时期的表现。1922年苏维埃社会主义共和国联盟组成后，全苏苏维埃代表大会制度沿袭了全俄工兵农代表大会的制度结构。联盟的最高权力机关是苏联苏维埃代表大会，代表大会休会期间由代表大会选出的中央执行委员会行使最高权力，由它组成并受它监督的苏联人民委员会是全联盟的政府。不过，这一时期，立法权仍不统一，实际行使立法职权的有苏维埃代表大会、苏联中央执行委员会、苏联中央执行委员会主席团、苏联人民委员会乃至苏联劳动和国防人民委员会等。

1936年宪法通过后，苏联改造了最高权力机构的组合形式，撤销了苏联苏维埃代表大会，确立了最高苏维埃及其主席团两级体制，并对最高苏维埃及其各派生机构的职能和相互关系都作了明确的界定。宪法规定，由普选产生的苏联最高苏维埃是拥有全权的国家最高权力机关和唯一的立法机关；国家的最高行政机关、审判机关和检察机关都由它产生并对它负责；法官独立，只服从法律；各检察机关独立行使职权，不受任何地方机关干涉，只服从苏联总检察长。也就是说，按照宪法，由最高苏维埃选举产生的行政、审判与检察机关之间不存在隶属关系，而是相互独立、相互制约的，它们都只对最高苏维埃负责。最高苏维埃主席团既不像原先的中央执行委员会那样享有最高立法及号令和组织政府的广泛权力，也与原先的中央执行委员会主席团不同。它是国家的集体元首，有权监督政府、有权召集并在特定条件下解散最高苏维埃，但它由最高苏维埃选出，向其报告工作并对其负责、受其制约。当时曾有人主张赋予最高苏维埃主席团颁布临时立法文件的权力，斯大林表示反对。他说，"终究必须铲除不由某一个机关而由许多机关立法的情形了。这种情形同法律的稳定性的原则相抵触。而我们现在比任何时候都更需要法律的稳定性。立法权在苏联应该由最高苏维埃一个机关行使"。[①]

最高苏维埃由权力平等的两院组成。两院制并不是布尔什维克党人的初衷。俄国社会民主党二大通过的党纲（1903年）中，就明确规定，推

---

① 《斯大林文集（1934～1952）》，人民出版社1985年版，第125页。

翻沙皇制度后的民主共和国的宪法要保证"全部最高国家政权集中于人民代表组成的一院制的立法会议手中"。[①] 斯大林一开始也是反对两院制的，认为它是资产阶级的东西，而且还会带来操作上的困难。苏联成立后，两院制问题凸显出来，斯大林等也逐渐由反对、否定转向肯定和赞成并主张实行两院制了。1923年俄共（布）二月中央全会建议在中央执行委员会下设立平等的第二院即民族院作为代表各民族利益的机关。在随后的俄共（布）十二大上斯大林阐述了建立两院制的构想，其后又作为多次补充。这一思想为1924年宪法所肯定。在制定1936年宪法时，斯大林重申了苏联需要一个反映各民族各自特有的特别利益的专门最高机关第二院即民族院的思想。有人援引欧美各国议会史实，说两院制在这些国家里只有坏处，第二院一般都成为反动的中心。斯大林反驳说，如果两院平等，就不会有这些坏处。两院制思想为1936年宪法所继承并在最高苏维埃体制下有所发展。该宪法规定，最高苏维埃由两院组成，两院权利平等，同等创制法律；凡遇两院彼此意见分歧时，问题交由两院协商委员会解决，如果协商委员会不能通过一致决定或其决定不能使某一院满意，问题提交两院重审，如仍不能达成一致，最高苏维埃主席团得解散最高苏维埃并宣布实行新的选举。1946年，国家的最高管理机关改称"部长会议"。此后，苏维埃制度虽进行过多次改革，但直到戈尔巴乔夫彻底改制，其基本框架没再发生根本变化。

设置民族院是试图在国家最高权力机关中反映民族平等、处理民族矛盾、解决民族纠纷的一个尝试。问题在于实践中民族院从未起到应有的作用；理论上两院制解决了最高苏维埃的内部制衡问题，但实践中两院却从未发生过矛盾，更谈不到有解散最高苏维埃的情况发生了。尤其值得注意的是，斯大林仅仅是从多民族的意义上肯定两院制的，认为如果苏联是一个单民族的国家，那么一院制会比两院制好。但它毕竟打开了一个缺口，即社会主义国家的代表机构并不排斥两院制形式。既然不同利益群体可以在民族问题上反映出来，它同样也可以在别的问题上反映出来；既然可以因民族问题设置两院，当然也可以因其他别的具体问题设置两院。两院制是在权力结构设置上反映群体利益的一种形式。只要存在着不同的群体利

[①] 《外国法制史资料》下册，北京大学出版社1982年版，第821页。

益，权力构成上的相互制约与协调的机制安排便存在着可能性。至于一个国家采取什么样的机制安排来反映群体利益，则是由该国的具体国情和具体的时空背景决定的。重要的是，任何一种权力机制，如果它在实践中被部分乃至全部地闲置起来，那么，即使它在理论上是无懈可击的，但在实践中却仍然是毫无用处的。

苏维埃制度实行人民代表制度和民主集中制的组织原则。在国家机关的相互关系上，苏维埃制度不同于历史上的议会制和总统制。根据苏联宪法的规定，最高苏维埃不仅是惟一的立法机关，而且是最高国家权力机关。国家权力机关、国家管理机关、审判机关和检察机关虽然各有分工，但它们之间不是平等关系，不存在分权的问题。立法机关不是一个单纯行使立法权和监督权的机关，而是一个拥有最高国家权力的机关。国家管理机关的行政权、国家审判机关的审判权、国家检察机关的检察权都是由最高国家权力机关赋予的。它们的权力都不能超过或平行于最高苏维埃。

第二节 苏联国家体系的基本框架

一 苏联的国家结构形式

从国家结构形式上看，苏联实行的是以实现民族平等为特征的联邦制度。多民族的社会主义国家，都存在一个如何解决国内民族问题、处理好民族关系，实现国内各民族的友好共处、共同繁荣与共同发展问题。但如何处理好多民族国家内部的民族关系，是一个比较复杂的问题。在苏联社会主义共和国联盟，有大小民族100多个，其中俄罗斯人占总人口的50%以上，非俄罗斯民族占总人口的40%以上。苏联是世界上拥有民族成分最多的国家，而且是民族情况十分复杂、民族问题非常严重的国家。

试图通过在国家结构形式上实行联邦制来有效地解决本国的民族问题，这是苏联以苏维埃社会主义联邦的结构形式立国的一个重要原因。苏维埃社会主义共和国联盟最初就是按照列宁的思路建立起来的，只是其中又综合了斯大林等人的思想。列宁设想的苏联是以民族为特征的联邦制，它由一些独立的共和国组成，而这些共和国都是以主体民族命名的。这与美国、瑞士等国的联邦制有很大不同，后者是以地域为特征的。而且，列宁设想的联邦制下，加入与退出联盟的规定都相当宽松，甚至可以自由退出。

在苏联，全苏维埃社会主义共和国联盟由 15 个加盟共和国组成，在 15 个加盟共和国中含有 20 个自治共和国和 8 个自治州，另外还有 10 个民族专区。为了解决民族问题所带来的困扰，苏联的联邦制结构主要表现为两种基本形式：一是各个加盟共和国以条约为基础形成总的联盟，二是各个自治共和国以自治为基础结成从属于联盟的联邦，如俄罗斯苏维埃社会主义联邦共和国。苏联式联邦制结构的特点是：（1）它是由独立的民族国家结成的联合体，而不是行政区域的结合。（2）它是在具有共同的经济基础和政治基础上实现的联合，而不是一国两制或多制式的联合。（3）在联盟中央与各加盟共和国的权限划分上，它实行的是高度的中央集权制，这又与世界上其他一些联邦制国家大不相同。（4）它在各加盟共和国内部实行多层次的民族区域自治制度，如自治共和国、自治州和自治专区。

按照苏联宪法的规定，苏维埃社会主义共和国联盟是主权国家。它的主权包括苏联的独立与自主，联盟政权在整个苏联境内具有至高无上的性质，全国一切机关、机构、组织和公民都必须遵行苏联的法律。苏联法律在各加盟共和国境内具有同等效力。加盟共和国的法律不得同全联盟的法律相抵触。加盟共和国是苏维埃社会主义主权国家，与其他苏维埃共和国联合成为苏维埃社会主义共和国联盟。每个加盟共和国都有自己的宪法。加盟共和国的疆界的变更须经有关共和国彼此协商并经苏维埃社会主义共和国联盟批准。加盟共和国有权同外国建立关系、同外国缔结条约、互派外交和领事代表、参加国际组织的活动。加盟共和国在自己的领土上独立行使国家权力，解决与国家建设、经济建设和社会文化建设相关的重大问题。除俄罗斯苏维埃联邦社会主义共和国外，其他加盟共和国都是单一制的国家。自治共和国是加盟共和国体制中的苏维埃社会主义国家。每个自治共和国都有自己的宪法，该宪法既符合苏联宪法和加盟共和国宪法，又考虑到了本自治共和国的特点。自治州是加盟共和国境内最大的民族国家组织，享有行政自治权。它不具有国家的特征，它没有自己的宪法和国籍，但与一般行政州不同，它在政治上和行政上又有相当大的自治权。例如，边疆区苏维埃无权取缔或变更边疆区的自治州人民代表苏维埃的决定，只有加盟共和国最高苏维埃主席团才有这个权力。自治专区是边疆区或州的民族国家组织，享有行政自治权。各自治专区的权利均由加盟共和国最高苏维埃通过各自治专区法规定。在苏联，只有俄罗斯苏维埃联邦社会主义共和国设有自治专区。

苏维埃社会主义共和国联盟的联邦制是为解决苏联的民族问题，体现民族平等与民族自决原则而实行的。但是，在过度集中的政治经济体制之下，苏联的联邦制中所体现的民族共和国之间的平等原则受到了极大的冲击，以至于联邦制这种国家结构形式在现实中实际上已经落到了名存实亡的地步。各加盟共和国的经济管理权、立法权、行政区划权以及组织人事权等等都受到了极大的削弱。倘若苏联真的信守联邦制的原则，它就不可能在各少数民族地区用行政命令的手段强制推行农业集体化，也没有权力把十几个弱小民族强制搬迁和流放到人烟稀少的荒凉地区，更没有权力兼并波罗的海沿岸三国。苏联中央政府的权力巨大。但是，一个靠着中央的强制力聚合在一起的联邦国家，当这种强力有朝一日被削弱的时候，被长期压抑的民族主义情绪就必然会突然爆发。而苏联的联邦制又是以民族为特征的联邦制，一旦民族主义情绪爆发与联盟中央权力衰微相交织，这种以民族共和国组合而成的联盟便很容易走向瓦解。

二 苏联国家权力机关

人民代表苏维埃是苏联的国家权力机关。它由最高苏维埃、加盟共和国、自治共和国最高苏维埃和地方苏维埃组成。

苏联最高苏维埃是苏联最高国家权力机关。如上所述，它由人数相等、享有平等权利的联盟院和民族院两院组成。联盟院由人口相等的各地区选举产生，它表达全苏联人民的共同利益。民族院按照每个加盟共和国、自治共和国、自治州和自治专区选举产生一定代表组成，它反映的是苏联各个民族的不同特点和需要。苏联最高苏维埃任期5年。苏联最高苏维埃解决苏联宪法规定属于苏维埃社会主义共和国联盟权限内的一切问题。其职权包括：通过和修改苏联宪法，接受新共和国加入苏联，批准成立新的自治共和国和自治州，批准苏联经济和社会发展的国家计划、国家预算及其执行情况的报告，建立向其报告工作的一切国家机关并监督其活动，等等。苏联最高苏维埃主席团是苏联最高苏维埃的常设机构。它由苏联最高苏维埃两院联席会议选举产生，向苏联最高苏维埃报告工作，并在苏联最高苏维埃闭会其间在苏联宪法规定的范围内行使苏联最高国家权力机关的职能。苏联最高苏维埃及其两院可以根据自己管辖的问题成立常设委员会和临时委员会。

各加盟共和国和各自治共和国最高苏维埃是加盟共和国和自治共和国的最高国家权力机关。它们有权解决苏联宪法、加盟共和国宪法和自治共和国宪法赋予它们的权限范围内的一切问题，如通过和修改共和国宪法、批准共和国经济和社会发展计划、共和国国家预算及其执行情况的报告，等等。加盟共和国和自治共和国最高苏维埃主席团是加盟共和国和自治共和国最高苏维埃的常设机关并向它们报告自己的全部工作。在最高苏维埃闭会期间，它们在加盟共和国和自治共和国宪法规定的范围内行使最高国家权力机关的职权。边疆区、州、自治州、自治专区、区、市、市辖区、镇以及村居民点的人民代表苏维埃是同级的国家权力机关。各级地方苏维埃领导本地区的国家建设、经济建设和社会文化建设，行使宪法和法律赋予的职权，如批准经济和社会发展计划和地方预算，对其所属国家机关、企业、机构和组织实行领导，等等。

各级苏维埃均由苏联公民选举产生。苏联1936年宪法规定了普遍、平等、直接、秘密的选举原则。按照这一规定，全国年满18岁的公民除被依法剥夺选举权者外不分种族、民族、性别、宗教、教育程度、居住期限、财产状况、社会出身和历史活动普遍享有选举权和被选举权。全体公民都在平等基础上参加选举，即每人一票，城乡按统一比例产生代表。各级苏维埃即从村苏维埃到最高苏维埃都由选民直接投票选举产生。废除举手表决方式，让选民无记名秘密投票，同时选举也由过去的按生产单位选举改为地区选举制。

选举是对候选人的一种评判与选择。既然是选择就应当有可选择性，有竞选。苏联只有一个政党，在一党制下有这种可能性吗？斯大林的回答是肯定的。他不承认苏联有多党制存在的社会基础，但他肯定苏联还存在着工人、农民和知识分子阶层，"每一阶层会有自己的特殊利益，而且经过现存的很多社会团体反映这种利益"，因此，在只有一个政党活动的情况下也会有竞选，很明显，将来在选举中提出候选人名单的，将不仅是共产党，而且是各种非党的社会团体。这里提出了一个重要的理论问题，即在一党执政的社会主义国家，仍然有利益差别，而这些利益差别可以通过各种社会团体的形式表达出来，社会团体可以行使政党的部分功能。它们可以监督执政党的行为，可以在选举中提出代表自己利益的候选人参与竞选。斯大林十分肯定地说，在苏联，竞选一定会有，而且我预料会很热烈，选民将抛开不适当的候选人，把他们从候选人名单中取消，提出最优秀的人来充当候选人。新的选举制度将成为人民手中的鞭子，用来鞭策工作做得不好的政权机关。可惜的是，斯大林并没有充分展开这一理论设计，没有从制度设置上使之可操作化，更没有在实践中真正兑现过。1936年宪法通过后的1937~1939年的第一次全国性的选举活动中，候选人名单是由党和非党代表组成的选举联盟协商提出的，其中有党员，也有非党员，这就是"党和非党联盟"的选举形式，而且选举采取的是等额的形式，这样，尽管选举中也有诸如竞选演说一类的程序，但竞选已失去了它的真正的意义。

和1918年宪法和1924年宪法一样，1936年宪法规定，选民有权监督和罢免自己的代表。斯大林认为这是苏维埃民主的一个表现。因为在苏维埃制度下，选民的职能并不因选举的结束而结束。他们的职能在该届最高苏维埃存在的整个时期，一直有效；选民的义务和权利就在于，始终要监督自己的代表。但是监督要有监督的权力和有效的监督手段，当选举权流于形式的时候，所谓的监督权也必然会大打折扣，甚至仅仅是做做样子。同时，采取区域代表制的结果是选民与代表的关系在一定程度上疏远了，监督削弱了，撤回代表的权力也必然更加流于形式。这里的问题不在于是否改行区域代表制，而在于由多级选举与行业选举改为直接的地域代表选举时，监督机制也应随之做出相应的变动，采取适合于地域代表制的新的监督形式，而苏维埃体制恰恰没有完成这一关键性的转变。

三 苏联国家管理机关

作为一个联邦制国家，苏联的国家管理机关包括全联盟政府、加盟共和国政府、自治共和国政府和地方政府。地方政府又包括州（边疆区）政府、区（市）政府和村镇政府。国家管理机关负责实施国家权力机关法令的直接组织工作，以及采取必要措施监督完成经济建设和社会文化建设的任务。国家管理机关接受双重领导，即它既要接受建立该国家管理机关的苏维埃的领导，同时还要接受上一级国家管理机关的领导。苏联国家管理机构的组织原则是民主集中制，其决策方式是委员会制，即集体领导制，而政府的办事机构，如各部、局、处、科等，则实行一长制。

在斯大林时期，苏联实现了国家工业化和农业集体化，开始了大规模的社会主义建设，后来又进行了反法西斯卫国战争及战后的恢复和建设。这些都引起了国家管理机关的变化。

苏联全联盟政府在1946年以前称人民委员会，其下设各人民委员部及其他一些机构。从苏联建立直到卫国战争前夕，国家管理机关曾几经调整，到1941年卫国战争前夕，人民委员部已达到43个。1941—1945年卫国战争期间，在管理国家方面起主要作用的是国防委员会，它是根据苏联最高苏维埃主席团、联共（布）中央委员会和苏联人民委员会的联合决议建立的一个非常机构，集中了国家的全部权力。1945年9月，国防人民委员会撤销，管理国家的全部职能重新移交给苏联人民委员会。1946年以后苏联人民委员会改为苏联部长会议，人民委员部改称部。同时建立了苏联部长会议执行局，该局1949年以后改称部长会议主席团。根据1947年2月修改的苏联宪法的规定，苏联部长会议设58个部。其中全联盟部30个，联盟兼共和国部22个。到1953年斯大林去世前，全苏部级单位已增至68个。

部长会议是苏联国家权力机关的最高执行和发布命令的机关。苏联部长会议由苏联最高苏维埃组织建立，其组成人员一般包括苏联部长会议主席、第一副主席和副主席若干人，苏联各部部长，苏联各国家委员会主席、各加盟共和国部长会议主席等。根据苏联部长会议主席的提名，部长会议也可以把苏联其他机关和组织的领导人列为其成员。苏联部长会议对苏联最高苏维埃负责并向其报告工作，在苏联最高苏维埃闭会期间，对苏联最高苏维埃主席团负责并向它报告工作。苏联部长会议有权解决宪法授权它解决的全联盟权限范围内的一切国家管理问题。苏联部长会议主席团是苏联部长会议的常设机关，它由苏联部长会议主席、第一副主席和副主席组成。苏联部长会议及其主席团的权限及其工作制度、部长会议同其他国家机关之间的关系，由宪法和专门法律规定。

苏联的各加盟共和国和自治共和国部长会议是各该共和国国家权力的最高执行机关和发布命令的机关。它们由共和国最高苏维埃组织建立，负责处理各该共和国权限范围内的管理问题，协调并指导各部和所属其他机关的工作。

在苏联，全联盟以及加盟共和国和自治共和国的各部、委员会和其他主管部又称中央国家管理机关。苏联的中央国家管理机关又分为全联盟机关和联盟—共和国机关。全联盟部和主管部按照全联盟管辖的部门和问题建立，而联盟—共和国的部和主管部则是按照全联盟和相关的加盟共和国的共同工作范围建立起来的。加盟共和国的部和主管部分为联盟—共和国部和共和国部。

地方国家管理机关是地方苏维埃的执行委员会，它由同级苏维埃从其代表中选举产生，负责各该地方的管理事务。除村、镇苏维埃外，地方苏维埃设有处、局等办事机构。

四　苏联司法检察机关

苏联司法检察机关的雏形是在列宁时期建立的。1917年11月，彼得格勒建立了第一个苏维埃人民法院。随后，在广泛民主基础上选举产生的人民法院在各地相继建立起来。1920年10月，《苏俄人民法院组织条例》颁布。经过1921—1922年的司法改革，苏维埃法院体系逐步完善起来。列宁指出，法制不能有卡卢加省的法制，喀山省的法制，而应该是全俄统一的法制，甚至是全苏维埃共和国联邦统一的法制。[①] 而为了维护法制的统一和法律的尊严，必须设立独立的检察系统。这个问题最初曾引起相当激烈的争议。当时不少人主张地方检察长受省执行委员会和中央机关的双重领导。列宁认为，"主张对检察机关实行'双重'领导，取消它对地方政权机关的任何决定提出异议的权利，这就不仅在原则上是错误的，不仅妨碍我们坚决实行法制这一基本任务，而且反映了横在劳动者同地方的和中央的苏维埃政权以及俄共中央权力机关之间的最有害的障碍——地方官僚和地方影响的利益和偏见。"[②] 经过长时间的反复讨论之后，"双重领导"原则被最终否定。[③] 1922年5月，《苏俄检察长监督条例》颁布。随后，苏维埃检察机关逐步建立起来。到斯大林时期，苏联的司法检察机关

---

① 《列宁全集》第43卷，人民出版社1987年版，第195页。
② 同上书，第197页。
③ 同上书，第527～528页注151。

在形式上得到了进一步的完善。

苏联的检察机关是由苏联总检察长领导的垂直系统。总检察长由苏联最高苏维埃任命,加盟共和国和自治共和国、边疆区、州和自治州检察长由苏联总检察长任命,自治专区检察长、区和市检察长由加盟共和国检察长任命,并由苏联总检察长批准。苏联总检察长和下属各级检察长任期5年。各检察机关不依赖任何地方机关,独立行使检察权,只服从苏联总检察长。苏联检察机关的职能是对各部、国家委员会和主管部、企业、机关和团体、地方苏维埃执行机关和指控机关、集体农庄、合作社和其他团体、公职人员以及公民是否遵守法律行使最高监督权。

苏联的各级苏维埃法院行使司法审判权。苏联的法院有苏联最高法院,加盟共和国和自治共和国法院,边疆区、州、市法院,自治州、自治专区、区(市辖区)人民法院以及军事法院。按照苏联法律规定,苏联基层法院由人民陪审员参加审理,其他各级法院各由3名审判员参加审理。苏联的一切审判员都由选举产生:区(市)人民法院人民审判员由区(市)公民根据普遍、平等、直接、秘密原则选举产生,任期5年;区(市)人民法院的人民陪审员由他们工作或居住地的公民大会选举产生,任期2年半。上级审判员由同级人民代表苏维埃选举产生。审判员和人民陪审员都必须向选举他们的选民或苏维埃负责并报告工作。

五 苏联国家安全机关

在斯大林时期,苏联国家安全机关是一个畸形发展的机构。苏联国家安全机关是在列宁时期建立起来的,最早称为"全俄肃清反革命和怠工非常委员会",简称"全俄肃反委员会"(即"契卡"),由捷尔任斯基任主席。在十月革命后的特定历史背景下,成立于1917年底的"契卡"被赋予了特殊的权力,它包揽了调查、侦查、审讯、判决直至执行判决的全部权力,有权对"所有敌方奸细、投机商人、暴徒、流氓、反革命煽动者、德国间谍,一律就地枪决"。[1] "契卡"拥有一个庞大的组织机构,还建立了一支由自己统一指挥和集中管理的武装力量。1921年12月,全俄苏维埃第九次代表大会通过了关于全俄肃反委员会的决议,要求对其组织

---

[1] 《列宁全集》第33卷,人民出版社1985年版,第369页。

机构进行适当调整并对其权力予以限制。1922年2月，全俄中央执行委员会通过决议，决定撤销全俄肃反委员会，在内务人民委员部下设国家政治保卫局。苏联成立后，苏联中共执行委员会于1923年11月做出决议，把国家政治保卫局改为国家政治保卫总局，并从内务人民委员部中独立出来。列宁去世后，苏联国家安全机关的权力又迅速膨胀起来，并成了斯大林进行大规模镇压的工具。1926年捷尔任斯基去世后，国家政治保卫局由明仁斯基领导，明仁斯基去世后，该机构改名为国家安全总局，直属内务人民委员部，先后由内务人民委员雅各达、叶若夫、贝利亚领导。此后，该机构虽又经多次改组，但其权力始终掌握在贝利亚手里，直到斯大林去世后贝利亚倒台为止。

苏联国家安全机关在斯大林时期极度膨胀，掌握着巨大的权力，包揽了从逮捕、侦查、审判、监禁直至处决的全过程。它不受党和国家机关的监督，可以逮捕任何党政领导干部，包括党中央委员和地方党委书记。它拥有从中央直到地方基层的一整套庞大的组织机构，拥有几十万装备精良的内务部队，是一个不折不扣的"独立王国"。

国家安全机关享有的特权包括：（1）苏联内务部通过"特别会议"有权"对被认为是危害社会的人"实施流放、驱逐出境、监禁等刑罚。[①]所谓"特别会议"，是苏联内务部设立的一个非诉讼的特权机构，它可以把公检法的职权集中行使。（2）对国事罪案件的侦查和审理使用"特别程序"。《1934年12月1日法令》[②]规定，对恐怖行为案件适用的程序是：①侦查应当在十日内终结；②起诉书在法院审理案件的前一日送达被告人；③审理时无须当事人到庭；④对判决不准上诉，也不准申请赦免；⑤判处最高刑罚的判决立即执行。[③] 1937年9月14日的苏联中央执行委员会决议又规定，对反革命暗害行为和反革命破坏行为案件适用如下程

---

① 参见《苏维埃检察制度（重要文件）》，法律出版社1957年版，第464~465页。

② 指苏联最高执行委员会1934年12月1日的《审理关于策划或实施恐怖行动的案件的程序》，该决定当时没有按苏联宪法的要求提请苏联最高执行委员会会议批准，而是根据斯大林的提议由苏联中央执行委员会主席叶努基泽签发的，斯大林的提议也未经政治局决定，两天之后才以分别征求意见的方式签署。

③ 参见《苏联和苏俄刑事立法史料汇编（1917~1952）》，法律出版社1956年版，第640~641页。

序：①起诉书在法院开庭审理前一昼夜送达被告人；②不准上诉；③被判枪决的人在他们的特赦请求被驳回后立即执行。①（3）国家安全机关有权对被告刑讯逼供和使用肉刑。斯大林在 1939 年 1 月 10 日的一封电报中说，内务人民委员部是从 1937 年起经过联共（布）中央委员会的批准才使用肉刑的，联共（布）中央认为，作为一种对付明目张胆和未解除武装的人民敌人的特殊措施，今后仍然有必要采取这种特殊的措施，它是完全正当的方法。（4）国家安全机关的工作人员享有高出其他机关的生活特权，如拥有最好的住宅、休养所和医院等。

凌驾于党和国家机关之上的国家安全机关的种种特权，是斯大林时期严重破坏社会主义法制的重要原因和表现。这种现象直到斯大林去世之后才有较大改变。

六 苏联党政合一的领导制度

在现代社会，政党的作用是不可替代的。政党不是国家机关，也不能取代国家机关，但政党制度却是现代绝大多数国家政治制度的重要组成部分，像苏联这样的国家更是如此。在苏联，"国家政权的一切政治经济工作都由工人阶级觉悟的先锋队共产党领导"，②共产党对整个政治制度以及对政治制度的各个方面都有着决定性的影响。

苏联是共产党一党执政、一党独存的国家。这种局面是历史发展的结果。列宁尝试过多党制，但没能成功。不过，列宁并未就此做出政治结论。把一党制上升到社会主义普遍规律的高度，这是斯大林的理论。斯大林认为，在苏联，剥削者"已经被剥夺了成立自己的政治组织的权利"，而工人和农民之间"不同意见的争论只能巩固共产党的垄断"，"不会在工人阶级和劳动农民内部造成其他政党形成的基础"。③由于政党自由只有在有利益敌对而不可调和的对抗阶级的社会里才会存在，而在苏联已经没有资本家、地主、富农等等的阶级了。在苏联只有两个阶级，即工人和农民，这两个阶级的利益不仅不彼此敌对，相反地，是互相友爱的。所

---

① 参见《苏联和苏俄刑事立法史料汇编（1917～1952）》，法律出版社 1956 年版，第 732 页。

② 《列宁全集》第 42 卷，人民出版社 1987 年版，第 370 页。

③ 《斯大林全集》第 10 卷，人民出版社 1954 年版，第 100、105 页。

以，在苏联也就没有几个政党存在的基础，也就是说没有这些政党自由的基础。在苏联，只有一个党可以存在，这就是勇敢和彻底保护工农利益的共产党。"无产阶级专政只有由一个党，由共产党来领导，才能成为完全的专政，共产党不和而且不应当和其他政党分掌领导"。① 苏联1926年宪法第126条规定，苏联共产党是"劳动群众所有一切社会团体及国家机关的领导核心"，从立法上规定了共产党的绝对领导地位。

在共产党一党执政的体制下，党政关系是一对突出的矛盾。这一矛盾在列宁时期就已经尖锐地出现了。列宁晚年曾试图解决这个问题，提出"必须十分明确地划分党（及其中央）和苏维埃机关的责任心和独立负责的精神，党的任务则是对所有国家机关的工作进行总的领导，不是像目前那样进行频繁的、不正常的、往往是琐碎的干预"。② 但列宁也只是在原则上提出了问题，到底如何在操作上解决党政关系，列宁没有回答。这需要探索，需要实践。实践表明，要在操作上解决这个问题，是极为复杂和困难的，但不解决这个问题，就无从把苏维埃民主付诸实施。斯大林不仅没有解决这个问题，反而使之在理论上更加混乱，在实践上离列宁更远了。斯大林无法解决这样一个矛盾：一方面，他"并不想把国家和党看成一个东西"，"一点也没有这个意思"，并认为"说政治局是国家的最高机关"是"愚蠢的"、"不正确的"，"是一种糊涂思想"。③ 另一方面，斯大林又认为，党是国家的领导力量，"国内政策和对外政策的一切基本问题上起作用的是党"。党是怎样起领导作用的呢？斯大林说，"苏维埃组织和其他群众组织，没有党的指示，就不会决定任何一个重要的政治问题和组织问题——这个事实应当认为是党的领导作用的最高表现。在这个意义上也可以说，无产阶级专政实质上是无产阶级先锋队的'专政'，是它的党即无产阶级的主要领导力量的'专政'"。④ 在斯大林那里，恰恰是用党代替了苏维埃，党置于苏维埃之上，成了国家的最高权力机关。党机关化了。党的领导不仅表现在党力求通过苏维埃和苏维埃代表大会向国家机关输送干部，表现在党检查各管理机关和政权机关的工作，纠正缺点和错

---

① 《斯大林全集》第10卷，人民出版社1954年版，第91页。
② 《列宁全集》第43卷，人民出版社1987年版，第63、64页。
③ 《斯大林全集》第7卷，人民出版社1954年版，第284、134页。
④ 同上书，第284页。

误，帮助这些机关执行政府的决议——没有党的有关指示它们便无法通过任何一项重要的决议，表现在任何政权机关在制定工作计划时党都要给以总的方针性的指示以确定它们在计划执行期间的工作性质和工作方向，而且，党的领导在事实上已变成事务性的、具体的领导。所以，斯大林说，"从前通常都讲一般的领导。现在，'一般的'领导就是句空话……现在需要的是具体的和实际的领导"。既然要进行实际的业务领导，于是在党的机关内出现了相应的行政的、经济的职能部门，这些部门是与政府的各职能部门相对应的，如联共（布）十七大通过的党章规定在联共（布）中央委员会下设有农业部、工业部、运输部、计划财政贸易部等，在党的省委员会、边区委员会和民族共和国中央委员会下也设有农业部、工业运输部、苏维埃贸易部等职能部门。既然党是领导机关，政府的相应部门便成了党的各职能部门的影子。宪法规定的全权机关最高苏维埃在事实上被架空而成了通过党的决议并把它变成法令的纯粹表决器，成了党机体上的一个器官，从而形成了典型的以党代政、党政合一的政治体制。

第三节　苏联政治体制的主要特征及其弊病

一　斯大林个人专权制的形成

按照列宁的设想，苏维埃民主制是官僚制的对立物。它通过自下而上的经常的监督权和随时拥有的罢免权、通过立法权与执行权的结合而堵塞了权力腐败和滥用的通道。但实践结果表明，为了防止政权官僚化和官僚主义而创设的苏维埃制度却正在失去对权力的控制。问题很快便暴露出来了，而且引起了广泛的关注。列宁也越来越表现出对现实体制的不满与忧心忡忡。首先，他注意到，苏维埃民主正在变成"地道的寡头政治"[①] 苏维埃的全权在逐步被侵蚀、被剥夺、被吞食，苏维埃正在变成一种无权的附属物，正在成为政治舞台上的末等角色；苏维埃的会议在减少，而且即便召集起代表会议，它也只是听取报告、表决决议等，它正在蜕化为一架鼓掌机器。其次，官僚主义现象泛滥。官僚主义表现为机构臃肿，人浮于事，脱离群众、脱离实际。列宁说，很清楚，"如果不进行有步骤的和顽

---

① 《列宁全集》第39卷，人民出版社1986年版，第27页。

强的斗争来改善'机构'，那我们一定会在社会主义的基础还没有建成以前灭亡"。① 这显然是与列宁的理想相背离的。晚年的列宁曾希望能对政治制度进行一系列的变动，并从制度设置方面对苏维埃制度重新进行了一系列的理论探索。可惜，这些探索由于他的过早去世而中断了，而这个未完的探索也没能由他的继任者按照他的思路继续下去。

斯大林对俄国革命进程有着一种独特的认知和体验。还在革命之前他就说过，"有些同志说，因为无产阶级占人口的少数，所以无产阶级专政是不可能的，这些同志机械地理解多数的力量。要知道，苏维埃所代表的也不过是他所代表的两千万人，但是它依靠自己的组织性领导全国人民。全国人民是会跟着那种能冲断经济破坏的锁链的有组织的力量走的"。② 革命胜利三年之后，斯大林是这样总结经验的："三年以前，即1917年10月25日，彼得格勒苏维埃的一小群布尔什维克活动家开会决定包围克伦斯基的宫殿，俘获他的已经瓦解的军队，把政权交给当时已经在召开的工农兵代表苏维埃第二次代表大会"。"当时，我们以列宁同志为首的一小群布尔什维克掌握着彼得格勒苏维埃（当时它是布尔什维克的）和一支不大的赤卫队，拥有一个总共不过20万到25万党员而且组织还不十分严密的很小的共产党，就是我们这一小群人打倒了资产阶级代表，把政权交给了工农兵代表苏维埃第二次代表大会"。③ 这便是斯大林的革命体验：革命是由组织得非常好的一小群人搞起来的，人民群众会跟着他们走。同时，俄国的历史是，在革命前管理国家的一切经验都集中在统治阶级手中，统治者是少数，甚至是少数中的极少数，绝大多数的人民群众不过是被动者、被统治者。历史的经验和革命的经验似乎是印证了同一个东西。列宁认为，文化水平低阻碍了苏维埃成为通过劳动群众来实现管理的机关，它不得不变成通过无产阶级先进阶层来为劳动群众实行管理的机关。斯大林固然也承认"工人和农民掌握政权，他们从来没有管理过国家，过去他们只知道为别人工作，因此，他们没有管理国家的基本经验"④ 这一事实，但他并没有得出全体居民可能管理国家的结论。相反，斯大林明

---

① 《列宁全集》第41卷，人民出版社1986年版，第376页。
② 《斯大林全集》第3卷，人民出版社1954年版，第117页。
③ 《斯大林全集》，第4卷，人民出版社1954年版，第337、343~344页。
④ 同上书，第322页。

确指出,"真正管理国家的并不是那些在资产阶级制度下把自己的代表选入国会或者在苏维埃制度下把自己的代表选入苏维埃代表大会的人。不是的。实际上管理国家的是那些真正通晓国家执行机关事务和领导这些机关的人。如果工人阶级真想掌握国家机关和管理国家,它就应当不仅在中央,不仅在讨论和决定问题的地方有自己的有经验的代理人,而且在贯彻决议的地方也有自己的有经验的代理人。只有这样才可以说工人阶级真正掌握了国家"。① 应该说"代理人治国"的认识是符合事实的,而且在相当长的时期内也是符合社会发展的现实的。但斯大林由"代理人治国"所进行的推衍却是发人深思的。"代理人治国"的预设前提是:人人参与管理国家事务是不可能的,因此,人民要选择代理人来管理国家。代理人应当是人民中的优秀分子,而在苏维埃国家,党是工人阶级的先锋队,是领导力量,这样,由无产阶级中的优秀分子组成的党来管理这个国家便是合乎逻辑的了。"无产阶级专政就是党的指示加上无产阶级群众组织对这些指示的执行,再加上居民对这些指示的执行";"党的干部是党的指挥员,而由于我们的党是执政党,所以他们也就是国家的领导机关的指挥员了"。② 党的机关化使党成了向全社会发号施令的最高行政长官。当斯大林称党的"最高机关是全会","全会决定一切"的时候,党的代表大会的权威首先被削弱了;他又提出"政治局是拥有全权的机关",是"党的最高机关"这样的论断,于是,全会的权威又被削弱了。③ 权力越来越集中于少数人的手里。20世纪20年代以后,权力从政治局向书记处转移,而书记处的权力实际上又掌握在有自己全套机构的斯大林办公室的手里,国家的领导权最终落到了站在权力的金字塔最高顶端的斯大林一人手中。从政治学的角度看,尽管寡头制下人民也并不掌握实际的权力——当然他们常常被要求参与政治事务或参加投票,但毕竟寡头政治还是一种极小范围内的集体决策和领导制度,在"寡头"圈子里,权力仍然存在着相互制约的可能性。而一旦权力过分集中于一个人的手里,最终的结果必然是个人专断和个人独裁。斯大林便走上了这条不归路。与中央权力的个人集

---

① 《斯大林全集》第4卷,人民出版社1954年版,第324页。
② 《斯大林全集》,第8卷,人民出版社1954年版,第38页。
③ 《斯大林全集》,第7卷,人民出版社1954年版,第284、328页。

权相对应，在地方上是权力集中于各级党的机关并通过党的各级机关集中到了党委书记，党委书记有权决定一切，形成了从加盟共和国、自治共和国、州、县直到基层的层层个人集权制。由于权力掌握在各级个人的手中并最终集中在斯大林一人之手，任何制约的可能性都被排除了。

二 苏联政治体制的主要特征

政治体制属于政治制度的范畴，是政治制度在各个不同时期的具体化状态，是权力机关、行政机关、司法机关和各种政治组织、政治力量发挥作用及彼此互动的机制。与政治制度相比，政治体制更多涉及具体制度、机构及其具体运行规则，因而也具有更大的灵活性、适应性和可塑性。[①]斯大林建立起来的是一个过度集权的体制。这是一个以党代政、执行机关代替权力机关、委派制代替选举制及执行机关的自我监督为特征的过度集权的行政化的权力结构模式。这一体制的主要特征是：（1）权力过度集中于党，党政不分、以党代政，国家机关和政府部门的一切重大问题都由党的领导机关决定。在这种体制下，作为最高国家权力机关的人民代表机关苏维埃形同虚设，无法在国家政治生活中发挥其应有的作用。原则上苏维埃是行使立法权的唯一机关，但实际上，法律通常是由党中央制定的，苏维埃成了通过党的决议并把党的决议变成法令的表决器。一个突出的例子就是苏联1936年宪法的制定，从修改条文到讨论草案，都是按先党中央后苏维埃的顺序进行的。作宪法修改草案报告的本该是苏维埃中央执委会主席加里宁，而实际上却是身为党的总书记的斯大林。在这种体制下，党取代了政府机关的职能部门，使得政府部门变成了党的领导机关的附属物。在这种体制下，司法机关无法独立行使审判权。在这种体制下，甚至各种社会组织如工会、妇联等也变成了党的机关的直接延伸，无法发挥应有的独立作用。（2）过度的中央集权。在这种体制下，在权力高度集中于党的基础上，党的权力又集中于中央，最后集中于少数或者个别党的领导人。在地方上，它表现为党的各级权力集中于党委书记手里，党委书记有权决定一切，形成从中央直到基层的层层个人集权制。在中央，权力首

[①] 参见李景治等著《邓小平政治体制理论研究》，中国人民大学出版社1999年版，第8页。

先集中于中央委员会，随后又被集中到了政治局或书记处，最后集中到总书记一人手里。斯大林实际上掌握着无限的权力。在全盘农业集体化运动中，斯大林越过政治局、中央委员会和党代表大会，做出了从限制富农向消灭富农阶级过渡这一具有历史转折意义的决策。在全国范围内发动大清洗的决策也是斯大林个人做出的。斯大林甚至以个人的名义发出了召开联共（布）十八大的通知。（3）干部委任制和职务终身制。自上而下的干部委任制在列宁时期就实行过。但列宁并没有把它视为社会主义的一种固定制度。而且，1921年俄共（布）十大还通过了逐步废除委任制、实行选举制的决议。但后来这一做法不仅没有被限制，反而越来越严重，直到最后被作为一项重要的制度固定下来。干部委任制的固定化又导致了事实上的干部任期终身制以及与此紧密相联系的等级制、特权制等，甚至实行公开或变相的指定接班人制度。（4）权力的自我约束与不定期组织清洗。在这种体制下，立法机关名义上对行政机关具有监督权，但在实际生活中，这种监督的力度相当薄弱，因为权力机关形同虚设。而常设性的行政监察机关不过是各级政府的一个部门，这等于是让行政执行机关进行自我监督。同样的，列宁所设想的党的各级监察委员会在斯大林时期也变成了各级党委领导下的一个部门。当着权力的自我约束失效，权力的滥用超过一定限度的时候，剩下的唯一手段便是组织清洗了。于是，经常性的自我教育与不定期的组织清洗便成了这种政治体制下权力得以维持其正常运转的一种常态。

三　苏联政治体制的弊端

一是权力过度集中于党，党政不分、以党代政。这造成了三个方面的后果，其一是宪法赋予国家权力机关与行政机关、司法机关的合法权力式微，而党的权力，尤其是党内一小部分人甚至某个人的权力极度膨胀。其二是党行使了本来不属于自己的管理权力，使得党日益机关化和行政化，而党的机关化和行政化本身则又造成了党官僚和行政官僚的双重发展。其三是党管了许多不该管、管不好也管不了的事情，无暇进行自身建设。

二是在权力过度集中的体制下，由于国家（党）统管着一切，社会自治力量衰微或被纳入国家管理系统，从而形成了庞大的从中央到基层的行政管理网络，造成整个社会的行政化和机关化。其结果，首先是管理机构不断膨胀，管理人员成倍增长，而管理效率却不断下降。其次是官僚化的特权阶层逐渐生成并日益壮大。最后是社会的生机与活力逐渐枯萎，创新精神锐减。

三是权力过度集中于少数人，必然造成个人迷信现象的盛行，最终导致个人独裁、家长制、一言堂等专制主义的东西在社会主义条件下死灰复燃。当权力集中于一个人手里的时候，他的神化便是不可避免的。斯大林一度被称为"天才的导师"、"一切进步的和先进事物的象征"、"一切时代最伟大的人物"、"我们星球上最伟大的人物"、"一切时代科学的泰斗"、"永不犯错误的理论家"等等。

四是个人集权、个人专断和个人独裁的结果是严重破坏党内民主，践踏社会主义民主和法制。不受监督和制约的权力必然会走向腐败和专横。在过度集权的政治体制下，当少数人或某一个人拥有超乎党、国家和人民之上，超乎任何法律之上的权力的时候，权力便失去了任何的限制。他们利用手中不受任何约束的权力，粗暴地干预国家社会生活的一切领域，用残酷的手段对付党内的反对派，用权力裁判学术论争，用凌驾于国家机关之上、不受任何法律约束的国家安全机关一类的庞大的机构对整个社会、包括党和国家的高层领导人进行严密的控制和无法无天的镇压。党内民主受到亵渎，社会主义民主和法制被公然践踏。

五是在过度的集权体制下，人民的积极性和创造性受到抑制；官僚特权化现象的泛滥、社会主义民主和法制的严重破坏等都损害了社会主义的声誉，败坏了社会主义民主的形象，挫伤了广大人民群众建设社会主义的积极性。

随着时间的推移，过度集权的政治体制的弊端日益暴露出来，严重阻碍着苏维埃社会主义民主政治的建设。斯大林的去世，为苏联改革传统政治体制提供了契机。

第十四章　苏联社会主义文化制度

任何社会的文化制度都是该社会总的制度体系中的基本组成部分。它与政治制度共同构成该社会的上层建筑，同时又相对独立地以制度形态综合地反映该社会的经济、政治制度及其运行状况。唯物史观关于社会结构的重要原理在苏联社会主义制度建设中得到充分的体现。

第一节　苏联社会主义文化制度建设的初期探索

一　摧毁旧的文化制度

随着十月社会主义革命胜利，资产阶级临时政府被推翻，与政治、经济、外交等管理机构一样，旧政府的文化管理机构也被新政权所接管。但是，十月革命的胜利以及新政权对旧政权管理机构的接管，只是意味着苏维埃政权在社会经济和政治关系领域的最初胜利。要保持住胜利的成果，它还必须在文化、科学、艺术等领域取得胜利。

旧政权被推翻后，一大批旧政权的追随者或者旧的意识形态的拥护者流亡到柏林、巴黎、伦敦、布拉格、贝尔格莱德、索菲亚等地，积极从事颠覆或者诋毁苏维埃政权的活动。"他们把阶级组织保存在国外，流亡的人数大约有150万—200万，拥有分属于资产阶级政党和'社会主义'（即小资产阶级）政党的日报达50种以上，残留了一点军队，同国际资产阶级有着千丝万缕的联系"。[①] 除了公开的武装暴乱与秘密的恐怖活动之外，通过报刊、书籍等手段与新政权进行意识形态领域的激烈争夺，是十月革命后旧势力进行反苏维埃政权斗争的一大特色。据统计，当时流亡

[①] 《列宁全集》第42卷，人民出版社1987年版，第3页。

在国外的俄国资产阶级在国外建立的各种组织在1920年出版了138种报刊,其中影响较大者有《巴黎新闻》、《共同的事业》、《方向盘》等。俄国白侨掌握着研究院、语言、奥里昂、俄罗斯报刊、北方火光以及俄罗斯综合出版社等40多家出版社。在国外出版的反政府报刊通过各种渠道流入莫斯科、列宁格勒等地。同时,国内的一些私人出版社也经常印刷他们的作品。国内的一些杂志如《逻各斯》、《俄罗斯思想》、《联合》、《未来的日子》、《南方事业》等也经常刊登一些反政府的文章。在1917年10月以后几年中,由沙皇制度和克伦斯基临时政府遗留下来的学校始终与新政权保持着距离,甚至拒绝"承认"苏维埃政权。几乎所有的俄国高等院校都仍然是资产阶级意识形态的坚定的捍卫者,相当一批知识分子对革命怀有敌对情绪,他们很容易与国外的反政府势力形成有意识或无意识的共鸣。

列宁指出,"我们的任务是要战胜资本家的一切反抗,不仅是军事上和政治上的反抗,而且是最深刻、最激烈的思想上的反抗"。[①] 为了维护革命的成果,在思想文化领域彻底战胜旧势力及其意识形态,苏维埃政府成立后,迅速采取措施,通过取缔反动的文化机构,改革旧的教育制度,限制教会的权力,废除旧的等级称号等等,建立了对出版、剧院、科研机构和高等院校等的监督机制,从而为彻底摧毁旧的文化制度,建立新的社会主义文化制度奠定了基础。

旧政府被推翻后,除了战场上的较量之外,报刊是新政权与反对派势力之间争夺的一个重要领域。反对派势力利用报刊大肆攻击布尔什维克政权。1917年10月28日,人民委员会公布了关于报刊和出版问题的法令,宣布封闭所有一切煽动反抗或不服从新政府、鼓动犯罪行为或故意歪曲事实真相的报纸,取缔反革命出版物。此前,彼得格勒苏维埃革命军事委员会已封闭了孟什维克控制的《日报》和立宪民主党的中央机关报《言论报》等报刊。法令颁布后,又有许多反动报刊被查封。资产阶级和孟什维克等社会主义派别通过鼓动印刷工人罢工等形式进行反抗。为了有效对付这种反抗,苏维埃政府在教育人民委员部之下设立了国有印刷企业技术管理委员会,对印刷工业实行集中管理。关于报刊问题的法令明确指出,

---

① 《列宁全集》第39卷,人民出版社1986年版,第406页。

新政权之所以采取如此严厉的手段来对付各种反抗行为，是因为"当此工农新政权刚刚确立的紧要关头"，报纸是"有时比炸弹和机关枪更具有危险性的武器"。不过，法令同时指出，采取"取缔各色各样的反革命刊物，是一些临时性的紧急措施"，是为了"制止洪水般的谰言和诽谤"，避免使人民新近获得的胜利为这类谰言和诽谤所"淹没"。"只要新社会秩序一经巩固，便将撤销对出版物的一切行政管制；并将按照最宽容和最进步的规章，在担负法律责任的范围内予以出版物的充分自由……"① 随着旧的报刊被相继取缔，旧制度的意识形态便失去了一块重要的舆论阵地。喧嚣一时的反苏维埃政府的宣传攻势也逐渐受到遏制。

对文化教育领导权的争夺也非常激烈。1918年1月23日，人民委员会颁布"关于教会同国家和学校同教会分离的法令"，取消了东正教教会在国家的特权地位，如取消由教会办理户籍登记（出生、死亡、结婚、离婚登记）的权利，并明确指出，讲授宗教教义在任何学校都是不允许的。10月16日，全俄中央执行委员会公布了《关于统一的劳动学校条例》，废除了有产阶级在教育上的特权，要求学校向工农大众开放，废除男女分校制，要求教育完全世俗化、脱离反动宗教的影响。最初，新政权对学校的接管像在其他领域一样，曾经遇到旧势力的激烈反抗与抵制。例如，"1917年11月22日成立的以卢那察尔斯基为首的教育人民委员部没有接收到一份档案、一份统计表；旧学校的官僚……用搞光一切的办法进行破坏；至于大部分小学教师，他们对布尔什维克党人的号召也是充耳不闻；他们消极怠工，在好几年中，拒绝执行党的指示"。② 当时，小学教育由孟什维克和社会革命党人所领导的教员工会所控制，而中学教育则是由同立宪民主党有密切联系的中学教师协会所控制，大学教育也基本上掌握在孟什维克和社会革命党的手里。全俄教师协会曾经是临时政府时代教育领域最大的教师群众组织。苏维埃政权曾试图利用该协会并通过前国家国民教育委员会改造旧的教育机构，争取广大教师群众，但是，由于该协会的领导权掌握在孟什维克和社会革命党的手里，他们公开采取不合作的

---

① （美）约翰·里德：《震撼世界的十天》，人民出版社1980年版，第362页。
② （法）夏尔·贝特兰：《苏联国内阶级斗争：第一时期（1917～1923）》，上海人民出版社1975年版，第228页。

态度，号召全体教师抵制新政权的改革措施。1918年12月23日，全俄中央执行委员会通过决议，宣布解散教师协会。这一举措，曾在当时的教育界引起巨大的震动。经过不懈的、艰苦的努力，新生的苏维埃政权最终掌握了文化教育领域的领导权。

此外，新政权还通过各种途径把各种文化设施转变为国家财产，即由广大工农群众享用的财富，解散了文学家协会、自由哲学协会等一些社会团体，并采取种种措施在各个领域打击和排挤旧的意识形态。通过上述种种措施，新政权建立初期便基本上摧毁了旧的文化制度。

二　建设社会主义新文化的尝试

列宁指出，"过去，人类的全部智慧、人类的全部天才所进行的创造，只是为了让一部分人独享技术和文化的一切成果，而使另一部分人连最必要的东西——教育和发展也被剥夺了。然而现在一切技术奇迹、一切文化成果都将成为全民的财产，从今以后，人类的智慧和天才永远不会变成暴力手段，变成剥削手段。"① 苏维埃政权摧毁旧的文化制度，占领文化教育阵地，为推进社会主义文化建设、提高群众的文化水平，创造了基本的条件。以此为基础，开始了社会主义的新文化建设，社会主义文化制度的雏形也逐渐显露出来。

建立新的文化领导机构。为了实现苏维埃国家对文化教育事业的领导，依照1917年10月26日第二届全俄苏维埃代表大会的法令以及1918年6月18日人民委员会《关于俄罗斯联邦国家教育事业组织条例》，1918年7月正式成立了俄罗斯联邦共和国教育人民委员部，由布尔什维克党和苏维埃国家的杰出活动家安·瓦·卢那察尔斯基任教育人民委员。建立教育人民委员部的目的是要把整个思想文化事业的领导权集中到一个能够确保在全国贯彻统一的文化教育方针的意识形态中心的手里，以便保证思想文化教育为新政权服务。为此，教育人民委员部成立后，逐渐把文化建设各部门集中起来，实行统一管理。它先后把新闻出版、科学研究、文学艺术、学校教育等机构的领导权集中到自己手里，职能范围极其广泛。据统计，教育人民委员部下属各司、处级单位

---

① 《列宁全集》第33卷，人民出版社1985年版，第288~289页。

一度达到近200个。①

用马克思主义占领思想文化阵地。列宁在俄国共产主义青年团第三次全国代表大会（1920年10月）上曾经明确指出，必须用共产主义道德教育年轻一代，指导他们树立唯物主义世界观、共产主义观点和信念，因为"只有把青年的训练、组织和培养这一事业加以根本改造，我们才能做到：青年一代努力的结果将建立一个与旧社会完全不同的社会，即共产主义社会"。② 为了用共产主义意识形态占领思想文化领域这个阵地，新政权采取了一系列重要措施。其中主要包括：第一，把政治教育工作提到宣传鼓动工作的首要地位，运用各种可能的方法和手段加强对全民的政治教育。为了统一协调政治教育工作，1920年11月，苏维埃政府在教育人民委员部原政治教育司的基础上专门组建了国家政治教育总委员会，由克鲁普斯卡娅任委员会主席。该委员会行政上隶属于教育人民委员部，但它同时又是党中央的一个机构。第二，俄共（布）八大通过的党纲规定了党和苏维埃政权在国民教育领域中的政策原则，提出了具有重大社会意义的任务——建立新的、社会主义的国民教育制度，提出要把学校由资产阶级的阶级统治工具变为对社会进行共产主义改造的工具。20世纪20年代初，马克思主义尚未在高等学校占据优势地位。以马克思主义为指导，改革高等学校的教育制度，是培养社会主义建设人才的根本保证。1921年3月，人民委员会发布了"关于在俄罗斯苏维埃联邦社会主义共和国所有高等学校讲授必修的公共科学基本知识的规定"、"关于俄国大学社会科学各系组织纲要的法令"，把历史唯物主义、无产阶级革命史、苏维埃国家与法权史、无产阶级专政的经济政策等列为所有高等学校的必修课。1921年，根据列宁的倡议，在莫斯科成立了红色教授学院。该学院是培养马克思主义的社会科学教师的重要基地。第三，人民委员会于1918年6月批准建立了苏俄第一个马克思主义科学中心——社会主义社会科学院，旨在对社会主义和共产主义问题进行深入的科学研究，对社会科学、哲学以及同社会科学有关的自然科学进行科学研究，培养社会知识各领域的专家，向群众介绍科学社会主义

---

① 参见马龙闪《苏联文化体制沿革史》，中国社会科学出版社1996年版，第23页。
② 《列宁选集》第4卷，人民出版社1995年版，第282页。

和共产主义学说。① 1920年底，社会主义社会科学院之下又专门设立了马克思恩格斯研究所，从事对马克思主义的专门研究。第四，为了加强对宣传鼓动工作的统一管理，1920年8月，俄共（布）中央专门设立了宣传鼓动部，负责对精神文化各领域实行总的集中领导，其主要职责是："始终不渝地努力把各种宣传鼓动和文化教育工作（教育人民委员部、国家出版局、中央出版物供应社、工农红军总政治部的工作）全部抓起来和统一起来，并直接领导农村工作部、妇女部和少数民族局的工作"。② 第五，在取缔反动报刊的同时，大力加强党和苏维埃报刊的建设，并加强对新闻报刊和出版事业的集中领导和管理。俄共（布）八大《关于党和苏维埃报刊》的专门决议对报刊实行集中领导的办法规定：党任命党和苏维埃报刊的编辑；党委给编辑部下达一般的政策上的指示，并监督执行；实行"战时书报检查"，但"应当严格限制在作战和军事组织性质的问题范围内"；由党中央机关报领导地方报刊。③ 八大《关于组织问题》的决议也规定："在目前阶段党必须直接实行军事纪律。党的一切事业，可以集中的（出版工作、宣传等）就应当为了事业的利益而加以集中。"④

积极开展扫盲运动，加大文化教育建设的力度。"文盲是处在政治之外的，必须先教他们识字。不识字就不能有政治，不识字就只能有流言蜚语、谎话偏见、而没有政治"。⑤ 革命前的俄国文化教育相当落后，据1897年人口调查的材料，在9岁至49岁的居民中，识字者仅占28.4%，而非俄罗斯民族中这一比例更小。⑥ 1913年，列宁在分析俄国教育状况时认为，"人民群众这样被剥夺了接受教育、获得光明、求取知识的权利的野蛮的国家，在欧洲除了俄国以外，再没有第二个"。⑦ 由于大多数居民

---

① 《列宁全集》第34卷，人民出版社1985年版，第572页。
② 《苏联共产党代表大会、代表会议和中央全会决议汇编》第2分册，人民出版社1964年版，第45页。
③ 《苏联共产党代表大会、代表会议和中央全会决议汇编》，第1分册，人民出版社1964年版，第580~581页。
④ 同上书，第567~568页。
⑤ 《列宁全集》第42卷，人民出版社1986年版，第200页。
⑥ （苏）A. M. 普罗霍罗夫主编：《苏联百科手册》，山东人民出版社1988年版，第548页。
⑦ 《列宁全集》第23卷，人民出版社1990年版，第110页。

处于文盲状态，扫盲便成了苏维埃国家文化建设的基础。1919年12月26日，列宁签署了"关于扫除俄罗斯联邦居民中的文盲的法令"。该法令规定，"为了使共和国的全体居民能够自觉地参加国家政治生活，人民委员会决定：共和国内凡年龄在8岁至50岁之间而无阅读能力者，都必须根据自己的选择学习本民族语文或俄文"。根据这个法令，1920年7月，成立了全俄扫盲非常委员会，领导扫盲工作。与之相应，各地也都成立了省、县、乡一级的扫盲非常委员会。扫盲工作全面展开。苏俄/苏联的扫盲工作成效显著。1920年，全国41个省中有扫盲识字班12000个，3年内学会看书写字者达700万人。[①] 在1920—1939年间，约在6000万成年居民中扫除了文盲。1939年，在9岁至49岁的居民中，识字居民已达87.4%。到1959年，人口调查材料显示，苏联的文盲已经全部扫除。[②] 在全社会开展扫盲运动的同时，为了有计划地培养各种初中级专业人才，1920—1921年出现了培养熟练工人的技术学校，主要吸收文化程度较低的青年入学，一方面讲授专业知识，另一方面也进行文化知识的普及。1921年以后，各类工厂技工学校和中等职业技术学校相继建立起来。苏俄的高等教育发展也非常迅速。1918年8月2日，人民委员会批准的《关于高等学校入学章程》废除了进入高等学校的限制，规定每一个年满16岁而愿意学习的人，不论出身、性别，都可以进入高等学校学习。1919年1月，人民委员会通过了关于建立6所高等学校的决定。到1922年，国内已有248所高等院校，学生达11.7万人，这是革命前高等院校的两倍。

大力加强各种文化设施建设。文化设施建设是文化建设的重要一环。苏维埃政府成立后，也非常重视文化设施的建设。为了满足劳动人民的文化需要，苏维埃国家对博物馆、剧院实行免费参观，同时建立了一批便于劳动人民参加的新的文化机构，如工人俱乐部、阅览室、红角、扫盲识字班、流动图书馆、宣传火车、宣传轮船等。1917年底，中央执行委员会通过的国家出版法奠定了苏维埃图书出版事业的基础，并组成了全俄中央执行委员会、彼得格勒和莫斯科苏维埃图书出版部。俄共（布）第八次

[①] 孙成木：《俄罗斯文化1000年》，东方出版社1995年版，第215页。
[②] （苏）A. M. 普罗霍罗夫主编：《苏联百科手册》，山东人民出版社1988年版，第548页。

(1919年)、第十一次（1922年）和第十二次（1923年）代表大会都通过了关于出版工作的决议。1919年全俄中央执行委员会拟定了国家出版章程。共产党人、世界文学等大型出版社相继建立起来。十月革命后，在巩固中央报刊《真理报》和《消息报》的出版和发行的同时，开始建立布尔什维克党和苏维埃政权机关的中央和地方报纸。据统计，到1918年时已有884种报纸出版发行。此外，国家还加强了对各种科学研究机构建设的支持。

批判文化建设问题上"左"的倾向。十月革命胜利后，苏维埃政权一方面面临着迫切的建设任务，另一方面又不得不面对大批职员和知识分子的怠工这一严酷事实。同时，十月革命的主要领导者虽然是一批出身于知识分子的革命家，但革命的主力军却是文化水平不高的工农大众，初掌政权之际，他们对于为前朝服务的知识分子群体的性质，对于与旧制度相伴而来的文化遗产，一时之间尚难把握住分寸。正是在这一背景下，否认知识分子在社会主义建设中的作用，反对使用专家，甚至排斥、打击他们，或者不给予他们以实际权力等等现象曾风靡一时，以歧视和否定知识分子为主要特征的马哈伊斯基主义①甚嚣尘上。对于革命运动中这股来势汹汹的浊流，列宁、布哈林、托洛茨基等党的主要领导人进行了坚决的抵制与反对。对于启用旧专家，列宁曾经非常坦率地说："资本主义给我们留下了一大笔遗产，给我们留下了一大批专家，我们一定要利用他们，广泛地大量地利用他们，把他们都动用起来"。②"我们有浸透资产阶级世界观的科学技术专家，有在资产阶级条件下培养出来的军事专家——如果是在资产阶级条件下培养出来那倒不错，他们有的还是在地主、棍棒、农奴制的条件下培养出来的。至于在国民经济方面，所有的农艺师、工程师和教师，所有这些人都出身于有产阶级，他们不是从天上掉下来的……资本主义把文化只给予少数人。而我们必须用这个文化来建设社会主义。我们没有别的材料"。③ 1921年3月，列宁还曾明确提出要同马哈伊斯基主义

---

① 伊·万·马哈伊斯基（1867—1926），原波兰社会主义者，长期参加波兰和俄国工人运动。曾出版《脑力劳动》丛刊三册，完全否定知识分子在革命运动中的作用，是当时在知识分子问题上极"左"思潮的典型代表。

② 《列宁全集》第35卷，人民出版社1985年版，第395页。

③ 《列宁全集》，第36卷，人民出版社1985年版，第47~48页。

进行最坚决的斗争。列宁的这一主张曾经在苏维埃政权初期得到贯彻，并取得了相当的成效。例如，在国内战争时期，大批资产阶级军事专家被委以重任。1918年他们在红军指挥员中的军事专家中所占比例一度高达75%。[①] 列宁承认，"我们的一切胜利，无产阶级——这个阶级把半劳动者半私有者的农民争取到了自己一边——所领导的红军的一切胜利，部分也是由于我们善于利用资产阶级专家而取得的。我们在军事方面的这一政策，应当成为我们在国内建设方面的政策"。[②] 对于党内一些主张创造纯而又纯的"无产阶级文化"的主张，列宁明确指出，"应当明确地认识到，只有确切地了解人类全部发展过程所创造的文化，只有对这种文化加以改造，才能建设无产阶级的文化，没有这样的认识，我们就不能完成这项任务。无产阶级文化并不是从天上掉下来的，也不是那些自命为无产阶级文化专家的人杜撰出来的。如果硬说是这样，那完全是一派胡言。无产阶级文化应当是人类在资本主义社会、地主社会和官僚社会压迫下创造出来的全部知识合乎规律的发展。条条大道小路一向通往，而且还会通往无产阶级文化……"[③] 正是基于这样一种指导思想，苏维埃政府采取了许多保护文化遗产的措施。

三 新经济政策时期的文化政策与文化建设

新经济政策的实施，标志着苏维埃俄国在如何建设社会主义这一根本性问题上发生了战略性的转变。随着经济体制由军事共产主义时期单一的、过度集权的模式向多元化的、开放的体制的转变，必然要求政治体制与文化体制作出相应的变革。在这一背景下，党和国家的文化政策与方针较之军事共产主义时期有了较大变化，从而促进了苏维埃俄国文化事业的繁荣与发展。这样，苏联文化史上便在20世纪20年代出现了一个相当罕见的文化繁荣期。

放弃国家对文化事业的垄断，鼓励私人资本进入文化建设领域。新经济建设初期，财政困难，百废待举。为了渡过难关，国家不得不把集中力

---

① 参见刘克明《苏联共产党与苏联知识分子》，载《东欧中亚研究》，2002年第5期。
② 《列宁全集》第37卷，人民出版社1986年版，第345~346页。
③ 《列宁选集》第4卷，人民出版社1984年版，第285页。

量解决民生问题放在首位。文化建设的开支被大幅度压缩和裁减,文化教育事业的发展受到巨大制约。十月革命后被收归国有的影剧院等各种文化场所一时面临倒闭或半倒闭状态;图书奇缺,甚至连学生用的课本都出现了严重短缺的现象。为了摆脱困境,党和政府采取了比较灵活的政策,打破国家对文化事业的垄断,鼓励私人资本进入文化领域。1921年12月,人民委员会做出了《关于私人出版社》的决议,允许私人开办出版社。决议还规定,经国家最高经济委员会主席、国家出版社和有关工会机关同意,私人出版社可以拥有自己的印刷厂、仓库、书店,也可以从国家手里租赁这些设施;在遵守政府法令并取得国家出版社同意的情况下,它们还可以从国外进口出版物。不过,私人出版社不允许出版发行报纸。在这一政策的鼓励下,到1922年6月,在莫斯科登记注册的私人出版社已达220家,在彼得格勒达99家,其中实际开展业务活动的有40—50家,主要从事教科书、科技、经济著作和外国文学作品译著的出版。[①] 1922年,在莫斯科和彼得格勒,私人经营的杂志分别达到了337种和83种。由于图书出版发行渠道的多元化,出现了私人出版社同党的出版社和国家出版社并存竞争的局面。在开放出版市场的同时,国家也开始允许各种团体、集体和个人经营影剧院等文化娱乐设施以及艺术企业、艺术学校等等。到1923年,在俄罗斯联邦共和国,除莫斯科和彼得格勒外的32个省登记注册的各类艺术企业和学校共675个,其中近1/3属于私营性质。[②]

鼓励各种学术流派和团体平等竞争、自由发展、共同繁荣。随着新经济政策的实施,思想文化领域也呈现出百花齐放的繁荣局面。当时,十月革命的风暴刚刚过去不久,人们的思想纷然杂陈,远不像后来那么单一和僵化,对各种社会现象都存在着不同的看法与理解,而新经济政策所带来的宽松气氛与社会多元化的发展,更进一步激励了思想界的活跃。于是,20世纪20年代成了苏联历史上哲学、政治经济学、历史学、法学、文学、美学和教育学等社会科学领域激烈争论的年代,也是苏联自然科学发

[①] 参见姚海《试论新经济政策初期俄共(布)的文化政策》,载《苏州铁道师范学院学报》,1984年第1期。

[②] 同上;马龙闪:《苏联文化体制沿革史》,中国社会科学出版社1996年版,第43页。

展的黄金时代。例如,在哲学方面,有德波林学派与机械论学派之间的大论战;在政治经济学方面,出现了布哈林与普列奥布拉任斯基之间关于社会主义原始积累规律的争论;在历史学方面,有波克罗夫斯基等与新康德主义派历史学的争论。文艺界更是派别林立,风格各异,如"无产阶级文化派"、"岗位派"、"列夫派"、"谢拉皮翁兄弟"、"构成派"等等。据1924年4月俄共(布)中央出版局所提供的一个材料显示:当时,全苏共有小说家、诗人、戏剧家、评论家1878人,这些人分属于以下派别:(一)无产阶级作家("岗位派"、"煅冶场"等)分布在29个省的37个团体中,共499人;(二)农民作家,包括乌克兰的,共2个团体,250人;(三)"同路人"作家("谢拉皮翁兄弟"、"构成派"、"阿克梅派"等等),分布在9个团体中,共1100多人。对于思想界学派林立的现象,联共(布)中央政治局在1925年6月18日通过的《关于党在文学方面的政策》的决议中表明了自己的态度。决议指出,"在正确地认清各种文学派别的社会阶级内容的同时,党决不能偏袒文学形式方面的某一派别而使自己受到束缚。既然领导着整个文学,党就不可能支持某一文学派别"。"党应当主张这方面的各种集团和流派自由竞赛。用其他任何方法来解决这个问题,都不免是衙门官僚式的虚假的解决"。"党应当用一切办法根除对文学事业的专横的和外行的行政干涉的企图"。[①] 这一政策虽然是针对文学制订,但从当时的实践来看,它在一定程度上也适用于其他领域。

党对文化工作的领导。鼓励文化事业的繁荣与发展,倡导各种学术派别与团体的自由竞争,并不是放弃党对文化事业的领导和监督。事实上,在整个过程中,党始终积极引导着文化事业的发展方向。1921年11月,中央政治局明确指示,不允许带有明显反动倾向和宗教、神秘主义、反科学内容的书籍出版。1922年7月,人民委员部下成立图书出版管理局,专门负责全国的书刊检查工作。1922年4月,俄共(布)第十次代表大会通过决议,明确指出,文化事业执行经济核算制是正确的,文化事业单位作为经营单位,其商业性与经济上的独立性也是不能被破坏的,但是,

---

[①] 张秋华等编:《"拉普"资料汇编》上册,中国社会科学出版社1981年版,第320~321页。

文化事业单位也要尽力为劳动群众服务，这两个方面是不能偏废的。1923年4月，俄共（布）第十二次代表大会在《关于宣传、出版、鼓动问题》的决议要求把领导思想文化的一切部门联合成统一而协调的系统，以便强化党对思想文化工作的领导。1923年5月，中央政治局指示图书出版管理局：在禁止反苏维埃出版物的同时，也要同低级趣味进行斗争。1925年6月，联共（布）中央政治局通过《关于党在文学方面的政策》的决议，以防文艺论争政治化，引导文艺争论朝着正确的方向发展。上述事实表明，党在积极利用资本主义因素，在实行宽松、自由的政策时，并没有放弃自己的领导职能。问题的关键不在于要不要党的领导，而是党用什么方式实施对文化工作的领导。列宁、托洛茨基、布哈林、卢那察尔斯基等都曾对党的领导方式进行了可贵的探索。列宁始终主张用民主的自由的争论解决文化问题，反对使用机械的暴力手段。布哈林也特别强调自由竞赛的重要性，坚决反对解决文化问题时使用"骑兵突袭"[1]的办法。在1925年2月召开的联共（布）中央文学会议上，布哈林明确表示，无产阶级在夺取政权之后，并不能自动地使自己的权力扩展到文化领域。无产阶级只有通过在党的总的领导范围内的最大限度的自由竞赛，才能取得文化的领导权。党对文学的领导应当只限于一般意识形态方面，至于形式、风格等等一系列问题，应当使各个集团和流派有竞赛的可能。只有"为竞赛开辟最广阔的天地，组织成百上千个团体，实行文学团体、流派的自由竞赛，才能在竞赛中发展无产阶级文化事业"[2]。托洛茨基也认为，党在各个领域的领导原则和方法是不同的："有些领域，党在其中直接地命令地领导。有些领域，党在其中仅只合作。最后有些领域，党在其中仅规定自己的方向就是了。艺术领域不是要党去命令的领域。党能够而且必须去保护并帮助艺术，但是党仅只是间接地领导它"。至于对文化领域的专门性问题，比如对一时不能确切评价其地位的文学流派，党应"照党的样子，要忍耐而且从容地等待"。对待科学领域问题也应如此。[3]

---

[1] 转引自郑异凡《布哈林论稿》，中央编译出版社1997年版，第203页。
[2] 《布哈林文选》上册，人民出版社1981年版，第351页。
[3] （苏）托洛茨基：《文学与革命》，开明书店1928年版，第288~289页。

俄共（布）中央对路标转换派的处理方式典型地反映了俄共（布）的文化政策。路标转换派是 20 世纪 20 年代苏俄/联的一个复杂的政治—文化流派和一种社会思潮。1921 年 7 月，一些流亡国外的白俄侨民在布拉格出版了一本名为《路标转换》的文集。文集的作者大多是白卫运动的著名人物。其宗旨是从对革命的最新感受出发重新评价革命前的思想，从旧的关于革命的思想出发去弄懂现在创造了自身的这个革命的意义，以寻找到未曾找到过的新的路标。路标转换思想具有很大的感染力。1921 年 10 月，这种思想开始在俄国国内传播开来，并对国内的知识分子产生巨大的影响。路标转换派逐渐发展成为知识界的一种社会思潮。俄共（布）中央冷静地分析了路标转换派这一复杂现象，采取了实事求是的态度，即对其积极的、进步的因素予以肯定和支持，而对其消极的、错误的和反动的化身则进行坚决的批评和斗争。1921 年 10 月中旬开始，路标转换思想首先在党和苏维埃刊物上得到介绍。1922 年 2 月，俄共（布）中央宣传鼓动部决定近时期内不妨碍路标转换派刊物的出版，因为它进行与俄国知识分子上层的反动思想的斗争。《路标转换》文集先后两次由国家出版社翻印发行，路标转换派的刊物被允许在国内公开出售，路标转换分子在国内的活动不仅允许，而且还可以在苏维埃报刊上报道。路标转换派的知识分子也分别根据其专长被政府委以重任。正是俄共（布）新经济政策时期的宽松政策为路标转换思想的活跃提供了条件。正是在这个意义上，有西方学者认为，路标转换思想在国内的发展很大程度上得益于布尔什维克的赞助。不过，俄共（布）对路标转换派的宽容并非纵容，对其不符合国家政策的或消极的一面也采取了坚决的斗争。1922 年 3 月，在党的十一大上，列宁曾尖锐地批评了路标转换派代表人物之一的乌斯特里亚洛夫关于布尔什维克蜕化的观点。列宁认为，就其消极一面而言，"路标转换派反映了成千上万的各色各样资产者或者参加我们新经济政策工作的苏维埃职员的情绪，这是一个主要的真正的危险"。[1] 在新经济政策时期，俄共（布）的文化政策从其处理路标转换派这一复杂政治—文化现象问题上可见一斑。

---

[1] 《列宁全集》第 43 卷，人民出版社 1987 年版，第 91~92 页。

第二节 苏联社会主义文化制度的确立

一 思想文化领域的大批判与大清洗

斯大林在政治上和组织上战胜布哈林及其追随者之后，为了从理论上彻底摧毁对手的阵地，夺取思想理论上的控制权，必然要在意识形态领域发动一场攻势。1929 年 12 月 27 日，斯大林在共产主义科学院召开的马克思主义者土地专家代表会议上发表演讲，他在系统批判布哈林过渡时期经济理论的同时指出，"我们的理论思想赶不上实际工作成就，我们工作成就与理论思想的发展之间有些脱节"。他强调，"新的实践产生对过渡时期经济问题的新看法。现在，新经济政策问题，阶级问题，建设速度问题，结合问题，党的政策问题，都应该有新的提法"。① 斯大林试图以这次讲话为契机，发起对布哈林经济理论的全面进攻，并进而推动思想理论领域乃至整个意识形态领域的全面进攻。1930 年 12 月 9 日，斯大林接见苏联哲学和自然科学红色教授学院党支部委员会成员时，就哲学、社会科学和自然科学战线的形势和任务问题发表谈话，确定了联共（布）哲学和社会科学领域的路线、方针和政策。首先，斯大林在谈话中对苏联学术领域总的形势做出了基本估计。斯大林认为，在哲学、自然科学和某些微妙的政治问题上，反对派都占据了统治地位。其次，斯大林明确提出在自然科学领域面临着巨大的批判任务；在哲学和社会科学等领域的重要任务是展开全面批判。主要问题是进攻。向所有方向，向没有进攻过的地方展开进攻。再次，斯大林明确提出要把学术问题同党内政治斗争和阶级斗争相联系。斯大林在谈话中还提出，在对哲学、社会科学和自然科学领域发动全面批判的过程中，要摧毁一切错误的东西，要进行战士般的意识形态斗争，还要采取必要的组织措施。

斯大林以布哈林为靶子，首先在经济领域发起了对"资产阶级和小资产阶级理论"的进攻，目的是扳倒党内的经济理论权威布哈林。在 1929 年 12 月 27 日的演讲中，斯大林把布哈林及其一派的经济理论扣上"平衡论"、社会主义"自流论"、小农经济"稳固论"等帽子大加挞伐。

---

① 《斯大林全集》第 12 卷，人民出版社 1954 年版，第 126、127 页。

1930年2月9日，斯大林又以最高仲裁者的身份对经济领域的纯学术争论进行了裁决。当时，苏联经济学界以经济学教授鲁宾为代表的一派与以波格丹诺夫为代表的一派就政治经济的一系列理论问题发生了激烈的争论，这在学术界本来是极其正常的现象。1930年2月9日，当斯维尔德洛夫大学的学生向斯大林问及应当如何看待这场争论时，他却从政治上给这场争论定了性，认为争论的双方"都离开了苏联经济和世界帝国主义的基本问题而陷入了学究式的抽象议论"，并断言："这当然是合乎我们敌人的民族问题并对他们有利的"。因此，必须开展两条战线的斗争："既反对'鲁宾主义'，又反对'机械主义'"。① 斯大林的政治定性开启了对经济学家批判的闸门，一大批著名经济学家相继受到批判。

1930年初，红色教授学院的米丁、尤金等人按照斯大林讲话的精神，公开向著名哲学家、《在马克思主义旗帜下》杂志主编德波林及其一派发难，指责德波林等"哲学界领导"背离哲学的党性原则，应当对哲学战线理论落后实际的状况负责。米丁等人的责难受到德波林学派的反击，双方发生了激烈的论战。但是，由于米丁等人受到斯大林的支持，从一开始就把学术问题政治化，武断地把"贬低列宁"、"忽视马克思主义哲学的列宁主义阶段"、"机会主义"、"反党"等一大堆政治帽子扣到对方的头上，论战很快便发展成为对德波林学派的政治大批判和组织上的清算。1930年12月9日，斯大林接见米丁等人，发表了前述的重要谈话。随后，自然科学红色教授学院党组织根据斯大林的谈话精神，改组了《在马克思主义旗帜下》编辑部，撤销了德波林的主编职务，成立了以米丁、尤金为主要成员的新编委会。在强大的政治压力下，德波林及其学派大多数成员都被迫承认犯了"孟什维克化的唯心主义"错误。这次大批判的实质，用苏联学者的话说，就是要"为斯大林攀登哲学奥林匹斯山扫清道路"，以便把斯大林奉为"随后各个时期的哲学泰斗"。②

1931年10月，斯大林发表了《给〈无产阶级革命〉编辑部的信》，以此为契机，拉开了史学领域大批判的帷幕。《无产阶级革命》杂志1930

---

① 《斯大林全集》第12卷，人民出版社1954年版，第166页。
② （苏）尼·尼·马斯洛夫：《斯大林主义意识形态的形成过程及其实质》，1990年俄文版，第56页。

年第6期发表了卢茨基《布尔什维克论战前危机时期的德国社会民主党》一文。文章在充分肯定列宁的伟大历史功绩的同时,认为列宁战前对考茨基中派主义的危险性存在某种程度的估计不足。斯大林抓住这一极为正常的学术观点无限上纲,对杂志发表此文提出"坚决抗议",指责杂志发表此文是"犯了腐朽的自由主义",并借机给作者和史学家罗织了"反党"、"半托洛茨基主义"、"托洛茨基主义的私贩"、"托洛茨基主义的伪造者"等一大堆罪名。① 不仅如此,矛头所向,还横扫了包括雅罗斯拉夫斯基这位20世纪20年代四卷本联共(布)党史作者在内的整个史学界,因为他们的著作中"也包含着许多原则性的和历史性的错误"。② 结果,《无产阶级革命》杂志被勒令停刊一年,编辑部被改组,同时开始对全国所有已出版和准备出版的史学著作进行审查,斯卢茨基被开除党籍和公职,同斯卢茨基有工作关系的学者受到株连。一些地方甚至发展到了几乎"每一个写过历史著作的人都被指责为托洛茨基主义的私贩或纯粹的托洛茨基主义者"的地步。③

在文学艺术领域,在斯大林支持下的"拉普"(即"俄罗斯无产阶级作家协会")在20世纪20年代后期逐渐成为文坛霸主。1929年2至3月间,斯大林在其《给"拉普"共产党员作家》的信中明确表示:只有"拉普"才有资格领导文学。随后,得到"尚方宝剑"的"拉普"在文坛上发起了一系列的打击行动:它摧毁了"同路人"作家群体,吞并了"煅冶场",整垮了以马雅可夫斯基为核心的"列夫派",又给以沃龙斯基派为精神领袖的"山隘派"扣上了"反党集团"的罪名……通过诸如此类的批判与打击运动,到1931年春,文坛反对派基本被消灭。最后,当斯大林发现"拉普"的主要领导人也并非完全可靠时,进而发动了对"拉普"的批判。1932年4月,联共(布)中央通过决议,宣布取消"拉普",解散所有文学团体和派别,成立全苏统一的苏联作家协会和各艺术团体。

以基洛夫被害为契机,苏联于30年代中后期开始了大规模的政治镇

---

① 《斯大林全集》第13卷,人民出版社1954年版,第76~91页。
② 同上书,第90~91页。
③ 参见陈之骅主编:《苏联史纲(1917~1937)》下,人民出版社1991年版,第733页。

压运动。这一运动很快便与思想文化领域的大批判合流，从而把恐怖与血腥引入了思想与文化领域，致使一大批曾经受过和一大批未曾受过批判的理论家、学者和科学家被加上"人民的敌人"等各种罪名，遭到残酷的镇压。

在政治经济学领域，曾被斯大林点名的经济学家如格罗曼、恰亚诺夫、巴扎罗夫、鲁宾等人被扣上种种政治罪名，或先或后遭到逮捕、监禁，布哈林于1938年3月被枪决，相继被处死的还有土地问题专家泰奥多罗维奇，著名经济学家奥金佐夫、坎托罗维奇等一批知名学者。1936年1月26日，联共（布）中央和苏联人民委员会通过决议，指责某些历史学家，特别是研究苏联历史的历史学家，还存在着根深蒂固的反马克思主义的、反列宁主义的历史观，而实际上是对历史科学的取消主义和反科学的观点，并断言这些错误观点首先同'波克罗夫斯基学派'的观点相联系着的。紧接着便开始了对波克罗夫斯基及其学派进行大规模的点名批判。波克罗夫斯基及其学派被扣上了"托洛茨基派的思想掩护"、"史学界的暗害集团"以及"托洛茨基分子"、"暗杀者"、"恐怖分子"等政治帽子和罪名。许多被列入波克罗夫斯基学派的历史学家仅仅因为历史观点就被作为"人民敌人"而遭到逮捕、监禁、流放甚至处死。著名历史学家或党史专家斯切克洛夫、索林、克诺林、卢金、波波夫、瓦那格、达林、杜波罗夫斯基等等都是在此次清洗中死于非命的。在哲学领域，先后有数十位哲学家被捕入狱，其中不仅有原已定性的"机械主义论者"和"孟什维克化的唯心主义者"，还有一批曾经被视为马克思主义哲学家的学者。如瓦利亚什、卢波尔、拉祖莫夫斯基、卡列夫等人。他们中的多数人均被处死。值得一提的是斯特恩，他曾是列宁时代的著名老党员，也是斯大林的哲学老师——他曾于1925—1928年间每周两次给斯大林讲解黑格尔的辩证法。在受到斯大林的点名批评后，他先是被开除党籍，而后又于1937年被逮捕并被处死。在文学艺术领域，1936—1939年间，被捕的作家达600多人，许多有才华的作家被处死，有的当时还不满40岁。一大批艺术工作者也惨遭镇压。在教育科学领域，许多人民教育的奠基人死于非命。在1937—1938年间，几乎所有加盟共和国和自治共和国的教育人民委员部都被摧毁，还有几万名普通教师受到清洗。与此同时，批判也波及到自然科学及其他领域。一些科学思想、科学流派受到批判和打击，相应的学术杂志和著作被禁止发表和出版，一些学术机构也被解散。量子物理学、爱因斯坦的相对论、关于遗传的物理化学原理的学说、谐振论等现代自然科学理论被宣布为"唯心主义"，控制、逻辑学被指责为"资产阶级伪科学"，优生学、儿童学、应用心理学、个体生态学等也被禁止研究。一大批卓越的科学家被处死或死于集中营。应用科学也未能幸免，一大批知名的科学家、发明家、设计师、工程师也先后遭到批判、逮捕、监禁和流放，有的甚至被无故镇压。[①]

20世纪20年代末至30年代初波及苏联整个思想文化领域的大批判，横扫了此前在各个领域占据领导地位或独树一帜的各种思想、观点、理论和流派。经过这次批判，20年代活跃苏俄苏联思想文化界的一批思想家、理论家和著名学者先后受到整肃。托洛茨基、布哈林被打倒，他们的思想和理论上的追随者或与他们有牵连的一批各个领域的理论家也被殃及。在大批判运动中，与斯大林的思想理论以及苏联政治经济领域的大转变不相符合的思想和流派都遭到了批判和打击，如哲学界的德波林及其学派，历史学界的波克罗夫斯基及其学派，经济学界的恰雅诺夫、格罗曼、巴扎罗夫、康德拉季耶夫，文艺界的沃龙斯基，等等。各种文化领导机构也先后按照斯大林的意图进行了调整和改组，如卢那察尔斯基被迫辞去教育人民委员的职务，一支由斯大林理论武装起来的理论队伍逐渐占据各个文化领域的领导岗位并控制了该领域的话语权，如哲学界的米丁、尤金等人。经过30年代中后期的大批判和大清洗，不仅思想文化界老一代思想家、理论家及各个领域的著名学者的观点再次受到毁灭性的打击，而且其中不少人干脆从肉体上被消灭掉了。苏联文化领域的大批判和大清洗最终催生了一个具有浓厚斯大林色彩的文化制度。

二　斯大林文化制度的确立及其基本特征

1938年11月，《联共（布）党史简明教程》出版。《联共（布）党史简明教程》的出版，是斯大林意识形态模式形成的标志，[②] 也是斯大林

[①] 关于20世纪30年代苏联对思想文化领域大清洗的详细材料，可参见（苏）罗·麦德维杰夫的《让历史来审判》，人民出版社1981年版，第353~381页、第851~898页。

[②] 马龙闪：《苏联文化体制沿革史》，中国社会科学出版社1996年版，第142页。

思想文化模式最终形成的标志，同时也应看作是苏联文化制度定型的最终标志。

《联共（布）党史简明教程》由斯大林提出分期提纲并提供第四章第二节即"辩证唯物主义与历史唯物主义"部分，由以斯大林为首的联共（布）中央特设委员会编写而成的。该书成稿后又经斯大林本人修改定稿，并在名义上由联共（布）中央集体审定。《教程》一出版，联共（布）中央即专门通过了《关于〈联共（布）党史简明教程〉出版后党的宣传工作》的决议，要求在全国范围内立即停止使用其他版本的党史教科书，凡是党史方面、马列主义基本理论方面的正式解释，一律要以《教程》的提法为准，进行修正和澄清，杜绝任意解释现象。《教程》概述了包括斯大林阐述的辩证唯物主义和历史唯物主义在内的一系列理论原理。决议把《教程》誉为新的强有力的布尔什维主义的思想武器和马克思列宁主义基本知识的百科全书。决议还具体规定了学习《教程》的方法，在高等学校普遍开设"马列主义基础"课，以《教程》为基本教材，作为每个大学生的必修课，并要求在广大干部中，分高级、中级、初级三个层次组织对《教程》的系统学习。该书出版后，实际上成了在苏联判断思想理论是非的标准以及裁定意识形态准则的最高准则。

《联共（布）党史简明教程》确立了苏联思想文化的最高指导思想是斯大林化的马克思列宁主义，即斯大林主义。《关于〈联共（布）党史简明教程〉出版后党的宣传工作》的决议指出，《联共（布）党史简明教程》是领会布尔什维主义，用马克思列宁主义理论、即用社会发展规律和政治斗争规律的知识来武装党员的重要工具，是提高党和非党布尔什维克的政治警惕性的工具，是把马克思列宁主义的宣传工作提高到应有的理论水平的工具。联共（布）中央认为，我们的干部，如果没有马克思列宁主义的理论知识，不领会布尔什维主义，不克服自己理论修养落后的毛病，就会寸步难行，因为，要正确领导社会主义建设各个部门，实际工作者就必须领会马克思列宁主义理论的基础，必须善于在理论的指导下解决实际活动中的问题。不过，《教程》所阐述的马克思列宁主义实质上是斯大林主义，是斯大林的理论、观点的集中体现，是斯大林体制的理论根据与理论表现。《联共（布）党史简明教程》确立了斯大林的绝对的、至高无上的权威地位，斯大林成了真理的化身，斯大林的言论成了裁判是非的标准。

《联共(布)党史简明教程》全面论证了斯大林社会主义模式的合理性，为20世纪20年代末以来通过持续不断的批判、清洗而形成的意识形态模式提供了理论基础。斯大林通过编写《联共(布)党史简明教程》，给自己在列宁去世后所进行的一系列批判、斗争、清洗和镇压行为披上理论的和合法性的外衣，达到了神化自己、鬼化一切对手的目的。为此，编撰者不惜采用歪曲、剪裁乃至伪造历史史实的手法，无限抬高斯大林的历史地位，把一部丰富生动的联共(布)党史变成了一部干瘪枯燥的党内斗争史，把斯大林描绘成除列宁之外提供正确路线、方针、政策和正确理论的唯一源泉。《教程》完全肯定和高度颂扬了斯大林通过强制手段建立起来的政治、经济、文化模式，为此后任何试图离开这一模式的思想和行为设置了樊篱，为此后的意识形态宣传和思想和文化工作划定了圈圈。自此以后，无论是哲学、经济学、历史学还是文学、艺术乃至自然科学的研究和创新工作，都很难再突破斯大林所设定的范围，否则便会动辄得咎，成为批判、清洗和镇压的对象。

《联共(布)党史简明教程》为苏联思想文化领域对斯大林的个人崇拜提供了模式和范本。斯大林战胜党内反对派，政治地位巩固后，为树立自己在思想理论方面的权威，发动了从政治经济学到哲学、史学、法学、教育学、文学艺术乃至自然科学的大批判和大清洗，几乎把所有有碍于在相应学科树立自己个人权威的学术权威一一推倒、铲除。《联共(布)党史简明教程》所要告诉人们的是这样一个结论：马克思主义的解释权和发展权、社会科学主要领域的发明权和做结论的权利，乃至某些自然科学领域的最终裁判权，都属于斯大林一个人。"除了斯大林以外，任何个人都不能对马克思列宁主义经典作家的任何理论观点提出异议或进行修正，尤为甚者，对斯大林本人提出的原理也要这样对待。对这些原理只能奴隶式地遵循，而不许离开半步"。"被认为是真理的不是那些符合实际和经过实验的东西，而是那些经过'斯大林同志'所肯定的东西"。① 《联共(布)党史简明教程》告诉人们的还有这样一个道理：为了树立对领袖的

---

① (苏)罗·麦德维杰夫：《让历史来审判》，人民出版社1981年版，第877~878、852页。

绝对崇拜，人们可以任意剪裁、歪曲直至伪造历史。这种为领袖而篡改历史的手法几乎充斥了苏联各个领域的作品。

《联共（布）党史简明教程》所肯定和高度颂扬的斯大林模式，是一种过度集权的模式，这一模式不仅表现在政治、经济、外交等方面，也表现在思想文化方面。它把学术问题政治化，把学术争论与党内斗争和阶级斗争联系起来，把社会科学视为党的意识形态的重要组成部分，在思想文化领域建立起了与政治经济等领域相同的自上而下过度集权的管理体制。在斯大林时期，除了政治局委员专管意识形态工作外，主要的意识形态和社会科学问题都由斯大林个人亲自过问。从实践来看，上至哲学基本原理的阐述、经济规律的解释，下至一本书的出版、一部电影的发行，都需要有最高领袖即斯大林的批准或首肯。斯大林甚至让国家安全系统的人马渗透到社会科学的各个角落，从而在社会科学领域建立起了被苏联学者称为"阿拉克车耶夫式的军警统治制度"。[①] 学术问题的自由探讨被禁止，发表不同意见的学者，轻则受到政治批判，重则遭到血腥镇压。斯大林时期这种以言定罪、大兴文字狱的制度一直延续到勃列日涅夫时期。这是用过度集权的行政手段对思想文化问题实施管理的制度，是政治权力对科学问题的裁判。因此，在斯大林时期，几乎每一次思想文化问题和科学问题的探讨都是以官方既定的"正确的"、"科学的"观点和结论与先验地认定的"错误的"、"荒谬的"观点和结论之间的对决，都是前者对后者的批判与压服。批判的过程总是贯穿着对被批判一方的"反动立场"的无情揭露和声色俱厉的痛斥，最后的结果又往往是对"错误的"一方的各种各样的行政处分直至刑事处分。

《联共（布）党史简明教程》的出版，标志着苏联思想文化领域中最高"神"的形成，标志着一种以过度集权的行政管理体制为主要特征的思想文化制度的最终定型。经过第二次世界大战的洗礼以及战后的进一步完善，这一制度被进一步凝固化。斯大林去世后，虽然经历了赫鲁晓夫改革的冲击，但它的基本框架与精神实质仍然延续了数十年。

综合起来看，斯大林时期经过激烈的政治斗争而最终确立的苏联文化

[①] 阿·安·阿拉克车耶夫（1769—1834）是亚历山大一世统治时期推行警察专制制度的重要人物。

制度的基本特征是：其一，以马克思列宁主义为指导思想，尽管这种马克思列宁主义经过斯大林的加工和改造出现了某种扭曲和变形。其二，实行过度集权的行政管理体制。其三，具有浓厚的斯大林个人崇拜色彩。其四，是斯大林社会主义模式的意识形态表现和重要组成部分。其五，把思想文化问题高度政治化，实行文化专制主义。其六，具有很强的封闭性、保守性和僵化性。

第三节 苏联社会主义思想文化建设的主要成就和问题

一 苏联社会主义思想文化建设的主要成就

首先，以共产主义理想教育为主要内容的思想道德建设宣传，普及了马克思主义，确立了社会主义意识形态，培养了全社会的集体主义、爱国主义、社会主义和共产主义价值观念，对于巩固社会主义制度、促进社会主义建设事业都起到了良好的作用。苏联从建国伊始就非常注意在清除旧的意识形态的同时对全社会开展共产主义教育工作。苏联共产主义教育的主要内容包括政治思想教育、劳动教育、道德教育、法制教育、爱国主义教育、美学教育、体育和生态教育等等。政治思想教育的实质是要求人们形成科学的世界观和坚定的政治信仰。政治思想教育的一个重要内容是进行马列主义理论的宣传和教育。在苏联，从中学起就开设了马列主义原理课，大学生要学习党史、马列主义哲学、政治经济学和科学共产主义，同时国家还通过党、团、工会以及各种群众组织对广大群众进行马列主义基本理论的教育和党的方针政策的教育。道德教育和法制教育的内容也被编入了教学大纲。国家还制定了学校、共青团、生产单位的道德规范和个人道德规范，利用各种舆论工具和宣传机构对广大人民群众进行共产主义道德观和社会主义法制观念的教育。爱国主义和革命传统教育是苏联进行思想政治教育的重要手段。苏联的大中小城市、工厂、农村，都有为争取民族独立和自由而斗争的英雄史实的各种纪念设施，每逢重大节日，人们都要向纪念碑和无名烈士墓献花圈，新婚青年也要到列宁墓或无名烈士墓前敬献鲜花，这些都逐渐成了苏联人民生活的一种惯例。苏联所进行的社会主义思想道德建设，在一定时期内对巩固社会主义制度发挥了巨大作用，对促进社会主义建设和发展社会生产力起到了积极作用。社会主义制度建立之初，面临着复杂的国际国内局势与百废待举的国民经济建设，思想道德建设对于坚定人们的信念、鼓舞人们的士气，对于全社会团结一心、克服重重困难、巩固新生的社会主义政权、恢复和发展生产，起到了巨大的积极作用。在社会主义建设时期，社会主义的思想道德教育运动也是苏联人民强大的精神动力。星期六义务劳动日、斯达汉诺夫运动等，在特定年代里都具有非常大的震撼力、影响力和感召力，也都对社会主义建设事业起到过巨大的推动作用。同时，通过社会主义思想道德建设，形成了良好的社会主义精神风貌和社会风尚，培养了社会主义新人，造就了以保尔·柯察金为代表的一大批有着崇高共产主义理想的优秀分子，他们是人们学习的楷模，激励着一代又一代的社会主义建设者为社会主义的崇高事业，为共产主义的远大理想而奋斗。

苏联大力推进科学文化教育事业，提高了民族的整体素质，创造了丰富多彩的社会主义文化。苏联从建国后就一直比较重视社会主义文化建设。列宁首先提出了文化革命的口号，开展了大规模的扫除文盲，发展教育、文化和科学的社会运动。为了丰富人们的精神生活，发展群众性文化事业，苏联大力兴建群众性图书馆，大力出版书籍。苏联的图书出版量曾居世界首位，占世界总出书量的1/6。报纸和各种刊物发行量很大，平均每户居民订阅4份以上。此外，还兴建了许多剧院、电影院、文化馆、俱乐部，通过这些设施开展文化宣传和普及文化知识，苏联的文化事业发展，尤其是群众文化事业的发展，在世界上都是引人瞩目的。苏联的文学艺术作品不仅数量多，而且内容、题材、形式和风格也比较多样化，在世界上也有相当大的影响。在教育方面，苏联实行统一的国民教育制度。到1939年，苏联基本扫除了文盲。此后，一直实行义务教育制。到20世纪80年代，全苏60%左右的人具有高等和中等教育程度；苏联的科研人员达150万人，大约占全世界同类人员总数的1/4，每年所提供的科研成果占全世界科研成果的1/3；苏联各级党和政府的领导人基本上都受到过高等教育，其60%—70%以上受过工程技术教育和农业教育；苏联教育经费在国家总预算中一直占有较大的比重。可以说，正是社会主义教育事业的巨大成就所构成的生产力，在一定程度上弥补和冲淡了苏联传统体制方面的弊病，维持着苏联几十年里相当的社会发展速度。

二 苏联社会主义思想文化建设中存在的主要问题

首先,在思想道德建设方面脱离实际,忽视思想道德自身发展的规律性,搞形式主义和关门主义,妨碍了思想道德建设的质量。(1) 在意识形态斗争中,把政治思想、法律思想、道德、宗教、哲学、文学、艺术等各具自身特点和规律的东西简单地放到社会主义和资本主义的框子里,同时,在各个领域内又不允许各种思想观点和学派的并存,把丰富多彩的思想领域变成灰色的、干瘪的理论和教条,既败坏了马克思主义的声誉,也妨碍了思想与文化的繁荣和发展。(2) 对意识形态领域的斗争采取关门主义态度,因噎废食,为防止所谓资产阶级意识形态的侵蚀而断绝接受西方的科学思想及其所产生的一切,如一度把控制论、心理学、遗传学、社会学、未来学等等一概当成资产阶级的东西而加以批判。(3) 将意识形态领域的斗争简单地等同于政治斗争,并提升为敌我问题,权力过多地介入思想领域的分歧和斗争,垄断真理的解释权,对不同观点采取高压甚至专制主义的态度。(4) 在反对资本主义的斗争中忽视了反对封建主义的斗争。结果,一方面,在生产力非常落后,农村主要还是自然经济的条件下就超前提出消灭体力劳动和脑力劳动的差别,企图动用行政措施、行政手段,用发动运动的办法去实现体力劳动与脑力劳动的结合,实现共产主义。另一方面,对于本来应该是社会主义所争取的基本的东西却被当作资产阶级的东西而否定掉了。例如,社会主义社会里人处于什么样的地位,社会主义的目的是什么,整个社会发展目标是什么,这些问题都没搞清楚。好像一提人,人的权利、人的尊严、人的价值、人道主义等等都是资产阶级的腐朽思想,致使在社会主义社会里竟然出现人的个性受到压抑,人的积极性、内在的潜力得不到发挥,人仍处于单纯被指挥、被强制的服从地位的不正常现象;出现人格、人权、人的尊严受到严重损害以致践踏的现象。(5) 思想道德教育走入误区,片面追求形式,而忽视了教育的目标和内容。如把苦行僧式的生活作为艰苦奋斗的楷模,而把人们对美好生活的向往和追求看成是腐化和堕落;又如把具有丰富内涵的马克思主义剪裁成枯燥而又神圣的教条,进行空洞的宣传说教;再如试图用短促突击、政治运动或者行政命令的办法进行思想道德教育工作;等等。

其次,在政治上"左"的指导思想影响下,科学文化教育领域的建设常常会因为政治领域的斗争受到不同程度的冲击，甚至成为政治运动的直接攻击对象。这些都极大地妨碍了社会主义科学文化教育事业建设的健康发展。在20世纪20年代末开始的、几乎波及一切文化和科学领域的批判运动中，有95.5％的人文社会科学团体、92.9％的文艺创作团体、69％的普通文化教育团体、48％的自然科学和技术学会先后停止了活动。[①] 相当一大批专家、学者被当作"资产阶级知识分子"、"旧专家"受到批判，不少人被打成"暗害分子"和"人民的敌人"而被整肃或镇压。有材料显示，在1922—1928年间，苏联的许多科学研究领域曾一度呈现生机勃勃的局面，诸如遗传学等一些领域还曾居于世界领先地位。而经过30年代的挫折，发展速度开始减慢，到40年代，除某些与国防军事重工业有关的部门有较快发展外，相当多的领域都滞后了。在西方国家已经非常发达的学科和新兴学科如政治学、社会学以及许多边缘科学，在苏联都无法建立。实践表明，学术问题政治化不可避免地会给科学文化教育事业的发展带来灾难，而政治运动直接或间接地以知识分子为打击对象，科学文化教育事业的发展也必然会成为受害者甚至重灾区。

---

① 马龙闪：《苏联文化体制沿革史》，中国社会科学出版社1996年版，第180页。

第十五章 苏联社会主义政党制度

社会主义条件下实行什么样的政党制度，是科学社会主义理论遇到的新问题。在马克思、恩格斯等经典作家那里，从未对这一问题作过论述。他们所设想的社会主义社会是高度发达、高度自治的社会，不再有国家和政党之类的政治设施，因而也就不存在政党制度了。基于历史条件的不同，列宁在革命活动中遇到了政党问题并于十月革命后领导苏维埃国家创立了一种具体的政党制度。然而从本质上说，列宁领导建立的政党制度是过渡时期而非社会主义制度下的政党制度。首次对社会主义条件下的政党制度作出规定的是斯大林。斯大林认为在社会主义条件下，已不存在根本利害冲突的阶级，所以也就没有了多个政党存在的基础，全体人民的利益只可能由一个党即共产党来表达。共产党一党独存、一党执政构成了苏联政党制度的最大特色，并对其他社会主义国家的政治制度也产生了深刻的影响。

第一节 苏联社会主义政党制度建设的艰难历程

一 十月革命前俄国的政党政治状况

俄国自彼得大帝时代起开始了学习西方的历程，但它努力的方向始终局限于工业、技术等器物领域，对西方的思想文化和政治制度则始终持抵制、排斥的态度。只是到19世纪末20世纪初，随着西方社会思潮的大量涌入和自身资本主义因素迅速成长，俄国的传统政治制度受到撼动，政党政治的因素才开始发育起来。

1893年，俄国出现了第一个政党，即俄国社会民主工党。它是俄国马克思主义者经过多年的努力领导建立的工人阶级政党，以推翻沙皇专制制度和进行彻底的资产阶级民主革命为自己的最初目标。1902年,俄国的第二个政党——社会革命党成立。它代表广大农民阶级的利益,激烈反对沙皇专制制度,致力于在俄国实现以传统村社为基础的社会主义。

1905年是俄国政党发展的重要转折点。这一年,在人民革命的强大压力下,沙皇尼古拉二世颁布"十月十七日宣言",宣布建立国家杜马、成立联合政府和赐予公民政治自由。随之,在业已存在的一些政党获得了合法地位的同时,许多新的政党又纷纷成立:10—11月,立宪民主党(也称人民自由党,自由资产阶级的政治组织)和"10月17日同盟"(也称十月党,代表大资产阶级和大地主的利益)成立;1906年,左派十月党人和右派立宪民主党人联合组成"和平革新党";同年,从社会革命党中分化出来的左派成立了一个半立宪民主党式的"劳动人民社会党";1907年,另一个重要的资产阶级左翼政党——进步党宣告成立。另外,还出现了一些地方性政党,如"乌克兰革命党"、"乌克兰社会民主同盟"、"白俄罗斯社会同盟"等。对沙皇政府具有一定监督和制约作用的国家杜马成了政党活动的舞台。各政党在杜马框架内的斗争和合作,标志着俄国初步形成了多党政治的局面。

到1917年二月革命时,俄国已是政党林立:地主资产阶级保守派政党有20多个,资产阶级自由派政党有15个,小资产阶级及社会主义政党则多达30个。

二月革命后,俄国政党政治出现了两方面的发展趋势。一方面,政党政治获得较大发展。主要表现在:第一,政党政治的规模和空间空前扩展了。"在不受任何框框局限的政治自由的条件下,市民社会以排山倒海之势蓬勃发展起来。各个阶层都建立了独立的组织"。[①] 所有政党,包括布尔什维克党,都迎来了自己大发展的时期,党员人数成倍增长。第二,多党政治的共识性增强了。革命后的国家政权机关——临时政府,是在国家杜马委员会的基础上由各党协商成立的,始终是多党联合政府:第一届由自由派政治家组成;其后几届包括更多的政党,包括部分社会主义政党。地方自治机关——地方自治局和城市杜马在普选的基础上产生,也由多党

---

① 刘淑春等编:《"十月"的选择——90年代国外学者论十月革命》,中央编译出版社1997年版,第178页。

组成。当时存在的群众性政权组织——工兵代表苏维埃，也是一个多党联合机构，由各社会主义政党组成。无论参加临时政府的党，还是组成苏维埃的党，都作为议会型政党在自由的条件下开展工作，通过报刊、鼓动和宣传，通过提出各种不同纲领和候选人，去影响群众。另外，还有一个很重要的事实，是各政治力量都同意召开立宪会议来最终解决国家未来的政权体制问题。立宪会议将是在普选制基础上产生的、囊括国内所有政党和组织的代议制机构，若能顺利建立，将使俄国未来的国家政权建立在广泛而坚实的政治基础之上。

另一方面，俄国政党政治的发展也蕴涵着危机。首先表现在国内各党派间存在着巨大的意识形态鸿沟。多数政党（除布尔什维克、左派社会革命党人、少数孟什维克—国际主义派和无政府主义者外）把俄国政治制度仅仅同西方模式联系在一起，无视苏维埃受到群众的信任和拥护，而试图把苏维埃完全排除在政权体系之外。即使在苏维埃中占据多数的孟什维克和社会革命党的领导人也持上述立场："我们打算建立常设的、完备的、全面的国家组织和地方组织，以取代临时苏维埃组织。"[①] 与此同时，苏维埃阵营中的一些党派如布尔什维克党的领袖，则主张中央和地方的一切权力归苏维埃，完全否定议会制形式及与之相关的一切。列宁在《四月提纲》中就提出："不要议会制共和国（从工人代表苏维埃回到议会制共和国是倒退了一步），而要从下到上遍及全国的工人、雇农和农民代表苏维埃的共和国。"[②] 这种鸿沟使得它们之间不可能进行富有建设性的合作。其次表现为各政党间的斗争日益带有了暴力色彩，变得不可调和。尤其在七月事变时，临时政府开始采取高压政策，枪杀示威群众，逮捕布尔什维克领导人，极大地恶化了国家的社会政治气氛。

1917年夏秋，俄国政党政治发展的重要特点之一，是布尔什维克党的崛起。布尔什维克党是俄国左翼政党，二月革命发生时，力量仍不大。当时它的党员数量为2.4万名，而孟什维克是4.5万名，社会革命党党员则更多。因此，在苏维埃中后两个政党占主导地位。1917年6月，全俄

---

① 刘淑春等编：《"十月"的选择——90年代国外学者论十月革命》，中央编译出版社1997年版，第187页。

② 《列宁选集》第3卷，人民出版社1995年版，第15页。

工兵代表苏维埃举行第一次代表大会。在有表决权的822名代表中，社会革命党和孟什维克分别为285名和248名，布尔什维克是105名，仍处于明显的少数。然而由于布尔什维克党采取坚决的反政府立场、主张一切权力归苏维埃，因而1917年七月事变后，在社会情绪日趋激进化的情况下，它在群众中获得的支持空前增加，党员数量猛增到24万人，在十月革命前夕则达到了30万人。随着社会革命党和孟什维克影响的削弱，十月革命前夕布尔什维克在彼得格勒苏维埃中获得了多数。

正是在上述形势下，1917年10月，布尔什维克党发动武装起义推翻了临时政府，使政权转归苏维埃，结束了两个政权并存的局面。十月革命发生后，俄国的政党政治又出现了全新的局面：资产阶级政党因成了敌对力量而被布尔什维克党强行推翻；社会革命党和孟什维克在某种程度上成了革命的对象，导致了苏维埃的大分裂。此后，布尔什维克党成了俄国唯一重要的政治力量，为一党制的形成创造了前提。

二 十月革命后苏维埃俄国的多党制实践

十月革命前，基于俄国的实际国情，列宁是主张实行多党制的。早在沙皇时代，列宁就指出：如果没有党派在选举中竞争，"人民揭穿骗局、查明真相的办法也会少得多"。① 二月革命后，列宁和布尔什维克党提出了"全部政权归苏维埃"的口号。由于苏维埃中存在多个党派，因此提出这样的口号意味主张实行多党体制。列宁特别强调："在自由的国家里，管理人民是通过政党的公开斗争以及它们之间的自由协议来进行的"。② 从1917年4月到同年9月，列宁为布尔什维克党制定的战略，就是在苏维埃内部与其他党派进行和平斗争。

十月革命胜利后，以列宁为首的布尔什维克党仍坚持先前的立场，不谋求建立一党政权，而是致力于在苏维埃框架内解决政权组建问题。革命胜利的翌日，全俄苏维埃第二次代表大会召开。在649名代表中，布尔什维克占390名，社会革命党160名，孟什维克72名，其余名额为一些小党和无党派人士占有。代表大会宣告临时政府被推翻，工兵代表苏维埃已

---

① 《列宁全集》第21卷，人民出版社1990年版，第283页。
② 《列宁选集》第3卷，人民出版社1995年版，第96页。

经掌握了政权。大会开幕后，孟什维克、右派社会革命党人和崩得分子因拒绝承认十月革命而退出了会场。其余党派按代表比例原则选出102人组成的"全俄中央执行委员会"作为常设权力机构，其中布尔什维克62人，左派社会革命党30人，社会民主党人国际主义派6人，乌克兰社会党人3人，社会革命党人最高纲领派1人。布尔什维克党拥有多数席位，被授权组织代表大会和中央执委会的执行机构——工农政府。布尔什维克党中央在开会讨论政府人选时，曾邀请左派社会革命党的三位著名领导人（卡姆柯夫、斯皮罗、卡列林）与会并参加政府，但遭到左派社会革命党人的拒绝。左派社会革命党当时并不否定工农政府，而是试图在布尔什维克党同右派社会革命党和孟什维克之间做些调停工作，不愿意立即同右派社会革命党人断绝关系。这样，第一届工农政府的成员是清一色的布尔什维克党人。列宁坚持苏维埃高于政党，在全俄苏维埃第二次代表大会结束后不久他仍强调，今后"政府由一个苏维埃政党手里转到另一个苏维埃政党手里，无须经过任何革命，只要通过苏维埃的决议、苏维埃代表的改选，就可以实现"。① 他在同一时期起草的法令中，提出在苏维埃中实行"基础是承认党派和通过有组织的政党来进行选举"②的比例选举制。

此后，布尔什维克党继续为与其他党派进行联合而努力。在社会革命党人和孟什维克已公开站到敌对立场上去的情况下，布尔什维克党工作的重点仍是争取左派社会革命党人。列宁说："我们随时都准备接纳左派社会革命党人参加政府"。③ "我们曾经邀请过，而且还在邀请左派社会革命党人同我们分掌政权。"④ 11月中旬，布尔什维克党提议左派社会革命党在政府中占5至6个席位，而尚未决定单独同布尔什维克党合作的左派社会革命党只同意占2至3个席位。11月24日，左派社会革命党人柯列加也夫成为工农政府农业人民委员。

在调停右派社会革命党和布尔什维克党的关系无望，并受到农民群众强大压力的情况下，左派社会革命党人终于在1917年12月决定与右派社

---

① 《列宁选集》第3卷，人民出版社1995年版，第355页。
② 《列宁全集》第33卷，人民出版社1985年版，第102页。
③ 《列宁选集》第3卷，人民出版社1995年版，第369~370页。
④ 同上书，第372页。

会革命党脱离关系，组成一个独立的政党。12月10日，农民代表苏维埃执委会加入全俄中央执委会，使左派社会革命党与布尔什维克党的代表数之比变为113∶97。布尔什维克党与左派社会革命党终于达成协议，由两党重新组织一个联合政府。7名左派社会革命党人加入了人民委员会，分别担任了司法、邮政、电信、农业等部的人民委员，还有一人担任了契卡即肃反委员会的副主席。

联合政府成立后，两党在1917年底至1918年初的一段时间内进行了富有成效的合作。布尔什维克党充分尊重左派社会革命党人的合法地位，根据列宁的指示颁布的法令明文规定，所有与两党的最低纲领相抵触的法律一概废除。左派社会革命党人不仅在中央层次上支持布尔什维克党解决了诸如立宪会议这样的重大问题，而且在地方政权建设中对布尔什维克党的支持同样非常重要。十月革命胜利后，布尔什维克党在农民中的影响仍然很弱。例如1917年11月26日召开的全俄农民代表苏维埃第二次代表大会，有正式代表790名，其中中派和右派社会革命党人303名，左派社会革命党人350名，而布尔什维克只有91名。直到1918年3月中旬，布尔什维克在约40%的县苏维埃中仍未取得稳定的多数。正是由于左派社会革命党的支持，布尔什维克才巩固了在农村的阵地。

列宁对两党的合作曾给予过高度评价。他在全俄工兵农代表苏维埃第三次代表大会上指出，左派社会革命党是"代表农民的真正愿望和真正利益的政党"，"我们同左派社会革命党人所缔结的联盟，是建筑在坚固的基础上的，……如果在最初时期，我们还担心人民委员会内的党派斗争会阻碍工作的进行，那么现在，根据两个月共同工作的经验，我应该肯定地说，我们在大多数问题上作出了意见一致的决定。"[①]

第二节 苏联一党制的确立

一 一党制确立的过程

苏联一党制的确立大致经历了三个阶段，即解散立宪会议阶段，左派

---

① 《列宁全集》第26卷，人民出版社1988年版，第428~429页。

社会革命党退出政府和被开除出苏维埃阶段，取消其他党派、一党制彻底确立阶段。

第一阶段：解散立宪会议，多数政党被排除在政权之外，是走向一党制的第一步。

立宪会议是俄国早期革命阶段就提出的奋斗目标，各类革命或改良政党、运动都把它视作俄国社会制度新生的起点。二月革命推翻沙皇专制制度后，召开立宪会议解决国家政权的组建问题更成为俄国各政治力量的共识。革命后的资产阶级政府由于不是在立宪会议基础上成立的，因而只被看作是"临时政府"。布尔什维克党尽管主张一切权力归苏维埃，从原则上否定议会制，但在当时的历史条件下，它也不反对召开立宪会议。列宁在《四月提纲》中就提出了召开立宪会议的主张，1917年9月初他又写道，为使革命和平地向前发展，就"要有鼓动的充分自由，不再推迟召开立宪会议的日期"。[①] 由于临时政府的久拖不决，直到十月革命前夕，立宪会议选举的准备工作才告就绪。在十月革命胜利后召开的全俄苏维埃第二次代表大会上，布尔什维克党仍保证按时召开立宪会议，大会决议将新成立的政府定为"临时工农政府"，称"工人和农民的临时政府在立宪会议召开之前掌握国家政权"。[②]

1917年11月12日（旧历）如期进行了立宪会议选举。在68个选区中，布尔什维克党获得24%的选票，社会革命党人、孟什维克和各民族地区政党的代表共得59%的选票，立宪民主党和比立宪民主党更右倾的政党得17%的选票。在立宪会议703个议席中，社会革命党人得229席，布尔什维克得168席，左派社会革命党人得39席，立宪民主党人得17席，孟什维克得16席。[③] 显然，反对苏维埃政权的党派在立宪会议中拥有多数，布尔什维克党处于十分不利的地位。

通过暴力革命夺得了政权的布尔什维克党不可能把政权拱手让给其他右派政党。布尔什维克实际上意识到了，"使一切权力归于苏维埃，他们

---

① 《列宁全集》第12卷，人民出版社1987年版，第258页。
② 刘淑春等编：《"十月"的选择——90年代国外学者论十月革命》，中央编译出版社1997年版，第401页。
③ 陆南泉等主编：《苏联剧变深层次原因研究》，中国社会科学出版社1999年版，第225页。

就会使立宪会议不能召开"。① 因此，立宪会议选举结束以后，它千方百计将立宪会议开始工作的时间推迟至1918年1月5日，即召开全俄工人和士兵代表苏维埃第三次代表大会的时候。1918年1月3日，立宪会议召开前夕，全俄中央执行委员会通过了由列宁起草的一部宪法性文件，即《被剥削劳动人民宣言》，决定提交立宪会议予以确认。《宣言》宣布俄国为工兵农代表苏维埃共和国，全部政权归苏维埃，规定的立宪会议的任务是：拥护苏维埃政权和人民委员会的法令，制定对俄国社会进行社会主义改造的根本原则。

1918年1月5日，立宪会议在塔夫利达宫开幕。全俄苏维埃中央执行委员会主席斯维尔德洛夫向大会宣读了《被剥削劳动人民宣言》，遭到占据多数的右派社会革命党代表的拒绝。布尔什维克党遂发表声明，退出会场，左派社会革命党人随之也退出了会场。1月6日，人民委员会通过法令，宣布解散立宪会议。立宪会议解散后，右派社会革命党和孟什维克不再是俄国政治舞台上的重要力量，影响日渐衰微。

第二阶段：左派社会革命党退出联合政府和被开除出苏维埃中央执行委员会，两党联合执政局面结束。

布尔什维克党和左派社会革命党的联合执政体制没有维持多久。1918年3月因布列斯特和约问题出现严重的分歧和斗争，成为两党联合执政关系破裂的开始。在布尔什维克党内，以布哈林为首的左派共产主义者反对同德国签订布列斯特和约，声称为了国际革命的利益，即使牺牲苏维埃政权也在所不惜。左派社会革命党人基于爱国主义，同左派共产主义者持同样的立场。1918年2月23—24日，他们向布哈林提出撤销列宁的人民委员会主席的职务，由左派共产主义者和左派社会革命党人另组联合政府。同年3月14—16日，为批准布列斯特和约，全俄苏维埃召开第四次（非常）代表大会。列宁在大会上作了关于批准和约问题的报告，左派社会革命党中的大多数则同孟什维克和社会革命党中派、无政府主义者等结成统一战线，推举卡姆柯夫作反对和约的副报告。卡姆柯夫称签订和约是一种"自杀行为"，布尔什维克党因此将成为"德国帝国主义的走狗"。他

---

① 刘淑春等编：《"十月"的选择——90年代国外学者论十月革命》，中央编译出版社1997年版，第408页。

还威胁说，如果大会批准和约，左派社会革命党人将退出政府并号召人民用武力撕毁和约。经过激烈争论，大会最后以 784 票赞成、261 票反对、115 票弃权批准了和约。会后，左派社会革命党人退出了人民委员会，不过他们的代表仍留在全俄苏维埃中央执行委员会中，表示除和约问题外仍支持布尔什维克党和苏维埃政权的工作。

1918 年春，俄国出现严重饥荒，国内战争也逐步展开。为保住苏维埃政权，布尔什维克党开始在俄国实施"战时共产主义"体制。5 月 9 日，苏维埃政府发布粮食专卖法令，要求农民在一星期之内把全部余粮卖给国家，违者一律宣布为人民的敌人，判处 10 年以上徒刑，没收其全部财产，并开始组织大批工人征粮队下乡征粮。6 月 11 日，下令成立贫农委员会，协助征粮队搜寻粮食，领导农村的社会主义革命。6 月 14 日，苏维埃中央执行委员会决定把右派社会革命党和孟什维克的代表开除出去，并要求所有的苏维埃都这样做。随后，右派社会革命党和孟什维克的报纸被查封。这一系列措施，都引起左派社会革命党人的强烈不满和反对。他们在当月召开的本党第三次代表大会上，指责布尔什维克政府"实行高度集中制，用专政代替官僚机关，成立不受地方苏维埃监督和领导的征粮队，搞乱了农村的阶级关系。"① 社会革命党领导人之一的卡姆柯夫在总结发言时甚至号召再次进行武装起义。此后，在各种重大问题上，左派社会革命党人都投票反对布尔什维克党的提案，两党关系日趋紧张。

1918 年 7 月 4—10 日，全俄苏维埃举行第五次代表大会。左派社会革命党人在会上向布尔什维克党发起了猛烈攻击。他们谴责俄共背叛农民阶级，提出了对苏维埃政府表示不信任、要求废除布列斯特和约、改变苏维埃政府内外政策的决议案。在其动议遭到大会否决后，他们决定进行公开对抗。7 月 6 日，在大会仍在进行的时候，左派社会革命党人刺杀了德国驻俄国大使米尔巴赫，想以次挑起德俄战争，使布列斯特和约失效。同时，他们集结近两千名受其影响的士兵在莫斯科发动叛乱，炮击克里姆林宫，占领电话局和电报局，发表公报和宣言，谎称已掌握了政权。在彼得

---

① 陆南泉主编：《苏联剧变深层次原因研究》，中国社会科学出版社 1999 年版，第 228 页。

格勒、维捷布斯克、弗拉基米尔等地,也发生了左派社会革命党人的叛乱。苏维埃政府采取坚决措施,第二天就平息了叛乱。苏维埃第五次代表大会通过决议,肯定了粮食垄断制等措施,决定将没有谴责叛乱活动的所有左派社会革命党人开除出苏维埃。

第三阶段:彻底取消其他党派,苏维埃一党制最终确立。

1918年7月左派社会革命党人的被镇压,"标志着列宁所颂扬的多党制苏维埃立宪政体的实际结束。此后,俄国没有任何其他政党能在苏维埃中赢得多数并取代共产党政府。"① 然而严格意义上的苏联一党制的确立,则又经过了几年的时间,是在苏维埃国家开始实行新经济政策后完成的。

1918年10月,孟什维克中央委员会终于把十月革命看成是历史的必然。1919年2月,左派和中派社会革命党人在彼得格勒的一次全国会议上明确放弃了以武力推翻苏维埃政府的方针。于是,苏维埃中央执行委员会撤销了把这两个党开除出苏维埃的命令,两党又被允许出版自己的报纸。1920年底,孟什维克和社会革命党的代表应邀出席了全俄苏维埃第八次代表大会,在会上可以批评政府的政策和提出自己的建议。1920年,在莫斯科苏维埃中还有46名其他党派的代表,在哈尔科夫苏维埃中有205名。

然而1921年到来后,情况开始出现根本性的变化。随着战争的结束,国内积聚的对布尔什维克党的不满情绪骤然爆发出来,最突出的表现就是发生了喀朗施塔得叛乱。叛乱是由布尔什维克党的传统支持力量——革命水兵发动的,得到了几乎所有反对党派的支持,极大地震撼了布尔什维克党的统治。叛乱平息后,布尔什维克党主要采取了三方面的措施巩固自己的政权:一是实行新经济政策,改善国内经济状况,以重新赢得农民阶级和工人阶级的支持;二是加强党的集中统一,开始禁止派别组织存在;三是严厉打击并最终取缔其他政党。

1921年4月,列宁给莫洛托夫写信,建议委托契卡制订一项计划,使该组织能够参加:(1)清除社会革命党人并加强监督。(2)对孟什维克也采取同样措施。按照这一方针,契卡于6月4日起草了一份"绝密"

---

① 刘淑春等编:《"十月"的选择——90年代国外学者论十月革命》,中央编译出版社1997年版,第410页。

文件，以彻底清除孟什维克和社会革命党。1921年下半年和1922年的头几个月，苏维埃国家加强了对敌对党派的镇压。在1922年3月俄共第十一次代表大会上，列宁强调："凡是公开宣传孟什维主义者，我们革命法庭应一律予以枪决。"① 十一大决议决定剥夺敌视苏维埃政权的政治集团的组织自由，宣布俄国共产党是国内唯一合法政党。同年5月，列宁建议在刑法典中"应把枪决（也可代之以驱逐出境……）的适用范围扩大到孟什维克、社会革命党人之类的一切活动"。② 6月，开始审判右派社会革命党人，指控他们犯有密谋罪，并参与一系列反革命叛乱和对苏维埃领导人的袭击。1922年底，除布尔什维克外，其他党派，无论组织还是个人，都从政治舞台上彻底消失了。

苏联一党制从时间上说是在列宁领导时期形成的，但列宁并没有把一党制看成是社会主义制度的必然要求，从而也没有试图为此奠定某种理论基础。1924年颁布的苏联宪法也还没有涉及政党制度问题。首次为一党制作出理论论证的是斯大林。1936年，在宣布苏联建成了社会主义制度的同时，斯大林对苏联一党制的合理性作过这样的论述："几个政党，也就是政党自由，只有在利益敌对而不可调和的对抗阶级的社会里，……才会存在。"而"在苏联只有两个阶级，即工人和农民，这两个阶级的利益不仅不彼此敌对，相反地，是互相友爱的。所以，在苏联也就没有几个政党存在的基础，也就是说没有这些政党自由的基础"。③ 1936年苏联宪法首次规定苏联共产党是一切社会团体和国家机关的领导核心。从此，共产党一党执政被作为社会主义制度的本质特征固定下来。

二 苏联一党制形成的原因

（一）俄国民主政治、政党政治基础薄弱

民主政治、政党政治是资本主义市场经济发展到一定阶段的产物。随着市场经济的发展，社会结构开始发生分化，产生出不同的利益群体，人们的主体意识也开始觉醒，要求国家权力服务于社会利益。于是，先前那

---

① 《列宁选集》第4卷，人民出版社1995年版，第674页。
② 《列宁全集》第43卷，人民出版社1987年版，第186页。
③ 《斯大林选集》下卷，人民出版社1979年版，第408页。

种以社会结构和利益需求单一性为基础、以维持社会静态稳定为主要功能的一元化国家权力结构就不能适应社会的发展了。在各种力量的推动下，一元化的国家权力结构不得不逐渐让位于能反映社会各种利益、适应社会动态发展需求的多元化国家权力结构。作为多元化国家权力结构重要标志和载体的民主政治、政党政治正是在这种背景下慢慢发展起来的。

然而，一直到20世纪初，俄国从根本上说仍是一个前资本主义国家。市场经济没有获得充分发展，国家绝大多数人口仍是具有村社文化心理的农民，不存在强大的私有者阶层。由于缺乏社会力量的冲击，专制权力依然十分强大。1905年革命后，俄国的政党政治虽开始出现，但内源动力不足，发展十分脆弱。1917年二月革命，主要是由世界大战促成的，即使作为资产阶级革命也是早产的。革命后俄国出现了极度的政治自由，政党政治也空前活跃，但这更像是一种无政府状态的表现，而不表明俄国的民主政治已提高到了一个崭新的水平。

由于基础的薄弱，在1917年的那种内外环境下，俄国的多党政治很难存活下来。被提到社会首位的任务已不是有序的发展，而是生存和稳定，只有诉诸传统手段方能迅速实现这一目标。因此，1917年秋天，摆在俄国社会面前的，或者极右势力专政，就像科尔尼洛夫叛乱表明的那样；或者中派专政，像克伦斯基政府所谋求的那样；或者是社会极左翼力量专政，像布尔什维克党所实现的那样。也正是从这个意义上说，布尔什维克一党专政有历史必然性的一面。

(二) 俄国各政党缺乏妥协与合作的传统

历史经验表明，民主政治、政党政治的有序发展，必须以社会各阶级、各集团利益的不断妥协和思想不断的共识为前提。在只有对抗和冲突的情况下，结果只会是两败俱伤而不会有发展。俄罗斯民族是一个好走极端的民族，极端缺乏妥协与合作的传统。就政府而言，它搞了200年的西化，但却一直未领悟到西方制度的真谛，在政治上顽固地坚持传统，不向社会力量妥协和让步。作为民众，则除了起义、进行恐怖活动，很少选择其他道路。俄国的政党政治从一开始就充满着斗争和对抗，而不是团结与合作。几乎每个俄国政党，通常内部都难以整合，不断发生分裂，有时仅仅是因为策略的分歧。例如俄国最早的政党——社会民主工党，成立没多久就分裂成两派，以后长期对抗，变得水火不容。社会革命党自身的分裂几乎伴随着它存在的始终。各政党之间的关系更是如此。二月革命推翻沙皇政权后，各政党被推向了政治生活的前台，对抗和斗争也达到了高潮。首先，资产阶级政党力图独揽政权，无视各社会主义党派的存在，对它们解决和平、土地、面包问题的要求充耳不闻，并不断对它们的和平行动进行武力镇压，从而从根本上恶化了它们之间的关系，最后被后者彻底抛弃。其次，在社会主义党派方面，虽然它们总的目标一致，但也常常无法达成协议，对抗和冲突不断。例如，十月革命前夕，孟什维克国际主义派以及社会革命党的领导人都致力于建立一个左派的、民主的清一色社会党人政府。在10月24日召开的预备议会会议上，社会党人的力量压过了立宪民主党人，出现了建立苏维埃多党政府的现实可能性，但布尔什维克却抵制了会议，最后用革命方式推翻了政府。十月革命胜利后，几个左派政党和铁路工会仍呼吁建立清一色社会党人政府。在谈判过程中，列宁为首的布尔什维克领导人要求它们承认业已存在的苏维埃执行委员会的权力和苏维埃第二次代表大会通过的法令，而社会革命党人和孟什维克则坚持要求把列宁和托洛茨基排除在新政府之外，双方互不相让，谈判以失败告终。

在各政党缺乏妥协合作传统的情况下，暴力就成了解决问题的常用的手段。二月革命后资产阶级临时政府对群众的和平示威行动多次进行镇压，七月危机时制造了重大的血案。布尔什维克党则信奉暴力革命学说，最终诉诸暴力夺取了政权。左派社会革命党人曾是布尔什维克党的同路人，只是由于路线分歧，竟不断刺杀布尔什维克领导人，也走上了暴力推翻政府的道路。国内战争结束后，布尔什维克党对政治对手仍诉诸暴力手段，逮捕和杀害其领导人。

（三）与布尔什维克党的指导思想和取得政权的方式有关

布尔什维克党的指导思想是列宁主义。列宁主义认为，20世纪初的俄国已成为世界各种矛盾的焦点和帝国主义链条上的薄弱环节。在这种情况下，它应该、也有可能走上社会主义发展道路。另一方面，社会主义是无产阶级的事业，因而只能由无产阶级政党即共产党来领导。这样，共产党就从理论上规定了自己对社会发展的天然的领导权。这一点通常是不被其他政党所认同的。这些政党坚持的是人民主权，认为国家走什么样的发展道路、由哪个党执政要由选民的意志来决定。纲领目标的这种差异，导致布尔什维克党和其他政党很难共处。如在全俄苏维埃第二次代表大会上，当布尔什维克党提出自己的社会主义纲领时，遭到多数党派的拒绝。首次召开的立宪会议，由于拒不接受布尔什维克党向社会主义过渡的纲领，最终被强行解散。左派社会革命党和布尔什维克党的分道扬镳，也是由于前者不愿意为了社会主义的利益而牺牲农民利益的缘故。需要指出的是，列宁主义的阶级、政党学说在这里起着同样重要的作用。列宁主义的阶级、政党学说认为，社会上的各阶级是有先进和落后之分的，工人阶级由于同大生产相联系，因而是最先进的阶级，在社会中必然要发挥领导作用。然而由于各个阶级不可能作为一个整体来活动，因而都须由自己的政党来领导。这样，基于以上的逻辑，政党也就有了先进和落后之分。在这种情况下，落后的政党要同先进的政党平等也就是不可能的了。

正因为如此，实际上"大多数布尔什维克领袖都是主张搞一党制的"。[1] 列宁十月革命前就表达过这样的想法。在1917年6月召开的全俄苏维埃第一次代表大会上，当孟什维克领袖策列铁里说俄国没有哪一个政党能够单独掌握全部政权时，列宁坚定地回答说："有的！任何一个政党都不会放弃这样做，我们的党也一样，它随时都准备夺取全部政权。"[2] 1917年8月科尔尼洛夫叛乱发生时，列宁在秘密驻地写道"明天事变就可能使我们掌握政权，那时我们决不放弃政权。"[3] 同年9月，列宁又说："一般政党，特别是先进阶级的政党，如果在可能取得政权的时候拒绝掌握政权，那它就没有权利存在下去，就不配称为政党，就是一块地道的废料。"[4] 1919年，布尔什维克的一党执政受到社会革命党和孟什维克的指责，说它是"一党专政"。列宁进行回击时说道："是的，是一党专政！我们所依靠的就是一党专政，而且我们决不能离开这个基地，因为这个党是在几十年内争得了整个工厂无产阶级和工业无产阶级的先锋队地位的党。……只有这个党才能领导工人阶级去深刻地根本地改变旧社会。"[5]

---

[1] 陆南泉主编：《苏联剧变深层次原因研究》，中国社会科学出版社1999年版，第229页。

[2] 《列宁选集》第3卷，人民出版社1995年版，第77页。

[3] 《列宁全集》第32卷，人民出版社1985年版，第117页。

[4] 《列宁选集》第3卷，人民出版社1995年版，第295页。

[5] 《列宁全集》第29卷，人民出版社1985年版，第489~450页。

如果说列宁主义理论为布尔什维克一党执政提供了内在的动力，那么十月武装起义本身则为一党执政局面的出现开辟了现实的道路。1917年秋天，资产阶级政党在俄国已经威信扫地，政权转归苏维埃成为大势所趋。苏维埃各党派商定1917年10月25日召开苏维埃第二次代表大会解决政权问题。如果政权以这种和平方式顺利转归苏维埃，那么成立的政府必然是多党联合政府。同时，由于布尔什维克党在全国范围内在力量上弱于社会革命党，因而它在苏维埃中不可能处于主导地位。列宁认识到了这一点，要求布尔什维克党不要等待苏维埃代表大会，而是以革命方式夺取政权。他指出："'等待'苏维埃代表大会就是白痴，因为代表大会不会有什么结果，也不可能有什么结果！"① 十月革命胜利后，许多党派和铁路工会呼吁谈判解决政府构成问题，布尔什维克提出的条件是自己必须取得75%的席位，"如果我们不取得多数席位，组织起义毫无意义"（托洛茨基语）。② 这一时期，布尔什维克党曾力邀左派社会革命党人加入政府，也是有前提的，就是他们必须赞同布尔什维克党的政策。

第三节　苏联政党制度的影响和教训

一　一党制的影响

（一）改变了俄国20世纪的社会发展方向

20世纪初以来，俄国社会发展的总体趋势是经济上的市场化和政治上的民主化。一党制形成后，俄国社会的发展方向发生逆转。首先是政治上开始由多元分权模式向传统集权模式回归，随后出现了经济基础适应上层建筑的过程：市场经济被废除，国家对社会资源实施全面控制，社会结构趋向单一，意识形态的一元化，警察式统治等。这些构成了后来斯大林制度的基本要素。

（二）使苏维埃制度名存实亡

苏维埃是俄国人民在反对专制、争取民主的斗争中创立的自我解放和

---

① 《列宁全集》第32卷，人民出版社1985年版，第276页。
② 刘淑春等编：《"十月"的选择——90年代外学者论十月革命》，中央编译出版社1997年版，第405页。

自我管理的组织，它联合了人民群众的各个阶层，囊括了各群众党派。列宁高度评价苏维埃组织，把它看作是真正民主的机构和社会主义制度的核心。1918年1月他在谈到苏维埃制度的优越性时说："它使劳动者在不满意自己的政党的时候，可以改选自己的代表，把政权交给另一个政党，不必进行任何革命就可以改组政府。"① 然而一党制形成后，苏维埃的功能被扭曲。早在1918年时，德国革命家罗莎·卢森堡就对苏维埃国家的命运作了悲观的预言："随着政治生活在全国受到压制，苏维埃的生活也一定会日益陷入瘫痪。没有普选，没有不受限制的出版和集会自由，没有自由的意见交锋，任何公共机构的生命就要逐渐灭绝，……只有官僚仍是其中惟一的活动因素。"② 1919年3月，列宁在党的八大上说："苏维埃虽然按党纲规定是通过劳动者来实行管理的机关，而实际上却是通过无产阶级先进阶层来为劳动者实行管理而不是通过劳动群众来实行管理的机关。"③ 苏维埃国家的缔造者坦率地承认党已代替了苏维埃。列宁晚年对苏维埃国家的发展趋势深感忧虑，提出在党和苏维埃之间必须建立起一种正常的关系，但他的愿望最终没能实现。

（三）导致党内高度集权

布尔什维克党成立之初，由于没有政治自由，因而采取了自上而下、高度集中的党内体制。十月革命胜利初期，出于战争的需要，高度集中的体制得到维持和强化。列宁始终把这种情况看作是暂时的，认为条件一旦变化，党的体制就应该转型。然而事实是，苏共高度集权的体制不仅在和平时期保存了下来，而且还导致了最极端的情况——个人独裁制的出现，直至最后垮台，也没有大的变化。何以会出现这种情况呢？问题就在于，一党制度始终存在着合法性危机，只有保持机构的紧缩和严格的纪律，始终处于战时状态，它才能维持下去。

二 苏联一党制的教训

（一）政党制度必须符合一国的国情

历史上，专制制度曾是维系俄罗斯民族生存和发展的主要力量。但到

---

① 《列宁全集》第33卷，人民出版社1985年版，第245页。
② 《国际共运史研究资料》（卢森堡专辑），人民出版社1981年版，第90页。
③ 《列宁全集》第36卷，人民出版社1985年版，第55页。

19世纪末20世纪初,如同前面已经指出的,多党制已成为俄国基本的政治现实。俄国走向多党制,受到两方面因素的制约和推动。一是外部条件。俄国紧邻西方,学习和移植西方制度一直是当权者和上层阶级始终追求的目标。西方制度的活力在很大程度上是由于多党政治的存在,因而俄国无法抑制自身的这一冲动。而且,俄国要得到欧洲的承认,成为欧洲具有建设性的因素,政治制度上的接近是难以避免的。二是内部条件。19世纪末20世纪初,俄国的市场经济和社会分化已取得了很大的进展。沙皇专制政府也不能无视这一现实,因而在沙皇制度依然稳固的时候,俄国的多党政治就发展起来了。俄国由多党制转到一党制,是在战争造成的特殊情况下发生的,是社会稳定的内在要求和大国地位受到挫折引起民众心理反弹等综合因素作用的结果,而不能被看作是俄国社会正常情况下的选择。一党制形成后,苏联执政当局始终处于巨大的内外压力之中。它无暇按照社会自身发展的规律进行建设,而不得不为自身的生存而斗争,所有的体制和政策安排都要围绕这一目标来进行。这是一个国家的体制所不堪重负的,必然会在激烈的世界竞争中败北。东欧国家后来也出现了同样的情况。

(二) 政党制度是手段而不是目的

政党和政党制度是社会发展的一定历史阶段的产物,是社会为进行合理的权力资源配置而创造出的政治设施。如同计划经济和市场经济是社会经济发展的手段而不是目的一样,政党制度同样是社会政治发展的手段而不是目的。然而长期以来,苏联党灌输给自己的人民和国际共产主义运动的是这样一种观念:多党制是资本主义,一党制则是社会主义。手段当成了目的,现象当成了本质,对它自己及所有社会主义国家都产生了极其有害的影响。

(三) 采取何种政党制度通常与社会所处的发展阶段有关

世界历史发展的经验表明,多党制通常与社会比较发达的状况相联系,一党制则是社会处于较低级发展阶段容易出现的政党制度。无论多党制还是一党制,都有自己合理的一面。如果一个社会仍处在前资本主义的发展阶段,市场经济远没有发育成熟,社会缺乏在多元状态下进行利益整合的能力,那么一党制的政治结构通常就是有益的。它能保证社会的稳定,有利于社会集中力量去实现经济发展的目标。如果一个社会市场经济已比较发达,出现了比较稳定的利益群体,人们有了较高的文化水平和合作的共识,那么多党制更有利于保持社会的稳定和活力。当今世界,发达国家通常都采取多党制,然而许多第三世界国家引进和模仿多党制却不断出现问题,这些正反两方面的经验教训都是值得我们认真总结的。

第十六章　苏联社会主义民族宗教政策

民族和宗教问题历来是世界各国最感困惑而又无法回避的重大社会问题，它们涉及政治、经济和文化等社会生活的各个方面。特别是在民族构成复杂、宗教信仰广泛的国家，民族宗教问题直接关系国家的前途和命运。因而如何制定和实施正确的民族和宗教政策，就成为各国政府的治国安邦大计，对于新生的苏维埃政权来说更是重大的考验和挑战。无论从理论上还是实践上，苏联的民族宗教政策都是其整个社会主义制度建设的重要内容。十月革命胜利后，列宁就对苏联社会主义民族宗教问题予以高度关注和重视，并进行了认真的探索。但是，由于列宁的过早逝世，对许多问题还没有来得及深入研究，而斯大林又在一定程度上背离了马克思主义的民族理论和宗教理论，造成了对民族宗教问题的错误认识和实际工作中的一系列失误。全面考察苏联这一时期的民族宗教政策和实践，总结经验，吸取教训，是一件有着重要意义的工作。

第一节　创建联邦制，确保各民族的平等和独立

随着十月革命取得伟大胜利和苏维埃政权的建立，为铲除阶级剥削和民族压迫，解决沙俄时代遗留下来的民族问题，创造了条件。列宁提出了一些关于民族问题的纲领和理论。列宁和斯大林领导苏联共产党和政府为消灭剥削制度、铲除民族压迫和民族对立的根源，以及通过社会主义经济和文化事业的发展消除历史上遗留下来的民族间经济文化不平衡造成的事实上的不平等作出了巨大努力。

一　苏维埃社会主义共和国联盟的成立

民族多、人种多、语言多以及历史上俄罗斯民族对广大非俄罗斯民族

的殖民统治，使沙俄帝国内部的民族关系十分复杂，各种民族的民族主义情绪和民族间的各种历史积怨是沙皇俄国发展过程中一直十分敏感和微妙的因素，国家政权在民族问题和民族政策上的各种举措常常会产生难以预测的影响。苏联就是在这样的背景下建立起来的。正是在这样的基础上，在列宁的领导下，各族人民在粉碎国内外敌人的进攻过程中加强了团结，成立了苏维埃社会主义共和国联盟。

苏维埃社会主义共和国联盟的成立，经历了艰苦的努力。列宁领导的十月革命，摧毁了资产阶级临时政府，建立了俄罗斯苏维埃共和国。与此同时，各被压迫民族在无产阶级革命推动下，强烈要求实现民族独立自主。1917年至1921年相继建立了乌克兰、白俄罗斯、阿塞拜疆、亚美尼亚、格鲁吉亚等独立的苏维埃民族共和国。1922年秋、冬，远东地区从白匪军和日本武装干涉者的占领下解放出来以后，远东共和国人民代表大会把政权移交给苏维埃，并与苏俄合并，成为俄罗斯联邦共和国的一部分。

以列宁为首的布尔什维克党为了反对帝国主义的武装干涉，捍卫年轻的无产阶级革命政权，实现各民族联合团结，坚持走社会主义道路，提出了各苏维埃共和国在自愿、平等、民主联合的基础上建立社会主义联邦制国家。关于建立多民族社会主义国家的体制问题，列宁开始是不同意联邦制的。1913年他在《关于民族问题的批评意见》一文中曾认为："马克思主义者是反对联邦制和分权制的"，"觉悟的无产阶级总是坚持建立更大的国家"，"总是欢迎各个大地域在经济上尽可能达到紧密的团结"。[①] 面临十月革命后，俄国的现实情况，列宁改变了认识。1918年初，在各民族的苏维埃共和国已经形成的条件下，列宁指出，联邦制是一种向真正的民主集中制过渡的步骤。1919年3月召开的俄共（布）第八次代表大会通过的党纲明确规定，按苏维埃形式组织起来的各个国家实行联邦制的联合，作为走向完全统一的一种过渡形式。

在列宁和布尔什维克党的领导下，1920年至1922年，俄罗斯联邦共和国在多民族国家的建设方面，取得了很大的进展。1920年至1922年间俄罗斯联邦共和国和乌克兰、白俄罗斯、阿塞拜疆、亚美尼亚、格鲁吉亚

---

① 《列宁全集》第2卷，人民出版社1984年版，第148页。

共和国以及花拉子模、布哈拉苏维埃人民共和国缔结了一系列新的同盟条约和经济协定。1922年2月，俄罗斯联邦共和国受当时的八个共和国（乌克兰、白俄罗斯、阿塞拜疆、亚美尼亚、格鲁吉亚、花拉子模、布哈拉以及远东共和国）的委托，代表八国出席了热那亚召开的国际经济会议。各苏维埃共和国之间在国内战争期间形成的联盟关系在经济、外交等方面得到进一步的巩固和发展。

1922年9月，根据列宁的建议，党和政府制定了把当时存在的各苏维埃社会主义共和国联合成苏维埃社会主义共和国联盟的草案。草案规定了俄罗斯联邦、乌克兰、白俄罗斯和南高加索联邦四个苏维埃社会主义共和国，在资源联合又保留每个共和国平等权利的基础上，成立苏维埃社会主义共和国联盟。经过各族人民的积极讨论，俄共（布）中央十月全会通过了这个草案，并决定成立专门委员会来负责制定联盟条约草案。

此后，在各族人民中，对成立苏维埃社会主义共和国联盟的问题，进行了广泛的宣传和讨论。在乌克兰、白俄罗斯和南高加索联邦各共和国的苏维埃代表大会上，都通过了同意成立和加入苏维埃联邦的决议。各共和国的党、政、工会等各级组织都召开了会议和群众大会，对成立苏维埃社会主义共和国联盟表示热烈拥护。

1922年12月30日，召开了苏维埃社会主义共和国联盟第一次苏维埃代表大会。大会基本上批准了苏联成立宣言和联盟条约，宣告各民族自愿联合组成的社会主义新型国家——苏联诞生。这个宣言和条约，经过讨论和修改，构成苏联第一部宪法，于1924年1月，由苏联第二次苏维埃代表大会最后批准。这部宪法确定：俄罗斯苏维埃社会主义共和国、乌克兰苏维埃社会主义共和国、白俄罗斯苏维埃社会主义共和国及南高加索苏维埃社会主义共和国结合为一个联邦国家——苏维埃社会主义共和国联盟（苏联）。这个联盟是各个平等的民族的自愿联合；每一个共和国均有自由退出联盟的权力；一切社会主义苏维埃共和国均可加入联盟。

在沙皇反动统治下互不信任甚至还相互敌视、仇杀的各民族，能够消除隔阂、增加团结，在平等的基础上自愿结成统一的苏维埃联盟国家，这是列宁制定和实施无产阶级民族政策的伟大胜利。

二 创建联邦制后，苏联各民族的繁荣发展

在列宁的领导下，苏维埃政权以全新的观点处理民族关系。为了确保民族平等，列宁坚决主张在国家政治生活的一切方面保障少数民族的平等权利："凡人口占多数的民族企图用来为自己建立民族特权或缩小少数民族的权利（在教育事业、使用某种语言、预算等方面）的任何措施，应当一律宣布无效，谁采取这种措施，谁就应当受到惩罚"。[①] 为了落实布尔什维克的民族政策，成立了由斯大林领导的民族事务人民委员部，使苏维埃政权采取的一切措施都考虑到每一个少数民族的特点，解决好每一个关系到少数民族利益的问题。在联邦制度下，苏联各民族建设取得了很大成就。

（一）加强苏维埃民族政权建设和重视培养民族干部

苏联联邦制建立后，在列宁的领导下，非常重视非俄罗斯地区的政权建设。1921年召开的俄共（布）第十次代表大会关于民族问题的决议指出：在地主和资产阶级已经被推翻的时候，党的首要任务就是帮助非俄罗斯各族劳动人民，发展和巩固适合他们民族生活条件形式的苏维埃国家制度。

国内战争结束后，在列宁和布尔什维克党的关怀下，在各民族苏维埃共和国和民族自治地区，都先后建立起各级苏维埃政权组织。就是在俄罗斯北部的一些还处于氏族制度下的各少数民族中，也根据他们的具体条件和民族特点，建立起民族自治的苏维埃政权。苏联成立后，为了给一些非俄罗斯民族经济、文化的发展创造有利条件，成立了新的加盟共和国、自治共和国和自治州。国家依据民族自治的原则，倡导民族杂居，促进各民族人民在苏联共产党的领导下同心协力，使各民族素质有了长足的提高。

在民族共和国和民族地区建立苏维埃政权的过程中，在列宁的领导下，苏联共产党和政府批评了那些不考虑某些民族地区封建宗法制残余尚未消除的客观条件，采取"骑兵式袭击"的方式去实行"纯粹的共产主义"的急躁、粗暴、不讲政策的错误，并与大俄罗斯沙文主义的种种表现进行了斗争。由于社会主义的苏联刚刚建立，没有经验，在当时的工作

[①] 《列宁全集》第23卷，人民出版社1990年版，第332页。

中，存在着一些大俄罗斯沙文主义现象。有些苏维埃工作人员看不到各种苏维埃自治形式的必要性，他们把各民族苏维埃自治的形式看成是由于某些情况而不得不暂时允许存在的"坏事"。他们不是把苏联看作是各民族共和国在自愿、平等基础上的兄弟联盟，而是看成从沙皇俄国继承下来的统一而不可分的整体。还有些人，利用当时统一铁路、统一国库和合并各人民委员部等工作，竭力排斥、压制非俄罗斯的东西，力图让一切管理机关都掌握在俄罗斯人手中。列宁对这些大俄罗斯沙文主义的表现进行了严肃的批评，强调"应当保留和巩固社会主义共和国联盟"。

在列宁主义民族政策的指引下，苏联成立后，在民族国家和苏维埃民族政权的建设中取得了新的成就。在各民族共和国和民族地区苏维埃政权建设中，布尔什维克党培养了大批民族干部。在工作中，苏共十分重视配备民族干部，各共和国党的领导班子的第一把手大多由民族干部担任。这些民族干部对民族国家的建设，起了很大作用。在俄共（布）第十次、第十二次代表大会通过的有关民族问题的决议中，都规定了各民族共和国和各民族区域的机关，主要应由熟悉各该民族语言、生活方式和风俗习惯的当地人组成。1924年，根据列宁的指示，在对中亚地区各民族进行经济、文化、语言调查的基础上，进行了民族国家划界工作。

为了培养非俄罗斯民族干部，党和政府还积极倡导成立了东方劳动者共产主义大学和其他非俄罗斯民族的共产主义大学，以及各种初级、中级的苏维埃和党务干部学校。1923年6月召开的俄共（布）中央第四次会议和1924年5月召开的俄共（布）中央第十三次代表大会上还先后作出决定，简化了一些地处偏远的边疆民族地区的入党手续，以便把当地民族的先进分子吸收入党并提拔到领导岗位上来，以利于党和政权的巩固。

（二）非俄罗斯各民族地区的经济发展

沙皇俄国在三百多年的统治中，对非俄罗斯地区的侵略和掠夺，造成了这些地区经济异常落后的状况。特别是中亚、西伯利亚和高加索地区的一些民族，他们的经济状况还停滞在前资本主义阶段。面对这样的现状，列宁极为关注长期受沙皇专制政权剥削和掠夺的非俄罗斯民族地区的经济发展，关心经济发展还处于前资本主义阶段的民族直接向社会主义过渡的问题。列宁认为，在取得了革命胜利的无产阶级的帮助下，一些经济上落后的民族，可以不经过资本主义发展阶段，直接走上社会主义道路。

在列宁的直接领导下，布尔什维克党在1921年召开的第十次代表大会上，制定了旨在帮助过去被压迫民族克服历史造成的政治、经济等方面的落后状况，引导他们走上社会主义道路的纲领和政策。这些纲领和政策，在1923年召开的俄共（布）第十二次代表大会上得到进一步的充实和发展。大会文件指出：必须把各民族地区的劳动群众团结起来，彻底消除外来的和当地的上层剥削分子的影响，剥夺他们的阶级特权，然后通过各种合作社的形式，使当地的劳动群众从落后的经济形式逐步过渡到较高级的形式。

在布尔什维克党的领导下，苏维埃政权首先废除了沙皇官吏和贵族的大土地所有制，把没收的土地分给各民族贫苦农民。在1921年至1928年期间，先后在一些封建宗法制占优势的民族共和国和民族地区进行了水源改革和土地改革。由于实行了改革，没收了封建地主和牧主、大商人、僧侣、高利贷者和过去酋长国官吏的田庄，征收了3万7千多户富农的土地，使12万5千3百户无地和少地的农民得到了土地。从此，广大农牧民摆脱了封建压迫和剥削，并逐步走上社会主义集体化的道路。到1937年，在苏联东方的各民族加盟共和国加入集体农庄的农户几乎超过了90%。

为了帮助俄罗斯联邦共和国北部还处于氏族制度下的一些非俄罗斯各族人民改变落后的经济形态，直接走上社会主义道路，苏联还成立了专门管理和保护北方非俄罗斯居民的机构。1925年和1926年，俄罗斯苏维埃社会主义共和国执行委员会还先后通过了《关于正确组织北方边区贸易并保护当地居民免受私人资本剥削的办法》和对北方的各少数民族予以免税的决定。1927年末，联共（布）第十五次代表大会上通过的《关于制定发展国民经济五年计划》的指示中规定，五年计划应特别注意发展各落后民族地区的经济、文化，必须逐步消除这些地区经济和文化的落后性，要对这些地区的经济和文化发展规定较快的速度。

俄共（布）还将社会主义工业化作为改变各民族落后状况的基本途径。俄共（布）第十次和第十二次代表大会认为，社会主义工业化是改变非俄罗斯各民族经济落后状况的根本途径。社会主义工业化也必然促进这些民族工人阶级的产生和发展。因此，这两次代表大会指出，必须首先帮助各民族共和国和民族地区发展工业，建立工业基地，并尽量吸收当地居民参加这一工作。为此，从1921年起，俄罗斯工业发达的中部地区的一些工厂开始迁至阿塞拜疆、亚美尼亚和中亚地区。在斯大林执政期间民族地区工业建设继续发展，斯大林主张根据少数民族地区的特点，因地制宜地发展工业和农业，并派遣俄罗斯专家前去帮助。在第一个五年计划期间，仅在乌克兰就建立了400多家企业，在鞑靼自治共和国建立了40多个中等企业、20多个大型企业，老工业区的工业产量增长1倍，各民族地区则增长2.5倍以上。"二五"期间，中亚和南高加索各共和国的电力比革命前增加了4倍至6倍，阿塞拜疆的石油开采量占全苏的76%。在东部的乌拉尔、西伯利亚、哈萨克斯坦和中亚西亚等地区还大力发展依靠当地原料进行生产的其他工业部门，如有色冶金工业、纺织工业等。

在以斯大林为首的苏联共产党的领导下，苏联各族人民提前完成了第一和第二个五年计划。在第一个五年计划期间，旧工业地区的工业产值增加了一倍，而过去经济落后的各民族共和国的工业产值则增加了两倍半。各民族工人阶级队伍也大大壮大。在白俄罗斯和土库曼，工人数量增加两倍以上。在乌兹别克大约增加了三倍半。第二个五年计划完成后，绝大多数民族共和国工业产值在国民经济总产值中占了优势：白俄罗斯为68%，阿塞拜疆为72%，亚美尼亚为64.7%，格鲁吉亚为60%，哈萨克为58.9%，土库曼为68.9%，乌兹别克为57%，吉尔吉斯为50%，乌克兰为77.4%。

1938年开始实行的第三个五年计划是在第二次世界大战即将爆发的国际形势下制定的。处于建设社会主义和保卫社会主义祖国的需要，苏联第三个五年计划在合理配置生产力方面和进一步发展东部各民族共和国的工业方面，做了更大的努力。但是，由于纳粹德国的进犯，苏联的第三个五年计划（1938—1942年）未能完成，便开始了卫国战争。但在此期间，过去经济落后的民族共和国仍然有一定的发展。1940年，苏联大工业总产值，全国平均增长为1913年的12倍。而一些少数民族地区的工业产值增长远远高于这个数字。像哈萨克为22.2倍，亚美尼亚为22.3倍，格鲁吉亚为26.4倍，吉尔吉斯为160倍，塔吉克为242倍。到30年代，各民族共和国相继建立起大大小小的工业基地，许多民族地区，建立起了自己的燃料动力基地，有了自己的机器制造业、冶金工业、化学工业、石油工业、纺织工业和各种日用品、食品工业。

苏联各民族共和国的农业，在社会主义道路上也获得了很大的发展。各民族地区建立了许多集体农庄和国营农场，发展了粮食、棉花和畜牧业生产。许多过去使用原始落后的农具的各族农民，用上了拖拉机、联合收割机等各种农业机器。1940年，乌克兰的国营农场和集体农庄已有拖拉机9万台、联合收割机3万1千台，汽车5万辆，集体农庄全部耕作的3/4用拖拉机进行，播种工作的一半以上也用机器完成。白俄罗斯在1939年有了1万台拖拉机、1600台联合收割机。吉尔吉斯集体农庄拖拉机数从1932年到1937年增加了3倍。在东方和北方民族共和国和民族地区以往靠畜牧业、养鹿业为生的游牧和半游牧民族，也定居下来，改变了落后的生产方式。

在苏维埃政权下，过去以农业为主的一些民族共和国的水利灌溉事业也得到了很大发展。列宁在苏维埃政权建立初期，就对在土尔克斯坦和南高加索发展水利灌溉事业给予了极大的重视。虽然当时财政十分困难，但仍然大力支持恢复和发展这些地区的水利灌溉系统。由于水利灌溉事业的发展，这些地区各民族共和国的播种面积迅速扩大，棉花、甜菜等农作物单位面积产量有很大提高。如，第二个五年计划期间，乌兹别克的棉产量增加了88%。

在列宁主义民族政策的光辉照耀下，苏联各非俄罗斯民族共和国的工农业生产迅速发展，改变了原来经济十分落后和全苏联生产力分布极不平衡的状况，从而加强了整个多民族的苏维埃联盟的经济实力。

(三) 苏联各民族文化教育事业的保护和发展

列宁一贯关心非俄罗斯各族人民文化事业的进步。在列宁的指导下，俄共（布）十大关于民族问题的决议指出，要发展使用本民族语言的报刊、学校、剧院、文娱场所以及一切文化教育机关，要广泛地建立和发展使用本族语言的普通教育性质的和职业技术教育性质的训练班和学校网，以便迅速培养本地的熟练工人，以及培养苏维埃党务人员担任各方面的管理工作。斯大林也对各族人民的文化教育予以关注。1925年，斯大林就指出，民族文化应当是社会主义的内容和民族形式的文化。

在布尔什维克党和苏维埃政权的关怀下，非俄罗斯各族人民的文化教育事业得到迅速的发展。苏联为48个民族创造了文字，建立和普及使用本民族语言的学校网，开展了扫盲运动。1934年，苏联实行了小学义务教育，用 70 多种民族语言文字教学和出版报纸，用 100 多种民族文字出版书籍。据资料显示，1937 年和 1928—1929 年度相比，俄罗斯联邦共和国用于教育事业的开支只增长了 11.3 倍，而高加索联邦共和国却增长了 16.3 倍，土库曼增长了 21.6 倍，吉尔吉斯增长了 25 倍，塔吉克增长了 83.3 倍。在社会主义革命前，文盲占 90% 以上的一些民族共和国里，学生数目增长极快。1938—1939 学年与 1914 年相比，学生的数目在亚美尼亚增长了 9 倍，在土库曼增长了 32 倍，在吉尔吉斯增长了 43 倍，在乌兹别克增长了 67 倍，在塔吉克增长了 69 倍。

为了培养国民经济建设中所需要的专门人才和发展科学技术，第一个和第二个五年计划期间，各民族加盟共和国的高等教育和科学研究工作得到迅速发展。第一个五年计划期间，乌克兰的高等学校数目从 39 所增加到 203 所，白俄罗斯从 4 所增加到 31 所，格鲁吉亚从 6 所增加到 20 所，乌兹别克从 3 所增加到 31 所。革命前没有高等学校的哈萨克，到 1935 年已有 16 所。第二个五年计划期间，在乌克兰、白俄罗斯都成立了科学院。在阿塞拜疆、亚美尼亚、格鲁吉亚、哈萨克、塔吉克、乌兹别克，也先后成立了科学院分院。在巴什基尔、布里亚特蒙古、达格斯坦、马里和其他自治共和国内，也建立起科学研究机构。卫国战争时期，苏联各民族共和国的文化教育事业遭到严重破坏，但在战后，都得到了迅速恢复和发展。随着经济和文化教育事业的发展，非俄罗斯各族人民改变了过去贫困落后、愚昧无知的状况，在物质生活和精神面貌上都发生了很大变化。

总体而言，在列宁、斯大林的领导下，苏联在解决民族问题方面所取得的成就是巨大的，巩固了多民族的社会主义国家。

第二节　倡导无神论，加强宗教控制

苏联通过革命斗争和社会主义法制建设将沙俄时代为统治阶级服务的宗教改造为与苏维埃国家合作、与社会主义社会基本相适应的宗教，这个任务在 20 世纪 20 年代末基本完成。在这个阶段，苏联党和政府改造了与沙俄帝国紧密结合在一起，拥有强大政治、经济势力以及思想影响的国教——俄罗斯东正教以及其他为剥削阶级服务的宗教。在改造过程中，虽然个别地方存在着过火行为，但总体上还是贯彻了列宁提出的对待宗教问题的基本原则，因此，赢得了包括信教群众在内的广大劳动人民的拥护和信赖。改造旧时代的宗教所取得的成就为后来的政教合作和社会主义建设打下了较为牢固的基础。

一 重视宗教问题，积极倡导无神论

1917年以前，俄国的宗教状况十分复杂。俄罗斯、格鲁吉亚以东正教为国教，中亚和高加索的6个加盟共和国绝大多数居民信奉伊斯兰教，而波罗的海三国是天主教或新教为统治宗教。并且，在这些国家，教会与资产阶级政权或封建政权紧密结合在一起，教会对这些国家的政治、经济、军事、外交、文化和社会生活产生着重大影响。因此，十月革命后，在这样一个多宗教的和宗教影响很深的国家，进行社会主义革命和建设无疑是十分复杂和困难的，无产阶级政党不能不认真地对待宗教问题。

在列宁的指导下，在处理宗教问题上，党和政府的有关宗教问题的决议一再指出了劳动群众抛弃宗教偏见的长期性，而坚持实行彻底的宗教信仰自由政策。列宁指出，每个人不仅应该有相信随便哪种宗教的完全自由，而且应该有传布随便哪种宗教和改信宗教的完全自由。哪一个当官的都管不着谁信的是什么教；这是个人信仰问题，谁也管不着。不应该有什么"占统治地位的"宗教和教会。一切宗教、一切教会，在法律上都应该是平等的。针对当时苏联经常发生的粗暴对待宗教信仰问题，党和政府特别强调决不容许对公民信教自由权利加以任何限制，"侵犯信仰自由"应当受到严厉处分。在对待宗教的问题上，苏联十分重视在工作中宣传的方式方法问题，还特别强调要注意避免伤害信教者的感情，切忌嘲弄信仰和崇拜的对象，切忌采用粗暴的办法等。对此，列宁一再指出，无产阶级专政应当坚持不懈地使劳动群众实际上从宗教偏见中解放出来，而为了达到这个目的就要进行宣传和提高群众的觉悟，在宣传的同时还要注意避免伤害信教者的感情，避免加剧宗教狂热。

苏联党和政府在尊重公民信教自由权利的同时，还积极倡导无神论。苏联共产党从建国后不久就开始着力组织"无神论"宣传工作。1919年3月的《俄国共产党（布尔什维克）纲领》提出："俄共对宗教的政策已经不满足于已经颁布过的教会同国家分离、学校同教会分离的法令，党力求完全摧毁剥削阶级和宗教宣传之间的联系，同时使劳动群众实际上从宗

教偏见中解放出来,并为此组织最广泛的科学教育和反宗教宣传的工作"。此后,俄共(布)又先后制定了《关于违反党纲第13条和反宗教宣传的问题的决定》(1921年5月)、《关于进行反宗教宣传的指示》(1922年2月)、《关于进行反宗教鼓动宣传工作的决议》(1923年4月),此外还有些关于农村问题的决议也涉及反宗教宣传问题。1922年3月列宁在《论战斗唯物主义的意义》一文中也强调指出,对一切现代僧侣主义都应该加以揭露和打击,同时把各种无神论的宣传材料提供给千百万人民群众,把实际生活各方面的事实告诉他们,用各种办法影响他们,以克服他们的宗教迷惑。

为了加强无神论宣传工作,并加强对这一工作的领导,苏联在1921年秋成立了党中央宣传鼓动部反宗教委员会,它直接向中央政治局负责,该委员会在各加盟共和国,省、边区,州都设有分委员会,一直存在到1929年1月。为了扩大反宗教宣传与无神论宣传,苏联在1925年还成立了无神论者同盟(1929年改名为战斗的无神论者同盟)这个群众组织,到20世纪30年代初,其会员发展到500万人。该组织的宗旨是"对宗教这个社会主义建设和文化革命的障碍进行积极和系统的斗争"。这个组织利用各种形式进行活动并成立出版社,出版了大量无神论和反宗教宣传的书刊。据统计,从1917年到1941年苏联共有反宗教杂志40种,报纸35种,仅无神论出版社出版的反宗教书籍1922—1929年就有270种2700万册,1930年为418种2050万册。出版社还专门为工人、农民、红军分别撰写并多次出版了《反宗教教科书》。此外,还筹建了反宗教博物馆,1927年有15个,到1933年达80个。在这种强大的反宗教宣传和无神论宣传的声势之下,不少教徒纷纷退教。宣传工作取得了相当显著的效果。

二 加强宗教控制

20世纪20年代末30年代初,在苏联实现农业集体化时期,当时整个苏联党和政府的工作都是在"左"的思想指导下进行的。这种认识也必然指导了苏联的宗教政策和宗教工作。1929年4月8日,俄罗斯联邦通过了《关于宗教组织的决定》,一直实行到1987年。这个决定实际上是一部宗教法规。这个决定可以说是苏联建国后对待宗教问题的实践在法律上的总结,但它明显地受到当时"左"的指导思想的影响,在内容上,力图削弱宗教,对宗教团体和宗教活动限制占据很多篇幅。1936年通过的苏联宪法,也反映了这一思想。其中第124条规定:"为了保证公民信仰自由,在苏联实行教会同国家分离和学校同教会分离,承认所有公民有举行宗教仪式和反宗教宣传的自由"。这一规定与1918年俄罗斯联邦宪法规定的"宗教宣传自由"完全不同,与1925年俄罗斯联邦宪法规定的"宗教信仰自由"也不一样,按照这部宪法的规定,教徒的信仰自由只剩下"举行宗教仪式的自由"。当时的法律规定都是如此苛刻,苏联在对待宗教问题上的思想认识和工作实践则走得更加遥远了。

1929年6月战斗的无神论者同盟就曾提出了"同宗教作斗争就是为社会主义而斗争"的口号;有些无神论者甚至号召"痛击宗教和教会",如1934年出版的《反对反宗教宣传中的机械主义和孟什维克主义》一书就声称"宗教组织是进行破坏和有害活动的阶级敌人的组织,宗教意识形态是敌对阶级的意识形态,所以,放弃对宗教进行有组织有系统的斗争就意味着纵容、帮助阶级敌人"。虽然党内对宗教问题的认识和对待存在不同意见,但是,在很长一段时间里,上述思想一直占主导地位。

在行动上,当时在宗教问题上也出现了许多激烈的偏激做法。针对这些过火的做法,苏联曾有所警觉并试图纠正。在1930年3月4日,联共(布)通过的《关于同反对歪曲党在集体农庄运动中的路线的决议》中,就提出决不容许用行政手段关闭教堂的问题。这虽然对反宗教狂热有所抑制,但由于总的指导思想的错误,并没有使这种状况得到根本的扭转。1929—1930年共关闭了696座教堂,1931年12月5日在莫斯科炸毁了建于1812年的基督救主大教堂,其后又关闭和毁坏了不少教堂和修道院。这一时期很多地方还发生了没收神职人员的财产,教士和积极参与宗教活动的教徒无端受到审讯和镇压等事件。在20世纪40年代还制造了大量的无教堂村、区、州。如俄罗斯联邦有25个州就没有一座教堂,在20个州中,每个州平均不到5座教堂。许多教士和教徒因是"宗教世界观的代表者"而无辜受到迫害。

在卫国战争时期,苏联绝大多数的宗教信徒站在爱国主义立场上,与祖国人民并肩共同抵抗德国法西斯的入侵。苏联党和人民肯定了宗教界的爱国行动,在这一时期,苏联党和政府实行了一些新的措施和做法,包括:停止反宗教宣传,解散无神论者组织,允许开放教堂,开办宗教院校，恢复教会机构等。这一时期，总体上看，苏联的政教关系是向好的方向发展。但是，苏联政府对个别教派的政策仍然十分严厉。

第三节 苏联民族宗教问题的经验教训

作为推翻沙皇俄国之后的政权，苏联承袭了错综复杂的民族宗教问题。如何在社会主义条件下妥善处理和解决民族宗教问题，关系到苏联国家稳定。苏联建立后，苏联党和政府在各民族政治、经济、文化的发展和建设中取得了许多举世公认的成就。但是，由于历史上传承下来的民族宗教关系的复杂性和民族宗教工作的艰巨性，加之苏联对于正确处理多民族国家的民族宗教问题，在理论和实践方面缺乏经验，就导致了许多失误，积累了许多矛盾和问题。尤其是在列宁以后，斯大林在一定程度上背离了马克思主义关于民族宗教问题的理论和政策，在实践中造成了一系列严重失误，给社会主义建设带来了不良影响。

一 这一时期，苏联在民族问题上的经验教训主要表现在以下几方面：

（一）背离联邦制原则，实行中央高度集权，造成了各共和国与联邦中央的矛盾

十月革命后，列宁面对俄国的现实状况，作出了建立联邦制国家的决策，这是完全正确的。这对于团结各共和国，巩固无产阶级政权具有重要作用。关于联邦制，苏联在1922年的联盟条约和1924年的宪法上对中央和各加盟共和国的权限划分作了规定，对于认识和解决苏联问题提供了指导。但是，列宁没有来得及解决许多具体问题就逝世了。斯大林继承了领导职务以后，在实施联盟条约和宪法的过程中，片面强调中央集权和忽视共和国权利的倾向越来越严重，影响了各民族共和国和联盟中央之间的正常的平等关系。

苏联作为联邦制国家，按照宪法规定应实行联邦中央与各共和国分权制，而如何合理划分联盟中央与各加盟共和国之间的权限，发挥各共和国的主动性、积极性，这是至关重要的问题。1924年宪法规定，联盟中央在全苏行使外交、国防、对外贸易、交通和邮电方面的权力，批准全苏国

家预算、统一货币制度、信贷制度、税收制度，制定全苏其他各种立法原则，加盟共和国独立行使经济、财政、内务、司法、文化教育、卫生和社会保障、检查监督和民族事务等方面的权利。但在列宁之后，联邦制原则却成了一纸空文。斯大林违背了列宁坚持的民主集中制原则，逐步加强了个人集权地位，形成了党内高度集权的领导体制，并把党内高度集中的组织领导原则运用到国家体制上，未能兑现联盟条约和宪法中有关权限划分的规定，这就使联邦制原则遭到破坏，加盟共和国的主权地位完全丧失，在高度集权的体制下，实际上是俄罗斯领导其他加盟共和国。在这种体制下，联邦中央往往过分强调全苏统一的国家利益，轻视民族地区的特殊利益，各加盟共和国在政治、经济和文化建设方面只能严格按照联盟中央统一指令行事，没有任何自主权，这最终造成了全苏利益和各民族共和国利益之间的矛盾和冲突，削弱了各民族共和国与联盟中央之间的凝聚力，埋下了民族矛盾的祸根。

马克思列宁主义认为，在多民族的社会主义国家，无论采取单一制的国家形式还是联邦制的国家形式，都必须始终坚持马克思主义的民族纲领。坚持民族平等，反对任何民族享有任何特权。而斯大林时期，没有坚持贯彻民族平等原则，只是实行名义上的联邦制，长期以来，使各民族积聚了不满情绪，影响了民族关系的发展。

（二）大俄罗斯沙文主义加剧了民族矛盾

十月革命胜利之后，列宁就敏锐地指出大俄罗斯沙文主义是妨碍实现各民族平等和团结的主要危险。俄罗斯长期以来存在着沙皇时期大俄罗斯主义遗留思想的影响。一些俄罗斯人甚至认为其他民族都是落后无知的"异族人"。为此，列宁积极开展宣传教育，努力纠正人们的错误认识。列宁逝世后，斯大林时期并不很重视反对大俄罗斯主义，致使大俄罗斯沙文主义思想有所发展，这对民族团结和民族关系的改善产生了极大的消极作用。

大俄罗斯主义在斯大林时期有着种种表现。比如，在语言问题上。苏联建国之初，党和政府在各种决议和命令中都规定要全面保障各民族的语言平等。1924年颁布的苏联第一部宪法更是以国家根本大法的形式明确规定，联盟国家的一切法律和规定都要以各民族语言和俄语同时颁布。但从20世纪30年代起，苏联开始在广大非俄罗斯地区强制推行俄语，并把俄语规定为各民族学校的必修课。坚持语言平等，反对强制推行俄语，防止任何民族语言享有特权是列宁主张的民族平等原则的一项重要内容。而斯大林时期，却不顾法律规定，强制推行俄语，力图使俄语成为各民族的国语。这体现了大俄罗斯思想残余的深刻影响，对民族关系造成了极大的不良影响。

（三）忽视了民族问题的复杂性和长期性

列宁关于民族问题的原则立场并没有完全被斯大林所认识和理解，斯大林时期关于民族问题的处理，存在着脱离实际，主观主义地看待和简单化地处理民族矛盾的错误做法。

民族和民族问题有其产生、形成、发展和消亡的自身规律。斯大林过早地宣布建成社会主义，提出消灭产生民族纠纷的社会阶级基础，严重忽视了民族矛盾的长期性和复杂性。在 1924 年 5 月，列宁刚刚逝世，俄共（布）十三大政治报告就在谈到民族关系问题时认为，关于民族权利平等、各民族经济和文化平等问题已经基本解决了。随着宣布"已经做到基本上实现了社会主义"，斯大林在民族问题上认为，制造民族矛盾的主要势力即剥削阶级已被消灭，培植民族互不信任心理和燃起民族主义狂热的剥削制度已经消灭，各民族之间的互不信任的心理已经消失，苏联各民族和种族，在全国经济、政治、社会和文化方面都享有同等的权利。所以，根本谈不到民族权利会受到损害。显然，斯大林这样看待当时苏联的民族关系状况，不符合实际情况。

由于对社会主义发展阶段的过高估计和对民族关系状况的错误认识，导致斯大林时期，苏联在民族关系方面总是对实际存在的各种利益矛盾和冲突视而不见，总是人为地加快各民族接近和融合的进程，从而忽视了各个民族的特点和特殊利益，忽视了民族矛盾的普遍性、长期性和特殊性。斯大林时期的失误告诉我们，否认民族问题的复杂性和长期性，否认各民族之间的利益矛盾，必然导致错误地估计民族状况。实践表明，解决民族问题必须遵循民族问题自身发展规律，民族融合要经历长期的历史过程，绝不可人为地、主观地加速民族融合的过程，必须充分认识民族问题的复杂性和长期性，坚持科学决策，正确引导。

（四）用阶级斗争方式解决民族问题，加深了民族矛盾

斯大林时期，由于苏联是第一个社会主义国家，处于国际帝国主义势

力的包围之中，阶级斗争形势复杂，这就形成了阶级斗争扩大化倾向的氛围。这反映在民族问题上，就是长期以来，存在着把民族矛盾归结为阶级矛盾，用阶级斗争方式处理民族问题，混淆两类不同性质的矛盾的现象。从20世纪20年代末以来，斯大林不止一次提出，社会主义时期阶级斗争更加尖锐化的观点，他认为，阶级斗争尖锐化不仅反映在党内和国家机关内，而且反映在民族关系上。1934年，他在联共（布）十七大上提出，民族主义和机会主义一样都是社会主义的阶级敌人，民族主义反映了资产阶级破坏社会主义制度和复辟资本主义的企图。他还提出要坚决打击地方民族主义。

这种认识反映在实践中，就是斯大林在处理民族问题上存在着阶级斗争扩大化的问题，把民族矛盾等同于阶级矛盾，用阶级斗争方式处理民族矛盾和民族纠纷，造成了许多不良后果。在1937年至1938年肃反运动中，各非俄罗斯民族共和国的许多党政领导干部因"资产阶级民族主义"的罪名而受到迫害和镇压，大批持不同意见和维护民族自主权的少数民族干部和知识分子也受到清洗和迫害。斯大林将阶级斗争扩大化的做法，对非俄罗斯民族的民族心理和政治取向造成了深重的消极影响。斯大林把大量民族矛盾不加区别地简单归结为阶级矛盾，用阶级斗争方式解决民族问题，不仅导致阶级斗争扩大化，而且严重挫伤了少数民族情感，加深了民族矛盾，从而为苏联民族关系播下了不和谐的种子。

全面分析斯大林时期的错误做法，可以看到，实际上，在社会主义社会，剥削阶级经过社会主义革命和改造，作为阶级已经被消灭了，民族问题属于非对抗性的人民内部矛盾，不能用阶级斗争的方式简单化地处理。错误处理的结果，只能是加深民族之间的矛盾和对立，而不利于社会主义各民族之间的团结和合作。

二 苏联共产党和政府处理宗教问题上也有许多严重的教训值得总结和借鉴：

（一）能否始终奉行正确的马克思主义宗教理论和政策，关系重大

俄国十月革命之后，随着社会主义制度的建立，宗教与社会的关系就不可避免地增添了新的内涵。十月革命刚刚胜利之时，作为国教的俄罗斯东正教和其他为统治阶级服务的宗教上层人士是站在反革命一边的，他们

与国内外反革命势力勾结在一起，形成一股强大的反对社会主义的社会政治力量。但是，在共产党的政权下，经过一定时期的斗争，改变了这种情况，教会开始在逐渐走上了与苏联共产党和国家关系正常化的道路，出现了教会与国家合作甚至是协调发展的状况。之所以能够出现这样的局面，最根本的一个原因就是掌握政权的共产党，以正确的理论为指导，制定了正确的，符合社会主义要求的有效政策和措施，团结了信教群众和广大人民群众，取得了宗教工作的初步成绩。

苏联共产党和政府在马克思列宁主义的指导下，处理宗教问题时，既坚决打击宗教界的反动势力，又坚决实行宗教信仰自由政策，团结广大神职人员和教徒群众，开创宗教工作的新局面。但是在其后的发展中，苏联共产党在社会主义建设中犯了各种错误和失误，在宗教问题上"左"的错误更是长期存在，对此，信教群众日益不满。因此，作为执政党必须从实际出发，制定正确的宗教政策，认真修正工作中的错误，才能改善政教关系，处理好宗教问题，维护社会稳定，巩固和加强执政党的领导地位。

苏联宗教问题上的成就与失误启示我们：没有一个坚强的马克思主义政党，没有坚持正确的宗教政策，就不可能真正解决好宗教问题，使宗教发挥有益于社会主义的作用。

(二) 必须充分认识到宗教存在的长期性和复杂性

由于苏联长期以来受"左"的思想的影响，没有认识到宗教存在的长期性和复杂性，没有认识到社会主义社会仍然没有彻底消除宗教赖以存在的土壤，而是片面强调宗教是旧社会的"残余"，一味强调削弱宗教，有时甚至把反对宗教偏见的斗争放到了十分突出的位置。

十月革命后，苏联在宗教问题上"左"的倾向始终占重要地位。在革命胜利之初，由于当时阶级斗争的形势和没有经验，出现了许多过"左"的规定和行为。如规定教会没有法人地位、不允许教会有任何财产，不允许从事慈善活动等，后来甚至规定神职人员不得参与国事，不得被选为苏维埃代表。还有20世纪30年代的肃反扩大化对神职人员的镇压和惩治，大批关闭教堂、宗教院校、强制合并宗教、迁徙信仰伊斯兰教的少数民族，以至企图人为地削弱乃至"消灭"宗教等等。这不仅伤害了神职人员，也脱离了广大教徒群众。

宗教本身是社会历史的产物，它历史地产生，也将历史地消亡。企图依靠主观努力，人为地"消灭"宗教根本就是一种空想，也是违背马克思主义唯物主义历史观的。马克思曾经指出："只有当实际日常生活的关系，在人们面前表现为人与人之间和人与自然之间极明白而合理的关系的时候，现实世界的宗教反映才会消失。只有当社会生活过程即物质生产过程的形态，作为自由结合的人的产物，处于人的有意识有计划的控制之下的时候，它才会把自己神秘的纱幕揭掉。但是，这需要有一定的社会物质基础或一系列物质生存条件，而这些条件本身又是长期的、痛苦的历史发展的自然产物。"[①] 列宁清醒地看到了宗教的这一特点，面对苏联的现实状况，他指出："同宗教偏见作斗争，必须特别慎重；在这场斗争中伤害宗教感情，会带来许多害处。应当通过宣传、通过教育来进行斗争。斗争过激会引起群众愤恨；这样进行斗争会加深群众因宗教信仰而造成的分裂，而我们的力量则在于团结。宗教偏见的最深的根源是穷困和愚昧；我们正是应当同这个祸害作斗争。"[②] 这就告诉我们，能否正确地认识宗教存在的必然性和长期性，是能否较好地处理宗教问题的重要前提。

苏联宗教问题上的实践表明，右会带来恶果，"左"也同样会带来恶果，坚持马克思主义的宗教政策就要时刻警惕两种倾向，发现错误性倾向就要及时改正，以免引起更大问题。对于宗教的存在和发展，必须以马克思主义为指导，才能采取正确有效的措施，以成功有效地解决宗教问题。

（三）宗教问题上不能搞大民族主义

苏联处理宗教问题的实践告诉我们，必须平等地对待各种宗教和教会。苏联是多民族多宗教的国家，其中绝大多数宗教与民族有着紧密的联系。苏联人口中俄罗斯是第一大民族，占总人口的一半，俄罗斯东正教是第一大宗教，也是曾长期居于统治地位的宗教，东正教与其他宗教处于不平等地位。十月革命后，虽然废除了俄罗斯东正教的国教地位，法律规定各宗教一律平等，没有特权宗教。但是，由于十月革命后，苏联依然存在着大俄罗斯主义的影响，这在宗教问题上也有所反映。尤其在斯大林时期，在实践中存在众多对宗教的不平等待遇和错误的处理，这就常常会引起不同宗教派别之间的尖锐矛盾，这些宗教矛盾又与民族矛盾纠缠在一

---

① 《马克思恩格斯全集》第22卷，人民出版社1965年版，第96~97页。
② 《列宁全集》第28卷，人民出版社1990年版，第181页。

起，使苏联的宗教问题十分复杂。

因此，在处理宗教问题上一定要坚持一律平等的原则，对于少数民族信仰的宗教，处理的时候更应该谨慎，应该从有利于民族团结和国家统一的大局出发，切忌宗教工作中的大民族主义。

（四）要汲取苏联无神论宣传的教训，解决好贯彻宗教信仰自由政策与马克思主义的无神论宣传教育之间的关系

苏联在十月革命之后，就开始了声势浩大的无神论宣传。苏联的无神论宣传取得了一定效果，经过一段时间的大力宣传教育，信教人数大大减少。但是，斯大林时期，苏联的无神论宣传常常是和反宗教宣传联系在一起，甚至常常发展为反宗教的斗争。这种宣传无论是从方式方法还是从内容上都直接伤害了信教群众的感情。

从马克思主义的观点看来，贯彻宗教信仰自由政策，团结教牧人员和广大教徒群众和教育人民树立科学的世界观，都是社会主义国家和马克思主义政党的任务。宣传无神论，是社会主义国家和政党义不容辞的责任，因为，科学的世界观能够帮助和指导人们正确认识社会发展规律。不能将贯彻宗教信仰自由和宣传无神论这两者完全对立起来，非此即彼。毫无疑问，马克思主义的科学世界观与宗教世界观是根本对立的，但是，由于在社会主义的一定时期里，宗教产生的社会根源、心理因素等不可能完全消除，因此，无神论宣传不能简单化、短期化，而应是长期的、持续不断的而又实事求是的。

苏联在宗教问题上的理论和实践，在一些方面背离了马克思主义的宗教思想，并付出了很大代价，这是一个社会主义国家必须汲取的沉痛教训。

第十七章　苏联的社会主义对外政策

对外政策对于任何国家来讲都是国内政治向国际社会的延伸，是其基本的社会制度和国家——民族利益在国际舞台上的集中体现。处于国际资本和帝国主义列强包围中的新生苏维埃政权，建国伊始就面临着无比沉重的外交压力。其外交政策伴随着社会主义制度的确立和发展而不断丰富和完善。

第一节　苏联的和平外交政策

和平外交是苏联外交的基本政策，是列宁国际战略思想的核心内容。苏联和平外交政策的制定走过了曲折的道路。

三年的帝国主义战争给俄国和世界人民带来了深重的苦难，他们迫切期望和平的到来。苏维埃政权充分理解人民的心声，同时也考虑到和平环境对巩固新生政权的极端重要性，所以，就在彼得格勒起义胜利的第二天（1917年11月8日），全俄苏维埃第二次代表大会就通过了《和平法令》，向各国建议废除秘密外交，一切交战国就缔结公正的、民主的和平条约进行谈判，"就是立即缔结的没有兼并（即不侵占别国领土，不强制归并别的民族）没有赔款的合约"；[①] 法令宣布苏维埃政权无条件地废除沙皇政府和临时政府缔结的秘密条约。1917年11月9日，全俄苏维埃第二次代表大会成立了列宁领导的人民委员会，其中的外交人民委员由托洛茨基担任，该委员会以《和平法令》为指导开始了新政权最初的外交工作。很快，苏维埃政权公布了一百多项帝俄和临时政府时期与资本主义国家签订

[①] 《列宁全集》第33卷，人民出版社1985年版，第9页。

的秘密外交文件。

苏维埃政权公布秘密外交文件等外交活动使帝国主义各国十分震惊，它们无法理解新生的苏维埃政权的行为，进而对苏维埃政权采取敌视态度。

苏维埃政权的和平呼吁没有得到帝国主义国家的响应，各国的资产阶级政府置人民的和平愿望于不顾，为了各自的利益仍然在战场上相互拼杀。协约国集团对苏维埃政权的和平建议不予理会，而德奥集团在战局不利的情况下，希望摆脱东西两线作战的被动局面，同意与苏维埃政权进行和谈。尽管和平的事业遇到重重困难，列宁仍充满信心，他坚信和平的事业一定能够胜利，但必须要抓住每一个和平的机会。考虑到新生的苏维埃政权需要得到巩固的时间，又考虑到人民对和平的迫切愿望，苏维埃政权决定先与德奥集团进行和谈。

1917年12月15日，苏俄与德奥集团签订了停战协定，双方酝酿进行和平谈判。12月22日，和谈在布列斯特—里托夫斯克举行，当时苏维埃代表团由越飞、加米涅夫、波克罗夫斯基等人组成，德国代表团团长是冯·屈尔曼。和谈开始后，本着《和平法令》的原则，苏俄代表提出双方签订不割地、不赔款的和平条约。德国代表团先是虚伪地接受了苏俄的和平建议，之后它利用战场上的优势，不断向苏俄发动进攻，同时，向苏俄代表团提出了一系列苛刻的掠夺性条款。

对于德国方面提出的一系列无理要求，苏维埃政权内部存在着激烈的争论。列宁深知刚刚建立的苏维埃政权力量薄弱，甚至没有自己的军队，如果不向德奥集团做出暂时的让步，将威胁到革命政权的稳固；同时，签订和约还可以进一步扩大同盟国和协约国之间的裂隙，使他们不至于勾结起来组成反苏联盟。所以，他从革命的长远利益出发，主张采取灵活的策略，先签订屈辱的条约，以赢得宝贵的喘息时间，巩固革命政权。以布哈林为代表的"左派共产主义者"过高地估计了欧洲革命的形势，他们认为，德国人的进攻将引起德国和欧洲其他国家群众的革命运动，苏俄的革命就会获得有力的支持；而签订合约就是对欧洲革命的出卖。以托洛茨基为首的一些人提出了"不战不和"的策略，他们认为，因为苏俄没有自己真正的武装力量，所以不能战；因为签订和约将大大损害苏俄的利益，所以也不能和；德国政府在本国革命的威胁下不敢对苏俄展开大规模的进攻，苏俄有可能在这种状况下存在下去。事实证明，布哈林和托洛茨基的观点是站不住脚的，在德国人的进攻下苏维埃政权处在生死存亡的关键时刻，必须以暂时的牺牲换得革命政权的稳固。经过激烈的争论，1918年2月24日，全俄苏维埃中央执行委员会通过了签订和约的决议。

1918年3月3日，苏俄与德、奥、土、保签订了《布列斯特和约》。和约共14条，苏俄丧失了在波兰、立陶宛、白俄罗斯、拉脱维亚、乌克兰等地的大片土地，并向德赔偿60亿马克，双方停止战争。由此，苏维埃政权以巨大的代价换得了宝贵的喘息时间。不过，这一和约的签订与其说体现了苏维埃政权的和平外交政策，不如说它更是苏维埃政权的一个策略措施。在苏维埃政权建立后相当长一段时间里，列宁等革命领导人一直致力于呼唤和推动世界革命。他们认为，只有世界革命特别是欧洲先进国家的革命支持，才能保证苏俄革命的胜利果实。所以，他们急切地期待着欧洲先进资本主义国家无产阶级革命高潮的到来。只是从1919年下半年到1920年间，在俄国革命者所期待的欧洲革命高潮不可能迅速到来的形势逐渐明朗后，列宁等领导人的思想才发生了变化，逐渐明确了与资本主义国家和平共处的政策，到1921年3月18日，苏俄与波兰签订了《里加条约》，标志着列宁由世界革命思想到和平共处思想的重大转变。

尽管苏维埃政权粉碎了帝国主义的武装干涉和取得了国内战争的胜利，但在德国、匈牙利、斯洛伐克等地建立的苏维埃共和国却先后被镇压。情况表明，帝国主义不可能扼杀苏维埃俄国，而苏维埃俄国也不可能寄希望于其他国家革命的支持，在苏维埃俄国和资本主义各国之间，出现了某种"均势"，苏维埃俄国取得了同"资本主义列强并存的条件"。[①]与此同时，久经战乱的苏俄也百废待兴，亟须为国内的经济建设提供一个和平的国际环境。这时，列宁及时地提出了和平共处的思想，1919年12月，全俄苏维埃第七次代表大会通过决议指出："俄罗斯社会主义联邦苏维埃共和国希望同各国人民和平相处，把自己的全部力量用于进行国内建设。"[②] 时任外交人民委员的契切林也宣布苏维埃俄国将与各国政府和平

[①] 《列宁全集》第42卷，人民出版社1987年版，第1页；第40卷，人民出版社1986年版，第23页。

[②] 《列宁全集》，第37卷，人民出版社1986年版，第394页。

共处。1920年8月,苏俄军队在进攻波兰华沙的战斗中遭受挫折。苏维埃政权试图将革命输入波兰的努力却激发了波兰人的民族情感,遭到了波兰人的顽强抵抗,他们将苏俄军队视为外国入侵者,这使苏俄军队兵败华沙。从这里,列宁认识到革命未能得到波兰无产阶级的支持。很明显,以输出革命方式激起西欧革命的希望已经越来越渺茫,而这种形势促使列宁的和平共处思想逐渐成熟。第二年3月苏波签订《里加条约》,苏俄作出让步,将西乌克兰和西白俄罗斯地区划给了波兰,苏波两国和平相处。这一条约的签订体现出列宁已经坚定地以和平共处思想来指导苏俄的外交实践。

所谓和平共处思想,也就是社会主义国家与资本主义国家之间的和平相处。十月革命胜利后,世界上出现了第一个社会主义国家,但它只是资本主义世界中的一个孤岛,形不成与资本主义的对抗力量。而且,在当时的世界上,影响国家间关系的因素远远不止是社会主义与资本主义两大意识形态,还包括宗教、民族、经济,等等多种因素,所以,社会主义和资本主义除了基本制度和意识形态不同外,还有许多相同的因素将双方联系在一起。况且,对任何一个新政权来说,稳固政权和谋求国际承认是其相辅相成的两大目标,这对苏维埃政权来说也不例外。在希望以世界革命支持苏维埃政权的愿望落空之后,提出和平共处思想可以说是苏维埃政权的必然的结论。

在和平共处思想指导下,苏维埃俄国的对外关系逐渐活跃起来,不同社会制度国家之间和平共处的外交局面逐渐形成。波罗的海沿岸国家既是苏俄的近邻,在历史上又与俄国有着密切的联系,芬兰、立陶宛、爱沙尼亚和拉脱维亚都是在十月革命后才脱离苏俄而独立的。十月革命胜利后,资本主义国家试图将这几个国家拉到它们一边,使它们成为反对苏维埃政权的重要环节。为打破资本主义国家的阴谋企图,贯彻和平共处的外交政策,1919年8月31日,苏维埃俄国率先向爱沙尼亚提出签订和约的建议,之后又向拉脱维亚、立陶宛和芬兰提出了签订和约的建议。1920年2月2日,苏俄与爱沙尼亚的和约签署,在和约中苏俄做出了让步,承认爱沙尼亚的独立自主,并给予爱沙尼亚1500万金卢布,条约规定两国和平相处,互不侵犯。这是苏俄与西部资本主义国家之间签订的第一个和平条约,也是苏维埃政权与资本主义国家和平共处思想的第一次真正的体现。

列宁认为:"这项和约是一扇通往欧洲的窗户。它使我们有可能同西方各国进行商品交换。"① 这一和约的签订确实成为了苏俄与其他国家建立和平共处关系的良好开端,同年7—8月,苏俄又同立陶宛和拉脱维亚签订了类似的和约。10月,苏俄与芬兰签订了和约,并于12月正式建立了外交关系。1921年初,苏俄又与伊朗、阿富汗、土耳其等国建立了外交关系。

在和平共处思想的指导下,苏俄力争打开与西方资本主义大国之间的外交僵持局面,而西方资本主义大国也亟须苏俄的原料和广阔的市场,所以,当时打开与西方资本主义大国外交僵局的最好方式就是先与它们建立经济联系。列宁"从世界经济一体化的角度看待社会主义与资本主义之间的关系",② 准确地把握住了这一焦点问题。1920年1月,协约国集团发现对苏俄的封锁收效甚微,而且也限制了自己,随即取消了对苏俄的经济封锁,英国首相劳合·乔治主张同苏俄恢复通商关系。5月,苏俄与英国就重开通商关系开始了谈判。年底,苏俄实行租让制,向西方国家的资本家敞开大门,吸引他们到苏俄投资。1921年3月,苏英贸易协定在伦敦签字。协定规定,两国恢复正常贸易关系,设立享有外交特权的商务代表处,互相不进行敌对行动和宣传。很明显,这是一个包含政治内容的贸易协定,它的签订表明作为当时世界上资本主义强国的英国在事实上承认了苏维埃政权,所以,对苏维埃俄国来说,该协定的签署意义重大。该协定的签署在世界上也产生了广泛的影响,同年5月6日,苏俄就与德国签订了恢复贸易关系的临时协定,德国承认苏俄驻德商务代表为苏俄驻德国唯一的享有外交特权的合法代表,这比英苏贸易协定规定得更为明确,表明德国对苏俄政权的承认。此后的9月2日、12月7日、12月26日,苏俄又与挪威、奥地利、意大利分别签订了双边贸易协定。这些贸易协定的签订,既体现了列宁的和平共处思想,同时也是苏俄对外关系的重大成就,苏俄外交孤立状态彻底结束。

为了进一步打开外交局面,发展与资本主义国家的关系,1921年10

---

① 《列宁全集》第38卷,人民出版社1986年版,第119页。
② 左凤荣:《致命的错误——苏联对外战略的演变与影响》,世界知识出版社2001年版,第35页。

月 28 日，苏俄政府向英、法、意、日、美五个资本主义大国发出照会，表示在偿还沙俄外债问题上准备作出让步，并建议召开国际会议。该照会在资本主义大国引起反响，英国政府积极筹备有苏俄参加的国际经济会议，各资本主义大国准备在会议上迫使苏俄作出巨大让步。1922 年 1 月 7 日，意大利首相博诺米以协约国最高委员会的名义邀请苏俄参加将于 3 月初举行的热那亚会议。苏维埃政权将这次会议作为新政权在国际上正式亮相的一个绝佳机会，认为协约国集团能正式邀请苏俄参加会议本身即是苏俄的一个重大胜利，于是接受了邀请，并组成了以列宁为团长的会议代表团，但在会议开始前列宁因健康原因没能与会。会前，苏俄代表团作了充分准备，列宁为代表团明确了参加会议的政治目标，那就是利用各国的矛盾，尽最大可能地分化资本主义国家集团；苏俄代表和拉脱维亚、波兰、爱沙尼亚代表举行了会谈，争取到了他们在法律上承认苏俄的原则立场，还与德国拟定了苏德条约草案。

1922 年 4 月 10 日，热那亚国际经济会议正式召开。苏俄代表团团长契切林在会议上表示，苏俄代表团"到这里来的目的是为了和平，是为了普遍恢复被长期的战争和战后的政治破坏了的欧洲经济"。他强调："在当前这个历史时代，衰老的社会制度和新生的社会制度并存是可能的，体现这两种截然不同的所有制之间的经济合作，对于世界经济复兴是绝对必要的。"[①] 苏俄代表团提出了普遍裁军等一系列建议，并针对协约国集团的还债要求提出了赔偿因武装干涉苏俄而造成的损失的反要求。这是苏维埃政权第一次利用国际会议的机会向世界表达自己的和平共处思想。但是，协约国集团召开这次会议的主要目的是为了掠夺苏俄，它们不理会苏维埃代表团提出的建议，只是要求苏俄偿还债务和归还被国有化的外国所有者的财产。这样，双方各不相让，会议陷入了僵局，5 月 19 日不欢而散。这次会议虽然没有取得具体成果，但它表明不同社会制度的国家可以摒弃暴力、通过和平协商的途径来解决分歧和争端，同时它也表明欧洲大国已开始正视苏俄的力量，承认苏俄是解决欧洲问题中不可或缺的一个因素。

苏维埃代表团利用热那亚会议的机会积极开展外交活动，他们分析了

---

① 陈之骅主编：《苏联史纲（1917～1937）》上册，人民出版社 1991 年版，第 281 页。

形势，将突破口放在会议期间受到孤立的德国方面。经过谈判，4月16日，苏德双方在热那亚郊区的拉巴洛签订了《俄罗斯苏维埃联邦社会主义共和国和德国协定》，即《拉巴洛条约》。德国在条约中正式放弃了《布列斯特和约》中对苏俄的要求，而苏俄也放弃了根据《凡尔赛和约》应从德国得到的赔款。条约规定两国正式恢复外交关系，根据最惠国的原则发展双方的经济贸易交往。《拉巴洛条约》的签订意义深远，它是苏维埃政权最初的《和平法令》中不割地不赔款原则的最充分体现；该条约还是在平等互利基础上签订的国际条约，所以它也是列宁倡导的和平共处的外交思想的充分体现。德国虽然是第一次世界大战的战败国，但它毕竟是资本主义大国，所以，这个条约也是西方资本主义大国对苏维埃政权第一次在法律上的正式承认，标志着苏俄冲破了资本主义的反苏包围圈。

《拉巴洛条约》的签订在资本主义国家引起了巨大震动，但它们需要苏俄的原料和市场，因此在发出一阵抗议声之后，各国加紧了与苏维埃政权的接触。1924年出现了"承认苏联"的高潮。这年的2月1日，英国工党政府照会苏联外交人民委员契切林，承认苏维埃政权为合法政府，并邀请苏联派代表团到伦敦起草英苏条约；2月7日，意大利政府正式承认苏联，发表了与苏联建立外交关系的声明；10月28日，法国政府承认苏联，双方决定建立正式外交关系。在这三个欧洲大国正式承认苏联的同时，挪威、希腊、奥地利、瑞典等国也相继与苏联建交。在东方，1925年1月20日，苏联与日本签订了《苏日北京条约》，两国相互承认，建立正式的外交关系。从1922年到1925年，苏联得到了21个国家的政治承认，除美国之外的所有资本主义大国都同苏联建立了外交关系。这体现了列宁和平共处外交思想的重大胜利。美国虽然没有与苏联建立外交关系，但双方一直存在着经济往来。到1933年11月，美苏正式建交。

值得注意的是，尽管在和平共处的外交思想指导下的苏联外交取得了巨大成就，但列宁等苏维埃政权的领导人从来没有放弃世界革命的思想。他们试图将二者有机结合起来，在巩固苏维埃政权，发展十月革命成果的前提下积极支持和推进世界革命的不断高涨。"苏维埃俄国认为，能够帮助全世界工人进行推翻资本主义的艰苦斗争是最大的骄傲。胜利一定属于我们。"①

第二节 苏联的无产阶级国际主义

十月革命胜利后，作为世界上第一个无产阶级政权，无产阶级国际主义成为苏维埃政府对外政策的重要原则。苏维埃政权的无产阶级国际主义表现在多个方面，它包括对资本主义国家无产阶级革命的支持和帮助，对殖民地、半殖民地人民摆脱帝国主义压迫斗争的帮助，以及与被压迫人民和民族的和平相处，等等。

对资本主义国家的无产阶级革命进行支持和帮助，这是新生的苏维埃政权世界革命战略的一部分。在获得革命政权后，苏俄革命者企盼着资本主义国家、尤其是欧洲先进的资本主义国家的无产阶级革命的爆发和胜利，他们认为这是苏俄政权彻底胜利的必要条件。所以，他们尽最大的力量发动和帮助资本主义国家的无产阶级革命。1918年11月，在俄国十月革命的影响下，德国发生十一月革命，列宁等苏维埃的领导人将它看作世界革命的一部分，在道义上进行大力支持，并专门给斯巴达克成员写信，在革命策略上给以指导。1918年10月，匈牙利首都布达佩斯爆发工人和士兵的武装起义，并建立了工人苏维埃。11月20日，匈牙利共产党成立，曾在俄国进行革命活动的库恩·贝拉成为匈牙利共产党中央委员会书记，他领导匈牙利共产党为建立苏维埃共和国而斗争。1919年3月21日，匈牙利苏维埃共和国成立，库恩·贝拉任外交人民委员。苏维埃俄国冲破阻力与库恩·贝拉建立了联系，并尽最大的努力对匈牙利新政权进行支持。列宁还专门为匈牙利苏维埃共和国政府写了贺信，并热情地向匈牙利革命的工人阶级致敬。但是，由于力量单薄，在协约国军队的进攻下，1919年8月，匈牙利苏维埃政权归于失败，共产党人遭受迫害。1920年4月发生的苏波战争是苏俄国际主义的集中体现之一。苏联红军在6月5日收复了乌克兰，将战线推进到了波兰边界。这时，苏俄本可以利用有利的形势与波兰签订条约，但苏俄领导人普遍认为，进一步打击波兰的资产阶级政府的行为将帮助波兰的无产阶级获得解放，定会得到波兰无产阶级

---

① 《列宁全集》第43卷，人民出版社1987年版，第273页。

的支持，而且还将成为世界革命的一部分，激发资本主义国家的无产阶级革命。图哈切夫斯基发出命令："革命的工人战士们！请把自己的目光转向西方。在西方决定着世界革命的命运。通过白色波兰的尸体铺着引起世界革命大火的道路。在刺刀上我们将给劳动群众带来和平与幸福。向着西方前进！去进行决定性的战斗，去取得伟大胜利！"① 但是，正如前面所言，波兰的无产阶级并不认为苏联红军的刺刀将给他们带来福祉，而是将它视为民族压迫的象征。这也成为苏俄军队在波兰遭受失败的最主要原因。从这里，也不难看出苏俄国际主义外交政策的局限性。

苏维埃政权致力于对殖民地半殖民地人民的支持和帮助。1917年12月3日，列宁和斯大林共同签署了《告俄国及东方全体穆斯林劳动人民书》，宣布废除帝俄政府参与签订的瓜分波斯、土耳其等国的秘密条约，确立与东方穆斯林国家之间平等、友好的关系准则。该文件向东方穆斯林发出呼吁："立即起来打倒你们国土上上百年来的占领者吧！"波斯（伊朗）、阿富汗和土耳其是苏俄的重要邻国，也是自近代以来饱受西方殖民者欺辱的殖民地半殖民地国家，包括受到了沙皇俄国的欺辱。苏维埃政府对这些国家奉行睦邻友好政策，1918年1月27日，苏维埃政权的外交人民委员托洛茨基即照会波斯驻俄公使，宣布废除有损于波斯独立的1907年的英俄协定。1919年6月26日，苏俄副外交人民委员卡拉汉签署了《俄罗斯苏维埃联邦社会主义共和国政府告波斯政府和人民书》，宣布取消沙俄政府在波斯攫取的一系列特权，免除波斯所欠的债务。1920年11月，苏波两国就建立睦邻友好关系举行谈判，期间，苏俄外交人民委员契切林再次强调苏俄的东方政策："苏维埃政府决定永远放弃沙皇政府在波斯和整个东方推行的野蛮政策，永远放弃沙皇政府在这些国家取得的限制这些国家独立和自决权的一切权利。这一切正是目前在莫斯科制定苏俄波斯条约的基础。"② 在这一方针的指导下，1921年2月26日，苏俄同波斯签订了友好条约。条约共30款，宣布废除沙俄同波斯签订的不平等条约和沙俄与其他国家签订的涉及波斯的不平等条款，两国在平等互利的基础

---

① 左凤荣著：《致命的错误——苏联对外战略的演变与影响》，世界知识出版社2001年版，第28页。

② 陈之骅主编：《苏联史纲（1917~1937）》上册，人民出版社1991年版，第291页。

上发展关系；免除波斯所欠沙俄的所有债务；保证在各自国土上禁止建立和驻留旨在反对对方的组织，如遇外来干涉，两国采取共同的措施。该条约体现了苏俄政权的国际主义原则，维护了两国共同的安全利益。1921年2月28日，苏俄与受到英国威胁的阿富汗签署了类似的友好条约，双方互相承认独立，苏俄向阿富汗提供财政和物资援助。

土耳其是一个日益衰落的东方大国。1918年1月11日，人民委员会通过了《关于土耳其属亚美尼亚》的法令，支持亚美尼亚人民的自决权，并表示支持土耳其人民的独立斗争。土耳其的反对帝国主义的民族解放战争在协约国集团的武装干涉下危在旦夕，凯末尔领导下的土耳其国民政府在1920年4月致函列宁和苏俄政府，希望得到苏维埃政权的支持。苏维埃政权对争取民族独立的土耳其人民给予热情的支持，6月3日，契切林即代表苏维埃政府承认了凯末尔政府，同时，苏俄还尽力给予土耳其以金钱和武器装备上的援助。1921年3月16日，苏俄与土耳其签署了友好条约。条约宣布废除了沙俄与土耳其签订的一切不平等条约，免除了土耳其所欠沙俄的一切债务，归还了沙俄占领的土耳其的一些领土；宣布两国睦邻友好，互相尊重各自国家人民选择自己政体的权利，两国在反对帝国主义的战争中团结合作。这个友好条约具有军事同盟的性质，两国边界历史遗留下来的长期的敌对状态由此结束，凯末尔政府也因此获得了一个世界大国的承认。在此之后，苏俄政府继续对土耳其人民的民族独立运动给予支持，直至土耳其取得了反对外国武装干涉的胜利。

中国是苏俄的最大邻国，也是自近代以来饱受沙俄和其他资本主义国家侵略的东方国家。改善与中国的关系在苏俄的对外政策中占有十分重要的位置。十月革命胜利不久，苏维埃政权便宣布废除沙俄与中国订立的不平等条约，放弃沙俄时代在中国获得的一系列特权。从1917年11月到1918年2月，苏维埃政权代表与中国北洋政府驻俄公使刘镜人接触，就解决中东铁路路权、撤销俄在华领事裁判权等问题进行协商。1918年7月4日，契切林发表了放弃在中国特权的公开讲话，8月，他又在给孙中山的信中希望"中国兄弟参加共同的斗争"。1919年7月25日，苏俄政府发表了《俄罗斯苏维埃联邦社会主义共和国政府对中国人民和中国南北两政府的宣言》，这就是苏维埃政府的"第一次对华宣言"。宣布放弃沙俄在中国攫取的一切特权，放弃庚子赔款，废除沙俄与中国订立的不平等条约。宣言呼吁中国人民与俄国人民携起手来，共同为争取自由而斗争，为此，双方应尽快就一切问题进行谈判。尽管北洋政府对"第一次对华宣言"的消息严加封锁，1920年3月，宣言内容还是传到了中国，受到了中国人民的热烈欢迎，社会各界纷纷发表声明，要求北洋政府与苏俄政府接触，建立两国的友好关系。6月，北洋政府派张斯麟将军率领的非正式代表团到莫斯科与俄谈判，8月，苏俄派外交使团到北京访问。9月23日，北京政府终止了对沙俄驻华使节的承认，断绝了与沙俄的外交关系。列宁接见了张斯麟将军一行，并希望中俄两国团结起来进行反帝斗争。9月27日，苏俄政府发表了《俄罗斯苏维埃联邦社会主义共和国对中国政府的宣言》，这就是"第二次对华宣言"。宣言重申了"第一次对华宣言"的原则，提出了八项条款作为两国缔结平等互助条约的基础。宣言呼吁中俄两国尽一切努力，尽快建立友好关系，缔结友好条约，并希望就贸易往来、铁路、国境线等问题谈判，订立专门协定。这个宣言比第一次对华宣言更直截了当地提出了废除沙俄时代与中国订立的一切条约，体现了新的苏维埃政权的无产阶级国际主义和它与沙俄时代的侵略扩张政策的决裂，是对中国革命的有力支持。

第二次对华宣言在中国社会中引起了更为巨大的反响。1920年12月10日，北洋政府派陈广平任驻莫斯科总领事，之后又表达了第二次对华宣言的重视。之后双方代表开始会谈，但一直没有突破。1922年7月，苏俄政府任命越飞为驻华全权代表，主持对华谈判。越飞除了与北洋政府的代表会谈外，还秘密地与革命者孙中山、廖仲恺等人接触，1923年1月26日，发表了著名的《孙文越飞宣言》。宣言重申了第二次对华宣言的原则，并表达了苏俄人民对中国的国家统一和民族独立事业的同情与支持。5月，苏联向孙中山承诺提供财政援助和向南方政府派遣政治和军事顾问，之后孙中山派蒋介石率领军事代表团到苏联考察，苏联答应帮助培养军事人才，于是有了后来的黄埔军官学校。1923年8月，苏联政府任命卡拉汉接替越飞的驻华全权代表职务，他是第一次和第二次对华宣言的签署者，他的上任受到了中国人民的热烈欢迎。9月4日，卡拉汉即发表了苏维埃政府的"第三次对华宣言"，宣言强调第一次和第二次对华宣言仍是苏联政府对华关系的基础。他还向孙中山表达了对中苏两国人民团结合作的信心。经过艰苦谈判，1924年5月31日，中苏两国正式签订了

《苏中解决悬案大纲协定》，即《中苏协定》。协定包括多个文件，主要内容是：两国相互承认，正式建立外交关系；废除沙俄时期与中国签订的一切不平等条约，取消沙俄时代在中国获得的一系列特权；苏联政府承认外蒙古为中华民国一部分，中东铁路纯属商业性质，该路所涉及中国国家和地方主权的事务由中国政府办理。《中苏协定》是苏维埃政权三次对华宣言原则的具体体现，它是自鸦片战争以来中国外交史上第一个真正平等友好的条约，体现了第一个社会主义国家苏联对中国人民的真切友谊；条约确立了中苏两国的正常关系，为两国关系的进一步发展奠定了良好的基础。

苏俄颁布的这些东方政策的文件和所执行的东方政策，与帝俄时期的东方政策有明显的不同，它摒弃了帝俄时期的对外压迫和掠夺的外交理念，是建立在友好、平等基础上的新型外交；而且，从这些外交文件和政策中还不难发现，其中包含了"苏俄政府在革命胜利的鼓舞下唤起被压迫民族反帝独立运动的热情"，[1] 也可以说他们是苏俄领导人世界革命思想在东方国家的延伸。

第三节　苏联的大国沙文主义及其教训

大国沙文主义是苏联对外政策的痼疾之一。美国著名外交家基辛格博士曾指出："在外交政策上'史无前例'这个词永远都有可置疑之处，因为它实际突破的程度太受到历史、国内体制及地理等因素的限制。"[2] 尽管苏联是世界上第一个社会主义国家，但它的外交活动也受着多种因素的局限，尤其是受着历史因素的局限。追究苏联大国沙文主义的历史根源，可以从沙皇俄国对外侵略扩张的历史以及俄罗斯历史文化传统中的"第三罗马"说和"弥赛亚学说"中去寻找。苏维埃政权建立后，在列宁等革命领导人的思想中，世界革命理论根深蒂固，其中的"输出革命"的思想以及"红色干预理论"，都与后来的大国沙文主义有某种联系。按照世界革命理论，俄国的十月革命只是世界革命的一个序幕，即将爆发的世

---

[1] 林军：《俄罗斯外交史稿》，世界知识出版社2002年版，第159页。
[2] [美]基辛格：《大外交》，海南出版社1998年版，第213页。

界革命将给苏维埃政权以有力的支持,是苏维埃政权存在下去的必要条件。所以,苏维埃政权对外政策的重要任务之一就是发动和支持世界革命。"红色干预理论"是布哈林1920年底提出的,该理论宣称为扩大无产阶级专政和革命,扩大社会主义,每个无产阶级国家都有权进行红色干预。在这种理论的指导下,在一定条件下就出现了无视别国主权的大国沙文主义因素。

在苏维埃政权早期的外交和军事活动中,也存在着大国沙文主义的若干因素。如在苏波战争当中,1920年6月,苏军收复了乌克兰,但并没有就此止步,而是进一步向波兰进攻,试图帮助波兰人建立苏维埃政权,使之成为世界革命的一部分。这种行为虽然是打着无产阶级国际主义和世界革命的旗号,但它被波兰人视为建立在损害别国利益基础上的大国沙文主义行为,结果激发了波兰人的民族情绪,遭到激烈反抗,使苏俄军队兵败华沙。1921年3月,蒙古人民临时政府成立,7月6日,苏军进入库伦,11月5日订立《苏蒙友好条约》,不惜损害中国的利益,承认蒙古人民政府为蒙古唯一合法政府。不过,在列宁在世时期,这种大国沙文主义只是零星出现,在苏联对外政策中不占重要地位。

苏联大国沙文主义的泛滥是在斯大林执政时期。20世纪20—30年代,苏联大力加强社会主义工业化,在短短的时间里使苏联迅速成为一个工业化国家,国家实力壮大起来。30年代,帝国主义战争威胁日益临近,苏联一方面反对帝国主义的战争政策,联合英、法等国试图建立集体安全体系;另一方面,它却从大国沙文主义的立场出发,不惜牺牲弱小国家的利益来构筑自己的防御体系。

1939年8月23日,苏联与德国签订了《苏德互不侵犯条约》,条约附有《秘密附加议定书》。条约商定双方互不侵犯,但其附加议定书却是一个瓜分弱小国家的秘密协议,其中规定,当发生领土和政治变动时,芬兰、爱沙尼亚和拉脱维亚属于苏联的势力范围,立陶宛属于德国;当波兰领土发生变动时,苏德以纳雷夫河、维斯杜拉河和桑河一线为界,东部属于苏联,西部属于德国;在东南欧,苏联关心它在比萨拉比亚的利益,德国对此没有异议。很明显,这是一个瓜分弱小国家的秘密议定书,是苏联大国沙文主义的典型体现。

1939年9月1日,德国进攻波兰,第二次世界大战爆发。按照秘密议定书的约定，苏联也发动了对波兰的攻势，占领了波兰的东部地区，形成事实上与德国共同的又一次瓜分波兰。11月底，苏联公然撕毁了1932年的苏芬互不侵犯条约，以种种借口发动了对芬兰的战争，占领了芬兰。1940年6月至8月，苏联又吞并了立陶宛、拉脱维亚和爱沙尼亚。同时，苏联政府向罗马尼亚提出了对比萨拉比亚的领土要求，无理占领了比萨拉比亚和北布科维纳。至此，苏联大致按照苏德《秘密附加议定书》的约定侵占了这些弱小国家的领土，将其西部边界向西推移了200—300公里，构筑了所谓的"东方战线"。

第二次世界大战期间，苏联红军以巨大的牺牲换得了对德国法西斯的一步步胜利，而就在这时，斯大林的大国沙文主义又暴露出来。他一方面竭力巩固苏联在东欧、东南欧和波罗的海地区获得的利益；另一方面又极力推迟苏联对日开战的日期，争取获得在东方的利益。在雅尔塔会议上，斯大林以牺牲中国的利益作为参加对日作战的条件，其中包括：恢复日俄战争前俄国的权益，维持外蒙现状，等等。这些条件作为条款被美、英、苏三大国首脑载入了《雅尔塔协定》，对苏联来说，这是公然损害中国利益的大国沙文主义行为。1945年8月14日，《中苏友好同盟条约》签订，将苏联在中国的非法权益合法化，其中包括中苏共同使用旅顺军港30年，中苏共有、共管中东和南满铁路30年，大连港开辟为自由港口，等等。所有这些，都是公然损害中国权益的条款，是苏联的大国沙文主义典型体现。

第二次世界大战结束后，苏联实行自己的"安全带"政策，将东欧国家作为自己的防护网，打着维护社会主义国家利益的牌子，粗暴干涉东欧国家的内政，构筑自己的安全体系，表现出极其严重的大国沙文主义和民族利己主义。

以上只是列举苏联的大国沙文主义的几次较严重的体现，实际上这种沙文主义的表现还有许多。苏联的大国沙文主义的危害是多方面的，大国沙文主义的泛滥给科学社会主义留下了深刻的教训。

沙文主义是以损害别的国家和民族的利益为代价的，它违背了民族平等和民族国家间相互尊重主权的国际原则。世界上国家和民族无论大小，他们的权利都是平等的，主权应受到国际社会的普遍尊重，以大欺小、以强凌弱是违反人类道德和国际法基本准则的行为，它受到国际社会的普遍反对和谴责。社会主义国家更应该尊重其他国家和民族的利益，而苏联的大国沙文主义恰恰是违背了这种普遍的人类道德和国际法基本准则，因此它极大地败坏了社会主义的声誉，损害了社会主义在世界人民当中的形象。

科学社会主义理论是现代文明的集中体现，社会主义国家的出现和壮大也是人类文明发展自然的和必然的结果，不能以武力手段催生社会主义。苏联历史上以武力"输出革命"的理论是极其错误的，它往往成为拔苗助长之举，不仅不能使一些国家和民族走上社会主义道路，反而使这些国家和民族的广大民众对社会主义产生抵触情绪，其最终结果是阻碍了社会主义力量的壮大。此外，与"世界革命"理论联系在一起的以武力"输出革命"的理论，往往成为苏联大国沙文主义的幌子，苏联领导人以推进"世界革命"之名行大国沙文主义之实，给国际共产主义运动造成了极大的危害。

社会主义国家更应该与一切反人类的丑恶势力划清界限，尽最大力量推动人类进步事业。但是，苏联领导人在大国沙文主义思想的催动下，公然与法西斯势力签订秘密条约，瓜分弱小国家，形成了事实上的相互勾结。这种行为损害了世界人民的和平与进步事业，助长了法西斯主义的气焰，自然要受到世界上一切爱好和平和主持正义的人民的谴责和反对。

总而言之，苏联的大国沙文主义不仅损害了社会主义的形象，同时也违背了处理国际关系的基本准则，妨碍了人类的和平与进步事业。它为科学社会主义的发展留下了十分深刻的教训：社会主义必须坚决摒弃大国沙文主义！

下 篇

20 世纪前半期的世界社会主义运动

第十八章 世界革命新高潮与第三国际

在俄国十月革命的影响和推动下，20世纪前半期世界社会主义革命迅速掀起新的高潮。由列宁倡导和组织的共产国际应运而生。这是继第一国际和第二国际之后，国际共产主义运动又一个具有重要历史意义的指挥中枢。如同研究马克思主义创立和初步发展时期的世界社会主义运动必须研究第一国际和第二国际一样，研究20世纪前半期的世界社会主义运动不能不对第三国际——共产国际进行深入的科学研究。

第一节 十月革命后的世界形势与第三国际的成立

一 十月革命后的世界形势

1917年3月（俄历二月），不堪战争重负的俄国人民首先行动起来，推翻了沙皇制度。11月，（俄历十月），布尔什维克党发动武装起义，夺取了政权。世界上第一个无产阶级和劳动人民的政权宣告建立。

继俄国革命之后并受俄国革命的影响，欧洲和亚洲迅即掀起了声势浩大的人民革命运动。在这场革命中，德意志帝国、奥匈帝国和奥斯曼帝国继沙俄帝国之后土崩瓦解。芬兰、德国、匈牙利还一度建立起了苏维埃政权。波兰、保加利亚、捷克、斯洛伐克、南部斯拉夫等地的民族解放运动如火如荼，法国、意大利、英国、美国等地的工人运动在"不许干涉俄国"的旗帜下也以前所未有的规模发展起来。与此同时，日本发生了"米骚动"，朝鲜爆发了"三一"人民大起义，中国爆发了规模浩大的"五四"反帝爱国运动。革命运动也涉及印度、伊朗等国以及非洲和拉丁美洲的一些国家。

俄国革命前后的世界形势产生了如下一些后果：其一，俄国革命的胜利引起了各帝国主义国家的恐慌,战争一结束,各帝国主义国家便联合起来,共同对付新生的苏维埃政权。帝国主义力量重新联合的趋势,必然要求世界各个国家的无产阶级也联合起来,以革命的联盟对抗反革命的联盟,这既是世界无产阶级反对资产阶级斗争的需要,也是保卫苏维政权的需要。其二,波澜壮阔的欧亚革命风暴的到来使得列宁等人认为,资本主义的总危机已经到来,世界无产阶级革命的条件已经成熟,社会主义的胜利已经是近在咫尺、唾手可得的事情,而俄国革命的胜利不过是世界无产阶级革命的先声罢了。为了指导已经到来和将要到来的世界无产阶级革命,也需要尽快建立起指导这一革命的国际组织。其三,列宁认为,由于第二国际的各社会主义政党背叛了国际共产主义的革命原则,指导各国的社会主义革命已经不能指望原来的政党,因此,面对即将到来的革命风潮,必须尽快在各个国家按照布尔什维主义的原则建立起新的无产阶级政党,或者指导已经建立起来的革命政党尽快走向成熟。为此,也需要建立起一个不同于第二国际的新的国际组织。

正是在这样的背景下,共产国际诞生了。

二　第三国际的建立

第一次世界大战爆发前夕,第二国际各社会主义政党内部左中右的分化已经十分严重,斗争相当激烈,战争的爆发则使得第二国际最终陷入了一场深刻的危机之中而无力自拔。以第二国际中影响最大的德国社会民主党为代表的一大批社会主义政党相继背叛了无产阶级国际主义立场,转向支持本国政府进行帝国主义战争,另有一大批中立国家的社会党则力求维护本国政府的持中立场,并为谋求召开交战双方国家的社会主义政党代表会议而奔波,还有一小批左派政党积极从事反战活动。第二国际组织上的分裂已在所难免。

1915年9月,由意大利社会党、瑞士社会民主党和俄国社会民主工党联合发起的国际社会主义者代表会议在瑞士伯尔尼附近的齐美尔瓦尔得村举行。会上,左派酝酿并建议同第二国际决裂,建立一个新的国际,但遭到会议的拒绝。尽管如此,齐美尔瓦尔得会议仍然是一个进步。在这次会议上,开战以来各国包括交战国的社会主义者首次聚集在一起,就共同关心的问题进行商讨。这标志着一个历史的转折点的到来。更重要也是具有历史意义的是，在这次会议上，社会主义运动中的左派分子汇集到一起，形成了左派集团。这个集团的核心人物就是俄国布尔什维克党的领导人列宁。从第二国际后半期开始，列宁在同第二国际修正主义斗争的过程中，就已成了国际中的著名左派。世界大战一爆发，列宁就严厉谴责了国际社会党领袖们的背叛行为，宣告了第二国际的破产，并为建立一个新的国际而积极奔走呼号。齐美尔瓦尔得会议促进了各国左派力量的联合，扩大了左派的影响，加强了左派的力量，形成了国际社会主义运动左派的核心集团。他们的"主要特点就是他们既同社会沙文主义，也同'中派'彻底决裂"。① 会上，左派组成了以列宁为首的常务局。1916年4月，在瑞士附近的昆塔尔村举行了国际社会主义者第二次代表会议，又称第二次齐美尔瓦尔得会议。在这次会议上，齐美尔瓦尔得左派的力量进一步加强。

1917年俄国二月革命爆发后，齐美尔瓦尔得左派与右派的分歧加深。列宁指出，"应当毫不迟延地建立起革命的无产阶级的新国际"。他说，"现在已经十分清楚，代表会议犯了错误……我们留在齐美尔瓦尔得，也是在推迟第三国际的建立（虽然这违反我们的意愿）；我们不摆脱在思想上和政治上已经死亡的齐美尔瓦尔得这个沉重的包袱，就是间接地阻碍第三国际的建立"。他号召各国左派同齐美尔瓦尔得右派分裂，勇敢地、忠实地、本着无产阶级的和李卜克内西的精神去建立第三国际。② 十月革命的胜利，为创建新的国际提供了有利的条件。布尔什维克党担负起了筹建新国际的任务。

1918年1月，布尔什维克党召集出席全俄苏维埃第三次代表大会的8个左翼政党在彼得格勒举行会议，决定召开一次赞同进行革命斗争、反对本国政府并争取立即缔结和约、支持十月革命和苏维埃政权的左派代表大会。

1918年以后，一大批国际主义者从俄国回到各自的国家，促进了各所在国左派社会主义者同右派乃至中派的决裂。1918年1月，阿根廷国际社会党成立（1920年改称阿共）。8月，芬兰共产党成立。11月，奥地

---

① 《列宁全集》第29卷，人民出版社1985年版，第170页。
② 同上书，第175、177页、第183~184页。

利、匈牙利和希腊也建立了共产党。12月，波兰、荷兰和德国共产党建立。与此同时，瑞士、罗马尼亚、捷克斯洛伐克、法国、英国、土耳其、美国、加拿大、巴西等国先后建立起了共产主义小组。这些共产党和共产主义小组的建立，为新国际的建立奠定了组织基础。其中特别具有重大意义的是德国共产党的建立，因为德国社会民主党是欧洲各党中历史最长、影响最大的党。列宁认为，德共与德国社会民主党彻底断绝关系，独立建党，标志着"真正无产阶级的、真正国际主义的、真正革命的第三国际即共产国际就在事实上成立起来了。第三国际还没有正式成立，但事实上它已经存在了"。[①]

一系列共产主义政党和组织的建立特别是德国共产党的建立，使新的国际组织的建立最终成为可能。1918年12月底，列宁提议立即召开国际共产党人和左派社会民主党人代表会议。1919年1月，在莫斯科召开了有匈牙利共产党国外局、波兰共产主义工人党国外局、德意志奥地利共产党国外局、拉脱维亚共产党俄国局、芬兰共产党中央委员会、巴尔干革命社会民主联盟执行委员会、美国社会主义工人党以及俄共（布）中央委员会代表参加的会议，讨论召开新国际第一次代表大会的问题。会议通过了俄共（布）中央根据列宁建议起草并经列宁亲自修改的《共产国际第一次代表大会邀请书》，决定于1919年3月初在莫斯科召开第三国际的成立大会，号召德国等39个共产党、左翼社会党以及革命团体和组织参加会议。

经过长期酝酿和精心筹备，1919年3月2日，共产国际代表会议在莫斯科召开，会议从3月4日起改为代表大会。代表会议通过的决议中说，"国际共产主义者代表会议决定组成第三国际并采用共产国际的名称"。共产国际的成立，标志着国际共产主义运动开始了一个新的发展时期。

三 第三国际的组织系统

根据共产国际的性质和组织原则，共产国际成立后，陆续建立了一系列相应的组织机构。

[①] 《列宁全集》第35卷，人民出版社1985年版，第443页。

世界代表大会。世界代表大会由加入共产国际的所有政党和组织组成，是共产国际的最高权力机关。它有权修改共产国际的章程，讨论和决定有关共产国际活动的重大问题，选举产生国际的其他组织机关。世界代表大会共召开过7次代表大会。

共产国际执行委员会。共产国际执行委员会是共产国际代表大会休会期间的常设领导机构，对代表大会负责。它由享有表决权的各国党按票数多少组成。执行委员会共召开过13次会议。

执行委员会主席团。1921年共产国际三大设立了执行委员会小执行局，不久改称主席团。主席团直接领导各支部的工作，下设书记处、地区书记处、组织部、宣传鼓动部、预算委员会等机构。

共产国际常设局。共产国际执行委员会及其主席团有权设立常设性的地区局，如西欧局、南美局、东方局等，以领导和监督该地区各国党的活动。

共产国际监察委员会。成立于1921年中，主要任务是审查有关各支部的活动情况、组织处理、政治分歧以及监督共产国际的财务执行情况，等等。

《共产国际》和《共产国际新闻通讯》。这是共产国际执行委员会主办的两个刊物。

此外，在共产国际活动期间，还先后成立了许多附属性的国际群众组织，如红色工会国际、青年共产国际（又称少年共产国际、共产主义青年团国际，简称"少共国际"）、农民国际、国际妇女书记处、国际工人救济会、国际合作社工作部，等等。这些组织分别负责共产国际的某一方面的工作。

共产国际从第一次代表大会到最后一次代表大会，其成员增加，世界共产党的队伍在不断壮大。共产国际成立时，世界上只有39个共产党、左翼社会党和革命组织，参加共产国际成立大会的只有35个政党和组织的代表，而且当时的大多数共产党都是一些处于非法状态的秘密小团体。到共产国际第七次代表大会时，它已经拥有了76个共产党和其他组织，全世界的共产党员人数已达300多万。1935年时，已有22个共产党组织（其中11个在欧洲）能够合法或半合法地进行活动。在共产国际的各支部中影响最大的是联共（布），其次是德共，此外比较有影响的在欧洲有法共、英共、意共等，在亚洲有中共、日共等，在美洲有美共等。

第二节 第三国际的主要活动

一 积极推动世界革命与各国的苏维埃运动

共产国际是在欧亚革命高涨的浪潮中诞生的，当初列宁等人创立共产国际的目的就是推动革命浪潮进一步发展，并最终实现社会主义革命在全世界的胜利。所以，共产国际成立之后的首要任务便是为预计即将到来的世界革命推波助澜。

按照列宁的分析，俄国革命只是世界革命的一个诱导因素，它犹如星星之火，必将引起欧洲乃至整个世界发生一场前所未有的大变革。接踵而至的欧洲国家的革命风潮似乎印证了这一判断。列宁在共产国际第一次代表大会上致开幕词时指出，"我们的会议具有伟大的世界历史意义。它证明资产阶级民主的一切幻想都已破灭。因为不仅在俄国，而且在欧洲最发达的资本主义国家，例如德国，国内战争都已经成为事实"。"帝国主义战争以后的事迹进程不可避免地促进了无产阶级的革命运动，国际世界革命在全世界已经开始并正加紧进行"。[1] 他在共产国际第一次代表大会的闭幕词中进而宣布："国际苏维埃共和国的建立已经为期不远了。""第三国际即共产国际的成立是国际苏维埃共和国即将诞生的'前兆'，是共产主义即将在国际范围内取得胜利的前兆。"[2]

共产国际成立之后，便积极帮助各国无产阶级建立共产党组织，积极支持和声援各国工人运动和民族解放斗争，积极推动国际共产主义运动的发展。在共产国际的影响、支持和推动下，许多国家都开展了苏维埃运动。当时认为，苏维埃运动的发展程度，苏维埃在各国建立的规模，是革命能否取得胜利的一个重要标尺。列宁在共产国际第一次代表大会上指出，"只有在城市工人和农村无产者都组织起来，并且不是像从前那样组织成工会和合作社，而是组织成苏维埃的时候，才能认为胜利有了保障"。因此，"当我们听到苏维埃的思想在德国甚至在英国迅速传播的时

---

[1] 《列宁全集》第35卷，人民出版社1985年版，第483页。
[2] 同上书，第503、506页。

候,我们认为这有力地证明了无产阶级革命一定会胜利"。①

由于受到俄国革命的感染或者在后来共产国际和各国刚刚建立起来的共产党的积极推动下,在德国、匈牙利、芬兰、奥地利、斯洛文尼亚、克罗地亚、塞尔维亚、保加利亚、捷克和斯洛伐克等国都先后掀起了革命和苏维埃运动的浪潮。在德国、匈牙利、斯洛伐克,都一度建立起了苏维埃共和国,甚至在英国、意大利的不少地方也都出现了工厂苏维埃一类组织。在各国的革命相继遭到血腥镇压之后,德共中央又在共产国际的支持下于1923年10月再次发动了一次起义。在中国,共产党领导的土地革命中建立的革命政权被称为苏维埃政府,从中央到地方的各级权力叫作苏维埃,根据地被称为"苏区"。直到抗日战争爆发,国共两党已经联手抗日时,远涉重洋来到中国的外国记者在延安还能强烈地感到边区的"苏维埃"色彩,可见苏维埃运动对中国革命的影响之深。

各国革命和苏维埃运动的出现,最初是各国人民对帝国主义的自发的反抗和对俄国革命胜利的积极回应。革命运动的发展打击了各国的反动势力,振奋了各国人民的斗志,使各国人民尤其是各国年轻的共产党在斗争中得到了锻炼。这些都是应当肯定的。

但是,就苏维埃运动的后期发展,尤其是共产国际对它的推动而言,其后果则基本上是消极的。首先,各国苏维埃运动是在俄国革命和共产国际的推动下出现高涨的,而各国苏维埃运动的发展反过来又影响了共产国际对世界革命形势的判断。因为共产国际急于进行世界革命,对世界革命的前景持过分乐观态度,所以任何国家的任何一点风吹草动都往往被看成是世界革命风暴的前奏。当匈牙利革命爆发的时候,列宁认为"共产主义在全世界的胜利已为期不远",② 共产国际执委会也认为,"无产阶级革命已经在全世界爆发了。匈牙利的革命只不过是透过乌云的第一道闪电"。当德国巴伐利亚苏维埃共和国建立的时候,共产国际执委会同样认为,它不仅意味着"整个德国成为苏维埃共和国的日子已经不远了",而且"这将决定全欧洲无产阶级最近的命运"。与此同时,其他国家的革命和苏维埃运动的发展无疑更加坚定了共产国际对世界形势的估计。因此,

---

① 《列宁选集》第3卷,人民出版社1995年版,第707、706页。
② 《列宁全集》第36卷,人民出版社1985年版,第177页。

1919年4月20日，共产国际执委会发表的《五一宣言》更进一步认为，"共产主义已经走上了街头。共产主义革命就在我们眼前成长起来。俄国的苏维埃共和国、匈牙利的苏维埃共和国、巴伐利亚的苏维埃共和国，这就是工人阶级最近斗争的成果"。"最后决战的时刻正在临近"，"不出一年，欧洲将成为一个伟大的苏维埃共和国"。这种心态使得共产国际频频向各国发出立即进行革命的号召，而各国共产党和工人阶级的不成熟的起义或革命行动又反过来成了共产国际印证自己观点的事实依据。这种恶性循环在国际共产主义运动中曾以不同的形式反复出现。其次，苏维埃运动对所在国的革命发展也有重大影响。当各国人民自发地起来进行革命的时候，迫切需要一个成熟的革命政党对这一运动进行正确的指导。但是，由于共产国际急于发动世界革命，它指示各国共产党积极推动本国的革命运动和苏维埃化。其结果，各国共产党不仅没有告诉本国人民正确地认识革命本身，相反却误导了人民的情绪，发动了远未成熟的革命，使得革命力量遭到了重大损失。再次，在共产国际和各国共产党发动革命的过程中，许多国家的社会民主党对革命持否定和反对态度，有些社会党还参加或者组织了政府，公开与共产党进行对抗，直至公然镇压革命运动。其结果，共产国际把各国革命失败的主要原因一律都归结为社会民主党人的背叛或者妥协。不仅如此，此后每当革命失败时都免不了把社会民主党人当作靶子批上一通。这不仅于事无补，而且加深了共产党与社会党的对立。最后，在各国苏维埃运动的过程中，由于过分强调了苏维埃的普遍意义，而忽略了它的俄国特色，这就难免把一个国家是否建立了苏维埃作为标准来衡量该国的革命发展程度。[①] 结果，在各国苏维埃运动的过程中几乎无一例外地犯了照搬苏俄经验的错误，给所在国的革命造成了相当大的危害。

二 共产国际的历次代表大会

共产国际从1919年3月建立到1943年6月宣布解散，其间共召开过7次代表大会。就各次代表大会而言，每次大会的召开都反映了当时的国际局势及共产国际对这种局势的反应。

1919年3月2—6日在莫斯科召开了共产国际的第一次代表大会即共

[①] 《列宁全集》第35卷，人民出版社1985年版，第499~500页。

产国际的成立大会。来自欧、亚、美洲的 21 个国家的 35 个政党和组织的代表 52 人出席了会议。一些殖民地半殖民地国家代表列席了会议。大会通过了列宁的《关于资产阶级民主和无产阶级专政的提纲》、《共产国际行动纲领》、《共产国际宣言》、《告世界各国工人书》和《关于组织问题的决议》等重要文件。但是，由于时间过于仓促，第一次代表大会只是宣告了共产国际的成立。大会仅仅制定了一个行动纲领，而没能就共产国际的一系列政治和组织问题进行认真讨论和解决就闭会了。这样，一些本该由成立大会解决的重大议题便不可避免地转交给了共产国际的第二次代表大会。

1920 年 7 月 19 日至 8 月 7 日，共产国际第二次代表大会先在彼得格勒后在莫斯科举行。来自欧美和亚洲的 37 个国家 69 个共产主义政党和组织的 218 名代表参加了大会。大会举行了 17 次会议，讨论了国际形势和共产国际的基本任务、共产党的作用、民族和殖民地问题、议会制、工会、土地问题、建立苏维埃的条件、加入共产国际的条件、共产国际的章程等 13 个议题，并为此设置了 10 个专门委员会。按照列宁的说法，共产国际一大的任务"只是在进行宣传，只是向全世界无产阶级提出基本的思想，只是发出斗争的号召"，而共产国际二大的基本任务"就是制定或者提出一些实际工作的原则，使得到目前为止在亿万人当中无组织地进行的工作能够有组织地、协调地、有步骤地去做"。[①]

共产国际第一次和第二次代表大会的召开，最终完成了建立一个不同于第二国际的新的无产阶级国际组织的任务。共产国际的建立，在一定程度上推动了各国工人运动和共产主义运动的发展，促成了世界上许多国家共产党的建立，声援了十月革命后一度出现的欧亚国家的无产阶级革命，为保卫新生的俄国苏维埃政权做出了贡献。

但是，共产国际的建立，一个重要因素是当时包括列宁在内的社会主义运动中的左翼力量对第二国际领袖背叛行为的义愤，及对当时整个世界局势的乐观估计。他们认为，欧亚一系列国家的革命和骚动是世界革命客观形势成熟的标志，为了推动世界革命，就必须有一个革命的国际性政党。第二国际的背叛证明它已经无力承担起这个历史重任，因此亟须建立

[①] 《列宁全集》第 39 卷，人民出版社 1986 年版，第 223、222 页。

一个不同于第二国际大多数改良性政党的革命政党。为了增强战斗力，为了防止新的国际像第二国际那样从内部破产，就必须建立起一个高度集中的，必须保持组织最大程度的纯洁性。这诸多方面的考虑最终促成了共产国际的诞生，促成了共产国际最初的一系列政策的出台。蔡特金后来在回忆当时的情景时曾说过：我们和同我们在一起的许多人心中都怀着革命的美梦。

由于对革命形势的过分乐观估计，由于巴望着共产主义马上就会到来，共产国际成立之初就受到了强大的极左思潮的困扰。"左"既表现为制定方针政策时脱离实际，也表现为组织上的关门主义，还表现为思想观念上的教条僵化。尽管列宁为了批判极左思潮而在共产国际二大之前专门写了《共产主义运动中的"左派"幼稚病》一书，作为二大的基本文件发至各位代表，但由于当时列宁本人也还存在着"左"的急于求成的思想，认为右倾机会主义是共产国际的主要危险，而"左"的倾向只是"一种小得多的错误"，并认为纠正这些错误比战胜机会主义要容易得多，因而"左"的东西在许多方面都没有得到及时而有效的遏止。

1920年8月，苏俄红军进攻华沙失败和波兰共产主义工人党建立的临时革命委员会解散，标志着欧洲革命高潮的结束。国际形势发生了明显的变化。与此同时，苏俄战胜了帝国主义的武装干涉和白卫军的叛乱，随着苏俄的工作重心由战争转向经济建设，它的对外政策也发生了相应的变化。在这种背景下，共产国际"左"的政策和策略的危害性开始明显地暴露了出来。在遭遇了多次失败和挫折之后，列宁以及其他一些革命领袖经过深刻的反思，开始纠正"左"的方针，扭转共产国际的策略。共产国际三大开始了这一转变。

1921年6月22日至7月12日，共产国际第三次代表大会在莫斯科举行。52个国家的48个共产党、2个持反对派立场的共产党、8个社会党、4个工会组织和9个其他组织的605名代表出席了会议。大会的主题是统一对世界革命形势的认识，确定共产国际及其各支部在新形势下的任务，制定新的斗争策略。列宁在发言中指出，"我们预言过的国际革命正在向前发展。但是这种前进运动并不是我们所期望的那种直线运动"。他呼吁大会集中精力同"左"的危险作斗争，并指出，如果代表大会对已经发现的"左"的错误、"'左'的愚蠢行为不坚决进攻，那末，整个运动必定要垮台"。① 经过激烈的交锋,列宁的观点占了上风。大会指出,世界革命的高潮已经过去,革命走上了一条缓慢发展的道路。为此,共产国际必须在坚持革命原则的前提下改变自己的策略路线,由全面进攻转向防御,以便为未来的革命做更周密、更切实的准备。大会提出了"到群众中去!"的口号,确立了各国共产党要争取群众大多数的基本方针。

1922年11月5日至12月5日,共产国际先在彼得格勒后在莫斯科举行了第四次代表大会。58个国家66个政党的408名代表出席了会议。列宁在致大会的电文中指出,共产国际的"主要任务仍然是争取大多数工人。这个任务我们无论如何要完成"。② 也就是说,四大的主题与三大是相同的。大会要求一切共产主义的政党和组织都要严格遵循统一的策略,因为现时只有这个策略才能够向共产主义者提出争取劳动人民大多数的正确途径。相应地,大会向殖民地半殖民地国家的共产党和工人党提出了建立反对帝国主义统一战线的要求。

共产国际第三次和第四次代表大会的主题都是反"左"。这两次大会在一定程度上纠正了共产国际内部的极左倾向,实现了策略上的重大转变,对于推动共产主义运动的健康发展及各国共产党的革命斗争都起到了积极的作用。正是在共产国际实行了策略转变的前提下,共产国际与伯尔尼国际(即复活了的第二国际)和维也纳国际(原属第二国际的各中派党建立的社会党国际工人联合会,共产国际称之为"第二半国际")才开始坐在一起,探讨国际联合的可能性问题。也正是在这一策略转变的前提下,许多国家的共产党在推选工人统一战线方面取得了初步的进展,东方国家的反帝统一战线也取得了积极的效果。

但是,两次代表大会并没有能从根本上铲除共产国际指导思想上的根深蒂固的"左"的理论和观念。而且由于"左"倾思潮已经形成一种力量,连列宁也不得不承认三大所通过的《论策略(提纲)》是与"左"派的一种妥协。③ 即便如此,三大通过的方针政策在贯彻过程中仍然遇到了相当大的阻力。一些支部强烈反对统一战线政策,另一些支部虽然表示

---

① 《列宁全集》第42卷,人民出版社1987年版,第40、27页。
② 《列宁全集》,第43卷,人民出版社1987年版,第272页。
③ 《列宁全集》,第42卷,人民出版社1987年版,第27页。

同意，但却附加了种种条件和保留。四大是进一步深化反"左"的一次大会，但也就是在这次大会上，季诺维也夫在大会的开幕词中公开表示："我们可以毫不夸张地说，我们现时的（也许是我们整个时代的）最迫切的任务就是战胜社会民主党，它是国际反革命的最重要的国际因素和通向国际工人阶级胜利道路的主要障碍。"这实际上是对共产国际三大和四大统一战线策略及其纠"左"努力的公开的抵制和挑战。三大和四大上的激烈辩论和交锋表明，"左"不仅是存在于各国党内的分散的力量，而且共产国际的部分领导人和著名活动家都持有"左"的观点，它在无形中已经形成一个上下结合的集团，从政策的制定到执行都直接和间接地发生着这样那样的影响。列宁去世为"左"倾思潮的泛滥提供了可乘之机。此外，四大就共产国际组织问题通过的决议，进一步加强了执委会的权力。高度集中的领导体制进一步强化，各国党的独立性进一步被削弱，为以后共产国际"左"倾路线在各国党内泛滥提供了沃土。

1924年6月17日至7月8日，共产国际第五次代表大会在莫斯科举行。这是列宁去世后共产国际召开的第一次代表大会。49个共产党和工人党、一个人民革命党、10个国际组织的504名代表出席了大会。大会的主要任务是总结前一时期无产阶级革命的经验教训，统一思想，整顿队伍，制定新时期的策略方针和加强各国共产党的建设。大会通过的《策略问题》提纲认为，世界革命的形势，就像俄国1917年七月事变以后到十月革命爆发那一段时期的形势一样，一个革命浪潮刚刚过去，新的革命浪潮就要到来。因此，在最近时期，无产阶级的大规模的群众运动是不可避免的。提纲指出，统一战线策略在过去和现在都是革命的手段，是四面受敌人包围的共产主义先锋队的革命的灵活策略，是首先用来反对反革命的社会民主党的叛卖领袖的策略，而绝不是同他们缔结联盟的策略。大会还指责前一时期一些党在执行统一战线策略时犯了右倾错误。大会的另一个重要内容是向各国党提出了"布尔什维克化"的任务，其实质是反右倾和进一步打击某些政党的独立倾向。布尔什维克化的严重后果是大多数国家的共产党内部的"左"倾冒险主义、"左"倾教条主义和"左"倾关门主义的恶性膨胀。

很明显，在第五次代表大会上，"左"倾思潮已经占了主流。第三次和第四次代表大会以来的纠"左"进程被打断，共产国际的策略路线发生了逆转。遗憾的是，这一势头不仅没有得到遏制，反而不断发展，终于导致了"左"倾思潮的全面泛滥并最终形成了一条完整的"左"倾路线。共产国际的第六次代表大会就是形成完整的"左"倾路线的一次大会。

1928年7月17日至9月1日，共产国际六大在莫斯科召开。57个党和9个其他组织的532名代表出席了会议。这是共产国际历史上会期最长、规模最大、涉及问题最多的一次会议。大会认为，第一次帝国主义世界大战后，国际工人经历了3个发展时期，这3个时期分别反映着资本主义体系总危机的3个发展阶段。第一个时期是资本主义制度陷入严重危机时期，同时是无产阶级进行直接的革命发动的时期。第二个时期是资本主义体系逐渐形成局部稳定、资本主义经济"复兴"的时期，是资本主义的进攻变本加厉和无产阶级大军遭到严重失败而继续进行自卫斗争的时期，同时又是苏联迅速恢复经济并在社会主义建设中取得重大成就的时期。六大前夕开始的第三个时期，是资本主义总危机急剧发展的时期，是帝国主义矛盾激化和战争的时期，是资本主义体系已经面临全面崩溃的时期，也是世界已经进入革命高潮的时期。在新的时期即第三时期，国际共产主义运动的主要国际任务就是制止临近的帝国主义战争，保卫苏联，反对干涉和瓜分中国，保卫中国革命和殖民地起义。各国共产党应准备把反苏战争变成反对帝国主义政府的国内战争，变成保卫苏联的战争。先进国家的共产党除了这些任务之外，还应把它同建立无产阶级专政的任务、反对资本主义的日常斗争结合起来，为无产阶级专政和社会主义而展开决战。在这个时期，社会民主党实际上起着资产阶级后备军的作用，它已经成了"资产阶级性质的'工人'政党"，成了"共产主义和无产阶级专政的最危险的敌人"。因此，各国共产党人应当把社会民主党当成主要敌人予以打击。同样道理，在共产国际内部以及共产国际的各国共产党内部，主要的危险也是来自内部，是党内的"右倾反对派"。因此，在共产国际内部，应当把反右倾斗争提到首要地位。在"第三时期"理论指导下，大会通过了《共产国际纲领》和《共产国际章程》。这样，"左"倾思潮在共产国际的六大上便占据了从理论到纲领到组织体制的全面优势，形成了完整的"左"倾路线和理论体系。

从共产国际五大到共产国际六大，"左"倾思想迅速发展并占据全面优势，从局部逐渐形成体系并最终成为共产国际的基本路线，"左"成了共产国际的主色调。这种局面一直持续到1934年以后才有所改观。

共产国际的"左"倾路线给各国党的工作造成了极大困难和重大损失。1933年，德国希特勒纳粹的上台标志着"左"倾路线的全面破产。法西斯势力的猖獗以及人民的反法西斯斗争促使一些国家的共产党人自觉或不自觉地起来抵制共产国际的"左"倾政策。同时，严峻的事实也促使共产国际的部分领导人不得不重新检讨共产国际所推行的战略策略，反思统一战线问题。

经过精心筹备，共产国际第七次代表大会于1935年7月25日至8月21日在莫斯科召开。65个共产党及其他工人组织的513名代表出席了会议。季米特洛夫向大会作了《法西斯的进攻和共产国际在争取工人阶级、反对法西斯的斗争中的任务》的报告，大会就该报告通过了相应的决议。大会指出，执政的法西斯是金融资本的极端反动、极端沙文主义、极端帝国主义分子的公开的恐怖独裁，是新的帝国主义战争的主要挑拨者和国际反革命势力的突击队。为了战胜法西斯，必须建立广泛的统一战线：在资本主义国家建立工人阶级反法西斯的统一战线，在殖民地半殖民地国家则建立反对帝国主义侵略的民族统一战线。为了在思想上保证工人阶级统一战线和人民阵线方针的贯彻执行，大会批判了"左"倾关门主义。此外，大会通过的《关于共产国际执行委员会工作》的决议要求把实际工作的领导权集中于各国党。决议指出，各国党在局势发生变化的关键时刻，可以根据共产国际决议的精神，结合本国情况，独立自主地提出政治任务和制定必要的斗争策略。大会宣布，共产国际以后一般不再直接干涉各国共产党内部的组织事宜。根据这一决议的要求，七大后停止了召开执委会全会，撤销了地区书记处和地区局，把派遣国际代表的制度改为由共产国际执委会同各国党的最高领导人直接联系的方式。

七大是共产国际的最后一次代表大会，这次代表大会在共产国际的历史上具有重要的历史意义。大会确立了建立反法西斯统一战线的方针，纠正了长期以来占据统治地位的"左"倾路线，确定了共产国际和各国党面临的主要任务和行动方针，实现了共产国际战略策略的转变，开始了一个反对战争反对法西斯主义斗争的新时期。大会把领导重心集中于各国党的决议以及后来领导方式的改变，对各国党独立自主地解决本国实际斗争问题起了积极作用。但是，七大没有从思想上对"左"倾路线进行彻底的清算，对教条主义和宗派主义及其根源没有给予应有的揭露和足够的注意，从而给共产国际在转变策略之后的发展留下了不小的后患。

三 第三国际的解散

共产国际第七次代表大会制定的统一战线和人民阵线政策极大地推动了世界反法西斯运动。七大后，共产国际执委会主席团和书记处积极敦促各国党在实践中采取灵活的斗争策略，大胆运用工人统一战线和人民阵线的政策。同时，在共产国际七大新方针的指导下，各国共产党也努力结合本国的实际，广泛开展了各种统一战线运动。在共产党的推动下，法国、西班牙、中国等国家的反法西斯统一战线工作都搞得有声有色。捷克斯洛伐克、英国、比利时等其他许多国家的共产党也为建立反法西斯人民阵线做出了积极贡献。

1939年8月，苏联和德国签订了互不侵犯条约。9月，第二次世界大战在欧洲战场全面爆发。出于国家利益的需要，苏联对世界大战作了歪曲事实的解释。受苏联外交政策的影响，共产国际执委会号召各国共产党对战争持失败主义立场，谴责本国政府和社会民主党人。这实际上是同共产国际七大方针政策背道而驰的，是一个倒退。共产国际不允许各国党采取自主的行动，要求各支部一律执行共产国际的指示。对于执行不力的党，共产国际还进行了强制性的干预。共产国际政策莫名其妙的突然转变，使欧洲许多国家的共产党茫然无措，陷入了思想上的混乱和政治上的窘境。共产党的威信和地位在英、法等国家急剧下降，一些国家的党员大批退党，一些党陷入了瘫痪状态。

1941年6月，苏德战争爆发。国际形势和苏联对外政策都发生了重大变化。针对新的形势，共产国际执委会书记处召开了扩大会议，并提出了新的方针和任务。会议号召各国共产党支援苏联的卫国战争，集中全力进行反法西斯斗争；会议指出了保卫苏联与保卫本国人民利益的一致性，并重申了建立广泛的反法西斯国际统一战线的必要性和紧迫性。共产国际的路线重新回到了七大的立场。此后，由于客观条件的限制，共产国际的活动处于不正常的状态。在最后两年的有限的活动中，共产国际一方面积极展开了反法西斯斗争；另一方面也出现了干涉一些党的活动的情况。

到20世纪40年代，世界形势同共产国际成立时相比已经发生了很大的变化。各国共产党已成长起来并日益走向成熟，它已经有能力根据本国的实际制定正确的方针政策，共产国际高度集中的组织形式已不能适应各国革命斗争的需要，而且事实证明它也无力解决各个国家内日益复杂且千变万化的问题。如果共产国际继续存在并像以前那样向各个国家的党直接发号施令，它就不仅无益于世界无产阶级的革命事业，而且会成为这一事业取得胜利的一个障碍。共产国际七大之后的政策反复充分证明了这一点。这是共产国际解放的深层原因。所以，早在1940年，共产国际领导人内部就开始酝酿解散事宜。共产国际之所以又存在了相当长的一段时间，据当时共产国际的领导人事后回忆，开始时是因为存在着苏德互不侵犯条约，解散共产国际无疑会给敌视共产国际的势力以口实，会被认为是对德国压力的一种让步。苏德战争爆发之初，由于开始的战局对苏联和反法西斯阵营不利，这时解散共产国际不利于鼓舞共产党人和劳动群众的士气。

世界反法西斯战争转入战略反攻后，为了加强苏联与英美等国的同盟关系，进一步巩固反法西斯统一战线，共产国际的解散便提上了日程。1943年5月，共产国际执委会主席团举行会议，主要讨论了解散共产国际的问题。5月15日，执委会主席团拟定了关于解散共产国际的提议书。由于战争环境不允许召开国际代表大会，执委会主席团决定将提议书提交各国党征求意见，并要求在最短的时间内予以答复。到6月8日，共产国际共收到中共、德共、法共、意共、西共等31个支部的宣言和声明，一致赞成解散共产国际。共产国际执委会主席团于6月8日召开了最后一次会议，并于6月9日发表了季米特洛夫代表主席团签署的《共产国际执行委员会主席团关于解散共产国际的通告》。通告声明："（1）解散共产国际的建议已得到所有能够表达意见的各个支部的一致同意（包括所有最重要的支部）；（2）共产国际执行委员会、执委会主席团和书记处、共产国际监察委员会于1943年6月10日一律撤销；（3）委托季米特洛夫（主席）、曼努伊尔斯基、皮克和陶里亚蒂成立一个委员会处理共产国际组织、机构和财产等方面的事宜。"7月5日，共产国际的机关刊物《共产国际》出版了最后一期。

共产国际解散的消息发出后，各国共产党对此举均持赞成态度，反法西斯盟国也表示欢迎。共产国际的解散没有产生消极影响。

第三节 第三国际与中国

一 第三国际与中国共产党的成立

俄国十月革命对中国影响极大，它使得苦闷、彷徨乃至绝望中的中国激进知识分子感到欢欣鼓舞，促使他们中的一大批人在思想上纷纷转向列宁主义和俄国道路。共产国际的成立更进一步推动了中国知识分子的革命化和布尔什维克化，而共产国际代表的来华则加快了中国马克思主义者的建党步伐，促成了中国共产党在20世纪20年代初的诞生。

1920年初，俄共（布）远东局（第三国际东方局的前身）在海参崴的负责人向共产国际请示，要求同中国革命建立经常的联系。不久，共产国际批准了这一请示。1920年4月，以维经斯基为首的代表团到达北京。维经斯基与李大钊取得了联系。双方讨论了中国的建党问题。经李大钊介绍，维经斯基又到上海会见了陈独秀，并就中国革命及中国的建党问题与陈交换了意见。1920年8月，在维经斯基的帮助下，陈独秀等人在上海成立了中国共产党的发起组，并由维经斯基与陈独秀商议后草拟了一个中国共产党党纲草案。上海发起组成立后，实际起了临时中央的作用，它邀约北京、武汉、长沙、济南、广州等各地的代表人物，发起建立共产党组织。为了培养干部，维经斯基等人还在上海帮助创办了外国语学社，吸收革命青年学习俄语，以便日后到莫斯科学习。维经斯基小组在华期间，对中国早期共产主义组织的建立以及马克思列宁主义在中国的传播做出了很大的贡献。

为了加快中国革命的步伐，共产国际执委会委员民族和殖民地问题委员会秘书马林于1920年8月奉命来华。马林于1921年6月到达上海，他是共产国际派往中国的第一位正式代表。到达中国后，他立即投入了中国共产党的筹建工作，帮助中国共产党召开成立大会。经过多方协商，中国共产党第一次代表大会于1921年7月23日在上海举行，马林与来华接替维经斯基工作的尼柯尔斯基出席会议并讲了话。马林在致词中说，中国共产党正式成立，具有重大的世界意义，共产国际增添了一个东方支部，俄共（布）增加了一个东方朋友。他希望中国同志努力工作，接受共产国际的指导。1922年7月，中共二大通过《加入第三国际的决议案》，宣布

"正式加入第三国际,充分承认第三国际所决议的加入条件二十一条,中国共产党是国际共产党的一个支部"。

二 第三国际与中国革命

共产国际在各国的活动旨在推动各所在国革命运动的发展。中国共产党的建立,极大地推动了中国革命的进程。

共产国际在中国寻找革命力量有一个摸索过程。几经摇摆与试探,到1921年下半年马林来华后,才最终把目标确定在孙中山及其领导的国民党的身上,认为在中国开展民族民主运动,可以同中国共产党合作的,不是陈炯明,也不是吴佩孚,而是孙中山领导的国民党。马林建议国民党同共产党合作,同时建议共产党人放弃对国民党的排斥态度,"到国民党中去进行政治活动",同国民党人一道进行反帝斗争。在共产国际的帮助下,国共两党开始了第一次合作。在中国共产党、共产国际和苏联政府的帮助下,孙中山改组了国民党。共产党员、共青团员均以个人身份加入国民党。中国共产党还参加了黄埔军校的工作。黄埔军校成立后,在共产国际、苏联和中国共产党的帮助下,孙中山的广东革命政府平定了广州的商团叛乱,而后又东征陈炯明,稳定了广东革命根据地,迎来了中国大革命高潮的到来。

1926年2至3月间,共产国际召开第六次执委会全会。会议关于中国革命问题的决议对中国共产党领导的革命群众运动和国民党所控制的军事力量都表示了支持。会议接纳中国国民党为共产国际的同情党,蒋介石也因而被选为共产国际执委会主席团的名誉委员。这无疑极大地抬高了蒋介石的政治地位。就在共产国际执委会全会闭幕的几天之后,即1926年3月20日,蒋介石即制造了反共、反苏和反共产国际的"中山舰事件"。陈独秀、张国焘等主张妥协退让。联共(布)派出的布勃诺夫使团也采取了妥协退让的态度。布勃诺夫使团回国后向共产国际汇报工作时认为"中山舰事件"的发生是由于中共和苏联顾问对国民党军队和将领干涉过多所致。因此,共产国际对"中山舰事件"也采取了妥协退让的态度。"中山舰事件"后,鲍罗廷回到广州,遵循共产国际的指示,继续对蒋介石实行妥协退让的方针。5月,蒋介石进一步制造了严重限制和打击共产党人活动的"整理党务案"事件。陈独秀向共产国际提出退出国民党的报告。这时，联共（布）党内托洛茨基与季诺维也夫结成联盟正与斯大林和布哈林进行斗争，托洛茨基在共产国际也主张中共退出国民党。共产国际否决了这一建议，并派维经斯基来华制止中共退出国民党的要求。中共中央最后接受了共产国际关于留在国民党内、暂时退却的政策，从而巩固了蒋允石的地位。

7月，国民革命军誓师北伐。北伐得到了共产党员和共青团员的大力支持和积极参与以及蓬勃发展的农民运动的大力支持。苏联和共产国际也给予北伐以极大的声援和支持。北伐发展神速。但是，在对待农民运动问题上，陈独秀和鲍罗廷再次向国民党右派让步。共产国际也要求中共中央制止农民运动的发展。农民运动受到压制。

11月至12月间，共产国际执委会召开第七次执委会全会，中共代表谭平山和中国国民党代表邵力子出席大会。会议专门成立了中国问题委员会，并通过了《关于中国局势的决议》。决议指出，目前中国民族革命运动的发展重点是土地革命，中国共产党要竭尽全力争取非资本主义道路的革命远景的最终实现。决议还强调了革命中的无产阶级领导权。但是，决议仍然遵循了共产国际前一阶段要求共产党"留在国民党内，并在其中加强自己的地位"的方针，并指出，共产党在土地革命中要按国民党允许的程度进行。这无疑又在事实上否定了决议本身关于土地革命和无产阶级领导权的决定。会后，共产国际派罗易为驻中国的特别代表，负责监督决议的执行，并任命他为共产国际驻中国代表团首席代表。

罗易使华，是为了把中国革命中的农民运动发展成为土地革命，按照共产国际执委会第七次全会的决议推动中国革命的前进。但当他到达中国时，中国革命已进入了紧急时期。3月6日，蒋介石在江西镇压工人运动。4月6日，张作霖搜查苏联驻华使馆，逮捕了苏联外交人员和李大钊等共产党人。4月12日，蒋介石血洗上海，大肆屠杀工人和共产党人。随后，广州、南京、无锡、宁波、杭州、厦门、福州以及张作霖控制的北京等地都发生了对共产党和革命的工农群众的血腥镇压。15日，共产国际执委会发表声明说，帝国主义不仅封锁了整个中国，而且还破坏了国民党的团结，收买了蒋介石。这个出卖了中国革命和中国人民的叛徒已经成了全国反革命势力的核心人物。根据共产国际的声明，鲍罗廷、罗易于22日发布了由罗易起草的《第三国际代表团为帝国主义威吓武汉及蒋介石背叛宣言》，《宣言》认为，蒋介石是帝国主义的工具，屠杀工农的凶手和民族的叛徒，但蒋介石的背叛并不是个人或者某几个人叛党，而是一个整个的社会阶级离开了国民革命，并且转过来反对国民革命。我们不仅应当推翻蒋介石和他的屠杀助手们广西将军等的霸权，而且所有全国的封建资产阶级分子都应当扑灭干净，应当铲除蒋介石主义发源地。在这一紧要关头召开的中共五大讨论了党在大革命紧急时期的方针政策。罗易、鲍罗廷、维经斯基都出席了大会。罗易传达了共产国际关于中国革命问题的决议，陈独秀代表中共中央向大会作了政治报告。罗易与鲍罗廷在会上发生了严重的分歧。会后，分歧更趋扩大，争论更加激烈。

　　罗易到达中国后不久，即与鲍罗廷在一系列问题上发生了无休止的争执。中共五大上与会后的争论则标志着两人的分歧已无法弥合。罗易主张先进行土地革命，巩固既得的根据地，然后再进行二期北伐；鲍罗廷则主张立即进行二期北伐，等打到北京后再进行土地革命。但两人都不希望统一战线的破裂，都主张同国民党的左派维持团结，甚至不惜向国民党的右派让步。罗易是共产国际派驻中国的首席代表，而鲍罗廷则是苏联政府的代表。相对而言，罗易既缺乏革命的实际经验，对中国情况的了解也远不如鲍罗廷，当然这并不是说鲍罗廷就是对的。两人的争论又发生在中国革命生死存亡的紧急关头，无疑加剧了中共党内思想的混乱和行动的无措。中共领导人陈独秀处于罗易和鲍罗廷之间，左右摇摆，但他更倾向于鲍罗廷。结果是，中共中央在国民党右派举起屠刀的时候却无力进行有效的反击。后来毛泽东回忆这段历史时曾评论说，鲍罗廷站在陈独秀的右边一点点，他随时准备尽力去讨好资产阶级，甚至于准备解除工人的武装，最后他也下令这样做了；罗易站在陈独秀和鲍罗廷两人左边一点点，可是他只是站着而已，他能说，而且说得太多，却提不出任何实现的方法。毛泽东认为，客观地说，罗易是个蠢货，鲍罗廷是个冒失鬼，陈独秀则是个不自觉的叛徒。[①]

　　许克祥在长沙发动"马日事变"后，鲍罗廷、陈独秀不顾罗易的反对，坚持和平解决。革命形势危如累卵，挽回大局的希望越来越渺茫。此时召开的共产国际执委会第八次全会听取了斯大林作的《中国革命和共

―――――――――

[①]《斯诺文集》（二），新华出版社1988年版，第143页。

产国际的任务》的报告，通过了布哈林起草的《共产国际执委第八次全会关于中国革命的决议》。决议再次强调了土地革命乃中国革命之基本内容，并强调共产党必须成为独立的力量，绝对不应当束缚自己的手脚。但是，决议同时指出，武汉政府是中国革命的中心，低估武汉政府、实际上否认它起着有力的革命作用的观点是不正确的，并且坚决反对退出国民党的要求。会议期间，共产国际向中国发来了"五月指示"，其主要内容是：改组武汉国民党政府；改组国民党中央党部；动员二万中共党员加上湖南、湖北的革命工农，编成几支新军；成立革命军事法庭，严厉审判右派及反革命分子；实行土地革命，没收地主豪绅的财产，但不要侵犯军官的土地，对于军官和士兵的土地不要没收。

共产国际五月指示到达中国后，鲍罗廷认为该指示无法在中国执行，它只会给正在伺机叛变的汪精卫提供口实。罗易则认为共产国际的指示应当而且可以给汪精卫看，他没有征得组织的同意而擅自这样做了。汪精卫、冯玉祥、蒋介石经过密谋达成了"清党反共"、"宁汉合流"的协议。在此紧要关头，罗易、鲍罗廷和陈独秀等仍然认为最迫切的问题是与国民党左派的关系问题。他们公开指责工农运动过火，并要求进行严厉查办。鲍罗廷甚至提议要将武汉工人纠察队的枪支主动交给国民党。在这一背景下，共产国际执委会发布了《共产国际执行委员会关于中国革命当前形势的决议》。决议要求中国共产党人退出武汉政府，但不退出国民党。决议认为中国共产党的现领导犯了一系列重大的政治性错误，指责中共中央违背了共产国际的有关指示。决议要求中共采取措施，纠正中共中央的机会主义错误，并从政治上纯洁党的领导成分。根据共产国际的指示，中共中央停止了陈独秀的职务，并成立了由张国焘、周恩来、李立三、李维汉、张太雷组成的临时中央常委。中共中央发表宣言谴责国民党中央和国民政府的反动罪行，并撤回了参加国民党的共产党员。

汪精卫在武汉召开"分共会议"，正式同共产党决裂，标志着第一次国共合作彻底失败。共产国际驻华代表维经斯基、罗易以及苏联顾问鲍罗廷、加伦等相继返回莫斯科。

1927年7月上旬，中国大革命的失败已成定局，共产国际开始转变它对中国革命的政策。"七·一五"之后，共产国际派29岁的罗明纳兹来华，负责改组中共领导机构和转变党的政策和策略。在罗明纳兹的直接领导下，中共中央在武汉召开了紧急会议，即"八七会议"。罗明纳兹向会议作了关于党的过去错误及新的路线的报告。瞿秋白代表中央常委向会议作了关于党的新任务的报告。会议通过了由罗明纳兹起草、瞿秋白翻译的"紧急会议告全党同志书"，并选举了以瞿秋白为主要负责人的中共中央临时政治局。"八七会议"确立了武装反抗国民党、积极推进土地革命的方针。会议前后，中共发动了南昌起义和秋收起义等武装暴动。

7月底至8月初，联共（布）召开中央委员会和中央监察委员会联席会议，斯大林和布哈林等联共（布）和共产国际领导人就中国革命政策和策略转变问题进行了讨论。会议根据斯大林和布哈林的报告做出了关于中国革命问题的决议。决议向中共中央发出了在中国开展苏维埃运动号召。9月19日，中共中央临时政治局通过了《关于"左派国民党"及苏维埃口号问题的决议案》，认为中共的任务不仅是宣传苏维埃的思想，而且还要在革命斗争新的高潮中成立苏维埃。从此，中国革命进入了建立和发展苏维埃政权的时期。在共产国际代表的直接参与下，中共中央计划和布置了举行广州暴动、武汉暴动、长沙暴动、上海暴动以及北方顺直暴动，以便在各主要城市建立起苏维埃政权。但是，这些暴动大都因条件不成熟而流产，只有广州起义一度成功，但前后也不过三天时间。城市暴动的失败教育了中国共产党人，以毛泽东为代表的一批优秀分子走向农村并取得初步成功，在中国农村点燃了苏维埃革命的星星之火。由于农村的苏维埃运动与共产国际和中共中央处于相对隔绝状态，它所受的干预也就较少，其独立性和探索性也较强。正是在这种相对独立的探索过程中，酝酿着中国特色革命道路的萌芽。

广州暴动的失败使苏联和共产国际在中国的苏维埃战略受到严重挫折，迫使苏联、共产国际领导人就中国大革命失败之后中国革命的性质、革命形势、革命策略等一系列重大问题进行新的思考，作出新的决定。1928年2月的共产国际第九次执委会在总结中国苏维埃运动的经验和教训时，着重指责了罗明纳兹及其助手诺伊曼，批评了他们在中国革命问题上所犯的错误。会议强调，中国革命还处在资产阶级民主革命阶段，革命的第一个浪潮已经过去。会后，中共中央政治局发出指示，承认前一阶段犯了盲动主义的错误。1928年在莫斯科召开的中共六大总结了中国大革命失败的经验教训。在会上，布哈林承认共产国际所犯的一些错误，但同时又把责任推给了鲍罗廷和罗易等人。会议认为，就中共方面而言，革命失败的直接原因是中央领导机关的机会主义。中共六大后，共产国际在莫斯科设立了中共驻共产国际代表团，协助指导中国革命。

共产国际六大之后，为了进一步推动中国革命高潮和党内的反右倾斗争，共产国际在1929年一年内连续向中共中央发出了三次来信，批评"一些意志薄弱的人们""夸大革命运动失败的实际程度"，认为"产生上次中国革命浪潮的基本矛盾并没有解决"，并宣布"中国进到了深刻的全国危机的时期"。基于这种判断，来信向中共提出了"变军阀战争为阶级的国内战争"以"推翻地主资产阶级联盟的政权"的任务。来信还说，"我们并不肯定说右倾在中国共产党内已经形成为一个完整的潮流或危险的派别。它现时在党内，还表现在个别右倾错误和个别右倾动摇中，但如果中国共产党不用警觉的、激烈的自我批评态度来批评这一切右倾错误和动摇来加以预防，则右倾是会变成可怕的危险的"。来信向中共提出了在党内进行反右倾斗争、尤其是反对对待富农问题上的右倾的要求。

中共中央接受了共产国际来信的指示精神，并通过了一系列的相应决议，提出要动员全党"变军阀战争为国内的阶级战争"，推翻国民党统治，建立苏维埃政权，并要求与"一切动摇、犹豫、机会主义、取消主义……作无情的斗争"。为了贯彻共产国际的指示精神和中共中央的决议，当时主持上海中共中央工作的李立三等人提出了组织全国武装暴动计划，要求城市工人和农村红军进攻互相配合，夺取一省和数省的胜利，甚至提出要"会师武汉，饮马长江"。1930年5月，苏区代表大会召开，确定了红军的统一指挥和行动，部署了各路红军向大城市进攻的计划。由于红军进攻大城市遭到挫折，共产国际政治书记处在1930年7月关于中国问题的一次会议上改变了共产国际对中国革命形势的估计。中共六届三中全会停止了李立三攻占大城市的军事行动，从而结束了李立三的"左"倾冒险主义在党内的支配地位。但是，三中全会在批评李立三等人"左"倾冒险主义的同时，没能对"左"倾思想和"左"倾政策进行彻底清算，而是强调"党内主要的危险是右倾机会主义"，因此党内"尤其要集中火力打击主要的右倾危险"。这就为比李立三的"左"倾更"左"的王明"左"倾路线夺取中共中央的领导权埋下了伏笔。

在中共党内出现李立三"左"倾错误的同时，王明"左"倾错误也已在党内逐渐形成。王明于1929年3月回国。在1930年李立三的军事政策接连失败的时候，王明等人利用党内的不满情绪，起来反对李立三，并进而反对党的六届三中全会。他们指责六中全会和立三路线一样，都犯了错误，"一个犯了路线错误，一个犯了调和主义错误"。在共产国际代表米夫的支持下，王明在中共六届四中全会上掌握了党的实际领导权。在共产国际的支持下，王明的势力开始向苏区和红军中发展。由于王明"左"倾路线的影响，各革命根据地在国民党军队的大规模围剿下相继遭到重创。在中央苏区的第五次反"围剿"失利后，中央红军被迫进行长征。就在长征开始的前夕，中共上海中央局机关遭到国民党特务的破坏，中共中央与共产国际的电讯联系中断。1935年1月，红军长征到达贵州遵义时，中共中央政治局召开扩大会议，作出了《中央关于反对敌人五次"围剿"的总结决议》，批评了王明在共产国际、李德在中央苏区的错误军事指挥，结束了王明"左"倾错误统治，确立了毛泽东在红军中的实际领导地位。遵义会议是中国共产党与共产国际失去联系的状况下召开的，是中国共产党第一次独立自主地解决自己的路线、方针和政策的会议。1935年10月，中共中央率领中央红军抵达陕北，标志着长征的胜利。11月下旬，出席共产国际七大的中共代表林育英（张浩）到达陕北，恢复了共产国际和中共中央之间中断了一年之久的联系。林育英向中央传达了共产国际七大的精神及中共代表团《八一宣言》的内容。12月，中共中央在陕北瓦窑堡召开会议，通过了《中共关于目前政治形势与党的任务决议》。会议得到了共产国际的帮助，但没有照搬共产国际指示和建议。

1936年12月，"西安事变"爆发。苏共和共产国际与中共中央在和平解决西安事变问题上很快达成了一致。西安事变得到和平解决。西安事变之后，国共两党的关系发生了明显的变化。同时，共产国际、苏联政府与国民党政府之间的谈判也取得了较大进展。日本全面进攻中国之后，国共两党经过谈判达成了合作抗日的协议，国共两党的第二次合作局面正式形成。日本全面侵华后，苏联站在了中国政府和人民一边，并对中国的抗日战争给予了不仅道义上而且物质上的大力支持。共产国际在中国对日抗战问题上同苏联政府的立场是完全一致的。中国全面抗战爆发后，共产国际发表了告国际无产阶级宣言，号召用一切方法组织对中国人民的国际援助,并为此进行了大量的组织工作。共产国际、苏联与中国政府的关系有了相当大的变化。

第二次国共合作建立后,中共中央提出了抗日民族统一战线中的独立自主原则和方针,要求无论在党内还是在全国都必须反对无原则的投降主义。1937年8月召开的洛川会议强调,中共在新时期的任务,不是要求国民党允许中共去参加国民党政府,不是把中共领导的军队交给国民党去统一指挥,而是要动员一切力量争取抗战胜利,在国共关系上促使国民党政策全部和彻底的转化。但是,中共中央所制定的统一战线政策同苏联出于自身利益的考虑所要求中共做的却存在着相当大的差距,当然也就同共产国际为迎合苏联的对外政策而不断变化的政治立场存在着巨大的、甚至常常是原则性的分歧。共产国际、苏联与中国政府的关系改善后,也要求中国共产党作出相应的改变。王明正是在这一背景下受命回国的。

1937年11月,王明带着共产国际的指示回国。12月上旬,中共中央政治局召开会议,听取和讨论共产国际的指示。王明向会议作了《如何继续全国抗战和争取抗战胜利呢?》的报告,反对中央在统一战线问题上的路线、方针政策,并再三声明他的报告是贯彻共产国际的精神和"斯大林同志的意见"。会议多数人接受了王明报告所阐述的意见精神。会后,中共中央派出了由王明、周恩来、博古等组成的代表团到武汉与蒋介石会谈两党合作、共同抗战事宜。会谈刚结束,王明未经中共中央同意即代表中央发表了对时局的宣言,公开要求中共向国民党让步。紧接着,他又连续发表了《挽救时局的关键》、《与美国合众社记者白德恩先生的谈话》、《抗日民族统一战线》等文章、讲话,在1938年3月的政治局会议上又作了《三月政治局会议总结》的发言。王明通过这一系列文章、讲话、报告宣传和散发了他的主张。他认为,国共两党都是"中国一大部分优秀进步青年的总汇",而国民党则是"为中华民族生存而奋斗的最大政党"。国民政府已开始执行中国国防政府的任务,因此,它的法令应该在全国各地都有效。苏区在宣布服从南京后,也将"取消与中央对立"。他提出了"一切经过统一战线"、"一切为了统一战线"的口号,要求"巩固和扩大全中国的统一的国民革命军——在政治上、组织上、武装上,加强现有军队,建立新军队,有组织的进行征募兵役运动,使我国在持久抗战中,有统一指挥、统一纪律、统一武装、统一待遇、统一作战计划的足够数量的有新式武装的和政治坚定的国防军队",并要求"充实和加强全中国统一的国民政府"。王明的这些言论表明,在统一战线问题上他已形成了一套比较完整的右倾投降主义的理论观点。王明的右倾投降主义虽然没有形成正式的决议,但也产生了一定的影响。

1938年3月的政治局会议上,中共中央决定派任弼时前往苏联向共产国际详细说明国共两党关系的情况并汇报中共对统一战线工作的意见,此外,任弼时还带有非正式地向共产国际说明中共中央书记处内部领导关系的使命。到达莫斯科后,任弼时向共产国际报告和说明了中国抗战、统一战线状况以及中国党内的工作和任务。除了说明抗日民族统一战线的重要性外,他还向共产国际指出了国民党正想尽一切办法削弱中共力量的企图。共产国际执委会主席团在6月11日会议上通过的《共产国际执委会主席团关于中共代表报告的决议案》指出,共产国际执委会主席团声明完全同意中国共产党的政治路线。在了解了中共内部的情况后,季米特洛夫向任弼时和王稼祥表示,毛泽东是久经考验的马克思列宁主义者,王明则缺乏实际工作经验,又喜欢自以为是、拉帮结派、想当领袖。他说,应该告诉全党同志,应当支持毛泽东为中国共产党的领导人,他是在实际斗争中锻炼出来的领袖,告诉王明等人不要再争了。他还说,中国目前仍然应该坚持与国民党又合作又斗争的原则,警惕重复第一次国共合作的悲剧。[1]

1938年7月,王稼祥回国。9月14日,中共中央政治局召开专门会议,听取王稼祥传达共产国际的批示和季米特洛夫的意见。王稼祥在报告中说,"根据国际讨论时季米特洛夫的发言,认为中共一年来建立了抗日统一战线,尤其是朱、毛等领导了八路军,执行了党的新政策,共产国际认为中共的政治路线是正确的,中共在复杂环境及困难条件下真正运用了马列主义"。他还说,"在领导机关中问题要在毛泽东为首的领导下解决,领导机关中要有亲密团结的空气"。[2]

9月29日至11月6日,中共六届六中全会在延安召开。会议由张闻天主持,王稼祥首先传达了共产国际和季米特洛夫的指示。会议听取了毛

---

[1] 周文琪、褚良如编著:《特殊而复杂的课题》,湖北人民出版社1993年版,第344页。
[2] 金冲及主编:《毛泽东传(1893~1949)》,中央文献出版社1996年版,第515页。

泽东代表中共中央政治局所作的政治报告并根据报告通过了《中共中央扩大的六中全会政治决议案》。决议案完全同意毛泽东的政治报告以及报告中所提出的党的政治路线和各项具体工作，批评了一个时期里党内存在的右倾机会主义倾向。决议指出，"右倾机会主义分子的危险，在于执行抗日民族统一战线政策中，牺牲了党的政治上和组织上的独立性"。中共六届六中全会制止了王明的右倾错误，并正式确立了毛泽东在全党的领导地位。

中共六届六中全会标志着毛泽东及其思想在中共党内取得了决定性的胜利。这一决定性的胜利是中国共产党长期革命实践探索的结果，同时，联共（布）与共产国际的支持也起了相当大的作用。毛泽东在谈到这次会议时曾说，"六中全会是决定中国之命运的。六中全会以前虽然有些著作，如《论持久战》，但是如果没有共产国际指示，六中全会还是很难解决问题的"。[①] 中共中央六届六中全会后，共产国际对毛泽东为首的中国共产党及其所执行的政治路线给予了比较积极的支持。《共产国际》杂志也逐渐增加了对毛泽东的宣传力度。中共六届六中全会后，共产国际和联共（布）与中共的关系发生了很大的变化。中共基本上摆脱了莫斯科的遥控与束缚，它主要不再是在共产国际决议的指示下而是在毛泽东的理论指导下前进了。但是中共仍然保持着与共产国际的联系。

苏、德互不侵犯条约签订后，共产国际的政策再一次发生大幅度的突然的变化，并使许多国家的共产党人陷入了困境。中共中央对苏德条约表示完全赞同，希望苏联和共产国际进一步加强对中国革命特别是中国共产党人的援助和支持。为此，周恩来等奉命亲赴莫斯科向共产国际详细转达中共中央的建议。1940年1月，共产国际执委会召开了讨论中国问题的专门会议，周恩来向会议作了报告。2月，共产国际执委会主席团做出《关于中共代表报告的决议》，肯定了中共政治路线的正确性。3月，周恩来、任弼时等回国。此后，中共中央不再有代表驻共产国际。

苏、德条约后，苏联与国民党政府的关系有所冷却。与此同时，中国

[①] 《毛泽东在七大报告和讲话集》，中央文献出版社1995年版，第231页。据李维汉回忆，"季米特洛夫的话在会上起了很大作用，从此以后，我们党就进一步明确了毛泽东的领导地位，解决了党的统一领导问题"。《回忆与研究》上，中共党史资料出版社1986年版，第416页。

的国共两党之间出现了第一次较大规模的磨擦。但是，苏联与国民党的关系不久即得到修复。苏联加强了对国民党的军事援助，同时派出崔可夫来华担任蒋介石政府的军事总顾问。就在崔可夫来华之后不久，国民党制造了皖南事变。国共关系迅速恶化。但是，苏联和共产国际从苏联总体战略利益考虑，不支持中共与蒋介石进行坚决斗争，要求中共作出某种让步。

苏、德战争爆发后，苏联和共产国际的主要精力转向欧洲。为了防止日本乘机向苏联发动进攻，斯大林希望中共能组织八路军对日作战，以便对日军有所牵制。此后，苏联与共产国际不断要求八路军不惜一切代价攻击日军，以配合苏军对德国的作战。但是，这时的中国共产党在毛泽东的领导下，出于种种考虑，没有听命于斯大林和共产国际，从而引起斯大林的强烈不满。1941年8月，季米特洛夫致电中共中央，一连提出了15个问题，表示了对中国党严重的不信任和怀疑。他特别要求中共中央回答：在法西斯德国继续进攻苏联的情况下，中国党究竟采取了什么措施在中国战场上积极从军事上打击日军，从而使德国在东方的同盟国日本不可能开辟第二战场进攻苏联？1942年2月，共产国际执委会书记处又通过决议，不指名地批评中共不积极开展军事行动而指望苏联的胜利，并警告中共绝对不应对本国政府采取公开敌对的立场，不得因此而在联合作战方面和苏联同英美的关系方面造成困难等。

不过，由于盛世才的反苏反共从交通上阻隔了苏联、共产国际和中共的联系，中共借机进行了整风运动。整风运动彻底打破了王明教条主义，使中共从思想上和组织上基本摆脱了苏共和共产国际的消极影响。整风实际上也是批判斯大林和第三国际在指导中国革命问题上的错误，但是关于斯大林和第三国际我们是一字未提。胡乔木后来也明确表示，中共提出毛泽东思想的目的就是为了统一全党的认识，"就是对着苏共的"。中国共产党在毛泽东的领导下，已经完全走上了独立自主的道路，共产国际的干预已经基本上不再起作用了。共产国际解散后，它与中国共产党和中国革命的关系宣告结束。

三 第三国际与中国共产党历史上的几次重大错误的关系

共产国际对中国革命给予了极大的帮助，为中国革命事业做出了积极的贡献。但是，在帮助中国革命的过程中，共产国际也犯过错误。中共历史上的许多错误包括几次重大的路线错误固然与中国共产党的不成熟有关,也与共产国际的错误指导分不开,甚至可以说,有些错误本身就是直接从共产国际和苏联那里来的。

共产国际对大革命中中国共产党的惨败和中共历史上这一时期的所谓陈独秀"右倾投降主义"都负有重大的、不可推卸的责任。不难看出,从中国共产党创建时期开始,共产国际及其驻华代表对于中国革命的客观实际就了解不够,对于一些重大问题做出了片面的、表面的分析。首先,他们把注意力主要集中在国民党身上,强调国民党对于工人运动的影响,强调国民党代表革命阶级,而对中国工人阶级和中国共产党的作用则认识不够。其结果是在大革命运动中把中国共产党置于国民党的追随者的地位,把共产党领导的群众运动与土地革命视为革命的破坏力量。其次,由于过于强调国民党的革命作用,在国民党右派的进攻面前表现犹豫不决,丧失时机和主动权,对"中山舰事件"的处理,对蒋介石"整理党务案"的处理,"四·一二"之后对汪精卫武汉政府的策略,都与共产国际的指示及共产国际代表的态度有关。最后,共产国际及其驻华代表在年轻的中国共产党掌握革命武装方面,既没有给予多少理论上的帮助,也没有给予物资上的支持。与此形成鲜明对比的是,共产国际和苏联却向国民党派出了大批军事顾问并提供了大量的物资援助。当蒋介石国民党向共产党举起屠刀的时候,共产党不仅在指导思想上放弃了武装反抗,而且从实际的武装力量上也根本无法进行反抗。中国共产党在大革命中的惨败直接原因是陈独秀"右倾投降主义"的错误指导,而陈独秀错误的形成及其发展直至占据中共党内的领导地位,其中的一个重要因素就是共产国际及其代表本身的右倾。无论是在中国执行政策的维经斯基、马林、鲍罗廷或罗易,还是远在莫斯科制定政策的布哈林或斯大林,他们在关键时刻对中国革命重大问题上的认识都不能说是正确的。陈独秀只应该担负属于他本人应负的那一部分责任,把共产国际及其代表的责任都算在陈的头上是不公平的。但事实是,共产国际在事后却没有承担它那一部分责任。斯大林说,"反对派分子喊叫中国共产党(其实是它的领导)犯了社会民主主义的错误。这是对的。但他们拿这一点指摘共产国际的领导,那就完全不对了。相反地,共产国际经常纠正中国共产党领导上的错误。这一点只有瞎子才会否认……反对派无论什么时候也没有举出而且也举不出共产国际有哪一个指示、哪一个决议会使中国共产党中央委员会内产生孟什维主义的倾向，因为世界上就没有这样的指示"。① 布哈林在共产国际六大上表示："整个说来，错误并不在于基本的策略方针，而在于政治行动和中国执行的路线。我们看到，中共的中央委员会，部分地还有我们的驻中国的代表，犯了严重的错误。"由于不敢正视自己的错误，所以在批判陈独秀的错误时便试图把一切重大责任都加到他的头上，并采取了惩办主义的态度。罗明纳兹来华开展批判和纠正陈独秀的错误时，不让陈参加"八七会议"，剥夺了他的辩护权乃至发言权，把反对错误政策的斗争当成了对一个人或几个人的人身攻击，从而逃避了共产国际的责任并阻碍了从更深的层次上去探讨错误的原因。

瞿秋白"左"倾盲动主义和李立三"左"倾冒险主义都是直接从苏联和共产国际那里来的。中国大革命失败后，共产国际和斯大林提出了"三个阶段"的理论。来华对中共中央进行具体指导工作的共产国际代表罗明纳兹提出的"无间断革命论"的基本理论依据就是三个阶段论，而"无间断革命论"为中共中央领导人接受并用以分析和指导中国革命，便形成了指导思想上的盲动主义。在中止了瞿秋白盲动主义的时候，共产国际已经形成了"第三时期理论"。第三时期理论的系统化、俄国革命经验的绝对化以及联共（布）党内和共产国际内部的反右倾斗争，成了中国党内李立三"左"倾错误的直接来源和重要内容。在立三错误的形成和发展过程中，斯大林、曼努伊尔斯基、米夫等人都起了推波助澜的作用。当李立三的错误越走越远时，共产国际不得不站出来校正。但是，共产国际不敢正视自己所犯的严重错误，不敢承认自己与李立三错误之间的无法割断的联系，因此，它在批判李立三的错误时不是批"左"而是批右，结果只能是站在更"左"的立场上批"左"。这不但无助于中国共产党纠正"左"的错误，反而为极"左"路线的形成和泛滥打开了大门。同时，在对李立三错误进行错误处理时，同对陈独秀的处理一样，也太过于重视了个人责任，搞惩办主义。为此李立三不得不留驻苏联15年。不仅如此，共产国际在罢免李立三之后，还对中共中央进行了大改组，一批领导人被撤销了职位并受到批判，开创了党内"残酷斗争，无情打击"的恶劣

---

① 《斯大林全集》第10卷，人民出版社1954年版，第9页。

先例。

苏联和共产国际是王明"左"倾教条主义和右倾投降主义的策源地。王明本人是在共产国际代表米夫的支持下占据中共中央领导地位的。他掌握领导权之后所推行的是一条比前两次"左"倾更"左"的路线,其理论更系统、形态更完备,其基本特征是教条主义和主观主义。王明迷信共产国际的决议而把它神圣化,照搬苏联的经验而把它绝对化,他的几乎所有的理论和政策都可以在共产国际和联共(布)的决议里找到出处。共产国际不承认中国革命已处于低潮,不断发出革命的号召,王明等人则全盘接受共产国际对中国革命形势的估计,要求全党拿革命的进攻,去回答帝国主义与国民党以及一切反革命派对于革命的进攻;共产国际对中国资产阶级民主革命的性质没有正确的认识,提出了实现"下层统一"、"反对一切帝国主义"、"打击中间势力"等口号,王明等人也对共产国际的这些指示全盘接受,并制定了"左"倾关门主义的政策,结果是把"千千万万"和"浩浩荡荡"都赶到敌人一边去了;共产国际要中共不要"离工人阶级太远",不要迷恋于"游击主义",王明等人便要"占领中心城市",要开展大规模作战、阵地战,等等,要同国民党进行决死的战斗;共产国际要求各党进行反右倾斗争,王明主义者便在中国党内开展了反对所谓"右倾机会主义"、"富农路线"、"罗明路线"等的斗争,对反对他们的人进行"残酷斗争,无情打击",在中央苏区、鄂豫皖苏区、湘鄂西苏区、陕北苏区等地的肃反运动中,使一大批党的优秀干部蒙冤。王明"左"倾教条主义统治中共中央长达四年之久,结果使中共在白区的力量几乎损失殆尽,使中共的根据地损失百分之九十。王明"左"倾教条主义是在共产国际第三时期理论的指导和影响下产生的,是共产国际"左"倾理论的一个中国翻版。抗日战争爆发后,王明从过去的一贯"左"倾一变而成为右倾投降主义,他的右倾投降主义同他过去的"左"倾教条主义一样是照抄共产国际的指示和决议的结果。共产国际和斯大林在中国的抗日战争问题上又重犯了中国大革命时期的错误,过高地估计了国民党蒋介石的力量而又过低估计了中国共产党及其领导的革命队伍力量。这种估计导致了共产国际在制定中国抗日战争的战略和策略问题上的一系列失误。王明的右倾主张就是共产国际和斯大林所有这些失误在中共党内的反映。王明的右倾投降主义在他领导下的中共中央长江局得到了具体的贯彻，从而使中共丧失了在长江沿线发展的有利时机，并最终导致了后来新四军在"皖南事变"中的严重损失。对这段历史，周恩来1960年在北戴河会议上向中共高级干部讲述中苏两党的关系时评论说，从1927年7月到1935年7月共产国际第七次代表大会这个时期，联共（布）及共产国际对中国革命的影响最大，它给中国党提出的路线、方针，基本上都是错误的，因而给中国革命造成的损失也是最大的。1935年以后到1943年共产国际解散，这个时期中共中央与共产国际联系较少，但也不是一点影响没有，如西安事变，王明右倾。"主要的问题是第二次王明路线。一九三七年年底王明从共产国际回来，说他跟斯大林谈过话。他打着共产国际的招牌……第二次王明路线与共产国际不无关系。斯大林信任王明，季米特洛夫和王明的关系也好"。①

中共历史上的几次大的路线以及战略和策略错误几乎都与共产国际有着千丝万缕的联系，其根源都可以追溯到共产国际。共产国际的路线方针政策之所以能够对中共产生如此大的影响，主要是由共产国际的高度集中的组织结构决定的。同时，中共之所以受到共产国际如此深重的影响，也与中共自身的不成熟有关。

第四节 第三国际的功过和启示

一 第三国际的主要成就及历史经验

共产国际从1919年成立到1943年解散，前后长达24年。其活动遍及世界六大洲，其工作内容涉及它所存在时间的几乎一切历史事件。综观国际共产主义运动发展史，共产国际在世界革命舞台上有过辉煌的历史功绩，做出了一番轰轰烈烈的革命事业。

首先，共产国际帮助了许多国家无产阶级革命政党的建立。20世纪是一个革命的世纪，一个普通民众用激烈的手段奋起争取自身权益的世纪。革命，是这个世纪带给人类历史的一道最亮丽的风景线。要革命首先就要有一个革命党。而共产国际建立之初，大多数国家的无产阶级还没有自己的革命政党。即便是参加共产国际成立大会的不少党派和团体，当时

---

① 吴冷西：《十年论战》，人民出版社1984年版，第319~320页。

也还不是严格意义上的共产党,它们只是一些激进的工人组织或共产主义派别和小组,有些甚至是无政府工团主义组织。共产国际的一项重要任务就是帮助各国建立共产党。这一任务是通过各种各样的方式完成的:或者是把分散的共产主义派别联合起来,或者是把左派从社会党中分裂出来成立独立的共产党,或者由共产国际派出代表帮助所在国建立共产党等等。共产国际每次代表大会召开时,总有一批新的共产党建立并加入进来。到1943年共产国际解散时,全世界已有了68个共产党和400多万党员。历史地看,帮助各所在国建立共产党是共产国际的一大历史功绩。

其次,共产国际支援了资本主义国家的工人运动和殖民地半殖民地国家的民族解放运动。共产国际成立后,从政治、思想、道义和物资等各个方面积极声援和帮助了世界各地的工人运动和民族解放运动,并力求促成无产阶级革命运动与民族解放运动两股力量的汇合。共产国际为资本主义国家工人的革命运动及殖民地半殖民地国家的民族解放运动做出了积极的贡献。

再次,共产国际大力支持了第一个社会主义国家苏联。共产国际是在苏俄处于内战外战交困中诞生的。它号召并联络各国工人、共产党人和进步人士反对帝国主义对苏联的干涉、包围和封锁,支援了苏联的社会主义建设。它在宣传苏联社会主义建设成就和扩大苏联的世界影响方面也做了大量工作。

最后,共产国际积极参与了世界人民反对法西斯的斗争。国际法西斯主义一出现即引起了共产国际的关注。共产国际还把组织群众抵抗法西斯主义看成各国共产党的重要任务。尽管在1924年五大前共产国际对法西斯的本质估计存在偏差,在实行统一战线策略上也有错误,但共产国际在反法西斯斗争中所做出的贡献是不容抹杀的。1935年"七大"后,共产国际在世界反法西斯斗争中的积极作用更是尽人皆知的事实了。

总体上看,共产国际的创立和活动,反映了第一次世界大战后国际工人运动中革命左派的基本愿望和要求,它为国际共产主义运动的发展做出了不可磨灭的贡献。共产国际在进行革命活动的过程中积累了大量的经验。这些经验是它提供给国际共产主义运动的宝贵财富。

首先,共产国际的活动证明:要革命,就必须有一个革命党。按照马克思列宁主义的基本观点,革命的发生和成功要具备客观条件和主观条件。当革命的客观形势成熟之后，一个成熟的党的领导就是必不可少的了。共产国际成立后，始终把帮助各国建立革命政党作为自己的任务，当这些政党建立之后，它又用马克思列宁主义理论和一些党在一定历史条件下的实践经验进行教育和训练，以促使它们尽快成熟起来。实践表明，共产国际的建党理论和实践，其基本方向是正确的。正是有了革命的共产党和工人党，一些国家才能在第二次世界大战造成的有利形势下相继建立起人民民主政权。

其次，共产国际的活动证明：革命政党必须用马克思列宁主义武装自己。马列主义是无产阶级革命的指导思想，不掌握马列主义的基本原理，就不能开展有效的革命斗争。在马克思主义之前，工人阶级一直进行着反对资本主义的斗争，但是这种斗争始终没能形成世界规模。正是马克思主义的传播促成或加速了无产阶级由自在阶级向自为阶级的转化。恩格斯逝世后，第二国际内部修正主义、改良主义思潮越来越强大。列宁主义产生之后，才有了蓬勃发展的共产主义运动。共产国际的一个重要任务就是向所属各国党灌输马列主义，为各国党指明斗争的最终方向。共产国际所制定的关于党的建设方针、关于民族殖民地解放运动性质和前景的方针、关于工人阶级统一战线及民主统一战线的方针、关于反对帝国主义战争和保卫世界和平的方针等都是对马列主义基本思想的进一步贯彻。各国党正是掌握了马列主义并用于分析本国的具体国情，才取得了重大的成就乃至于革命的胜利。

最后，共产国际的活动证明：无产阶级革命政党必须掌握正确的斗争策略。共产国际在其存在期间，既要反对右倾机会主义，又要反对"左"倾机会主义；既要进行反对资本主义和帝国主义的斗争，更要进行反对法西斯主义的斗争。要取得斗争的胜利，制定正确的斗争策略是必要的。实践证明，当1921年共产国际三大实行工人统一战线策略，确立争取工人阶级大多数的方针时，它是正确的；当1935年共产国际七大提出建立反对法西斯工人统一战线和人民阵线方针时，它也是正确的。在正确的策略指导下，共产国际的工作取得了引人注目的成绩。既要反右，又要反"左"；具体地分析具体问题；组织起"千千万万"和"浩浩荡荡"的大军，孤立和打击一个时期最主要的敌人，只有这样，一个革命政党才能得到人民的支持，革命才能取得胜利。

二　第三国际的主要错误及历史教训

历史地看，共产国际是有大功奇过的一个无产阶级国际组织。它所犯的错误的严重性，像它的成就一样，也是它的先驱组织所远远不及的。共产国际有各种各样的错误，但最重大、对后来国际共产主义运动的发展发生最深刻影响的是它在自己整个活动过程中比较明显地表现出一条"左"倾路线。共产国际的"左"倾是逐步形成的：在它的前期活动中就已暴露出了"左"倾错误的萌芽；到了中期则发展成为完整的"左"倾路线；后期虽然有所改正，但是并未根本纠正。

共产国际的"左"倾，首先表现为制定革命战略和策略时的冒险主义。共产国际对世界革命形势估计过于乐观，对资本主义的自我调节能力和发展潜力估计严重不足，直至1928年共产国际六大上形成所谓的"第三时期"理论。这个理论把马克思主义关于资本主义必然灭亡和共产主义必然胜利的理论简单化和极端化，并当作分析资本主义发展的僵化的公式。以资本主义进入总危机阶段以后便日趋腐朽和衰落为依据，共产国际认定解决资本主义矛盾和危机的唯一出路就是进行无产阶级革命，而革命就是进攻，只有进攻才能体现革命的本质。由于大多数国家革命的主客观条件都不成熟，共产国际的革命进攻路线必然遭到失败。但是共产国际却把失败归咎于右倾机会主义对革命进攻的消极态度，其结果必然是在展开对右倾机会主义的大规模批判之后进行新的更坚决的进攻、进攻、再进攻。"左"倾冒险主义给许多国家党及其领导的革命造成了重大的损失。

共产国际的"左"倾，还表现为对待马列主义基本理论、共产国际指示和苏联经验上的教条主义。马列主义理论不是教条而是行动的指南，它必须同各国的具体实际相结合，根据各国不同的情况具体地加以运用。共产国际在指导各国革命时，往往不是根据各国不同的情况，不是考虑到各国的政治、经济、文化以至民族特点，制定出适合于每个国家情况的方针政策，相反，却是要求各国党都要根据一个决议、一个指示去行动。共产国际用以制定政策的，要么是它对马列主义的钦定的解释，要么是它自身根据对世界形势或各该所在国的形势进行的分析，要么是把苏联或联共（布）一国一党的革命经验直接进行硬性推广。"左"倾教条主义的泛滥同样给许多党造成了难以弥补的损失。中国共产党对此有着刻骨铭心的记忆，因为这种"把马克思主义教条化、把共产国际决议和苏联经验神圣化的错误倾向，曾使中国革命几乎陷于绝境"。[①]

共产国际的"左"倾，还表现在它制定统一战线政策时的关门主义。列宁主义的一个重要策略原则，就是在革命中要尽可能团结一切可以团结的力量以孤立和打击最主要的敌人。但是，共产国际在它的多数时间内却一直把中间力量当成主要敌人。按照斯大林的解释，在革命即将爆发的时期，妥协政党是革命敌人的最危险的社会支柱，因此，革命准备时期的主要任务就是要孤立和打击这种势力。共产国际认为，在资本主义国家，中间力量首先就是社会民主党及其影响下的改良主义工会，这一点被明确写进了共产国际的纲领性文件，后来则进一步把社会民主党左翼和小资产阶级左翼也算在重点打击的中间力量的范围之内；在殖民地半殖民地国家，民族资产阶级则成了中间的妥协力量。尽管共产国际曾经实行过两次策略转变，但任何一次转变都很难说是彻底的。1921—1924年间，共产国际在客观形势的压迫下，提出了建立工人统一战线和工人政府的策略路线，但是共产国际从一开始就表现出了对社会民主党人不信任和根深蒂固的偏见，即把统一战线看成是一种"战略手腕"，目的在于揭露社会民主党人，就像是用绞索套住绞刑犯一样。这无疑加深了对方的不信任和反感情绪，统一战线以失败告终。此后直到1933年，共产国际一直反对社会民主党，尤其是其左翼。1935年共产国际七大实行重大的策略转变，举起了反法西斯主义的大旗。但是，事隔不久，由于苏德条约的签订，共产国际又把斗争的主要矛头对准了反对法西斯德国的英法政府，直到苏德战争爆发。共产国际的"左"倾关门主义政策，使它在许多重要的时刻不仅不能把矛头对准主要敌人，而且往往是把中间力量挤向敌对阵营，实际上是削弱了自己，壮大了敌人。这是造成许多国家共产党长期得不到顺利发展和广大人民支持的一个重要原因。

由于许多国家的共产党工人党都诞生于共产国际时期，与共产国际有着千丝万缕的联系，因此，反思各国共产党所存在的这样那样的问题时，总难免会或多或少地联系到共产国际。共产国际的重大错误为国际共产主

[①] 中共中央文献研究室：《关于建国以来党的若干历史问题的决议注释本》，人民出版社1983年版，第47页。

义运动提供了深刻的历史教训，这些教训至今仍不失其现实意义。

共产国际的历史告诉我们，过度集中的领导体制是各种错误得以蔓延和阻碍各国党健康发展的一个主要因素。共产国际是按照过度集中的原则组织起来的。共产国际的领导人最初确定集中制的领导原则时，认为集中制可以克服第二国际自由松散的致命弱点，继承第一国际的传统。历史地看，集中制的领导体制对于各国共产党的建立、对于指导刚刚建立起来的各国党在思想上和组织上尽快成熟起来、对于纯洁队伍、对于协调各国无产阶级的革命行动确实起到过一定的积极作用。但是，正是由于过度集中的领导体制，各国党在组织人事、路线方针、处理具体问题的方法和倾向上都受着共产国际的控制，各国党独立自主的发展受到极大的限制，极不利于各国党把马克思列宁主义的基本原理与本国革命实际相结合。同时，一旦共产国际的路线方针政策发生错误，便会把这种错误硬性彻底贯彻到各国党中去，各国党必须无条件地执行，即使发现错误也无力予以纠正。同时，在这种体制下，一旦发现错误，共产国际又极易于把责任强加在各国党的身上，而不愿意或不敢承认自己的错误。在这种体制下，各国党的健康发展必然会受到妨碍。这种体制也为某一个大党在共产国际内的特殊地位提供了方便。

共产国际的历史还告诉我们，组织内的民主是必需的。一种政治组织，其决策正确的一个基本前提就是组织的民主化，因为只有民主化才能解放思想、集思广益，才能杜绝教条主义的僵化和神化，才能减少决策的差错。共产国际是按照民主集中制原则建立起来的。但是，在列宁时期，尽管列宁有那么高的威望，共产国际内部的民主风气相对还是比较浓的，各国党的代表可以纷纷议论，各抒己见，也可以批评列宁。[1] 然而，列宁去世之后，共产国际的过度集中制排挤掉了其内部的民主原则，共产国际执委会逐渐发展成为凌驾于各国党之上的主宰者。于是，民主风气消失了，少数人乃至于一个人的声音成了共产国际各国党必须执行的命令和"圣旨"。不同的声音消失之后，接踵而至的必然是教条主义的僵化和独断专行，其结果则必然是错误思潮和错误决策泛滥成灾，从而给国际共产主义运动和各国党的工作造成无法估量的损失。

---

[1] 《周恩来选集》下卷，人民出版社 1984 年版，第 300 页。

共产国际的历史还告诉我们，一个国际组织不应该成为某一个国家、某一个政党的工具。联共（布）和苏联从共产国际成立时就处于一种特殊的地位，这是客观条件造成的。共产国际应该不断地改进这种状况，以便使共产国际成为名副其实的世界共产党组织。在正常的情况下，共产国际内各国党的关系应该是平等的。但是，从 20 世纪 20 年代后期起，联共（布）与其他支部差不多已经完全成了领导与被领导的关系了。到了 30 年代，在共产国际的活动中，联共（布）与其他党的不平等关系更加恶性发展起来，共产国际实际上已经变成联共（布）的对外联络部了。苏联党极力维护它在共产国际拥有的特权，为此，它反过来又用这种特权竭力维护共产国际的过度集中制，从而在共产国际内的党际关系中形成了一种恶性循环。这种恶性循环使共产国际的集中制不断得到强化，给国际工人运动和国际共产主义运动造成了极为恶劣而深远的影响。

三　第三国际的历史地位

共产国际是国际工人运动和共产主义运动史中继第一国际和第二国际之后的第三个无产阶级国际组织，因此，它又被称为第三国际。共产国际的活动构成了 20 世纪 20—40 年代国际工人运动和国际共产主义运动的一个重要方面和重要内容，对这一时期及其后的世界历史产生过重大影响。

共产国际把自己看作是马克思、恩格斯所提出的无产阶级国际联合、共同斗争思想的体现者，是共产主义者同盟、第一国际的真正继承者和第二国际优良传统的发扬者。同时，共产国际又是国际工人运动和国际共产主义运动史上富有开创性的一个国际组织。共产国际的创立及其活动反映了第一次世界大战后国际工人运动中革命左派的基本愿望和要求，它创造了比它的先驱组织更加辉煌的业绩。从历史作用上看，第一国际的主要功绩是在理论上为国际无产阶级奠定了坚实的基础，并取得了巴黎公社初步的实践经验；第二国际的主要功绩则是使马克思主义与工人运动的实践相结合，从而推动了各国社会主义政党的普遍建立以及国际工人运动向着广阔的方面发展；而第三国际的主要功绩就在于，它促使了马克思列宁主义在全世界的广泛传播，帮助共产党在全世界六大洲扎下了根，掀起了如火如荼的世界革命风暴，打击了帝国主义、殖民主义、法西斯主义，支援了各国尤其是苏联的革命事业。总之，共产国际对世界政治生活的参与和干预，它对世界历史进程的影响，它在国际共产主义运动史上的继承性和开创性，等等，这些构成了共产国际历史地位的主要方面。

共产国际犯过严重的错误，但它的错误无论如何也掩盖不住它的历史辉煌。共产国际的历史意义是深远的，它的历史功绩是巨大的，它的历史作用是抹杀不了的，它的历史地位是不容否认的。

第十九章　亚洲各国共产党领导的民族民主革命

十月革命是人类历史上伟大而深刻的一场革命。它为各国无产阶级树立了榜样，增强了他们斗争的勇气和胜利的信心，有力地推动了各国无产阶级革命斗争的发展。在十月革命的推动和影响下，亚洲各国爆发了规模空前的反帝反封建斗争。中国、朝鲜、印度、印度尼西亚、土耳其等国人民的革命斗争，沉重地打击了帝国主义和殖民主义的势力，成为无产阶级世界革命的一部分。随着革命的高涨，亚洲各国共产党相继诞生。在共产国际的领导和帮助下，亚洲各国共产党领导的民族民主革命蓬勃开展。

第一节　十月革命对亚洲各国的影响

十月革命的胜利，开辟了殖民地、半殖民地民族解放运动的新时代。十月革命对东方各国最大的影响，是把马克思列宁主义传播到这些国家，使其同工人运动相结合，从而使这些国家的民族解放运动进入了新的发展时期。十月革命的胜利极大地推动了亚洲民族解放运动的兴起。十月革命后亚洲各国民族解放运动的新特点，是这些国家的工人阶级不断成长壮大，并开始作为一支独立的政治力量登上政治舞台。这个根本变化就为马克思主义在东方的传播提供了有利的条件，为这些国家共产党的建立奠定了阶级基础。从而使亚洲各国的民族民主革命纳入了国际无产阶级社会主义革命的轨道。

在十月革命的影响下，从1918年至1923年间，中国、朝鲜、越南、印度、印度尼西亚、伊朗、土耳其等国爆发了大规模的争取民族独立，反对帝国主义和封建主义的民族民主革命斗争。

一 中国的"五四"运动

在十月革命的影响下,中国革命蓬勃发展。1919年5月4日,在中国爆发了轰轰烈烈的反对帝国主义和封建主义的伟大革命运动。

1919年1月,第一次世界大战的战胜国在巴黎开会。中国是协约国成员,因而作为战胜国也参加了会议,并向会议提出了取消帝国主义在中国特权的要求。会议在帝国主义的操纵下拒绝中国的要求,中国的北洋军阀政府竟然屈从于帝国主义,准备在和约上签字。消息传出,群情激愤,一场大规模的反帝反封建的爱国运动爆发了。5月4日,北京大中学校的学生3000余人在天安门前集会,抗议帝国主义的侵略行径和卖国政府的投降政策。会后举行了游行示威,高呼"外争国权,内惩国贼"、"拒绝和约签字"等口号,他们要求维护中国的国家主权和严惩卖国贼。在学生的游行队伍到外国使馆区时竟遭到政府军警的阻拦,群众更加义愤填膺。于是游行队伍直奔卖国贼曹汝霖家,这时曹汝霖早已逃跑,群众痛打了正在曹家的另一卖国贼章宗祥(驻日公使),并放火烧了赵家楼。北京学生的爱国行动遭到军阀政府的镇压,当场逮捕学生30多名。为了抗议当局的迫害,第二天,全北京学生实行总罢课,并成立了"大中学校学生联合会",还通电全国,呼吁全国援助被捕学生。全国学生纷纷响应,天津、上海、长沙、广州等地学生也举行示威声援北京学生。在斗争中,反动政府采取了种种卑劣手段镇压学生,但爱国学生并未屈服,数十万学生始终坚持斗争。很快,学生的爱国运动席卷了全国。

从6月3日起,中国人民反帝反封建斗争出现了更大的规模。6月3—4日军阀政府又逮捕北京学生近千人,这激起了全国工人阶级的愤怒,从而形成了有广大无产阶级、小资产阶级和资产阶级参加的全国范围的革命运动。6月5日,上海工人首先罢工支援学生,接着南京、天津、杭州、武汉、九江、山东和安徽的工人纷纷举行罢工。在工人阶级的带领下,各地的学生、店员、商人也纷纷举行罢课、罢市,"三罢"斗争席卷了全国各中心城市。从此,五四运动发展到了一个新的阶段。在声势浩大的革命压力下,北洋军阀政府惊慌失措,被迫释放了被捕学生,罢免了曹汝霖等卖国贼的职务,并拒绝在"巴黎和约"上签字。至此,五四运动取得了初步胜利。

中国的五四运动是在当时世界革命的推动和俄国革命的直接影响下，发生在世界东方的具有重大意义的反帝反封建的爱国运动。中国人民以坚决的反帝反封建的革命斗争打击了帝国主义，动摇了帝国主义在中国和亚洲的殖民统治。在这次运动中，中国工人阶级第一次作为独立的政治力量登上了历史舞台，成为革命的主力军和领导力量。它标志着中国人民的反帝反封建的民主革命发展到了一个新的阶段，从旧民主主义发展为新民主主义革命阶段。五四运动的蓬勃开展，传播了马克思主义，提高了群众的觉悟，促进了马克思主义同工人运动的结合，在思想上和干部上为中国共产党的建立作了必要的准备。

二　亚洲其他国家民族解放运动的高涨

十月革命的胜利鼓舞了朝鲜人民的斗争，朝鲜也爆发了反对日本帝国主义的民族解放运动。1910年，朝鲜沦为日本的殖民地，从此，朝鲜人民备受日本帝国主义的剥削和奴役。十月革命胜利后，各种罢工就不断发生。1919年3月1日，在汉城爆发了反对日本帝国主义的起义。这次起义受到全国各地人民的广泛支持，从3月至5月间，参加起义的达到200万人。在这次起义中，起初主要是汉城的工人、市民、学生游行示威和集会，在日本殖民者的残酷迫害下，示威和集会很快转变为全国性的人民起义。这次起义的参加者有学生、民族资产阶级和知识分子，其中，工农群众是这次起义的主力军。但是，在这次起义中，由于朝鲜的无产阶级还没有自己的政党，还不能领导革命运动，而资产阶级领导人又害怕革命力量的兴起，以至满足于殖民者的某些改革，而同日本殖民者相勾结，最终背叛了人民。日本帝国主义对这次起义进行了疯狂镇压，仅3、4两个月，就有8000人被害，被捕5万多人，朝鲜处于白色恐怖之中。这样，由于帝国主义的镇压，革命力量的分化，使斗争持续了三个月最终遭到了失败。

"三一"起义虽然失败了，但是仍然沉重打击了日本帝国主义的殖民统治。在这次斗争中，朝鲜工人阶级发挥了巨大的作用，从阶级和组织上为朝鲜共产党的建立准备了条件。1920年，在朝鲜产生了第一批马克思列宁主义小组和共产主义小组，为建立无产阶级政党奠定了基础。1925年4月朝鲜共产党建立，从而开创了以工人阶级为先锋队的朝鲜民族解放斗争的新阶段。

越南原来是法国的殖民地，第一次世界大战后，法国殖民主义者为了弥补它在战争中所遭受的损失，加强了对越南的压榨，使越南人民同法国殖民者的矛盾日益尖锐。同时，随着资本主义在运输、纺织、碾米和水泥工业中的大大发展，越南的无产阶级队伍迅速壮大。十月革命的胜利，使越南人民的反帝斗争出现了新高潮。从1917年开始，越南各种起义不断爆发。1917年爆发了太原起义，1918年出现了莱州地区的苗族起义，1923年越南中部发生了农民运动。这些自发的工农运动，打击了法帝国主义的殖民统治，但由于缺乏无产阶级政党的领导而先后失败了。

印度尼西亚长期受荷兰殖民主义者统治，印尼人民的反抗斗争也在长期进行。1905年，爪哇铁路工人成立了第一个印尼工会，会员除了印尼职工，还有在印尼工作的荷兰职工。由于工会会员大多是上层职员，没有广大的群众基础，工会斗争也仅仅是经济斗争，没有上升为政治斗争。1908年，爪哇工人成立了第二个铁路工会，这个工会团结了广大群众，成为一个富有战斗力的工人组织。1911年代表印尼新型工商业资产阶级利益的伊斯兰教联盟成立，由于它维护了伊斯兰教徒的利益，得到了广泛拥护。1914年，由印尼和荷兰先进的知识分子成立了"东印度社会民主联盟"。该组织在印度尼西亚工人和人民群众中积极传播马克思主义思想，组织工会和农民合作社，进行发动群众的工作。在此期间，许多行会相继建立了自己的组织，如职工联合会、教师联合会、鸦片专卖局工会、邮政工会、新闻界协会等。这些组织的建立极大地推动了印尼人民的觉醒。

十月革命后，摆脱民族统治，要求民族独立，已成为印尼广大工人和人民群众的共同要求。工人组织也有了进一步的发展。1918年11月，以资产阶级政党伊斯兰联盟为中心的反帝民族统一战线建立了，开始领导印尼人民进行斗争。1919年在印尼一些地区爆发了农民起义。1919年12月，在日惹召开了各个工会代表会议，成立了中央职工会，称为"工人运动委员会"。到1920年，它联合了22个工会，会员达7万2千人，推动了印尼民族独立运动的发展。

在十月革命的推动下，印度的民族解放运动也有了新的发展。印度是英国的殖民地，英国的殖民统治给印度人民带来了深重的灾难。从1918

年全国纺织工人大罢工起至1922年不合作运动停止为止，出现了反对英国殖民统治，争取民族独立的新高潮。在这次斗争高潮中，印度工人阶级作为独立的政治力量登上了政治舞台，开展了广泛的罢工斗争。孟买的纺织工人在罢工中，首先提出了民族独立和打倒帝国主义的口号。农民运动也有了很大发展。

这一时期，印度并没有建立无产阶级政党，革命以甘地为首的民族资产阶级政党国大党为领导，斗争以"非暴力"、"不合作"运动为主要手段，就是不与英国合作，又反对暴力行动。这次运动打起了民族独立的旗帜，因此得到人民的支持。这次运动采用了罢工、罢市、抵制英货等办法，在人民群众中获得了较高的声望，"不合作"运动在全印度获得了广泛开展。但是在英国殖民主义者的残酷统治下，这种斗争方式虽然取得了一定的成果，但是并没有彻底取得胜利，英国殖民主义者对印度人民采取了暴力镇压。1919年4月13日，当旁遮普省群众在阿姆利则城广场聚会时，英国殖民主义者当场逮捕两名民族运动活动家，并开枪扫射，造成千人死亡，两千多人受伤。英国的这种暴行更加激怒了印度人民，反英斗争进一步扩大。当工农反英斗争迅速发展时，以甘地为领导的国大党，却认为工农运动破坏了它的非暴力原则，因而停止不合作运动，这使印度人民的斗争受到严重挫折。

伊朗也发生了反对英帝国主义和本国统治者的斗争。1918年8月英国同伊朗签订了英伊条约，把伊朗变成了英国的殖民地。这激起了人民的愤怒，掀起了反对英殖民主义的浪潮。1920年4月伊朗北部的阿赛尔拜疆省爆发了反对英国殖民主义者，争取民族独立的武装起义。起义者占领了政府机关，成立了民族政府。但是，民族政府建立后，由于没有组织人们继续斗争，没有与其他地区的革命运动进行联系和进行土地改革，造成了自己的孤立，更重要的是没有注意防御敌人的颠覆活动，最终遭到反动军队的镇压而失败。

1920—1921年间，伊朗的吉兰地区也爆发了大规模的革命运动。1920年春，当苏联红军追击白匪和英国干涉军到达吉兰省时，伊朗的游击队发动武装起义成立了以共产党和地主资产阶级结成的统一战线领导的吉兰共和国。1921年8月，在共产党人的努力和人民的迫切要求下，吉兰宣布为苏维埃共和国。但是，地主资产阶级于1921年9月背叛了革命，发动了反革命政变，杀害了许多共产党人和许多政府成员，反动军队进入吉兰，扑灭了吉兰的武装起义。从此，伊朗革命转入低潮。

在十月革命的影响下，土耳其也发生了反对帝国主义，争取民族独立的资产阶级革命。第一次世界大战前，土耳其是一个封建帝国，战争爆发后，它加入德奥帝国主义集团。战争结束后，英、法、意等帝国主义国家乘机瓜分土耳其，土耳其面临着亡国的危险。在这种情况下，土耳其的广大农民和士兵掀起了反对英法帝国主义和希腊占领军的斗争风暴。到1919年5月，农民游击队反侵略武装斗争席卷了西部地区。城市工人也积极参加支援农民的武装斗争。伴随着人民反侵略斗争的高涨，1920年9月，土耳其共产党宣告成立，号召人民同占领军进行武装斗争。但是，由于土耳其的无产阶级力量尚小，民族资产阶级掌握了民族独立运动的领导权，1920年4月，成立了以穆斯塔法·基马尔为首的国民政府，并立即向苏俄发出呼吁要求援助。在苏俄的大力支持下，基马尔政府依靠工人、农民和士兵的英勇奋战，终于击溃了希腊侵略军，并迫使英、法、意撤退了占领军，粉碎了帝国主义宰割土耳其的色佛尔和约。1923年10月，土耳其宣布为共和国，基马尔当选为总统，建立了资产阶级专政。在一段时间的资产阶级民主主义改革后，这一政府彻底暴露出反动的本质，开始镇压革命，屠杀人民，投靠了帝国主义，使土耳其的民族民主革命遭受重大挫折。

总之，俄国十月革命的胜利，唤起了亚洲被压迫民族的觉醒，出现了民族解放运动的新高潮，冲击了帝国主义的殖民统治。虽然这些革命运动最后大都遭到了失败，但是他们有力地打击了帝国主义和国内反动派，支援了苏维埃俄国和欧洲无产阶级革命运动的发展。随着工人队伍的壮大和觉悟的提高，亚洲人民的反抗斗争，有了新的阶级内容、新的领导阶级和新的斗争形式。工人阶级和民族资产阶级高举反对殖民主义的旗帜，明确提出了民族独立的要求，斗争由自发的个人领导的局部运动逐步发展成为有政党领导的全国性的大规模运动。这表明，亚洲的民族解放运动已进入一个新的历史阶段，成为世界无产阶级社会主义革命的一部分了。

从亚洲各国的解放运动的开展，也可以看出，这一时期亚洲民族解放运动失败的主要原因，一是由于帝国主义的疯狂镇压；二是由于资产阶级的动摇、妥协和叛变。这就说明，民族民主革命需要无产阶级及其政党的坚强领导，才能取得彻底的胜利。

第二节 亚洲各国共产党的创建和发展

工人运动的发展提出了建立共产党的迫切要求。中国、朝鲜、越南、印尼、马来亚、菲律宾、缅甸等国的共产党先后成立，积极领导本国人民开展反帝反封建的斗争，从而使民族解放运动进入了一个新阶段。各国共产党在前仆后继的革命斗争中受到了锻炼，积累了经验，提高了水平。

一 中国共产党的创建和发展

自鸦片战争以来，中国人民为了反抗帝国主义和封建主义进行了不屈不挠的斗争，但结果都失败了。惨痛的历史教训告诉人民，资产阶级和农民阶级都不可能领导中国革命取得胜利。中华民族要获得解放，必须有科学的革命理论来指导、革命的阶级来领导。伴随着西方殖民者在中国开办企业和中国民族资本主义的发展，诞生了新的现代工业无产阶级。到第一次世界大战后，中国工人的罢工斗争已达到新的规模，工人的政治觉悟日益提高。工人运动的兴起迫切需要建立一个代表工人阶级利益，并能够指导工人阶级进行斗争的政党。这些就为马克思主义的传播奠定了阶级基础和政治条件。

在俄国十月革命的影响下，中国一些先进知识分子，开始宣传马克思列宁主义思想，宣传十月革命道路，为中华民族的解放进行新的探索和努力。1919年的五四运动，促进了马克思主义和中国工人运动的结合，在思想上和干部上为中国共产党的建立作了准备。1920年李大钊在北京组织了共产主义小组，为建立中国共产党做出了重要贡献。1920年5月，陈独秀首先在上海建立了共产党发起组，8月，又建立了中国社会主义青年团，并联络和推动了北京、长沙、武汉、济南、广州以及国外的东京、巴黎等地共产主义者陆续建立了共产主义小组。毛泽东为宣传马克思主义和建立中国共产党做了大量工作。1920年7月，毛泽东在长沙创办了"文化书社"，8月又发起组织了"俄罗斯研究会"，接着又组织了社会主义青年团和共产主义小组。周恩来等人于1921年2月在巴黎成立了中国社会主义青年团。在这一时期，参加马克思主义宣传和创建中国共产党的组织工作的还有蔡和森、董必武、陈潭秋、王尽美、邓恩铭和谭平山等人。这样，十月革命后，马克思列宁主义在中国的广泛传播，马克思主义与中国工人运动的结合，各地共产主义小组的建立，为建立中国共产党做好了准备。

在创建中国共产党的条件已经成熟的情况下，共产国际积极地帮助中国共产党进行筹建工作。中国共产党在1921年7月诞生。1921年7月23—31日，由各地共产主义小组推选的13名代表，其中包括毛泽东、董必武、何叔衡、陈潭秋、王尽美、邓恩铭、李达等同志，在上海举行了中国共产党第一次代表大会。共产国际派代表出席了大会。代表大会讨论了国内外政治形势、党的基本任务、党的组织原则等重大问题。第一次代表大会通过了中国共产党第一个党章和党的任务的决议，选举了中央领导机关。从此，在中国出现了完全新式的、以实现共产主义为目标、以马克思列宁主义为行动指南的、统一的工人阶级政党。中国共产党成立后不久，即于1921年8月在上海成立了中国劳动组合书记部，集中力量领导工人运动。中国共产党成立以后，全国各地的工人运动和党的组织建设有了很大的发展。中国共产党的成立，具有划时代的伟大意义，这是开天辟地的大事件。从此，中国革命的面目就焕然一新，中国革命开始了一个新的历史时期。

中国共产党成立后，以主要力量领导了工人运动，工人的斗争和工人组织迅速发展起来。由于党的有效活动，在全国各大城市和工业中心掀起了第一次全国工人运动高潮，在这次运动中，罢工斗争共达100多次，参加罢工的有30多万人。全国第一次工人运动高潮显示了中国工人阶级的力量，提高了工人阶级的觉悟，扩大了中国共产党的影响。革命运动的开展还教育了工人阶级，认清了封建军阀的反动本质。这次斗争也使党和人民得到了一个有益的经验和启示：工人阶级的斗争，必须有农民的支持，没有强大的同盟军，工人阶级的斗争不能取得彻底的胜利。

中国共产党在革命实践中逐渐认识到建立革命统一战线的必要性。中国革命是反对帝国主义、封建主义的民族民主革命，因此，无产阶级必须团结包括资产阶级在内的一切反帝反封建的力量共同斗争。中共中央1922年6月15日发出《中国共产党对于时局的主张》中，就提出要与国民党及各革命团体共同建立一个民主主义的联合战线。在共产国际的帮助下,经过各方的努力,1924年1月国民党第一次代表大会召开,标志着国民党和共产党的合作和在这个基础上的民族民主革命统一战线的正式建立。统一战线建立后,领导了1924—1927年中国第一次国内革命战争。北伐战争的胜利推动了工农运动的高涨,推动了革命的迅速发展和革命高潮的到来。但是,革命的深入发展加剧了统一战线内部的分化。在帝国主义、北洋军阀和蒋介石集团包围封锁武汉国民政府的形势下,在陈独秀执行投降路线的情况下,国民党汪精卫集团日益反动。经过"五一七"和"七一五"反革命政变,第一次国内革命战争最终失败了。1924—1927年中国波澜壮阔的第一次国内革命战争,是这一时期东方殖民地半殖民地解放斗争中最突出的事件,是震撼殖民主义统治的强大动力,向全世界人民充分显示了中国革命的伟大力量,具有世界历史意义。

中国共产党通过血的教训,深切体会到无产阶级领导权、工农联盟和武装斗争的无比重要性。1927年8月1日,根据中共中央的决议,在周恩来、朱德、贺龙、叶挺、刘伯承等领导下,发动了南昌起义,打响了武装反抗国民党反动派的第一枪,创立了中国共产党独立领导的工农革命武装。8月7日,党中央在汉口举行紧急会议。遵照八七会议的决定,党在湖南、湖北、江西、广东四省组织了秋收农民暴动。毛泽东领导了湘赣边界秋收起义。9月29日,毛泽东在江西永新县三湾村整顿了受挫折的起义队伍,10月底他率领改编后的中国工农红军向井冈山进军,创建了第一个农村革命根据地,这是一个伟大的战略决策。中国革命在中国共产党的领导下,从此走上了开创农村革命根据地,实行工农武装割据的正确道路。

二 亚洲其他一些国家共产党的创建和发展

亚洲各国人民具有反抗殖民主义的光荣传统。热爱自由和独立的亚洲人民不断进行着英勇的可歌可泣的反抗斗争,沉重地打击了殖民主义者。但是,由于缺乏马克思主义的指导和无产阶级先锋队的正确领导,一直以来都未能真正取得民族独立和解放。马克思主义自十月革命以后开始在亚洲各殖民地半殖民地国家传播,成为各被压迫人民求解放的思想武器。马克思主义同亚洲各国工人运动相结合,在亚洲建立了第一批共产党:印度尼西亚共产党(1920年5月)、印度共产党(1920年10月)、朝鲜共产党（1925年4月）、越南共产党（1930年2月）、马来亚共产党（1930年4月，1983年12月5日后称为马来西亚共产党）、菲律宾共产党（1930年11月），此外，外蒙古在1921年3月1日建立了外蒙古人民党。各国共产党的建立是马克思主义广泛传播的结果，各国共产党在艰难曲折中不断前进。

朝鲜经过1919年的"三一"起义，第一批马列主义小组和共产主义团体相继产生。从20世纪20年代开始，通过合法与非法的刊物，马克思列宁主义著作在朝鲜开始传播。1922年金明植等创办了《新生活》，这是朝鲜最早的社会主义杂志。随后，又出现了《朝鲜之光》、《前进》、《大众日报》等进步刊物，这些刊物对于宣传十月革命道路、传播马克思主义都具有积极意义。1923年，李东辉、韩明世组成高丽局，进行筹建共产党的工作。1924年李一、南万春成立了组织局，对于推动党的建立起了积极作用。1925年4月17日，朝鲜无产阶级先进分子在共产国际的指导和帮助下，建立了朝鲜共产党。朝鲜共产党成立后，加强了反帝反封建的斗争。1926年6月10日，汉城、仁川等地举行了大规模的反对日本帝国主义的示威游行。日本帝国主义虽然残酷地镇压了这次游行示威，但是朝鲜人民的斗争并没有停止。此后，工人、农民和学生更广泛地开展了反对日本帝国主义的革命运动。继1926年的"六·一○"事件后，1928年，元山工人举行了总罢工，提出了经济和政治要求。由于工人坚持斗争、其他城市工人的支持和农民的援助，这次罢工长达两个多月，影响很大，是朝鲜工人运动重新高涨的信号。

朝鲜共产党从一开始就在极端困难的条件下进行斗争。党刚建立不久，日本帝国主义就在朝鲜实施了"安全法"，疯狂迫害共产党和爱国者。1925年11月，日本密探组织逮捕了30名共产党领导人，1926年下半年又逮捕了150多名党的积极分子。1927年和1928年又连续发生多起大规模逮捕共产党人的事件，使党的组织遭到严重破坏。在严重的白色恐怖下，由于缺少一个坚强的马列主义领导核心，宗派主义斗争日益激化。由于构成当时共产党核心的小资产阶级知识分子的动摇性，严重削弱了党的力量，就为日本帝国主义镇压年轻的朝鲜共产党提供了条件。从1925年到1928年近3年时间中，朝鲜共产党遭到了4次大的镇压，使党的很多重要领导人和优秀党员被捕，党受到了重大的损失，致使朝鲜共产党到

1928年，已不再是一支有组织的力量。共产国际于1928年12月发表了《关于朝鲜共产党人的诸任务》的决议，宣布解散朝鲜共产党。然而，朝鲜工人阶级和共产党人并没有因遭受挫折而停止斗争。20世纪30年代初，朝鲜工人运动有了新的发展，共产主义力量逐渐壮大，马克思列宁主义的影响也不断深入。从1931年冬开始，以金日成为代表的共产党人在安图县组成了以共产主义者为骨干，包括工人、农民和革命知识分子的朝鲜人民抗日游击队，在中朝边境展开抗日游击战争。这标志着朝鲜人民武装斗争的开始。金日成在朝鲜人民游击队中建立了共产主义者组织，开始使朝鲜的民族解放斗争置于无产阶级的领导下。1932年游击队不断壮大，在长白山麓和松花江流域建立了根据地——解放区。金日成还将分散在中国东北地区的朝鲜游击队联合成东满反日游击队。1933年春天，各游击队根据地和解放区都建立了革命的地方政府。

1934年，金日成把游击队合并，组成朝鲜人民革命军。为了扩大抗日力量，发动广大朝鲜人民参加抗日斗争，1936年，在朝鲜劳动党的领导下，成立了抗日民族统一战线——祖国光复会，并发表了抗日救国十大纲领，广泛团结了朝鲜各阶层人民，祖国光复会的成员很快就发展到20万人。在反对日本强盗的艰苦岁月中，金日成领导的朝鲜人民抗日武装，同中国共产党领导的抗日部队，并肩斗争，结下了深厚的革命友谊。日本帝国主义对朝鲜人民军和游击队进行了疯狂的镇压，妄图摧毁这支革命武装。但是，由于这支队伍得到人民群众的大力支持，由于有马克思列宁主义作为指导思想和部队内部的政治思想教育，因此，粉碎了敌人的一次又一次的阴谋活动，一直坚持到祖国的解放，为朝鲜人民立下不朽的功勋。

1922年至1926年间，法国出版的共产主义和爱国主义宣传材料，经过海员之手传入越南，这是最初传播到越南的共产主义种子。马克思主义的传播，促进了越南革命形势的高涨，一些革命政党相继出现。其中著名的有：1925年6月，胡志明在中国广州成立的"越南革命青年同志会"，它是印度支那共产党的前身。这是越南第一个马克思主义组织，它引导越南工农运动开始从自发阶段进入自觉阶段。同期成立的新越革命党，为以后的共产党队伍提供了大量干部。1927年12月成立的越南国民党，独揽了越南士兵的组织工作。这些党的成立与斗争，推动了革命的发展。

1929年，越南出现了三个共产主义组织：印度支那共产党、印度支那共产主义联盟、安南共产党。1930年2月3日，在胡志明的积极工作和领导下，越南各共产主义组织的代表在香港举行会议，成立了统一的越南共产党。会议通过了胡志明起草的《简要政纲》，提出了进行土地革命，推翻帝国主义和封建势力的统治，争取越南的完全独立，走上社会主义和共产主义的斗争纲领。1930年10月，党中央召开第一次会议，决定把党的名称改为印度支那共产党。

在印度支那共产党的领导下，越南人民开展了反帝反封建的革命斗争。掀起了1930—1931年的革命高潮。1930年5月1日，许多省的工人第一次集会庆祝"五一"节，农民也参加了游行队伍。6月，工农群众反帝反封建的革命斗争不断发展。西贡—达隆地区二千多人举行了示威。农民也举行多次暴动，拒绝交纳土地税，烧毁租田契约，夺取地主和高利贷者的大米。在斗争中，工农反帝反封建的联盟逐渐形成。其中，义安、河静两省的群众运动规模更大。到9月，工农斗争发展为起义。工农群众与法帝国主义及其走狗封建地主进行了搏斗。共产党领导宜安和边水市的工人，同农民委员会共同建立了武装自卫队。这第一批武装部队，在义安省的起义中起了巨大作用。起义者占领了许多市镇的中心。到9月底，义安、河静地区的农村伪政权瓦解，苏维埃式的工农革命政权建立起来了。在工农民主政权的领导下，镇压了反革命，把公田分给农民，强迫地主减租，解除农民债务，反帝反封建革命进一步发展。由于法国殖民当局勾结封建地主对工农群众进行残酷镇压，由于印度支那共产党成立不久，缺乏斗争经验，义安、河静人民的斗争最后失败了。革命经过艰苦的斗争后转入低潮。

此后，印度支那共产党总结经验，继续领导人民开展各种形式的斗争。1936年5月，印度支那共产党召开了第一次全越代表会议，会议根据共产国际七大决议通过了关于新的政治路线的决议，决定建立广泛的反帝统一战线。1937年，成立了包括共产党、法国社会党印度支那支部、各小资产阶级党派和一部分民族资产阶级在内的民主阵线。1940年，日本侵略者侵略印度支那时，印度支那共产党领导人民群众开展了反对日本法西斯的斗争。

印尼人民不断进行着抗荷斗争。随着工人运动的发展，迫切要求建立自己的政党。1920年5月23日，东印度社会民主联盟举行第七次代表大会，决定将东印度社会民主联盟改称为东印度共产主义联盟或东印度共产党，并于1920年12月加入共产国际。1924年才正式改称为印度尼西亚共产党。印尼共产党成立后，积极宣传马克思主义，出版了数十种报刊，宣传鼓动人民进行革命斗争。印尼共产党在艰苦的条件下领导人民群众进行斗争，使党在人民群众中的威信日益提高。印尼共产党还及时利用第一次世界大战后荷兰政府向人民转嫁危机而引起的革命高涨形势，不断领导工人进行罢工斗争，要求提高工资，改善生活和工作条件。在党的领导下，工农革命运动迅速发展。1921年爆发了糖业工人总罢工，1923年爪哇铁路工人举行大罢工，2万名铁路工人中有13000人参加，其中还有欧籍职工，罢工规模很大，沉重打击了荷兰殖民者，扩大了共产党的影响，推动了印尼民族独立运动的发展。在这一时期，农民暴动也不断爆发。有力地抗击着荷兰殖民者对人民的残暴镇压。

印尼共产党在斗争中不断壮大。据1924年统计，印尼共产党已有38个县党委，1140个党员；党的外围组织，人民同盟也拥有46个分支，31000个盟员。印尼共产党在唤起人民反抗荷兰殖民者，组织人民进行斗争中起了十分重要的作用，就引起了印尼殖民当局的恐慌和镇压。1925年，殖民政府多次颁发反动法令，禁止共产党集会，逮捕工人和农民运动的领导人，组织反革命恐怖组织。这种野蛮行为，激起了人民的愤怒。1925年12月，印尼共产党召开了紧急代表会议，决定领导工人进行武装斗争，以推翻荷兰殖民者的统治。

1926年11月2日，在印尼共产党的领导下，起义首先从雅加达和万丹开始。革命运动迅速蔓延到爪哇的两个省。起义坚持了半个月后被镇压下去。1927年1月1日，苏门答腊的人民群众在共产党组织的领导下，也举行了起义。起义波及到这个岛的许多地区。在起义中，工人、农民和青年学生与荷兰的军警奋勇搏斗，由于力量悬殊，起义最终被镇压。印尼人民的武装起义，遭到荷兰殖民政府的残酷镇压，全印尼有两万多人遭到逮捕和监禁，其中有4500人被判刑或杀害，1300多人被流放。起义虽然失败了，但是这次起义是印尼历史上第一次全国性的人民起义，它的目标是推翻荷兰殖民统治，建立独立、民主的印尼民族国家，这次起义震撼了荷兰殖民者的统治基础，为后来的民族解放斗争指明了明确的目标和方向，积累了宝贵的经验教训。

在白色恐怖下，印尼共产党只能开展地下活动，1932年党总结革命经验教训，提出了新的纲领，决定利用一切合法机会开展工作。1935年，印尼共产党中央委员会重新恢复，着手建立反法西斯人民统一战线。1937年，印尼共产党和印尼国民党革命民主派成立一个合法的政党，即"印度尼西亚人民运动"，开展反法西斯的斗争。

在第一次世界大战期间，印度的工人人数就已超过200万。虽然，工人阶级还没有自己的政党。但是，工人阶级从产生起，就英勇地站在反帝斗争的最前线。1920年10月全印工会成立，拥有64个工会组织和14万会员。全印工会的成立是工人阶级的一个巨大成就。从20世纪20年代初期起，关于列宁的介绍、布尔什维克的胜利、社会主义理论的报道等，就逐渐冲破帝国主义的封锁，在印度传播开来，共产主义运动开始兴起。1920年10月17日，在共产国际中亚西亚局的指导下，在苏俄的塔什干成立了第一个印度共产党。1921年印共党员从塔什干到莫斯科东方劳动者共产主义大学学习，在这里又重组印度共产党并加入共产国际。到1921年，在印度国内建立了5个共产主义小组，受以罗易为首的印度共产党领导。从1922年起，印度共产党员陆续回国。1924年创办了第一份无产阶级的杂志《社会主义者》，随后又出版了《工人》、《革命》等革命刊物。印度共产党在成立后就开始领导工人运动，逐渐成为全印工会的领导力量。1928年，共产主义者在孟买成立了纺织工人的红旗工会，多次发动并领导反对殖民主义的示威游行和罢工斗争。1929年3月，红旗工会被警察破坏，工会领导人和一些共产党人被捕，使印度的共产主义运动和革命工会运动受到沉重打击。

印度共产主义运动早期，英国殖民者对印度共产党进行了多次的破坏和镇压，从1921年到1933年，英国殖民当局一共制造了三次"谋叛案"。有"白沙瓦谋叛案"、"康普尔谋叛案"、"密拉特谋叛案"，经过这三次大的迫害，印度共产党的领导人和组织受到严重摧残和破坏，再加上党内争权夺利的派系斗争，使党的工作长期处于瘫痪状态。1929年3月，英国殖民当局实行大逮捕，使印度共产党组织陷于瓦解，工作全部瘫痪。直到1933年10月印共临时中央成立后，党的组织和工作才恢复起来。1934年党员人数发展到150万人。7月，英国殖民当局又宣布印共为非法，使党被迫转入地下活动。1935年3月，印共在非法状态下顽强发展，成立了新的中央委员会，约西当选为书记，从此，印共才开始稳定发展。1935年，印共响应共产国际关于建立反法西斯统一战线的号召，积极采取措施与各种力量建立统一战线，使党的威信和影响得到提高和扩大。但是，在统一战线中，却把领导权交给国大党的代表甘地手中。印共的软弱，严重影响了对印度人民斗争的领导。

东南亚的其他国家的共产党也在民族解放运动高潮中纷纷建立。在十月革命的影响下，马来亚在20世纪20年代成立了第一批马克思主义小组。1928年爆发了第一次政治大罢工，强烈抗议英国殖民当局对民族解放运动活动家的迫害。罢工从新加坡蔓延到全国。1930年4月，马来亚共产党成立。在马来亚共产党的领导下，马来亚民族解放运动进入了新的阶段。菲律宾于1924年成立了菲律宾工人党，为菲律宾共产党的成立准备了条件。1928年12月，工人党领导了马尼拉等地的雪茄烟厂工人大罢工。在反对英国殖民当局的斗争中，菲律宾共产党于1930年11月7日成立，使民族解放运动有了新的发展。缅甸人民也进行了长期的反对英国殖民统治者的斗争。十月革命后，这种斗争进一步发展起来，仅从1922年至1928年，缅甸就发生30次罢工。1939年8月15日，缅甸共产党正式成立。泰国的工人运动开始于30年代。1932年爆发了资产阶级革命，这次革命促进了广大人民群众的觉醒，暹罗发生了有组织的工人运动，各种工会相继产生，马克思主义小组也出现了。在这基础上，1941年12月，泰国共产党建立起来，领导泰国人民开展争取民族独立的斗争。

随着工人运动的发展，共产党在世界六大洲建立起来。这是各国无产阶级在世界革命高潮中所取得的重大成就。各国建立的共产党，从诞生之日起，就以崭新的姿态领导着各国无产阶级，为在全世界范围内反抗帝国主义和封建主义，推翻资产阶级，实现无产阶级专政而进行积极的斗争，大大推动了国际共产主义运动的发展。

第三节 亚洲民族民主革命的特征和类型

俄国十月革命的胜利开辟了亚洲民族民主革命的新时期。殖民地或半殖民地国家的人民群众在资产阶级或无产阶级先进分子的领导下，开始积极开展反帝反封建的民族民主革命运动，反抗殖民压迫，争取民族独立。

在20世纪二三十年代，由于殖民地半殖民地同帝国主义之间的矛盾进一步激化，无产阶级革命力量的壮大和组织程度的加强，使亚洲民族解放运动出现了新的形势和特点，这就是，无产阶级领导的，以武装斗争为主要手段的民族民主革命运动开始发展。中国、朝鲜、越南以及亚洲其他国家的民族民主运动的蓬勃发展，标志着在共产党的领导下，亚洲进入了民族民主革命的新阶段。

一 亚洲民族民主革命的特征

20世纪初，亚洲各民族国家或是沦为帝国主义列强统治的殖民地，或是成为某些资本主义国家的半殖民地或附属国。帝国主义为维护殖民统治，在这些国家扶植出卖民族利益的封建反动势力作为其傀儡，实行帝国主义与封建专制主义相结合的残暴统治，致使亚洲各国被压迫民族与帝国主义之间的民族矛盾以及人民大众与封建主义之间的阶级矛盾十分尖锐。由于种种矛盾的不断激化，在亚洲以反抗殖民统治、争取民族独立为主要目标的民族解放运动开始席卷亚洲大陆，尤其是第一次世界大战和十月革命后，民族民主运动在亚洲地区广泛兴起。

俄国十月革命的胜利，既给殖民地半殖民地民族解放运动以有力的鼓舞，又为亚洲各国的反帝反封建革命指明了前进方向。俄国人民在无产阶级政党的领导下，以马克思列宁主义为指导，通过暴力革命，推翻了军事封建帝国主义的反动统治，建立了工农群众当家作主的社会主义政权，开创了社会主义与资本主义两种社会制度并存的局面，冲破了世界帝国主义体系，从此，亚洲殖民地或半殖民地的民族民主运动由资产阶级世界革命的一部分演变为国际无产阶级革命的一部分，从而为在整个世界范围内推翻帝国主义统治、最终解决殖民地、半殖民地问题开辟了现实的道路。十月革命以后，亚洲处于殖民地或半殖民地状态，广大的各族人民奋起反抗帝国主义的奴役和剥削，遭受殖民侵略和奴役的东方国家的民族民主运动以不可抗拒的趋势，日益表现为反对帝国主义殖民统治、争取建立独立的民族国家的民族民主解放运动这一世界性洪流。

十月革命后，亚洲殖民地半殖民地人民掀起民族民主革命的汹涌浪潮。这次运动规模空前，几乎遍及亚洲各国，还扩展到非洲和拉美的部分国家。这一时期亚洲的民族民主革命主要呈现以下特征：

首先，亚洲的民族民主革命主要是在俄国十月革命的启迪、鼓舞下兴起的，其反帝斗争也往往得到苏俄政府的积极援助。以朝鲜为例，十月革命的胜利，使陷于黑暗和悲惨命运之中的朝鲜人民看到解放的曙光，为他们指出了斗争和胜利的道路。朝鲜与俄国距离较近，许多在俄国的朝鲜人曾耳闻目睹了十月革命，还有不少人曾亲身投入到十月革命及保卫苏维埃政权的斗争中，他们在向本国人民介绍十月革命的思想和经验方面，起了重要作用。十月革命对朝鲜1919年的"三一运动"、中国五四运动和伊朗反帝反封建运动都起到了巨大的启示和推动作用。

这一时期，苏俄政府成为亚洲各国反对帝国主义，争取民族独立斗争的坚强后盾，使亚洲的民族民主革命摆脱了孤立无援的状况。比如，1921年土耳其处于外国侵略军大举进攻的民族危亡的危急时刻，列宁领导的苏俄政府应基马尔政府请求，大力援助土耳其反侵略战争。1919年苏俄政府向中国、朝鲜、伊朗、土耳其、阿富汗发布一系列文告，真诚支援这些国家的独立解放事业。这无疑有利于这些国家反帝反封建的民族民主运动向前推进。

其次，无产阶级开始成长壮大，并逐渐掌握革命运动的领导权，是亚洲民族民主革命运动的一个新特征。十月革命后，俄国的广大工农群众开始当家做主，这激起了殖民地半殖民地人民摆脱奴役，争取解放的信心。一些国家的积极寻求救国救民道路的先进分子开始接受马克思主义这一强大思想武器，并在群众中大力宣传社会主义思想，大大促进了阶级觉醒与进步。这些先进分子也开始从激进的革命民主主义者演变为初步的共产主义者，从而成为反帝反封建运动的重要号召者和组织者。在马克思主义思潮广泛传播和无产阶级不断觉醒的条件下，在列宁、斯大林领导下的共产国际的帮助指导下，亚洲各国开始涌现出一批具有初步共产主义觉悟的无产阶级先进分子，这些先进分子纷纷建立共产主义小组等团体和组织，并在此基础上积极筹备建立共产党。到20世纪20年代末，共产党组织陆续在中国、朝鲜、印度尼西亚、印度、土耳其、伊朗等亚洲国家建立。各国共产党建立后，就开始积极领导或推动本国的反帝反封建斗争。

第三，在革命运动中，亚洲各国相互激励、相互支援，促使各国运动相互影响、相互呼应，聚集成一股声势浩大的革命洪流。1921年，毛泽东等一批中国革命志士和流亡中国的朝鲜独立运动者在长沙、安庆、武汉、广州和上海等地建立"中韩互助社",为两国的革命运动共同斗争。中国共产党也明确支持朝鲜人民的反日复国事业。1921—1923年土耳其基马尔革命也曾得到中国、埃及和西亚伊斯兰国家民族主义者的各种形式的援助。苏俄政府和这些国家进步力量的支持是基马尔政府赢得反侵略独立斗争的一个重要因素。

第四,亚洲各国的革命斗争,除了沉重打击了本国国内封建和其他反动势力外,还给国际帝国主义以极大的震撼,有力地冲击着帝国主义的殖民统治。如,在朝鲜"三一运动"后,日本帝国主义不得不调整对朝鲜的统治策略,实行一些较温和的统治措施。帝国主义在亚洲的殖民统治先后遭到缅甸、阿富汗、伊朗、印度、土耳其、伊拉克等众多殖民地、附属国人民的打击,此起彼伏的反殖斗争取得了一定的成果,并迫使帝国主义国家作出一些改变,比如,英国被迫承认阿富汗的完全独立、退出侵略土耳其的战争。土耳其基马尔革命也牵制和分散了帝国主义对苏俄进行武装干涉的力量,这在客观上有利于保卫新生的苏维埃俄国,为世界无产阶级革命作出了贡献。

二 亚洲民族民主革命的类型

由于亚洲地域辽阔,各国国情千差万别,所以这一时期的民族民主运动的类型也丰富多样。由资产阶级领导的反帝反封建运动是这一时期亚洲民族民主革命运动的主要类型,比如,以土耳其基马尔革命为代表的民族就是这一类型。此外,还有以中国五四运动及北伐战争为代表的无产阶级领导型;以阿富汗独立战争为代表的爱国封建贵族领导型。

亚洲的民族民主革命之所以是以资产阶级领导的反帝反封建运动为主要类型,是因为在这一时期,亚洲绝大多数国家是处于国际帝国主义和国内封建主义的双重压迫下的殖民地或半殖民地半封建社会。此时,民族资本主义有一定发展,资产阶级具有较强的经济实力和政治经验,资产阶级民族主义政党组织已普遍建立,具有较强的革命号召力和组织能力。由于被压迫民族与帝国主义之间的民族矛盾和人民大众与封建主义之间的阶级矛盾是当时社会的基本矛盾,就使处于殖民地或半殖民地状态的国家的资产阶级能够利用,也必须利用广大工农大众开展革命斗争。亚洲资产阶级在民族资本主义的发展过程中,受到帝国主义和封建主义的重重压制,这促使他们开始为建立独立的民族国家，进行资产阶级民主改革而斗争。

虽然资产阶级革命的主要目标是建立资产阶级共和国、发展资本主义经济，但这在当时的条件下比较符合广大人民群众反帝反封建迫切愿望。因此，这一时期的资产阶级有条件有能力领导民族民主革命运动，推动革命取得胜利。1920—1923年，土耳其基马尔政府领导土耳其人民成功地驱逐帝国主义侵略者，建立民族独立的资产阶级共和国，就是一个典型事例。然而，由于资产阶级阶级本质的局限，他们与帝国主义、封建主义千丝万缕的联系及其与工农群众不可调和的阶级矛盾，决定了资产阶级对革命的动摇性和妥协性。一旦革命取得一定成果或工农运动深入发展，资产阶级便往往或是会背叛革命而镇压工农群众，或是使革命半途而废。比如，1923年，当土耳其共和国成立后，基马尔政府便以刺刀等野蛮手段对付工农运动。再比如，1920年印度北方地区农民不堪压迫，奋起抗争，烧死反动警察时，以甘地为领导的资产阶级政党印度国大党便以这种做法违反"非暴力原则"为由，宣布停止反对英国殖民统治的"不合作"运动。从而，在很大程度上影响了革命的深入发展。

随着革命的蓬勃开展，从20世纪二三十年代开始，共产党先后在亚洲一些国家建立。各国共产党建立后，立即投入了本国的民族解放斗争，使这些国家的民族解放斗争出现了以无产阶级及其政党为领导的新局面。如中国、朝鲜、越南、印尼等国家的共产党就积极领导人们开展斗争，为推动革命运动发挥了重要作用，使这些国家的革命运动出现新的特点。中国革命是无产阶级领导型。1921年中国共产党成立后，于第二年就制定了明确的反帝反封建纲领，提出"消除内乱，打倒军阀，建设国内和平；推翻国际帝国主义的压迫，达到中华民族完全独立，统一中国本部（东三省在内）为真正民主共和国。"并同国民党合作，建立民族统一战线，发动北伐战争，掀起1924—1927年全国性的反帝反封建大革命。这种无产阶级领导的新民主主义革命不仅使当时中国处于民族解放运动的较高发展水平，而且突出地反映了十月革命后亚洲革命运动的进步趋势。

由于反对帝国主义和封建主义是各国民族运动的共同目标，因此不管各国运动属于何种类型，采取何种斗争形式，都构成了当时无产阶级世界革命的一个重要组成部分。所以，无论各国民族民主运动的革命成果大小，都充分体现了亚洲各国顺应时代潮流的革命性和进步性。

第四节 亚洲各国民族民主革命的重要意义和历史经验

十月革命动摇了帝国主义在殖民地、半殖民地的统治,鼓舞了殖民地、半殖民地人民的革命斗争。亚洲的民族民主革命,成为世界无产阶级革命的一部分和同盟军,对亚洲与世界革命具有巨大贡献和重要意义。

一 亚洲各国民族民主革命的重要意义

亚洲民族民主革命的兴起,无数被压迫的、沉睡在中世纪停滞状态的人民的觉醒,对于世界历史具有重大意义。列宁曾指出,亚洲的觉醒和欧洲先进无产阶级夺取政权斗争的展开,标志着20世纪初所揭开的全世界历史的一个新的阶段。亚洲各国的民族民主革命具有重要意义。

第一,亚洲民族民主解放运动中,亚洲资产阶级革命派和无产阶级逐渐成为反帝反封建斗争的领导者,并且开始同人民的革命运动相结合,人民运动也逐步由自发到自觉,由散漫的变为有组织的,由旧式的工人罢工、农民暴动变为以工农群众为主的多种形式的群众性政治运动,争取独立的民族主义和反封建的民主主义成为这次革命风暴的两面旗帜。在先进阶级的领导下,亚洲开始觉醒。这一时期成为世界历史发展的历史性的转折点。由于反对帝国主义和封建主义是各国革命运动的共同目标,因此,尽管各国运动存在着不同情况与特点,都构成了当时无产阶级世界革命的一个重要组成部分。经过艰苦的革命斗争,各国民族运动取得了不同程度的革命成果,这充分体现了亚洲各国顺应时代潮流的革命性和进步性。这是亚洲民族民主革命浪潮的世界意义之所在。

第二,亚洲民族民主革命的蓬勃开展,推动了民族民主革命浪潮向全球扩展。这一时期亚洲的民族民主革命,为世界殖民体系的全面瓦解,奠定了坚实的基础。第一次世界大战后,在十月革命的影响下,亚洲各国的民族解放运动猛烈地冲击了国际帝国主义殖民势力,为亚非拉民族解放的蓬勃开展及最终胜利,奠定了良好的基础。第二次世界大战期间及其战后,民族解放运动势如破竹,宣告了帝国主义殖民体系的彻底崩溃。获得新生的民族主义国家,作为一支举足轻重的力量,在国际舞台上日益崛起。

二 亚洲民族民主革命的历史经验

亚洲民族民主革命对马克思列宁主义关于无产阶级革命理论与实践的发展作出了重大贡献。亚洲各国的民族民主表明，无产阶级的领导权是决定革命成败的关键问题。为着革命的胜利，无产阶级必须通过自己的政党，牢牢把握革命的领导权和建立巩固的工农联盟。要坚持武装斗争，以革命的暴力反对反革命的暴力，以武装的革命反对武装的反革命。

第一，要使民主革命取得胜利并进行到底，无产阶级必须掌握革命的领导权。

无产阶级应不应当力争民主革命的领导权？这是一个重要问题。因为领导权问题是策略路线的中心问题，革命领导权决定着整个革命的进程按照谁的利益和意志来实现，决定着革命的性质和前途。列宁曾说过，"革命的结局将取决于工人阶级是成为攻击专制制度方面强大有力、但在政治上软弱无力的资产阶级助手，抑或是成为人民革命的领导者。"[①]

无产阶级成为革命的领导者是历史的必然。在资本主义上升时期，资产阶级作为一个进步的阶级曾充当了革命的领导者。但是，随着形势的发展，资产阶级的动摇性和妥协性，决定了它不能成为民主革命的领导者。领导革命继续进行的光荣职责只能历史地落在无产阶级身上。亚洲各国民族民主革命的进行，使我们认识到，要使民主革命取得胜利并进行到底，无产阶级必须掌握革命的领导权。

第二，革命的主要形式，只能是武装的革命反对武装的反革命，没有革命的军队就没有一切。

反动阶级总是使用暴力，残杀人民，镇压人民，广大人民群众必须以革命的暴力反抗反革命的暴力，这是20世纪初民族解放运动的失败给予我们的有益启示。实行武装起义，建立革命的军队和政府，这是民族民主革命取得完全胜利的有力保证。建立强大的人民武装对抗反动阶级是必要的和刻不容缓的事情。在20世纪二三十年代，中国、朝鲜、印尼、越南等国家的民族民主革命都开展了武装斗争。这一时期，革命的中心任务和最高形式是武装夺取政权，以武装斗争解决问题。亚洲民族民主革命告诉

[①] 《列宁选集》第1卷，人民出版社1995年版，第513页。

我们，人民武装起义和工农民主专政是夺取民主革命胜利的根本保证。

第三，农民问题和农民运动在民族民主革命中占有极其重要的地位。

亚洲的民族民主革命担负着反帝反封建的双重任务。帝国主义是封建主义的主要支柱，不推翻帝国主义的统治，就不能消灭封建势力；封建地主阶级是帝国主义统治的主要社会基础，不推翻地主阶级，就不能打倒帝国主义。在这样的形势下，由于被剥削被压迫的广大农民占殖民地或半殖民地人口的大多数，因此，他们是革命主力军，是无产阶级最主要的同盟军。中国共产党的发展进程中，就特别重视发动农民和武装农民的问题，注重从解决农民问题出发来指导革命，这不仅解决了农民问题，而且解决了革命的一系列重大问题。无产阶级领导的以土地革命为中心任务的反帝反封建革命，必然要得到广大农民的支持，正是在发动广大农民一起革命的条件下，中国革命最终取得了成功。

第四，革命必须建立包括工人、农民、小资产阶级和民族资产阶级在内的革命统一战线，以取得反帝反封建的民族民主革命的胜利。

在革命中，必须团结广大贫苦农民，建立巩固的工农联盟，这是夺取革命胜利的基本力量，也是实现无产阶级领导权的中心问题。无产阶级必须依靠和发动广大农民群众，建立和发展工农联盟，才能实现无产阶级对革命的真正领导，形成一支强大的反帝反封建的革命队伍。由亚洲国家的现实状况所决定，无产阶级要想牢牢掌握革命的领导权，保持稳固的领导地位，推进革命，必须在把农民争取到自己这边来的基础上，团结广大的农民、小资产阶级和民族资产阶级，以结成广泛的统一战线，只有建立广泛的统一战线，才能最终保证革命的成功。同时，在统一战线中，坚持以工农联盟为基础，对资产阶级实行既联合又斗争的政策。

第二十章　各国共产党领导的反法西斯斗争、欧亚民主国家的建立

　　德、意、日法西斯专政的建立，欧洲和远东两个战争策源地的形成，使全世界人民面临着法西斯奴役的危险。德、意、日法西斯政权建立后，立即开始在亚洲、非洲和欧洲发动了一连串侵略战争。各国共产党经受了严峻的考验。它们在极其困难的条件下，站在反法西斯战争的最前列。共产国际和各国共产党在新的形势下，正确估计了力量的对比，分析了不同国家的特点和条件，制定了新的斗争策略，对争取反法西斯战争的胜利起了重大作用。

　　第二次世界大战后，国际形势一派大好，人民要革命，民族要解放，国家要独立，世界要进步，成为不可抗拒的历史潮流。世界人民的革命力量有了很大的发展。欧亚一系列国家相继走上人民民主和社会主义发展道路，是战后的重大事件。

第一节　法西斯侵略战争对世界各国人民的危害

　　20世纪30—40年代，是剧烈动荡的战争和革命年代。从根本上说，1939年全面爆发的第二次世界大战是帝国主义政治经济发展不平衡规律作用的结果。在严重的经济政治危机的冲击下，德、意、日三国法西斯势力上台后，开始疯狂地推行对外侵略扩张政策，妄图用战争手段重新瓜分世界，争夺世界霸权。德、意、日法西斯集团在英、法、美反动的"绥靖政策"的纵容和庇护下，疯狂发动的侵略战争，给世界各国人民带来深重灾难。

一 德、意、日法西斯的对内迫害及欧亚战争策源地的形成

1929—1933年爆发的空前规模的经济危机，不仅宣告了资本主义世界相对稳定的彻底破灭，而且引起了新的世界大战危险的急剧增长。这场危机是资本主义历史上最严重、最深刻、最猛烈和最持久的一次经济危机。1929年10月，危机首先从美国爆发。接着，危机迅速向资本主义世界蔓延，极大地震撼了整个资本主义体系。世界经济危机最严重的一个后果，就是世界资本主义所具有的各种矛盾的爆发和尖锐化。危机使帝国主义同殖民地和附属国之间的矛盾随之尖锐，资产阶级和无产阶级之间的矛盾也日益尖锐，广大劳动人民不断进行反抗和斗争。

在资本主义各种矛盾尖锐化的情况下，资产阶级的政局极不稳定。为了摆脱困境，维护岌岌可危的统治，资产阶级国家想方设法寻找摆脱经济、政治危机的出路。总的说来，各国都加强了国家对经济生活的干预，强化了对劳动人民的专制统治。由于各国的具体情况不同，不同国家采取了不同措施。一种是如美国、英国等国家实行一些经济改良政策。如美国打出"资产阶级民主"的旗号，实施"新政"等；一些国家却开始建立法西斯独裁统治，如德、意、日推行侵略和战争政策，开始发动战争。

"法西斯"一词来自拉丁文，其原意是指中间插着一把斧头的一捆棍棒，象征暴力和强权。法西斯主义是一种极端反动、极端沙文主义、种族主义、军国主义和恐怖主义的政治思潮。法西斯主义者极力宣扬反动的种族主义论，鼓吹高等民族有权统治世界；极力宣扬权利意志哲学，鼓吹崇拜超人和领袖至上论，极力宣扬沙文主义和国家至上论，煽动对外扩张的爱国狂。法西斯主义者还极力反对一切民主制度和自由，实行军事警察式的暴力恐怖统治。极力反对马克思主义和无产阶级革命运动，实行灭绝人性的屠杀政策等。

最早走上法西斯道路的是意大利。1919年3月，本尼托·墨索里尼在米兰组织了一个"法西斯意大利战士团"。1921年11月建立了法西斯党。1922年10月，墨索里尼当上了意大利总理，开始在意大利实行法西斯专政。他实行对内镇压，解散了除法西斯党以外的一切政党，对共产党员和一切反法西斯人民进行大规模的逮捕和迫害。对外加紧发动侵略战争，梦想恢复古罗马帝国的版图，妄图建立一个囊括南欧、北非、东非和

红海的大帝国。

德国的法西斯专政是由国家社会主义德国工人党的头子阿道夫·希特勒建立的。经济危机沉重打击了德国，工人运动迅速发展，工人运动动摇着资产阶级的统治，德国政局处于风雨飘摇之中，五年间就换了四届政府。在危机四伏的形势下，1933年1月，以希特勒为首的法西斯分子在垄断资产阶级的支持下执掌了政权，德国走上了法西斯专政的道路。1934年，希特勒自封为国家元首，称德国为德意志第三帝国。希特勒法西斯势力上台后，对内实行独裁、恐怖的政策。他解散国会，取消纳粹党以外的一切政党，残酷迫害和屠杀一切进步人士和犹太人，积极扩军备战，恢复和加强海、陆、空军，把全国变成法西斯军营，准备发动第二次世界大战。希特勒法西斯政权为了稳定垄断资产阶级的反动统治，为发动侵略战争扫清道路，把镇压的矛头首先对准德国共产党。希特勒上台才28天，就制造了"国会纵火案"。1933年2月27日夜，法西斯头子戈林密令纳粹匪徒烧毁了柏林国会大厦，卑鄙地嫁祸于德国共产党，以此为借口，对共产党员和革命人士进行血腥的镇压，"国会纵火案"使20多万人被投入监狱或惨遭杀害。

希特勒为了取得侵略活动的自由，于1935年10月，宣布德国退出国际联盟。1935年3月，德国撕毁凡尔赛条约，恢复义务兵制，建立了一支50万人的陆军。1936年3月，德军开进不设防的莱茵区。自此以后，德国一步一步走上了发动世界战争的道路。德国成为欧洲最危险的战争策源地。

日本法西斯军人势力和其他一些法西斯集团，在经济危机阴影的笼罩下，也迅速勾结起来。法西斯分子不断制造暗杀事件，军事政变频繁发生。到1936年，日本地主资产阶级便废除了政党内阁制，建立了由军部、官僚和财阀直接控制的法西斯专政。这一专政制度，在国内加强法西斯恐怖，许多革命者和进步分子被关进监狱。仅1928—1932年间，日本就有3万多人以"危险思想"的罪名而被逮捕。日本共产党的机构也遭到破坏，从1931—1936年，先后有10余万名共产党员和工人、农民及士兵，被捕入狱，受到残酷迫害。

日本地主资产阶级在国内实行赤裸裸的法西斯专政的同时，积极准备发动侵略战争。它的侵略矛头先指向了中国，特别是中国的东北，妄图以中国东北作为全面侵略中国和争霸世界的基地。为了发动侵略战争，日本帝国主义疯狂扩军备战，实行国民经济军事化。1931年在沈阳制造了"九一八"事变，以此为借口，强占了中国东北。1932年1月28日又故意挑衅，制造"一二八"事变进攻上海。同年3月1日，在东北成立了所谓"满洲国"。就这样，日本妄图称霸亚洲和太平洋地区。日本帝国主义就在远东形成了又一个战争策源地。

在英、法、美帝国主义的纵容下，法西斯侵略的野心日益膨胀。1936年10月，德、意两国签订共同协定，从此，在欧洲形成了"柏林—罗马轴心"。德、日于1936年11月签订了"反共产国际协定"，次年，意大利加入该协定，形成了三国同盟，这样，"柏林—罗马—东京"侵略轴心正式形成，法西斯的侵略气焰更加嚣张。世界大战的乌云，笼罩在世界人民头上。

二　法西斯侵略给人们带来深重灾难

第二次世界大战是人类历史上规模空前、祸害最大的一次战争。这次战争造成的破坏和牺牲，在人类历史上都是空前的。战争给亿万人民带来空前深重的灾难，千百年来人类创造的物质财富和文化财富遭到野蛮的掠夺和毁灭，是人类有史以来损失最为惨重的一场战争。这次历时6年的战争波及61个国家和地区，战火燃及亚洲、非洲、欧洲和大洋洲的40余个国家的国土。全世界80%即近20亿人口被卷入战争的旋涡。交战双方共出动兵员1.16亿人。5500多万军人和平民的生命丧失在这场战争中。其中，平民是这场战争的最大受害者，战争中平民死亡3432.5万人。双方的直接军费支出1.3万亿美元，其中反法西斯同盟国为6950亿美元，法西斯轴心国为4220亿美元；参战各国用于战备、打仗和消除战争后果的财物损失共约4万亿美元，仅中国的物资消耗和财产损失就合1000多亿美元。据不完全统计，在战争中死亡者达5000万—5500万人，其中中国为2100多万人，苏联2700万人，波兰600万人和南斯拉夫170万人。

法西斯给人类带来了巨大灾难。1939年第二次世界大战全面爆发后，德意法西斯占领了欧洲大多数国家，实行了野蛮的统治。据粗略估计，仅德国法西斯屠杀的和平居民就有1200万人。德国法西斯设置许多"集中营"、"杀人工厂"，仅奥斯威辛集中营就杀害各国平民400万人；法西斯还实行种族灭绝，屠杀犹太人达600万人。

日本法西斯的野蛮侵略和残暴统治，给亚洲人民带来了巨大灾难和痛苦。1931年"九一八"事变后，日本帝国主义以武力侵占了辽阔富饶的中国东北三省，从此，关外3000万同胞沦为日本铁蹄下的奴隶，受尽了欺凌。1937年"七·七"事变后日本发动了全面的侵华战争。在1941年以后，日本法西斯更是惨无人道。日本法西斯开始进行大规模军事报复行动，集中其70%的侵华兵力，实行"治安强化运动"，对解放区、游击区和占领区，分别进行"扫荡"、蚕食和清乡。采用分进合击、梳篦式清剿、铁壁合围、捕捉奇袭、纵横扫荡、反转电击等等恶毒办法，对解放区实行烧光、杀光、抢光的"三光"政策，制造无人区，不断缩小游击区的范围。在南方沦陷区，日伪军频繁出动进行"清乡"，强迫居民挖沟封锁、筑封锁墙，处处设岗亭，查问行人。日军深入村庄，抢家劫舍，掳掠财物，捕捉屠杀新四军战士及家属，手段十分残酷。日本侵华期间，日本法西斯杀害中国老百姓达1800万，仅南京大屠杀就惨杀中国人30余万。"七·七"卢沟桥事变后，日本随着对华侵略的扩大，极力把朝鲜变成侵略军的兵源基地，从1938年起开始实施所谓的"朝鲜人志愿兵制"，强迫朝鲜青年"志愿"补充日本侵华军队。这些志愿军被迫开往侵华战争的前线，充当日本帝国主义的炮灰。仅1942年，日本殖民当局就从朝鲜征兵15.2万人，连年轻女子也不能幸免，或者被编入"女子挺身队"，或者被强制为"慰安妇"，深受日军凌辱和摧残。在太平洋战争期间，日本法西斯对印度尼西亚也进行了残酷镇压和疯狂掠夺。日本对印尼的石油等自然资源强取豪夺。战前，日本所需石油的90%依靠进口，发动太平洋战争后对石油的需求激增，所以，占领印尼后便利用一切手段掠夺。日军强征数万名劳工到东婆罗洲和西苏门答腊修复及开发该地石油。据估计，日本从印尼掠夺的石油达1亿桶以上。此外，还掠夺锡、橡胶、铝矾土等战略物资和大米、食糖及蓖麻油等。印尼农民被迫以极低的价格把大半的谷物、糖、蛋和牲畜交给占领军。另外，每年从印尼输往日本的食品达300万吨以上。日军在印尼掠夺和搜刮的财富相当惊人。

总之，法西斯侵略惨绝人寰的暴行，令人发指，罄竹难书。正义终究要战胜邪恶。法西斯对人类犯下的滔天罪行已被钉在历史耻辱柱上。

第二节 各国反法西斯战争的胜利

1932年8月27日在阿姆斯特丹举行了国际反战大会，大会表示要建立反战统一战线，坚决反对沙文主义，反对帝国主义战争。1933年的国际劳动节，世界各地举行了反法西斯和反动势力的总罢工。这种形势，为工人阶级的团结和开展以工人阶级为领导的广泛的反法西斯运动创造了条件。1935年7月25日，共产国际第七次代表大会在莫斯科召开。大会为各国共产党反对法西斯的进攻和新的世界大战的威胁制订了鲜明的战略计划和灵活策略。共产国际第七次代表大会后，国际局势的发展更加严峻。法西斯在一些国家继续蔓延，欧、亚大多数国家都先后遭到德、意、日法西斯的蹂躏，全世界爱好和平的人民日益受到侵略的严重威胁。面对法西斯的猖狂进攻，各国共产党挺身而出，高举民族革命战争的大旗，领导本国人民开展了同法西斯不屈不挠的斗争。

一 欧亚非各国共产党领导人民开展反法西斯的斗争

从20世纪30年代初开始，在法国，垄断资产阶级为了摆脱经济危机，妄图仿效德、日进行法西斯专政。于是，法国的法西斯组织"火十字团"、"爱国青年"等日益猖獗，并准备武装政变，伺机夺取政权。面对这样的形势，法国共产党号召工人、农民和城市小资产阶级联合起来共同反对法西斯主义。1935年5月30日，在法共的倡议和组织下，由共产党和社会党、激进党、总工会、统一总工会、人权同盟等几十个组织联合签订了反法西斯行动公约，成立了反法西斯人民阵线。1935年7月14日，35000名"火十字团"成员举行检阅，气焰十分嚣张。针对这种情况，人民阵线组织了50万人在巴士底广场示威游行，沉重打击了法西斯势力。1936年1月，人民阵线公布了纲领，提出解散各种法西斯组织及其武装，反对对外侵略等。这个纲领得到了广大人民群众的支持和拥护。后来由于垄断资产阶级的破坏和威胁，社会民主党右翼的叛变，人民阵线瓦解了。

英国共产党也领导工人阶级和广大人民群众举行了规模宏大的游行示威和群众集会，积极援助法西斯暴政下的受难者，并坚决反对本国政府推行纵容和支持德、意、日侵略的帝国主义政策。美国共产党也团结国内一切民主力量反对本国法西斯势力和反动势力，并派出一个由3000人组成的志愿团，参加国际纵队，支援西班牙和其他被侵略国家的斗争。

在德、意、日等国家，共产党不顾法西斯专政的残酷破坏，开展反法西斯斗争。德国共产党在极端困难的条件下召开了布鲁塞尔代表会议，制定了新的战略方针，以推翻法西斯专政。1939年2月又召开伯尔尼代表会议，提出推翻法西斯制度和建立民主共和国的明确任务。同时积极领导人民开展地下斗争，创办秘密报纸和电台，发动罢工，组织反抗，特别是在德军士兵中进行反战宣传教育。

在意大利，1937年7月，意共和社会党签署了反法西斯政府协定，广大工农群众在许多城市举行了罢工和反法西斯示威运动，抗租抗捐，实行怠工。

在日本，共产党和广大日本人民也坚决反对日本帝国主义侵略中国。日共中央委员会在日军侵犯中国东北的第二天，就发表声明反对日本法西斯的侵略罪行。东京、大阪等大城市也发起了反战民众集会和示威游行。在农村，反战斗争同农民争取土地和维护切身利益的斗争紧密结合在一起，不断掀起农民运动。

非洲和亚洲各国人民抗议意大利法西斯侵略尤为坚决。埃及、叙利亚、巴勒斯坦、伊拉克、阿尔及利亚、突尼斯的共产党人共同发表了告本国人民和全世界殖民地国家人民书，高呼"不准侵犯埃塞俄比亚！"呼吁进行反法西斯斗争。

在西班牙，在反动势力日益猖獗的严峻时刻，工农群众在西班牙共产党的领导下，向反动势力进行坚决回击。1934年10月，100多万工人举行了声势浩大的罢工，在许多城市，罢工发展为武装起义。在北部的阿斯都里亚矿区，共产党和社会党采取联合行动，领导矿工起义，并建立了工农政权和工农武装。资产阶级反动政府竟然使用飞机大炮屠杀起义者。起义最终被镇压，共产党被迫转入地下。在转入地下之后，西班牙共产党还积极筹备建立反法西斯人民阵线。1936年1月，人民阵线宣告成立。参加这个阵线的有共产党、工人社会党、社会主义青年团、劳动人民总联合会、左翼共和党等组织。在2月的国会选举中，人民阵线取得了压倒多数的胜利，左翼共和党开始执政。人民阵线政府释放了政治犯，进行土地改革，施行劳动法，解散了许多法西斯组织，并逮捕一些法西斯头目。

西班牙人民阵线的胜利，受到国内外反动派的极端仇视。1936年7月，西班牙法西斯分子，驻摩洛哥殖民军头目佛朗哥，在德、意法西斯支持下，发动了叛乱。面对这种情况，工人、农民、小资产阶级纷纷武装起来，痛击叛乱分子。制止了法西斯叛乱的扩大。在西班牙叛军面临覆灭的时候，德、意法西斯于1936年8月公然对西班牙进行武装干涉。它们不仅供应叛军各种现代化武器，而且派遣军队，同叛军一起作战。这样，西班牙人民进行的战争就具有国际反法西斯的民族解放战争的性质。

此时，英法统治集团联合欧洲一些国家推行"不干涉"政策，组成了27国参加的"不干涉委员会"，规定禁止向西班牙人民输出武器和军事装备。美国政府也推行类似政策。这实际上是阻止各国人民对西班牙民族革命战争的支援，纵容德意法西斯对西班牙的侵略。

1936年10月底和11月初，叛军和德、意干涉军对西班牙首都马德里发动了进攻。在马德里市内，由破坏分子和奸细组成的"第五纵队"也在猖狂活动。在这样的危急时刻，西班牙共产党起了卓越的作用，它向首都人民发出号召，要大家团结起来，保卫马德里，通过西班牙军民的浴血奋战，敌人的进攻被再次击败。

西班牙人民的民族革命战争，得到全世界各国人民的大力支持和援助。苏联、中国、法国、加拿大、意大利和美国等54个国家的共产党和进步人士，组织了举世闻名的"国际纵队"志愿开赴前线，同西班牙人民一起抗敌。这种崇高的无产阶级国际主义精神，鼓舞着全世界的革命者为自由解放而斗争。西班牙人民在敌强我弱的艰难条件下，同德、意法西斯干涉军和叛乱分子的斗争虽然失败了，但它为全世界反对法西斯侵略的斗争树立了光辉的榜样。

二 世界人民反法西斯战争的全面展开

对于德、意、日法西斯的侵略，当时国际上有着两种截然不同的态度，各国共产党和人民大众坚决反对法西斯侵略，而美、英、法等帝国主义则采取所谓"不干涉政策"即"绥靖政策"。就是用妥协让步、牺牲别国人民利益的办法，纵容法西斯国家进攻苏联，以保存自己，坐收渔人之利。希特勒德国在英、法、美帝国主义的纵容下，侵略全球的野心越来越大，在出兵占领不设防的莱茵区后，接着吞并了奥地利，进而对捷克斯洛伐克提出领土要求。面对希特勒的侵略行径，此时，如果西方国家团结对外，就有可能形成英、法、苏、捷的抗德局面，共同扼制希特勒的侵略。然而，英、法为了保全自己，纵虎为患，采用牺牲捷克斯洛伐克的办法，怂恿希特勒向苏联进攻。1938年9月30日，英、法、德、意4国首脑在没有捷克斯洛伐克代表参加的情况下，签订了"慕尼黑协定"。这一协定是对弱小国家的大叛卖，也是帝国主义推行反苏战争的无耻交易，它极大地助长了法西斯侵略的野心。

为了推迟苏、德战争的爆发，赢得时间加紧战备，苏联政府于1939年8月23日和德国签订了《苏德互不侵犯条约》。1939年9月1日，法西斯德国突然入侵波兰，9月3日，作为波兰的盟国英、法被迫对德宣战。至此，第二次世界大战全面爆发。法西斯德国灭亡波兰后，将侵略矛头又转向北欧和西欧。1940年4月9日，德军占领丹麦、挪威。5月，德军又很快占领了荷兰、比利时、卢森堡，直逼英吉利海峡。英、法联军一败涂地。英军只是因为英吉利海峡，才免于全军覆没，而退守英伦三岛。6月14日巴黎陷落，法国灭亡。法西斯德国几乎侵占了整个欧洲。法西斯侵略在西欧的胜利，宣告了英、法绥靖政策的破产。

在亚洲，1941年太平洋战争爆发后，受到日本帝国主义侵略的亚洲各国人民，在共产党的领导下，展开了英勇的抗日武装斗争，给日本帝国主义以沉重打击。

1937年7月，中日战争全面爆发后，朝鲜人民掀起了抗日高潮。从1937—1939年间，朝鲜人民革命军进行了3900多次大小战斗，给日军强盗以沉重打击。太平洋战争爆发后，日寇调集了20多万军队进行"围剿"，朝鲜人民的抗日武装斗争进入了艰苦的岁月。朝鲜人民革命军，化整为零组成军事小组，深入敌后展开游击活动，不断打击敌人，粉碎了敌人一次又一次的"围剿"。朝鲜抗日游击队在金日成的领导下，经过15年的抗击日寇的武装斗争，由大变小，由弱变强，发展成为一支强大的人民军队。1945年8月14日日本战败投降，朝鲜人民在苏联红军的配合下，赶走了日寇，解放了北部国土，从此结束了日本帝国主义在朝鲜长达36年的殖民统治。

越南人民自1940年6月日本帝国主义侵入越南后，就在以胡志明为首的印度支那共产党的领导下，展开抗日斗争。1940年9月27日，越南人民在北山地区发动武装起义，建立了革命根据地，第一次升起了五角金星的红旗。在1941年5月建立"越南民主同盟"。"越南民主同盟"以胡志明为主席，它是越南各阶层人民反帝反民族统一战线的组织。该组织团结了各族各界的广大人民群众，包括共产党，各民主党派，以及工、农、青、妇、宗教、文化等界。到1945年，"越南民主同盟"成员发展到900万，深入到各阶层。印度支那共产党通过"越南民主同盟"这一组织，领导全国人民，同心协力，抗击敌寇，组织游击队，建立根据地，开展武装斗争。在战争中游击队不断壮大，到1944年底游击队扩大为人民解放军。1945年8月，以胡志明为首的印度支那共产党，领导全国总起义，起义浪潮很快席卷全国。不久日本帝国主义宣告投降，越南傀儡皇帝保大随即被推翻，人民政权在全国迅速建立起来，八月革命成功，全国获得解放。

菲律宾人民自1945年5月日寇入侵开始，就拿起武器进行抵抗。人民用简陋的猎枪、后膛枪、霰弹枪，甚至用弓箭来打击敌人。在极其困难的条件下，菲律宾共产党组织了人民抗日军，在人民抗日军中有华侨组成的"四八支队"，它是用中国共产党领导的新四军、八路军的名字命名的。"四八支队"同菲律宾人民并肩作战，为菲律宾人民的抗日武装斗争作出了贡献。1945年初，菲律宾人民发动了总反攻，最后解放了全国。

缅甸在1942年被日寇侵占。缅甸共产党领导广大人民英勇地进行抗日武装斗争，并在许多地区建立了抗日根据地。1944年，在缅甸共产党的领导下，建立了全国抗日统一战线组织"反法西斯人民自由同盟"，它团结了各阶层人民，促进了抗日斗争的进一步发展，由于缅甸人民的英勇奋战，1945年8月，终于将日本侵略者赶出国境。

在马来亚（现为马来西亚），共产党人也领导人民奋勇抗日。马来亚华侨组织了"星洲华侨义勇军"，与马来亚人民并肩作战，严重地打击了日本侵略者。

在印度尼西亚，共产党领导人民坚持反法西斯斗争，发动武装起义，同时还在日本所征募的伪军中发动了五次起义。这些起义虽没有取得重大胜利，但积累了斗争经验，扩大了抗日影响。

在欧洲，被法西斯侵占和奴役的人民在共产党的领导下，也先后开展反法西斯的武装斗争。捷克斯洛伐克和波兰，是最早受到法西斯侵略的国家，两国人民在党的领导下，始终坚持着反对法西斯侵略者的斗争。1941年秋，捷克斯洛伐克人民成立了第一批游击队，开始了武装斗争。在城市，发动罢工、怠工运动，开展破坏军备的斗争。1942年5月，波兰工人党组织了人民近卫军，也开始了游击战争。1943年，侨居在苏联的波兰和捷克斯洛伐克人，在苏联的帮助下，组织了波、捷军团，参加了反法西斯战争，从苏联境内一直打回他们自己的祖国。在苏军的配合下，1945年1月解放华沙，不久把德寇全部驱逐出国土，波兰解放。同年5月，捷克斯洛伐克首都布拉格解放，接着把德寇逐出国境，捷克斯洛伐克恢复了民族和国家的独立。

南斯拉夫在1941年4月被德、意法西斯侵占，以铁托为首的南斯拉夫共产党高举民族解放战争的旗帜，广泛组织人民参加反法西斯的斗争。1941年6月，南共决定成立人民武装游击队司令部，铁托任总司令。7月，又通过了关于开展武装斗争抵抗侵略者的决定，从此开始武装起义。在南斯拉夫共产党和铁托同志的领导下，全国人民，团结一致，奋勇杀敌，游击队不断发展壮大。1942年底，在游击队的基础上，建立人民解放军。南斯拉夫人民和军队，在极为艰苦的反法西斯斗争中，自力更生，英勇奋战。在巴尔干战线上，南斯拉夫人民牵制了敌军35个师团以上的兵力，粉碎了敌人多次的进攻，为反法西斯的斗争作出了很大的贡献。南斯拉夫人民在4年的艰苦的反法西斯斗争中，有170万优秀儿女付出了宝贵的生命。1945年5月，终于解放了南斯拉夫全境，获得了解放战争的胜利。

罗马尼亚在第二次世界大战期间，是法西斯德国的附庸国，处于德国的控制之下。罗马尼亚人民在共产党的领导下，在极其艰苦的条件下，同法西斯进行斗争。1941年罗共发出号召，要求全国各种民主力量，齐心协力为恢复罗马尼亚的自由和独立，为制止法西斯战争，推翻法西斯政权，建立民主政府而斗争。1942年罗共在罗马尼亚卡拉萨山、佛兰奇山、奥尔丁尼等地区建立了游击队，展开了反法西斯的武装斗争。1943年1月，在罗共倡议下，建立了包括共产党、农民阵线、爱国者联盟等组织的"爱国阵线"。在爱国阵线的领导下，人们展开了广泛的反法西斯斗争。1944年6月，罗马尼亚共产党制订了推翻国内法西斯政权的武装起义计划。8月，全国举行了武装起义，布加勒斯特及国内其他地区先后解放，推翻了法西斯傀儡政权。

法国在1940年被德国法西斯侵占后，具有光荣革命传统的法国人民，拿起武器，英勇地展开反法西斯的武装斗争。法国投降前夕，戴高乐脱离贝当卖国政府，到了伦敦。并在伦敦电台发表"告法国人民书"，号召法国人民起来抵抗法西斯侵略。在国内，法国共产党领导人民展开了轰轰烈烈的反法西斯斗争。1943年5月，建立了全法抵抗运动中心——全国抗敌委员会，领导法国人民武装，开展游击战争。1944年5月，法国各地战斗组织联合为统一的武装力量"法国内地军"，人数达50余万，其中法共直接领导的就有25万之多。同年8月，法共领导的游击队和几十万群众，英勇奋战，解放了巴黎。9月，法国本土基本获得解放。法国共产党为法国的解放做出了巨大贡献，在战争期间约有7万5千名法国共产党员为祖国的解放献出了宝贵的生命。

在法西斯统治的年代，意大利共产党也进行了艰苦的斗争。意大利共产党的创建人葛兰西由于长期领导意大利人民进行反法西斯斗争，被法西斯政府判处长期徒刑，死在狱中。1939年9月，希特勒军队占领了意大利北部、中部地区后，意共领导人民组织游击队，广泛开展武装斗争。在北部地区建立了以"加里波的"命名的游击队，后来统一合并为"自由义勇军"，人数达40余万。其中，意共直接领导的达20万之多。1945年4月，北意大利爆发了全民大起义，解放了米兰、都灵等200多个大小城市，并且处死了法西斯头子墨索里尼，意大利获得了解放、意大利人民在共产党的领导下，为战胜法西斯势力作出了重大贡献。

在世界人民反法西斯斗争中，阿尔巴尼亚、匈牙利、保加利亚等国的无产阶级政党也领导了本国人民进行反法西斯斗争，在反法西斯斗争中作出了很大贡献。世界各国人民的相互支持和配合，加速了反法西斯斗争胜利。

三 苏联伟大的卫国战争和世界反法西斯统一战线的形成

1941年6月22日，法西斯德国撕毁"苏德互不侵犯条约"，背信弃义向苏联进攻。苏联人民在苏联共产党领导下，奋起自卫，开始了伟大的卫国战争。苏德战争的爆发，标志着世界反法西斯战争进入了世界人民组成国际统一战线、进行世界规模的反法西斯战争的新阶段。

组织国际反法西斯统一战线,这是世界各国人民的迫切要求和共同愿望。苏德战争爆发后,欧洲、亚洲、美洲很多国家的共产党和革命人民纷纷发表宣言和声明,一致支持苏联人民的反法西斯战争,强烈要求本国政府与苏联建立反法西斯统一战线。在这种形势下,英美统治集团出于自身利益的需要,迫于世界舆论和本国人民群众的压力,表示支持苏联的反法西斯战争。鉴于这种情况,在苏联的不断努力下,以斯大林为首的苏联政府成功地利用了帝国主义国家之间的矛盾,于1941年7月12日,在莫斯科与英国签订了《苏英关于在对德战争中共同行动之协定》;10月1日与英美政府签订了三国在反法西斯战争中采取联合行动的协定书。

1941年12月7日晨,日本海空军偷袭美国在太平洋的海军基地珍珠港,正式宣告太平洋战争的爆发。12月8日美、英对日宣战。接着,荷兰、加拿大、澳大利亚、新西兰以及拉丁美洲的大多数国家也对日宣战。德、意、保、匈、罗等国家站在日本一边,也相继对美宣战。这样,第二次世界大战的战火进一步燃烧开来。1942年1月1日,中、苏、美、英、法等26个国家,在华盛顿召开会议,会后公布了反对德、日、意法西斯的《联合国家的共同宣言》。这一宣言的发表,标志着国际反法西斯统一战线的形成。

在欧洲战场,以苏联为主力的反法西斯战争,首先打败了意大利法西斯。意大利是三个法西斯国家中最脆弱的一个国家。它自参战以来,在法国、希腊、地中海、北非战场,特别是在苏德战场接连失利,损失惨重。意大利法西斯在苏联、英、美的共同打击下,于1943年9月宣布无条件投降。10月13日,意大利正式退出法西斯同盟并对德宣战,三国轴心宣告瓦解。1945年4月墨索里尼被游击队俘获并处决。

德国法西斯在苏联红军和东欧各国共产党领导的人民武装的打击下,节节败退,负隅顽抗。为了迅速向德国法西斯进攻,苏联红军于1945年4月16日,以猛烈的攻势摧毁了奥得河和尼斯河防线,18日又接连突破德军三道防线,于25日完成了对柏林的包围。27日苏军攻入市中心。30日把胜利的红旗插在了柏林国会大厦的圆顶上。下午3时半,法西斯头子希特勒自杀于地下室,结束了他罪恶的生命。5月2日,苏军完全攻克柏林,并同英、美军队会师于易北河。8日,德军最高统帅部代表于柏林郊区波茨坦向苏、美、英三国签署了德军无条件投降书。至此，欧洲各国人民反法西斯战争胜利结束。

亚洲和太平洋战场也与欧洲战场遥相呼应，从1944年起，日本法西斯也连连失利，逐渐陷入四面楚歌的境地。中国军队在经过长时期的战略相持阶段后，于1943年开始反攻。中国的抗日战争是国际反法西斯战争的重要组成部分。中国作为抵抗日本法西斯侵略的主战场，在长达10年以上的时间里单独抵御了穷凶极恶的日本军国主义侵略军，牵制了日本主力，扼制了日本北进，推迟了日军南下，有力地支援了欧洲、东南亚和太平洋战场。1945年5月至7月间，中国各解放区的军民在中国共产党的指引下，对日本侵略者发动了大规模的夏季攻势，给敌人以沉重的打击。由于中国人民和亚洲其他国家的人民的英勇斗争，牵制和消灭了日寇的大批兵力，从而使英、美军队能够较为顺利地向前推进。

在德国法西斯无条件投降后，1945年7月26日，中、美、英三国发表了"波茨坦公告"，敦促日本无条件投降。但日本拒绝接受，于28日发表了对这一公告不予理会的声明，并妄图利用苏、美之间的矛盾，向苏联提出请求调解太平洋战争的建议。8月6日和9日，美国在日本广岛和长崎投了两颗原子弹。造成20多万人的伤亡。8月8日夜，苏联对日宣战。8月9日零时，苏联红军以凌厉的攻势，挺进中国的东北和朝鲜北部。与此同时，中国各解放区军民迅速组织和动员起来，向日本侵略军展开全线总反攻。8月14日，日本天皇被迫宣布无条件投降。9月2日，日本政府正式签订无条件投降书。至此，世界人民反法西斯战争取得全面、完全胜利。

由德、意、日法西斯挑起的第二次世界大战，经过世界人民的奋起反抗，浴血奋斗，终于在1945年8月结束。世界人民赢得了反法西斯战争的最终胜利。

第三节　欧亚各民主国家的建立及其特点

第二次世界大战后，国际政治形势和阶级力量对比发生了深刻的变化，帝国主义力量受到了沉重的打击，战前6个主要帝国主义国家中，德、意、日被打败，英、法被严重削弱，美帝国主义虽然在战争中发了横财，极大地增强了经济和军事实力，但是也面临着经济危机等的困扰，内部矛盾重重。与此同时，世界人民的革命力量却有了很大的发展。欧亚一系列国家相继走上人民民主和社会主义发展道路，是战后的重大事件。在反法西斯战争胜利的基础上，1944年到1949年间，欧亚两洲先后建立了11个人民民主国家：在欧洲有波兰、捷克斯洛伐克、匈牙利、南斯拉夫、阿尔巴尼亚、保加利亚、罗马尼亚、德意志民主共和国。在亚洲有朝鲜、越南、中国。加上苏联和蒙古人民共和国，13个国家形成了强大的社会主义阵营。社会主义从一国发展到十几个国家，改变了世界政治力量的对比，取得了继十月革命后，无产阶级革命斗争的又一新的伟大成就。

一　欧亚一系列人民民主国家的建立

欧亚人民民主国家是各国共产党顺应人民的要求和社会发展趋势，利用反法西斯胜利这一有利的国际条件，主要依靠本国共产党领导的革命武装，并采取不同的斗争方式建立起来的。苏联红军打败法西斯侵略者，对于东欧一些国家建立人民民主国家也起了重要的作用。

欧亚各人民民主国家由于各自的历史条件不尽相同，阶级力量对比和人民进行斗争的形式和规模的差异，因此，取得民族解放和建立人民民主政权的具体方式也有所区别。大体说来，可区分为以下几种类型：

一是在农村长期坚持武装斗争，建立革命根据地，最后从农村攻入城市，夺取全国政权。如南斯拉夫、阿尔巴尼亚、越南、中国。

在南斯拉夫，以铁托为首的共产党人，从1941年德国占领南斯拉夫开始，便独立自主地开展武装斗争，在农村建立根据地。1941年底，南斯拉夫共产党在塞尔维亚等解放区，成立了民主机关——人民解放委员会，取代了为外国占领者服务的地方政府。1942年底，正规的南斯拉夫解放军建立，这支队伍紧紧依靠人民群众，到1943年底，已解放了全国一半以上的国土。1943年11月，南共召开了各解放区人民代表会议，成立了南斯拉夫民族解放会议，作为最高权力机关，并组成了具备临时政府性质的民族解放委员会。在苏军的配合下，1945年5月，南斯拉夫人民解放军解放了全国，8月，反法西斯民族解放委员会议改组为人民议会，11月，在全国举行选举，11月29日宣布成立"南斯拉夫联邦人民共和国"。

阿尔巴尼亚共产党人领导人民为赶走意、德侵略者进行了长期的武装斗争。1943年9月，意大利法西斯投降后，阿尔巴尼亚人民在共产党的领导下，又向侵入的德国法西斯发动猛烈进攻。1944年5月24日，共产党在解放区召开了第一次反法西斯民族解放代表大会，选出反法西斯民族解放会议，还成立了具有临时政府性质的反法西斯民族解放委员会。1944年11月，阿尔巴尼亚全境解放，1945年12月进行立宪会议选举。1946年1月11日，宣布阿尔巴尼亚人民共和国成立。

越南人民在共产党的领导下，坚持长期的游击战争，打击日本侵略者。1943—1944年，越南人民武装在越北部农村和山区发展相当迅速。1945年4月，越共中央召开北圻军事会议，决定把各种武装力量统一组成越南解放军，并开始向几个大城市进军。8月16日，越南召开了有各民主党派、人民团体、少数民族、宗教组织等代表参加的国民大会，一致通过建立以胡志明为首的越南民族解放委员会。同日，胡志明发出了总起义的命令，起义浪潮开始席卷全国。8月17—18日，越南人民从示威游行发展到政治总罢工，最后转变成武装起义，在全国各地先后建立起人民政权，结束了日伪在越南的统治，成立了越南民主共和国。这就是越南历史上著名的"八月革命"。9月2日，胡志明在河内巴亭广场发布《越南独立宣言》，正式宣告越南民主共和国的成立。

中国共产党坚持农村包围城市，武装夺取政权的革命道路，在西北、华北、东北等广大地区建立许多革命根据地，进行抗日武装斗争，在抗日斗争中发挥了重要作用，曾一度解放了许多中等城市。由于国民党反动派挑起内战，从1946年7月到1949年7月又进行了三年多的解放战争，最终在1949年10月1日，中华人民共和国正式宣告成立。

二是在法西斯占领下，举行武装起义，推翻反动政权，内外夹攻，在苏联红军的配合下解放全国。如罗马尼亚、保加利亚、捷克斯洛伐克、匈牙利。

罗马尼亚在第二次世界大战期间参加了德、意、日侵略同盟。在苏联红军的配合下，罗马尼亚共产党于1944年8月23日，领导人民在中心城市举行大规模武装起义，推翻了安东内斯库法西斯独裁政府，但政权落到了资产阶级手中。共产党继续领导人民进行斗争，推翻新政府，与苏军配合，解放全部领土。罗马尼亚共产党在斗争中得到各阶层人民的支持，威望不断提高。在 1946 年 11 月的议会选举中，以罗共为首的民主力量获得了绝对优势，资产阶级被撵出政府。1947 年 12 月 30 日，国王被迫退位，罗马尼亚共和国正式诞生。

保加利亚共产党从 1941 年便开始领导人们开展各种形式的斗争和组织游击战争，反对国内的法西斯政权。1944 年 9 月 9 日，保加利亚人民发动武装起义，配合苏军解放了首都索菲亚，推翻了法西斯保皇政府，成立了祖国阵线政府，并对德宣战。1945 年 11 月，保加利亚选出国民会议。1946 年 9 月 8 日，保加利亚人民举行全国投票，决定废除帝制。9 月 15 日保加利亚宣布为共和国。

捷克斯洛伐克共产党于 1944—1945 年间领导人民举行武装起义，打击德国侵略军。终于在 1945 年 5 月 5 日，捷克斯洛伐克共产党领导工人和爱国知识分子在首都布拉格发动了武装起义，5 月 9 日，苏军坦克部队突入布拉格市区，协助捷克人民解放了首都。两天后，捷克斯洛伐克国土全部解放。1946 年 5 月，举行战后第一届国民会议选举，成立了新的联合政府。1946 年 6 月 1 日成立了捷克斯洛伐克人民共和国。

匈牙利人民也在共产党的领导下对本国法西斯统治集团和德国法西斯进行了包括武装斗争在内的各种形式的斗争。匈牙利人民在共产党的领导下于 1944 年 5 月成立反法西斯阵线。广泛开展游击战争。1944 年 10 月，苏军在追歼德国法西斯的进军中，解放了匈牙利的东部地区。尔后，在匈牙利人民的配合下，于 1945 年 4 月解放了匈牙利全境。在这一过程中，1944 年 12 月，在匈牙利共产党的倡议下成立了民族阵线，并组成临时政府。1946 年 2 月，匈牙利宣布废除帝制，成立共和国。

三是主要在国外坚持武装斗争，打击法西斯，随着反法西斯战争的胜利发展，从国外打回来而取得政权的。如波兰、朝鲜。

1939 年 9 月，波兰被德国占领后，波兰人民就开始进行坚决的斗争。1942 年 1 月在华沙秘密重建波兰共产党，接着又建立了波兰青年斗争同盟等组织，组织游击队，进行武装抵抗。5 月波兰共产党把国内的一些游击队联合起来组成了人民近卫军，在全国范围内进行反对德国占领者的游击战争。1943 年 5 月，在苏联的波兰侨民爱国者组成了近十万人的波兰志愿军师团，在苏德战场上同苏联红军一道作战。1943 年底，波兰的两支军队合并组成人民军，随同苏军追歼德国法西斯，并于 1944 年 7 月配合苏联红军打回波兰。1944年7月，由全国人民代表会议的代表和留苏的爱国青年联盟代表共同组成民族解放委员会，作为临时行政权力机构。1945年1月，民族解放委员会改称为临时政府。同年6月，临时政府又扩大为全国性的统一的临时政府，宣告了波兰人民共和国的成立。1945年1月17日，在苏军的支持下，首都华沙解放，到5月7日波兰全国获得了解放。1947年1月，波兰举行战后第一届议会选举，经过同反动势力的斗争，以波兰工人党为首的各民主党派联盟取得了胜利，组成了社会党和工人党占压倒优势的共和国新政府。

朝鲜以金日成为首的游击队，长期在中朝边界坚持武装斗争，打击日本侵略者。1945年8月，朝鲜人民军和苏联红军一道解放了朝鲜北部国土（北纬38度以北的领土），结束了日本在朝鲜长达36年的统治。1946年2月成立了朝鲜人民委员会。朝鲜南半部被美军占领，破坏了朝鲜的和平统一。1948年8月，由于美帝国主义的支持，在朝鲜南半部成立了"大韩民国"。在此形势下，1948年9月，朝鲜劳动党倡议成立并召开朝鲜人民议会。朝鲜最高人民会议在平壤开幕，通过了宪法，选出最高人民会议常任委员会，9月9日，组成了以金日成为内阁首相的中央政府，朝鲜民主主义共和国正式宣告成立。

还一种类型就是德国。德国的情况比较特殊。德国人民是在极其艰苦的条件下开展地下斗争反对法西斯的。1945年5月，希特勒德国战败，无条件投降，此后，为苏、美、英、法四国占领，英、美、法极力破坏德国的统一和缔结对德和约。1949年英、美、法三国在其西部占领区公然成立德意志联邦共和国。苏联占领的东部地区，于同年10月7日宣布成立德意志民主共和国。

二 欧亚人民民主政权的特点

欧亚人民民主国家大多是在反法西斯战争胜利的基础上建立的。这些国家的建立具有特殊的历史特点：

第一，大多数欧亚民主国家的建立，是由于欧亚民主国家的共产党抓住反法西斯战争的大好时机，高举反法西斯的旗帜，发动群众开展武装斗争，把反抗法西斯侵略同推翻本国的卖国反动政府结合起来，把祖国的解放、民族的独立同消灭德意日法西斯、夺取世界人民反法西斯战争的胜利联系起来，赢得了人民的广泛支持，保证了党在新政权中的领导地位，从而建立了人民民主国家。在这样的有利国际条件下，这些国家的共产党在国内依靠人民群众，依靠人民的武装力量，依靠爱国民主的统一战线，并通过制定社会主义性质的宪法，进行民主选举，逐步排除反动党派和反动分子，从而确立了共产党在国家政权中的领导地位，巩固了人民民主政权。

第二，欧亚许多国家的共产党在反法西斯斗争中同社会民主党合作，建国后又与其合并为统一的无产阶级政党，实现对民主政权的领导。如，1948年2月罗马尼亚共产党同社会民主党左派合并为罗马尼亚工人党（1965年又改称为"罗马尼亚共产党"）；1948年6月，捷克斯洛伐克共产党同社会民主党合并为捷克斯洛伐克共产党；1948年12月，波兰工人党同社会民主党左派合并为波兰统一工人党；匈牙利共产党同社会民主党左派合并为匈牙利劳动工人党（1956年11月改称为"匈牙利社会主义工人党"）；1948年12月，保加利亚工人党同社会民主党合并为保加利亚共产党；1946年4月，德国共产党同社会民主党合并为德国统一社会党；1946年8月，北朝鲜共产党同社会民主党合并为北朝鲜劳动党，1946年南、北朝鲜劳动党合并为朝鲜劳动党。

第三，欧亚民主国家实行共产党领导的多党制，而这种多党制又根本不同于资产阶级的多党制，而是共产党（工人党）领导下的统一战线形式，各党共商国是。东欧这些国家在建国过程中都存在多党情况。在东欧，波兰除统一工人党以外，还有社会党、农民党、民主党、劳动党等；保加利亚除工人党以外，还有社会党、农民党、急进党、合作党等；捷克斯洛伐克除共产党外，还有天主教人民党、国家社会党、社会民主党、斯洛伐克民主党等；罗马尼亚除共产党外，还有社会民主党、民族农民党、民族自由党等；德意志民主共和国除共产党外，还有社会民主党、自由党和基督教、民主联盟等。在亚洲，中国除共产党以外，还有民革、民盟、民进、民建、农工民主党、致公党、九三学社、台盟等；越南除共产党外，还有越南民主党、越南社会党；朝鲜除朝鲜劳动党以外，还有朝鲜民主党、天主教青友党等。

第四，欧亚人民民主国家的政权形式也有自己的特点，采取了工人阶级领导的、工农联盟为基础的统一战线形式；工人阶级的领导权通过工人阶级的政治组织的统一得到实现。欧亚各民主国家由于各国历史传统和习惯不同，其名称也有所不同。中国称为"全国人民政治协商会议"，朝鲜称为"祖国统一民主主义战线"，越南称为"越南祖国阵线"，阿尔巴尼亚称为"阿尔巴尼亚民主阵线"，罗马尼亚称为"社会主义团结阵线"，南斯拉夫称为"劳动人民社会主义联盟"，匈牙利称为"爱国人民独立阵线"（1954年10月改组为"爱国人民阵线"），捷克斯洛伐克称为"捷克斯洛伐克民族阵线"，保加利亚称为"祖国阵线"，德意志民主共和国称为"民主德国全国阵线"。

欧亚人民民主国家的发展，一般都经过了两个历史阶段：第一阶段，大体上从1944—1945年开始，这一阶段主要进行资产阶级民主革命，主要任务是推翻君主专制制度，解决人民大众同法西斯帝国主义、封建主义之间的矛盾，消灭法西斯和封建残余势力，没收法西斯占领者和本国反动派的产业，广泛进行土地改革和其他民主改革；在这一阶段，波兰、匈牙利、捷克斯洛伐克、保加利亚、罗马尼亚、南斯拉夫、阿尔巴尼亚、东德等国家先后在政治上推翻了国内反动统治，铲除法西斯残余，取得民族民主革命的伟大胜利。革命胜利后，这些国家陆续实行土地改革，解决农民土地问题，在农村解放了生产力。同时，没收了法西斯占领者和本国反动派的产业，将银行、矿山、运输、大的工业企业收归国有，恢复被战争破坏了的国民经济。第二阶段，进行社会主义革命。从1948—1949年开始，主要是进行社会主义改造和建设，创造条件向社会主义过渡。在这一阶段，一些国家先后在土地改革的基础上，在农村开展农业合作化运动，逐步地引导农民走农业集体化道路；在城市，将私人开设的工业企业，收归国有，奠定社会主义经济的基础，为有计划地发展国民经济创造条件。欧亚人民民主国家发展的两个阶段，是性质不同，而又相互联系的过程。无产阶级领导的资产阶级民主革命为社会主义革命作了必要的准备，而社会主义革命又是资产阶级民主革命必然的发展结果。同上述发展过程相适应，人民民主政权也经历着由共产党领导的各个革命民主阶级的联合专政发展为无产阶级专政的过程。

欧、亚人民民主国家的建立有着伟大意义，是第二次世界大战后的重要事件。人民民主国家是依据马列主义的基本原理同本国具体实践相结合而取得胜利的，它使社会主义在许多国家逐步变成现实，又一次体现了各国共产党和革命人民的巨大的历史创造性和主动性。它给全世界被压迫人民和被压迫民族树立了榜样，鼓舞了他们的革命斗志，坚定了他们的必胜信心。尤其是1949年中华人民共和国的成立，改变了东方和世界的形势，使社会主义形成了一个强大的阵营，从根本上改变了国际阶级力量的对比。

第四节　世界反法西斯战争的意义和经验

1945年8月14日，日本法西斯政府宣告无条件投降。至此，世界人民的反法西斯斗争取得了伟大的胜利，第二次世界大战宣告结束。第二次世界大战是帝国主义争夺世界霸权的产物，反法西斯战争从一开始就具有反法西斯解放战争的性质，这次战争是全世界反法西斯力量与德、日、意三个法西斯国家之间的一场搏斗，是人类历史上一次规模空前的正义战争。因此，世界反法西斯战争的胜利有着重大的历史意义。

一　世界人民反法西斯战争胜利的重大意义

世界人民反法西斯战争的胜利，极大地改变了旧世界的面貌，对国际形势的发展产生了深远的影响。

第一，世界人民反法西斯战争的胜利，沉重地打击和削弱了国际帝国主义体系。德、意、日法西斯发动这场世界大战的目的是要重新瓜分世界，夺取世界霸权，统治世界人民。但是，他们的愿望并没有得逞。战争的结局同穷凶极恶的德、意、日法西斯的愿望相反，遭到了彻底的失败。战争的发生唤起了人民的觉醒，推动人民起来革命。世界人民在这场战斗中消灭了德军990万人、意军80万人、日军500多万人，并最终使德、意、日法西斯遭到了彻底的覆灭。在这场战争中，英、法两个老牌帝国主义国家受到严重的削弱。尤其是英国，损失兵力120万人；法国一度被德军占领，损失兵力200万人。两国的工业生产和对外贸易大为缩减。只有美国在战争中发了横财，成为资本主义世界的强国。

第二，世界人民反法西斯斗争的胜利，充分地显示了社会主义制度的强大生命力，显示了社会主义国家的威力。在反法西斯战争中，社会主义制度下的苏联人民，万众一心，同仇敌忾，艰苦奋战，沉重打击了法西斯强盗。苏联人民在反法西斯战争中作出的巨大贡献是举世瞩目的。当时法西斯德国是在几乎全部占领了欧洲大陆之后，动员了庞大的人力和资源而突然向苏联发动进攻的，这对苏维埃国家是一个严峻的考验。社会主义的苏联并没有被压垮，而是在以斯大林为首的苏联共产党的领导下，取得了历史性的伟大胜利，有力地支援了世界人民特别是东欧和亚洲各国人民的斗争。苏联卫国战争的胜利，是党和人民的胜利，也是无产阶级专政的社会主义制度的胜利。

第三，世界人民反法西斯战争的胜利，为世界人民的解放斗争开创了非常有利的新局面。世界人民反法西斯战争的胜利，激发了被压迫民族的解放斗争。亚非拉人民在战争中认识到，在团结一致坚持斗争的人们面前，罪恶的法西斯是完全可以打败和战胜的，从而极大地鼓舞了他们争取国家独立和民族解放的斗志，增强了他们的信心和勇气。第二次世界大战的胜利，使帝国主义的殖民主义统治进一步削弱，殖民体系开始瓦解，这就为被压迫民族的解放事业开辟了更加广阔的道路。

尤其是苏联社会主义制度的表率作用，促进了欧亚人民民主国家的诞生。第二次世界大战的胜利，不仅粉碎了帝国主义法西斯妄图消灭社会主义国家的企图，巩固和捍卫了十月社会主义革命的成果，而且使社会主义越出苏联的范围，由一国胜利发展为十几个国家的胜利，形成了强大的社会主义阵营。这是反法西斯战争胜利的最伟大的成果。

第四，世界人民反法西斯的胜利，提高了各国共产党的威信，扩大了党的队伍和影响。战争期间，各国共产党坚定地站在人民一边，英勇奋斗，前仆后继，从而极大地提高了党在广大群众中的威信。在同法西斯的斗争中，虽然各国共产党所遭受到镇压和迫害是最严重的，牺牲和损失也是最大的，但是各国共产党的数目却在增加，党的组织不断巩固，党员的人数不断增加。战前，世界上只有43个共产党，约420万名党员，战争结束时，已发展到76个共产党，拥有2000多万党员。这表明共产党是深受人民支持和拥护的。各国无产阶级和广大党员经受了战争的锻炼和考验，思想觉悟和战斗力有了很大提高，党更加坚强和成熟。

二 世界反法西斯战争的经验和启示

世界人民反法西斯战争的胜利，给人民提供了丰富的历史经验和启示，主要有以下几点：

第一，第二次世界大战的发生表明，帝国主义是战争的根源，帝国主义的侵略本性造成了这场战争。帝国主义的本质特点就是争霸、掠夺、扩张。因此，只要帝国主义的本性不变，战争的危险就会存在。这是由资本主义制度的本质和发展不平衡规律决定的，帝国主义由于其内在的矛盾，他们必然要通过战争的形式以解决矛盾，摆脱危机，维护其统治。各国人民和共产党对此必须有清醒的认识，保持高度的警惕，以应对各种问题。

第二，世界反法西斯战争的胜利，显示了共产党领导的人民革命战争，是打败帝国主义的重要力量和因素。无产阶级及其政党坚决反对任何帝国主义的侵略战争。面对战争的侵害，共产党积极领导和组织伟大的民族解放战争和反侵略战争，运用正确的军事、政治策略，对帝国主义的侵略战争予以有力的还击，为争取反法西斯战争的胜利起到了巨大作用。

第三，世界反法西斯战争的经验表明，人民战争是一定能够胜利的。为了战胜帝国主义，世界各国必须联合起来，结成广泛的国内外统一战线，团结一切可以团结的力量共同奋斗。在世界人民的反法西斯战争中，参加统一战线的成分是复杂的，在反法西斯的统一战线中，除了社会主义的苏联和各国人民外，还有美、英等帝国主义国家；在国内统一战线中，除了工农群众和小资产阶级外，还有民族资产阶级和部分大资产阶级。不同阶级阶层的人们，面临法西斯的侵略而团结起来，一致对敌而取得了斗争的最终胜利。对于帝国主义的侵略扩张，采取"绥靖政策"，必然会助长敌人的侵略气焰，最终只会自食苦果。

国际反法西斯同盟的建立，是反法西斯战争取得胜利的极为重要的条件之一，也是世界人民在第二次世界大战中取得的重要历史经验之一。历史表明，只要全世界大多数的国家和人民团结起来，坚决进行斗争，就一定能够有力地制止和制约战争的爆发和发展。

第二十一章 东欧各国人民民主道路的探索

东欧各国既是俄国十月革命的最早响应者,又是第二次世界大战后在苏联帮助下最早建立社会主义制度的国家。东欧各国人民民主道路的探索对于研究20世纪前半期世界社会主义运动的发展,特别是研究这一时期科学社会主义在学说、运动和制度上的"三位一体",具有特殊的重要意义。

第一节 东欧各国在战后世界格局中的战略地位

一 欧洲东西分野的出现与冷战对峙局面的形成

第二次世界大战摧毁了战前的国际秩序格局,德、意、日三强被打败、被占领甚至被肢解,英、法两个大国虽然是战胜国,但也受到战争的重创,其实力也被大大削弱了。美国虽然也承受了牺牲,但毕竟其本土远离战场,没有受到战争的毁坏,加之其战争中的投机行为,大发了一笔战争财,它成了这场战争的最大赢家,一跃而成为头号世界霸主。第二次世界大战也给苏联造成了巨大的人力与物力损失。但苏联的国土面积、自然资源等天然条件优于英法,即便是战争最艰难的时期,它仍拥有一个广大的后方。丰富的自然与社会资源是苏联得以在战后迅速恢复的基本物质条件。同时,作为反法西斯战争的主力军,苏联在战争胜利后从战败国接收了一大笔相当可观的物资设备与技术资源。加之苏联又得到了东欧这块势力范围,苏联在战后便成了仅次于美国的世界强国。尽管苏联社会发展畸形,在综合国力方面也无法与美国并驾齐驱,但它在军事、地缘、技术方面却也有自己的一些优势。随着反法西斯战争的胜利,苏联与美英等国结成的战时反法西斯同盟因失去共同敌人而逐渐走向破裂。

苏联红军转入对法西斯德国的全面反攻后，不仅迅速解放了苏联本土，而且在短时间内便席卷了大半个欧洲。苏联红军所到之处，大部分都建立了人民民主政权，并帮助当地的共产党和进步势力取得了执政地位。英美联军开辟第二战场后，先后解放了法国和荷兰、比利时、卢森堡等西欧被占领国家。苏联红军与英美盟军会师于德国境内。这样，到1945年欧洲战局结束时，东欧基本上处于苏军的占领和控制之下，而西欧则处于美英势力的影响和控制之下。雅尔塔会议和波茨坦会议就战后欧洲格局所做的安排，便基本是对这一战争进程所造成的既成事实的确认。

正是在这一背景下，东欧国家的前途问题在战争结束前后，首先成了西方同苏联之间矛盾和斗争的焦点。因为在战前，这些国家曾经被西方国家视为自己的势力范围，是它们针对苏联所构筑的战略缓冲带。战后，苏联突出重围，把这些国家置于自己的占领与控制之下，使之成了苏联针对西方所构筑的战略缓冲。西方国家不甘心这一地区就此沦为苏联安全体系的组成部分，便在战争结束后的东欧国家重建中竭力阻挠事态的发展。如在波兰问题上，先是利用巴黎和伦敦的波兰流亡政府与苏联进行讨价还价，继则力争流亡政府在政府组成中占有尽可能多的席位。随着苏联在战场上的节节胜利，英美在谈判桌上步步后退，最后退到只承认波兰民族统一临时政府。不难看出，英美为保住自己在东欧国家的影响力可谓机关算尽。类似的情况在捷克斯洛伐克、保加利亚、罗马尼亚和匈牙利等国也都发生过。英美等国在东欧同苏联的争夺中处于劣势，眼睁睁看着苏联势力的不断膨胀，这无疑更加剧了它们的疑虑，东西方的矛盾也因而显得越来越尖锐。

冲突最终在德国问题上爆发出来。苏、美、英、法对德国和柏林的分区占领在雅尔塔和波茨坦会议上已经基本确定下来。但是，德国的彻底崩溃与苏联的迅速壮大又使得英美等西方国家感到苏联将会成为比德国更为危险的敌人。因此，如何保住按照协议划归美、英、法的西部德国以免落入苏联手中就成了它们优先考虑的目标。同样，苏联出于自身安全的考虑，也不希望自己控制的东部德国最终为西方所控制。出于上述考虑，英美占领区首先实现了合并，接着英法美三国的占领区内建立起了统一的中央政府。1949年9月，德意志联邦共和国成立。为了与西方国家相抗衡，维护自己在东部占领区的存在和在那里建立起来的政权制度，苏联在苏占区采取了应对措施。1949年10月，德意志民主共和国在东部诞生。至此，德国正式分裂为两个国家。随着德国的分裂，在雅尔塔体制的基础上，整个欧洲很快便以东西德分界线为前沿阵地，逐渐发展成为以苏联和美国为首的相互敌对的两大国家集团。这样，以东、西德的界线为界，形成了政治概念上的东欧和西欧。东西欧的分野宣告完成。在军事上，西方的驻军与苏联的驻军所抵达的界线就是这条分界线。

随着苏联与美英矛盾的加剧，双方在各方面的斗争也日趋激化。苏联曾一度试图利用自己在战场上的有利形势，把自己的势力范围扩大到伊朗和土耳其海峡。由于遭到伊朗、土耳其及美、英等国的激烈反对而没能成功。美国利用苏联在伊朗与土耳其的争端乘机把自己的势力渗透进来，但却在国际上大造"苏联扩张"的舆论。伊朗危机与土耳其海峡危机大大加深了苏联与美国等西方国家之间本已存在的敌对与猜疑。1946年1月，美国利用联合国首届大会开会之际，极力撺掇伊朗在大会上控告苏联干涉其内政。2月9日，斯大林发表公开演说，强调第二次世界大战是世界各种经济和政治势力在现代垄断资本主义基础上发展的必然产物，认为现代世界资本主义并不是平稳地均衡地向前发展，各资本主义国家发展的不平衡，通常经过相当时期就要剧烈破坏世界资本主义体系内部的均势。如果各国能够根据各自的实力采取和平协商的办法重新瓜分原料产地和销售市场，那也许能够避免战祸。但是这在现今资本主义世界经济发展的条件下，是无法实现的。斯大林总结说，资本主义世界经济体系第一次危机的结果引起了第一次世界大战，而第二次危机的结果就引起了第二次世界大战。按照这一逻辑，资本主义经济体系必然要导致新的世界大战。在这里，斯大林不仅是在解释第二次世界大战的起因，而且极其明确地把现代资本主义与战争画上了等号。客观地看，斯大林的演说无疑是给本来就已非常紧张的东西方关系雪上加霜。美国最高法院大法官威廉·道格拉斯曾指责斯大林的演说是"第三次世界大战的宣言"。斯大林演说发表两周后，即2月22日，美国驻苏联代办乔治·凯南向国务院发回了一份长达8000字的电报，对战后苏联的理论、政策和做法以及美国应采取的对策提出了全面的分析和建议，为美国实施对苏联的遏制政策提供了依据。3月5日，温斯顿·丘吉尔在美国的富尔敦威斯特敏斯特学院发表了极具煽动性的演说。他说从波罗的海的什切青到亚得里亚海滨的里雅斯特，一幅横贯欧洲大陆的铁幕已经降落下来。在这条线的背后，有中东欧古国的都城：华沙、柏林、布拉格、维也纳、布达佩斯、贝尔格莱德、布加勒斯特和索菲亚所有这些名城及其居民无一不处在苏联的势力范围之内，不仅以这种或那种形式屈服于苏联的势力影响，而且还受到莫斯科日益增强的高压控制。在演说中，丘吉尔公开呼吁实现"英语国家兄弟般的联合"以阻止苏联势力的无限扩张。3月13日，斯大林就丘吉尔的演说发表谈话，认为丘吉尔的演说是危险的行动，其目的是要在盟国中间散播纠纷的种子，使它们难以合作，认为丘吉尔是站在战争挑拨者的立场上，而且他并不是孤独的，他不仅在英国有朋友，而且在美国也有朋友。斯大林谴责丘吉尔和他的朋友非常像希特勒及其同伴那样散布种族优越论，并明确指出，丘吉尔的方针是进行战争的方针，即号召同苏联进行战斗。1947年3月，杜鲁门主义出笼。6月，马歇尔计划出台。1949年4月，北大西洋公约组织建立。美英等西方国家完成了与苏联对抗的集团化。与西方国家紧锣密鼓的集团化进程相应，苏联与东欧国家也不断加快自身的集团化进程。1945—1948年间，苏联与东欧各国以及东欧各国之间签订了一系列友好互助同盟条约和经济、技术、文化、军事领域的合作协定。马歇尔计划出台不久，苏联东欧国家与法国、意大利的共产党和工人党组成的欧洲九国共产党和工人党情报局即告成立。西欧国家为协调马歇尔计划的执行，于1948年成立了欧洲经济合作组织。作为回应，1949年1月，苏联与保加利亚、匈牙利、波兰、罗马尼亚、捷克斯洛伐克共同成立了经济互助委员会（简称"经互会"），目的是要在苏联和东欧各人民民主国家之间建立更加密切的经济联系与合作关系，促进社会主义阵营的内部团结，以便挟阵营之力与美国为首的西方国家相抗衡。1949年2月，阿尔巴尼亚加入经互会，1950年，东德也加入了该组织。1955年5月，在北约以平等成员资格吸收了西德之后，苏联采取对应措施，东欧各国共同建立了华沙条约组织（简称"华约"），形成了统一的军事政治同盟，并且建立了统一的武装部队司令部。至此，欧洲两大军事政治集团全面对峙的冷战格局完全确立了。

二 苏联不允许西方染指东欧

在东西方冷战对峙格局中，东欧国家是苏联手中对抗美国和西方阵营的棋子和工具。在同西方的对抗中,东欧对苏联具有特别重要的地缘政治意义。从地理位置上看,东欧距苏联的欧洲地区最近,并且一直是历史上外敌入侵俄罗斯的通道和入口。因此,当着苏联借追击法西斯之机而席卷东欧之后,它便把这一地区看成了自己安全带上的重要一环。独特的地理位置使东欧成了斯大林建立苏联安全带和势力范围的首选。在同西方的角力与讨价还价中,斯大林可以在伊朗、土耳其海峡、希腊等地做出重大让步,但对于西方国家任何染指东欧的企图,他都极其敏感,态度也异常强硬。1945年4月,当苏、美、英三国因改组波兰政府问题相持不下时,杜鲁门态度强硬地照会斯大林,要求苏联做出让步,否则"就会严重动摇对三国政府团结一致的信心以及它们在将来像过去一样继续合作的决心"。但斯大林寸步不让。他提醒对方"注意到一个情况,即波兰同苏联是接壤的,但它同英国或美国却并不接壤。波兰问题对于苏联的安全的意义,正如比利时和希腊问题对于英国的安全的意义一样"。"您并不同意苏联有权利使波兰有一个同苏联友好的政府,但是苏联政府不能同意波兰有一个敌视苏联的政府。为了解放波兰,苏联人在波兰的土地上血流成河,姑且抛开其他一切情况不谈,仅仅这件事就要求达到上述一点"。斯大林直截了当地告诉杜鲁门:"您要求我抛弃苏联安全上的利益;但是我不能与自己的国家利益背道而驰"。[①] 当丘吉尔在富尔敦演说中指责苏联把东欧国家视为自己的势力范围时,斯大林的回答同样非常干脆:不要忘记以下的情况。德国人入侵苏联是经过芬兰、波兰、罗马尼亚、保加利亚和匈牙利的。德国人所以能够经过这些国家侵入苏联,是因为这些国家当时存在着敌视苏联的政府。苏联为了保证自己将来的安全,力求在这些国家内能有对于苏联抱善意态度的政府,试问,这有什么奇怪呢?

为了阻止苏联控制东欧国家,美英等国利用雅尔塔会议上通过的《关于被解放的欧洲宣言》,利用东欧国家流亡在西方国家的政府、利用东欧国家内部的亲西方势力与反苏情绪、利用美国提供经济援助的诱饵等一切可能的手段来达到自己的目的。对苏联而言,要确保东欧成为自己的势力范围,就必须在这一地区排除西方的影响和其他敌对势力,建立对苏

[①] 《苏联伟大卫国战争期间苏联部长会议主席同美国总统和英国首相通信集》第2卷,世界知识出版社1963年版,第221页。

联友好的政府和与苏联相同的社会制度。对此,斯大林曾经直言不讳地告诉南斯拉夫领导人:"这次战争和过去不同;无论谁占领了土地,也就在那里强加他自己的社会制度。凡是他的军队所能到达之处,他就强加他自己的社会制度,不可能有别的情况"。[①] 为此,苏联在战后初期的1945—1947年间采取了许多措施来实现自己的目标。首先,在无法建立像苏联那样共产党一党专政的政权的大背景下,力争建立共产党占主导地位的联合政府。为了保证共产党在各自国内新政府组成中的主导地位,苏联要求各国共产党根据本国的政治力量对比的实际状况与其他政党结成各种形式的民族联盟,并以此为基础组成联合政府。其次,采取严厉措施打击和镇压敌视苏联的势力和共产党的反对力量。就像在苏联国内政治生活中扩大"人民的敌人"的内涵和外延以镇压政治反对派一样,在东欧的非法西斯化和民主化的过程中,苏联也任意解释和扩大"法西斯主义"和"法西斯分子"的概念,以此打击和镇压敌视苏联和共产党的反对力量,巩固苏联在东欧的势力范围和确保苏联安全的需要。

第二节 东欧各国民主探索的历程和特点

一 东欧各国民主道路探索的曲折历程

东欧地区出现一系列人民民主国家,本来一开始就具有不同于苏联的新特点。当时,东欧不少国家领导人都表示,要建立不同于苏联模式的新模式,通过人民民主道路向社会主义过渡。但是,情况很快便发生了变化。转折点是欧洲九国共产党工人党情报局的建立和苏联与南斯拉夫两国关系的破裂。

1946年,苏美之间爆发冷战,苏联为了增加同西方国家的对抗实力,于1947年9月,苏联、波兰、捷克斯洛伐克、匈牙利、罗马尼亚、保加利亚、南斯拉夫、意大利等九国共产党和工人党如上所述,决定建立共产党工人党情报局。情报局表面上是各国党交流经验、协调行动的机构,实际上是苏联控制东欧各党、推广苏联模式的工具。1948年,南斯拉夫因不接受苏联控制而被开除出情报局。苏南两党的矛盾演化为公开的冲突。

---

① [南]米洛凡吉拉斯:《同斯大林的谈话》,世界知识出版社1989年版,第85页。

于是，苏联发起声势浩大的批判南斯拉夫、批判铁托的运动。这个批判运动的目的，一方面是对南斯拉夫施加强大压力，企图强迫南斯拉夫就范；另一方面是力图控制其他东欧国家，强行推广苏联模式。苏联是第一个社会主义国家，它建设社会主义的好经验本来自然会受到其他社会主义国家和无产阶级政党的高度重视。可是，苏联却自认为苏联社会主义实践经验具有普遍性，是社会主义革命和建设的普遍规律，具有国际意义，是唯一正确的模式，非要别国照搬不可；表现出了严重的大国主义、大党主义。斯大林长期把苏联党同其他党的关系，看作是领导与被领导的关系，甚至是父子党关系，要求处处以苏联模式为样板，各国党的事务经常受到干涉。在苏联的强大压力之下，绝大多数东欧国家都被迫接受苏联模式，不顾具体国情，照搬苏联那一套政治经济文化体制。

第一，东欧国家被迫照搬苏联的政治体制，其基本特点是"过度集权"。它不是一般的集权，而是过分的、极端的集权、中央集权。具体说来，这种高度集权表现为一党制、党政融合、个人迷信、个人崇拜、机构重叠、干部委派、缺乏民主、监督无力、安全机关特权严重、社会团体作用微弱等等。苏联的这种政治体制，在二战以后已变成一种僵化的模式，东欧国家基本上都加以照搬，在国内实行。东欧国家都像苏联那样大搞个人迷信。它们不仅大搞对斯大林的"大"个人迷信，而且大搞对本国领导人的"小"个人迷信，大肆颂扬斯大林和本国领导人，把他们说成是洞察一切、从不犯错误的圣人。当时，匈牙利的拉科西、阿尔巴尼亚的恩维尔·霍查就是两个突出的典型。他们在国内搞个人崇拜的程度比之苏联毫不逊色，借斯大林个人在社会主义阵营的威望，树立自己个人在国内的威望。随着东欧各国民族统一战线破裂及联合政府解体，共产党的一党集权制确立起来。原先参加民族统一战线和联合政府的资产阶级政党纷纷瓦解，有的被取缔或解散，有的停止活动，有的宣布改组，其领导人或逃亡国外，或被捕入狱。与此同时，各国又都把社会民主党同共产党合二为一，向一党制靠拢。早在1946年，民主德国的共产党就同社会民主党合并，成立德国统一社会党。1948年，捷克斯洛伐克的共产党同社会民主党合并，建立捷克斯洛伐克共产党；匈牙利的共产党同社会民主党合并，成立匈牙利劳动人民党；波兰的工人党同社会民主党合并，成立波兰统一工人党。同时，有些东欧国家还取缔其他小的政党，如匈牙利取缔了小农党，罗马尼亚取缔了非共产主义的其他政党。东欧国家的这种做法，都是按照苏联模式来搞的。1920年9月，共产国际二大的决议说，"每一个国家必须只有一个统一的共产党"。因此，苏维埃政权在取缔和镇压反动政党的同时，把一些拥护苏维埃政权的小政党并入布尔什维克党。1936年，斯大林做出结论说，"在苏联只有一个党，即共产党存在的基础"。[①] 苏联的这种做法，在二战以后成了东欧国家效法的榜样。其实，东欧国家这样做并不明智，给后来留下很大的隐患。这些国家的社会民主党，在本国具有广泛的社会影响，历史悠久，其影响甚至超过共产党。它们同共产党的合并，使社会党人变成了共产党人。然而，他们的思想也带进了共产党，并没有什么大的改变。在1989年东欧剧变时，这些共产党内的原社会党人，起了很大的推波助澜的作用。当然，东欧国家的政治体制仍稍微保留了自己的一些特点。例如，某些国家仍然保留一些小党，实行共产党领导下的多党合作。波兰有统一农民党、民主党；捷克斯洛伐克有人民党、复兴党、自由党；保加利亚有农民联盟；民主德国有民主农民党、基督教民主联盟、自由党、国家民主党；等等。但是这四国的多党合作在政治上没有起很大的作用，基本上是花瓶摆设。又如，东欧国家没有采用苏维埃政权的形式，仍保留"阵线"那样的政治统一战线组织。波兰有民族复兴爱国运动，保加利亚有祖国阵线，罗马尼亚有社会主义民主团结阵线，匈牙利有爱国人民阵线，民主德国有全国阵线，捷克斯洛伐克有民族阵线等等。但这些阵线组织也没有发挥多大的作用。

第二，东欧国家被迫照搬苏联的计划经济体制。苏联经济体制的基本特点，就是过度集权。具体说来，这种高度集权表现为指令性的计划经济、过度集权的部门管理、以行政手段为主的经济管理、国家所有制占绝对优势等等。为此，要对原有的经济加速实行社会主义改造，在城市对工业和商业以至小企业小商店都实行国有化，在农村则对个体农民实行集体化。随后，又实行特有的经济发展战略，即优先发展重工业、片面追求数量和速度的经济发展战略。苏联的这种经济体制和经济发展战略，东欧国家基本上都照搬过去了。脱离本国实际，盲目照搬苏联的一套做法，必然会给各所在国造成严重的社会和经济困难。以匈牙利为

---

① 《斯大林文选（1934~1952）》，人民出版社1978年版，第100页。

例，它在1949年把凡是雇佣工人在10人以上的企业一律收归国有，使社会主义成分在整个国民经济中占据绝对优势，在工业中达到91.1%，在批发商业中占93%。1948年开始实行农业合作化运动，1950年全国共计建立2200多个农业合作社和3600多个拖拉机站，使得近12万农户走上集体化的道路。匈牙利不顾本国缺少资源的具体条件，提出要把匈牙利建设成为一个"钢铁与机器之国"，最终导致农轻重比例严重失调。

第三，东欧国家被迫照搬苏联"大清洗"的做法。苏联向东欧各国派去安全顾问，直接指挥这些国家的安全机关，把苏联国内"大清洗"的一整套做法推广到了东欧。于是，曾经在苏联发生的种种错误又在东欧国家重演了。1949年6月，匈党政治局委员、外交部长拉伊克等人被捕入狱，随后被处决，罪名是"铁托的帮凶"。为此受牵连的人很多，后来的著名领导人、当时的内务部长卡达尔·亚诺什也曾被捕，坐了三年牢。波兰工人党的总书记哥穆尔卡，1948年被批判有"右倾民族主义倾向"，说他同情铁托，结果被撤销总书记职务，随后被开除出党，1951年被作为"间谍"逮捕入狱。阿尔巴尼亚的内务部长科奇·佐泽，1949年被作为"叛徒"、"铁托代理人"而处决。保加利亚的部长会议副主席、保共政治局委员科斯托夫，1949年被撤职，随后被逮捕并处决，罪名是与铁托有密切联系，企图将保加利亚并入南斯拉夫。捷克斯洛伐克共产党的总书记斯兰斯基，1951年被捕，一年后被处决，说他是"托洛茨基铁——铁托分子"和"犹太复国主义"。罗马尼亚的司法部长亚卢·波特拉什卡，1949年被撤职逮捕，说他是为"铁托集团"效劳的"间谍"，随后被处决。东欧国家的这些冤假错案，每一个案件都牵连许多人，镇压的规模很大。例如在捷克斯洛伐克，1952—1954年间党内发生8起政治冤案，处决72名高级干部，整个清洗的蒙冤者共有7万人。仅在"斯兰斯基案件"中，就有11名副部长以上的干部被处决，另有3名高级干部被判处无期徒刑。在波兰，波党领导人贝鲁特在1948—1949年间搞了三次清洗，全国1/4的党员受到牵连，不少领导人被撤销职务并受到处分。在匈牙利，法院在1949—1953年3月间对39万人判处了徒刑，其时全国人口才1000万。有材料说，在这场反对"铁托分子"、反对"民族主义"的浪潮中，东欧各国党内被清洗者共达250万人，其中被捕入狱者达12.5万至25万人。[①] 这种做法是严重背离科学社会主义理论的，给东欧国家留下了严重的后患。

总之，东欧社会主义各国普遍受到苏联模式的影响，它们有的是主动地仿效苏联模式，更多的是苏联向它们推销，甚至强加于人。结果，东欧各国在政治上也是过度集权、以党代政、领导职务终身制，在经济上急于消灭私营经济，实行指令性计划管理、优先发展重工业、农业牧业集体化等。在生产资料所有制方面，搞一大二公三纯，在经济管理方面，排斥市场机制，依靠行政命令。在思想文化上搞个人崇拜、一言堂、教条主义、限制人民自由等等。总之，这些国家搞社会主义建设，主要依靠政治动员，忽视物质利益。因而体制存在严重弊病，实践中遇到不少困难。比较特殊的是南斯拉夫。南斯拉夫抵制苏联模式，却未能完全摆脱苏联模式。在社会主义国家中，南斯拉夫最先起来冲破苏联模式束缚，寻找适合本国国情的社会主义建设道路，但是由于条件制约，南斯拉夫虽然抵制过苏联模式，可是也未能完全摆脱苏联模式的影响。后来铁托的"自治社会主义"，最多也只能算是一种探索和实验，实践证明并不成功。

二 东欧各国探索本国民主道路的若干特点

虽然东欧各国受苏联的强势影响，西方很难有效干预东欧事务，但历史上长期形成的西方国家的影响并不是一纸命令或政治高压所能消除的，而西方国家在各种国际场合对苏联的谴责与诋毁也使得苏联在东欧的行动不能不有所顾忌，同时，东欧各国共产党内部也一直存在着探索本国民主道路的力量。所有这些因素的交互作用，使得东欧各国在探索人民民主道路的历程中从一开始就打上了各国自己的烙印，这也正是它们区别于苏联的地方。

首先，除法西斯势力与极端反苏势力之外，各国基本上都允许各种政治势力存在，各党派都有一定的活动自由，也没有剥夺剥削阶级的选举权。例如，在波兰，有来自亲西方的流亡政府的势力与来自亲苏的临时政府的势力；有工人党、社会党、农民党和民主党等众多政党；在工人党内

[①] [西班牙] 费尔南多·克劳丁：《共产主义运动——从共产国际到共产党情报局》下册，求实出版社1982年版，第220页。

还存在着国内派与莫斯派的激烈争论与斗争。

其次,各国建立的都不是一党制的无产阶级专政国家,而是多党制的几个阶级联合的人民民主国家,实行公开的多党选举,共产党和其他进步政党一起组成了联合政府。例如,在匈牙利,1945年11月举行了战后第一国民议会选举。凡年满20岁的公民都有选举权和被选举权。选举结果,小农党获得57.03%选票、254名国会代表,共产党获16.95%选票、70名代表,社会民主党获17.41%张选票、69名代表,民族农民党获6.87%选票、23名代表,公民民主党获1.62%选票、2名代表。最后,小农党领导人出任总理,部长由小农党7人,共产党、社会民主党各3人,民族农民党1人担任,前三党各出1名国务部长。1947年7月,匈牙利修改选举法,限制前亲法西斯分子、右翼组织团体参选,把选民年龄由20岁提高到22岁。8月举行的大选结果是,联合政府四党获选票60.8%(其中左翼联盟各党为45%)、议席66%,6个反对党得票不到40%。其中共产党得票22.2%、100个议席,成为第一大党,小农党获15.4%的选票、68席,社会民主党获14.9%选票、67席,民族农民党获8.3%、36席。新政府中,小农党领导人出任总理,共产党、社会民主党各出1名副总理,共产党有4名部长、社会民主党、小农党各3名,民族农民党2名。[①] 在波兰1947年举行的议会大选中,波兰工人党(共产党)、波兰社会党、农民党和民主党组成的民主阵线的候选人获80.1%的选票,主要反对党右翼的和保守的波兰农民党获10.3%的选票,其余的选票为一些小党派获得。在444个议席的议会中,波兰社会党占116,波兰工人党占114,农民党109,民主党41,波兰农民党26,劳动党17,"波兰党——新的解放"7,天主教社会议员俱乐部3,其他党派2,无党派人士9。大选后,工人党领导人贝鲁特当选为波兰人民共和国总统,并组成了以社会党领导人西伦凯维茨为首的新政府,共产党领导人哥穆尔卡任副总理。[②] 在捷克斯洛伐克于1946年5月举行的解放后的首次大选中,各党所获选票分别是:共产党37.94%,民族社会党18.29%,人民党

[①] 刘祖熙主编:《东欧剧变的根源与教训》,东方出版社1995年版,第83页、第86~87页。

[②] 王逸舟、苏绍智:《波兰危机》,四川人民出版社1988年版,第27~28页。

15.46%，斯洛伐克民主党 14.07%，社会民主党 12.05%。共产党和社会民主党加在一起超半数，共产党领导人哥特瓦尔德出任政府总理。① 其他国家也都通过选举组成了多党联合政府。

再次，各国共产党为争取广泛的社会支持，大都与其他左翼党派组成了联合阵线，摸索出了一套多党共存与多党竞争条件下争取社会支持，进行多党合作的行之有效办法。东欧国家与西欧毗邻，西欧的民主传统在这里有一定的影响。历史地看，东欧多数国家都具有议会民主的传统。波兰和匈牙利两国在 16—17 世纪时就已形成了封建的两院制议会；保加利亚和罗马尼亚在 19 世纪后半期建立了君主立宪制度。1918 年以后，波兰和捷克斯洛伐克建立了共和国，南斯拉夫等国也建立了君主立宪制度。同时，在经历了独裁统治和德国的占领也强化了东欧国家对西方的议会民主制度的向往。虽然处在苏联的控制和影响下，多种政治势力共存、多党竞争的政治现实还是为各国探索本国的多党竞争制度提供了舞台。各国共产党为了获得选举中的多数，总结反法西斯战争中结成最广泛的统一战线的成功经验，创造了各种各样的政治合作模式，其中各国党最普遍采用的一种形式便是与其他左翼党派组成联合阵线，实行多党合作，共同组织联合政府。如波兰的民主阵线、捷克斯洛伐克的民族阵线等等。在罗马尼亚建立的全国民主阵线政府，参加政府的有共产党、国家自由党、农民阵线等等，共产党只掌管内务部、司法部和公共工程部。

又次，不少国家开始了具有本国特色的社会主义道路的积极探索。早在 1945 年 12 月，瓦·哥穆尔卡在波兰工人党一大上提出，要走社会主义的"波兰道路"，苏联实行一党制，波兰则实行多党议会制，波兰的社会制度是人民民主制度。后来他又强调，波兰不能像苏联那样大搞重工业，农业集体化也不是波兰的样板。捷共领导人哥特瓦尔德提出，捷克斯洛伐克必须寻找自己"特殊的道路"，苏联的道路并不是唯一可行的。保共领导人格·米·季米特洛夫也曾强调各民族应根据自己的特点实现社会主义，不一定完全效法苏联。不难看出，东欧国家都有主张走不同于苏联的道路，建立符合本国国情、具有本国特色的社会主义的愿望。其中哥穆尔卡 1946 年 11 月 30 日在华沙波兰工人党和波兰社会党积极分子会议上曾

---

① 刘祖熙主编：《东欧剧变的根源与教训》，东方出版社 1995 年版，第 99 页。

发表讲话。哥穆尔卡在讲话中说,"我想首先提请你们注意苏联和波兰所特有的发展道路的三个根本的、明显的区别",一是"社会政治制度的改变在俄国是通过流血的革命道路实现的,而在我国是和平实现的";二是"苏联必须经过无产阶级专政的阶段,在我国则没有这个阶段,并且可以避免这个阶段";三是"苏联的政权是由代表会议即苏维埃来行使,它把立法和执行职能连结起来,苏维埃是社会主义政府的一种形式。我国立法和执行职能是分开的,国家政权建立在议会民主基础上"。"我们选择了波兰自己的发展道路,我们把它称之为人民民主道路。在这条道路上和在这些条件下,工人阶级专政,或者说一党专政,既没有必要,也没有目的。我们认为,我国的政权应该由彼此一致密切合作的所有民主政党来行使"。"我们的民主不同于苏维埃民主,正像我们的制度不同于苏维埃制度一样"。"波兰的民主是通过多党议会制来行使政权"。"我们的民主具有许多社会主义因素,也具有许多资产阶级自由民主的因素。就如同我们的经济制度具有许多社会民主主义和资本主义经济特点一样。我们把我们的民主称之为人民民主,我们的社会制度称之为人民民主制度"。"波兰可以,而且正在走自己的发展道路,我们党也希望沿着这条道路前进"。①

东欧国家表现出各自特点的初步探索是在苏联允许的范围内进行的,其局限性是非常明显的,当着探索超出苏联所允许的范围的时候,各国的探索便不可避免地会遭遇挫折乃至失败。

第三节 东欧各国民主探索的经验和启示

东欧各国在建国之初曾经强调要实行符合本国国情的人民民主制度。人民民主模式主张在政治上维持多党制的议会民主制度,扩大反法西斯的爱国统一战线,逐步加强共产党的领导地位;在经济上实行多种经济成分并存,由国家调节市场,逐步实现工业国有化和农业合作化,并主张用渐进的办法实行工业化,反对损害农民利益或降低人民的消费水平来片面发展重工业。这些主张无疑都是符合东欧各国的基本国情的,也得到人民的广泛认同和支持。例如,波兰在1946年6月举行的一次全民咨询投票中,

---

① 王逸舟、苏绍智:《波兰危机》,四川人民出版社1988年版,第30~33页。

68%的人赞成取消上院；78%的人支持"将来的宪法中保持由土地改革和国民经济基本部门国有化所建立起来的经济制度，同时保留私营企业的某些合法权利"。①也就是说，绝大多数人赞成取消带有封建贵族色彩的上院机构，并支持国家的温和国有化政策。这表明，波兰党最初提出和实行的人民民主道路是得到社会广泛支持的。

但是，东欧国家开始进行社会主义建设时，在没有经验和学不学苏联是衡量搞不搞社会主义标志的历史条件下，几乎都照搬了苏联的过度集权的政治经济模式，先后废除了多党制、实行一党制，或实质上的一党制，把多种经济成分改变为单一的工业国有制和农业集体所有制，并实行计划经济。这种体制在一段时间内，在恢复和发展东欧各国的经济中曾经起一定的积极作用，但从根本上来看，这种过度集权的政治经济体制是不适合东欧国家的国情的。照搬苏联模式为此后东欧国家的动荡直至剧变埋下了祸根。不过，东欧各国对各自人民民主道路的探索虽然短暂，但仍然是有益的。其中最重要的一点就在于，这些国家对各具本国特色的人民民主道路的探索，为后来社会主义国家一浪高过一浪的改革提供了历史的经验和启示。

苏联领导集团推行大国主义和大党主义，不顾东欧各国的具体国情，在这些国家强行推广苏联模式。不过，苏联模式在各国的推广效果和影响存在着差异性。这一方面是由于苏联对其他社会主义国家的影响力存在差异性；另一方面是走上社会主义道路的各个国家，对苏联模式的借鉴和仿效程度有差异性。由于走上社会主义道路的各个国家具体情况不同，有些执政党对苏联模式的普遍性提出异议，甚至抵制过苏联模式的推广。虽然这种抵制苏联模式，强烈要求走适合本国国情的社会主义道路的呼声受到了来自苏联的打压，但这种呼声始终存在，并以各种途径表达出来，成为推动社会主义国家改革的一种直接或间接的推动力量。同时，由于东欧各国成功地建立了人民民主政权，并结合各自的国情进行了社会主义改造，它们也热切希望能够根据各自的国情继续探索下去，建设具有本国特色的社会主义。虽然这一愿望未能如愿，但是，各国党和人民并没有忘记，他们各自探索适合本国国情社会主义建设道路的内在要求，成了此后推动社会主义国家改革浪潮兴起的一个重要动力。

---

① 王逸舟、苏绍智：《波兰危机》，四川人民出版社1988年版，第26~27页。

东欧各人民民主国家的初步探索表明，各个国家、各个民族都有独自探索自己社会发展道路的权利和能力。东欧各国与苏联的国情差异极大：首先，东欧国家都是中小国家，自然资源比较匮乏，例如，匈牙利的煤、铁砂和石油均依赖进口，波兰和捷克斯洛伐克也缺少铁砂和石油，罗马尼亚和保加利亚缺少硬煤，南斯拉夫和阿尔巴尼亚则缺少石油。显然，这些国家与拥有自然资源的泱泱大国苏联是不可同日而语的。要它们按照苏联的工业化道路，必然会给各所在国带来灾难性的后果。其次，就文化传统而言，波兰、匈牙利、捷克斯洛伐克和南斯拉夫的斯洛文尼亚、克罗地亚的大多数居民信奉天主教，深受拉丁文化的影响，这与俄罗斯历史上浓厚的东正教文化传统差别极大。最后，东欧各国大都有议会民主传统并且都有走人民民主道路的愿望。东欧各国人民民主道路的最初探索，正是各国共产党人根据本国基本国情提出的一种切实可行的方案。在人民民主的原则下，各国相继实施了一整套民主改革、土地改革、工业国有化、国民经济恢复等措施，颇受人民欢迎。在1946—1948年的议会选举中，共产党击败了资产阶级反对派，加强了自己的执政地位。事实表明，东欧各国党有能力按照人民民主道路解决各自的国内问题。

东欧各人民民主国家的初步探索所遭遇的挫折表明，只有和平共处的国际环境才有利于各国的生存和发展。在冷战对峙的条件下，弱国、小国往往会成为大国争斗的牺牲品。随着东西方阵营的出现与冷战局面的形成，居于美苏两国之间的国家便成了双方激烈争夺的对象。而那些对美国或苏联的安全具有特别重要的战略意义的国家更会成为它们争夺的焦点。而这些国家往往无法保持中立的立场：它们要么倒向西方阵营，要么倒向东方阵营。在当时的背景下，骑墙是不行的，第三条道路很难走得通。因为历史表明，持中的结果往往是遭到来自争斗双方的共同打压乃至联合颠覆和瓜分。东欧国家在反法西斯战争胜利后成了苏联的势力范围，它最初的探索之所以被允许，一方面是因为当时绝大多数东欧国家内的共产党力量还不够强大；另一方面是因为当时苏联与英美之间的同盟关系尚在，苏联在东欧国家行为还受到英美的制约。随着冷战的到来，苏美对峙加剧，苏联绝不允许东欧国家有任何偏离自己的念头。当着马歇尔计划出笼而东欧一些国家又表现出某种兴趣的时候，苏联便采取了断然措施，加紧了对东欧各国的控制。它拿南斯拉夫开刀以震慑其他国家，并且强使东欧国家采行苏联模式,从而断送了这些国家人民民主探索的既有成果。东欧人民民主国家的探索被迫中断。

东欧各人民民主国家的初步探索所遭遇的挫折表明,随着社会主义由一国向多国的发展,社会主义国家间关系问题成了一个全新的课题。要处理好这一关系,首先要坚决反对大国主义和大党主义。在东欧各人民民主国家建立和建设的过程中,它们都不同程度地得到了苏联的支持和援助。这些支持和援助对于巩固各国的人民民主政权,促进各国的经济恢复都起到了积极的作用。但是,在社会主义国家关系的实际运作中,也潜伏着深层的矛盾和严重的问题。这些矛盾和问题包括政治上的国与国之间的不平等,一个国家干涉另一个国家的主权,经济和贸易上的不平等,等等。随着裂痕的不断扩大,这些矛盾和问题终于酿成公开的冲突,给国际共产主义运动的发展造成了非常消极的影响。苏南冲突首次提出了如何处理社会主义国家之间的政治经济关系问题。可惜这一问题是以扭曲了的形式解决的,并没有引起各社会主义国家从积极意义上提高警觉。在苏联冲突的背景下,东欧其他国家被迫就范,听命于苏联的指挥棒。苏联与东欧国家之间的不平等关系的后果是严重的,教训也是深刻的。这些教训包括:(1) 社会主义国家彼此之间必须处理好意识形态、政治制度与国家利益的关系。社会主义国家之间政治制度是一致的,但在意识形态问题上可能发生分歧,国家间的利益可能不一致乃至相互冲突。这就要求社会主义国家必须正确认识和处理相互间的关系,如果把政治制度、意识形态和国家利益搅和在一起,就不可避免会出问题。社会主义国家之间也要遵守通行的国际关系准则。就这一点而言,每个社会主义国家首先是民族国家,其次才是社会主义国家。在社会主义国家之间的相互关系中,在强调社会主义共同的阶级性质时,决不能忽略各自作为独立国家的存在。无论是大国还是小国,弱国还是强国,任何一个社会主义国家与其他社会主义国家的主权都是平等的。不能以"社会主义大家庭"、"国际主义"等等为借口以强凌弱,以大欺小。同时,社会主义国家在处理相互之间的关系时必须将党的关系与国家关系严格分开。社会主义国家之间国家关系的扭曲,政治经济关系的紧张和恶化最初往往是将共产党的关系带进了国家关系,将各党之间在意识形态、政治路线和组织关系等方面的问题掺和到国家关系的各个领域的结果。苏南冲突发生时,以苏联为首的一些共产党与南共产生矛盾，将南共开除出国际共产主义阵营，紧接着又采取封锁经济，陈兵威逼等措施，将苏联人民与南斯拉夫人民置于敌对立场，对南采取敌视态度，给双方政治经济关系都带来了巨大的伤害。（2）社会主义国家之间既要坚持共同的理想，也要坚持建设社会主义道路和方法选择的多样性原则，以建设具有各自民族特色的社会主义。社会主义国家的建设目标是共同的，但具体道路却是互有差别的。在民族特性、历史传统、发展水平等各异的情况下，试图用单一的、抽象的模式去框定所有国家的建设和发展道路，在实践上是不可能的；同时，"想要使所有国家的运动都采取统一的形式"在理论上也"是荒谬的"（恩格斯语）。东欧各人民民主国家的探索表明了它们有能力解决自己的问题，而苏南冲突则第一次以扭曲的形式给社会主义国家的实践提出了建设道路和方法的多样性问题。（3）社会主义国家不论是大党还是小党、大国还是小国都应当是平等的。这里所说的平等关系包含这样几点含义：首先，社会主义建设道路的选择是多样化的。各党各国无论大小，在探索本国特色的社会主义建设道路时都应该享有平等的权利，任何其他的兄弟党和兄弟国家都无权按照自己的标准去裁判别人。其次，各社会主义国家之间在政治上应当是平等的关系，它们在特殊的历史条件下可能会结成这样那样的政治的或军事的联盟，但结盟应当是自愿的和互惠的，而不应当以牺牲一些国家特别是小国的利益为代价来换取某一个或几个国家的利益。任何一个国家，即便它在社会主义阵营内部处于举足轻重的地位，也不应当干涉兄弟国家主权内的事务。像斯大林那样派苏军元帅到波兰担任政治局委员、副总理、国防部长等党政要职，实质上是极为恶劣的大国霸权主义行径，只能给社会主义国家间的关系带来损失。最后，各社会主义国家之间在经济和贸易往来中也应当坚持平等互利和互惠的关系。任何一个国家都不应当以牺牲别国的经济利益为代价来换取自身的收益。世界经济是一个统一的大市场，任何国家的经济都不可能长期脱离国际分工而求得发展，社会主义国家同资本主义国家之间正常的经贸往来是不可避免的。实践证明，"两个平行市场"的理论是行不通的，而一个社会主义国家以"两个平行市场"理论为借口阻止别的社会主义国家向世界市场开放，在同兄弟国家的经济和贸易交往中不遵守互惠原则，甚至把兄弟国家看成是自己的原料产地和经济附庸，则更是一种损人利己、披着国际主义外衣的经济霸权主义行为。

第二十二章　中国革命的伟大胜利

中国共产党把马克思列宁主义同中国的具体实际相结合，在一个既不同于资本主义比较发达的欧洲，又不同于资本主义相对落后的俄国，而是在一个半殖民地、半封建的东方大国，进行了近半个世纪的伟大革命实践，推翻了帝国主义、封建主义、官僚资本主义三座大山，取得了新民主主义革命的胜利，确立了社会主义制度。中国革命的胜利，改变了世界政治力量的对比，是继俄国十月革命之后国际共产主义运动的又一伟大胜利。中国新民主主义革命的胜利对世界广大被压迫民族的革命运动产生了巨大而深远的影响，提高了马克思主义在世界上的威望和影响。

第一节　列宁关于中国革命的重要论述

列宁在领导俄国的无产阶级革命和社会主义建设的同时，高度关注东方其他国家，特别是中国革命运动的进展。为此，他发表了许多重要的论述。如《中国的民主主义和民粹主义》、《马克思学说的历史命运》、《中华民国的巨大胜利》、《文明的欧洲人和野蛮的亚洲人》、《新生的中国》、《亚洲的觉醒》、《落后的欧洲和先进的亚洲》、《中国各党派的斗争》等等。综观列宁关于亚洲和中国革命的有关论述，可以看到，列宁为中国革命的发展提供了许多有益的指导。

一　列宁对中国资产阶级民主革命的关注

列宁一贯同情和支持中国民主革命，对孙中山和他领导的资产阶级革命民主派作了历史的、阶级的分析，充分肯定了他们的历史地位和革命作用。1911年10月，中国爆发了辛亥革命，消息传出，列宁给予了高度的辛亥革命爆发不久，列宁就指出，中国人民的革命斗争具有世界意义，因为它将给亚洲带来解放，使欧洲资产阶级的统治遭到破坏。列宁对孙中山及其所代表的中国资产阶级也给予了很高评价，指出他们是亚洲能够代表真诚的、战斗的、彻底的民主派的资产阶级，"孙中山的纲领的字里行间都充满了战斗的、真诚的民主主义"。① 他直接把孙中山称为"充满着崇高精神和英雄气概的革命的民主主义者"。② 列宁高度肯定了中国民主主义革命的重要意义，认为"没有真诚的民主主义的高涨，中国人民就不可能摆脱历来的奴隶地位而求得真正的解放，只有这种高涨才能激发劳动群众，使他们创造奇迹。"③ 而如果没有群众革命情绪的蓬勃高涨，中国民主派不可能推翻中国的旧制度，不可能争得共和制度。"以孙中山为代表的革命的资产阶级民主派，正在发挥农民群众在政治改革和土地改革方面的高度主动性、坚定性和果断精神，从中正确地寻找'振兴'中国的道路。"④ 辛亥革命的发生，使列宁看到了中国革命的希望。因此，在辛亥革命后，列宁十分关注中国革命的前途，希望资产阶级民主派能把革命事业向前推进。

列宁除了高度评价以孙中山为首的资产阶级革命民主派的活动，充分肯定了辛亥革命的进步意义外，还尖锐地指出了中国资产阶级民主派所具有的民粹主义色彩和小资产阶级的空想性。与此同时，列宁还满怀信心地预测中国的未来，相信中国的无产阶级将成长起来，成为民主革命的领导者，使中国人民的革命斗争出现一个崭新的面貌。他说，伴随中国资本主义的发展，"中国无产阶级也将日益成长起来。它一定会建立这样或那样的中国社会民主工党，而这个党在批判孙中山的小资产阶级空想和反动观点时，大概会细心地挑选出它的政治纲领和土地纲领中的革命民主主义内核，并加以保护和发展"。⑤

列宁对中国资产阶级民主革命的关怀、同情和支持，对20世纪初期

---

① 《列宁选集》第2卷，人民出版社1995年版，第291页。
② 同上书，第291~292页。
③ 同上书，第292页。
④ 同上。
⑤ 同上书，第296页。

中、俄人民之间革命联系的建立和发展起了重要的推动作用。辛亥革命后，孙中山继续奋斗，但不断遭到失败。俄国十月革命的胜利，给孙中山以巨大的鼓舞和希望。当十月革命的消息传到中国后，以孙中山为代表的资产阶级革命派很快看出，中、俄两国革命党人，今后可以互相支援，因而非常关心俄国苏维埃政权的命运，密切注视着它的发展，在中国最先发出了同情俄国革命的呼声。1918年夏天，正当全世界反动势力疯狂诅咒和污蔑年轻的苏维埃国家时，孙中山毅然给列宁和苏俄政府发去了贺电，祝贺俄国革命成功，鼓励俄国革命党和人民继续奋斗。电报在帝国主义控制和封锁的形势下，几经周折才发到俄国。电报说："中国革命党对贵国革命党所进行艰苦斗争，表示十分钦佩，并愿中俄两党团结共同斗争。"①孙中山的贺电不仅表达了中国人民对苏俄人民的友谊，而且也表明了中国人民的觉醒和孙中山的进步。孙中山对苏俄革命的同情，是他能够实行联俄政策的重要条件，也是苏俄和共产国际把他作为可以联合的资产阶级民主派的重要原因。随着中国革命运动的发展，中俄两国革命领导人的联系日益密切。

二 列宁对中国新民主主义革命的指导

列宁特别反对共产国际的某些人在莫斯科"发号施令"，反对他们在指导各国革命中的"俄国味道"，而是重视发挥各国共产党的主动性创造性，主张结合具体情况制定革命策略。他认为关于各国的具体革命道路，"这不可能预先指出，实际经验会给我们启示的。"② 20世纪初国际形势十分复杂，中国的国内情况也很复杂，中国共产党尚处于幼年时期，孙中山领导的国民党思想认识方面存在重大局限，在这样的情况下，切合中国国情的中国革命战略策略的制定，事实上是在列宁及其领导下的共产国际的直接指导和帮助下进行的。列宁结合所了解的中国革命形势和各革命力量的状况，对中国革命的发展提出了切合实际的指导。这突出体现在标志着马克思主义与中国实际成功结合的中国民主革命纲领和民主革命统一战

---

① 《孙中山全集》第4卷，中华书局1985年版，第500页。
② 《共产国际有关中国革命的文献资料》第1辑，中国社会科学出版社1981年版，第23页。

线这一策略的确立上。

在 1920 年 7 月召开的共产国际"二大"上，列宁所作的《民族殖民地问题提纲初稿》，为中国革命提出了明确的方向。列宁通过对殖民地半殖民地具体情况的深入分析和研究，指出了殖民地半殖民地革命的性质、任务和前途。列宁指出，"毫无疑问，任何民族运动都只能是资产阶级民主性质的"，[1] 无产阶级政党如果不在实际上支持农民反对封建地主阶级的运动，而要"在这些落后国家里实行共产主义的策略和共产主义的政策，那就是空想"[2]。对于东方各国来说，"革命的第一步应当是推翻外国的压迫。"[3] 而且"在先进国家无产阶级的帮助下，落后国家可以不经过资本主义发展阶段而过渡到苏维埃制度，然后经过一定的发展阶段而过渡到共产主义。"[4] 共产国际于莫斯科召开的远东各国共产党及民族革命团体第一次代表大会上，就根据列宁关于民族殖民地问题的理论，在《宣言》中明确提出，中国和远东各被压迫民族当前的革命任务，是进行反对帝国主义、封建主义的民主革命，号召中国人民要对剥削中国的军阀宣战，要向"贪婪"的帝国主义"宣战"。

当 1922 年初中国共产党人接触到这些理论以后，这些思想无疑为中国共产党人提供了探索和解决中国革命问题的基本出发点，为中国共产党领导中国革命提供了航标，成为中国共产党制定纲领和策略的重要理论指导。列宁对殖民地半殖民地革命的认识，有利于中国共产党对民主革命任务的探索，有利于中国共产党的成长壮大。

列宁还十分关心国共合作这个关系中国革命前途的重大问题。1922 年 1 月，共产国际在莫斯科召开远东各国共产党及民族革命团体第一次代表大会，更是直接推进了中国共产党对中国革命的认识。中国有共产党、国民党、工人、妇女等团体的代表 30 多人参加会议。会议期间，列宁带病接见了中国代表张国焘（共产党）、张秋白（国民党）和邓培（工人），和中国代表讨论国共合作统一战线问题。列宁在谈话中表示，希望

---

[1] 《共产国际有关中国革命的文献资料》第 1 辑，中国社会科学出版社 1981 年版，第 20 页。
[2] 同上书，第 21 页。
[3] 同上书，第 31 页。
[4] 同上书，第 23 页。

国民党和共产党合作。列宁的亲切接见和他对中国革命的宝贵指示，对于中国共产党制定反帝反封建的民主革命纲领和国共统一战线政策具有重要的意义，对于推动国民党走上正确的革命道路也有积极的作用。通过这次会议，中国代表认识了帝国主义的反动本质，明确了中国民族民主革命的性质和任务，开始懂得要夺取中国革命的胜利，无产阶级就必须和资产阶级民主派结成联盟，建立革命统一战线。

会后，中国共产党的代表将列宁早在共产国际二大就已提出的关于民族殖民地问题的理论，以及体现这一理论的大会文件和列宁接见中共代表的谈话，向中共中央和各地组织作了汇报和传达。这对于中国共产党把马列主义的普遍原理与中国革命的具体实际结合起来，探索中国革命的基本问题，制定民主革命纲领和联合战线策略，起到了巨大的指导作用。列宁对于中国革命给予的直接关注和指导，促进了中国共产党的觉醒和进步。在列宁这一思想的指导下，中国共产党积极推动与国民党建立革命统一战线。

中国共产党与国民党的革命统一战线策略的确立，是在列宁的亲切关怀和指导下，是共产国际及其代表贯彻列宁关于统一战线策略的结果。根据列宁的这一思想，苏俄和共产国际不断派出自己的代表同孙中山联系，一方面帮助孙中山同苏俄结盟，另一方面帮助孙中山同中国共产党建立合作关系。1922年11月，共产国际"四大"深入地讨论了建立反帝统一战线的策略问题，对我党统一战线政策的制定起了积极的促进作用。1923年1月，《关于中国共产党和国民党关系问题的决议》进一步为国共合作规定了明确的方针、政策，标志着共产国际关于国共合作策略的最终形成。这就为我党"三大"关于国共合作具体方针的确立铺平了道路。

国共两党"党内合作"方针既符合马列主义关于无产阶级在革命斗争中必须利用一切机会和可能去争取广大的同盟者，殖民地半殖民地国家无产阶级应当与资产阶级结成暂时联盟以反对共同敌人的策略，也符合中国社会和中国革命的具体实际，是马列主义与中国国情相结合的一次成功范例。

考察中国共产党运用马克思主义指导中国革命的历史进程，应该说，马克思主义与中国实际最初的成功结合，离不开列宁对中国革命的关注和指导。在中国共产党的幼年时期，列宁对中国革命的指导取得了有效的成果，成功地推动了马克思主义与中国实际的结合。

第二节 中国革命的历程和成就

列宁根据帝国主义时代的新特点，创造性地发展马克思主义，提出了社会主义革命可以首先在一国获得胜利的思想。俄国十月革命的成功，证明了列宁的科学论断。毛泽东同志把马克思主义原理创造性地运用于中国这一半殖民地半封建的国家，探索出了中国这样的国家实现社会主义的新途径，丰富和发展了科学社会主义。

一 旧民主主义革命向新民主主义革命的转变

1911年10月10日，武昌起义爆发，革命浪潮迅速席卷全国。清政府顷刻间土崩瓦解。同太平天国农民战争和资产阶级改良运动相比，辛亥革命使中国的资产阶级民主革命进入了一个新的历史阶段，成为民主革命的一个重要里程碑。但是，辛亥革命并未完成近代中国民族民主革命的任务，其果实很快被封建军阀袁世凯所窃取。辛亥革命没有完成中国反帝反封建的民族民主革命任务，中国仍然是一个半殖民地半封建社会。辛亥革命失败后，资产阶级革命派继续发动了"二次革命"、护国战争、护法运动，但这些斗争也都无一例外地失败了，辛亥革命及其以后的历史一再证明，软弱的中国资产阶级没有能力领导中国民主革命取得胜利，资产阶级共和国的政治方案在中国行不通。

这样，从鸦片战争到辛亥革命的失败暴露出：中国革命由于没有先进阶级的领导，没有科学思想的指导，因而不能掌握社会发展的规律，无法找到救国救民的正确道路。中国革命迫切希望有一个全新的革命思想来指导。五四运动成为中国旧式的资产阶级民主革命转变为新式的资产阶级民主革命的转折点。经过五四爱国运动，中国人民又有了新的觉醒，马克思主义在中国得到了广泛而迅速的传播。1921年7月，中国共产党成立，这是中国历史上开天辟地的大事件，中国共产党从此以后肩负起领导中国资产阶级民主革命的重任，实现了由旧民主主义革命到新民主主义革命的历史转变。

二 新民主主义革命的历程与成就

新民主主义革命大体上经历了这样几个发展阶段：大革命、土地革命战争、抗日战争和全国解放战争。

（一）大革命时期

五四运动后，中国共产党登上历史舞台。中国共产党根据中国社会的基本矛盾和中国人民的根本要求，在成立一年就提出了彻底的民主革命纲领，开始了领导工人运动的新时期。从此，中国工人阶级和中国人民就在中国共产党提出的反帝反封建旗帜下开始了伟大的新民主主义革命。

辛亥革命以后，帝国主义对中国的侵略瓜分和北洋军阀混战以及北洋政府对内独裁、对外卖国造成的严重民族危机和社会危机，不可避免地孕育着新的革命高潮的到来。中国共产党成立后，立即担当起领导中国民主革命的重任。根据党的"一大"的决议，党的中心工作是领导和开展工人运动。1921年8月，中国劳动组合书记部在上海成立，中共把它作为领导工人运动的公开机关，是"公开做职工运动的总机关"。总部原设在上海，后迁往北京，张国焘、邓中夏先后担任主任。书记部出版《劳动周刊》（后来改为《工人周刊》），举办工人学校，组织产业工会，领导工人罢工等，进行了大量的工作。1922年5月1日，为了适应工人运动高涨形势的需要，加强领导，中国共产党通过劳动组合书记部发起，在广州召开第一次全国劳动代表大会，讨论加强全国工人团结等问题。大会接受了中国共产党提出的"打倒帝国主义"、"打倒军阀"、"中国共产党万岁"三大口号，承认中国共产党是中国工人运动的组织者和领导者。大会通过了"八小时工作制度"、"罢工援助"、"工会组织原则"等决议案，这些决议的基本精神就是要加强工人阶级的团结和联合。这次大会引导中国工人阶级开始走上全国团结的道路。劳动大会的召开和随后开展的劳动立法的宣传，大大加速了工人运动的发展，在中国工运和中国革命史上具有重大的意义和作用。

在这次大会后，以1922年1月香港海员罢工运动为起点，1923年2月京汉铁路工人罢工为终点，掀起了中国工人运动的第一次高潮。先后开展了上海日华纱厂工人罢工、上海英美烟厂、长江海员同盟罢工、长辛店铁路工人大罢工、开滦五矿大罢工、粤汉铁路武汉长沙段，安源路矿工人大罢工等斗争。在持续 13 个月的时间里，全国发生大小罢工 100 余次，参加人数在 30 万以上。中国共产党领导和发动的第一次工人运动高潮，使党在工人中和整个社会上的影响日益扩大，同时加强了党的阶级基础，也为新的革命高潮的到来准备了条件。

第一次世界大战后，中国重新陷入由几个帝国主义列强共同控制的局面。在列强瓜分中国的同时，国内军阀混战不断，先有 1920 年的直皖战争，后有 1922 年第一次直奉战争等，一时间中国大地上乌烟瘴气。中国的政局表明，中国人民和帝国主义的矛盾，人民大众和封建主义的矛盾，已达到非常尖锐的程度。要挽救中国，推翻帝国主义和封建势力，打败以帝国主义的走狗北洋军阀为代表的反革命势力，革命势力迫切要求团结起来，同共同的敌人进行斗争。

1924 年召开的国民党"一大"标志着国共合作的革命统一战线正式形成，国民党成为工人、农民、小资产阶级和民族资产阶级的革命联盟。国共合作统一战线建立以后，革命形势发展很快，以"五卅"运动为标志，迅速掀起了全国性大革命的风暴。1924 年至 1927 年，在中国大地上爆发了一场声势浩大的席卷全国的革命运动。这场革命的宗旨是"打倒列强，铲除军阀"。

帝国主义是通过中国的封建北洋军阀来间接地统治中国的，因此，北伐战争的直接打击目标是受帝国主义支持的北洋军阀。在中国共产党的影响、支持和推动下，国民党高举北伐的旗帜，把革命从珠江流域推向长江流域，极大地推动了工人运动和农民运动的开展，从根本上动摇了帝国主义和北洋军阀对中国的反动统治，取得了北伐战争的决定性胜利。1928 年 7 月，张学良在东北"易帜"，这标志着北洋军阀统治的最后瓦解。

工农运动也开始从"二七"惨案的低潮中复苏并迅速走向高潮。1925 年的"五卅"运动，预示着革命高潮的到来。6 月 19 日，又爆发了省港大罢工，罢工坚持了一年零四个月，成为国际工运史上最长的一次罢工事件。北伐战争期间，工人运动更是迅猛发展。1927 年 1 月上旬至 2 月中旬，在国共两党的领导下，收回了汉口、九江英租界，取得了反帝斗争的巨大胜利。1926 年 10 月、1927 年 2 月和 3 月，上海工人在中国共产党的领导下，先后举行了三次武装起义，最终占领上海，并成立上海市特别临时政府，从而谱写了中国工人运动史上最光辉的一页。

随着工人运动的恢复和发展,农民运动也逐渐发展起来。自 1922 年起,在共产党员彭湃的领导下,广东南丰地区就组织了农会,发动农民进行减租斗争。各县的农民也纷纷成立农民协会,组织农民自卫军,向土豪劣绅和贪官污吏开展斗争。北伐战争胜利进军后,农民运动更是掀起高潮,形成了以湖南为中心的全国农村大革命。1927 年 3 月,农民协会组织普及全国 18 个省,有组织的农民达到 800 多万人。

国共两党合作使中国的政治军事形势发生了巨大变化,也使国共合作统一战线内部左、右派之间的斗争开始加剧。孙中山逝世后,国民党右派活动猖獗,统一战线内部资产阶级和无产阶级争夺领导权的斗争加剧,处于幼年时期的中国共产党由于缺乏经验,对国民党右派的夺权活动采取退让政策,最终发展成陈独秀右倾投降主义错误在全党占据统治地位,导致国民党新军阀势力逐步加强。在帝国主义的扶持下,1927 年"四一二"反革命政变和"七一五"反革命政变相继发生,轰轰烈烈的大革命陷于失败。

(二) 土地革命的艰难历程

国民革命失败之后的中国依然是一个半殖民地半封建的社会。蒋介石集团所建立的南京国民党政权,经过 1928 年对奉系军阀张作霖的北伐和数年的军阀混战,特别是 1930 年的中原大战,逐步确立和巩固了在全国的统治地位。南京国民党政权实际上是一个代表城市买办资产阶级和乡村豪绅阶层的反动统治。它对外屈服于帝国主义,对内实行专制独裁统治。

大革命的失败,反革命的力量大大超过了革命力量,中国共产党面临着被敌人瓦解和消灭的危险。在革命前途似乎已经变得十分黯淡的艰难时刻,中国共产党召开了著名的"八七会议",确定了土地革命和武装反抗国民党反动派的总方针。

面对着历史的复杂局面,面对着许多没有遇到过的陌生而复杂的问题,中国共产党人决心向反动统治势力薄弱的广大农村进军,紧紧依靠占全国人口绝大多数的农民,深入开展土地革命。

转入农村以来,以毛泽东为代表的中国共产党人从中国实际出发,不断总结经验,党和红军的建设、土地革命、根据地建设等都获得了很大的发展。

在正确的路线指引下,各大革命根据地先后都轰轰烈烈地开展起土地革命，数千年压在农民头上的封建制度被摧毁，广大的贫苦农民在政治上和经济上都翻了身。这也使农民迅速分清了国共两党和两个政权的优劣，极大地调动了他们支援和参加革命、保卫和建设革命根据地的积极性。广大贫苦农民对红军及根据地发展的全力支持，成为红色政权赖以生存和发展的主要社会基础。

在这一时期，中国共产党开始走出困境，走向成熟，并开始担负起领导抗日民族解放战争的历史重任。

（三）抗日抗战时期

日本帝国主义早就图谋对中国发动全面侵略战争。早在1931年，日本就发动"九一八"事变，侵占中国东北大片领土，1935年又一手策划所谓"华北五省自治运动"，将侵略势力渗透到华北内地。1937年，由于新一轮世界性经济危机的爆发，日本加快了对外进行殖民侵略的步伐。对中国开始大规模的全面战争。中华民族又一次陷入生死存亡的紧急关头。

1937年日本帝国主义者制造了卢沟桥事变，7月8日，中国共产党中央委员会发出《中国共产党为日军进攻卢沟桥通电》，向全国人民呼吁："平津危急！中华民族危急！只有全民族实行抗战，才是我们的出路。"这仿佛一声嘹亮的号角，它将一个在苦难中的民族召集到"抗日救国"的大旗下。一时间，长城内外，大江南北，男女老幼，各界民众，怀着满腔热血，纷纷加入抗日阵营。中国各界民众的抗战激情，使掌握全国政权，拥有近200万军队的国民党政府在舆论一致的压力下，也被迫放弃"攘外必先安内"的反动政策，加入抗日行列。1937年9月22日，国民党中央通讯社发表《中国共产党为公布国共合作宣言》，23日，蒋介石在庐山发表《对中国共产党宣言的谈话》，提出团结御侮的必要，并在事实上承认了共产党的合法性。至此，以第二次国共合作为主体的全国抗日民族统一战线正式形成。一个由中国共产党倡导、发起，以国共两党再次合作为基础，包括全国各界爱国民众在内的、广泛的抗日民族统一战线很快形成了，抗日烽火在中华大地熊熊燃烧。

从抗战全面爆发到1938年武汉、广州失陷，战争开始进入相持阶段的一年多时间里，由国民党军队担负的正面战场作为抗战的主要战场，对抵抗日本侵略，保卫民族和国家独立，起到了一定的积极作用。进入相持阶段后，由于国民党消极抗战，积极反共，连续发动反共高潮，给统一战线的工作带来极大困难。由于当时中日矛盾仍然是当时的主要矛盾，因此，要尽一切可能，维护团结抗战局面。为此，毛泽东为首的中国共产党人及时总结经验，制定了抗日民族统一战线新的策略。

中国共产党领导下的武装部队，坚决贯彻党的方针、政策，放手发动群众，走全面抗战的道路，并深入敌后，开展广泛的游击战争。到1938年10月，八路军、新四军总共对敌作战1600余次，歼灭日伪军5.4万余人，有力地配合了国民正面战场作战。尤其是1937年9月，由八路军115师取得的平型关大捷，歼灭日军1000多人，缴获大量武器和物质，成为中国八路军军队出征以来的第一次大胜利。这次战斗打破了日本军队"皇军不可战胜"的神话，极大地振奋了中国军民的抗战信心，也提高了共产党和八路军的威信。与此同时，120师在雁门关以南伏击、消灭日军500余人；129师也以一营兵力夜袭阳明堡飞机场，击毁敌机24架，歼灭敌军百余人。这些战绩，使蒋介石也不得不承认八路军"屡建奇功，使强寇迭遭重创"。人民军队也在斗争中得到迅速发展和壮大。

进入相持阶段后，随着日本对华政策的调整，国民党开始消极抗日，积极反共，由共产党领导的敌后游击战争发挥着越来越重要的作用。面对日军的疯狂扫荡，解放区军民灵活机动地展开了反"扫荡"斗争。到1941年5月，共歼灭日伪军18.6万人。在涞源县雁宿崖、黄土岭进行的伏击战中，击毙敌阿部规秀中将，使敌人发出"名将之花，凋谢在太行山上"的哀叹。而八路军总部从1940年8月起发动的百团大战，成为八路军在抗战期间参战兵力最多、规模最大、战果最丰的一次战役。在3个半月的作战中，歼敌4万人，沉重打击了敌人的"囚笼政策"，向全世界表明了中国共产党及其领导的军队是抵抗日本侵略的中流砥柱，是胜利的希望所在。

1941年太平洋战争爆发后，日本加强了对敌后抗日根据地的进攻。日本实施野蛮的"烧光、杀光、抢光"的三光政策，企图彻底摧毁抗日根据地军民的生存条件。面对敌人的猖狂进攻，中国共产党及时制定了一系列措施，以巩固根据地，坚持抗战。在政治上实行三三制，以巩固政权；在经济上，开展大生产运动，提出"自己动手，丰衣足食"；在军事上，提出主力兵团地方化，地方武装群众化，普遍发动群众武装，开展更广泛的人民游击战争，使敌人陷入全民皆兵的汪洋大海之中。抗日根据地军民，以高度的智慧，创造出地道战、地雷战、麻雀战等，创建了铁道游击队、平原游击队等人民武装，有力地打击了敌人。

从1943年起，国际反法西斯战场发生历史性转折。随着国际反法西斯战场的节节胜利，为了支援太平洋战场的盟军作战，减轻国民党正面战场的压力，1944年起，敌后解放区军民开始局部反攻。在战斗中，收复了大量失地，进一步拓展了解放区。1945年8月，苏联百万红军向东北境内的关东军发起进攻，中国抗日战争也进入全面反攻阶段。共产党领导的军队向日伪军发动激烈的全面反攻，共解放县以上城市150多座，从而成为中国军队战略反攻的主力，为抗战的最后胜利作出了杰出的贡献。1945年8月14日日皇广播向盟国无条件投降；9月9日，日本中国派遣军总司令冈村宁次在南京向中国政府代表何应钦签署了投降书，在华日军128万人向中国投降。中国人民经过8年的艰苦奋战，终于取得了抗日战争的最后胜利。

抗日战争是新民主主义革命的重要阶段。中国共产党领导的革命力量在战争中得到了巨大发展并经受住了严峻的考验，从1937年9月到1945年8月日本投降为止，人民军队对敌作战12.5万余次，牵制侵华日军兵力半数以上，而人民军队发展到120万人，民兵220万人，并建立了面积达100多万平方公里，拥有1亿人口的19个解放区。抗战期间，中国共产党也日趋发展壮大，尤其是通过"整风运动"和党的七大，使全党在马列主义、毛泽东思想的基础上达到了空前团结，这也为新民主主义革命的胜利准备了物质和精神条件。

(四) 全国解放战争时期

1945年，历经8年艰辛，终于打败了日本帝国主义，捍卫了国家独立和民族尊严的中国人民，又面临一个新的现实问题：抗日战争胜利后的中国向何处去？中国共产党为了把中国引向一个和平民主的光明前途，坚决主张建立民主的联合政府，建立一个新民主主义的中国。而国民党蒋介石集团却企图依赖美帝国主义的支持，在中国建立国民党一党独裁。

中国共产党顺应民意，为争取和平民主作出了努力，从重庆谈判到促成政协的召开，希望通过和平手段制止内战爆发。但是在美帝国主义支持下的国民党蒋介石却竭力想消灭民主力量，建立独裁统治。对此，共产党坚决以革命的两手对付国民党反革命的两手，谈判桌上力争和平民主，谈判桌外则以自卫战争的手段来制止和粉碎国民党的战争挑衅。

蒋介石为了争取时间准备内战，同时为了欺骗国内外舆论，在1945年8月下旬，连续三次电邀毛泽东赴重庆进行和平谈判。8月25日，中共中央发表《对目前时局的宣言》，明确提出"和平、民主、团结"三大口号，并阐明自己的政治主张，同时要求国民党政府立即实施避免内战，承认解放区政府和军队，成立民主联合政府等六项紧急措施。当晚，中共中央作出决定，派毛泽东、周恩来、王若飞为代表，立即赴重庆与国民党进行谈判。重庆谈判取得了一定的成就，于10月10日签订了著名的"双十协定"。重庆谈判使共产党取得了政治上的主动，同时也推动了全国尤其是国民党统治区的民主运动。

在全国人民要求和平民主的舆论压力下，苏、英、美三国外长也举行了会议，宣称中国应该维护和平统一，反对内战，在这种情况下，蒋介石不得不同意按照"双十协定"有关规定，召开政治协商会议。1945年12月16日政治协商会议在重庆召开。会议期间，中共代表联合以民盟为首的中间派，经过积极的努力，使会议通过了有利于人民的五项决议，包括政府组织案、国民大会案、和平建国纲领、军事问题案、宪法草案等。这些决议在不同程度上体现了和平民主原则，否定了蒋介石内战政策，因此受到全国人民一致欢迎。同时共产党通过政协会议，极大地团结了中间派，孤立了反动派，扩大了政治影响。

然而代表大地主大资产阶级利益的国民党蒋介石集团，并不甘心把任何民主权利交给人民，因此并无诚意执行政协决议，相反以各种手段破坏这些协议，并且积极准备内战。1946年6月26日，国民党撕毁停战协定和政协决议，出动22万军队围攻中原解放区，悍然发动全面内战。国共关系彻底破裂，留给中国人民的只有一条路，就是以革命的武装反对反革命的武装，打倒蒋介石，解放全中国。

战争之初，对人民革命力量来讲，形势很严峻。国民党在经济、军事力量上占有明显优势，拥有大量美式装备的国民党陆、海、空军总兵力430万，控制着几乎所有的大城市、交通要道和现代工业，还有美国大量的军事、经济援助。而人民军队总数仅120多万，装备基本还是"小米加步枪"，解放区面积仅占全国1/4，而且一切全靠自力更生。在敌强我弱的形势下，敢不敢以革命战争来反对反革命战争，这是共产党必须首先要回答的问题。对此，中国共产党和毛泽东清醒地分析了国内外形势，明确指出，我们完全能够打败蒋介石。因为蒋介石发动的战争是美帝国主义支持下的反对民族独立和人民解放的把中国拉回到贫穷、落后的半殖民地半封建社会老路上的反革命战争，只有打败蒋介石，中国才能争取和平、民主的光明前途。决定战争胜负的更重要因素是人心的向背，在这方面，共产党占有优势，因为我们进行的是正义的革命的战争，我们代表进步，所以必然会得到全国人民的拥护，这是我们取得胜利的政治基础。毛泽东提出了在战略上藐视敌人，在战术上重视敌人的总方针，并在理论上论证了取得解放战争胜利的必然性，极大地鼓舞了中国人民的信心。

在中国共产党的领导下，爱好和平与民主的各种政治力量组成最广泛的爱国民主统一战线，共同为推翻蒋介石集团在中国的腐朽统治，建立真正的人民民主共和国而奋斗。全面内战爆发后，在战争的头四个月，即1946年6月到10月，人民军队歼敌29.8万人，有力地遏制了国民党的进攻势头。1946年11月到1947年2月底，人民军队进一步扩大歼灭战规模，先后取得了苏北、鲁南、莱芜等战役的胜利，共歼敌41万人。1947年6月30日，刘、邓大军强渡黄河，揭开战略进攻序幕。1948年秋，进入第三年的解放战争进入了夺取全国胜利的决定性阶段。从1948年9月12日到1949年1月底，人民解放军先后发动辽沈、淮海和平津三大战役，并取得了全面胜利。三大战役历时4个月零19天，共歼敌154万人，基本消灭了国民党的主要军事力量，为中国革命在全国的胜利奠定了基础。

在四面楚歌中，蒋介石不得不于1949年发布元旦文告，提出和谈要求。中国共产党虽然洞悉国民党假和平的阴谋，但为了迅速结束战争，实现真正和平，仍同意与国民党和谈。1月4日，毛泽东以中共中央主席名义发表《关于时局的声明》，提出八项和谈条件。4月1日起，中共中央派出以周恩来为首的代表团同以张治中为首的国民党代表团进行谈判，并达成《国内和平协定最后修正案》。4月20日，李宗仁电令国民党代表团拒绝签字，谈判宣告破裂。4月21日，毛泽东、朱德发布向全国进军命令，人民解放军百万雄师横渡长江，并于23日占领南京，宣告了国民党反动统治的灭亡。此后，人民解放军继续追剿国民党残余武装，到1949年底，基本解放除西藏以外的全部中国大陆。

在中国共产党的正确方针指导下，在全国各界人民的大力支持下。中国革命力量仅用了三年多时间，就彻底摧毁了国民党在大陆的反动统治，取得了新民主主义革命的胜利，中国进入了一个崭新的时代。

第三节　中国革命及其胜利在世界格局中的地位

中国共产党及其领导下的中国人民，经过 28 年的浴血奋战，终于取得了全面胜利。1949 年 10 月 1 日，天安门城楼上升起了第一面五星红旗，这就向全世界庄严宣告：中华人民共和国成立了！中国人民渴望多年的建立和平、民主、统一的国家政权的愿望终于成为现实了。中国历史从此进入一个新纪元。中国革命的胜利和中华人民共和国的建立，有着极其重大的历史意义，并对世界格局产生了巨大影响。

一　中国革命胜利的伟大历史意义

中国共产党依靠自身的艰苦奋斗，战胜了无数的艰难险阻，经过 28 年艰苦卓绝的斗争，取得了胜利，使中华民族的历史发生了翻天覆地的巨大变化。中国革命的胜利，对中华民族具有极其伟大的历史意义。

第一，中国革命的胜利，是一个具有划时代意义的胜利，它彻底推翻了压在中国人民头上的帝国主义、封建主义和官僚资本主义三座大山，使中华民族受欺凌、受压迫、受剥削的时代结束了。国家实现了独立，人民获得了解放，中国历史由此揭开了崭新的一页。中国新民主主义革命是中国历史的伟大转折点，它从根本上改变了中国社会的发展方向，使中华民族一洗百年以来的屈辱而自立于世界民族之林，使中国社会开始逐步摆脱贫穷落后面貌而走向日益繁荣富强的崭新时代。

第二，中国革命胜利的伟大和辉煌，还在于它实现了中华民族百年来所一直奋斗和企盼的理想：建立新中国。为了中华民族的独立和解放，资产阶级、农民阶级曾进行了许多的奋斗，无数仁人志士曾为此流血献身，但都没有获得成功。新民主主义革命的胜利，圆了中华民族百年的梦。中国共产党领导人民赶走帝国主义，赢得国家和民族的完全独立。旧中国是一个殖民地、半殖民地半封建的社会，在国际上毫无地位可言，各国侵略者可以任意侵占中国领土、操纵中国主权、掠夺中国财富。新中国成立后，以毛泽东为领导的中央人民政府，立即宣布废除一系列不平等条约和各国侵略者在中国攫取的种种特权，结束了长期受帝国主义欺凌的历史，真正实现了国家和民族的独立，中国人民从此扬眉吐气。

第三，中国革命的胜利，为社会主义制度在中国的建立和发展奠定了坚实的基础。在人民解放战争即将取得全面胜利的前夕，国内外的反动势力不断散布谣言，污蔑共产党打仗内行，建设外行，无力领导和建设一个强大的新中国。为此，毛泽东明确指出，我们在军事上战胜敌人的同时，"即着手我们的建设事业"，要向全世界表明"我们不但善于破坏一个旧世界，我们还将善于建设一个新世界"。[①] 新中国成立后，中国共产党依据具体的国情，领导全国各族人民有步骤地实现由新民主主义向社会主义的转变，迅速恢复了国民经济，并开展了有计划的经济建设，在全国绝大部分地区基本完成了对生产资料私有制的社会主义改造，建立并初步巩固了目前人类最进步的社会形态——社会主义制度。这一胜利，从根本上改变了中国社会的发展方向，建立了社会主义制度，为中国摆脱贫穷落后的面貌，实现国家繁荣富强和人民共同富裕，扫清了障碍，创造了必要的前提。

总之，在新民主主义革命胜利后，中国消灭了剥削制度，建立了社会主义制度，实现了中国几千年来最深刻、最伟大的社会变革。

二　中国革命胜利的世界影响

中国革命的胜利和新中国的诞生，是20世纪继俄国十月社会主义革命和反法西斯胜利的第二次世界大战之后，世界历史上最重大的政治事件。中国革命的胜利，不仅改变了中国历史发展的进程，而且还引起了世界形势的巨大变化，具有伟大的世界意义。

第一，中国革命的胜利，是十月革命后国际共产主义运动史上又一重大事件，是世界无产阶级革命的又一次伟大胜利。十月革命的胜利开辟了人类历史的新纪元，使马克思主义的社会主义学说，由科学变成了现实，推动了欧、亚一系列人民民主国家的建立，使社会主义越出苏联一国范围，形成了世界社会主义阵营，把国际共产主义运动推向了一个新的历史

[①] 《毛泽东选集》第4卷，人民出版社1991年版，第1468、1482页。

发展阶段。中国革命就是这一时期国际共产主义运动的重要事件。中国革命的胜利，增强了社会主义阵营的力量，从根本上改变了两大阵营的力量对比。使社会主义阵营在此后的几十年内成为与资本主义相抗衡的重要力量。

第二，中国革命的胜利，冲破了帝国主义的防线，使帝国主义殖民制度遭到一次致命的打击，对世界人民的革命斗争具有深刻而久远的影响。

旧中国是一个半封建半殖民地的大国，在这样一个大而落后的国家，无产阶级和劳动人民能够战胜国内外反动势力，而取得革命胜利，这无疑对一切正在争取解放的各国人民是一个很大的鼓舞。中国革命的胜利，使中国摆脱了帝国主义的剥削和压迫，走上了社会主义道路，给一切被压迫民族和被压迫人民，特别是亚、非、拉人民以巨大的鼓舞，极大地增强了他们反帝斗争的决心和信心。改变了长期以来，亚洲和非洲的绝大部分地区都是帝国主义的殖民地，遭受着殖民主义的压迫和奴役的状况。中国革命的胜利，以及欧亚一系列人民民主国家的建立，有力地推动了被压迫民族和被压迫人民群众争取解放的斗争。20世纪五六十年代，民族解放运动的革命风暴在亚洲、非洲、拉丁美洲不断兴起。

第三，中国革命的胜利，增强了马克思列宁主义在世界范围的影响，增强了人们对社会主义制度的向往与信心。中国社会主义制度的建立与发展，使马克思列宁主义在世界范围的影响，比过去任何时候都更加广泛和深入。中国革命的胜利，是马克思列宁主义理论的又一次光辉胜利。中国革命胜利的实践再一次证明，马克思列宁主义是科学的理论，社会主义道路是各国无产阶级和劳动人民摆脱奴役、贫困和压迫，走向彻底解放的光明道路。中国革命的胜利启示人民，无产阶级和劳动人民，要想求得解放和独立，必须以马克思列宁主义作为自己的指导思想和理论基础，在无产阶级政党的领导下，使马克思列宁主义理论与本国的具体实践密切结合，走具有本国特点的革命道路。

第二十三章　战后世界社会主义运动的蓬勃发展

第二次世界大战后，从 1945—1956 年，是世界社会主义运动的蓬勃发展时期。在这一时期，社会主义阵营发展壮大，欧亚社会主义国家欣欣向荣，亚非拉民族解放运动生机勃勃，以美国为首的帝国主义阵营策划的侵略阴谋和发动的侵略战争不断遭到挫败，美国称霸世界的野心受到遏制和打击。

第一节　第二次世界大战对世界社会主义运动的影响

1945 年 9 月 2 日，日本签署了无条件投降书，标志着第二次世界大战的结束。这场战争，对世界社会主义运动的发展产生了极其深远的影响，它极大地改变了世界范围内的力量对比，使国际政治力量向着有利于和平、民主、进步的方向发展，社会主义影响扩大到全世界。

一　第二次世界大战后，社会主义的影响不断扩大

第一次世界大战的结果是诞生了第一个社会主义国家苏联，开辟了人类历史的新纪元。第二次世界大战的结果，则是社会主义越出苏联一国的范围，诞生了一批社会主义国家，苏联、中国和欧亚其他人民民主国家一起，组成了一个拥有世界三分之一人口和四分之一土地的强大的社会主义阵营，从根本上改变了国际阶级力量的对比，社会主义的影响扩大到全世界。社会主义阵营的形成，是世界反法西斯战争最主要的胜利果实之一。

战后，苏联的国际威望大大提高，国际地位大大增强，随着国民经济的恢复和发展，苏联成为国际舞台上和美帝国主义相抗衡的政治力量。德

国法西斯的入侵给苏联人民带来了巨大的损失。帝国主义国家妄想苏联在没有外援的情况下，被吓倒。但是，苏联人民在以斯大林为首的苏联共产党领导下，自力更生，重建家园，迅速医治战争创伤，并得到进一步巩固和发展。苏联从1946年至1950年，实施恢复和发展国民经济的第四个五年计划，使工业总产量迅速超过战前水平，在科学技术方面也取得了重大成就，掌握了利用原子能方面的高新技术，1949年制成原子弹，打破了美帝国主义的核垄断。随着工农业和科学技术的发展，人民生活也得到了很大的改善。这一切，使苏联的国力进一步增强，国际威望更加提高。

在苏联恢复、发展国民经济的同时，欧洲和亚洲有一批国家，在本国共产党的领导下，通过反法西斯战火的锻炼，武装夺取政权，建立了人民民主国家。这些国家，在苏联的帮助下，经过艰苦的斗争，在先后挣脱资本主义的锁链，建立了人民民主制度，并在完成民主革命任务之后，顺利实现了社会主义革命，走上了社会主义道路。这是马克思列宁主义的伟大胜利。这样，苏联和欧亚一系列人民民主国家形成了一个强大的，以苏联为首的社会主义阵营。这标志着国际共产主义运动发展到了一个新的阶段。社会主义阵营形成后，在战后相当长一段时期，以美帝为首的帝国主义阵营和以苏联为首的社会主义阵营的对峙成为国际形势的基本特点。美国纠集各国反动势力，发动侵略战争，到处制造紧张局势，力图实现其称霸世界的野心和计划。社会主义阵营各国则极力团结世界和平民主力量，支援各国人民的反帝斗争和民族解放运动，挫败美帝奴役和掠夺世界的计划。

二　战后资本主义国家的工人运动不断高涨

世界反法西斯战争的胜利为发达资本主义国家的共产主义运动和工人运动的发展创造了有利条件。在资本主义国家，战后出现了民主和社会主义运动的新高潮。在战争中，各国共产党人站在斗争的最前线，赢得了广大人民群众的信任，壮大了自己的力量。1939年，资本主义国家中的共产党人数约为180余万人，到1945—1947年，发展到450万人以上。共产党领导下的人民武装力量，仅西欧、北欧六个国家，就有100余万人。第二次世界大战中，各帝国主义国家互相削弱，损失惨重，工人阶级也作出巨大牺牲，劳动人民生活困苦不堪。经历战争的各国人民要求和平，要求提高工资，要求休养生息。但是，垄断资产阶级为了摆脱其经济困难，加强了对人民的压榨，为了遏制和镇压工人阶级，在政治上加强了法西斯化的反动措施，从而加剧了各资本主义国家中垄断资产阶级与广大人民群众的矛盾，激起了工人阶级和人民群众的反抗斗争。

战争造成的经济萧条，使战后初期工人运动风起云涌，猛烈冲击了资本主义制度。当时，各国工人斗争的主要形式是罢工斗争。罢工运动在各主要资本主义国家普遍发生，参加罢工人数众多。在美国，1946年发生罢工示威事件1700起，约460万人参加，1947—1948年，每年都有200万以上的工人举行罢工。美国杜鲁门政府面对轰轰烈烈的工人运动，撕下了美国民主制度的伪装，通过了"反劳工法"，对工人运动进行镇压。1947年，尽管美国国会通过了阻止工人罢工斗争的《塔夫脱—哈特莱法》（即劳资关系法），但工人阶级不畏强暴，不断掀起反抗斗争。如衣阿华州为反对劳资关系法，就发生了有30万人参加的罢工斗争。1948年，西海岸码头工人举行罢工，政府和企业凭借劳资关系法进行迫害，但在搬运工人和仓库工人支持下，码头工人坚持斗争95天，取得了最后的胜利。1949年，50万钢铁工人罢工，政府又拿出劳资关系法企图干涉，但工人并不屈服，坚持罢工49天。同年24个州的40万矿山工人为提高工资和增加养老金进行罢工，罢工坚持了几个月，终于迫使矿工主答应了工人们的要求。

英、法、日、意等国的工人运动也不断发展，工人阶级的觉悟日益提高。从1946年至1949年，英国本土平均每年有55万工人参加罢工。英国工人和广大人民要求和平与维护民族主权的完整，反对英国政府追随和依附美国进行扩军备战。法国和意大利政府，同样都屈从于美帝国主义的战争政策，这也激起了人民的强烈反抗。战后意大利经常的失业人数达200万之多，导致罢工运动频繁发生。仅1949年就发生罢工1352次，参加工人达370万。战后，法国由于政府执行反人民的政策，工人运动开始高涨。1947年春季开始，法国各大城市先后爆发有数百万工人参加的大罢工，抗议对人民的迫害。1947年10月，因马赛发生反动派枪杀示威群众的流血事件，全国各大城市立即掀起罢工高潮，参加人数达300万。

日本由于进行过侵略战争，战后又受到美国占领者的控制，致使经济遭到极大破坏，社会动荡不安，人民生活极端困苦。面对这种情况，日本共产党领导全国人民进行了反对美国占领,争取独立民主的斗争。在日本共产党的领导下,工农运动迅速兴起。仅1946年一年就发生了1500次罢工,参加者达350万人以上,并且,这一斗争还日益向着全国统一行动的方向发展着。其他资本主义国家,工人罢工斗争也不断高涨,震撼了垄断资产阶级的统治。总的来说,在第二次世界大战的影响下,资本主义国家的工人运动都有新的发展。

三 亚非拉民族解放运动生机勃勃

反法西斯的第二次世界大战的胜利给亚非拉民族解放运动开辟了更加广阔的道路。第二次世界大战后,亚非拉地区的民族解放运动不断高涨,势如破竹,振荡世界。第二次世界大战中,许多殖民地半殖民地国家的人民参加了反法西斯战争,他们在战争中受到了锻炼,提高了觉悟,认识了帝国主义的本质,看到了团结斗争的力量。特别是一些国家的共产党的影响扩大了,建立了由共产党领导的统一战线和人民武装,对这些国家的民族民主革命的发展具有重大意义。在这些有利条件下,亚非拉地区形成了冲击帝国主义殖民体系的民族解放运动的风暴。

战后,英、法、荷等老殖民主义国家想要恢复战前在殖民地半殖民地国家的权利和利益。美帝国主义妄图称霸世界,推行其全球战略,到处扶植傀儡和民族败类,实行新殖民主义统治,致使殖民地半殖民地被压迫民族和国家同帝国主义、殖民主义的矛盾急剧发展。亚非拉各国人民决心摆脱殖民主义统治,自己掌握自己的命运,建立民族、民主国家。这样,民族解放斗争蓬勃兴起,发展成为世界范围内的打击帝国主义,保卫和平、民主的巨大革命洪流。

中国人民在中国共产党的领导下,进行了三年的解放战争,取得了民主革命的胜利,建立了中华人民共和国。中国革命的胜利冲破了帝国主义的东方阵线,给帝国主义以最沉重的打击。越南人民于1945年8月举行总起义,建立了越南民主共和国。接着又进行了9年抗法民族解放战争,打败了法国侵略者,解放了北半部国土,为整个越南的独立、解放奠定了基础。马来西亚、缅甸、菲律宾等国,在抗击日本侵略者的斗争中,就在共产党的领导下,建立了人民的武装和大片根据地。战后,这些国家的斗争虽然几经波折,但还是坚持下来了,成为帝国主义所不能摧毁的重要力量。印尼在1945年发生了资产阶级民主主义性质的"八月革命",取得独立后,不断进行反对英、美、荷等帝国主义武装干涉的英勇斗争。长期遭受英国殖民统治的印度人民于1945年底掀起了反对英国殖民统治的运动。工人罢工,学生罢课,士兵起义,农民暴动,声势浩大,此起彼伏。特别是1946年2月孟买水兵起义,六月特仑甘纳地区在印共革命派领导下的农民大起义,给予英帝国主义及其支持的印度封建势力以沉重的打击。印度人民的英勇斗争,终于迫使英国殖民当局在1947年8月承认印度和巴基斯坦独立,从而结束了英国在印度长达190年的殖民统治。

伊朗、伊拉克、叙利亚、黎巴嫩等国的反帝民主运动都有不同程度的发展。主要开展了以赶走英、法占领军,取消不平等条约,争取民族独立,维护民族权益为主要内容的民族独立运动。叙利亚、黎巴嫩人民的坚决斗争,迫使英、法占领军于1946年4月撤出了叙、黎领土。1947年底,在美国操纵联合国通过关于巴勒斯坦分治计划(把巴勒斯坦分为阿拉伯国和犹太国)以后,巴勒斯坦和阿拉伯各国人民开展了群众性的反分治斗争。在以色列犹太复国主义者一再侵略扩张的情况下,阿拉伯各国于1948年5月发动了自卫反击,收复失地的战争(即第一次中东战争)。战争初期,埃及、叙利亚、黎巴嫩、伊拉克、约旦等国军队连连告捷,后来由于美国其他资本主义国家对以色列的支持,战争以阿拉伯国家战败而告终。阿拉伯人民的正义战争虽然失败了,但它进一步促进了阿拉伯国家人民的觉醒,推动了这些国家民族解放运动的发展。

第二次世界大战的炮火,也唤醒了"沉睡的非洲",非洲沸腾起来了。在北非的大部分地区和撒哈拉以南非洲的一部分地区,都开展了大规模的反帝群众运动。第二次世界大战结束后,埃及人民为废除1936年的英埃条约,反对英国军事占领,实现国家的真正独立,开展了不屈不挠的斗争。在人民反英斗争的压力下,埃及政府于1951年10月废除了1936年英埃"同盟条约"。当英帝国主义实行残酷报复,把军舰开进苏伊士运河,炮轰埃及城市和村庄时,埃及人民毅然奋起反击侵略者,使英国占领军陷入困境。1952年7月,以纳赛尔为首的"自由军官组织"发动国民政变,推翻了法鲁克封建王朝。1953年6月,成立了埃及共和国。新政府在人民的支持下,经过反复斗争,迫使英国军队在1956年6月全部撤离埃及国土,从而结束了英军对埃及长达74年的占领。

阿尔及利亚人民在战后掀起了大规模的反对法国殖民统治，争取民族独立的斗争。1954年11月，阿尔及利亚爆发了反法武装起义，建立了"民族解放阵线"和"民族解放军"。后经8年的武装斗争，于1962年迫使法国承认阿尔及利亚独立。同时，利比亚、苏丹、摩洛哥、突尼斯人民也开展了反对英、法、西、美殖民统治的斗争，并相继获得了独立。

在东部非洲，战后初期，民族解放运动也有了发展。肯尼亚的"茅茅"运动是这一地区规模较大的武装暴动之一。肯尼亚人民在收回土地的要求被英国殖民主义者拒绝后，走上了武装斗争的道路。1952年，在肯尼亚人民的爱国秘密组织"茅茅"组织的领导下，发动了"茅茅"起义。起义者在丛林中成立了自己的政府和议会，建立了征兵制度和税收制度。他们宁死不屈，英勇战斗，用土枪、土炮、弓箭、长矛打击殖民者。"茅茅"运动震撼了殖民统治的基础。

在西非，加纳人民和几内亚人民经过长期的斗争，分别于1957年和1958年摆脱了英国和法国的殖民统治，获得了独立。

拉丁美洲战后也不平静。危地马拉、哥伦比亚、玻利维亚、巴西等国都爆发了反对亲美独裁政权的大罢工和武装起义。1944年底，危地马拉人民举行了反对美帝国主义及其走狗的武装起义，推翻了亲美独裁政府。1945年，民族资产阶级的代表人物阿雷瓦洛当选为总统，建立了具有民族主义倾向的资产阶级政权。在人民斗争的支持与推动下，政府颁布了一系列保护本国资源的法案。从1945年到1951年，危地马拉人民粉碎了美帝国主义策划的30多次颠覆活动。

哥伦比亚人民在1948年4月举行了反对美帝国主义及其走狗裴雷斯政府的武装起义。起义者曾攻占了政府各部和广播电台，包围总统府，驱逐美国代表团。起义虽然被美、哥反动派联合镇压，但它揭开了哥伦比亚人民武装斗争的序幕。

1952年，玻利维亚爆发了推翻由美国扶植的巴利维安军事独裁政府的武装起义。在人民运动的推动下，新建的民族主义政权把美、英资本控制的矿业公司收归国有。

古巴人民经过几年的武装斗争，于1959年1月推翻了由美国扶植的巴蒂斯塔独裁统治，夺取了政权。革命胜利后，古巴政府采取了一系列维护民族独立，发展民族经济的措施。针对美国的经济封锁，1960年古巴政府宣布把美国在古巴的全部企业收归国有。1961年4月，古巴军民粉碎了美国雇佣军的入侵。5月1日，古巴政府正式宣布"古巴革命是社会主义革命"。古巴革命的胜利，对整个拉丁美洲的民族解放运动起了推动作用。

帝国主义殖民体系的堤坝，在广大民族解放运动的猛烈冲击下，开始逐渐崩溃了。虽然，战后初期，不少国家和地区的民族解放运动还处在开始阶段，亚非拉大部分被帝国主义、殖民主义奴役、压迫的国家还没有取得独立，各国人民的反帝、反殖斗争还处于相对分散的状态，还未形成紧密联系、团结一致的国际政治力量。但是，这一系列反抗帝国主义的民族解放运动仍然大大改变了战后世界面貌，极大地鼓舞和支持了国际无产阶级和世界各国人民的反帝斗争，成为战后世界革命变化的强大动力。

20世纪60年代以后，亚非拉民族解放运动进入了一个新的发展时期。非洲成为举世瞩目的民族解放运动的中心。1960年这一年，就有17个国家摆脱了殖民主义的锁链，获得了民族独立。这一年还被称为"非洲独立年"。1961—1969年，又有15个国家获得独立。70年代获得独立的国家有8个。六七十年代，拉丁美洲的民族民主革命运动也扩大到中美洲、加勒比地区和安第斯山广大地区。1964年爆发了巴拿马人民要求收回运河主权的声势浩大的反美运动；1965年多米尼加人民开展了反对美国武装侵略的斗争；1968年秘鲁出现了以国有化和土地改革为主要内容的"革命进程"；1970年尼加拉瓜人民通过武装斗争推翻了长达40年之久的索摩查家族的统治。

在亚洲，越南、老挝、柬埔寨三国人民经过长期的斗争，于1975年取得了打败美帝国主义及其走狗的斗争的胜利。

战后民族解放运动的发展，亚非拉绝大多数被压迫国家取得民族独立，标志着帝国主义殖民体系的瓦解。各国民族解放运动已成为不可抗拒的历史潮流和国际共产主义运动的生力军。

四 战后美帝国主义的崛起，影响世界社会主义运动的发展

第二次世界大战后，虽然世界阶级力量对比朝着有利于社会主义和人民革命力量而不利于帝国主义的方向发展。但是，战后美国的崛起，对世

界社会主义运动也造成了很大影响，存在一定的威胁。美国一再发出新的战争威胁和反苏、反共、反人民的叫嚣。

帝国主义发动第二次世界大战，本来是想削弱甚至吃掉对方，扩大自己的地盘和势力范围，壮大自己，同时削弱甚至消灭社会主义的苏联。结果，帝国主义国家并没有如愿以偿，反法西斯的第二次世界大战给予世界帝国主义体系以极其沉重的打击。在战争中，德、意、日三个帝国主义国家被打倒了。英法这两个老牌帝国主义国家严重削弱。只有美国在第二次世界大战中发了横财，成为战争的最大受益者，经济、军事力量都空前膨胀起来，成为资本主义世界的霸主。

美国崛起后，气势汹汹，不可一世，狂妄地宣称要成为世界的主人。它依仗其在大战期间膨胀起来的经济和军事上的优势，疯狂地进行侵略扩张活动，乘势推行全球侵略政策。美帝国主义拼命制造反苏、反共、反人民的舆论，开动宣传机器，煽起"反对共产主义威胁"，"反对苏联扩张"的阵阵妖风，鼓吹"美苏必战"，"第三次世界大战必然很快爆发"，制造了紧张的国际气氛。在这种战争迷雾的掩盖下，美国疯狂推行侵略政策和战争政策，到处建立军事基地，拼凑军事集团，到处扶植反动派，扶植傀儡政权，建立各种军事政治集团，建立全球军事基地网。它的军队和政治经济势力越过太平洋和大西洋，进入西欧、地中海、中东和远东等广大地区，企图逐步实现其称霸全球的野心。这样，美国就成为取代德意日法西斯的、镇压世界各国革命力量的头号元凶，成为世界宪兵、世界警察和世界反动势力的堡垒。

美帝国主义反对苏联，反对各人民民主国家，反对各资本主义国家的工人运动，反对各殖民地半殖民地的民族解放运动的这些言行，使战后形成了极其复杂、尖锐的斗争形势，对世界社会主义运动构成极大威胁。社会主义苏联是美帝国主义建立世界霸权的巨大障碍。因此，美帝国主义极其痛恨苏联，梦想消灭这个社会主义国家。从1947年开始，美国政府以战后形势发展"危害美国安全"、抵制共产主义"极权政体"对"自由世界"的威胁为借口，实行所谓"冷战政策"。

美国把战后欧洲共产主义运动的发展和世界民族独立运动的兴起，看成是"苏联扩张"。美国政府开始推行"杜鲁门主义"和"马歇尔计划"，还以"援助"为诱饵，竭力笼络和分化东欧人民民主国家。他们企图拆散东欧与苏联的联系，达到遏制苏联的目的。东欧人民民主国家的一些反动势力乘机加紧活动，鼓动扩大与西欧国家的经济联系，以倾覆和瓦解刚刚建立不久的人民民主政权，在这些国家建立资本主义。它们暗中与美帝国主义勾结，利用经济恢复时期的暂时困难和民主改革中存在的问题，兴风作浪，密谋策反，梦想重建地主资产阶级专政。

美帝国主义还同欧洲的帝国主义和反动派结合在一起，镇压各国革命运动，煽动战争恐怖，使战后的国际阶级斗争十分尖锐。在这种形势下，世界的和平和民主事业，许多国家的民族独立和主权，无产阶级运动和革命斗争的发展，特别是苏联和东欧人民民主国家的安全，受到了严重威胁。但是，美国帝国主义的好景不长，朝鲜战争使美帝国主义从其顶峰开始跌落下来，开始走下坡路。在许多资本主义国家内部，共产党领导的革命斗争也在逐渐发展，强大的和平民主运动兴起了。

第二节　战后世界社会主义运动发展的新局面

战后初期，世界革命形势一派大好。尽管美帝国主义到处进行疯狂侵略，妄图主宰世界，但是各国人民争取解放、独立和革命的斗争不可阻挡地发展起来，形成了战后初期世界社会主义运动的新局面。

一　社会主义阵营的巩固与发展

中国革命的胜利是社会主义阵营形成的标志。社会主义阵营以苏联为首。战后苏联人民在以斯大林为首的苏联共产党的领导下，奋发努力，只用了4年零3个月的时间就超额完成了战后第一个五年计划，完成了医治战争创伤，恢复国民经济的任务。苏联大大发展了社会主义经济，大大提高了苏联人民的物质文化生活水平。苏联在国际舞台上，进行了反对帝国主义侵略政策和战争政策的斗争，对于各人民民主国家的独立和建设，对于被压迫民族的解放斗争都给予了一定的支持和援助。

以苏联为首的社会主义阵营，针对以美国为首的帝国主义阵营咄咄逼人的攻势，采取了一系列对策。针对美国的经济封锁和军事威胁，巩固和发展了社会主义阵营各国的友好合作关系。1945年苏联和捷克、波兰签订友好互助合作条约。1948年苏联同罗马尼亚、匈牙利、保加利亚签订友好互助合作条约。1950年2月14日，中苏两国签订了友好同盟条约。这些条约加强了彼此的联系和合作，对于美国的"冷战政策"是有力的回答。此外，1949年1月，苏联还同保加利亚、匈牙利、波兰、罗马尼亚、捷克斯洛伐克五国成立了经济互助委员会，同年2月和1950年9月，阿尔巴尼亚和德意志民主共和国先后加入了"经互会"。经互会的总部设在莫斯科，每年举行一次会议。经互会的基本任务是：交流经济工作经验，相互提供技术援助，在原料、食品、机器、设备等方面互助协作。在经互会成立初期，成员国之间的合作主要是在流通领域内进行，20世纪50年代中期以后，扩大到生产领域。并由双边合作发展到多边合作。经互会的成立，打破了美国的经济封锁，从经济上巩固了东欧各人民民主国家和社会主义阵营。但是这个组织后来逐渐演变成苏联在经济上控制成员国，在国际上与美国争霸的工具。

1955年5月，鉴于英美等国继北大西洋公约组织成立之后，又通过"巴黎协定"重新武装联邦德国，威胁社会主义国家的安全，阿、保、匈、民主德国、波、罗、捷和苏联代表在华沙举行会议，一致决定缔结八国友好合作互助条约，这就是"华沙条约"。条约规定设立政治协商委员会和联合武装部队司令部等机构。这样，就形成了军事政治同盟——华沙条约组织。条约规定：如果在欧洲发生了任何国家或国家集团对一个或几个缔约国家的武装进攻，每一个缔约国应个别地或通过与其他缔约国的协议，以一切它认为必要的方式，包括使用武装部队，立即对遭受这种进攻的某一国家或几个国家给予援助。

在这一时期，社会主义各国在领导力量、国家制度、社会制度和奋斗目标根本一致的基础上，在多种友好互助条约的形式下，巩固和发展了友好合作关系。尽管在这种关系中已经潜伏着苏联大国主义和把苏联模式绝对化的问题，但由于当时世界人民与美帝国主义的疯狂侵略的矛盾是主要的矛盾，由于各社会主义国家的社会主义建设还刚刚开始，许多矛盾尚未充分暴露。因此，这一时期，各社会主义国家在政治、军事、经济、文化等方面的合作，对于加强和巩固社会主义阵地，反对帝国主义的侵略政策和战争政策，维护世界和平，都起到了积极作用。团结就是力量，社会主义各国的友好合作，形成了与世界帝国主义势力相抗衡的强大的社会主义阵营。

二 欧亚社会主义国家欣欣向荣

欧亚一些国家从 20 世纪 40 年代中期相继建立人民民主政权，走上了社会主义的发展道路，是人类社会主义实践的重要组成部分。欧亚各人民民主国家，在完成民主革命的任务后，继续开展社会主义革命和改造，恢复国民经济，开展了有计划的社会主义经济建设。苏联和欧亚人民民主国家有计划的大规模的经济建设取得了显著成绩。

（一）苏联和东欧人民民主国家初期的社会主义建设

苏联在卫国战争期间，不仅被迫中断了第三个五年计划，而且遭受到极其严重的损失。经过第四个五年计划的建设，工农业生产有了很大发展。到 1948 年苏联工业总产值已达到了战前水平。1950 年工业总产值超过战前水平的 73%，生铁比 1940 年增产 29%，石油增产 22%，钢比战前增产 49%，煤增产 57%。各种农作物的播种面积在 1952 年也超过了战前水平。由于工业迅速增长和农业发展获得的成就，苏联党和政府于 1947 年就取消了食品和工业品的配给制，同时还实行了币制改革，降低日用品价格，从而使苏联人民的物质生活和文化生活水平得到较大幅度提高。这一切充分显示了社会主义制度的优越性。到第五个五年计划结束时，许多工业部门，如钢、钢材、电力的生产，煤和石油的开采等，都超额完成计划的任务。1955 年工业产品同 1950 年相比提高了 85%。农业生产虽然在五年计划结束时，尚未完成所规定的任务，但也取得了初步成就。

波兰在完成恢复经济的三年计划（1947—1949）后，立即开始实行"发展经济和建设社会主义基础的六年计划"（1950—1955）。波兰统一工人党领导全国各民主政党、社会团体和社会各阶层群众努力奋斗，在六年中工业取得了很大成就。到 1955 年，工业总产值比 1949 年增加了 17%。重工业发展尤为突出。

捷克斯洛伐克在完成 1947—1948 年恢复经济的两年计划后，又胜利完成了"一五"计划（1949—1953）。到 1954 年，工业产量超过 1938 年的 125%，重工业占全部工业的 60%。但农业发展缓慢。农业和轻工业的落后，影响了整个国民经济的发展和人民生活的改善。于是捷共决定用两年时间进行调整，扩大农业投资，加强原料和动力基地的建设，消除工农业发展的不平衡，为"二五"计划作准备。经过努力，1955 年农业产量比1953年增加了11.5%，达到战前最高水平。

匈牙利在完成恢复经济的三年计划（1947—1949）后，从1950年起恢复实施"一五"计划。此计划在规模、速度等方面在匈牙利的历史上都是空前的。在这五年期间，采矿、运输和电力工业都有了很大发展。大规模改建、扩建和新建了许多大型企业，把一些落后的农业区变成了工业区。但是，匈牙利领导人在本国缺乏重工业原料和技术的情况下，提出要把匈牙利建成"钢铁国家"。在"一五"计划期间，把国民经济投资总额的48%用于工业，其中重工业占92.3%，轻工业只占7.7%，这导致重工业的发展超过了国家的实际承受能力。这些做法最终使农业停滞不前，严重影响了人民生活水平的提高。

罗马尼亚从1951年开始实行"一五"计划。头三年新建和扩建了许多工厂，建立了不少农业机器站和水力发电站，进行了工业技术革新。1953年工业生产比1938年增加了1.5倍。但由于强调优先发展重工业，削弱了农业和轻工业，造成劳动人民生活水平没有得到相应的提高。于是，罗共中央在1953年8月召开扩大会议，总结了建设中存在的问题。决定削减对重工业和某些工程的拨款，增加农业和消费品生产的投资，进一步实现农业机械化，采用农业技术的最新成就，从组织上、经济上巩固集体农庄和互助社。会议还决定改进工资标准，扩大住宅面积，改进劳动保护和发展教育事业等。经过合理调整和全国人民的努力，第一个五年计划于1955年11月提前完成。

保加利亚在顺利完成国民经济恢复之后，从1949年开始实行"一五"计划，任务是实现国家工业化和电气化，农业机械化。到1953年，工业总产值比1939年净增3倍。但农业发展缓慢，工业发展也不平衡。因此，在执行"二五"计划时进行了调整，大力发展农业和畜牧业，继续发展工业，重点发展电力和煤炭工业，扩大日用消费品生产，尽快改善人民的物质和文化生活。这些做法效果良好，扭转了建设中的被动局面，工农业生产都得到了发展。

阿尔巴尼亚在胜利实现恢复经济的两年计划后，从1951年起实行"一五"计划。阿国根据本国的自然资源，着重发展石油、采矿、电力和建材等工业。在各社会主义国家的大力支援下，经过努力，到1955年工业在国民经济中占了主导地位，工业生产总值比1950年增长了2.8倍，农业总产值超过战前水平67%。

南斯拉夫从1947年开始实施"一五"计划,基本任务是:消除经济、技术上的落后,巩固和发展社会主义经济部门,提高劳动者的物质福利,加强国家的独立性和防御能力。强调发展重工业,尤其是钢铁工业和有色金属工业。但是由于南斯拉夫的国家体制和经济体制不符合实际,以至在经济领域遇到了困难,国家要向国营农场和合作社进行补贴,农业停滞,工业企业机构庞大,效率低,难以维持下去。为了摆脱困境,南斯拉夫从20世纪50年代初开始进行经济政治体制改革,实行工人自治制度,这一制度促进了社会主义经济的迅速发展。到1955年,摆脱了经济停滞的困境,基本上消除了经济封锁的恶果,为经济建设创造了条件。

民主德国经过两年的经济恢复后,从1951年实施"一五"计划。重点是优先发展燃料、动力和冶金等重工业。由于过分强调发展重工业,忽视了农业和轻工业,造成国民经济比例失调。1953年"六·一七事件"后,进行了调整,减少重工业投资,加强轻工业和食品工业。1955年顺利完成了"一五"计划,工农业生产都获得了很大发展,国民总收入增长62%,劳动人民的物质和文化生活有了较大改善。

东欧各人民民主国家建国初期,在社会主义改造和国民经济发展的过程中,取得了一定的成绩。但是,这些国家在经济建设中,由于缺少实践经验和受到苏联社会主义模式的强大影响,在许多做法上,欧亚各国不能把马列主义同本国的实际情况结合起来,而是简单沿用了苏联的建设经验。欧亚各国不顾本国国情,照搬苏联经验,片面强调发展重工业,忽视农业和轻工业,因而,普遍存在着农、轻、重比例严重失调,重工业发展过快,农业和消费品生产发展迟缓,生产效率低,物质不丰富,市场供应紧张,人民生活水平提高缓慢,甚至下降等问题。这些问题在一定程度上影响了社会主义建设事业的迅速发展。

(二)亚洲人民民主国家的反帝斗争和建设

朝鲜人民抗美救国战争和经济恢复。战后美国依仗其在战争中膨胀起来的经济和军事实力,一直企图摧毁社会主义阵营和和平民主力量,以独霸全球。1950年6月25日拂晓,美帝国主义和李承晚集团向朝鲜民主主义人民共和国全线发动进攻,朝鲜战争爆发。6月27日,美国政府就命令海陆空军给李承晚军队以"掩护和支持"。同时,美国第七舰队侵占中国台湾省。7月7日，美国又操纵联合国安理会通过了援助南朝鲜李承晚军队的决议，决议授权美国组织联合国军援助南朝鲜。于是，美国打着"联合国军"的旗号，纠集十五个国家，公然干涉朝鲜内部事务，扩大朝鲜战争。

6月26日，金日成号召人民军官兵坚决保卫北部的民主改革成就，解放南半部，为统一祖国而斗争。朝鲜人民奋起抗击美李集团的进攻。6月28日就解放了美李集团的统治中心汉城。在战争开始后两个月的时间，朝鲜人民军就解放了朝鲜南部90%的土地和92%的人口。美国为挽救败局，1950年9月15日，派遣大批飞机、舰艇和军队在仁川港登陆，迅速越过三八线，占领平壤，并把战火烧到鸭绿江边。10月25日，在毛泽东主席"抗美援朝，保卫家园"的伟大号召下，中国人民志愿军跨过鸭绿江，与朝鲜人民军并肩作战。

中国人民军队从1950年10月25日到1951年5月21日，不断发动反击战役，歼敌23万人，收复了平壤，把敌人赶回三八线以南，迫使美国侵略者不得不接受停战谈判，并于1953年7月27日在《关于朝鲜军事停战协定》上签了字。至此，三年朝鲜战争正式宣告结束。

朝鲜人民抗美救国战争的胜利，打击了美帝国主义称霸世界的狂妄野心，揭穿了美国不可战胜的神话，保卫了朝鲜民主主义人民共和国，捍卫了中朝两国的独立和安全，增强了全世界被压迫人民和被压迫民族反对美帝国主义侵略的决心和信心，维护了亚洲和世界的和平。

三年的朝鲜战争给朝鲜人民带来了深重灾难。敌人的野蛮轰炸使许多城市、工厂、学校、乡村都遭受毁灭性破坏，经济遭到严重损失，人民生活极端困难。在这样艰难的情况下，战争一结束，朝鲜劳动党就立即领导人民重建家园。1953年8月，朝鲜劳动党中央委员会举行第六次全体会议，提出社会主义革命和建设的任务。在社会主义兄弟国家的无私援助下，到1956年，国营和集体工业总产值为1953年的2.9倍，为1949年的2倍。1956年粮食总产量达到287万吨，比战前1949年增长8%，比1953年增加24%。1956年国民收入为1953年的2.1倍，为战前1949年的1.5倍。同时完成对个体农业和私营工商业的社会主义改造，建立了以公有制为基础的社会主义经济制度。朝鲜人民不到三年的时间就基本医治了战争创伤，恢复了国民经济，充分显示社会主义制度的优越性，也体现了社会主义国家无产阶级国际主义精神。

越南人民抗法战争和经济恢复。越南在1949年宣布独立，成立民主共和国后，法国殖民者与越南在1946年3月6日和9月14日分别签订了《法越初步协定》与《法越临时协定》，承认越南独立。但法国殖民者不甘心失去它在印度支那的利益，于是，在1946年12月撕毁协议，公然向越南北方发动全面武装进攻。从此，越南人民在越南劳动党和胡志明主席的领导下进行了八年的抗法战争。

1949年中国革命的胜利给越南人民的抗战以极大的鼓舞，中国开始大力支持越南人民的抗法斗争。1950年9月在中国的支持下，越南人民军发动了"边界战役"，解放了高平、谅山、老街等地，打通了中越边界交通线，巩固和扩大了北越解放区，使越南有了可靠的后方。1950年11月，越南、老挝、柬埔寨三国举行联合会议，建立了三国人民抗法联盟。1954年3月，在中国顾问团的直接帮助下，越南人民军发动了著名的"奠边府战役"，给法国殖民者以毁灭性打击，解放了奠边府。在越南人民的英勇抗击下，在世界舆论的压力下，已陷入困境的法国政府不得不于1954年7月21日在日内瓦协议上签字，承认越南人民民主政权和老挝、柬埔寨的民族独立，恢复印度支那的和平。越南人民八年抗法战争取得了伟大胜利。

越南抗法战争结束后，从1955年开始着手恢复国民经济，首先解决了民主革命的遗留任务，进行土地改革。法国统治下的越南，70%的土地掌握在地主和法国殖民者手中，占全国9%的农民只有30%的土地，农民迫切要求解决土地问题。越南国会于1953年12月颁布了《土地改革法》，将卖国地主和恶霸地主的土地没收，对一般地主、抗法地主和民主人士的土地实行征收，分给农民，实现了耕者有其田，消灭了封建剥削制度，解放了农村生产力。同时，经济恢复工作也取得了很大成绩。1956年，工业生产比1955年增长7倍，工业总产值在国民经济中的比重由10%上升到33.5%。稻谷产量1957年比1955年增长12.9%，经济作物增长132.3%，人民免除了饥馑，农民收入增加，国内市场日益扩大，文化教育事业也有了发展。越南北方顺利完成了经济恢复工作。

中国国民经济恢复和社会主义改造的基本完成。新中国成立后，中国共产党领导中国人民在恢复国民经济和民主改革的基础上，从中国实际出发,从 1952 年底到 1956 年底,经过 4 年的时间,全国绝大部分地区基本上实现了对生产资料私有制的社会主义改造。在三大改造的同时,从 1953 年开始实施社会主义建设的第一个五年计划。"一五"计划以重工业为中心,新建了许多现代化企业,对旧的工业企业进行了大规模的扩建和技术改造。到 1956 年,工业总产值平均每年递增 19.6%,1956 年底工业总产值达到 586 亿元,农业总产值平均每年递增 4.8%,粮食产量达到 3650 亿斤。工农业都提前完成了计划。文化、教育、科学技术和医药卫生事业都有了较大发展。这个时期,市场繁荣,物价稳定,人民生活得到了显著改善和提高。

战后初期,欧亚人民民主国家在经济建设方面取得了十分可喜的成就。南斯拉夫共产党在极其困难的国际条件下,坚持马克思主义,探索到一条适合本国特点的社会主义建设道路。中国共产党把马列主义和本国实际相结合,在彻底完成民主革命任务的基础上,不失时机地进行社会主义改造和开始社会主义建设,取得了伟大的胜利,积累了丰富的经验。在取得这样多成就的同时,还要看到,这些国家在经济建设方面,在正确处理各国共产党之间、社会主义国家之间的关系方面,还存在着这样那样的问题。

三 资本主义国家工人运动和民主运动蓬勃发展

战后,欧美许多国家的共产党开始从反法西斯的武装斗争转向合法的和议会的斗争。欧美各国共产党根据国内形势的特点,绝大部分制定了和平发展的战略。意大利、法国、比利时、奥地利、芬兰、丹麦、挪威、冰岛、卢森堡、希腊和西班牙等国的共产党,先后参加了联合政府,为争取民主制度、保障工农权益、保卫世界和平进行了不懈的努力,获得了积极的社会影响。许多国家的共产党和社会党合作,形成了民主阵线,开创了工人运动的新局面。

法共和意共,为建立新的民主制度进行了积极的斗争。法国共产党在法国人民赶走德国法西斯,光复国土后,基于对国际和国内形势的分析,决定走和平的、议会斗争道路。由于法共广大党员在反法西斯斗争中作出了巨大贡献和牺牲,赢得了人民的信任,人民积极支持战后初期的法共政策。1945 年 4 月 29 日至 5 月 6 日,法国各地举行选举,法共获得巨大胜利、在9月的省参议员选举中,法共得到328席。在10月,法国进行了全民投票。投票结果,否决了恢复第三共和国体制的主张;法共获得500多万张选票,152个席位。法共由战前的第三大党一跃而为第一大党。1945年11月,共产党的5名代表参加了戴高乐政府,法共领导人多列士任副总理。在新政府中,共产党代表提出了许多恢复经济的措施,并推动政府在社会立法方面进行改革,如决定将煤炭、电力、煤气、保险公司等大企业实行国有化,通过了关于在企业中建立工人委员会的法令等。共产党人和左翼势力还领导群众为制定一部民主进步的新宪法进行了不懈斗争。1946年11月10日,法共在国民议会选举中获得了550万张选票,182个议席,依然是法国第一大党。共产党领导政府的前景,引起了资产阶级和社会党右翼的恐慌。他们不同意在原先三党联盟的基础上组织政府,而在1946年12月18日成立了全部由社会党人组成的莱昂·布吕姆内阁,这个政府存在了35天之后,被社会党人保罗·拉马第所组织的"全国联盟"式的政府所代替。共产党人参加了这届政府。1947年5月,由于共产党人部长表示不同意政府在物价和工资方面的政策。不同意拉马第政府在美国的支持下,对印度支那、马达加斯加和非洲北部推行殖民政策,发动侵略战争等,因此,法共拒绝支持政府的内外政策。在美国的支持下,拉马第政府就以政策分歧为借口,竟公布了关于停止共产党人部长执行职务的法令,将共产党排挤出政府。此后,法共作为在野党,继续为争取民主、捍卫民族独立进行新的斗争。

战后,意共根据国际国内形势的变化和阶级力量的对比,提出为建立新的民主制度而斗争。意共领导人主张建立一个"进步民主"的意大利,建立由全体人民参加的新的人民民主制度。1944年4月,意共参加了巴多里奥政府,意共总书记陶里亚蒂等四名共产党人分别担任部门大臣。巴里多奥辞职后,意大利举行议会选举,意共获得430万张选票,成为国内第三大党,并同社会党、天主教民主党联合组阁。意大利共产党参加政府期间,曾同社会党一起制定了一些改善劳动人民生活以及民主改革的措施。他们争取通过了一些有利于劳动者的法令,如将地主荒地交给无地农民使用的法令,签订对雇农比较有利的劳动契约,规定工人最低工资额,未经工会同意禁止解雇职工等法令。共产党人还联合社会党人,为反对美国控制意大利,捍卫国家主权,进行了艰苦的斗争。意共还为在意大利废除君主政体和建立共和政体作出了重大贡献，1946年，意共领导了推翻帝制，建立共和政体的斗争。1946年6月18日，意大利宣布建立共和国。

1947年2月，加斯贝利组成了包括共产党、社会党在内的新内阁。美国施加压力，要求从政府中排挤共产党人。5月31日，在美国的支持下，新组成了一个只代表33%选民的天主教民主党人政府，而将代表绝大多数居民的共产党人和社会党人排除在政府之外。随后，意大利掀起了反共浪潮，教会势力猖獗，法西斯势力抬头，开始对共产党人和革命人民进行大规模迫害。意共被排除在内阁之外后，在困难的条件下，继续为争取民主权利，捍卫劳动人民的切身利益和民族利益而斗争。

战后，资本主义国家的工人阶级在共产党的领导下，把保卫切身利益的斗争与争取和平、民主权利的斗争紧密结合，使工人运动发展到了一个新的水平。

法国统治集团在1949年4月参加了北大西洋公约集团，与美国紧紧站在一起。1950年参加侵朝战争和扩大对印度支那的战争，并同意美国在法国建立军事基地和驻扎军队。法国政府的反动政策，不仅给国民经济带来了严重后果，而且也出卖了国家主权。1951年初至1952年初，法国工人阶级为此曾举行过上千次的罢工斗争。可是法国政府不顾人民反对，又于1952年5月参加了以防御共产主义为名的"欧洲防务集团"，进一步激起了人民的强烈不满。1952年12月法共中央委员会通过了为争取国家权利而斗争的决议。坚决反对资产阶级出卖国家主权和民族利益。在法国共产党的领导下，法国工人阶级开展了广泛的斗争。法国的工厂、矿井和港口，都相继组织了抗议美国在法国领土建立军事基地的罢工。1954年6月，法国共产党为了迫使政府改变现行政策，恢复印度支那和平，摆脱美国控制，拒绝批准"欧洲防务集团"条约，提出必须建立工人阶级统一战线，加强共产党与一切民族民主力量的团结。1954年日内瓦会议期间，法国人民采取写请愿书、游行示威、派代表团赴日内瓦等形式反对侵越战争，要求政府达成停战协议。6月在巴黎举行了争取独立和和平的人民大会。7月又举行了全国和平日。在工人阶级和法国各社会阶层的共同斗争下，在世界人民的压力下，法国统治集团被迫接受了关于恢复印度支那和平的协议，拒绝批准"欧洲防务集团"条约。

英国统治集团自20世纪50年代初期开始，也追随美帝国主义的战争政策，扩军备战，使国民经济走上了军事化道路，导致工人阶级生活水平下降，失业工人平均每年达50多万。1951年，英国共产党通过了"英国走向社会主义的道路"的新纲领。争取持久和平是纲领中的重要部分，它要求结束大西洋战争联盟，代之以五大国和平公约，反对武装西德和日本。纲领还指出，英国有史以来第一次丧失了它在外交、经济、军事上的独立和行动自由，要求团结一切民主力量，为实现自由、强盛和独立的英国而斗争。英国工会和劳动人民的其他组织，举行了多次代表会议，坚决要求停止扩军备战，禁止大规模毁灭性武器的生产。1953年成立了360个地方和平委员会，广泛开展了保卫和平运动。1954年4月，英国共产党中央号召英国工人阶级团结起来，反对美帝国主义者，争取禁止原子武器和氢武器，要求发展东西方贸易。从此，工人阶级的罢工运动更加猛烈了。1951年参加罢工的工人有38万。到1953年猛增至137万人。然而，英国政府不顾人民的意愿，仍然积极扩军备战。1955年3月，英国政府为了加强自己的实力，决定制造氢弹，并加紧武装联邦德国。为此，英国工人阶级又掀起了新的斗争高潮。3月5日，许多城市的工人和其他阶层人民纷纷举行群众大会和示威游行，抗议政府决定制造氢弹和重新武装西德的政策。三四月间，伦敦印刷工人罢工，使伦敦各大报停刊近一个月，影响极大。5月28日，全国的火车司机和司炉举行罢工，要求提高工资。三个星期内，有80%的火车停驶，全国经济生活几乎陷入瘫痪。1956年10月，英国、法国和以色列又侵略埃及，企图夺回苏伊士运河区，并通过镇压埃及和阿拉伯民族解放运动来抑制亚非各地人民革命运动的蓬勃发展。然而，英法殖民者的武装侵略立即遭到埃及和阿拉伯国家人们的坚决反抗，也受到全世界人民的强烈谴责。英国人民也掀起了一个全国性的"停止战争"的运动。在国内外人们的强烈反对下，英国政府不得不宣布停火和撤军。英国工人阶级反对本国政府追随美帝国主义奉行战争政策的斗争，有力地支持了世界民族解放运动。

美国共产党也领导人民向垄断资产阶级进行了英勇的斗争，反对美帝复活德、日军国主义，反对美帝伙同英、法、荷帝国主义镇压东南亚各国人民的革命运动和干涉中国内政。美共的这种正义立场及其所领导的革命斗争，深得全世界人民的赞扬和支持。

美国共产党在美帝国主义发动侵朝战争以后，立即发表声明，强烈谴责美国政府的罪恶行径，号召全国人民行动起来，为反对美国统治集团的战争政策而斗争。此后，美国工人的罢工具有鲜明的政治性质。1951年初，杜鲁门政府为了侵朝战争宣布冻结工资后，美国的铜矿工人、码头工人、钢铁工人等，举行了规模空前的大罢工，罢工浪潮扩大到政府直辖的国防工厂，直接影响了美国军火工业的生产。其中，8月，爆发了14个州10万铜矿工人大罢工，致使美国90%的炼铜工业停产。10月，纽约码头工人为了要求增加工资举行大罢工，致使纽约与朝鲜及联邦德国间的整个军事运输和商业运输瘫痪。1952年6月，65万钢铁工人为反对杜鲁门政府冻结工资，又一次爆发了钢铁工业大罢工，严重打击了美国军火工业的生产。美帝国主义的侵朝战争，不仅给世界人民、特别是朝中人民造成严重的战争创伤，而且也使美国人民身受苦难。1953年12月，美国失业工人高达42万人。1954年，美国共产党发表了"美国走向就业、和平和民主道路"的纲领，号召各阶层人民紧密团结起来，为共同反对美国政府的战争政策，维护和平和民主而斗争。总之，20世纪50年代前期的美国工人运动，不仅维护了自己的切身利益，而且也沉重打击了美国的战争政策。

战后初期，发达资本主义国家的共产主义运动在曲折中的发展经历，为探索走向社会主义作出了努力。

四 世界人民反对侵略战争，保卫和平的运动日益高涨

第二次世界大战给各国人民带来了巨大的灾难。许多城市和乡村被摧毁，许多家庭妻离子散。因此，反对战争，保卫和平是各国人民的强烈愿望和迫切要求。但是，战争刚刚结束，美帝国主义就以咄咄逼人之势，推行称霸全球的战略方针。1949年4月，以美国为首包括英、法在内的12个国家签订了"北大西洋公约"，组成"北大西洋军事集团"，作为侵略欧洲社会主义国家、镇压各国革命运动和民族解放运动的工具。美帝国主义还加紧复活西德和日本军国主义，企图使他们成为反对社会主义国家的先锋和基地。美国发动侵朝战争失败后，在1954年9月，又同一些国家签订了"东南亚集体防务条约"。1955年2月，美国策动土耳其和伊拉克签订了侵略性的"巴格达条约"。美帝国主义在东南亚、中东签订这些军

事条约的主要目的是为了包围和侵略亚洲社会主义国家，镇压东方各国人民的民族解放运动。

以美国为首的侵略集团的战争政策，严重威胁着世界和平。因此，反对帝国主义战争，保卫世界和平，就成为国际工人阶级和各国一切进步团体和人民的首要任务。1947年9月成立的欧洲共产党工人党情报局，首先举起了"争取持久和平，争取人民民主"的旗帜。此后，保卫世界和平文化联络委员会和国际民主妇女联合会提出倡议，着手筹备并于1949年4月在巴黎和布拉格同时举行了第一届世界保卫和平大会。出席大会的代表来自72个国家，代表6亿和平保卫者。大会讨论了世界局势，通过了《世界保卫和平大会宣言》。这次大会的召开为各国保卫和平运动的开展奠定了基础，世界保卫和平大会迅速兴起。

1950年3月，世界保卫和平大会常设委员会执行局在瑞典首都斯德哥尔摩举行会议，发表了《斯德哥尔摩宣言》。宣言要求无条件地禁止原子武器，号召世界一切爱好和平的人们在宣言上签字。这一签名运动在全世界广泛开展，签名人数达到5亿以上。这是战后世界人民反对战争，保卫和平的第一次签名运动高潮。

1950年美帝国主义的侵朝战争再一次严重威胁了世界和平，世界各国的工人阶级和各阶层人士纷纷举行集会、游行，抗议美帝国主义的侵略罪行。在这种情况下，1950年11月在华沙举行了第二届世界保卫和平大会。来自81个国家代表社会不同阶层的代表，一致通过了《告全世界人民宣言》、《致联合国书》以及其他许多重要决议。谴责了美帝国主义对朝鲜的侵略，提出让一切外国军队撤出朝鲜，让朝鲜人民自己解决自己的问题的合理要求。1951年2月，世界和平理事会发表了《缔结和平公约的宣言》，呼吁美、苏、中、英、法五大国缔结和平公约，号召一切爱好和平的人民在宣言上签字。参加签名的有6亿多人，这是战后世界人民反对战争保卫和平的第二次签名运动。

1952年12月，在维也纳举行了第三届世界人民保卫和平大会。出席大会的有85个国家的代表。大会通过了《世界保卫和平大会宣言》和《告五大国政府书》。大会呼吁苏、美、中、英、法立即就签订五大国和平公约问题进行谈判。立即停止朝鲜战争。立即停止在越南、柬埔寨、老挝、马来西亚的军事行动并尊重这些国家的人民要求独立的权利等等。

这次大会以后，世界形势出现了一些变化。1953年7月27日，朝鲜停战协定签订，1954年夏举行的日内瓦会议又通过了停止印支战争的决议。全世界一切爱好和平的人民和进步人士，为国际形势的好转而欢欣鼓舞。

1955年1月，世界和平理事会执行局在维也纳召开了会议，发表了《告世界人民书》。会议号召各国人民发动更大规模的签名运动，要求销毁一切原子武器，立即停止制造原子武器，彻底消除原子战争的威胁。世界爱好和平的人民积极响应，有6.5亿人签名。这是战后爱好和平人民的第三次签名运动。

1955年6月，根据和平理事会的倡议，在赫尔辛基召开了世界和平大会。参加大会的有68个国家的代表。大会谴责帝国主义的"实力地位"政策，反对拼凑军事集团和煽动战争的叫嚣。大会通过了用和平的方法解决各国间的一切争端，在各国的相互关系问题上，应遵循互相尊重领土完整和主权，互不侵犯，互不干涉内政，平等互利，和平共处五项原则的决议。从此，中、印、缅三国所倡导的五项原则，就成为世界和平运动的一面旗帜。

战后迅速兴起的世界人民反对战争、保卫和平的运动规模宏大，群众基础广泛。参加这个运动的有各种不同社会制度国家的不同民族，不同阶级、阶层和不同信仰的人民，他们都是在反对帝国主义，特别是美帝国主义侵略战争，保卫世界和平的目标下团结起来的。保卫世界和平运动的胜利开展，在一定程度上对帝国主义反动集团起到了制约作用，对制止帝国主义发动战争的阴谋以及支持亚、非、拉各国人民的民族独立都起到了积极作用。

五　第三世界在国际舞台上崛起

和共产主义运动互相呼应、并肩前进的是广大殖民地半殖民地国家的民族解放运动。战争使被压迫民族觉醒，亚、非、拉一系列国家取得了独立，赢得了解放，帝国主义殖民体系土崩瓦解。到1955年初，新独立的亚非国家有13个，加上战前已独立的国家，亚非地区已有近30个独立的国家。从1945—1983年间就先后有91个国家取得民族独立。战后民族解放运动的高涨，第三世界的崛起，成为反对帝国主义、反对殖民主义、反对霸权主义、维护世界和平的主要力量，这是战后世界社会主义运动的一个突出特点。

亚、非、拉被压迫民族独立后，面临美苏两个超级大国争夺世界霸权的国际局势。发展中国家和被压迫民族的共同经历和面临的共同任务，使他们逐渐认识到，只有联合起来反对帝国主义和霸权主义，才能维护自己的独立和主权，才能摆脱和抵御超级大国的控制和剥削，才能维护世界和平，发展民族经济。这些国家大多数在不同程度上奉行独立自主的反对政策，开始在国际事务中发挥作用。但是，新老殖民主义仍力图以各种各样的形式和手段控制这些地区。因此，反对新老殖民主义，争取和捍卫民族独立，反对侵略、干涉和控制，促进亚非国家的友好合作就成为亚非国家的共同愿望和一致要求。为了表达亚非各国人民的共同意志和愿望，在印度、印度尼西亚、缅甸、锡兰（今斯里兰卡）和巴基斯坦五国政府总理的发起下，亚非各国代表于1955年4月18日，在印尼的万隆举行了亚非会议。

参加亚非会议的共有29个国家，代表着14.4亿人民。虽然与会各国代表着不同社会制度和不同的意识形态，但是亚非人民有着受殖民主义长期统治的共同遭遇，有着维护民族独立、反对侵略战争、维护世界和平的共同愿望，因而也就有了互相尊重、互相同情、互相支持的共同基础。美帝国主义对亚非会议的召开极端敌视，采取种种恶劣方式，极力破坏会议，致使会议的气氛一度十分紧张。中国代表团首席代表周恩来识破了美帝国主义的阴谋，中国代表团本着求同存异的精神，和几个会议发起国的代表团，坚决团结绝大多数与会代表，努力排除帝国主义对会议的干扰，调解某些与会国家之间的分歧，使会议得以顺利进行。周恩来代表中国人民在会议上热忱地呼吁：亚非人民期待我们的会议成功，让我们亚非国家团结起来，为亚非会议的成功努力吧！

亚非会议通过了《关于促进世界和平和合作的宣言》，提出了亚非国家和平共处、友好合作的十项原则。4月24日，亚非会议胜利闭幕。会议经过与会国的充分协商，发表了最后公报。公报严正谴责帝国主义殖民主义的侵略，宣布支持被外国征服、统治和剥削的人民争取自由和独立事业，希望亚非国家在平等互利和相互尊重国家主权的基础上，开展经济合作和文化交流。公报还确定了指导国际关系的十项原则。这十项原则是中印、中缅共同倡导的和平共处五项原则的发展。它充分体现了亚非各国人民为反对帝国主义和殖民主义，争取民族独立，要求友好、团结、合作，维护世界和平而进行共同斗争的精神，这就是具有广泛影响的"万隆精神"。万隆会议为亚非人民团结战斗的历史写下了光辉的一页。它的召开和圆满成功，标志着第三世界开始作为一个新兴的政治力量走上了国际政治斗争的舞台。

亚非会议是亚非国家第一次自行召开的没有殖民主义者参加的国际会议。亚非会议的胜利召开，标志着殖民主义、帝国主义主宰亚非人们命运的时代已经一去不复返了。它促进了亚非国家之间的相互了解和尊重，并为国际合作开辟了新途径，极大地鼓舞了亚洲、非洲、拉丁美洲和世界其他各地一切被压迫民族和人民争取独立和自由的斗争。

第三节　战后世界社会主义运动的经验和启示

战后初期的世界社会主义运动，总体而言，是世界社会主义运动团结和胜利的阶段。蓬勃发展的世界社会主义运动，有骄人的成绩，也有令人痛心的失误，但是，无论是成就还是失误，都为我们积累了丰富的经验和提供了有益的启示。

一　必须正确处理各国党之间的关系

战后初期世界社会主义运动的发展表明，要处理好各党之间的关系，必须坚持独立自主、完全平等、互相尊重、互不干涉内部事务的原则，反对国际共产主义运动中的大党主义和大国主义。

共产主义事业是全世界共产党人的共同事业，各国党必须团结一致，共同努力，才能达到目的。各国党相互之间，必须切实地在无产阶级国际主义和爱国主义相结合的基础上，加强国际团结和联系。各国党之间的关系应该是平等互助的关系，无论是大党，小党，老党，新党，执政党，非执政党，都不能有上下尊卑、领导和被领导之分，他们之间应当是互相尊重、平等协商的团结互助关系。对于各党之间的矛盾和分歧，简单地批评和压服是不能解决问题的。只能通过讨论和平等协商的方式去解决。各国党要从团结的愿望出发，从国际共运的大局出发，求大同存小异。如果处理不当，不仅会破坏兄弟党之间的正常关系，还会破坏社会主义国家间的友好往来，从而给国际共产主义运动造成危害。特别是对于兄弟党的内部事务，其他党决不能粗暴干涉。只有这样，各国党的关系才能正常化，国际共产主义运动才能出现团结兴旺的局面。

在战后初期世界社会主义的迅速发展中，在兄弟党之间的关系上，曾出现过完全背离无产阶级国际主义原则的大党主义、大国主义的作风，甚至从大党干涉发展到"老子党"，将自己一党凌驾于其他政党之上，发号施令，如不遵从，就要制裁，致使各党的独立自主权利遭到很大损害。这严重破坏了兄弟党之间、兄弟国家之间的平等团结的正常关系。这种教训，社会主义运动必须记取。

二 各国党必须把马克思主义的普遍真理同本国的革命实践相结合，按照本国国情独立自主地探索适合本国的发展道路

国际共产主义运动的经验是很丰富的，其中最基本的一条经验就是：每个党都要独立自主地把马克思主义的普遍真理同本国的具体实际结合起来，实事求是地决定自己的革命道路，决定自己建设社会主义的模式，才能取得革命的胜利和社会主义建设的成功。任何党无权借口自己革命胜利最早、经验丰富而对别国党指手画脚，硬把自己的经验和做法作为"普遍规律"强加给其他党，这样做的结果只能是束缚其他国家共产党人的思想，最终阻碍国际共产主义运动的蓬勃发展。

马克思主义揭示了人类历史发展的规律，提出了无产阶级革命的基本原理和建立共产主义社会最终目标。但是，对于具有不同特点的不同国家的具体发展道路，马克思主义的奠基人没有陷入空想，没有作出细致的规定，而是一再教导各国共产党人要根据自己所处的特定的具体环境，创造性地把这些原理运用于革命的实践中去，找到适合本国实际的革命和建设道路。

在国际共产主义运动中，由于革命发展的不平衡，曾经使某个国家的无产阶级及其政党在一定的历史时期走在革命运动的前列。像俄国革命和建设就率先创造了经验。这些宝贵经验对别的党来说，根据自己的实际情况，可以借鉴、参考，以便少走弯路。但是借鉴、参考决不等于照抄照搬，俄国党决不能因为自己首先取得了革命的成功，首先进行了社会主义

建设，就把本国经验绝对化，强迫别国党照抄照搬。但是，事实上，第二次世界大战后走上社会主义道路的国家几乎无一例外地照搬了苏联模式。这其中原因，一方面是因为各社会主义国家没有建设经验而导致盲目照搬苏联社会主义建设的经验；另一方面是因为苏联违反了独立自主原则，强制推行苏联单一模式，从而给社会主义建设事业造成了严重的不良影响。实践证明，企图用"一条道路"、用一种模式解决问题是行不通的，在实践中不顾国情生硬搬用某种模式，只能给社会主义革命和建设造成巨大危害和困难，最终只能阻碍科学社会主义理论和实践的发展，使国际共产主义运动经受不应有的挫折。

马克思主义是无产阶级争取解放的理论武器和行动指南，它的生命力就在于同各国革命和建设的具体实践相结合，因而成为永远生气勃勃、向前发展的不可战胜的力量。各国共产党在自己长期革命和建设的实践活动中认识到，由于各国政治、经济、文化以及历史条件不同，各国不可能按照统一的模式进行革命和建设；在这方面，南斯拉夫共产党作出了独特的贡献，他们第一个突破了苏联模式，创造了适合南斯拉夫国情的、以社会主义自治为中心的社会主义建设理论和经验，成为社会主义国家进行经济政治体制改革的先驱。随着社会主义建设事业的进一步展开，越来越多的党从自己的实践中加深了认识，在理论和行动上探索了适合本国实际的建设道路，突破了"一个模式"的束缚，社会主义建设中出现了多种建设方式。各国社会主义建设道路和社会体制的多样化，是国际共产主义运动发展的必然趋势，也是战后国际共产主义运动的基本经验。

三　坚持工人阶级和世界人民的大团结，才能真正维护世界和平，促进人类进步事业的发展

经历了长期的战争和苦难，维护世界和平是战后世界各国人民的共同愿望和强烈要求。第二次世界大战中，许多国家的人民参加了反法西斯战争，他们在战争中受到锻炼，提高了觉悟，认识了帝国主义的本质，看到了团结斗争的力量。自二战结束以来，全世界人民团结协作，开展了声势浩大的反对战争、保卫和平的斗争。

在人类数千年的历史长河中，爆发过无数次战争，战争给人类造成了无穷无尽的灾难。特别是本世纪发生的两次世界大战，使人类惨遭浩劫。

残酷的现实，推动了世界人民的奋起，世界各国人民团结协作，最终赢得了胜利，迎来了和平。

社会主义国家和各国工人阶级在反对战争，促进和平的斗争中发挥了主导作用。反对战争，维护和平是各国共产主义政党义不容辞的责任。在社会主义力量的号召下和影响下，广大亚非拉民族解放国家也充分认识到必须联合起来，坚持斗争，争取世界和平。社会主义国家和亚非拉民族解放国家的共同经历和面临的共同任务，使他们逐步认识到，只有联合起来反对帝国主义和霸权主义，才能维护自己的独立和主权，才能摆脱和抵御超级大国的控制和剥削，才能维护世界和平，发展民族经济。第三世界在战后国际舞台上的崛起是我们时代的大事件。第三世界和国际无产阶级的斗争是相互支持、休戚与共的。他们反对帝国主义、霸权主义、殖民主义和维护民族独立、国家主权，积极发展民族经济的斗争，大大改变了超级大国可以任意摆布世界命运的局面，是推动世界和平的重要力量。总之，人类要进步、要发展、要繁荣，离不开和平。坚持工人阶级和世界人民的大团结，才能真正维护世界和平，促进人类进步事业的发展。

共产主义是合乎潮流，顺应民意的，任何力量都不能阻挡它的前进。世界的未来是属于共产主义的，共产主义终将扫除一切阶级剥削和压迫，扫除一切灾难，创造一个和平、繁荣、幸福的新世界。各国共产党必将在伟大的实践中锻炼得更加成熟、更加强大，必将领导世界社会主义——共产主义事业不断从胜利走向新的胜利。

主要参考文献

1. 《马克思恩格斯全集》，人民出版社 1956~1985 年版。
2. 《马克思恩格斯选集》，人民出版社 1995 年版。
3. 《列宁全集》，人民出版社 1984~1990 年版。
4. 《列宁选集》，人民出版社 1995 年版。
5. 《斯大林全集》，人民出版社 1954 年版。
6. 《斯大林选集》，人民出版社 1979 年版。
7. 《布哈林文选》，人民出版社 1981 年版。
8. 《毛泽东选集》，人民出版社 1991 年版。
9. 《邓小平文选》，人民出版社 1993、1994 年版。
10. 李维汉：《回忆与研究》，中央党史资料出版社 1986 年版。
11. 《联共（布）党史简明教程》，人民出版社 1997 年版。
12. 赵曜等主编：《马克思列宁主义基本问题》，中共中央党校出版社 2001 年版。
13. 高放主编：《科学社会主义的理论与实践》，中国人民大学出版社 1990 年版。
14. 高放：《国际共产主义运动别史》，中国书籍出版社。
15. 向春阶：《列宁晚年思想研究》，湖南大学出版社 2001 年版。
16. 孙成木等：《十月革命史》，三联书店 1980 年版。
17. 赵广主编：《科学社会主义经典著作导读》，中共中央党校出版社 1998 年版。
18. 林军：《俄罗斯外交史稿》，世界知识出版社 2002 年版。
19. 陆南泉：《苏联兴亡史论》，人民出版社 1999 年版。
20. 郑异凡：《布哈林论稿》，中央编译出版社 1997 年版。

21. 姜长斌：《斯大林政治评传》，中共中央党校出版社 1997 年版。

22. 马龙闪：《苏联文化体制沿革史》，中国社会科学出版社 1996 年版。

23. 金冲及：《毛泽东传》，中央文献出版社 1996 年版。

24. 刘祖熙：《东欧剧变的根源与教训》，东方出版社 1995 年版。

25. 陈之骅：《苏联史纲（1917—1937）》，人民出版社 1991 年版。

26. 王逸舟等：《波兰危机》，四川人民出版社 1988 年版。

27. 陆南泉等编：《苏联国民经济发展七十年》，北京机械工业出版社 1988 年版。

28. 邓介曾等主编：《当代国际共产主义运动史新编：1945～1987》，西南交通大学出版社 1988 年版。

29. 李宗禹：《斯大林模式研究》，中央编译出版社。

30. 黄宗良等：《社会主义与资本主义的关系：理论、历史和关系》，北京大学出版社。

31. 黄宗良等主编：《世界社会主义的历史和理论》，中央编译出版社 1995 年版。

32. 刘淑春等编：《"十月"的选择——90 年代国外学者论十月革命》，中央编译出版社 1997 年版。

33. 黄安淼、严宜生、杜康传主编：《当代国际共产主义运动》，中国人民大学出版社 1991 年版。

34. 孙武霞编著：《共产国际和中国革命关系史纲》，河南人民出版社 1988 年版。

35. 朱育和主编：《中国革命史通论》，清华大学出版社 1994 年版。

36. 罗正楷主编：《中国革命史》，经济科学出版社 1999 年版。

37. 编写组：《当代国际共产主义运动史》，青海人民出版社 1984 年版。

38. 张同新、葛林、文庠主编：《中国革命史》，中央民族大学出版社 1993 年版。

39. 向青等主编：《苏联与中国革命：1919—1949》，中央编译出版社 1994 年版。

40. 黄修荣：《共产国际与中国革命关系史》，中共中央党校出版社

1989 年版。

41. 朱铃、张先智主编：《共产国际与中国革命关系史略》，西南交通大学出版社 1988 年版。

42. 杨云若、杨奎松：《共产国际和中国革命》，上海人民出版社 1988 年版。

43. 杨云若：《共产国际和中国革命关系纪事：1919～1943》，中国社会科学出版社 1983 年版。

44. 孙成文：《俄罗斯文化 1000 年》，东方出版社。

45. 黄楠森、曾盛林：《列宁传》，河南人民出版社。

46. 吴冷西：《十年冷战》，人民出版社。

47. 宫达非：《苏联剧变新探》，世界知识出版社。

48. 《共产国际有关中国问题的文献资料》，中国社会科学出版社。

49. ［苏］苏联科学院历史研究所：《苏联民族——国家建设史》，商务印书馆 1997 年版。

50. ［苏］安·米·潘克拉托娃主编：《苏联通史》，三联书店 1980 年版。

51. ［苏］德·阿·良克波娃：《苏联过渡时期的基本问题》，政治书籍出版社 1981 年版。

52. ［苏］苏联科学院历史研究所：《苏联社会主义经济史》，三联书店 1982 年版。

53. ［苏］鲍·伊·波诺马辽夫：《苏联共产党历史》，人民出版社 1960 年版。

54. ［苏］托洛茨基：《文学与革命》，开明书店 1928 年版。

55. ［苏］罗·麦德维杰夫：《让历史来审判》，人民出版社 1981 年版。

56. ［苏］尼·别尔嘉耶夫：《俄罗斯思想》，三联书店。

57. ［美］基辛格：《大外交》，海南出版社 1998 年版。

58. ［美］悉尼·胡克：《理性、社会神话和民主》，上海人民出版社 1987 年版。

59. ［美］罗·丹尼尔斯：《革命的良心——苏联党内反对派》，北京出版社 1985 年版。

60. ［美］约翰·里德：《震撼世界的十天》，人民出版社 1980 年版。

61. ［美］《斯诺文集》，中文版，新华出版社 1988 年版。

62. ［德］卡·考茨基：《取得政权的道路》，三联书店 1987 年版。

63. 考茨基：《无产阶级专政》，三联书店 1958 年版。

64. ［法］夏尔·贝特兰：《苏联国内阶级斗争：第一时期（1917—1937）》，上海人民出版社 1975 年版。

65. ［法］莫西·莱文：《列宁的最后斗争》，黑龙江人民出版社。

66. ［南］米洛凡吉拉斯：《同斯大林的谈话》，世界知识出版社 1989 年版。

67. ［西］费·克劳丁：《共产主义——从共产国际到共产党情报局》，求实出版社 1982 年版。

后 记

本卷遵循科学社会主义"理论—制度—运动"三位一体的准则对列宁社会主义理论的基本问题、苏联社会主义制度的形成发展和20世纪前半期世界社会主义运动作了概要的介绍和论述。由于这一研究方式和编撰方式都是初次尝试，加上条件和水平有限，不当和舛误之处在所难免，欢迎批评指正，以期在进一步修订时加以充实和完善。

本卷撰稿分工如下（按写作章次顺序排列）：林辉基——导论；蒋文——第一、第二、第三、第五（第二、第三节）、第七、第八章；徐龙义——第四章；刘晓珍——第五章（第一节）；徐晓杰——第六章；陈明凡——第九、第十章；蒲国良——第十一、第十三、第十四、第十八、第十九章；郭利华——第十二章；李述森——第十五章；苑秀丽——第十六、第二十、第二十一章；郭春生——第十七章；梁道刚——第二十二、第二十三章。

本卷由宋士昌总体设计、拟定编写提纲，林辉基、李述森主持撰写和书稿初审，王晓明、徐东礼、李爱华、韩民青协助宋士昌定稿。